Thomas Auchter
Brennende Zeiten

Folgende Titel sind u.a. in der Reihe »Psyche und Gesellschaft« erschienen:

Boris Friele: Psychotherapie, Emanzipation und Radikaler Konstruktivismus. Eine kritische Analyse des systemischen Denkens in der klinischen Psychologie und sozialen Arbeit. 2008.

Hans-Dieter König: George W. Bush und der fanatische Krieg gegen den Terrorismus. Eine psychoanalytische Studie zum Autoritarismus in Amerika. 2008.

Robert Heim, Emilio Modena (Hg.): Unterwegs in der vaterlosen Gesellschaft. Zur Sozialpsychologie Alexander Mitscherlichs. 2008.

Hans-Joachim Busch, Angelika Ebrecht (Hg.): Liebe im Kapitalismus. 2008.

Angela Kühner: Trauma und kollektives Gedächtnis. 2008.

Burkard Sievers (Hg.): Psychodynamik von Organisationen. Freie Assoziationen zu unbewussten Prozessen in Organisationen. 2009.

Lu Seegers, Jürgen Reulecke (Hg.): Die »Generation der Kriegskinder«. Historische Hintergründe und Deutungen. 2009.

Christoph Seidler, Michael J. Froese (Hg.): Traumatisierungen in (Ost-)Deutschland. 2009.

Hans-Jürgen Wirth: Narcissism and Power. Psychoanalysis of Mental Disorders in Politics. 2009.

Hans Bosse: Der fremde Mann. Angst und Verlangen – Gruppenanalytische Untersuchungen in Papua-Neuguinea. 2010.

Benjamin Faust: School-Shooting. Jugendliche Amokläufer zwischen Anpassung und Exklusion. 2010.

Jan Lohl: Gefühlserbschaft und Rechtsextremismus. Eine sozialpsychologische Studie zu Generationengeschichte des Nationalsozialismus. 2010.

Markus Brunner, Jan Lohl, Rolf Pohl, Sebastian Winter (Hg.): Volksgemeinschaft, Täterschaft und Antisemitismus. 2011.

Hans-Jürgen Wirth: Narzissmus und Macht. Zur Psychoanalyse seelischer Störungen in der Politik. 4., korrigierte Auflage 2011.

Oliver Decker, Christoph Türcke, Tobias Grave (Hg.): Geld. Kritische Theorie und Psychoanalytische Praxis. 2011.

Johann August Schülein, Hans-Jürgen Wirth (Hg.): Analytische Sozialpsychologie. Klassische und neuere Perspektiven. 2011.

Antje Haag: Versuch über die moderne Seele Chinas. Eindrücke einer Psychoanalytikerin. 2011.

Tomas Böhm, Suzanne Kaplan: Rache. Zur Psychodynamik einer unheimlichen Lust und ihrer Zähmung. 2., ergänzte Auflage 2012.

Markus Brunner, Jan Lohl, Rolf Pohl, Marc Schwietring, Sebastian Winter (Hg.): Politische Psychologie heute? Themen, Theorien und Perspektiven der psychoanalytischen Sozialforschung. 2012.

Psyche und Gesellschaft

Herausgegeben von Johann August Schülein und Hans-Jürgen Wirth

Thomas Auchter

Brennende Zeiten

Zur Psychoanalyse sozialer und politischer Konflikte

Psychosozial-Verlag

Bibliografische Information der Deutschen Nationalbibliothek
Die Deutsche Nationalbibliothek verzeichnet diese Publikation
in der Deutschen Nationalbibliografie; detaillierte bibliografische Daten
sind im Internet über http://dnb.d-nb.de abrufbar.

Originalausgabe

Walltorstr. 10, D-35390 Gießen
Fon: 0641-969978-18; Fax: 0641-969978-19
E-Mail: info@psychosozial-verlag.de
www.psychosozial-verlag.de

Umschlagabbildung: Hieronymus Bosch.
Umschlaggestaltung & Satz: Hanspeter Ludwig, Wetzlar
www.imaginary-world.de
Druck: CPI books GmbH, Leck
Printed in Germany
ISBN 978-3-8379-2184-7

Inhalt

»Man wird schlecht durch Leiden.«
Michael Balint

»Solange der Mensch leidet, kann er es noch zu etwas bringen.«
Sigmund Freud

»Niemals tut man so gut und so vollständig das Böse,
als wenn man es guten Gewissens tut.«
Blaise Pascal

»Leben und sterben lernen und, um Mensch zu sein,
sich weigern, Gott zu sein.«
Albert Camus

Für
meine Eltern Hildegard (1921–2007) und Wolfgang (1920–1999),
meine Geschwister Bernhard (*1949), Martin (*1953)
und Barbara (*1955) und
meine Frau Elisabeth (*1951),
die mich durch meine brennenden Zeiten begleitet haben.

1. Einführung

Unser privates und professionelles Sein und Handeln ist immer auch schon »politisch«, ob wir das nun wollen oder nicht. Denn »niemand ist eine Insel« (John Donne)[1], entwickelt sich, lebt und wirkt unabhängig von seinen Mitmenschen und seiner umgebenden Gesellschaft und Kultur. Und, wir können uns »nicht nicht verhalten« (Paul Watzlawick), wir sind in unserem Erleben und Verhalten immer »bezogen« auf unsere Mitwelt und wirken gestaltend auf sie ein. Auch unser »Wegschauen«, »Raushalten«, »Unterlassen« oder »Schweigen« ist Handeln und hat Wirkung. In diesem Sinne einer doppelten Bezogenheit sind mein Leben und die Psychoanalyse für mich von Anfang an auch politisch[2].

Zur Welt gekommen bin ich 1948, drei Jahre nach dem Ende des Zweiten Weltkrieges, im ruinierten und brandgeschwärzten (West-)Berlin. Eindrucksvoll ist mir ein Zimmer im Mietshaus meiner Großeltern in der Hochstädterstraße in Erinnerung. In diesem Haus im »roten Wedding« kam eineinhalb Jahre nach dem Ende des Ersten Weltkrieges 1920 mein Vater, Wolfgang Auchter, zur Welt. In den 20er Jahren tobten in diesem Berliner Bezirk hef-

1 John Donne (1572–1631), englischer Schriftsteller: »No man is an island.« Donald W. Winnicott (1965a, S. 187) wirft die Frage auf: »Wie kann man als Selbst [hinreichend von der Welt; Anm. T.A.] abgegrenzt sein, ohne zu einer Insel zu werden« [isolated without having to be insulated].

2 Insofern ist für mich der aktuelle Hype um die »intersubjektive Wende« der Psychoanalyse nur in Grenzen nachvollziehbar. Seit Sigmund Freuds Diktum »Individualpsychologie ist von Anfang an auch gleichzeitig Sozialpsychologie« (Freud 1921c, S. 73), seit den bahnbrechenden Arbeiten von Sandor Ferenczi, Michael Balint oder Donald W. Winnicott und anderen ist die Psychoanalyse als Theorie und klinische Praxis immer schon »relational«.

tige Straßenkämpfe zwischen Kommunisten und Faschisten. In dem Zimmer stand, übersät von Staub und Trümmern, ein schwarzer Flügel. Der Raum im zweiten Stock des Hauses hatte nur noch drei Wände, denn das Vorderhaus war durch eine Bombe abgerissen worden. Angstvoll starrte ich kleiner Junge durch das Loch ins Freie.

Mein Großvater väterlicherseits soll in den 20er Jahren des vergangenen Jahrhunderts in der *Märkischen Volkszeitung* (oder einer anderen Berliner Zeitung) ein »Anti-Hitler-Gedicht« veröffentlicht haben. Intensive Recherchen meinerseits nach diesem Text Anfang der 80er Jahre, unter anderem in der *Deutschen Staatsbibliothek* in Ost-Berlin, verliefen aber leider ohne Fund. Mein Großvater war sicher kein Widerstandskämpfer, aber solange die katholische Jugendorganisation *(Bund Neudeutschland)*, der mein Vater angehörte, noch nicht von den Nazis verboten und verfolgt war, verteidigte mein Großvater seinen Sohn handfest gegen Übergriffe von Jungen der »Hitlerjugend«, der mein Vater nie beitrat.

Der Vater meiner Mutter war nach dem Krieg als Ingenieur in einer Lokomotivfabrik im Siegerland beschäftigt. Als diese Fabrik Ende der 50er Jahre mit der Produktion von Teilen von Panzern begann, weigerte sich mein Großvater, als junger Soldat gezeichnet vom Ersten Weltkrieg, die Direktion der Panzerbauabteilung zu übernehmen – was einen beruflichen Aufstieg bedeutet hätte –, weil er sich nicht an der Kriegswaffenproduktion beteiligen wollte. Diese Taten meiner Großväter erfüllen mich mit Stolz und sind mir Ansporn. Weniger stolz kann ich auf meine Großmutter mütterlicherseits sein, die eine begeisterte Anhängerin des »Führers« war und in Berlin viele seiner Auftritte besuchte.

Mein Vater war bei Kriegsbeginn als 19-jähriger Abiturient voller Idealismus (»Frauen und Vaterland gegen den bolschewistischen Feind verteidigen«) an die Front geschickt worden. 1942 wurde ihm sein rechter Arm zerschossen und blieb zeitlebens verkrüppelt. Diese Verwundung hat ihm jedoch vermutlich das Leben gerettet, denn aufgrund seiner Verletzung wurde er mit einem der letzten Flugzeuge aus der »Hölle von Stalingrad« ausgeflogen. Körperlich versehrt und seelisch desillusioniert, kehrte er aus dem Krieg zurück. Seine Entscheidung, nach dem Abschluss seines Medizinstudiums als einer der Ersten nach dem Krieg am *Berliner Psychoanalytischen Institut (DPV)* Anfang der 50er Jahre eine Ausbildung zum Psychoanalytiker zu absolvieren, ist sicher mit motiviert von seinen bewussten und unbewussten

Bemühungen um Reparation des verletzten Eigenen und des beschädigten Fremden.

Meine Mutter wurde bei der Eroberung Berlins durch russische Soldaten vergewaltigt. Meine Großeltern wurden bei Kriegsende beinahe erschossen, weil sie für die russischen Soldaten nicht genügend der geforderten Armbanduhren herbeischaffen konnten. Der jüngste Bruder meiner Mutter starb als 18-jähriger Soldat kurz vor Kriegsende schon auf dem Rückzug in der Nähe von Münster. Ich erinnere mich genau, als ich als Neunjähriger mit meinen Großeltern an die Nordsee fuhr, dass mein Großvater an einer Stelle aus dem Fenster zeigte und traurig erklärte, dass hier in der Nähe Onkel Walter gefallen sei und begraben liege. Eine größere Fotografie von ihm hing immer im Flur meiner Großeltern. Für meine Mutter war dieser Verlust dermaßen schmerzlich, dass sie den Friedhof nie in ihrem Leben aufgesucht hat. In den 80er Jahren war ich der Erste aus der Familie, der sein Grab auf dem Soldatenfriedhof in Rheine besuchte.

Berlin war in der Nachkriegszeit ein heißer Mittelpunkt des »Kalten Krieges«. Als Kind war für mich die Welt relativ einfach strukturiert: »Die Amis« waren unsere Beschützer und »die Russen« unsere ständigen Bedroher bei den regelmäßigen »Berlin-Krisen«, angefangen mit der »Blockade« 1949. »Russland« und der real existierende Kommunismus begegneten mir bei jeder Fahrt von West-Berlin nach Ost-Berlin und nach Westdeutschland durch die »Zone«, die angesichts der Insellage von Berlin unumgänglich war. Für mich sind die »Grenzüberschreitungen« affektiv grundlegend mit tiefster Angst kontaminiert: Angst vor »den Russen« mit ihren Maschinengewehren und Panzern, Angst vor »den Vopos«, deren Willkür ich mich ohnmächtig ausgeliefert fühlte. Jederzeit konnte man verhaftet und inhaftiert werden, wie ich es bei Mitreisenden mehrmals auf solchen Fahrten erlebt habe. Im November 1956 hingen wir vor dem Radio und verfolgten gebannt den »Ungarn-Aufstand«, bis er nach Tagen aufkeimender Hoffnung in Budapest schließlich genauso von Panzern niedergewalzt wurde wie zuvor am 17. Juni 1953 der Aufstand in Ost-Berlin, 1968 der in Prag und 1989 der auf dem »Platz des himmlischen Friedens« (!) in Peking.

Mein Vater nahm mich mit auf die großen Mai-Kundgebungen, die immer auch eine Demonstration für den Freiheitswillen der Berliner waren. Ich habe solche Massenveranstaltungen vor dem zerbombten Reichstagsgebäude lebendig vor Augen.

Zu Beginn meiner Gymnasialzeit 1958 trat ich in dieselbe katholische Jugendgruppe *(Bund Neudeutschland)* ein, bei der mein Vater auch Mitglied war. Zu den von den Nationalsozialisten umgebrachten Märtyrern dieser Jugendorganisation gehörten Pater Alfred Delp (SJ) und Willi Graf, Mitglied der Widerstandsgruppe »Weiße Rose«. Spätestens seit jener Zeit war ich sehr bewusst auch mit diesem Teil der deutschen Geschichte vertraut.

Als Walter Ulbricht dann am 13. August 1961 die »Mauer« bauen ließ, war das Maß für meine Eltern voll – in den Jahren zuvor gab es mehrfach Überlegungen zur Übersiedlung nach Westdeutschland – und wir zogen 1962 nach Freiburg – nomen est omen – um. Der schmerzliche Verlust von Heimat, Verwandten und Freunden aber machte mich lange traurig. 1965 gründete mein Vater in Freiburg zusammen mit Hans Goeppert und Walter J. Schraml das *Psychoanalytische Seminar Freiburg (DPV)*.

Mein Psychologiestudium (1967–1972) in Freiburg fiel in eine politisch bewegte Zeit. Mein 19. Geburtstag ist unauslöschlich mit der Erschießung des Studenten Benno Ohnesorg in Berlin durch den Polizisten Karl-Heinz Kurras im Anschluss an die Demonstration gegen den Schah von Persien verschweißt. Im August 1968 verteilten wir am Bertoldsbrunnen in Freiburg Flugblätter gegen den Einmarsch der Truppen des *Warschauer Pakts* in die damalige Tschechoslowakei, die schließlich den Versuch von Alexander Dubček einen »Sozialismus mit menschlichem Gesicht« ins Leben zu rufen, mit ihren Panzern brutal niederwalzten.

Das immer stärkere Bewusstwerden der Atombombenabwürfe auf Hiroshima und Nagasaki am Ende des Zweiten Weltkrieges, die fortwährenden Rassenunruhen in den USA, die Ermordung der Kennedy-Brüder und der Vietnamkrieg, der in meiner wie in vielen Familien zwischen den Generationen lebhaft und heftig diskutiert wurde, der von der CIA organisierte Putsch gegen den demokratisch gewählten chilenischen Präsidenten Salvador Allende und Ähnliches mehr zerstörten dann endgültig meine aus Kindheitstagen stammende Idealisierung »der Amerikaner«.

Prägend für mich waren in meiner Studienzeit Begegnungen bei den Internationalen Jugendtreffen in Taizé.

Im vergleichsweise unverschulten Psychologiestudium konnten wir – eine kleine an der Psychoanalyse interessierte Gruppe – zu dieser Zeit in ganz vielen Fächern psychoanalytische Inhalte einbringen. Der mir dadurch zugewachsene psychoanalytische Wissensfundus stand mir dann zu Beginn meiner psychoanalytischen Ausbildung ab 1974 am liberalen *Psychoanalytischen Seminar Freiburg (DPV)* – im Kontrast zu vielen meiner medizinischen Kolleginnen und Kollegen – schon zur Verfügung.

Mein Vater fand es immer wichtig, die Psychoanalyse auch »interdisziplinär« zu verankern. So gab es vom »Psychoanalytischen Seminar« aus intensive Kontakte und Arbeitsgruppen verschiedenster Art mit Jugendkriminologen, Juristen, Pädagogen, Philosophen, Psychologen, Sprachwissenschaftlern und Theologen, um nur einige zu nennen. Die Identifikation mit diesem Bemühen meines Vaters, die Schätze der Psychoanalyse mit anderen zu teilen, führte bei mir schon früh zu publizistischer und Vortragstätigkeit nicht nur im engeren psychoanalytischen Bereich, sondern gerade auch im öffentlichen, nichtanalytischen Raum. Im Jahre 1970 leiteten mein Vater und ich, damals noch Psychoanalyse interessierter Psychologiestudent, gemeinsam ein »Humanistisches Seminar« im *Katholischen Bildungswerk Freiburg* über »Das Menschenbild der Psychoanalyse« und »Psychoanalyse in der praktischen Anwendung«. Von meinem Vater lernte und übernahm ich die Vorstellung einer »Psychoanalyse mit menschlichem Gesicht«, sodass mir, als ich 1982 vom *Psychoanalytischen Seminar Freiburg* in die *Psychoanalytische Arbeitsgemeinschaft Köln-Düsseldorf* wechselte, der Ruf eines »unorthodoxen orthodoxen Psychoanalytikers« vorauseilte. Damit konnte ich mich gut identifizieren.

Ab den 70er Jahren beschäftigte ich mich neben klinischen Fragestellungen unter anderem mit »Sozialpsychologischen Aspekten einer demokratischen Erziehung« (1970), »Anpassung und Widerstand – Probleme der Selbstfindung« (1974), »Verzicht – noch zeitgemäß – oder wieder?« (1975), anlässlich einer tödlich ausgegangenen »Teufelsaustreibung« (»Fall Klingenberg«) mit: »Eine Teufelsneurose im 20. Jahrhundert« (1977), »Psychologische Überlegungen über die Ursachen extremen politischen Verhaltens« (1981a), »Massenpsychologie und Ich-Analyse« (1981b), »Verweigerung, um lebendig zu bleiben. Thesen zur JugendBEWEGUNG aus der Sicht des Psychoanalytikers« (1981c).

Auch im Rahmen meines Lehrauftrages für »Grenzgebiete zwischen Psychotherapie und Seelsorge« an der Theologischen Fakultät der *Albert-Ludwigs-Universität Freiburg* (1975–1980) nahm ich immer wieder zu anthropologisch-gesellschaftlichen Fragen Stellung.

Meine Teilnahme an einem Ereignis der 70er Jahre ist mir unvergesslich und rührt mich noch heute zu Tränen: Das war der Vortrag des brasilianischen Erzbischofs, des »roten Kardinals« Dom Hélder Câmara, welchen er nach der

Verleihung des *Alternativen Nobelpreises* im Jahre 1974 in Freiburg hielt. Mitten in der antiautoritären Phase, in der jede »Autorität« erst einmal verdächtig war und kritisch hinterfragt wurde, drängten sich im völlig überfüllten Audimax der Universität Freiburg schätzungsweise 2.500 überwiegend junge Menschen. Als dieser bescheidene, kleine Mann durch eine der Seitentüren in den Raum trat, erhob sich die Menge wie ein Mann, um dieser »Autorität« Respekt zu bezeugen und ihm lange, lange Minuten zu applaudieren.

1987 unternahmen meine Frau und ich eine organisierte Reise durch die damalige DDR. Dabei machte ich eine Erfahrung, die mich ganz nahe an das führte, was man unter »Verrücktwerden« einordnen könnte. Im Fach »Heimatkunde« während meiner Grundschulzeit in Berlin kam auch der Spreewald vor. Dieses Gebiet, das ja geografisch gar nicht weit von Berlin entfernt ist, war aber aufgrund der politischen Verhältnisse für uns »West-Berliner« völlig unzugänglich. Ich fand als Kind die Bilder mit den Kanälen und Kähnen hochinteressant und begehrenswert. Sie waren aber gleichzeitig innerlich mit dem unverrückbaren Zusatz versehen: »Da wirst du niemals in deinem Leben hinkommen.« Als ich nun 39-jährig auf unserer DDR-Reise in einem dieser Spreewald-Kähne saß, überkam mich ein heftiges Gefühl, »verrückt« zu werden. So sehr hatte sich dieses »Da kommst du niemals im Leben hin« aus meiner Kindheit in meine Psyche eingebrannt, dass ich die mir in diesem Moment begegnende neue Realität zunächst überhaupt nicht in mein Weltbild integrieren konnte und von starker Angst überflutet wurde: »Jetzt wirst du verrückt.« Seit dieser Erfahrung kann ich vergleichbare Gefühle und Äußerungen meiner Patienten viel besser nachvollziehen.

Nachdem ich am 9. November 1989 von einer Veranstaltung zum Jahrestag der »Reichspogromnacht« in unserem »Kölner DPV-Institut« zurückgekommen war und auf dem Rückweg im Radio von der »Maueröffnung« gehört hatte, saßen meine Frau und ich zutiefst bewegt bis in die Morgenstunden am Fernseher und verfolgten die unglaublichen Bilder aus Berlin.

In der »Wendezeit« 1989 erschallte für kurze Zeit der hoffnungsvolle Ruf: »Wir sind das Volk.« Aber ganz bald wurde er unter Bergen von Bananen und der Verheißung »blühender Landschaften« (Helmut Kohl) erstickt. Die »neue Freiheit« bestand vor allem in der Auswahlmöglichkeit zwischen 25 verschiedenen Waschmitteln und zehn Nachspülmitteln. Am markantesten wird die »Wende« dadurch illustriert, dass in vielen Orten der ehemaligen DDR Jugendtreffs der FDJ eilfertig in »Supermärkte« umfunktioniert – und die Jugendlichen von heute auf morgen auf die Straße gesetzt wurden. Muss man sich da noch wundern, wenn sich ein Teil dieser »vertriebenen, sich überflüssig fühlenden«, von den »Wessis« respektlos »entwerteten und ihrer Identität beraubten« jungen Menschen radikalisierte, eine »neue Heimat« bei den »Rechtsradikalen« suchte oder fremde Häuser, die Häuser der »Fremden« anzündete (u.a. in Lichtenhagen 1992 und Moelln 1992).

Seit meiner Studienzeit habe ich mich bemüht, in öffentlichen Vorträgen und Veröffentlichungen etwas von dem mir vermittelten Schatz psychoanalytischer Erkenntnisse weiterzugeben. Dabei war es immer mein Bestreben – auch darin ist der britische Psychoanalytiker Donald W. Winnicott mein Vorbild –, mich in einer Sprache zu artikulieren, die auch von Nicht-Psychoanalytikern verstanden wird. Aus diesem Bemühen ist dann schließlich 1999 zusammen mit meiner Düsseldorfer Kollegin Laura Viviana Strauss das *Kleine Wörterbuch der Psychoanalyse* entstanden. Sein ausgesprochenes Anliegen ist es, die wichtigsten psychoanalytischen Begriffe und Konzepte in einer allgemeinverständlichen Sprache auszudrücken. Das entscheidendste Essential meiner psychoanalytischen Ausbildung bzw. der Psychoanalyse ist für mich der »Respekt vor der Eigenheit des Individuums«, der auch die »Voraussetzung empathischen und solidarischen Handelns« ist.

Für den hier vorgelegten Band wurden die ursprünglichen Texte nur geringfügig überarbeitet, um den historischen Kontext ihrer Entstehung nicht zu verleugnen und eine Entwicklung zu verdeutlichen. Die Entstehungszeit der einzelnen Arbeiten erstreckt sich immerhin über einen Zeitraum von mehr als 35 Jahren. Aus diesem Grunde sind einige Wiederholungen von Denkfiguren, Zitaten und Textpassagen unvermeidlich[3]. Sie machen aber vielleicht auch einige mentale »rote Fäden«, die meine Arbeiten miteinander verbinden, deutlicher. Jedes Kapitel ist so in sich eine geschlossene Gestalt und auch als einzelnes zu lesen.

Die nicht ihrer historischen Entstehung folgende Anordnung der Texte unter spezifischen Themenbereichen entspricht einer bestimmten inneren Logik und Systematik.

---

3 Der Leser wird in meinen Texten sehr viele Zitate finden. Mir ist es schon immer wichtig gewesen, mich nicht »mit fremden Federn zu schmücken«, sondern, soweit möglich, redlich auf die Urheber und Beiträger zu meinen eigenen Gedanken hinzuweisen. In den »Zeiten des Plagiats« finde ich mich in meinem Anliegen nur bestätigt.

Ich beginne mit einer Reverenz an zwei der für meine psychoanalytische Sozialisation wichtigsten Vorbildfiguren, die meine psychoanalytische Identität, auch in ihren politischen Aspekten, mit geprägt haben: Sigmund Freud und Donald W. Winnicott. Daneben zählen Alexander Mitscherlich und der jüngst verstorbene Horst-Eberhard Richter in ihrem politischen Engagement zu wichtigen Identifikationsfiguren für mich.

Anfang der 80er Jahre des vergangenen Jahrhunderts setzte im Anschluss an den von Paul Parin und anderen erhobenen Vorwurf einer zu starken »Medizinalisierung« (Dahmer 1983, S. 27), eines »Medicozentrismus« (Parin 1978b) der Psychoanalyse auf Kosten ihrer kulturkritischen (mit anderen Worten: politischen) Funktion in der deutschsprachigen psychoanalytischen Community eine heftige Debatte um das Selbstverständnis der Psychoanalyse ein (vgl. Lohmann 1983, 1984). Auch in diesen Diskurs gehört meine Arbeit über den »politischen« Freud. Am 21. September 1989 jährte sich zum 50. Mal der Todestag von Sigmund Freud. Neben anderen Vorträgen zu seiner Person und zu seinem Werk entstand aus diesem Anlass auch »Die Mär vom ›unpolitischen‹ Freud« (Auchter 1989b). Es war für mich eine sehr berührende Erfahrung, im Oktober 2008 mein Freud-Referat im Rahmen einer Auslandstagung der *Katholischen Akademie Mülheim* »Die Wolfsburg« in London im letzten Haus von Sigmund Freud in »Maresfield Gardens 20« vortragen zu dürfen.

Ende der 80er Jahre kam es im Institut der *Psychoanalytischen Arbeitsgemeinschaft Köln-Düsseldorf* zu einer »Spaltung« in zwei örtliche Ausbildungsausschüsse. Da ich nicht bereit war, mich einer der Gruppen anzuschließen, weil diese jeweils für sich beanspruchten, die »richtige Psychoanalyse« zu vertreten und entsprechende Parteilichkeit erwarteten, suchte ich mir eine mentale Nische zum Überleben. Ich beschloss, gewissermaßen meine »persönliche middle group« zu gründen. In der Folgezeit setzte ich mich intensiv mit dem Werk von Donald W. Winnicott auseinander, einem der herausragenden Vertreter der britischen »middle group« im Spannungsfeld der »Anna-Freud-Melanie-Klein-Kontroverse«, die die britische *Psycho-Analytical Society* in den 40er Jahren des vergangenen Jahrhunderts zu sprengen drohte. Aus diesem Kontext stammt der Text »Der ›politische‹ Winnicott« (1990/2002).

Danach möchte ich gewissermaßen als anthropologische Grundlegung meiner weiteren Überlegungen unter dem Themenkomplex »Eine Psychoanalyse mit menschlichem Gesicht« zunächst »Ein Menschenbild der Psychoanalyse

– und seine berufspolitischen und politischen Gefährdungen« (2006) skizzieren. Anschließend weite ich diese Gedanken unter »Psychoanalyse zwischen Emanzipation, Effizienz, Euro und Entfremdung« (2002) aus.

Im Abschnitt »Denk ich an Deutschland …« befasse ich mich in zwei Arbeiten mit Deutschland und seiner jüngeren Geschichte. 1995 jährte sich zum 50. Mal die »Befreiung« von »Auschwitz«. Vorträge zu diesem Themenbereich führten zu einem ersten Artikel, nämlich »Jenseits des Versöhnungsprinzips. Die Grenzen des Erinnerns« (1997b) in der Zeitschrift *UNIVERSITAS*. Eine Erweiterung davon bildet der hier abgedruckte grundlegende Text »Erinnerung – Über den schwierigen Weg, sich der eigenen Vergangenheit anzunähern« (2000/2004). Er wurde zuerst im Jahre 2000 im *Mecklenburger Arbeitskreis Psychosomatik & Psychotherapie* in Bad Stuer vorgetragen. Es folgt mit »›Die Enkel des 20. Juli‹. Zur Bedeutung von Vergangenheit und Generationenfolge für die Gegenwart« (2004f) eine weitere Arbeit mit dem Fokus auf der nationalsozialistischen Vergangenheit. Sie wurde zuerst auf einer Tagung der *Katholischen Akademie Mülheim* »Die Wolfsburg« im Jahre 2004 vorgetragen.

Den nächsten Schwerpunkt bildet sodann das Thema »Kindheit, Jugend, Gesellschaft und Gewalt«. Wieder beginne ich mit grundlegenden psychoanalytisch-pädagogischen Überlegungen unter der Überschrift »Zur Kritik der antiautoritären Erziehung« (1973). Meine 1972 unter demselben Titel verfasste Diplomarbeit im Fach Psychologie wurde 1973 im Freiburger *Lambertus Verlag* veröffentlicht. Erst viele Jahre später erfuhr ich bei einer Wiederbegegnung mit der sich mittlerweile ebenfalls in psychoanalytischer Ausbildung befindlichen Franziska Henningsen – mit ihr zusammen hatte ich in Freiburg das Grundstudium in Psychologie absolviert –, dass sie im selben Jahre 1973 unter dem Titel *Kooperation und Wettbewerb. Antiautoritär und konventionell erzogene Kinder im Vergleich* ebenfalls ein Buch zur antiautoritären Erziehung veröffentlicht hatte.

Seit Anfang der 90er Jahre des letzten Jahrhunderts beschäftigt mich unter verschiedenen Perspektiven immer wieder die Frage der »Gewalt«. 1994 wurde ich zu einer Sendung der Redaktion »Kirche/Religion/Gesellschaft« des Saarländischen Rundfunks eingeladen. Der Sendetext »Das eigene Böse und das böse Fremde« (1994c) bildet die Grundlage meiner weiteren psychoanalytischen Überlegungen zu diesem Thema. Nach den pädagogischen Grundüberlegungen entwickle ich eine psychoanalytische Perspektive auf »Gewalt und Widerstand« (2003c). Der folgende Artikel befasst mit der »Gewalt als Zeichen von Hoffnung? Zur psychoanalytischen Theorie der jugendlichen Gewalt bei D.W. Winnicott« (2002d). In »Täter und Opfer zugleich« (2006d) versuche ich, auf diesem Hintergrund einen Beitrag zum psychoanalytischen Verständnis adoleszenter terroristischer Selbstmordattentäter zu leisten.

In dem sich anschließenden größeren Abschnitt setze ich mich mit den »narzisstischen Wurzeln des Fundamentalismus« auseinander. Mein Wissen um die ideologischen Verblendungen der Menschen in der Zeit des Nationalsozialismus, meine kindlichen und jugendlichen persönlichen Erlebnisse mit dem »real existierenden Kommunismus« und meine »politischen« Erfahrungen[4] während der Zeit meines Studiums der Psychologie (1967–1972) haben mich sensibilisiert für ideologische Phänomene. Dementsprechend beginne ich mit einem Essay über die kritische Selbstauseinandersetzung ehemaliger K-Gruppen-Mitglieder (Varianten kommunistischer Parteien) unter dem Titel »Ideologisierung als psychopathologisches Phänomen – Oder: Wie werde ich ein Sektierer?« (1980). »Ideologien« (z.B. religiöse oder politische) erhalten für mich nur eine Legitimation, wenn sie sich selbst drauf beschränken, den Menschen »geistige Angebote« zu vermitteln, sich und ihre Welt besser zu verstehen und zu bestehen. Sobald sie einen »Alleinvertretungsanspruch« erheben und keinen »Möglichkeitsraum« (Winnicott) mehr freihalten für die »Andersartigkeit des Anderen« (Lévinas), mutieren sie zum »Fundamentalismus« und werden damit potenziell gewalttätig und destruktiv. Entsprechend bemühe ich mich sodann um ein psychoanalytisches Verständnis für einen kollektiven Suizid unter einem amerikanischen Sektenführer in dem »Versuch, Jim Jones besser zu verstehen. Psychoanalytische Überlegungen zur Verschränkung zwischen individuellem und kollektivem destruktiven Wahn« (2004e).

Es folgt eine grundlegende Arbeit über »Angst, Hass, Gewalt und Fundamentalismus. Psychoanalytische Überlegungen zu den Ursachen und Folgen des Terrors« (2003b), die im Anschluss an die Geschehnisse des »11. September 2001« zunächst als Vortrag in einer Veranstaltungsreihe der *Psychoanalytischen Arbeitsgemeinschaft Köln-Düsseldorf* zum 1. Jahrestag der Terroranschläge

4 In meiner Studienzeit und danach war ich nie so stark »links« orientiert, dass ich später, wie manche meiner Kommilitonen, nachdem sie nach einem »langen Marsch durch die Institutionen« ihren Lehrstuhl oder ihr politisches Amt erreicht hatten, so weit nach »rechts« abdriften musste wie sie! Das in ihrer »antiautoritären Phase« heftig bekämpfte »Autoritäre« feierte so Jahre später fröhliche Urständ!

im Jahre 2002 entstanden ist. Die hier abgedruckte Arbeit wurde kombiniert mit einem Text »Über Zusammenhänge zwischen Fundamentalismus, Terrorismus, Narzissmus und (anti)sozialem Verhalten« (2005), der zuerst auf einer einschlägigen Fachtagung der *Sektion AG im DAGG* im Februar 2005 in Bremen vorgestellt wurde.

Den nächsten Themenkomplex »Vorurteil, Rassismus und Antisemitismus« habe ich unter den Titel »Das fremde eigene Böse« gestellt. Ich beginne mit einem Text, der aus zwei Arbeiten zusammengeführt ist, nämlich »Die seelische Krankheit ›Fremdenfeindlichkeit‹ – oder: ›Das fremde eigene Böse‹« und »Zur Psychoanalyse von Fremdenangst und Fremdenhass« (1990/1991). Darauf folgend stelle ich Überlegungen an »Zur Psychoanalyse des Antisemitismus« (2003). Sie wurden zuerst auf der »DGPT-Tagung« über »Psychoanalyse des Glaubens« 2002 in Würzburg vorgetragen.

Eine mir wichtige Arbeit aus diesem Themenkomplex »›Warum ist immer der andere schuld?‹ Psychoanalytische Dimensionen des Nahostkonflikts« (Auchter 2003f), zuerst vorgetragen auf dem *4. Mülheimer Nahost-Gespräch* am 27. März 2003 in der *Katholischen Akademie* »Die Wolfsburg«, konnte aus Platzgründen nicht in diesen Band aufgenommen werden. Sie ist unter www.aixpaix/autoren/auchter/NahostPsychologie.pdf im Internet abrufbar.

Ebenso ist unter derselben Internetadresse die hier nicht aufgenommene Arbeit »Die Geschichte vom weißen Zebra – oder: Seelische Ursprünge des Rassismus« (Auchter 2010), ursprünglich vorgetragen beim *Aachener Friedenspreis* am 23. September 2010, abzurufen.

Anschließend geht es dann um den Themenbereich »Krieg und Frieden«. Am 10. Oktober 1981 nahmen meine Frau und ich zusammen mit etwa 300.000 Gleichgesinnten aus allen gesellschaftlichen Bereichen an der großen »Friedensdemonstration im Bonner Hofgarten« teil. Aus der Auseinandersetzung mit dem »Nato-Nachrüstungsbeschluss« entstand dann 1984 der Beitrag »›Sich weigern, Gott zu sein‹. Zur Psychoanalyse der Friedlosigkeit« (1984). Der Text wurde im Juli 1984 erstmals bei der Redaktion der *PSYCHE* eingereicht. Er wurde in der hier vorliegenden überarbeiteten Fassung am 19. Dezember 1984 als Vortrag in der Vorlesungsreihe »Verantwortung für den Frieden« an der RWTH Aachen gehalten, anschließend der *PSYCHE*-Redaktion erneut zur Verfügung gestellt und schließlich im Juli 1987 in der *PSYCHE* veröffentlicht.

Bald nach seiner Gründung im Jahre 1989 trat ich dem *Verein Aachener*

Friedenspreis bei, der jährlich deutsche und nichtdeutsche »Friedensaktivisten von unten« am 1. September, dem Tag des Kriegsbeginns, auszeichnet. Aufgrund interner, für mich nicht mehr tragbarer Entwicklungen des Aachener Friedenspreises habe ich den Verein zu meinem Bedauern nach über 20 Jahren im November 2011 verlassen müssen.

Nach dem Beginn des Irakkrieges im März 2003 fand über mehrere Wochen allabendlich nach der regulären Vorstellung im Stadttheater Aachen eine Vortrags- und Diskussionsveranstaltung unter dem Titel »Nach dem eisernen Vorhang – Forum für den Frieden« statt. Mein damaliger Vortrag trug den Titel »Kriegstraumatisierung von Kindern und anderen Kriegsteilnehmern« (2003e). Anlässlich der Aufführung des Theaterstücks *Schienen*, das sich mit den Auswirkungen des »Kosovo-Krieges« beschäftigt, wurde ich im Januar 2006 zu einer Diskussionsveranstaltung im Stadttheater Aachen eingeladen. Der Vortrag trägt den Titel »Friedlosigkeit in Nachkriegsgesellschaften. Traumatisierung und Verrohung« (2006e). Schließlich habe ich mich mit der Person eines »Kriegsherrn« unter dem Aspekt von Macht und Gewalt auseinandergesetzt: »Die Angst *vor* George W. Bush und die Angst *von* George W. Bush. Zur Psychoanalyse von Macht und Gewalt« (2006). Die Arbeit wurde zuerst 2006 vorgetragen in der *Psychoanalytischen Arbeitsgemeinschaft Köln-Düsseldorf* und dann auf den »9. Aachener Friedenstagen« 2008. Sie erschien 2007 in der Zeitschrift *Psychoanalyse im Widerspruch*.

Die abschließende aus zwei Urtexten zusammengefasste Arbeit aus dem Themenkomplex »Heil, Heilung und ihre Grenzen« versucht, einen realistischen Blick auf »Hoffnung wider alle Hoffnung« zu werfen. »Die Erfahrung des Bruchstückhaften und die Sehnsucht nach Ganzheit« wurde zuerst 2003 auf einer Tagung der *Katholischen Akademie Mülheim* »Die Wolfsburg« zum Thema »Heil und Heilung« vorgestellt und drei Jahre später publiziert (2006a). »Erlösung als Prozess« (2001) ist die erweiterte Fassung einer »Kanzelrede«, die unter dem Titel »Erlösung – oder doch lieber der Kick des Events« in der evangelischen Aachener *Anna-Kirche* am 28. Januar 2001 gehalten und ein Jahr später im *Balint-Journal* veröffentlicht wurde (2002c).

Für Ihre Hilfe bei der Kompilation des Gesamtliteraturverzeichnisses und anderen Korrekturarbeiten bedanke ich mich herzlich bei Britta Hommes, Julia Behrendt und Karin Behrendt. Der Lektorin des Psychosozial-Verlages Grit Sündermann danke ich für die erfreuliche, ebenso geduldige wie sorgfältige Zusammenarbeit bei der endgültigen Erstellung des Buches.

Last but not least möchte ich dem Verleger Hans-Jürgen Wirth herzlich für die Möglichkeit danken, hier wesentliche meiner »politischen« beziehungsweise »polit-psychoanalytischen« Arbeiten in gesammelter Form zu veröffentlichen.

Aachen, im Frühjahr 2012
Thomas Auchter

Korrespondenzadresse:
Dipl.-Psych. Thomas Auchter
Am Neuenhof 10
52074 Aachen
t.auchter@freenet.de

2.

Eine »Psychoanalyse mit menschlichem Gesicht«

Grundlegungen

Die Mär vom »unpolitischen« Freud (1989)

Jeder Psychoanalytiker und jede Psychoanalytikerin ist unvermeidlich von der Kultur und Gesellschaft, in der er oder sie aufgewachsen ist und lebt, geprägt. Seelische Erlebens- und Verhaltenweisen werden bestimmt durch angeborene Anlagen einerseits und Mitwelteinwirkungen andererseits. Freud (1905d, S. 141) hat für den Einigungsprozess zwischen biologischer und sozialer Natur schon früh den Begriff »Ergänzungsreihe« geprägt. Damit ist aber nicht nur das Bewusstsein des Menschen sozial und kulturell geformt, sondern es existiert darüber hinaus auch eine »gesellschaftliche Produktion von Unbewusstheit« (Erdheim 1982). Die Aufhebung von möglichst viel Unbewusstem und seine Verwandlung in Bewusstsein gehört zur Kernaufgabe des Psychoanalytikers[5]. Insofern ist er auch herausgefordert, zu brennenden Zeitproblemen zumindest innerlich, wenn nötig aber auch explizit, Stellung zu beziehen. Dabei ist zu berücksichtigen, dass Psychoanalyse im Sinne von Selbstanalyse immer auch zugleich Gesellschaftsanalyse ist und Gesellschaftsanalyse nicht ohne Selbstanalyse vorstellbar ist.

»Unpolitisch«?

In der biografischen Literatur hält sich die Mär vom *unpolitischen* Freud. Auf den Vorwurf, weder schwarz noch rot, weder Faschist noch Sozialist

5 Wenn hier und im gesamten Buch aus sprachökonomischen Gründen überwiegend die männliche Form gebraucht wird, sind immer in Gedanken die Frauen mit eingeschlossen.

zu sein, soll er geantwortet haben: »Nein, man sollte fleischfarben sein – von der Farbe gewöhnlicher Menschen« (zit. n. Clark 1981, S. 551). Und an Arnold Zweig schrieb er im November 1930: »Ich bleibe ein Liberaler vom alten Schlag« (Brief an A. Zweig vom 26.11.1930; Freud/Zweig 1984, S. 33). Seine grundsätzliche Skepsis gegenüber der Politik hindert Freud jedoch nicht daran, bei notwendiger Gelegenheit Farbe zu bekennen. So rötet sich seine Fleischfarbenheit tief, als er 1927 vor den österreichischen Nationalratswahlen zusammen mit Alfred Adler, Anton von Webern, Alma Mahler-Werfel, Franz Werfel, Robert Musil und anderen einen öffentlichen Wahlaufruf zugunsten der Sozialdemokraten unterschreibt (Markus 1989, S. 297, 112). Darin heißt es unter anderem: »Wesen des Geistes ist vor allem Freiheit, die jetzt gefährdet ist, und die zu schützen wir uns verpflichtet fühlen« (Ich danke Georg Markus für die Kopie des Beleges aus der Wiener *Arbeiter Zeitung* vom 20.04.1927).

Freud beurteilte seine Zeitgenossen illusionslos und nüchtern, die meisten hielt er für »im großen und ganzen doch elendes Gesindel« (Brief an A. Zweig vom 02.12.1927; Freud/Zweig 1984, S. 11), »ob sie sich laut zu dieser, jener oder gar keiner ethischen Lehre bekennen« (Brief an O. Pfister vom 09.10.1918; Freud/Pfister 1963, S. 62). Den Begriff »Gesindel« benutzt Freud auch bei seiner Darstellung des Streites während einer Zugfahrt mit antisemitisch eingestellten »Christen« (Brief an M. Bernays vom 16.12.1883; E. L. Freud 1968, S. 59f.). Was seinen Zorn erregte, war die Heuchelei. Seine Intoleranz richtete sich gegen falsche Toleranz (Reik 1976, S. 22). So schreibt er nach einem Besuch der Oper *Carmen* an seine Braut Martha Bernays:

> »Das Gesindel lebt sich aus und wir entbehren. Wir entbehren, um unsere Integrität zu erhalten, wir sparen mit unserer Gesundheit, unserer Genussfähigkeit, unseren Erregungen […]. Wir empfinden auch tiefer und dürfen uns darum nur wenig zumuten; […] warum verlieben wir uns nicht jeden Monat aufs Neue? Weil bei jeder Trennung ein Stück unseres Herzens abgerissen wurde, warum machen wir uns nicht jeden zum Freund? Weil uns sein Verlust oder sein Unglück bitter betreffen würde. So geht unser Bestreben mehr dahin, Leid von uns abzuhalten, als uns Genuss zu verschaffen, und in der höchsten Potenz sind wir Menschen« (Brief an M. Bernays vom 29.08.1883; E. L. Freud 1968, S. 37f.).

Allerdings sagt Freud dies nicht mit der Borniertheit des Privilegierten, sondern mit der Überlegenheit des Wissenden, wenn er seinen Worten in den folgenden Zeilen nachschickt, dass eine derartige Grundhaltung Freiheit und Geschütztheit vor grobem Elend und gesellschaftlichen Übeln zur Voraussetzung habe, denen das einfache Volk, die Armen der Gesellschaft, schutzlos ausgeliefert sei (derselbe Brief; ebd., , S. 38). Und Freud (1930a, S. 472) weiß, wovon er spricht, denn er selbst stammt aus relativ ärmlichen Verhältnissen.

»Kampfeslust«

Im Juni 1936 gebraucht Freud das Wort »Gesindel« erneut: »Österreichs Weg zum Nationalsozialismus scheint unaufhaltbar. Alle Schicksale haben sich mit dem Gesindel verschworen« (Brief an A. Zweig vom 22.06.1936; Freud/Zweig 1984, S. 142).

Auf einer Wanderung – Sigismund ist zwischen zehn und zwölf Jahren alt – erzählt ihm sein Vater die folgende Begebenheit:

> »Als ich ein junger Mann war, bin ich in deinem Geburtsort am Sabbat in der Straße spazieren gegangen, schön gekleidet, mit einer neuen Pelzmütze auf dem Kopf. Da kommt ein Christ daher, haut mir mit einem Schlag die Mütze in den Kot, und ruft dabei: Jud, herunter vom Trottoir! ›Und was hast du getan?‹ Ich bin auf den Fahrweg gegangen und habe die Mütze aufgehoben, war die gelassene Antwort.«

Und Freud fährt fort, dass ihm dies gar nicht heldenhaft erschien »von dem großen starken Mann, der mich Kleinen an der Hand führte« (Freud 1900a, S. 203). Im Gegensatz zur gemeinen Lesart (z.B. Clark 1981, Krüll 1979, Roazen 1976) betrachte ich das als eine höchst vieldeutige Szene. Einerseits zeugt die gelassene Reaktion des Vaters von innerer Sicherheit und Souveränität, und nicht primär von Schwäche und Unterwerfungsbereitschaft. Andererseits ist verständlicherweise das gelassene Nicht-Handeln seines Vaters für den feurigen Frühpubertierenden Sigismund unerträglich. Und so flüchtet er sich in die Fantasie vom Semiten Hamilkar Barkas, der seinen Sohn Hannibal schwören lässt, Rache an den Römern zu nehmen (Freud 1900a, S. 203).

Freuds »Kampfeslust« (Roazen 1976, S. 50) zeigt sich schon früh in den kindlichen Auseinandersetzungen mit seinem um ein Jahr älteren Neffen John: »Ich habe ihn ge(sch)lagt, weil er mich ge(sch)lagt hat«, antwortet der Zweijährige selbstbewusst auf eine entsprechende Frage seines Vaters (Freud

1900a, S. 428). »Dieser Neffe und mein jüngerer Bruder bestimmen nun das Neurotische, aber auch das Intensive an allen meinen Freundschaften« (Brief an W. Fließ vom 03.10.1897; Freud 1986, S. 289). »Ein intimer Freund und ein gehasster Feind waren immer notwendige Erfordernisse meines Gefühlslebens« (Freud 1900a, S. 487). Auf diesem Hintergrund sind sicher Freuds diverse intensive (Männer-)Freundschaften zu verstehen, die sich in einer ganzen Reihe von Fällen in intensive Feindschaften verwandelten (Breuer, Fließ, Adler, Stekel und auch C. G. Jung; vgl. Gay 1989, S. 276).

Das findet auch in einer Fehlleistung Ausdruck, als er an Fließ von seiner unverringerten »Rauflust« (statt »Rauchlust«) schreibt (Masson 1988, S. 61; vgl. auch Schur 1973, S. 62).

Ich war

> »schon in der Schule immer ein kühner Oppositionsmann, war immer dort, wo es ein *Extrem* zu *bekennen* und in der Regel dafür zu büßen galt [...]. Mir war oft so, als hätte ich den ganzen *Trotz* und die ganze *Leidenschaft* unserer Ahnen, als sie ihren Tempel verteidigten, geerbt« (Brief an M. Bernays vom 02.02.1886; E. L. Freud 1968, S. 125. kursiv T. A.).

Bezeichnenderweise geht Freud mit diesem Gedanken in die »Frühgeschichte« des Judentums zurück, denn das traditionelle (Ost-)Judentum seiner Zeit ist eher durch eine Grundhaltung der Passivität und Unterwerfungsbereitschaft charakterisiert (vgl. Federn 1989, S. 91; Roith 1987, S. 80ff.). Auch Freuds ältester Sohn Martin betont, dass sein Vater »sich im Grunde seines Herzens immer als ›Rebell gegen die Konventionen‹ gefühlt hatte« (M. Freud 1999, S. 42). Die Bereitschaft, in die Opposition zu gehen, sieht Freud in einem Dankesbrief an die liberale jüdische Loge »B'nai B'rith«, der er seit 1887 angehört, als identitätsstiftende Charaktereigenschaft an (Freud 1926j, S. 52). Später wird er sie als einen Wesenszug der Psychoanalyse herausstellen: Sie sei »in der Opposition gegen alles konventionell Eingeschränkte, Festgelegte, allgemein Anerkannte« (Freud 1941d, S. 28). Das bedeutet aber, dass die Psychoanalyse sich von ihrer Grundlage her wenig zur Verfestigung des Bestehenden eignet; sie steht vom Prinzip her quer zu allen Formen der Herrschaft von Menschen über Menschen.

40 Jahre später wird Freud seine Erfahrungen in der Formel verdichten: »Die Entscheidung, wann es zweckmäßiger ist, seine Leidenschaften zu beherrschen und sich vor der Realität zu beugen, oder deren Partei zu ergreifen

und sich gegen die Außenwelt zur Wehr zu setzen, sind das Um und Auf der Lebensklugheit« (Freud 1926e, S. 228).

Jedoch wird auch an Freuds eigener Person deutlich, wie schnell einen die Lebensklugheit verlassen und die Leidenschaften, die »explosivsten Kräfte« (Freud 1915a, S. 320), wie er einmal formulierte, übermannen können. Freuds Kampfgeist kann zu unerbittlicher Härte und Unversöhnlichkeit entarten. So kann er angesichts der Trennung seines ehemaligen »Kronprinzen« C. G. Jung 1914 ein »Hurrah nicht unterdrücken« (Brief an K. Abraham vom 18.07.1914; Freud/Abraham 1965, S. 178): »So sind wir sie denn endlich los, den brutalen, heiligen Jung und seine Nachbeter« (Brief an K. Abraham vom 26.07.1914; ebd., S.180). Und zynisch und würdelos kommentiert Freud den Tod des anderen »Abtrünnigen« Alfred Adler 1937: »Für einen Judenbuben aus einem Wiener Vorort ist ein Tod in Aberdeen, Schottland, eine unerhörte Karriere und ein Beweis, wie weit er es gebracht hat« (zit. n. Jones 1962, III, S. 255).

Antisemitismus

Nachdem er schon in der gymnasialen Oberstufe mit antisemitischen Tendenzen seiner Klassenkameraden aneinandergerät (Freud 1900a, S. 202), wird Freud bei der Aufnahme seines Medizinstudiums an der Wiener Universität 1873 mit der »Zumutung« konfrontiert, »dass ich mich als minderwertig und nicht volkszugehörig fühlen sollte, weil ich Jude war« (Freud 1925d, S. 34). Auf einer Zugfahrt nach Leipzig gerät Freud 27-jährig in eine vergleichbare Streitsituation mit antisemitisch eingestellten »Christen« wie seinerzeit sein Vater. Freud weist seine Gegner zurecht und bietet dem einen an, sich seine handfeste Antwort bei ihm abzuholen:

> »Ich war ganz gefasst, ihn zu erschlagen, aber er kam nicht; dass ich nicht mitgeschimpft habe, freut mich; das muss man immer den Herren überlassen [...]. Ich glaube doch, ich habe mich brav gehalten und die mir zu Gebot stehenden Mittel mutig benützt, bin dabei nicht gemein geworden« (zit. n. E. L. Freud 1968, S. 59f.).

Am 02.01.1884 berichtet Freud seiner Braut Martha empört von seinen Erfahrungen im Allgemeinen Krankenhaus Wien.

> »So sieht die Humanität unserer Zeit aus […], die armen Teufel […] haben sie nicht als Kranke Anspruch auf mehr von dem, wovon die Gesellschaft sie ohne ihr Verschulden durch ihre eigene Misswirtschaft ausgeschlossen hat? Und was sind die Kosten solcher Einrichtungen, die den Ermatteten und Verlorenen eine menschenwürdig zugebrachte Frist geben könnten, im Vergleich zu den Kosten für alle Nichtigkeiten unserer europäischen Heere?« (zit. n. E. L. Freud et al. 1976, S. 103).

Freuds sozialkritische Haltung macht auch eine von Ernst Simmel überlieferte Begebenheit deutlich:

> »Als wir einmal über das Gelände des Sanatoriums gingen, gelangten wir zu der Stelle, an der ein großer Schäferhund angekettet war. Ich wusste, dass er bösartig war und nur nachts freigelassen wurde, um das Grundstück zu bewachen.
>
> Ich warnte Freud davor, sich ihm zu nähern. ›Bleiben Sie bitte von dem Hund weg, Herr Professor. Er ist sehr bösartig‹. Freud schenkte mir ein mildes, mahnendes Lächeln, ging ruhig auf den Hund zu und ließ ihn frei. Während das riesige Tier dankbar an dem eher zarten Gelehrten hochsprang und er seinen neuesten Anhänger liebevoll tätschelte, sagte Freud zu mir: ›Wenn Sie ihr Leben lang an der Kette lägen, wären Sie auch bösartig!‹« (zit. n. R. Jacoby 1985, S. 87).

Michael Balint (1966, S. 66) hat diesen Gedanken später auf die knappe Formel »Man wird schlecht durch Leiden« gebracht. Allerdings ist dies nicht die einzige Möglichkeit, auf Leiden zu reagieren, wie Freud aus seiner eigenen Geschichte weiß. Und so kann er formulieren: »Solange der Mensch leidet, kann er es noch zu etwas bringen« (Brief an L. Andreas-Salomé vom 17.02.1918; Freud/Andreas-Salomé 1980, S. 83). Und deshalb ist in einer Psychoanalyse schon viel damit gewonnen, »hysterisches Elend in gemeines Unglück zu verwandeln« (Freud 1895d, S. 312).

Verhältnis zum Ersten Weltkrieg

Freuds Haltung gegenüber dem Ersten Weltkrieg (hauptsächlich aus seinem Briefwechsel mit Karl Abraham abzulesen) mutet eigentümlich zwiespältig an. Den zu diesem Zeitpunkt 58-Jährigen ergreifen, wie es vielen Menschen seiner Zeit ergeht, ungewohnt patriotische und heroische Gefühle. Die Kriegserklärung kommentiert er im Juli 1914 wie folgt:

> »Ich fühle mich aber vielleicht zum ersten Mal seit 30 Jahren als Österreicher und möchte es noch einmal mit diesem wenig hoffnungsvollen Reich versuchen [...]. Die Stimmung ist überall eine ausgezeichnete. Das Befreiende der mutigen Tat, der sichere Rückhalt an Deutschland tut viel dazu« (Brief an K. Abraham vom 26.07.1914; Freud/Abraham 1965, S. 180).

»Ich wäre von Herzen dabei, wenn ich nicht England auf der unrechten Seite wüsste« (Brief an K. Abraham vom 02 08.1914; ebd., S. 184). »Ich lebe wie die übrigen von einem deutschen Sieg zum anderen« (Brief an K. Abraham vom 25.08.1914; ebd., S. 106). »Wir haben an den deutschen Siegen einen festen Halt für unsere Stimmung gewonnen« (Brief an K. Abraham vom 03.09.1914; ebd., S. 188). Freud spricht »von dem Erfolg ›unserer‹ Anleihe« und diskutiert »die Chancen ›unserer‹ Millionenschlacht« (Brief an K. Abraham vom 22.09.1914; ebd., S. 190). »Alles Interesse konzentriert sich auf die Ereignisse [...]. Mögen sie uns Sieg und damit Befreiung und Frieden bringen« (Brief an K. Abraham vom 18.02.1915; ebd., S. 202). »Mein Herz ist nicht hier. Nämlich bei den Dardanellen, wo sich vielleicht das Schicksal Europas entscheidet« (Brief an K. Abraham vom 04.03.1915; ebd., S. 204). »Unsere Bewunderung für unseren großen Bundesgenossen wächst täglich! [...] Freud spricht vom »so lange entbehrten Siegesjubel« (Brief an K. Abraham vom 04.05.1915; ebd., S. 212). Und später ist schließlich von der »Wirkung unserer schönen Siege« die Rede (Brief an K. Abraham vom 03.07.1915; ebd., S. 215).

Sah also Freud – wie Max Schur (1973, S. 344) meint – nicht die Schrift an der Wand? Ich meine, er hat sie schon wahrgenommen, wollte sie aber vielleicht nicht wahrhaben. Nur so ist auch verstehbar, wie Freud den Brief an Abraham am Tage der Kriegserklärung enden kann mit: »Ich wünsche Ihnen den ungetrübten Genuss der wohlverdienten Ferien« (Brief an K. Abraham vom 26.07.1914; ebd., S. 180)! Denn im Gegensatz zu der eben dargestellten Linie gibt es von Beginn an eine andere in seinen Briefen, in der sich meines Erachtens das – durch das oben Erwähnte – Unterdrückte und Verdrängte zum Ausdruck bringt. Nach der Kriegserklärung spricht er in einem weiteren Brief von »Flut und Ebbe von Hoffnung und Schrecken«, die »das seelische Gleichgewicht stören« (Brief an K. Abraham vom 29.07.1914; ebd., S. 181), und ebendort von »grausam schlechten [...] Stimmungen in dieser Zeit«. Auch ist von der »Welt, die so durchzittert ist« (Brief an K. Abraham vom 02.08.1914; ebd.,

S. 184), von der »großen und schrecklichen Zeit« (Brief an K. Abraham vom 25.08.1914; ebd., S. 186) und von der »in diesen Zeiten entfesselten Bestialität« (Brief an K. Abraham vom 22.09.1914; ebd., S. 190) die Rede. Im November 1914 schreibt Freud an Lou Andreas-Salomé: »Ich zweifle nicht daran, dass die Menschheit auch diesen Krieg verwinden wird, aber ich weiß sicher, dass ich und meine Altersgenossen die Welt nicht mehr froh sehen werden« (Brief an L. Andreas-Salomé vom 25.11.1914; Freud/Andreas-Salomé 1980, S. 22). Ferner schreibt er von der »langen Polarnacht, und man muss warten, bis die Sonne wieder aufgeht« (Brief an K. Abraham vom 25.01.1915; Freud/Abraham 1965, S. 201) und empfiehlt »Abwarten und durchhalten« (Brief an K. Abraham vom 30.12.1914; ebd., S. 200). Auch vermerkt er: »Es geht wüst zu in der Welt. Keine Aussicht auf ein schönes friedliches Ende« (Brief an K. Abraham vom 10.08.1916; ebd., S. 227). Seine Ängste und seine Sorge, z.B. die um seine Söhne auf dem Schlachtfeld, verdrängt Freud, wie viele seiner Zeitgenossen, hinter heroischem Patriotismus. In einem Brief zitiert Freud den Satz »Aus der Welt können wir nicht fallen« und fährt fort: »das ist die größte Sicherung« (Brief an K. Abraham vom 02.08.1914; ebd., S. 184). Die Herausgeber des Briefwechsels ordnen das Zitat einem Märchen von Ludwig Anzengruber zu, Freud selbst dem *Hannibal* Dietrich Christian Grabbes (Brief an L. Andreas-Salomé vom 30.07.1915; Freud/Andreas-Salomé 1980, S. 307; Freud 1930a, S. 422, Anm.). In der 16 Jahre nach besagtem Brief erschienenen Schrift *Das Unbehagen in der Kultur* stellt Freud es in den Kontext mit dem »Ozeanischen Gefühl« von Romain Rolland und fährt fort: »Für mich hat dies eher den Charakter einer intellektuellen Einsicht, gewiss nicht ohne begleitenden Gefühlston […]. An meiner Person konnte ich mich von der primären Natur eines solchen Gefühls nicht überzeugen« (ebd., S. 422).

Freuds Arbeit »Zeitgemäßes über Krieg und Tod« (1915b) stellt für mich ein intellektuelles Stück Selbstanalyse dar, das jedoch zunächst wegen der fortdauernden Realgefahr und der damit verbundenen Abwehrnotwendigkeit keine sichtbaren Konsequenzen für seine seelischen Strategien des Umgehens mit dem Geschehen hat. Seine Ankündigung dieser Arbeit gegenüber Abraham klingt recht merkwürdig. »Für die Imago schreibe ich sogar ein zeitgemäßes Gewäsch über Krieg und Tod, um den opferwilligen Verleger zu befriedigen. All dies geschieht natürlich mit innerem Widerstreben« (Brief an K. Abraham vom 04.03.1915; Freud/Abraham 1965, S. 205). Ist das nur ein Understatement, wie Abraham es auffasst (Brief an Freud vom 26.04.1915; ebd., S. 210)? Oder ist dieser Satz vielleicht Ausdruck von Freuds eigenem »Widerstand« gegen die Erkenntnisse seiner Arbeit, d.h. auch eine Abwehr gegen seine eigene Desillusionierung?

»Verwirrung der Intelligenz«, »Verlust der Unparteilichkeit des Wissenschaftlers«, »Hemmung der Leistungsfähigkeit« (Freud 1915b, S. 324f.), all das trifft auch auf Freud selbst zu. Was er (unbewusst) verleugnen muss, ist die Todesgefahr, konkret die für seine Söhne, Verwandten und Freunde. »Wir haben die unverkennbare Tendenz gezeigt, den Tod beiseite zu schieben, ihn aus dem Leben zu eliminieren« (ebd., S. 341). Zwar schreibt er noch im Juli 1914: »Wir sind überglücklich, dass keiner unserer Söhne und Schwiegersöhne persönlich betroffen ist« (Brief an K. Abraham vom 29.07.1914; Freud/Abraham 1965, S. 181). Kommentarlos berichtet er dagegen im August 1914 von der freiwilligen Meldung seines Sohnes Martin und der Einberufung seines Schwiegersohnes (Brief an K. Abraham vom 25.08.1914; ebd., S. 186). Im September des gleichen Jahres kommentiert er das Einrücken seiner Söhne Martin und Ernst wie folgt: »Für die Jungen bedeutet das nichts als eine Wunscherfüllung« (Brief an K. Abraham vom 03.09.1914; ebd., S. 188). Und im Dezember schreibt er: »Meine Söhne schreiben heiter und indifferent [...]. Sie sind ganz von der Ausbildung in Anspruch genommen« (Brief an K. Abraham vom 11.12.1914; ebd., S. 197). Er lässt sich scheinbar nicht ungern von den Uniformen seiner Söhne als »schmucken Korporal« (ebd., S. 201) oder »stolzen Lieutnants« (ebd., S. 227) blenden. Hierzu gibt es ein Foto, das den stolzen Freud mit seinen Söhnen zeigt (E.L. Freud et al. 1976, S. 211). Freud selbst scheint sich seine »Indifferenz«, d.h. seine Gefühlsabspaltung und Verdrängung, mit seiner Sorge um Publikationen und Weiterentwicklungen seiner Theorie erkaufen zu wollen. Sein wissenschaftliches Tätigsein soll wohl als »Regulativ« für die Gefährdung und Störung seines seelischen Gleichgewichts durch den Krieg dienen. Im Januar 1915 bringt er seine Besorgnis allerdings deutlich zum Ausdruck, als Martin auf den galizischen Kriegschauplatz abgeht: »Ich habe in aller Klarheit an den Zweifel gedacht, ob und wie wir ihn wiedersehen werden« (Brief an K. Abraham vom 25.01.1915; Freud/Abraham 1965, S. 201). 1926 schreibt Freud an Ludwig Binswanger:

> »Es ist richtig, ich habe eine geliebte Tochter im Alter von 27 Jahren verloren, aber dies vertrug ich merkwürdig gut. Es war das Jahr 1920, man war zermürbt durch das Kriegselend, durch Jahre darauf vorbereitet, zu hören, dass man einen Sohn oder gar drei Söhne verloren hat« (Freud/Binswanger 1992, S. 208).

Zurück bleibt aus dieser Erfahrung nichts als »Enttäuschung« (Freud 1915b, S. 325, 328).

Verhältnis zum Deutschtum

Während seines Studienaufenthaltes in Paris 1885/86 gerät Freud anlässlich einer Abendeinladung bei Charcot, seinem bewunderten Psychiater-Mentor, in eine politische Diskussion über einen möglichen Krieg mit Deutschland. Freud betont, dass er weder Deutscher noch Österreicher, sondern »Jude« sei, fügt aber an seine Braut Martha gerichtet hinzu: »Solche Gespräche sind aber immer sehr peinlich für mich, denn ich fühle was Deutsches sich in mir regen, was zu unterdrücken ich lange beschlossen habe« (Brief an M. Bernays vom 02.02.1886; E.L. Freud 1968, S. 126).

Hegt Freud im Ersten Weltkrieg noch die Illusion, »dass gerade diese Nation, die, in deren Sprache wir schreiben, für deren Sieg unsere Lieben kämpfen, sich am wenigsten gegen die Gesetze der menschlichen Gesittung vergangen habe« (1915b, S. 329; vgl. auch den Brief an L. Andreas-Salomé vom 25.11.1914; Freud/Andreas-Salomé 1980, S. 22f.), so wird er durch die »deutschen Barbareien« (Brief an A. Zweig vom 23.09.1935; Freud/Zweig 1984, S. 121) – ich denke da beispielhaft an die Zerstörung der weltberühmten Universität und Bibliothek von Leuven (vgl. Tuchmann 1984, S. 314ff.) – gründlich von seinem »furor teutonicus« (vgl. Clark 1981, S. 591) geheilt.

Einen gewissen Schlussstrich unter die »deutsche Frage« zieht Freud 1930:

> »Meine Sprache ist deutsch. Meine Kultur, meine geistigen Fähigkeiten sind deutsch. Ich betrachtete mich geistig als Deutscher, bis ich das Anwachsen antisemitischer Vorurteile in Deutschland und Deutschösterreich bemerkte. Seit jener Zeit betrachte ich mich nicht mehr als Deutschen. Ich ziehe es vor, mich einen Juden zu nennen« (zit. n. Roazen 1976, S. 505).

Sehr viel klarer ist dann Freuds Position zur Kriegsgefahr vor einem weiteren Weltkrieg. So unterwirft er sich nicht der Schimäre »Abstinenz«, sondern zögert keinen Moment, 1932 den öffentlichen Aufruf von Henri Barbusse »An die Ärzte aller Länder« zur Teilnahme am »Genfer Antikriegskongress« am 28.07.1932 zu unterschreiben (E.L. Freud et al. 1976, S. 262). »Deshalb rufen wir die Unterzeichnenden die Ärzte aller Länder auf, gegen den Krieg zu kämpfen.« Und in seinem bekannten Brief an Albert Einstein vom September desselben Jahres schreibt Freud schlicht und unzweideutig: »Ich glaube, der Hauptgrund, weshalb wir uns gegen den Krieg empören, ist, dass wir nicht anders können. Wir sind Pazifisten, weil wir es aus organischen Gründen sein müssen« (Freud 1933b [1932], S. 25).

Kommunismus als Beispiel für Ideologiekritik

Von seinem dialektischen Ansatz her wird dann auch Freuds Skepsis gegenüber jeglicher Form von Ideologie, sei sie religiös oder politisch motiviert (»Marxismus«), verständlicher.

> »In seiner Verwirklichung im russischen Bolschewismus hat nun der theoretische Marxismus die Energie, Geschlossenheit und Ausschließlichkeit einer Weltanschauung gewonnen, gleichzeitig aber auch eine unheimliche Ähnlichkeit mit dem, was er bekämpft. Ursprünglich selbst ein Stück Wissenschaft, in seiner Durchführung auf Wissenschaft und Technik aufgebaut, hat er doch ein Denkverbot geschaffen, das ebenso unerbittlich ist wie seinerzeit das der Religion« (Freud 1933a [1932], S. 194f.).

Schon in der *Zukunft einer Illusion* hatte Freud (1927c, S. 374) prophezeit:

> »Wenn Sie aus unserer europäischen Kultur die Religion wegschaffen wollen, so kann es nur durch ein anderes System von Lehren geschehen, und dies würde von Anfang an alle psychologischen Charaktere der Religion übernehmen, dieselbe Heiligkeit, Starrheit, Unduldsamkeit, dasselbe Denkverbot zu seiner Verteidigung.«

Unerbittlich unterzieht Freud jegliches Illusionäre der Ideologie seiner analytischen Kritik.

> »Die Kommunisten glauben den Weg der Erlösung vom Übel gefunden zu haben. Der Mensch ist eindeutig gut, seinem Nächsten wohlgesinnt, aber die Errichtung des privaten Eigentums hat seine Natur verdorben [...]. Ich habe nichts mit der wirtschaftlichen Kritik des kommunistischen Systems zu tun, ich kann nicht untersuchen, ob die Abschaffung des privaten Eigentums zweckdienlich und vorteilhaft ist. Aber seine psychologische Voraussetzung vermag ich als haltlose Illusion zu erkennen« (Freud 1930a, S. 472f.).

Von einer »Parteinahme für das kommunistische Ideal« fühlt sich Freud weit entfernt (Brief an A. Zweig vom 26.11.1930; Freud/Zweig 1984, S. 33). Und er ist enttäuscht vom »real existierenden Kommunismus« Stalin'scher Prägung. »Bei aller Unzufriedenheit mit den gegenwärtigen Wirtschaftsordnungen fehlt mir doch jede Hoffnung, dass der von den Sowjets eingeschlagene Weg zur Besserung führen wird. Ja, was ich von solcher Hoffnung nähren könnte, ist in diesem Jahrzehnt der Sowjetherrschaft untergegangen« (derselbe Brief; ebd.).

Politik betreiben als »unmöglicher Beruf«

Freud stand dem Politikmachen immer ziemlich skeptisch gegenüber, betrachtete das Regieren als genauso »unmöglichen Beruf« (Freud 1925f, S. 565; 1937c, S. 94) wie das Erziehen und das Analysieren. Er hält die Regierenden, »die Gesellschaft leitenden Personen«, für so schwerfällig, dass es oft kein anderes Mittel zur Korrektur der von ihnen erlassenen Gesetze gäbe, »als sie herzhaft zu übertreten« (Freud 1926e, S. 269). Seine grundlegende Skepsis hinderte ihn jedoch nicht daran, wenn nötig, zu bestimmten brennenden Zeitproblemen eindeutig Stellung zu beziehen.

Gesetz und Gesetzlichkeit

In *Die Frage der Laienanalyse* macht Freud (1926e) klare Ausführungen zum »Gesetz«. »In unserem Vaterlande herrscht von alters her ein wahrer *furor prohibendi*, eine Neigung zum Bevormunden, Eingreifen und Verbieten, die, wie wir alle wissen, nicht gerade gute Früchte getragen hat« (ebd., S. 268).

> »Ich meine, dass ein Überfluss an Verordnungen und Verboten der Autorität des Gesetzes schadet. Man kann beobachten: Wo nur wenige Gesetze bestehen, da werden sie sorgfältig eingehalten; wo man auf Schritt und Tritt von Verboten begleitet wird, da fühlt man förmlich die Versuchung, sich über sie hinwegzusetzen. Ferner, man ist noch kein Anarchist, wenn man bereit ist einzusehen, dass Gesetze und Verordnungen nach ihrer Herkunft nicht auf den Charakter der Heiligkeit und Unverletzlichkeit Anspruch haben können, dass sie oft inhaltlich unzugänglich und für unser Rechtsgefühl verletzend sind oder nach einiger Zeit

so werden und dass es bei der Schwerfälligkeit der die Gesellschaft leitenden Personen oft kein anderes Mittel zur Korrektur solch unzweckmäßiger Gesetze gibt, als sie herzhaft zu übertreten. Auch ist es ratsam, wenn man den Respekt vor Gesetzen und Verordnungen erhalten will, keine zu erlassen, deren Einhaltung und Übertretung schwer zu überwachen ist« (ebd., S. 269).

Pädagogik und Revolution

Freud folgert für die psychoanalytische Pädagogik:

> »Die psychoanalytische Erziehung nimmt eine ungebetene Verantwortung auf sich, wenn sie sich vorsetzt, ihren Zögling zum Aufrührer zu modeln. Sie hat das ihrige getan, wenn sie ihn möglichst gesund und leistungsfähig entlässt. In ihr selbst sind genug revolutionäre Momente enthalten, um zu versichern, dass der von ihr Erzogene im späteren Leben sich nicht auf die Seite des Rückschritts und der Unterdrückung stellen wird. Ich meine sogar, revolutionäre Kinder sind in keiner Hinsicht wünschenswert« (Freud 1933a [1932], S. 162).

Freud setzt mehr auf die Evolution der Vernunft, ist sich aber durchaus bewusst: »Die Stimme des Intellekts ist leise, aber sie ruht nicht, ehe sie sich Gehör verschafft hat. Am Ende, nach unzählig oft wiederholten Abweisungen, findet sie es doch« (Freud 1927c, S. 377). »Eine Entschädigung für uns, die wir schwer am Leben leiden, verspricht er [unser Gott logos; Anm. T.A.] nicht« (ebd., S. 378). Freud weigert sich, vor seinen »Mitmenschen als Prophet aufzustehen, und ich beuge mich ihrem Vorwurf, dass ich ihnen keinen Trost zu bringen weiß, denn das verlangen sie im Grunde alle, die wildesten Revolutionäre nicht weniger leidenschaftlich als die bravsten Frommgläubigen« (Freud 1930a, S. 506).

Die Zukunft der Psychoanalyse

Auf dem Budapester psychoanalytischen Kongress von 1918 entwirft Freud eine sozialkritische Vision zukünftiger Psychoanalyse.

> »Gegen das Übermaß von neurotischem Elend, das es in der Welt gibt und vielleicht nicht zu geben braucht, kommt das, was wir davon wegschaffen können, quantitativ kaum in Betracht [...]. Für die breiten Volksschichten, die ungeheuer schwer unter den Neurosen leiden, können wir derzeit nichts tun« (Freud 1919a [1918], S. 192).

Aber hoffnungsvoll fährt er fort:

> »Irgend einmal wird das Gewissen der Gesellschaft erwachen und sie mahnen, dass der Arme ein ebensolches Anrecht auf seelische Hilfeleistung hat wie bereits jetzt auf lebensrettende chirurgische. Und dass die Neurosen die Volksgesundheit nicht minder bedrohen als die Tuberkulose« (ebd., S. 192f.).
>
> »Wir werden auch sehr wahrscheinlich genötigt sein, in der Massenanwendung unserer Therapie das reine Gold der Analyse reichlich mit dem Kupfer der direkten Suggestion zu legieren [...]. Aber wie immer sich auch diese Psychotherapie fürs Volk gestalten, aus welchen Elementen sie sich zusammensetzen mag, ihre wirksamsten und wichtigsten Bestandteile werden gewiss die bleiben, die von der strengen, der tendenzlosen Psychoanalyse entlehnt worden sind« (ebd., S. 193f.).

Diese visionären Gedanken Freuds wurden erst 50 Jahre später, Ende der 60er Jahre des 20. Jahrhunderts, mit der Aufnahme der Psychotherapie in die »Krankenkassenregelung« Wirklichkeit.

Das letzte Kapitel: »Si vis vitam, para mortem. Wenn du das Leben aushalten willst, richte dich auf den Tod ein« (Freud 1915b, S. 355)

»Das Leben zu ertragen, bleibt ja doch die erste Pflicht aller Lebenden«, schreibt Freud (1915b, S. 354f.) angesichts des Ersten Weltkrieges. Das Bemühen, lebenslang dieser Pflicht gerecht zu werden, ist für mich einer der wesentlichen Charakterzüge des Menschen Sigmund Freud.

Im April 1923 wird bei Freud – er ist 67 Jahre alt – »Mundhöhlenkrebs« diagnostiziert. In den folgenden 16 Jahren bis zu seinem Tod unterwirft er sich 33 schmerzhaften Operationen. »In seltsamer Parallelität zu diesem langen Sterben ereignet sich die Bedrohung und teilweise Vernichtung seines Lebenswerkes« (Cremerius 1983, S. 164) durch die Nationalsozialisten. »Schicksal, Ergebung, das ist alles« meint Freud (zit. n. Jones 1962, III, S. 214) im Mai

1933 gegenüber Ernest Jones. Lässt sich daraus eine »zunehmend fatalistische Einstellung« angesichts des Aufkommens der Nationalsozialisten ableiten, die manche Autoren (z.B. Lohmann und Rosenkötter 1982) konstatieren? Sah Freud erneut, wie zu Beginn des Ersten Weltkrieges, »wie so viele andere, die Schatten an der Wand« (Schur 1973, S. 344) nicht?

Weil Freud »Jude« ist, werfen am 10. Mai 1933 deutsche Menschen unter anderem die Schriften Freuds und anderer Psychoanalytikerinnen und Analytiker auf die Scheiterhaufen der Nationalsozialisten: »Ich übergebe den Flammen: die Schriften des Juden Sigmund Freud wegen Unzucht und Verleumdung der deutschen Volksseele« (zit. n. Tuchmann 1979, S. 314). Natürlich lässt sich hinter dem vordergründigen Argument »Jude« bequem der tiefe Hass gegen die »Anstößigkeit« psychoanalytischen Fragens verbergen. Mit sarkastischem Humor kommentiert Freud die »Bücherverbrennung«: »Was wir für Fortschritte machen! Im Mittelalter hätten sie mich verbrannt, heutzutage begnügen sie sich damit, meine Bücher zu verbrennen« (zit. n. E. L. Freud et al. 1976, S. 282). Am selben Tag im Mai 1933 werden auch die Werke des von Freud sehr geschätzten – und sogar entfernt mit ihm verwandten (Freud 1905c, S. 158) – großen deutschen Dichters Heinrich Heine ins Feuer geworfen. Der hatte 100 Jahre zuvor in seinem Schauspiel *Almansor* den Hassan sagen lassen: »Das ist nur das Vorspiel. Dort, wo man Bücher verbrennt, verbrennt man am Ende auch Menschen.« Wir kennen heute das Ende …

Im August 1932 bemüht sich Freud, Arnold Zweig von dem Wahn zu befreien, »dass man Deutscher sein muss. Sollte man dieses gottverlassene Volk nicht sich selbst überlassen?« (Brief an A. Zweig vom 18.08.1932; Freud/Zweig 1984, S. 56) Dieser bedankt sich im Februar 1936: »Sie und kein anderer haben mich doch von der Tollkühnheit zurückgehalten, im Mai 1933 noch einmal nach Eichkamp, d.h. ins Konzentrationslager zu gehen. Außer Ihnen hat das von meinen Freunden nur noch Lion Feuchtwanger so klar gesehen« (Brief an Freud vom 15.02.1936; Freud/Zweig 1984, S. 131).

Natürlich gibt es 1933 auch einige Bemerkungen Freuds, die seine Wünsche und Hoffnungen ausdrücken. »Das einzige, was ich sagen kann, ist, dass wir entschlossen sind, hier auszuharren bis zum letzten. Vielleicht kommt es nicht allzu schlimm« (Brief an S. Freud vom Juli 1933; zit. n. Clark 1981, S. 549).

> »Man befürchtet, dass die nationalsozialistischen Ausschreitungen in Deutschland auf unser kleines Land übergreifen […]. Das ist Unsinn, ich glaube nicht an die

> Gefahr hier, und wenn sie doch kommen sollte, bin ich fest entschlossen, sie hier zu erwarten. Wenn sie mich totschlagen, gut; es ist eine Todesart wie eine andere« (Brief an M. Bonaparte vom 16.03.1933; zit. n. Jones 1962, III, S. 210f.).

Wenig später heißt es: »Zu uns wird die Bewegung wohl auch kommen, vielleicht sehr bald, aber wir meinen, sie kann nicht zu ähnlichen Exzessen führen. Unser Volk ist nicht ganz so brutal« (Brief an M. Bonaparte vom 26.03.1933; zit. n. ebd., S. 213). Freud täuschte sich bezüglich des Letzteren.

Als Max Eitingon am 27.01.1933, also unmittelbar vor der Machtübernahme Hitlers und der Nationalsozialisten, Freud aufsucht, ermuntert der ihn, »solange wie möglich das Berliner Psychoanalytische Institut aufrecht zu erhalten«, jedoch nicht um jeden Preis (zit. n. Lockot 1985, S. 110f.). Ende Mai 1933 schreibt er an seinen Freund, den protestantischen Pfarrer und Psychoanalytiker Oskar Pfister: »Unser Horizont ist durch die Vorgänge in Deutschland sehr verdüstert [...]. Mein Urteil über die Menschennatur, speziell die christlich-arische zu ändern, war wenig Anlass« (Brief an O. Pfister vom 28.05.1933; Freud/Pfister 1963, S. 152). Und im Juni 1933 hält Freud in einem Brief an an Marie Bonaparte fest: »Die Welt wird ein großes Zuchthaus, die ärgste Zelle ist Deutschland« (zit. n. Schur 1973, S. 526). Im Februar 1934 schreibt er an Arnold Zweig: »Wohin soll ich auch in meiner Abhängigkeit und körperlichen Hilflosigkeit? [...] Nur wenn wirklich ein Hitlerscher Statthalter in Wien regiert, muss ich wohl fortziehen« (Brief an A. Zweig vom 25.02.1934; Freud/Zweig 1984, S. 77). Im Juni 1936 notiert er: »Österreichs Weg zum Nationalsozialismus scheint unaufhaltbar« (Brief an A. Zweig vom 22.06.1936; Freud/Zweig 1984, S.142), und im April 1937: »Alles um mich herum wird immer dunkler, drohender und das Bewusstsein der eigenen Hilflosigkeit immer aufdringlicher« (Brief an A. Zweig vom 02.04.1937; Freud/Zweig 1984, S. 149). Im Januar 1938 unterbricht Freud einen langatmigen Vortrag von Felix Boehm über die beklagenswerte Lage der Psychoanalytiker in Berlin mit den Worten: »Genug! Die Juden haben für ihre Überzeugungen jahrhundertelang gelitten. Jetzt ist die Zeit gekommen, da unsere christlichen Kollegen für die ihrigen zu dulden haben« (zit. n. Jones 1962, III, S. 224; vgl. auch Lockot 1985).

Lakonisch vermerkt Freud am Tage vor dem Einmarsch der Deutschen in seinem Tagebuch: »Finis Austriae« (zit. n. Clark 1981, S. 565). Mit der Präzision einer Maschine rollt das deutsche Heer am 12. März 1938 in Österreich ein, und in Wien und an anderen Orten kriecht der braune Mob aus allen Löchern der Unterwelt.

Anna Freud wird von der Gestapo abgeholt und stundenlang verhört. »Das war der schlimmste Tag […]. Die Stunden zogen sich endlos hin. Es war das einzige Mal, dass ich Freud tief bekümmert sah« (Schur 1973, S. 585).

Bevor Freud nach langen Wochen des Wartens und Bangens seine Ausreisepapiere erhält, wird von ihm die Unterschrift unter ein Dokument verlangt, das seine gute Behandlung durch die Gestapo bestätigen soll. Freud fragt den Nazikommissar, ob er den Satz beifügen dürfe: »Ich kann die Gestapo jedermann empfehlen« (zit. n. M. Freud 1999, S. 236). Wahrscheinlich hat der Menschenkenner Freud die Dummheit und Borniertheit seines Gegenübers, der diese Bemerkung (nur) wörtlich versteht, durchschaut und richtig eingeschätzt. Sonst hätte er sich kurz vor seiner Emigration noch in eine lebensgefährliche Situation gebracht (Gay 1988, S. 628).

Am 3. Juni 1938 muss Freud die Stadt verlassen, in der er 78 Jahre gelebt und gearbeitet hatte, und reist über Paris nach London aus. Am 6. Juni 1938 kommt er zum zweiten Mal in seinem Leben in London, der letzten Station seines Lebens an, wo er dann noch über ein Jahr im Exil lebt.

Freuds Schwestern Rosa, Marie, Adolfine und Paula, denen die Emigration verwehrt bleibt, werden hochbetagt 1942 und 1943 in Konzentrations- und Vernichtungslagern (Theresienstadt, Treblinka und Maly Trostinec; vgl. M. Freud 1999, S. 19f.) *umgebracht* (Markus 1989, S. 336ff.). Sein Tod bewahrt Freud davor, das schreckliche Ende seiner Schwestern zur Kenntnis nehmen zu müssen, um deren Schicksal er bis zu seinem Sterben besorgt ist (vgl. Brief an M. Bonaparte vom 12.11.1938; E. L. Freud 1960, S. 447). Ihre Ermordung ist eine furchtbare Bestätigung seines Gedankens von 1915, dass alle Menschen in ihrem Unbewussten eine »Rotte von Mördern« seien, die von einer »unendlich langen Generationenreihe von Mördern abstammen« (Freud 1915b, S. 359). Und wer wollte »nach Auschwitz« daran noch Zweifel hegen?

Am 21. September 1939 ergreift Freud sterbenskrank die Hand seines Arztes Max Schur und sagt zu ihm:

> »Lieber Schur, Sie erinnern sich wohl an unser erstes Gespräch. Sie haben mir damals versprochen, mich nicht im Stich zu lassen, wenn es soweit ist. Das ist jetzt nur noch Quälerei und hat keinen Sinn mehr. Ich sagte ihm, ich hätte mein Versprechen nicht vergessen. Er seufzte erleichtert auf, hielt meine Hand noch einen Augenblick und sagte: Ich danke Ihnen. Nach einem Augenblick

> des Zögerns fügte er hinzu: Sagen Sie es Anna. All das sagte er ohne eine Spur von Gefühlsüberschwang oder Selbstmitleid und in vollem Bewusstsein der Realität […].
>
> Als er von neuem schreckliche Schmerzen hatte, gab ich ihm eine Injektion […] Morphium. Er spürte schon bald Erleichterung und fiel in friedlichen Schlaf. Der Ausdruck von Schmerz und Leiden war gewichen. Nach ungefähr zwölf Stunden wiederholte ich die Dosis. Freud war offensichtlich so am Ende seiner Kräfte, dass er in ein Koma fiel und nicht mehr aufwachte. Er starb am 23. September 1939 um drei Uhr morgens« (Schur 1973, S. 620f.).

»So endet denn dieses lange Sterben ohne Pathos, ohne Dramatik. Freud stirbt wie er gelebt hat« (Cremerius 1983, S. 166), als Realist (Jones 1962, III, S. 290), als Stoiker (Gay 1988, S. 651).

> »Es ist eine Einheit von Werk, Leben und Tod. Die Entscheidung, dass es keinen Sinn mehr habe, fällt er in dem Augenblick, wo die Krankheit alle Kraft verzehrt hatte, um das ›Handwerk des Lebens‹ fortzusetzen, dem Leben Sinn und Wert zu geben. Und er stirbt in Freiheit; er ist es, der dem Tod die Türe öffnet« (Cremerius 1983, S. 166).

So, wie er es sich in einem Brief an seinen jüngsten Sohn gewünscht hatte: »to die in freedom« (Brief an E.L. Freud vom 12.05.1938; E.L. Freud 1960, S. 435).

Etwa ein Jahr vor seinem Tod schreibt Freud in der Emigration in London ein »Wort zum Antisemitismus« (Freud 1987, S. 777ff.). Darin sagt er: »Hören wir also endlich auf, den Juden Gnaden hinzuwerfen, wo sie auf Gerechtigkeit Anspruch haben« (ebd., S. 780).

Der »politische« Winnicott (1994/2002)

Wie bei jedem Wissenschaftler ist auch das Werk von Donald W. Winnicott nur vor dem Hintergrund seiner Persönlichkeit und seiner Geschichte verständlich. Sein Leben ist von einem unbändigen Freiheitsstreben und einem Bedürfnis nach Unabhängigkeit geprägt. Er war nach eigenem Bekunden geradezu »allergisch« gegen Dogmatismus, Rigidität, Indoktrination und Parteigängertum. Nie jedoch verliert er die Relativität von Autonomie und das Angewiesensein des Einzelnen auf eine hinreichend haltende und fördernde Mitwelt aus dem Auge. Lebenslang lässt ihn die Frage nicht los: »Wie kann man als Individuum hinreichend abgegrenzt von anderen sein, ohne zu einer einsamen Insel werden zu müssen« [isolated without having to be insulated] (Winnicott 1965a, S. 187)[6]. Vielleicht ist der Unterschied zwischen dem Nervenarzt und Psychoanalytiker Sigmund Freud und dem Kinderarzt und Psychoanalytiker Donald W. Winnicott am klarsten an ihrer Einstellung zum Leben ersichtlich. Freud (1915b, S. 354f.) hält es für die erste Pflicht aller Lebenden, das Leben zu »ertragen«. Glücklichsein ist für ihn im Plan der Schöpfung nicht enthalten (Freud 1930a, S. 434). Winnicott (zit. n. C. Winnicott 1989, S. 4; kursiv T. A.) dagegen lässt seine unvollendet gebliebene Autobiografie mit dem »Gebet« beginnen: »Oh, Gott, lass mich ganz *lebendig* sein, wenn die Stunde meines Sterbens gekommen ist.« Auf eine musikalische Ebene übertragen, könnte man Sigmund Freud vielleicht mit

6 In gesamten Buch sind die Formulierungen von Winnicott nach den englischsprachigen Ausgaben zitiert. Viele Übersetzungen wurden von mir (T. A.) vorgenommen.

Ludwig van Beethoven oder Giuseppe Verdi vergleichen, während Donald Woods Winnicott eher an Wolfgang Amadeus Mozart oder Antonio Vivaldi erinnert. Winnicotts Lieblingskomponist ist Johann Sebastian Bach, dessen Werke er auch auf dem Klavier intoniert, er hört sich aber gleichfalls Platten der Beatles an.

Winnicotts Vater, John Frederick Winnicott, besitzt einen größeren Textilhandel und wird zweimal (1906–1907 und 1921–1922) in das Amt des Oberbürgermeisters von Plymouth gewählt. 1924 wird er von König Georg V. zum »Lord Sir Frederick Winnicott« geadelt. John Frederick Winnicott ist also eine öffentliche, eine »politische« Person.

Donald W. Winnicott immatrikuliert sich 1914 am »Jesus College« der *Universität Cambridge* zunächst für Biologie, Zoologie, Physiologie und Anatomie, als Vorfächer für das Medizinstudium. Der Erste Weltkrieg überfällt Winnicott während seines Medizinstudiums. Im Verlauf dieses Krieges wird auch das »Jesus College« in ein provisorisches Militärhospital umgewandelt. Winnicott wird als Medizinstudent vom Militärdienst freigestellt und beginnt ab 1916 dort Patienten zu versorgen. Viele seiner Freunde melden sich zum Dienst an der Waffe und sterben bei den Kämpfen. Das ist prägend für sein Leben. Er entwickelt ihnen gegenüber so etwas wie eine »Überlebensschuld« (Niederland 1980), die seine wahrscheinlich schon vorher bestehende Versagensschuld bezüglich der Heilung seiner depressiven Mutter verstärkt (vgl. auch C. Winnicott 1989, S. 4).

> »Die ersten zwei Jahrzehnte meines Lebens fühlte ich mich fast überschwemmt durch ein fortwährendes Schuldgefühl, von dem die Psychoanalyse mich befreite. Mit der Ausnahme, dass ich niemals dem Empfinden entfliehen konnte, dass ich dem Tod hätte nicht entrinnen dürfen, der die Karrieren so vieler meiner Freunde im Krieg 14–18 auslöschte.«[7]

Im April 1917 wird Winnicott 21 Jahre alt und fühlt sich innerlich dazu getrieben, mehr für sein Land zu tun als bisher. Er bewirbt sich bei der *Royal Navy* und wird »Schiffsarzt zur Probe« auf einem Zerstörer. Als einziger

7 »I spent the first two decades of my life half-drowned in a perpetual sense of guilt, from which psychoanalysis rescued me, except that I can never escape from the sense that I ought not to have escaped the death that eclipsed the careers of my friends in the 14–18 war« (Winnicott 1970). Ich danke Mrs. Jennifer Jones, Chairman The Winnicott Trust, für das Überlassen dieses unveröffentlichten Textes.

Stabsarzt auf diesem Schiff trägt er eine hohe Verantwortung. Das Schiff wird in Kämpfe verwickelt, aber Winnicott überlebt den Krieg unversehrt. »Sein ganzes Leben wurde dadurch beeinflusst, denn fortwährend empfand er eine Verpflichtung dazu, für diejenigen, die starben, zu leben, als auch für sich selbst« (C. Winnicott 1989, S. 11).

Im Zweiten Weltkrieg während einer Bombardierung Londons durch die Deutschen findet eine wissenschaftliche Zusammenkunft der *Britischen Psychoanalytischen Gesellschaft* statt. Mitten in der heißen wissenschaftlichen Diskussion steht Winnicott auf und sagt: »›Ich möchte Sie nur darauf hinweisen, dass gerade ein Luftangriff stattfindet.‹« Sagt's und setzt sich. Und Margret Little (1990, S. 41) fährt in der Beschreibung dieser Szene fort: »Keiner nimmt Notiz von Winnicotts Bemerkung und das Gespräch geht weiter als ob nichts wäre.«

Nach dem Ende des Ersten Weltkrieges nimmt Winnicott sein Studium am »St. Bartholomew's Hospital Medical College« der *University of London* wieder auf und schließt es 1920 ab. Nachdem er zunächst eine Tätigkeit als Landarzt im Auge hat, spezialisiert er sich aber dann auf die Kinderheilkunde.

Winnicotts dialektische theoretische Maxime ist, dass das gesunde Individuum neben der Fähigkeit zum Alleinsein und zur Intimität genauso ein Interesse an der Außenwelt und am Gemeinwohl besitze und in der Lage sei, *»eine gewisse Identifikation mit der Gesellschaft zu vollziehen, ohne einen allzu großen Verlust an individueller oder persönlicher Spontaneität zu erleiden«* (Winnicott 1986, S. 27; kursiv i. O.).

Dementsprechend hat er sich auch selbst häufig in politischen und berufspolitischen Fragestellungen geäußert und engagiert. Der »politische« Winnicott befasst sich mit Themen wie Krieg, Atombombe, Feminismus, die Pille, Demokratie, Monarchie, die Berliner Mauer, Freiheit (alle in: Winnicott 1986; vgl. auch Winnicott 1989) und anderem mehr.

Der in der heutigen Psychiatrie seit Jahren zu beobachtende Trend zur Restauration des Biologismus – was auch eine Rückkehr zur medikamentösen Ruhigstellung der Patienten, zur Verhaltensmanipulation und zu technisch operativen Eingriffen wie Elektrokrampftherapie und Leukotomie umfasst – lässt Winnicotts fast 70 Jahre alte Reflexionen zur psychischen Behandlung seelisch Erkrankter (Winnicott 1989, S. 515ff.; vgl. Davis 1990, S. 186) aktueller denn je erscheinen.

Nüchterner britischer Realitätssinn prägt die Familie Winnicott und vor allem ein undoktrinärer, nonkonformistischer protestantischer Glaube, einer im 18. Jahrhundert von John Wesley gegründeten Reformbewegung (Goldman 1993, S. 118). Wesley betont besonders die direkte, individuelle Beziehung jedes Menschen zu Gott (ebd., S. 116) und bemüht sich um eine einfache und allgemeinverständliche Sprache, um möglichst viele Menschen zu erreichen. In beidem finde ich Wurzeln für Winnicotts »Ideologie«, einerseits immer wieder für sich selbst und für andere die je eigenen Worte zur Artikulierung von Person und Gedanken zu reklamieren und andererseits eine möglichst einfache und klare Sprache zu benutzen, um sich in seinen unzähligen Vorträgen sowohl gegenüber Psychoanalytikern als auch immer wieder gegenüber einer nicht-analytischen Zuhörerschaft verständlich zu machen.

Wenn Winnicott (1986, S. 21) behauptet: »So etwas wie Unabhängigkeit gibt es gar nicht« [There is no such thing as independence], dann spielt er auf die lebenslang unaufhebbare Spannung zwischen Anpassung und Widerstand an und darauf, dass Reife immer in einer »Annäherung an Unabhängigkeit« (Winnicott 1965a, S. 91f.) besteht. Auch wenn er an anderer Stelle das »Lebensprinzip« formuliert: »Nur das Wahre Selbst kann sich wirklich fühlen, aber das Wahre Selbst darf nie durch die äußere Realität in Mitleidenschaft gezogen werden, es darf sich niemals fügen« (Winnicott 1965a, S. 133), meint er damit: »Die Fähigkeit zu Kompromissen ist eine Errungenschaft [...]. Beim Gesunden hört der Kompromiss aber zugleich auf, zulässig zu sein, wenn es um entscheidende Fragen geht« (Winnicott 1965a, S. 149f.). Und dann wird die Frage bedeutsam, wo der Kompromiss zur Kompromittierung wird.

Besonders relevant und höchst aktuell erscheinen Winnicotts Vorstellungen über die narzisstische Dimension von Aggression und Gewalt (vgl. Auchter 2000d). »Primäre Aggression« als Ausdruck der Lebenskraft (Winnicott 1958, S. 216), der sensumotorischen Lebendigkeit (Winnicott 1965a, S. 149), als »spontane Geste« (Winnicott 1965a, S. 145, 148) und Teil des Beziehungsbedürfnisses (Brief an R. Money-Kyrle vom 27.11.1952; zit. n. Rodman 1987, S. 38) leistet einen entscheidenden Beitrag für die Differenzierung zwischen Ich und Nicht-Ich, Selbst und Objekt (Winnicott 1984, S. 94).

»Sekundäre Aggression« als Reaktion auf Frustration und Enttäuschung wird vor allem durch zwei destruktive Verhaltensweisen der Mitwelt hervorgerufen: 1. durch nicht hinreichendes »Halten« [holding] und 2. durch »Übergriffe« [impingement] (Winnicott 1958, S. 211).

Die verschiedenen Varianten reaktiver Aggression wie »Antisoziale Tendenz« (Winnicott 1984, S. 120ff.), Süchtigkeit (Winnicott 1984, S. 126f.), »Anstoßerregen« (Winnicott 1958, S. 311; 1984, S. 126) oder Delinquenz (Winnicott 1986, S. 90ff.) stellen alle ein »SOS-Signal« (Winnicott 1986, S. 90) dar. Sie besitzen auch einen kommunikativen Aspekt und sind insofern ein Hinweis auf »Hoffnung« (Winnicott 1984, S. 123). Dies ist besonders für die Probleme der Jugendgewalt von größter Wichtigkeit. Winnicott sammelt seine diesbezüglichen Erfahrungen vor allem während des Zweiten Weltkrieges bei seiner Tätigkeit als beratender Psychiater für die Evakuierungsprogramme bei Jugendlichen, die aufgrund ihrer Deprivation delinquent wurden (Winnicott 1984).

»Für ihn waren die Tatsachen die Realität; Theorien waren das Stolpern des Menschen beim Versuch, die Tatsachen zu erfassen. Er wehrte sich mit Händen und Füßen gegen die Annahme unumstößlicher Lehrsätze«, schreibt Masud Khan (1973, S. VII). Wissenschaft darf sich nie von der Realität entfernen. Winnicott bleibt stets auf dem Boden der Tatsachen, und zwar im übertragenen wie im wörtlichen Sinne: Er spielt mit seinen kleinen Patienten auf dem Fußboden, am liebsten sitzen er und seine Frau auf dem Erdboden und so stirbt er auch, friedlich im Schlaf (vgl. C. Winnicott 1983, S. 193).

Ein Menschenbild der Psychoanalyse – und seine berufspolitischen und politischen Gefährdungen (2006)

Einführende Überlegungen

Menschenbilder und Weltanschauungen, anthropologische Grundüberzeugungen, »Grundeinstellungen« (Páramo-Ortega 1988) oder »Grundhaltungen« (Kutter 1988) bestimmen bewusst, aber vor allem unbewusst, und explizit, im Wesentlichen aber implizit, die Theorien und die Praxis der Psychoanalytiker, und auch ihre therapeutischen Zielvorstellungen (vgl. Sandler/Dreher 1999). Sie gestalten ihr Selbstbild und formen den Blick auf ihre Patienten, genauso wie die Weltsicht anderer Psychotherapeuten ihre eigenen therapeutischen Ideen und ihr behandlungstechnisches Vorgehen prägt.

So wenig es »die« Psychoanalyse gibt, so wenig kann ein »allgemeingültiges« Menschenbild der Psychoanalyse existieren. Deswegen beschränke ich mich im Folgenden auf die Umrisse eines Menschenbildes, das natürlich wesentliche Bezüge zu meinen durch über 30-jährige psychoanalytische Erfahrungen gewonnenen und modifizierten anthropologischen Grundüberzeugungen besitzt. Es ist also unvermeidlich geprägt durch den »subjektiven Faktor« (Ferenczi). Zu meinen psychoanalytischen geistigen Vätern rechne ich neben Sigmund Freud vor allem Donald W. Winnicott (Auchter 2002a).

In meinem Beitrag ist es nur möglich, ohne jeglichen Anspruch auf Vollständigkeit skizzenhaft einige anthropologische Grundannahmen der Psychoanalyse zu umreißen. Dies erscheint aber umso dringlicher, da wir in einer Zeit – und gesellschaftlichen Umständen – leben, in der, allen lippenbekenntnishaften Plädoyers für Freiheit, Demokratie und Menschenrechte zuwider, schleichende

Dehumanisierungsprozesse (Auchter 2003a) überall auf der Welt im politischen wie im berufspolitischen Raum die Menschlichkeit bedrohen.

Das Fundament: Respekt vor der Andersheit des Anderen und der Selbstverborgenheit

Die grundlegende Denkfigur des französischen Philosophen Emmanuel Lévinas (1983) ist die existenzielle Herausforderung, welche die »Andersheit des Anderen«, vor allem repräsentiert durch sein Antlitz, an das Selbst stellt. Aus dieser fundamentalen Infragestellung erwächst ein starkes Begehren des Selbst, sich den anderen gleichzumachen, die Differenz zu annullieren. Die Menschlichkeit erweist sich dann als das Maß, in dem das Selbst in der Lage ist, die durch die Unaufhebbarkeit des Andersseins ausgelöste Spannung auszuhalten, auf Verabsolutierungen und Fundamentalismen zu verzichten und die Alterität des anderen als »Motor der Entwicklung« (Warsitz 2004, S. 787) zu nutzen.

Alexander Mitscherlich (1983, S. 8) stellt 1946 an den Anfang seiner Einführungsvorlesung in die Psychoanalyse – dem ersten systematischen Kolleg über Psychoanalyse an einer deutschen Hochschule nach den »man-made-desastern« des Zweiten Weltkrieges und der Nazizeit – eine ausdrückliche Warnung vor der »Distanzlosigkeit den großen Geheimnissen des Lebens gegenüber«. Er fordert Respekt vor der »prinzipiellen Selbstverborgenheit« (ebd., S. 10). Donald W. Winnicott postuliert in jedem Menschen einen unberührbaren Kern des Selbst. »Im Zentrum jeder Person existiert ein Element des ›incommunicado‹, das heilig und höchst bewahrenswert ist« (Winnicott 1965a, S. 187), und geradezu ein »Recht auf Nicht-Kommunikation« (ebd., S. 179) besitzt. Winnicott versucht, mit seinem Konzept vom »Kernselbst« etwas von der Einzigartigkeit und unverbrüchlichen Individualität des Subjekts zu erfassen. Erik H. Erikson (1959, S. 102) hat den Aspekt der (Kern-)Identität als »persistent sameness within oneself« bezeichnet. Der Dichter Rainer Maria Rilke (1904; kursiv T.A.) formuliert in poetischer Weise das Gleiche, wenn er »Liebe« dadurch bestimmt, »dass zwei *Einsamkeiten* einander schützen, grenzen und grüßen«.

In seiner Sehnsucht, wirklich lebendig zu werden, hat jeder Mensch ein elementares Bedürfnis, von anderen »gefunden« und »gebunden«, »erkannt«

(M. Balint 1970, S. 176; Klauber 1980, S. 24; Thomae 1981, S. 19) und »anerkannt« (Honneth 1992; Benjamin 1993; Daser 2005) zu werden. Jeder besitzt aber gleichermaßen einen Anspruch darauf, in seiner »Selbstverborgenheit« verbleiben zu dürfen. Die daraus erwachsende Spannung bringt Winnicott (1965a, S. 186) auf die paradoxe Formel: »Es handelt sich [bei einer Psychoanalyse; Anm. T. A.] um ein hochdifferenziertes Such- und Versteckspiel, in dem es ein Vergnügen ist, verborgen zu bleiben, jedoch ein Desaster, nicht gefunden zu werden.« In diesem therapeutischen Spiel kann ein Patient dann – vielleicht zum ersten Mal in seinem Leben – auch lernen, »in Gegenwart eines anderen alleine zu sein« und darüber die »Fähigkeit, erfüllt alleine zu sein« (ebd., S. 29ff.), erwerben. Es ist uns als Analytikern jedoch nur möglich, unsere Patienten in diesem Sinne alleine zu lassen, wenn wir sicher davon überzeugt sind, dass sie selbst grundsätzlich am Besten wissen, was für sie und ihre Weiterentwicklung gut und richtig ist. Das setzt einen Rücktritt von der Fantasie unserer Allwissenheit und Allmächtigkeit voraus, unsere Bereitschaft zu einer »Selbst-ent-idealisierung«. Die Psychoanalyse ist kein Allheilmittel, sondern ein höchst kompetentes, zugleich aber immer begrenztes Instrument psychotherapeutischer Einwirkung.

Die Bilder, die Eltern sich bewusst oder unbewusst unvermeidlich von ihren Kindern machen, können entwicklungsfördernde Blaupausen für ihre »Selbstreifung« oder gefängnisartige Klischees für ihre pathologische »Selbstentfremdung« sein (vgl. Dornes 1995, S. 36ff.). Vor demselben Dilemma stehen wir Psychoanalytiker auch immer wieder mit den Bildern, die wir uns von unseren Patienten machen. Unsere Aporie besteht darin, dass wir einen anderen nicht wahrnehmen können, ohne uns ein Bild von ihm zu machen. »In gewissem Grad sind wir wirklich das Wesen, das die anderen in uns hineinsehen […]. Auch wir sind die Verfasser der anderen; wir sind auf eine heimliche und unentrinnbare Weise verantwortlich für das Gesicht, das sie uns zeigen«, formuliert der Schriftsteller Max Frisch (1972, S. 66). Je starrer und rigider wir unsere Bilder und Klischees aber unserem Gegenüber überstülpen, umso weniger Freiheit zur Entfaltung und Entwicklung seines eigenen Wesens, seines »Wahren Selbst« (Winnicott) verbleibt ihm. »Man macht sich ein Bildnis. Das ist das Lieblose, der Verrat« (ebd., S. 64). »Die Liebe befreit [das Nächste, lange Bekannte; Anm. T. A.] aus jeglichem Bildnis. Das ist das Erregende, das Abenteuerliche, das eigentlich Spannende, dass wir mit den Menschen, die wir lieben, nicht fertig werden: weil wir sie lieben; solange wir sie lieben« (ebd., S. 63). Ein Mensch kann umso gesünder und lebendiger sein, je mehr er im Eigenen und nicht im Falschen wurzelt.

Ähnlich wie Winnicott (Brief an M. Klein vom 17.11.1952; zit. n. Rodman 1987, S. 35) in der schrumpligen Narzissenknolle alle Potenziale zu der farbenprächtigen Blume als vorhanden wahrnimmt, liegen auch in dem runzligen Neugeborenen alle Möglichkeiten zur Entfaltung lebendigen Menschseins verborgen. Dasselbe gilt für die oft graue, zerklüftete Oberfläche seelisch Erkrankter, hinter der sich der farbige innere Reichtum ihrer Persönlichkeit verbirgt, der nach Befreiung strebt.

Am Anfang ist Beziehung

Am Anfang ist nicht das Wort und auch nicht das große Schweigen (Reik 1948, S. 136), am Anfang ist nicht die Tat (Goethe zit. n. Freud 1912/13a, S. 194), nein, nach Auffassung von Winnicott und anderen ist am Anfang und von Anfang an die »Beziehung«. Die Bedeutung der primären Responsivität, das »Prinzip Antwort« (Heigl-Evers/Heigl 1988), ist mittlerweile durch die moderne Bindungsforschung untermauert und in jüngerer Zeit unter anderen durch die Arbeiten von Martin Altmeyer (2000, 2005), Howard Bacal und Kenneth Newman (1990), Antonino Ferro (2003), Peter Fonagy et al. (2002), Jay Greenberg und Stephen Mitchell (1983) und Stephen Mitchell (2000) in ihrer Bedeutung für die Selbstentwicklung herausgearbeitet worden. Martin Buber (1923) hat das in seine in ihrer Schlichtheit unübertreffliche Formel gefasst: »Der Mensch wird am Du zum Ich.« Freud (1950c, S. 426) formuliert schon 1895 in seinem »Entwurf einer Psychologie«: »Am Nebenmenschen lernt [...] der Mensch erkennen.« Um immer mehr sein »Wahres Selbst« entfalten zu können, benötigt es der Mensch, von »bedeutsamen Anderen« (G.H. Mead) lebendig gespiegelt (Winnicott 1971a, S. 111ff.; Auchter 2006c) zu werden. »Das Kind muss durch ungeheueren Aufwand von Liebe, Zärtlichkeit und Fürsorge dazu gebracht werden, es den Eltern zu verzeihen, dass sie es ohne seine Absicht zur Welt brachten, sonst regen sich alsbald die Zerstörungstriebe« (Ferenczi 1929, S. 450). Noch im »Entgleisen des frühen Dialoges« (Spitz 1982), dem Scheitern der »primären Objektliebe« (M. Balint 1966) erweist sich die große Wichtigkeit der primären Beziehung. Wir wissen heute, dass das Gelingen der Primärbeziehung von ausschlaggebendem Einfluss auf die Stärke der späteren emotionalen, intellektuellen und sozialen Fähigkeiten eines Individuums ist (vgl. Fonagy et al. 2004). Während sich im Zustand der »primären Liebe« (M. Balint 1966, S. 102) oder »absoluten Abhängigkeit« (Winnicott 1965a, S. 46, 84) die Objektbeziehung als relativ einseitig darstellt, erwachsen aus der Differenzierung zwischen dem erwachenden Selbst und dem erwachenden Objekt unter anderem die »Fähigkeit zur Besorgnis« (Winnicott 1965a, S. 73ff.) und jene zur »Verantwortung« (Jonas 1980; Auchter 1996; Gast 2005), und die Möglichkeit zu sich steigernder Gegenseitigkeit, Solidarität und Loyalität. Wem von anderen Mut gemacht wird, der kann mutig werden; wem andere Vertrauen schenken, der kann Selbstvertrauen gewinnen.

Da seelische Gesundheit ebenso wie seelische Krankheit in »Beziehungen« entwickelt wird, ist die »therapeutische Beziehung« auch das bevorzugte Instrument seelischer Veränderung (Loch 1975, S. 156; Küchenhoff 2004, S. 831). »Psychoanalytiker sein heißt […] eine neue Art von Beziehung anzubieten« (Klauber 1980, S. 194). Aus all diesen Gründen lässt sich Psychoanalyse als Therapie nicht auf ein störungsspezifisches, leitlinienorientiertes technisches »Instrument« (vgl. Auchter 2003a) zur kurzfristigen Behandlung spezifischer Störungsbilder reduzieren. Sondern Psychoanalyse ist eine psychotherapeutische Methode, die vor allem einen »Beziehungsraum« anbietet, innerhalb dessen, mittels der Interaktion zwischen Patient und Analytiker, oder innerhalb einer Gruppe, unbewusste Reinszenierungen eingefrorener, »verfehlter« Beziehungserfahrungen (Winnicott 1958, S. 281) möglich werden. Dadurch werden diese sichtbar und einem bewussten Bearbeiten und Durcharbeiten in der therapeutischen Beziehung zugänglich. Sie können aufgetaut und wieder verflüssigt werden (ebd., S. 283; Auchter 2002b). Diese Form der therapeutischen Arbeit ermöglicht tiefgehende strukturelle Veränderungen im Patienten, die langfristig und andauernd (vgl. Leuzinger-Bohleber et al. 2001) nicht nur eine Milderung oder den Verzicht auf störende Symptome gestatten, sondern den Raum seiner Lebendigkeit erweitern.

Viele der modernen, kurzen, schnellen und »billigen« Psychotechniken vermeiden, zum Teil bewusst und ausdrücklich, das differenzierte Bewusstwerden der Therapeut-Patient-Beziehung[8]. Deswegen muss es ihnen schwerfallen,

8 Die Differenzierung der folgenden Überlegungen verdanke ich einer Diskussion im Aachener Qualitätszirkel »Traumabehandlung und Psychoanalyse«, in dem Psychoanalytiker unterschiedlicher Richtungen, hauptsächlich jedoch Individualpsychologen, für Erwachsene, Kinder und Jugendliche äußerst konstruktiv zusammenarbeiten.

sich wirklich auf die Tiefen und Untiefen ihrer Gegenüber einzulassen. An die Stelle der »heilsamen Beziehung« treten dort psychotechnische Instrumente (Fragebögen, Messskalen, Manuale). Vielleicht lässt sich auch manches konzeptualisierte »Machen« moderner Traumatherapeuten als unbewusste Abwehr der Angst vor der Hilflosigkeit und Ohnmacht, die zentral zu einer traumatischen Erfahrung gehört und die in der (in jeder!) therapeutischen Beziehung wiederbelebt wird, verstehen. Gerade für frühgestörte, schwergestörte und traumatisierte Patienten ist aber zu allererst die Erfahrung notwendig, einem »wirklichen therapeutischen Gegenüber«, einer Person (Stingl 1992, S. 8) zu begegnen (»object-presenting«, vgl. Winnicott 1965a, S. 60; 1965b, S. 18; 1971a, S. 111; 1989, S. 89), die etwas weniger Angst hat als sie und die etwas weniger abwehren muss als sie. Viele Patienten haben in ihrer Lebensgeschichte erfahren, dass ihre nähere Umgebung »negative« Gefühle wie Ohnmacht, Angst, Schmerz und Trauer, besonders wenn sie überwältigend erscheinen, nicht aushalten und deshalb bei sich selbst und beim anderen nicht zulassen konnte. Die Ablehnung kann sich als (Ver-)Tröstung (»ist doch nicht so schlimm«, »wird schon wieder«), über Entwertung (»stell dich doch nicht so an«, »sei keine Memme«) bis hin zu Strafandrohung (»wenn du nicht sofort damit aufhörst …«) erstrecken. Die Patienten fühlten sich so mit ihren bedrohlichen Gefühlen allein gelassen, nicht gehalten und zudem abgelehnt. Das »Sicherheitsbedürfnis« (Sandler 1960) gehört aber zu den archaischsten und am notwendigsten zu befriedigenden Anliegen des Menschen, wie auch die »Bindungstheorie« hervorhebt. Für Patienten mit derartigen gefühlseinschränkenden Vorerfahrungen ist es eine zunächst oft unglaubliche und dann unglaublich erleichternde Erfahrung, wenn ihre Gefühle in der analytischen Situation einen »Raum der Akzeptanz« finden, erst einmal einfach »sein« dürfen, und sie damit ernst genommen werden. Und dass man dann vielleicht gemeinsam nach Lösungen suchen kann, die einem im Moment des Überwältigtwerdens durch solche Empfindungen gar nicht einfallen können. Die Annahme und Anerkennung der beängstigenden, schmerzlichen, meist unerträglich erscheinenden Gefühle durch den Analytiker wird dem Patienten den Zugang auch zu den Aspekten seiner Persönlichkeit und Geschichte erleichtern, deren bisherige »Verdrängung« ihn gerade krank gemacht hat.

Die Identität und die Persönlichkeit des Psychoanalytikers sind wie die jedes Menschen durch seine bewussten und unbewussten Wertvorstellungen mitbestimmt. Er wird sich jedoch im therapeutischen Prozess um Zurückhaltung in Werturteilen bemühen; »neutral« sein kann er nie. Vom neutralen Analytiker bis zum »Neutrum« sei, meint Paula Heimann (1978, S. 217), nur ein sehr kurzer Weg. Der Analytiker ist nicht »wertfrei«, sondern, soweit möglich, »wertungsfrei«, aber grundsätzlich wertschätzend gegenüber seinen Patienten. Er verleugnet seine eigenen Werthaltungen nicht, aber er kritisiert und verurteilt möglichst nicht. Ein verantwortungsbewusster Analytiker wird sich auch an einer ständigen kritischen Überprüfung seiner Wert(vor)urteile interessiert zeigen.

Der Therapeut, der sich als »wirkliches Gegenüber« zur Verfügung stellt, sieht seine Aufgabe nicht nur darin, aufmerksam zuzuhören, sondern er bezieht auch Stellung, wenn es notwendig ist, und ergreift gegebenenfalls Partei. Gerade seelisch schwerer verwundete Menschen benötigen es elementar, dass ihr Gegenüber zunächst bedingungslos Partei für sie nimmt. Nur dann, wenn sie glaubwürdig das Gefühl vermittelt bekommen, dass der Analytiker klar auf ihrer Seite steht, können sie es wagen, sich ihm auch mit ihren Traumatisierungen anzuvertrauen. Die Fähigkeit des Analytikers, die Dinge klar und ehrlich beim Namen zu nennen, kann dazu beitragen, dass Patienten beginnen, ihren eigenen Wahrnehmungen wieder mehr zu trauen.

> Ich denke da an eine Patientin, die als kleines Mädchen von ihrem Stiefvater immer wieder damit zu sexuellen Handlungen gezwungen wurde, dass er ihr versprach, dann ihre Mutter nicht zu schlagen. Meine spontan geäußerte Empörung »Der hat sie erpresst« in diesem Moment war notwendig und für die Patientin hilfreich.

Vom Sinn des Krankseins – Krankheit als Selbstheilungsversuch

> »Wo aber Gefahr ist, wächst das Rettende auch.«
> *Friedrich Hölderlin*

Mit Winnicott (1958, S. 101) können die Psychoanalytiker von einer angeborenen »natürlichen Tendenz zur Gesundheit oder zur entwicklungsgemäßen Reife« ausgehen, die in jedem Menschen wirksam ist. Interessanterweise bringt der ungarische Psychoanalytiker Sándor Ferenczi (1909, S. 111) die »Selbstheilungswünsche« oder »Selbstheilungstendenz« (1909, S. 113) mit dem »Willen zur Einsicht in die *peinliche* Realität« (Ferenczi 1988, S. 68;

kursiv T.A.) in Verbindung. Der Heilungsprozess schließt also die Pein, den Schmerz, die Anstrengung nicht aus, sondern setzt sie voraus (Auchter 2006a). »Der nächste Motor der Therapie ist das Leiden des Patienten und sein daraus entspringender Heilungswunsch« (Freud 1913c, S. 477). Die »Gesundungstendenz« steht jedoch in einer fortwährenden dialektischen Spannung zum unbewussten »destruktiven Wiederholungszwang«, dem nicht nur seelisch kranke Menschen unterworfen sind.

Der Psychoanalytiker weiß, dass unter der oft lärmenden Oberfläche von Symptomen deren Wurzeln, die eigentlichen Konflikte und Probleme des seelisch erkrankten Menschen, in der Tiefe seines Unbewussten verborgen sind. Die Produktion von Krankheitssymptomen betrachtet die Psychoanalyse aus einer ganzheitlichen Perspektive analog der Traumproduktion oder anderer zum Beispiel künstlerischer kreativer Schöpfungen eines Menschen. Die Symptombildung wird als eine funktionelle und zu einem bestimmten Lebenszeitpunkt »bestmögliche Notlösung« für psychische und psychosoziale Konflikte, als ein grundsätzlich sinnvoller Regulationsversuch, als »Selbstheilungsversuch« (z.B. Mentzos 1982; Beck 1985; Overbeck 1984) verstanden. Schon Freud (1914c, S. 152) spricht vom »Heilungsprozess, der uns als Krankheit imponiert«. Alle diese Lösungsversuche verdienen zunächst unsere grundlegende Anerkennung, auch wenn das Bemühen nicht selten scheitert und bisweilen sogar in Selbstzerstörungsprozessen enden mag. Der Patient »muss den Mut erwerben, seine Aufmerksamkeit mit den Erscheinungen seiner Krankheit zu beschäftigen. Die Krankheit selbst darf ihm nichts Verächtliches mehr sein, vielmehr ein würdiger Gegner werden, ein Stück seines Wesens, das sich auf gute Motive stützt, aus dem es Wertvolles für sein späteres Leben zu holen gibt [...] Versöhnung mit dem Verdrängten [...] Toleranz fürs Kranksein« (Freud 1914g, S. 132). Deshalb versucht der Psychoanalytiker, auch noch die »verrücktesten« Lösungsversuche eines Patienten zunächst einmal wertungsfrei anzunehmen. Sich aus einer unerträglichen Wirklichkeit zu »verrücken«, ist angesichts von Extrembelastungen wie Traumatisierungen bisweilen die einzige Möglichkeit des seelischen Überlebens. Erst in einem zweiten therapeutischen Schritt werden dann die »Notlösungen« zusammen mit dem Patienten auf ihre Funktion, ihren Sinn und ihre Effektivität hin überprüft, und zwar auf der Basis einer »grundsätzlich akzeptierenden und gleichzeitig sehr genau und kritisch analysierenden Haltung« (Bauriedl 1998, S. 118). Auf eine harte Probe gestellt wird die Toleranz des Analytikers allerdings bei Symptomen, die »Selbstverletzungen» oder gar »Selbstzerstörungen« des Patienten beinhalten.

Plädoyer für die Individualität

Die Situation des modernen Menschen ist in vielerlei Hinsicht durch Paradoxien gekennzeichnet. So umfasst seine zunehmende Individualisierung keineswegs gleichzeitig einen Zugewinn an Individualität. Ganz im Gegenteil sind die aktuellen Entwicklungen zum Beispiel im Rahmen der Globalisierung eher durch einen zunehmenden Verlust an Subjektivität, ein »Verschwinden des Subjekts« (Bruns 2001b) charakterisiert. Der Sozialwissenschaftler Richard Sennett (1999) beschreibt bei seiner Typisierung des »flexiblen Menschen« die damit verbundene »Korrosion des Charakters« *[Corrosion of character]* lautet der englische Originaltitel seines Werkes.

In jedem Menschen wurzelt ein tiefes Bedürfnis nach Bindung, Anlehnung, Halt, Sicherheit, Ruhe und Geborgenheit, nach Geliebtwerden und Liebenkönnen und nach Anerkennung, Wertschätzung, narzisstischer Bestätigung und Affirmation durch andere, eine Gruppe, eine Gesellschaft. Diese Perspektive verleugnet nicht destruktiv-aggressive Impulse im Individuum und Kollektiv, betrachtet sie allerdings im Sinne Winnicotts und Kohuts eher als sekundär und reaktiv, nicht als primär. Pervers ist zum Beispiel der Versuch, Sicherheit oder das Gute »mit aller Gewalt« erreichen oder durchsetzen zu wollen. Die Frage eines angeborenen »Todestriebes« wird unter Analytikern allerdings weiter kontrovers diskutiert. In einem glückenden Entwicklungsverlauf macht ein Kind schon ab frühester Zeit mit seinen wichtigsten Beziehungspersonen und -gruppen genügend gute, positive und konstruktive Erfahrungen. Sie führen durch Verinnerlichung zu einer stabilen Selbstsicherheit, zur Entwicklung eines »gesunden Narzissmus« (Kohut 1973). Diese solide »Identität« (Erikson) – als gesundes Selbstgefühl, gesundes Selbstwertgefühl und gesunde Selbstbehauptung –, basiert auf hinreichend guten, haltvermittelnden (Auchter 2000a, 2000c) und selbstbestätigenden Objektbeziehungen. Umgekehrt bildet sie ihrerseits die Voraussetzung einer gesunden Beziehungsfähigkeit des Individuums. Eine gesunde narzisstische Entwicklung befähigt auch dazu, den immer unvollkommenen, immer unvollständigen und immer unsicheren Zustand unserer Mitwelt und unserer selbst – also mit Winnicott zu sprechen: das »hinreichend Gute« – auf der Basis eines durch genügend gute Beziehungserfahrungen entwickelten »Urvertrauens« (Erikson 1950, S. 241ff.) immer mehr anzunehmen.

Eine Psychoanalyse zielt nicht primär auf Anpassung. Weder betreibt sie die Anpassung an die Gesellschaft noch an die Wirtschaft, geschweige denn an den Therapeuten, höchstens die an das eigene Selbst (als größere »Stimmigkeit«). »Der Kranke sollte nicht zur Ähnlichkeit mit uns, sondern zur Befreiung und Vollendung seines eigenen Wesens erzogen werden« (Freud 1919a, S. 190; 1940a, S. 101). Das Ziel jeder Analyse bleibt die stärkere Selbstverwirklichung, der »bessere Kompromiss, den wir Gesundheit zu nennen pflegen« (Muck 1974a, S. 37).

> »Man wird sich nicht zum Ziel setzen, alle menschlichen Eigenarten zugunsten einer schematischen Normalität abzuschleifen oder gar zu fordern, dass der ›gründlich Analysierte‹ keine Leidenschaften verspüren und keine inneren Konflikte entwickeln dürfe. Die Analyse soll die für die Ich-Funktionen günstigsten psychologischen Bedingungen herstellen; damit wäre ihre Aufgabe erledigt« (Freud 1937c, S. 96; 1890a, S. 301).

Denn eine Psychoanalyse soll ja »die krankhaften Reaktionen nicht unmöglich machen, sondern dem Ich des Kranken die *Freiheit* verschaffen, sich so oder anders zu entscheiden« (Freud 1923b, S. 280; kursiv T.A.). Psychoanalytiker sind nicht primär die Vermittler der äußeren Realität, Lehrer der Anpassung, sondern vornehmlich »Botschafter der Innenwelt und deren Würde« (Wurmser 2005, S. 136), ohne jedoch die Realitäten aus dem Blick zu verlieren.

Das anachronistisch erscheinende, quer zum Zeitgeist stehende Eintreten der Psychoanalyse für den Respekt vor der Individualität und Subjektivität hat direkte therapeutische Konsequenzen. Die Psychoanalytiker betrachten dementsprechend den Patienten nicht als »Objekt« der Behandlung, sondern als ein prinzipiell gleichwertiges und gleichberechtigtes »Subjekt« seines analytischen Prozesses. Man muss den Patienten zum forschenden »Mitarbeiter« gewinnen, schreibt Freud (1895d, S. 134). Ich bin immer wieder beeindruckt davon, wie gerade schwerer gestörte Patienten ihren therapeutischen Prozess selbst hilfreich (mit-)gestalten, mir indirekt oder direkt wichtige Hinweise geben und mich sensibel auf meine Fehler aufmerksam machen.

Der Patient wird von der Psychoanalyse als selbstbestimmendes (bzw. gerade darin krankhaft eingeschränktes) und sich »selbst in seiner Krankheit verwirklichendes Subjekt« (A. Mitscherlich 1949, S. 392) verstanden. Insofern behandeln die Psychoanalytiker »Subjekte« und nicht Krankheiten. Hierin finden Hellmut Becker und Carl Nedelmann (1980, S. 115) den radikalen Unterschied zu anderen psychotherapeutischen Verfahren. Für Marianne Leuzinger-Bohleber (1997, S. 74) ist die Psychoanalyse »eine radikale Advokatin des Rechts jedes Einzelnen auf sein eigenes Leben, auf seine einmalige Geschichte, Gegenwart und Zukunft […], aber auch sein eigenes Leiden und dessen Behandlung«. Die psychoanalytische Therapie hat nicht das Ziel, »eine Krankheit zu heilen – im Sinne einer Reduktion von Befindlichkeitsstörungen –, sondern einem anderen Lebensentwurf Geltung zu verschaffen« (Decker/Brähler 2002, S. 881). Die Psychoanalyse beharrt darauf, dass Selbstbewusstsein und Selbstbestimmung gesund sind und gesund machen. Individuelle Unabhängigkeit[9] als dialektische Voraussetzung von lebendiger Beziehung und der Fähigkeit zur Abhängigkeit ist und bleibt ein Essential und Ziel jeder Psychoanalyse.

Konflikt, Komplex und Kompromiss

Die Psychoanalyse betrachtet den lebendigen Menschen als ein sich ständig veränderndes und weiterentwickelndes komplexes, dynamisches System. Von ihrem Beginn an untersucht die Psychoanalyse als »historische Wissenschaft« (Meerwein 1980, S. 120) die Entwicklung des Individuums[10] auch im Kontext seiner Familie und seines gesellschaftlichen und kulturellen Umfeldes: »Die Individualpsychologie ist von Anfang an auch gleichzeitig Sozialpsychologie« (Freud 1921c, S. 73). Außerdem nimmt sie die wechselseitige Beeinflussung von Individuum und Gruppe, Masse und Gesellschaft und die

9 Damit ist nicht die zu Recht kritisierte Schimäre der romantischen Vorstellung eines absolut »autonomen bürgerlichen Subjekts« gemeint, zu dessen Dekonstruktion die Psychoanalyse selbst durch die Betonung des »Unbewussten« und den Hinweis, dass das Ich nicht Herr im eigenen Hause sei (Freud 1917a, S. 11), wesentlich beigetragen hat, sondern die Idee von einem Individuum, das sich auch seiner Abhängigkeiten und seiner Relativität in kritischer Weise souverän bewusst zu werden vermag.

10 Das anachronistische Bestehen der Psychoanalyse auf der Historizität des Individuums steht quer zu einem Zeitgeist des von Martin Dornes (1999) angesprochenen »Verschwindens der Vergangenheit«, einer sich verbreitenden ausschließlichen Fixierung auf das Hier und Jetzt, des Verlusts von historischer Kontinuität und von identitätsstiftenden Traditionen.

zwischen dem Subjekt und kulturellen Schöpfungen in den Blick. Insofern sich die gesellschaftlichen und kulturellen Bedingungen als destruktiv für das Individuum erweisen (Freud 1910d, S. 111), wird die »Kulturtheorie« der Psychoanalyse zur »Kulturkritik« (Auchter/Strauss 2003, S. 27). »Das individuelle Leid sollte als historisch und gesellschaftlich begründet verstanden werden. Genauso wird das gesellschaftliche und historische Leid durch das Zusammenspiel individuellen Wirkens mitgestaltet« (Páramo-Ortega 1998, S. 23).

Der Mensch in seinem Widerspruch erweist sich als grundlegend konflikthaft und voller Paradoxien. Das Herausfordernde der Psychoanalyse ergibt sich aus ihrem Offenhalten der menschlichen Unabgeschlossenheit und Zwiespältigkeit, indem sie daran festhält, dass der Mensch zum Höchsten und zum Niedrigsten fähig, Liebender und Hassender zugleich ist, dass in ihm etwas vom Mörder und seinem Richter steckt, dass er Ketzer und Großinquisitor gleichzeitig ist, und sie ihn, um einen Gedanken von Paul Parin (1978) aufzugreifen, zum anspruchsvollen »Widerspruch im Subjekt« befreien möchte (Auchter 1983, S. 465). »Die Psychoanalyse ist [...] aktueller denn je, weil sie nie müde wurde, die Komplexität alles Lebendigen gegen den jeweiligen Zeitgeist zu beschwören« (Mertens 1997a, S. 13).

Johannes Cremerius, einer meiner Psychoanalyse-Lehrmeister, hat für die Psychodynamik der Sehnsucht nach einem utopischen, konfliktfreien, narzisstischen Idealzustand das Bild vom »weißen Zebra« kreiert. Nach Cremerius (1977, S. 1) leidet unser Über-Ich beziehungsweise Ich-Ideal an der »phantastischen Idee vom ungestreiften Zebra« anstelle unserer tatsächlichen menschlichen »Zebra-Natur, dem Wechsel heller und dunkler Streifen«. »Aber diese Phantasie vom weißen Zebra ist auch die Quelle einer tiefen Angst. Denn wenn es das gibt, wer bin ich dann mit meinen ach so vielen schwarzen Streifen?« (ebd.) Die Vorstellung vom weißen Zebra ist nur aufrechtzuerhalten, wenn ich alles Schwarze von mir selbst auf den anderen, den Fremden projiziere. Er muss als Müll-Container für alles Negative, bei mir selbst Abgelehnte herhalten (Auchter 1990). Freud (1940a, S. 69) hat die komplizierte Vermittlungsaufgabe des Ich-Selbst einmal so umrissen: »Eine Handlung des Ichs ist dann korrekt, wenn sie gleichzeitig den Anforderungen des Es, des Über-Ichs und der Realität genügt, also deren Ansprüche mit einander zu versöhnen weiß.«

Wir Psychoanalytiker gehen davon aus, dass das Individuum ständig durch innere und/oder äußere Reize vor neue Herausforderungen und Aufgaben gestellt wird, also in einem unaufhörlichem »Konfliktverhältnis« zu sich selbst und zur Mitwelt steht, das immer wieder das Bedürfnis nach innerem Gleichgewicht (»Homöostase«) destabilisiert. Vielleicht bemühen sich alle Psychoanalytiker mehr oder weniger, »Meister der Mitte« (Grolnick 1990, S. 3 über Winnicott) zu sein. Erikson (1966, S. 199) betont in seinem Werk *Einsicht und Verantwortung* die hohe Bedeutung der »goldenen Regel, die empfiehlt, dass man einem anderen nur das antut (oder nicht antut), wovon man wünscht, dass es einem angetan werde«. Und Robert Waelder (1980b, S. 325) weist darauf hin, »dass es eine absolut gerechte Ordnung nicht geben kann […]. Sobald wir sie [die Interessenkonflikte; Anm. T.A.] jedoch ideologisieren und moralisieren, als Konflikte zwischen Gut und Böse ansehen, werden sie für Kompromisse unerreichbar, sie werden unlösbar – und am Ende bleibt nichts als Gewalt«. Erikson (1966, S. 202) formuliert ähnlich, »dass nämlich die radikale Trennung in Gut und Böse die Krankheit des Geistes sein kann«.

> »Neben dem Wahren Selbst gibt es [auch; Anm. T.A.] im gesunden Leben einen Aspekt des Sich-Fügens […]. Die Fähigkeit zu Kompromissen ist eine Errungenschaft […]. Beim Gesunden hört der Kompromiss aber zugleich auf, zulässig zu sein, wenn es um entscheidende Fragen geht. Wenn dies eintritt, kann das Wahre Selbst sich gegenüber dem gefügigen Selbst durchsetzen« (Winnicott 1965a, S. 149f.).

Die Frage stellt sich nämlich, wann der Kompromiss zur Kompromittierung wird, wann Relationalität zur Relativierung, zur Beliebigkeit und schließlich zur Gleichgültigkeit verkommt.

Freiheit durch Bindung

Nicht selten wird der Psychoanalyse von therapeutischen und nichttherapeutischen Kritikern vorgeworfen, sie verstricke ihre Patienten in später nicht mehr aufzulösende Abhängigkeitsverhältnisse. Zweifellos nutzt der Psychoanalytiker die partielle und passagere therapeutische »Abhängigkeit« im Interesse des Patienten und seiner Entwicklung zur Unabhängigkeit hin. Neben der Optimierung autonomer Funktionen (Blanck/Blanck 1988, S. 972), dem größeren Unabhängig- und Selbstständigwerden (Freud 1919a, S. 190; Klauber 1980, S. 157; Dewald 1982, S. 459; Loewald 1986, S. 255) durch einen analytischen Prozess, betont Ernst Ticho (1972, S. 317) aber auch den freieren Zugang zu den »Abhängigkeitsbedürfnissen«. Im Begriff der »Souveränität« verbinden sich dialektisch Autonomiestreben und Anerkennung unvermeidlicher Abhängigkeiten (Buchholz 2003, S. 20).

Das Ziel jedes therapeutischen Prozesses ist »das Erreichen des Punktes, an dem die professionelle Beziehung endet, weil der Patient sein Leben in die eigene Hand nimmt« (Winnicott 1986, S. 109), mit anderen Worten: das »Überflüssigwerden« des Therapeuten (Goudsmit 1990, S. 77). Oder wie Masud R. Khan (1990, S. 12) es formuliert: dass »der klinische Prozess [...] zwei Personen [...], wenn alles gut geht, rechtzeitig befähigt, sich würdevoll und zu den verborgenen Bereichen ihres Selbst erwacht, von einander zu trennen«. Zweifellos gelingt das nicht in jedem Fall, und nicht oder nur gewaltsam aufzulösende maligne Abhängigkeitsverstrickungen kommen leider vor.

Die Psychoanalyse verleugnet nicht die »Asymmetrie« der therapeutischen Beziehung (Heimann 1978, S. 216), die relative Machtposition des Analytikers und die relative Abhängigkeit des Patienten, unter dem idealen Ziel ihrer Aufhebung, sondern sie setzt sich – nicht nur in ihrer Theorie, sondern auch im konkreten Therapieprozess – ständig und systematisch, kritisch und selbstkritisch damit auseinander. Ein dialektisches Gegengewicht zur unausweichlichen therapeutischen Abhängigkeit des Patienten bildet aufseiten des Analytikers eine Haltung der »Achtung«, des »Respekts« und des grundsätzlichen Ernstnehmens von ihm und seinen Äußerungen. Mit seinen Interventionen und Deutungen macht der Analytiker »Angebote« an seinen Patienten. Im besten Fall erweitern und bereichern sie dessen bisherigen Sichtweisen und Selbstdeutungen. Über die »Wahrheit«, Richtigkeit, Stimmigkeit und Annahme der Interpretationen des Analytikers besitzt allein der Patient prinzipiell und letztlich die Verfügung.

> »Alles was in einer Psychotherapie gesprochen oder getan wird, sollte auf dem schlichten Faktum beruhen, dass der Therapeut sich menschlich verhält und nicht auf dem hohen Ross seiner Professionalität sitzt. Und dass er sich nichtsdestotrotz des einmalig *Geheimnisvollen* jeder [therapeutischen] Begegnung bewusst bleibt« (Winnicott 1989, S. 320; Anm. u. kursiv T. A.).

Die moderne Psychoanalyse betont immer klarer und stärker die »Intersubjektivität« der analytischen Beziehung. Damit ist nicht nur der unausweichliche Einfluss der Person des Analytikers gemeint – die Vorgängigkeit der

Gegenübertragung gegenüber der Übertragung (Neyraut 1976) –, sondern auch, dass aus jeder gelungenen Psychoanalyse der Patient ebenso verändert hervorgeht wie der Analytiker!

Das Risiko von Liebe und Vernunft

Freud hatte den Traum, dass »Vernunft« und »Liebe« langfristig die Oberhand über Irrationalität und Destruktivität in der Menschheit gewinnen könnten. Bis heute ist dieser Traum allerdings nur in sehr bescheidenen Grenzen der Wirklichkeit nähergekommen. Freud hält die wissenschaftliche Weltanschauung für die der Psychoanalyse angemessenste Weltsicht und träumt von einer »Diktatur des Intellekts« im menschlichen Seelenleben (Freud 1933a, S. 185). Eine »Diktatur des Guten« ist allerdings ein Widerspruch in sich selbst. Der Prozess der Zivilisation mit seinem Kernbedürfnis nach machtvoller Sicherheit und Kontrolle zur Abwehr von Ohnmacht und Hilflosigkeit – sowohl gegenüber dem Inneren (dem Unbewussten) als auch dem Äußeren – manifestiert sich unter anderem in wachsender Rationalisierung, expandierenden Verwaltungsapparaten (Bruns 1994, S. 137; 2001a), zunehmender Bürokratisierung (Baumann 1992) und einer Ersetzung von personalen Beziehungen durch technische und bürokratische Verhältnisse – leider zunehmend auch im psychotherapeutischen Bereich (z.B. »Qualitätssicherung«, »Qualitätsmanagement«). Alles dies sind Manifestationen des von Freud (1930a, S. 451) sogenannten »Prothesengottes« Mensch, der seine Begrenzungen, seine Unvollkommenheiten und Normabweichungen nicht aushalten zu können glaubt.

Der polnische Soziologe Zygmunt Baumann (1992, S. 166) stellt der Formulierung des Historikers Dan Diner (1988) vom »Zivilisationsbruch« die These entgegen, dass die Shoah Ausdruck eines auf die Spitze getriebenen Zivilisationsprozesses sei, »dass dieses entsetzlichste Unrecht in der Menschheitsgeschichte nicht durch eine Erosion der Ordnung möglich geworden ist, sondern im Gegenteil durch deren Übermacht und Totalität«. Mit wachsender Rationalisierung und technischer Perfektionierung steige auch die Effizienz potenzieller, sozial erzeugter Unmenschlichkeit (Baumann 1992, S. 169; vgl. auch Sofsky 1993). Gemäß der »Dialektik der Aufklärung« (Adorno/Horkheimer 1947) pervertiert ein Übermaß jede Ordnung, Planung und Kontrolle zu einem inhumanen Terrorinstrument.

Neben der »leisen Stimme der Intellekts« (Freud 1927c, S. 377) mit einer »Bescheidung zu Wahrheit« und der »Ablehnung von Illusionen« (Freud 1933a, S. 197) verspricht sich Freud einiges von einer weiteren Lebenstechnik. An Sandor Ferenczi schreibt Freud im Januar 1910: »Die Wahrheit ist nur das absolute Ziel der Wissenschaft, aber die Liebe ist ein von ihr ganz unabhängiges Lebensziel« (Brief an S. Ferenczi vom 10.01.1910; Freud/Ferenczi 1993, S. 195). Er stellt der Vernunft zur Seite eine

> »Technik der Lebenskunst [...], jene Richtung des Lebens, welche die Liebe zum Mittelpunkt nimmt, alle Befriedigung aus dem Lieben und Geliebtwerden erwartet [...]. Die schwache Seite dieser Lebenstechnik liegt klar zu Tage [...]. Niemals sind wir ungeschützter gegen das Leiden, als wenn wir lieben, niemals hilfloser unglücklich, als wenn wir das geliebte Objekt oder seine Liebe verloren haben« (Freud 1930a, S. 440f.).

Darüber hinaus nimmt die Psychoanalyse aber auch die Gegenspieler der Liebe sehr ernst: Aggression, Hass und Destruktivität. Alle menschlichen Beziehungen durchdringt eine tiefe »Gefühlsambivalenz«. Die Psychoanalyse betont, dass »Liebe und Hass normale Gefühle sind« (Simmel 1946, S. 90) und es immer um eine »Koexistenz von Liebe und Hass« (Winnicott 1965a, S. 21; M. Balint 1966, S. 159) geht, die ausgehalten werden muss. Die prekäre Kombination von Selbstliebe und Objekthass hatte Freud (1930a, S. 473) zunächst für die Masse beschrieben: »Es ist immer möglich, eine größere Menge von Menschen in Liebe aneinander zu binden, wenn nur andere für die Äußerung der Aggression übrig bleiben.« Die Psychoanalyse weiß um die destruktive Potenz von Spaltung und Desintegration und versucht, die im Menschen ebenso vorhandenen synthetischen und integrativen Tendenzen zu fördern. Es bleibt offen, ob am Ende »Eros« oder »Destruktion« (Freud 1937c, S. 89, 92) die Oberhand gewinnen werden (Freud 1930a, S. 506).

Sicher ist nur das Sterbenmüssen. Die Unverfügbarkeit der (Lebens-)Zeit ist eines der bestimmenden Charakteristika des menschlichen Lebens. Roy Schafer (1972, S. 895) bezeichnet das Annehmen des Todesprinzips im Leben als die »tragische Anschauung der Realität«. »Der Weg der Realität ist mit verlorenen Objekten gesäumt« (Ricœur 1969, S. 281). Auf jeder Entwicklungsstufe, beginnend mit dem Geburtsakt, sind phasenspezifische Verlusterfahrungen zu bearbeiten bis hin zur »Weisheit des Alters« mit dem Bewusstsein, »dass man einmal nicht mehr sein wird« (Erikson 1959). Gegenüber dem Tod steht der

Mensch zwischen der Scylla der Resignation und der Charybdis der Rebellion. Trotz des Bewusstseins des Sterbenmüssens wehrt sich das Vorbewusste gegen den Tod und das Unbewusste ist von seiner Unsterblichkeit überzeugt (Freud 1915b). Vielleicht liegt in der »Kreativität« die Chance für einen dritten Weg (Auchter 1978). »In der Literatur« – in der Kreativität – »dort allein erfüllt sich uns auch die Bedingung, unter welcher wir uns mit dem Tod versöhnen können« (Freud 1915b, S. 343).

Die Größe des Nicht-Wissens

> »Hab nun ach! Philosophie, Psychologie, Medizin und Psychoanalyse durchaus studiert, mit heißem Bemühn. Da steh ich nun ich armer Tor, und bin so klug als wie zuvor!«
> (nach J. W. von Goethes *Faust*)

Der Psychoanalytiker hat größten Respekt vor der Vernunft, weiß aber auch um die Grenzen des intellektuellen Wissens und um die Neigung des Menschen zur Selbsttäuschung. »Nur der wirklich Wissende wird bescheiden, denn er weiß, wie unzulänglich dieses Wissen ist« (Freud 1926e, S. 264). Diese Erkenntnis kann den Psychoanalytiker mit einer gehörigen Portion Toleranz ausstatten. Insofern besetzt die Psychoanalyse im Chor der Humanwissenschaften eine »exzentrische Position«, indem sie das »Prinzip des Nicht-Wissens« (Sies 1997, S. 183) als grundlegend betrachtet und neben dem Wert des Wissenserwerbs und der Bewusstwerdung systematisch die produktive Bedeutung des »Nicht-Wissens« betont (Schneider 2000, S. 2; Hardtmann 1997, S. 97). »Die Psychoanalyse […] symbolisiert durch ihre Existenz gleichsam die Existenz von nicht direkt Beobachtbarem, Irrationalem und Unheimlichem« (Leuzinger-Bohleber 1997, S. 74).

> »Wäre das *Wissen* des Unbewussten für den Kranken so wichtig wie der in der Psychoanalyse Unerfahrene glaubt, so müsste es zur Heilung hinreichen, wenn der Kranke Vorlesungen anhört oder Bücher liest. Diese Maßnahmen haben aber ebensoviel Einfluss auf die nervösen Leidenssymptome wie die Verteilung von Menukarten zur Zeit einer Hungersnot auf den Hunger« (Freud 1910k, S. 123; kursiv T. A.).

Freud (1895a, S. 85) betonte schon im ausgehenden 19. Jahrhundert: »Affektloses Erinnern ist fast immer völlig wirkungslos.« Therapeutisch wirkungsvoll ist nur ein Bewusstwerden, ein Erinnern, das den Vorgang »zu voller Helligkeit erweckt«, indem neben dem Kognitiven »auch der begleitende *Affekt* wachgerufen wird« (ebd.; kursiv T.A.). Insofern muss Freuds banale Psychoanalysebeschreibung (Freud 1926e, S. 213, S. 269), nichts anderes gehe zwischen Analytiker und Analysand vor, als dass sie miteinander reden, ergänzt werden um seine Formulierung vom *»Zauber des Wortes«* Freud 1890a, S. 301f.; kursiv T.A.; 1926e, S. 214).

Mit ihrem Festhalten an der produktiven Bedeutung des Nicht-Wissens (Schneider 2000) neben der »leisen Stimme des Intellekts« (Freud 1927c, S. 377) beziehungsweise der Vernunft stellt sich die Psychoanalyse gegen den Wahn von Rationalität, Objektivität und Allwissenheit. Insofern kollidiert sie unvermeidlich mit einem Zeitgeist, der nur auf das »Planbare, Kontrollierbare, Messbare und Machbare« (Ermann 1995, S. 291) setzt. Wenn wir uns allerdings weniger als die »Macher«, sondern eher als die »Entwicklungshelfer« (Winnicott 1969; zit. n. Rodman 1987, S. 186) im therapeutischen Prozess verstehen, dann kann gerade unser Nicht-Wissen (Bion) eine wichtige schöpferisch-therapeutische Funktion erhalten (vgl. auch Joseph 1994, S. 207ff.). Wilfred Bion (1970, S. 129) hat das auf seine provokative Formel für das analytische Verhalten gebracht: »no memory, no desire, no understanding«. Hier wird die Verweigerung einer (all-)mächtigen Position zum therapeutischen Prinzip.

Wahrhaftigkeit

»Ich sagte Ihnen, die Psychoanalyse begann als eine Therapie, aber nicht als Therapie wollte ich sie Ihrem Interesse empfehlen, sondern wegen ihres Wahrheitsgehalts, wegen der Aufschlüsse, die sie uns gibt über das, was dem Menschen am nächsten geht, sein eigenes Wesen« (Freud 1933a, S. 169). In diesem Sinne charakterisiert Freud (1916–17a, S. 451) sie als eine »Erziehung zur Wahrheit gegen sich selbst«, als »Anerkennung der Realität« (Freud 1937c, S. 94). »Unser Weg das geschwächte Ich zu stärken, geht von einer Erweiterung seiner Selbsterkenntnis aus«, schreibt er (Freud 1940a [1938], S. 103). »Geh in dich, in deine Tiefen und lerne Dich erst kennen, dann wirst Du erkennen, warum du krank werden musst, und vielleicht vermeiden, krank zu werden« (Freud 1917a, S. 11). Das Heilerwerden als »Spurensuche« nach der eigenen Wahrheit ist ein lebenslanger, nicht endender Prozess. Gefunden werden dabei prinzipiell immer nur »vorletzte Wahrheiten«. Der »homo psychoanalyticus« tritt der Welt, vor allem aber dem Menschen mit unablässiger Neugier, Interesse und Empathie entgegen. Er weiß auch um seine unvermeidbaren, vor allem auch unbewussten Vorannahmen, Voreingenommenheiten und Vorurteile, versucht, sie aufzudecken und sich kritisch mit ihnen auseinanderzusetzen. »Die Psychoanalyse ist, ihrer Substanz nach, eine Theorie und Praxis der Aufklärung« (Tömmel 2003, S. 366; Freud 1895d, S. 285).

Wenn die Psychoanalyse auf »Wahrheitsliebe« (Freud 1937c, S. 94) gegründet ist und wir Heilung von größerer Wahrhaftigkeit erwarten, dann muss auch die therapeutische Beziehung auf größtmöglicher Ehrlichkeit gebaut sein, um Wirksamkeit entfalten zu können. Das umfasst auch das Bewusstsein um die Grenzen der eigenen Fähigkeiten und Möglichkeiten des Analytikers, dass er »nur so weit kommt, als seine eigenen Komplexe und inneren Widerstände es gestatten« (Freud 1910d, S. 108). »Wovon man nicht sprechen kann, darüber muss man schweigen«, formulierte der Philosoph Ludwig Wittgenstein programmatisch entsprechend.

Das Realitätsprinzip und sein Jenseits, oder: Die Unvermeidlichkeit von Illusionen

Die Psychoanalyse als Heilkunde bietet als mögliches Ergebnis ihrer therapeutischen Bemühungen also nicht »Heilsein« (Auchter 2006a) an, sondern bestenfalls größeres »Wirklichsein«, »sich wirklich fühlen«, wie Winnicott (1971a, S. 117) sagt. Und zu diesem »Realitätsprinzip« gehören immer auch die Schattenseiten des Lebens, unsere »schlechtere Hälfte«, Versagen, Zweifel, Angst, Schuld, Schmerz, Trauer, Sterben, Tod, also unser unvermeidbares »Unheilsein«, genauso wie die positiven Erfahrungen (vgl. Winnicott 1986, S. 27). Die Psychoanalyse hat als Heilmittel keinen billigen Trost anzubieten (Freud 1930a, S. 434), »sie erlaubt es nicht, den Riss in der conditio humana zu kitten« (Grunberger/Chasseguet-Smirgel 1979, S. 153), verspricht keine Erlösung. Ihr Heilerfolg kann höchstens darin bestehen, dabei behilflich zu sein, das Leben besser »auszuhalten« (Freud 1915b, S. 355), Unterstützung zu gewähren beim »Versuch, die Welt besser zu bestehen« (A. Mitscherlich 1970a).

Das Realitätsprinzip steht ebenso gegen jeglichen Größenwahn wie gegen jeden Kleinheitswahn. Höchste Ich-Leistung ist es, »verändernd in die Außenwelt einzugreifen« (Freud 1926e, S. 28). Freud (1910c, S. 142f.) schreibt dazu:

> »Wer die Großartigkeit des Weltzusammenhanges und dessen Notwendigkeiten zu ahnen begonnen hat, der verliert leicht sein eigenes kleines Ich. In Bewunderung versunken, wahrhaft demütig geworden, vergisst man allzu leicht, dass man selbst ein Stück jener wirkenden Kräfte ist und es versuchen darf, nach dem Ausmaß der persönlichen Kraft ein Stückchen jenes notwendigen Ablaufs der Welt abzuändern, in welcher das Kleine doch nicht minder wunderbar und bedeutsam ist als das Große.«

Und an anderer Stelle meint er: »Wer nicht weitergeht, wer sich demütig mit der geringfügigen Rolle des Menschen in der großen Welt bescheidet, der ist [...] irreligiös im wahrsten Sinne des Wortes« (Freud 1927c, S. 355). Die Rede von der »unendlichen Analyse« (Freud 1937c) versucht das Akzeptieren der Begrenzungen von therapeutischer Kompetenz und Potenz auf den Begriff zu bringen. Vielleicht sollten wir Analytiker uns tatsächlich damit bescheiden, unseren Patienten dazu zu verhelfen, sich die Freiheit zu nehmen, »hysterisches Elend in gemeines Unglück zu verwandeln« (Freud 1895d, S. 312). Und was heißt das anderes als ihre Lebenstüchtigkeit wiederherzustellen, ihre »Leistungs-« und »Genussfähigkeit« (Freud 1904a, S. 8; 1912e, S. 385; 1923a, S. 226), das Vermögen, zu »lieben« und zu »arbeiten«? Danach können sie dann abwägen, wann Anpassung an unveränderliche Gegebenheiten (z.B. den Tod) und wann Widerstand gegen unmögliche Zustände (z.B. um des Überlebens willen) vonnöten ist (vgl. Freud 1926e, S. 228; 1910c, S. 142f.). Anders ausgedrückt: »dass der Mensch eigentlich nur durch Schaden und eigene Erfahrung klug werden kann« (Freud 1914g, S. 134). Wir Analytiker können ihm bei seinem Suchen höchstens wohlwollend heilsame Begleiter sein, wie »gute Eltern«. »Wir können unseren Kindern nicht einmal das Laufen beibringen, aber ihr angeborener Drang zum Gehen benötigt uns in einem bestimmten Alter als *Entwicklungshelfer*« (Brief Winnicotts an J.D. Collison vom 10.03.1969; zit.n. Rodman 1987, S. 186; kursiv T.A.). Der Psychoanalytiker weiß um die Begrenztheit und Vorläufigkeit seiner therapeutischen Bemühungen und Effekte (Auchter 2006b). Deshalb ist die Beendigung des Therapieprozesses auch oft eine so schwierige Angelegenheit (Diederichs 2006).

Unsere therapeutische Fähigkeit zur »Hoffnung«, die das Bewusstsein um das Vorkommen von Hoffnungslosigkeit einschließt, ist eine Voraussetzung, ein Ansporn und eine Identifikationsmöglichkeit für die Entwicklung von Hoffnungskapazitäten im Patienten. »Wenn überhaupt analytische Arbeit geleistet werden soll, muss der Analytiker an den Entwicklungsprozess glauben, und diesen Glauben spürt ein Patient sofort« (Winnicott 1958, S. 292). Ganz ähnlich hatte sich Freud (1890a, S. 297; 1905a, S. 14) Jahrzehnte zuvor geäußert: »Die hoffnungsvolle und gläubige Erwartung ist eine wirkende Kraft, mit der wir streng genommen bei all unseren Behandlungs- und Heilungsversuchen zu rechnen haben.«

Bei aller Betonung des Realitätsprinzips geht es immer um eine Balance zwischen Desillusionierung und unverzichtbaren Hoffnungen, Illusionen und Visionen, um überleben, um leben zu können.

Der Wahn der Vermessenheit in der Wissenschaft

»Sich weigern, Gott zu sein.«
Albert Camus

Zunehmende ökonomische Fehlentwicklungen und Engführungen im Gesundheitswesen stellen in jüngster Zeit die Psychotherapie, insbesondere die Psychoanalyse, verschärft auf den wissenschaftlichen Prüfstand (vgl. Auchter 2003a).

Dabei ist es im deutschen Gesundheitssystem im Verlauf der letzten Jahre zu einer starken Prävalenz des naturwissenschaftlich-positivistischen Forschungsparadigmas gekommen. Es soll nur gelten, »was sich anfassen und zählen lässt« (Mertens 1997a, S. 10). Dies wird nicht nur von Psychoanalytikern, sondern auch von anderen Psychotherapieforschern infrage gestellt. So kommt der Psychologe Dirk Revenstorf (2004, S. 17) zu dem Fazit: »Die besinnungslose Reduktion auf das Messbare ist eine unzulässige Verkürzung der Kartografie menschlicher Probleme und die Rückbesinnung auf das Subjektive als den Ursprung von Erkenntnissen erscheint mir unvermeidbar.«

Der heftig geführte wissenschaftstheoretische Diskurs über das angemessene Paradigma in den Psychowissenschaften erreicht jedoch häufig die von Macht- und ökonomischen Interessen bestimmten aktuellen gesundheitspolitischen Auseinandersetzungen nicht mehr (vgl. Leuzinger-Bohleber 2005a, S. 27; Decker/Brähler 2002). Unkritisch wird dort das naturwissenschaftliche Paradigma idealisiert, das als einziges Objektivität, Validität und Reliabilität gewährleisten soll. Übersehen und verdrängt wird dabei, dass es auf einem rein positivistischen, materialistischen, reduktionistischen und funktionalistischen Menschenbild basiert. Das in der somatischen Medizin bevorzugte experimentelle Forschungsparadigma einer »evidenz-basierten Medizin«, das aus der Arzneimittelforschung stammt (Trimborn 2000a, S. 1; Leuzinger-Bohleber et al. 2001, S. 198), wird unkritisch, unreflektiert und unmodifiziert auf die Psychotherapieforschung übertragen. Angesichts moderner, auch neurobiologischer Erkenntnisse über die »intersubjektive« Generierung der Realität, des »Konstruktivismus« und der »Mentalisierung« ist das ein völlig antiquiertes Wissenschaftsparadigma. »Gesundheit wird als erzeugbares Produkt angesehen« (Piechotta 2000, S. 369). Dahinter steckt die Größenfantasie medizinisch-technischer Machbarkeit. Subjektivität entzieht sich jedoch der Quantifizierung. Hier endet der »Wahn der Messbarkeit« und der Machbarkeit. Psychoanalyse besitzt insofern eine kulturkritische und emanzipatorische Grundhaltung angesichts eines Zeitgeistes, der dem »Zählen« den Vorrang vor dem »Erzählen« (Wurmser 2005) einräumt.

Heilung durch Liebe, nicht durch Technik

»Es ist dann eigentlich eine Heilung durch Liebe«, schreibt Sigmund Freud über die Psychoanalyse an Carl Gustav Jung im Dezember 1906 (Brief an C. G. Jung vom 06.12.1906; Freud/Jung 1974, S. 13). Im Band *Behandlungstechnik* der *Studienausgabe* der Freud-Werke findet man schon bei oberflächlicher Durchsicht nicht weniger als 30 Stellen, an denen Freud zwischen 1895 und 1938, also während der gesamten Zeit seiner publizistischen Tätigkeit, auf die persönliche, gefühlshafte, menschliche »Beziehung« zwischen Analytiker und Patient (z.B. Zuneigung, Sympathie, Teilnahme, Toleranz, Übertragung, Vertrauen) als wesentlichsten therapeutischen Wirkfaktor hinweist (Auchter 1983, S. 470). Benennt Freud (1912b, S. 371) das noch eher technisch als »unanstößige Komponente« der Übertragung, die »Trägerin des Erfolges« einer Behandlung sei, so formuliert er später wörtlich: »Der Arzt bedient sich bei seinem Erziehungswerk einer Komponente der Liebe« (Freud 1916d, S. 365). Ferenczi (1932) spitzt das noch weiter zu auf die Formel: »ohne Sympathie keine Heilung«.

Der Analysand oder Patient gestaltet als »Subjekt« seine Diagnose und seine Therapie wesentlich mit. Freud warnt ausdrücklich vor dem »furor sanandi« (Freud 1915a, S. 320f.), dem Heilungseifer, also dem Größenwahn, »heil« machen zu können. Er zitiert in diesem Zusammenhang gerne einen Satz, der dem französischen Chirurgen Ambroise Paré zugeschrieben wird: »Je le pansai, Dieu le guérit« [Ich verband ihn, Gott heilte ihn] (Freud 1912e, S. 381). Bei Hippokrates schon heißt es entsprechend: »Medicus curat, natura sanat.«

Die Ablehnung des Heilungseifers ist jedoch nicht eine persönliche Marotte Freuds, sondern die weitgehende Absichtslosigkeit und Zurückhaltung des Psychoanalytikers hat eine eminent therapeutische Bedeutung. Denn der psychoanalytische Patient ist nicht das »Objekt« der Heilungsbemühungen seines Therapeuten wie im klassischen Arzt-Patient-Schema. An seine Stelle rückt in der Analyse die gemeinsame Forschungs- und Heilungsaufgabe der »Subjekte« Analysand und Analytiker. »Das Prinzip des psychoanalytischen Prozesses ist nicht die Veränderung des Patienten durch den Therapeuten, sondern die Selbstveränderung des Patienten in Anwesenheit des Therapeuten und in der Beziehung zu ihm« (Bauriedl 1998, S. 129). Dazu bedarf es des Wartenkönnens, der Geduld und des Raumlassens für Entwicklungen. Der Zeittrend versucht dagegen die Wachstumsbeschleunigung auch auf die psychosozialen Verhältnisse und die Psychotherapie zu übertragen. Man verliert die Geduld, nimmt sich keine Zeit mehr, gute Bedingungen (»Möglichkeitsräume«) für schöpferische seelische Wachstumsprozesse bereitzustellen für die eigenen Heilungs- und Gesundungstendenzen des Patienten selbst. Stattdessen wird zunehmend auf – vorgeblich zeit- und geldsparende – psychotechnische Konzepte und Verfahren gesetzt. Der Effekt von Wachstumsbeschleunigern sind aber die berüchtigten holländischen Tomaten. Äußerlich vielleicht hübsch anzusehen, innerlich ohne Konsistenz, kein Geschmack, keine feste Struktur und wenig nahrhaft.

Der Psychoanalytiker versteht sich als Begleiter und Deutungsanbieter (Sinn- und Weltdeutung), aber nicht als »Leistungsanbieter«. Es geht nicht darum, dem Patienten unsere Konzepte, Ideologien oder Privattheorien überzustülpen, sondern durch Interventionen Angebote zu machen, die ihm bei der Entwicklung eines besseren, eines gesünderen Selbstverständnisses hilfreich sein können. Diese Angebote sind nicht (psycho-)technischer Natur, sondern Beziehungsangebote, Einfühlungsangebote und Interpretationsangebote.

Formulierungen der »Qualitätssicherung« wie Leistungsträger, Leistungsanbieter, Leistungserbringer, Leistungsnehmer, Nachfrager oder Kunde verdeutlichen die Orientierung des modernen Gesundheitswesens an der »Markt- bzw. Verwertungslogik«, die »Ökonomisierung des Sozialen« (Decker/Brähler 2005). Damit wird nicht einer »Autorisierung des Patienten«, sondern einer »Zurichtung aller Beteiligten zu reinen Marktsubjekten« (Decker/Brähler 2005, S. 882) Vorschub geleistet.

Die Tendenz zum »Machen« entspricht natürlich dem Zeitgeist und gegenwärtigen gesellschaftlich-politischen Forderungen. Dagegen hält die Psychoanalyse an der anachronistischen »Unaufdringlichkeit« (M. Balint 1970, S. 210f.) des Therapeuten fest, dessen oberste Aufgabe darin besteht, »dem Patienten zurückzugeben, was er selber eingebracht hat« (Winnicott 1958, S. 150), aber in einer »verdauten« (Bion 1970), bekömmlicheren Form. Winnicott (1965a, S. 189) beschreibt, wie er die Funktion der Deutung, dem Patienten die Grenzen des Verstehens statt seiner Allwissenheit aufzuzeigen, mehr genießen kann als sein narzisstisches Gefühl, klug zu sein. Wenn der Patient wahrnehmen kann, dass der Therapeut aufrichtig bereit ist, die Schwächen und Grenzen seiner Kompetenz zu sehen und anzuerkennen, dann wird er in seinem notwendigen Zutrauen bestärkt, die Fehler und Begrenzungen seiner eigenen Persönlichkeit auszuhalten (Klauber 1980, S. 65). »Der Patient wird die Fehler des Therapeuten verzeihen, wenn seine Behandlung im Allgemeinen zufriedenstellend fortschreitet; Unehrlichkeit oder Vertuschen von Fehlern wird er dem Therapeuten jedoch nicht verzeihen. Von beidem hat der Patient in seiner Kindheit genug gehabt« (Masterson 1980, S. 107).

Die Suche nach dem Glück und die Fähigkeit zu leiden

»Nimm Abschied und gesunde.«
Hermann Hesse

»Die Menschen [...] sie streben nach Glück, sie wollen glücklich werden und so bleiben« (Freud 1930a, S. 433). Der unsterbliche Wunsch des Menschen ist vollkommenes und dauerhaftes Glück (Grunberger/Chasseguet-Smirgel

1979). Das Verweilen des schönen Augenblicks (Goethes *Faust*) aber führt nur zu lauem Behagen, zur langen Weile, zur »Langeweile«. »Wir sind so eingerichtet, dass wir nur den Kontrast intensiv genießen können, den Zustand nur sehr wenig« (Freud 1930a, S. 434). Freud selbst hielt sich an eine recht nüchterne Betrachtung der Wirklichkeit gemäß dem Realitätsprinzip, der »Ananke«. Im Plan der Schöpfung sei Glück nicht vorgesehen, höchsten vorübergehend und in kleinen Dosen (ebd.).

»Solange der Mensch leidet, kann er es noch zu etwas bringen«, schreibt Freud an eine Vertraute im Februar 1918 (Brief an L. Andreas-Salomé vom 17.02.1918; Freud/Andreas-Salomé 1980, S. 83). Dieser Gedanke ist keineswegs eine Glorifizierung vom oder eine Aufforderung zum Masochismus, wie man auf den ersten, oberflächlichen Blick glauben könnte. Freud weist mit diesem Satz vielmehr auf den engen Zusammenhang zwischen Leiden und Kreativität (Auchter 1978) hin, auf die schöpferische Bewältigung von Widrigkeiten und die kreative Überwindung von Leidensdruck. »Angst macht dumm«, »Not macht erfinderisch«, meint fein differenzierend der Volksmund, und wer – in Maßen – leidet, kann es auch noch zu etwas bringen (vgl. Auchter 2006a). Dabei geht es der Psychoanalyse um eine »Kultur des Leidens«, in der das Leiden angemessenen Raum, Zeit und Ort im Leben des Individuums erhält, aber nicht um eine »Kultivierung des Leidens«, wie sie in manchen religiösen Vorstellungen gepflegt zu werden scheint. Die »Leid-Kultur« umgreift immer auch eine »Leidempfindlichkeit«, eine Sensibilität für den eigenen und den fremden Schmerz, Em-pathie, und damit die Fähigkeit zum Mit-leiden, zur Sym-pathie. Dazu ist eine partielle und passagere Identifikation mit dem Leiden, oder präziser: mit dem Leidenden unumgänglich. Freud (1910d, S. 108) hat darauf hingewiesen, dass dem Analytiker Einfühlung nur insoweit möglich ist, als ihn die eigenen Konflikte und ihre Verarbeitung tragen. Winnicott spricht 1951 geradezu von einem »Recht auf Leiden« (zit. n. Davis 1990, S. 186). In der modernen »Fun-Gesellschaft« aber droht das Leiden, diese unausweichliche Determinante menschlichen Seins, aus dem Bewusst-Sein vertrieben zu werden. Kranke, Behinderte, Alte und Sterbende werden in entsprechende Einrichtungen abgeschoben, damit sie aus dem Blick geraten. Die »ars vivendi«, die Lebenskunst, die immer auch eine »ars moriendi«, die Kunst zu sterben, umfasst, wird immer mehr verkürzt und verdrängt.

Die – soweit wir wissen – einzigartige Fähigkeit des Menschen, sich reflektierend zu sich selbst in Beziehung setzen zu können, fordert ihn gleichzeitig dazu heraus, Stellung zu sich zu beziehen. Es geht dabei darum, Sinn zu suchen und seinem Leben einen Sinn zu verleihen und in einem lebenslang nicht endenden Prozess »Identität« zu gewinnen. Natürlich ist dem Analytiker auch Leiden bekannt, dem nach angestrengtesten menschlichem Ermessen kein Sinn mehr abgerungen werden kann.

Ständiger Wandel gewährleistet Konstanz

»Nur wer sich ändert, bleibt sich treu.«
Wolf Biermann

Die Psychoanalyse ist seit ihren Anfängen als »semper reformanda« (M. Balint 1966, S. 346) in dauernder lebendiger Entwicklung begriffen. Das lokalisiert sie unvermeidlich im Spannungsfeld zwischen Neugier und Neuangst (Freud 1925e). Dabei sind die Psychoanalytiker keineswegs immunisiert gegen Tendenzen zur Verabsolutierung, Dogmatisierung, Fundamentalisierung und Petrifizierung, denen gegenüber ständige kritische Wachsamkeit und Auseinandersetzung gefordert ist.

Erikson (1970, S. 124) hat zwei Aspekte der »Identität« betont, nämlich ein »dauerndes inneres Sich-selbst-Gleichsein, wie ein dauerndes Teilhaben an bestimmten gruppenspezifischen Charakterzügen«. In dem Spannungsbereich zwischen einer Unterwerfung unter Gruppennormen und der Bewahrung der Selbstkohärenz stehen sowohl der einzelne Psychoanalytiker als auch psychoanalytische Institutionen fortwährend. Es hat im Laufe der Zeit immer wieder Versuche einzelner Psychoanalytiker oder psychoanalytischer Gruppen gegeben, genau festzuschreiben, was ein Psychoanalytiker ist beziehungsweise wer kein Psychoanalytiker ist. Dies führte in der Geschichte der Psychoanalyse zu ebenso unzähligen wie unseligen Dissenzen, Dissidenten und Schismen (vgl. Hermanns 1995)[11].

»Autoritäres« Verhalten in Strukturen, Organisationen oder der Ausbildung ist nur vordergründig von Macht erfüllt, dahinter droht Schwäche, Zweifel

11 Die (erneute, nach Auchter 1994, 1997, 2000b, erfolgte) Einladung der Zeitschrift für Individualpsychologie an mich als Nicht-Individualpsychologen für diesen Beitrag zum Journal betrachte ich als einen Ausdruck gegenteiliger, integrativer Tendenzen, nämlich eines »Gemeinschaftsgefühls« moderner Psychoanalytiker.

und Unsicherheit, die mittels autoritären Machtmissbrauchs abgewehrt werden muss. Der wirklich Selbstsichere benötigt das nicht. »Die Lebendigkeit der Psychoanalyse und der Psychoanalytiker kann nur erhalten bleiben, soweit wir es wagen, uns der ständigen Relativierung unserer Überzeugungen auszusetzen und uns der Kontinuität durch Wandel anzuvertrauen« (Bauriedl 1998, S. 141). Dabei gilt es immer wieder von Neuem, Bewährtes zu bewahren, Festgefahrenes zu lösen, Wandelbares zu verändern, auf Zeitgebundenes, Überholtes zu verzichten, und Unbekanntes zu entdecken und zu integrieren.

Psychoanalyse zwischen Emanzipation, Effizienz, Euro und Entfremdung (2002)

Eine Polemik gegen schleichende Dehumanisierungsprozesse in Vorstellungen von der zukünftigen psychotherapeutischen Versorgung

Skizzierung anthropologischer Grundpositionen der Psychoanalyse

Die Psychoanalyse beansprucht immer schon, mehr als nur eine Form der Psychotherapie zu sein: »Die Psychoanalyse begann als eine Therapie, aber nicht als Therapie wollte ich sie Ihrem Interesse empfehlen, sondern wegen ihres Wahrheitsgehalts, wegen der Aufschlüsse, die sie uns gibt über das, was dem Menschen am nächsten geht, sein eigenes Wesen« (Freud 1933a, S. 169). In diesem Sinne charakterisiert Sigmund Freud die Psychoanalyse als eine »Erziehung zur Wahrheit gegen sich selbst« (Freud 1916–17a, S. 451), als »Anerkennung der Realität« (Freud 1937c, S. 94) und zwar über einen »interaktiven Erkenntniszusammenhang« (Mertens 1995, S. 21) im Rahmen einer haltenden (Auchter 2000c, 2000e), korrigierenden und entwicklungsfördernden analytischen Beziehung. Da seelische Erkrankungen aus der Unterdrückung und Verdrängung von zu einem bestimmten Zeitpunkt nicht erträglicher und seelisch nicht zu verarbeitender Wirklichkeit oder Wahrheit erwachsen, ist die »Wahrheitssuche« therapeutisch wirksam und heilsam.

Psychoanalyse ist für mich einerseits ein komplexes theoretisches Gebäude über die Entwicklung, Struktur und Dynamik der individuellen gesunden und kranken Persönlichkeit in ihren Beziehungen, andererseits eine bestimmte Einstellung und Haltung, mit der ich einem anderen Menschen und speziell einem Patienten in einem der verschiedenen Settings der psychoanalytischen Behandlung begegne.

Aus ihrer grundlegenden Annahme eines in allen menschlichen Verhältnissen wirksamen dynamischen »Unbewussten« entwickelt die Psychoanalyse das emanzipatorische Anliegen, zu mehr Selbst-Bewusstsein beizutragen. Ihr aufklärerischer Impetus bringt die Psychoanalyse in einen Konflikt mit all den individuellen und kollektiven Kräften, die an einem Aufrechterhalten von Selbsttäuschungen und Täuschungen interessiert sind. Insofern die Psychoanalyse dazu beiträgt, Illusionen zu zerstören (Freud 1910d, S. 111), »Ernüchterung« (Bell 1997, S. 63) zu verbreiten, kann sie dieser kritische Stachel niemals beliebt machen (Mertens 1997a, S. 9). Die Psychoanalyse weiß allerdings ebenso um die positive Bedeutung von Illusion (Freud 1927c, S. 376), spielerischer Fantasie (Winnicott 1971a) und hoffnungsvoller Erwartung (Freud 1890a, S. 297) für den Lebens- und auch den Heilungsprozess. In der Dialektik zwischen Desillusionierung und Respekt vor Entwürfen in ein »Jenseits des Realitätsprinzips« (Rycroft 1974) versucht sie den Menschen zu dem höchsten realisierbaren Grad an lebendiger Wirklichkeit zu verhelfen. Dazu gehört grundlegend das Bewusstsein seiner Begrenzungen. »Nur der wirklich Wissende wird bescheiden, denn er weiß, wie beschränkt dieses Wissen ist« (Freud 1926a, S. 264). »Alles was in einer Psychotherapie gesprochen oder getan wird, sollte auf dem schlichten Faktum beruhen, dass der Therapeut sich menschlich verhält und nicht auf dem hohen Ross seiner Professionalität sitzt. Und dass er sich nichtsdestotrotz des einmalig Geheimnisvollen [sacred] jeder [therapeutischen; Anm. T. A.] Begegnung bewusst bleibt« (Winnicott 1989, S. 320). Alexander Mitscherlich (1983, S. 8, 10) warnt ausdrücklich vor der »Distanzlosigkeit den großen Geheimnissen des Lebens gegenüber«. Er fordert Achtung vor der »prinzipiellen Selbstverborgenheit, in der wir Menschen leben« (ebd.). Insofern besetzt die Psychoanalyse im Chor der Humanwissenschaften eine »exzentrische Position«, indem sie das »Prinzip des Nicht-Wissens« (Sies 1997, S. 183) als fundamental betrachtet und neben dem Wert des Wissenserwerbs und der Bewusstwerdung systematisch den produktiven Wert des Nicht-Wissens betont (Schneider 2000, S. 2; Hardtmann 1997, S. 97). »Die Psychoanalyse […] symbolisiert durch ihre Existenz gleichsam die Existenz von nicht direkt Beobachtbarem, Irrationalem und Unheimlichem« (Leuzinger-Bohleber 1997, S. 74).

Die Definition der WHO lautet: »Gesundheit ist der Zustand vollständigen körperlichen, geistigen und sozialen Wohlbefindens und nicht nur das Freisein von Krankheit und Gebrechen.« Im Gegensatz zu dieser idealisierenden Formulierung beruht die Gesundheitsvorstellung der Psychoanalyse nicht auf der

Illusion eines vollkommen leidfreien Zustandes, sondern umfasst im Kontrast zum Zeitgeist der Fun-Gesellschaft immer auch eine »Kultur des Leidens«. Dabei unterscheidet sie zwischen unvermeidlichem und vermeidlichem Leiden. Sie hält am »Recht auf Leiden« (Winnicott 1951; zit. n. Davis 1990, S. 186) fest, macht sich zum »Anwalt des Leidens« (Nitzschke 1997, S. 132), das Sinn und Bedeutung besitzt. Sowohl der Leidensdruck (Freud 1913c, S. 477) als auch der Gesundungswille (Freud 1890a, S. 297) eines Patienten spielen in jedem therapeutischen Prozess eine grundlegende Rolle.

Indem die Psychoanalyse das Eingebundensein des Subjekts in familiäre, gesellschaftliche und kulturelle Verhältnisse schon immer mitreflektiert (vgl. Freud 1905e, S. 176), unterdrückte und verdrängte Verbindungen aufzudecken versucht und sich bemüht, zerstörte Sinnzusammenhänge zu rekonstruieren, steht sie dem postmodernen Trend zur Fragmentierung, zur Beliebigkeit und zum »Verschwinden der Vergangenheit« (Dornes 1999) entgegen. Wir wissen aus langjähriger therapeutischer Erfahrung, dass Menschen mit seelischen Erkrankungen für ihre Veränderungen, Nachreifungen und Weiterentwicklungen ihre »je eigene Zeit« benötigen (Henseler/Wegener 1993). Diese stellen wir in den verschiedenen psychoanalytischen Settings, in denen wir arbeiten, zur Verfügung.

Die Psychoanalyse betrachtet den Menschen als ein »komplexes System« voller Gegensätze, Widersprüche und Spannungen. Diese aufheben zu wollen, ist ein Akt der Unmenschlichkeit.

Dehumanisierungstendenzen

Dehumanisierungstendenzen in der gesellschaftlichen Entwicklung: Zur Dialektik der Zivilisierung

Der »Prozess der Zivilisation« (Elias 1969) ist in der »Dialektik der Aufklärung« (Adorno/Horkheimer 1947) zugleich ein Prozess der zunehmenden Entfremdung des Menschen von seiner Natur, seinem Körper, seinen Triebanteilen, seinen Affekten hin zu einer abstrakten Größe, einer statistischen Zahl. Die systematische Degradierung des Individuums zu einer »Nummer« wird am augenfälligsten in den Konzentrationslagern der Nazis (vgl. Baumann 1992). André Greens Begriff der »Desobjektalisierung« (Green 2001) versucht meines Erachtens etwas Vergleichbares zu erfassen. Das 20. Jahrhundert hat auf der einen Seite auch durch naturwissenschaftliche und technische Entwicklungen riesige Schritte in Richtung einer Humanisierung der Lebensverhältnisse gebracht, gleichzeitig, zum Teil durch dieselben Entwicklungen, aber auch an ungeheuere Abgründe der Inhumanität geführt.

Der Zivilisationsprozess mit seinem Kernbedürfnis nach »kontrollierbarer Sicherheit zur Abwehr von Ohnmachts- und Hilflosigkeitsgefühlen« manifestiert sich u. a. in wachsender Rationalisierung, expandierenden Verwaltungsapparaten (Bruns 1994, S. 137), zunehmender Bürokratisierung (Baumann 1992), einem »Verschwinden des Subjekts« (Bruns 2001b) und seiner Vergangenheit (Dornes 1999), einer »Korrosion des Charakters« (Sennett 1999, S. 33) und einer Ersetzung von persönlichen Beziehungen durch technische Verhältnisse. Alles Manifestationen des von Sigmund Freud (1930a, S. 451) sogenannten »Prothesengottes« Mensch, der seine Begrenzung, Unvollkommenheit und Unkontrollierbarkeit nicht auszuhalten vermag.

Der polnische Soziologe Zygmunt Baumann (1992, S. 166) stellt der Formulierung von Dan Diner (1988) vom »Zivilisationsbruch« die These entgegen, dass die »Shoah« Ausdruck einer auf die Spitze getriebenen Zivilisiertheit sei, »dass dieses entsetzlichste Unrecht in der Menschheitsgeschichte nicht durch eine Erosion der Ordnung möglich geworden ist, sondern im Gegenteil durch deren Übermacht und Totalität«. »Mit zunehmender Rationalisierung und technischer Perfektion steigt auch die Effizienz potentieller, sozial erzeugter Unmenschlichkeit« (Baumann 1992, S. 169; vgl. Sofsky 1993). Gemäß der »Dialektik der Aufklärung« (Adorno/Horkheimer 1947) pervertiert ein »Übermaß« jede Ordnung, Planung und Kontrolle zu einem inhumanen Terrorinstrument. Wir müssen achthaben, dass Verwaltung nicht zu einer Vergewaltigung verkommt.

»Die Zunahme des neurotischen Unglücks im Prozess der Zivilisation verlangte die Entwicklung einer konfliktlösenden und zumindest partiell befreienden Behandlungsmethode wie die Psychoanalyse«, resümiert Bruns (1994, S. 138). Aus ihrem »Unbehagen in dieser Kultur« resultiert der ursprüngliche antagonistische, aufklärerische und emanzipatorische Charakter der Psychoanalyse. Die kritisch attackierte Gesellschaft sucht im Folgenden unermüdlich nach Möglichkeiten einer »Domestizierung« der Psychoanalyse (ebd., S. 141), die »am Schlaf der Welt gerührt hat« (Hebbel zit. n. Freud 1914d,

S. 60). In den Kontext dieses gesellschaftlichen Anpassungsdrucks möchte ich meine folgenden Überlegungen einordnen.

Dehumanisierende Entwicklungsprozesse in der modernen Medizin

Das Gesundheitssystem ist in Deutschland zu einem der größten Wirtschaftsfaktoren herangewachsen. Im Jahre 2001 wurden darin ca. 520 Milliarden DM umgesetzt, das sind etwa 10,5% des Bruttoinlandsprodukts und entspricht ungefähr dem Finanzvolumen der Automobilindustrie (Bruns 2001b, S. 22). Nur in den USA mit 13 bis 14% und der Schweiz mit ebenfalls etwa 10,5% ist der Anteil im internationalen Vergleich höher oder ebenso groß. Dementsprechend dominieren den Gesundheitsdiskurs zunehmend »ökonomische« Denkweisen. »Qualität wird nur noch innerhalb einer Kosten-Nutzen-Relation gesehen« (Piechotta 2000, S. 368). Das entspricht einer rein »kapitalistisch« (Fürstenau 2001, S. 31) orientierten Weltanschauung, die ausschließlich an einem »materialistischen« Leistungsprinzip orientiert ist. »Es zählt nur der Erfolg«, meint Fürstenau (1992, S. 34), deshalb sollten wir Therapeuten nach seiner Auffassung viel stärker als bisher »Verantwortung für den Erfolg« (ebd., S. 75) übernehmen. Zudem steht dahinter eine Größenfantasie medizinisch-technischer »Machbarkeit«. »Gesundheit wird als erzeugbares Produkt angesehen« (Piechotta 2000, S. 369). Hieraus ergeben sich dringend »grundlegende Fragestellungen nach einer humanistischen versus einer ökonomisch-utilitaristischen Orientierung des medizinischen Systems« (Bruns 2000, S. 29).

Noch tiefer gehender muss in diesem Zusammenhang die Frage nach dem Wissenschaftsverständnis der modernen Medizin aufgeworfen werden. Seit den 80er Jahren ist es allenthalben in der Wissenschaft zu einer »positivistischen« Wende, präziser einer Rück-Wende, einer Restauration gekommen (vgl. Mertens 1997a, S. 10). Auch in der Medizin ist die »vorübergehende psychosoziale Aufschließung von einer mikrobiologischen Wende« abgelöst worden (Bruns 2001b, S. 21). Wir beobachten einen »Trend zur Repositivierung«, zu »oberflächlicher, ausschließlich quantitativer Forschungsmethodik in den Human- und Sozialwissenschaften, [es] soll nun wieder nur gelten, was sich anfassen und zählen lässt« (Mertens 1997a, S. 10).

Der Soziologe Claessens (1980) hat das Sinnlichkeitsdefizit (Adorno

1972) des modernen Menschen beschrieben, das es ihm unmöglich macht, zu etwas nicht Naheliegendem, Greifbarem, Konkretem ein emotionales und sinnliches Verhältnis zu gewinnen, z.B. zu größeren Massen, zu Unübersichtlichem, zu Fernliegendem, zum Abstrakten. Der Philosoph Günther Anders (1956) hat das als die »Antiquiertheit des Menschen« bezeichnet. In unserer »empiriegläubigen Zeit« (Mertens 1995, S. 8) zählt nur, was ich »mit eigenen Augen sehen kann«, was »jeder sehen kann«, was ich »mit Händen greifen kann«, was zum (be-)greifen nahe ist – und wenn es statistische Zahlen sind!

Die breite »wissenschaftsgläubige« gesellschaftliche Akzeptanz bzw. Favorisierung positivistischer Wissenschaftsvorstellungen wird ein unbewusstes Motiv in der zunehmenden allgemeinen, globalen Verunsicherung haben. Sie resultiert aus einer, wie Leuzinger-Bohleber (1997, S. 74) formuliert, »verständlichen, aber irreführenden Sehnsucht nach Sicherheit, ›Objektivität‹ und wissenschaftlich politischer Kontrolle über zur Zeit Unkontrollierbares und nicht direkt Beobachtbares«. Kritisch muss dagegen jedoch eingewandt werden, dass »die Beschwörung von Operationalisierbarkeit, Empirie und Falsifikation nur ein [wissenschaftliches, Anm. T.A.] Sprachspiel von mehreren möglichen darstellt«, so Mertens (1997a, S. 12; 1995, S. 4f.).

Dehumanisierungstendenzen in der modernen Psychotherapie

Wertlose Psychotherapieforschung?

Medizinisches Handeln und Forschen, geschweige denn psychotherapeutisches Heilen und Forschen, ist ohne ein dahinterstehendes Menschenbild nicht vorstellbar. Die Frage ist allerdings, ob diese Weltanschauung mitreflektiert und bewusst gemacht wird. Wer Wissenschaftlichkeit für einen grundsätzlich ideologiefreien Raum erklärt, sorgt nur für ein unreflektiertes und unbewusstes, nicht mehr kontrollierbares Wirksamwerden seiner latenten Weltanschauung. Deshalb muss es sich auch das Wissenschaftsverständnis der heutigen, überwiegend empirisch-behavioralen Psychotherapieforschung gefallen lassen, einer kritischen Durchleuchtung der Anwendungsadäquatheit ihrer Methoden (Mertens 1995, S. 13) unterzogen zu werden. Dabei ist zum Beispiel auch zu berücksichtigen, »dass berufspolitische Interessen und die Wahl eines bestimmten wissenschaftlichen Kriteriums eng miteinander verbunden sind« (Mertens 1997a, S. 11).

Durch ein einseitiges naturwissenschaftlich-empirisches Wissenschaftsparadigma wird die gesamte hermeneutische Potenz der Psychotherapie, beispielsweise in ihrer Beziehungskompetenz, ihrer Empathiefähigkeit, ihren Angeboten zur Sinnstiftung, eliminiert. Erst die Hermeneutik bereichert aber doch das Faktische um seine Bedeutung und generiert so die grundsätzlich immer subjektive Wirklichkeit.

Das in der experimentellen Psychologie vorherrschende »nomologische Forschungsparadigma« (Kaiser 1993, S. 349), das nomothetische Wissenschaftsverständnis, ist angesichts moderner neurobiologischer Erkenntnisse über die »intersubjektive« Generierung von Realität und angesichts der Erkenntnistheorie des »Konstruktivismus« ein völlig antiquiertes. Ihr großes Vorbild, die Physik, hat dieses naive Erkenntnistheorem längst zugunsten eines Paradigmas abgeschafft, in dem selbstverständlich ist, dass Beobachter, Beobachtungsmethode und Beobachtungsinstrument Einfluss auf das zu Beobachtende haben. Die sogenannten »modernen« psychotherapeutischen Wissenschaftler arbeiten mit völlig überholten, unzeitgemäßen wissenschaftlichen Erkenntnisinstrumenten. Das in der somatischen Medizin bevorzugte experimentelle Forschungsparadigma einer »evidenz-basierten Medizin«, das aus der Arzneimittelforschung stammt (Trimborn 2000a, S. 1; Leuzinger-Bohleber et al. 2001, S. 198), wird unreflektiert und unmodifiziert auf die Psychotherapieerfolgsforschung übertragen. Aber experimentelle Vergleichsstudien zwischen verschiedenen Psychotherapieverfahren an leidenden Patienten verbieten sich als Menschenversuche aus ethischen Gründen (Leuzinger-Bohleber et al. 2001, S. 198).

Dialektik der Qualitätssicherung

Neben dem tief unbewussten Kontroll- und Sicherheitsbedürfnis ist eine starke Triebfeder der verstärkten Diskussion von Qualitätssicherungsmaßnahmen eine schlicht »ökonomische«. Die finanziellen Ressourcen der Kostenträger im Gesundheitswesen wachsen nicht und in der Folge kommt es zu einer Erhöhung der Bedeutung von Kosten-Nutzen-Rechnungen (Vauth/Stieglitz 2000, S. 121). Seit dem 1. Januar 1989 ist die »Qualitätssicherung« für das deutsche Gesundheitswesen und damit auch die Psychotherapie im Sozialgesetzbuch V (§137ff.) gesetzlich vorgeschrieben. Im Folgenden möchte ich kurz die These begründen, dass die bisher geplanten Qualitätssicherungsmaßnahmen statt einer Qualitätsverbesserung eher zu ihrem Gegenteil, nämlich einer Qualitätsminderung führen werden.

Ganz banal wird zunächst der mit allen Qualitätssicherungsmaßnahmen verbundene unvermeidlich erhöhte bürokratisch-technische Aufwand zu einer Verminderung der Zeit führen, die ein Therapeut für die direkte, persönliche Begegnung mit seinen Patienten zur Verfügung hat. Dabei liegen heute genügend Studien vor, welche die »therapeutische Beziehung« und ihre Qualität als einen der wichtigsten kurativen Faktoren hervorheben (vgl. Bohleber 2001, S. 11).

Darüber hinaus unterminieren die mit der Qualitätssicherung verbundenen ausufernden Datensammlungen über Patienten und Therapeuten und die fortschreitenden Datenverknüpfungsmöglichkeiten die »therapeutische Schweigepflicht« und das »informationelle Selbstbestimmungsrecht« der Patienten (vgl. Bruns 2000, S. 28) und der Therapeuten. Das stellt einen massiven Eingriff in die Therapiefreiheit dar. Die trotz mehrfacher Abmahnung weiter bestehende Praxis der KV Nordrhein, die Abrechnungsscheine nach EDV-mäßiger Bearbeitung den Krankenkassen zu überlassen, bedeutet einen ständigen wissentlichen Verstoß (im meinem Besitz befinden sich entsprechende Schreiben des Bundesbeauftragten und der Landesbeauftragen NRW für Datenschutz) gegen die Bestimmungen des Datenschutzgesetzes (siehe hierzu auch DGPT-Information 3/2002).

Bei der Qualitätssicherung erhebt sich auch die Frage nach der wissenschaftlichen Methodik, die zur Untersuchung und Überprüfung psychotherapeutischer und speziell psychoanalytischer Prozesse adäquat ist. Zunächst bleibt schlicht festzuhalten, »dass die weltanschaulichen, philosophischen und kulturellen Überzeugungen«, die hinter verschiedenen Psychotherapieverfahren stehen, »doch recht verschieden sind« (Mertens 1997a, S. 21). Die rein positivistische, pragmatische Sichtweise ist übrigens auch eine Weltanschauung. Sie setzt zum Beispiel naiv und unreflektiert eine fiktive »Normalität« voraus und definiert von dort aus dann »Störungen«. Auf der Basis dieses »Normalitätsparadigmas« geht die »Tendenz der Psychotherapieforschung dahin, die Therapieziele als gegeben anzunehmen und lediglich herauszufinden, welches die besten Mittel sind, diese Ziele zu erreichen«, so Carlo Strenger schon 1991 (zit. n. Kaiser 1993, S. 362). Wolfgang Mertens (1995, S. 45) setzt dem entgegen: »Das Denken in

Normalitätskriterien, die gesellschaftlich nicht mehr hinterfragt werden, das Verfolgen von Wirksamkeit in einer dekontextualisierten Wirklichkeit [...] kann nicht das Ziel psychoanalytischer Bemühungen sein.«

Das Interesse von Kostenträgern legt den Schwerpunkt der Qualitätssicherung einseitig auf die kurzfristige »Ergebnisqualität« (vgl. Piechotta 2000, S. 370f.). Die Kurzfristigkeit stellt allerdings ökonomisch eine Kurzsichtigkeit dar. Die Psychoanalytiker betonen demgegenüber die Bedeutsamkeit von »Strukturqualität« (Ausbildung, Weiterbildung, Theoriehintergrund) und »Prozessqualität«, die zu langfristiger, nachhaltiger – und damit letztlich ökonomischerer – Ergebnisqualität führen.

> »Bei analytischen Psychotherapien und den mit ihnen behandelten Krankheiten sind dabei [Qualitätssicherung; Anm. T.A.] zumindest fünf Dimensionen zu berücksichtigen: die Symptomatik, der intrapsychische Konflikt, die strukturelle Störung, der therapeutische Prozess und die Zeit. Es erscheint nur schwer vorstellbar, dass mit einem Qualitätssicherungs-Verfahren, das nur aus einer Dokumentation in Form von Erhebungsbögen besteht, diese Dimensionen adäquat erfasst und in ihren Veränderungen und Bedeutungen dargestellt werden können« (Bruns 2000, S. 27).

Bruns (ebd.) weist auch auf die Gefahr der »Entstellung, Manipulation und Schönung der Ergebnisse« bei ausschließlichen Dokumentationsverfahren hin. Damit verwandelt sich die »Objektivität« dieser Verfahren ganz rasch in eine Pseudoobjektivität.

Die Überprüfung von Therapieeffekten durch »objektive«, statistisch verwertbare Erhebungsbögen, möglicherweise noch im »multiple-choice«-Verfahren, kann der Komplexität intrasubjektiver und intersubjektiver Therapieprozesse letztlich niemals gerecht werden. Auf welche Weise will ich statistisch wasserdicht Erfahrungen belegen wie »Ich bin mir selbst nähergekommen«, »Ich fühle mich stimmiger mit mir«, »Ich fühle mich leidenschaftlicher und stehe deutlich zu mir«, »Ich wurde langsam aber sicher zu einem ›runden Ganzen‹, das nun von innen zusammenhält« (alles Äußerungen meiner Patienten)? Die Studien der DGPT und DPV zeigen, wie sinnvoll und erfolgreich Effizienzforschung in der Psychotherapie betrieben werden kann.

Wie wenig die Krankenkassen an einer »tatsächlichen« Qualitätssicherung im Sinne einer »Wirksamkeitsüberprüfung« interessiert sind, zeigt sich in ihrer fortgesetzten Weigerung, die ihnen vorliegenden Daten von

Psychotherapiepatienten daraufhin zu überprüfen, wie sich vor, während und nach der Psychotherapie 1. die Inanspruchnahme ärztlicher Leistungen und 2. der Medikamentenverbrauch verändert oder nicht verändert hat. Eine »objektivere« Wirksamkeitskontrolle von Psychotherapie ist nicht vorstellbar. Wenn diese Untersuchung von den Kostenträgern nicht vorgenommen wird, erweisen sich alle ihre weiteren Qualitätssicherungsforderungen als Makulatur und öffnen allen Spekulationen über die dahinterstehenden Motive Tür und Tor.

Zum Problem der Störungsspezifität

Die für eine Spezifizierung unumgängliche Aufteilung von komplexen und umfassenden Krankheitseinheiten in immer kleinere Störungsanteile führt letztlich zu einer »Fragmentierung« von psychopathologischen, psychodynamischen und psychotherapeutischen Zusammenhängen. Der kranke Mensch als »ganze« Person – zu der gerade auch all sein Nicht-Ganzes gehört – wird atomisiert, in Einzelteile aufgespalten. Damit droht die Störungsspezifizierung zu der Krankheit, nämlich zum Beispiel von Mindens (1988) »Bruchstück-Mensch« (oder Borderline-Störung, Multiple Persönlichkeit, Strukturpathologie u. ä.), zu werden, deren Therapie zu sein sie vorgibt (vgl. das Bonmot von Karl Kraus, die Psychoanalyse sei die Geisteskrankheit, die sie zu heilen vorgebe). Psychoanalytische Zielvorstellungen umfassen demgegenüber gerade eine Erhöhung von »Integration« und »Kohärenz« der Persönlichkeit.

Die für die qualitätsgesicherte und leitlinienorientierte Psychotherapie vorgesehene Verwendung des ICD-10 stellt eine »Qualitätsverschlechterung« dar, da die »ICD-10-Diagnostik im Bereich der Psychotherapie in hohem Maße praxisfremd und damit ungeeignet für die psychotherapeutische Praxis ist« (Hohage 2000, S. 30). Der rein deskriptiv-phänomenologisch definierte Störungsbegriff, wie er dem DMS und der ICD-10 zugrunde liegt, die ja ursprünglich nur zur internationalen wissenschaftlichen Vergleichbarkeit von Forschungsergebnissen entwickelt worden sind, eliminiert sowohl das kranke »Subjekt« als Träger einer Störung als auch die psychosoziale Entwicklungsgeschichte derselben (Bohleber 2001, S. 8f.). In der allgemeinen Einleitung zur ICD-10 (1993, S. 22; kursiv T. A.) heißt es: »Der Begriff ›Störung‹ (disorder) wird in der gesamten Klassifikation verwendet, um den *problematischen Ge-*

brauch von Begriffen wie ›Krankheit‹ oder ›Erkrankung‹ zu vermeiden.« Als ob das Wort »Störung« weniger problematisch sei! Wer ist gestört, wer wird gestört, und was wird gestört? Wer definiert von welchem Normbegriff her die »Störung«? Verführt dieser Begriff nicht zur psychotechnischen Beseitigung von Störungen, ohne deren komplexer Motivierung und Sinnhaftigkeit nachgehen zu müssen? Müssen Störungen ausradiert werden, damit ein reibungsloses Funktionieren der (Leistungs-)Gesellschaft gewährleistet bleibt? Droht hier nicht im Endeffekt eine »Gleichschaltung« von Individuen, eine »Depersonalisierung«, indem störende Unterschiede ausgemerzt werden sollen? Zielt die Störungsbeseitigung nicht letztlich auf die Eliminierung des Fremden, der Differenz und im Tiefsten zur Auslöschung des Unbewussten und des Individuums? Steckt dahinter nicht vielleicht die unbewusste Angst vor »dem Fremden«, dem Andersartigen, dem »Unbewussten«? Wir hassen das, was wir »wenig kennen und verstehen«, schreibt Sigmund Freud (1915b, S. 329).

Grundlegend für die Psychoanalyse ist dagegen, »dass der Mensch als Subjekt in der Krankheit sich verwirklicht« (A. Mitscherlich 1949/50, S. 392). Insofern behandeln Psychoanalytiker »Subjekte und nicht Krankheiten« (Becker/Nedelmann 1980, S. 115) mit dem Respekt vor der unterscheidbaren Individualität des Einzelnen und dem »Sinn« krankhafter Lösungsversuche.

Die berufspolitischen Konsequenzen einer störungsspezifischen Partikularisierung sind absehbar. Man beschreibt und definiert eine »neue« Störung. Man entwirft Leitlinien eines »neuen« störungsspezifischen Behandlungskonzepts. Man erhebt einen Alleinvertretungsanspruch für die Therapie dieser Störung. Man bietet eine Ausbildung dafür an. Eine »neue Psychotherapie« ist geboren. Entsprechend findet sich in Heft 10 (2002, S. 87) der Verbraucher-Zeitschrift *test* eine »Kurzmeldung« mit dem Titel »Neue Therapie«: »›Borderline-Patienten‹. Mit einem speziellen psychotherapeutischen Verfahren bestehen deutlich höhere Chancen auf eine Besserung als bisher […].«

Zum Problem einer leitlinienorientierten Psychotherapie

Leitlinien und Psychotherapiemanuale, wie sie ja auch von Psychoanalytikern angeboten werden (z.B. Luborsky 1995), stellen hilfreiche Instrumente für die Aus- und Weiterbildung dar. Denn sie bieten dem Anfänger sichervermittelnde Orientierung. Beim Schreibenlernen hat das Kind am

Anfang noch drei Linien in der Zeile zur Verfügung, später noch eine Linie und manche benötigen am Ende gar keine Linien mehr. In diesem Sinne könnte auch ich »Leitlinien« in der Psychotherapie akzeptieren. »Ein [grundlegendes; Anm. T.A.] Gefühl von Sicherheit führt zur Selbstbeherrschung, wenn jedoch die Selbstbeherrschung Wirklichkeit geworden ist, dann wird das Aufdrängen von Sicherheit zu einer Beleidigung«, meinte Winnicott (1965b, S. 33).

Wenn das Ziel einer Psychotherapie eine größere »Autonomie« des Patienten sein soll, dann muss auch der therapeutische Weg alle seine unabhängigen beziehungsweise autonomiefördernden Bewegungen unterstützen. Das kann bisweilen in der »Verweigerung« einer führenden, den Patienten »abhängig« haltenden Rolle bestehen. Der psychoanalytische Begriff der »Absichtslosigkeit« oder der »Tendenzlosigkeit« versucht, diese freiheits- und unabhängigkeitsfördernde Haltung des Therapeuten zu fassen. Wie aber kann ein Therapeut die Eigenständigkeit seines Patienten unterstützen, wenn er seine therapeutische Selbstständigkeit in das Korsett einer Manualsteuerung einzwängt?

Eine dauerhaft regelgesteuerte (manualgesteuerte) Psychotherapie »uniformiert« die persönliche, therapeutische Beziehung zwischen Patient und Therapeut in einen schematischen, technokratischen (Nitzschke 1997, S. 131) Zusammenhang. Besteht dabei nicht die Gefahr, dass wir zu Harlow'schen »Drahtmüttern« werden, zu »therapeutischen Robotern«, »sprechenden Attrappen« (Moser 1987), gesteuert von einem »Falschen therapeutischen Selbst«? Die in der heutigen Gesellschaft verbreitete »instrumentelle Einstellung zum Mitmenschen« und der »Mangel an Einfühlung« – eigentlich Kennzeichen einer »narzisstischen Persönlichkeitsstörung« (Mertens 1995, S. 41) – werden mit einer manualgesteuerten Psychotherapie zum »Heilungsweg« erklärt und per identifikationem zum »Heilungsziel«. Wir Psychoanalytiker meinen dagegen, dass jeder Psychotherapeut durch Ausbildung und Erfahrung doch immer mehr zu einem ganz persönlichen, »subjektiven therapeutischen Instrument« werden sollte. Wobei außer Frage steht, dass er sich lebenslang persönlich wie wissenschaftlich weiterentwickeln und -bilden muss. Nur ein zugleich persönlich gefestigter und offen entwicklungsfähiger Psychotherapeut ist auch in der Lage, sich in das oft verwirrende Oszillieren zwischen Übertragungsbeziehung, Realbeziehung und deutender Distanz einzulassen und produktiv damit umzugehen.

Beispiel einer problematischen Zukunftsvorstellung von Psychotherapie

Ich möchte die hier diskutierte Problematik an dem Buch *Ambulante Psychotherapie* (2000), herausgegeben von Freyberger, Heuft und Ziegenhagen, verdeutlichen. Es umfasst, bereichert durch einige ergänzende Beiträge, die Vorträge des »Petersberger Symposiums« von 1999, das von der Deutschen Krankenversicherung und dem Institut für Gesundheitsökonomie und Klinische Epidemiologie der Universität Köln veranstaltet wurde. Ein Schelm, wer angesichts dieser Veranstalter Arges wähnt! Die Beiträge stammen ausschließlich von »wissenschaftlich-universitären« Autoren, beschwichtigend wird im Vorwort auf die Notwendigkeit »einiger Adaptationen an die Praxisbedingungen« (ebd., S. III) ambulanter Psychotherapie hingewiesen. Kein ambulant praktizierender Therapeut kommt in dem Werk zu Wort. Vor allem auch aus diesem Grund habe ich mich dazu veranlasst gesehen, mich hier mit meinem Beitrag zu Wort zu melden. Angeregt dazu wurde ich durch eine Diskussion des Buches in unserem Aachener psychoanalytischen Qualitätszirkel.

Die Autoren betonen zwar im Vorwort, dass es ihnen grundsätzlich um eine Reduktion des »allwissend erscheinenden Therapeuten« ginge, die ganze in dem Buch vorgeschlagene Methodik zielt jedoch meines Erachtens – vielleicht unbewusst – auf eine »Entmündigung« des Patienten. Im vorauseilenden Gehorsam leisten die Herausgeber eine unkritische Anpassung an gesellschaftliche oder institutionelle Forderungen: »Letztlich muss die Psychotherapie jedoch die gleichen Maßstäbe hinsichtlich Behandlungserfolg und effizienter Ressourcenallokation für sich akzeptieren, wie sie für den somatischen Versorgungsbereich gelten« (ebd., S. II). Muss sie tatsächlich? Schon der Begriff der »Versorgung« bedarf meines Erachtens für den Bereich der Psychotherapie einer kritischen Hinterfragung. Verführt er nicht möglicherweise Patienten zu einem Perseverieren in einer Position der Passivität, Abhängigkeit und Unmündigkeit? Müsste es dagegen nicht Aufgabe des Psychotherapeuten sein, den Patienten hilfreich dabei zu begleiten, einen Weg aus der »selbstverschuldeten Unmündigkeit« (Immanuel Kant) zu finden?

Konsequent ist im gesamten Buch auch von »Störung« die Rede. Die empirische Forschung der Klinischen Psychologie und Psychotherapie untersuche »jeweils die einzelnen Störungen« und entwickle »störungsspezifische Therapieverfahren« bzw. »störungsspezifische Behandlungspakete« (Schulte 2000,

S. 23), die sich dann »den allgemeinen, störungsübergreifenden Methoden regelmäßig als überlegen erweisen« (ebd.). Diese Behauptung wird in keiner Weise belegt. Ist die Folgerung daraus, dass es in Zukunft gar keine grundlegende, in einer umfassenden Persönlichkeitstheorie verankerte Krankheitslehre, wie zum Beispiel die von Wolfgang Loch (1977, 1999), mehr geben soll? Sollen stattdessen vom zukünftigen Psychotherapeuten 20 bis 40 »störungsspezifische unverbundene Behandlungstechniken« erlernt werden? Konsequent werden dann »störungsspezifische Abrechnungsziffern« bzw. »Pauschalabrechnungen« für spezifische Störungsbereiche (Schulte 2000, S. 39) gefordert.

Die Autoren vertreten nach eigenen Angaben ein »radikales Konzept der Qualitätssicherung« (ebd.). Unbewiesen stellen sie die Behauptung auf, »dass die Erfolgsbeurteilungen von [gewöhnlichen] Therapeuten unvalide sind, also den tatsächlichen Therapieerfolg nicht vorhersagen, sondern dass die Therapeuten sich [sogar] dieses unvaliden Urteils auch noch sicher sind« (Schulte 2000, S. 36; Anm. T. A.)! Die von den Autoren vorgesehenen Kontrollmaßnahmen erhalten wohlklingende Etiketten wie »Transparenz über das, was in der klinischen Praxis geschieht und Ergebnisorientierung« (Kordy/Puschner 2000, S. 100). »Das Ziel ist, möglichst rational die bestmöglichen Behandlungsergebnisse für die Patientinnen zu erreichen« (Hahlweg 2000, S. 68f.). Das Irrationale, das Unbewusste hat in diesem Denkansatz offensichtlich keinen Platz mehr! Er setzt fast ausschließlich auf das Kognitiv-Intellektuelle. Peter Kutter (1999, S. 96) hat nachdrücklich darauf hingewiesen, dass neben Descartes' »cogito, ergo sum« unbedingt ein »sentio, ergo sum« gestellt werden muss. Der Glaube an die Rationalität wird als Faktum ausgegeben in der Illusion, damit alle Irrationalität aus der Welt schaffen zu können. Dieses magische Denken der Wissenschaft schafft das Irrationale jedoch nur aus dem Bewusst-Sein, nicht aus dem Sein!

Hahlweg (2000, S. 67) verspricht sich von einer »Datenrückmeldung« an den Patienten eine »therapiemotivierende Funktion«. An die Stelle eines therapeutischen Frei- und Schutzraumes für Nachreifung und Entwicklung wird eine Zwangsjacke abfragbaren Fortschritts durch fortgesetzte »objektive« Wirksamkeitsnachweise gesetzt. Bei solchen Vorstellungen frage ich mich bisweilen, ob diese »Psychotherapietheoretiker« sich jemals zum Beispiel einer wirklichen therapeutischen Begegnung mit einer durch sexuelle Gewalt oder andere Misshandlungen traumatisierten Patientin ausgesetzt haben. Für solche Patientinnen, die es oft nach einem ganz langen Wege zum ersten Mal in einer Psychotherapie gewagt haben, sich zu öffnen und sich einem anderen Menschen mit ihrer seelischen Verwundung anzuvertrauen, bedeutet eine solche vorgesehene Art von fragebogengestützter hochnotpeinlicher Befragung, möglicherweise alle drei Monate wiederholt, nichts anderes als eine »Retraumatisierung«. Weil sie erneut zum Objekt eines neugierigen invasiven Begehrens Dritter gemacht werden und wieder schamlos ihrer Selbstbestimmung beraubt werden.

Als »Feindbild« werden von den Autoren des Werkes die Psychotherapieschulen ausgeguckt und als Heilmittel die Verlagerung der psychotherapeutischen Ausbildung an die stärker forschungsbezogene und angeblich »wissenschaftlichere« Universität gefordert (Schulte 2000, S. 26f.). Die Autoren, wie gesagt durchweg Universitätsangehörige, argumentieren also schlicht und schamlos »pro domo« und bescheinigen der Universität naiv, unwissentlich oder – genauso schlimm – wissentlich, in jedem Falle kritiklos, Schulen- bzw. Ideologieunabhängigkeit.

Die Autoren scheuen sich auch nicht, mit geradezu lächerlichen Therapieschimären zu argumentieren: Therapeuten liefen leicht in Gefahr, »die Individuellen Therapieziele (ITZ) eher zu ›abstrakt‹ zu formulieren: Beispiel: ›Der Patient soll eine Übertragungsneurose entwickeln‹« (Heuft et al. 2000, S. 88) – eine nicht zu überhörende Anspielung auf psychoanalytische Psychotherapeuten. Ich hoffe nicht, dass Gereon Heuft, von dem diese Aussage stammt, in seiner psychoanalytischen Ausbildung das so gelernt hat! Leider können sich die Autoren bei solchen »Zerrbildern« von Psychoanalyse auf die Steilvorlage durch den Psychoanalytiker Peter Fürstenau (1992) in seinem Buch *Entwicklungsförderung durch Psychotherapie* berufen, ähnlich argumentiert er in seinem neuen Werk (Fürstenau 2001).

Außer in dem Gemeinschaftsartikel zur Basisdokumentation kommt in diesem Buch keine einzige Frau zu Wort. Vielleicht ist es lohnenswert, sich einmal tiefer gehende Gedanken darüber zu machen, warum es zumeist Männer sind, die solche technokratischen Ideen und Instrumente in die Welt setzen.

Konsequent weitergedacht führt dieser Weg dann zum »Computer« als »Therapeut der Zukunft« (*Deutsches Ärzteblatt* 5/2002), der in amerikanischen Studien kognitiv-behavioraler Therapie auch schon eingesetzt wird. »Zwischen beiden Gruppen [Behandlung durch realen Therapeuten bzw. virtuellen Therapeuten; Anm. T.A.] gab es kaum Unterschiede. ›Durch den Computereinsatz konnten wir vier Sitzungen und damit 133 $ je Patient einsparen, aber es wurden die gleichen Erfolge erzielt wie bei einer herkömmlichen Therapie‹«, referiert das *Deutsche Ärzteblatt* (5/2002) kommentarlos diese Studie. Auch mit solchen »sachlichen«, »wissenschaftlichen« Informationen wird Berufspolitik gemacht. Im selben Heft des *Deutschen Ärzteblattes* steht ein Bericht über »Online-Psychotherapie«. Fazit: »Die Patienten gehen in den Online-Gruppen ebenso offen mit einander um wie in Face-to-face-Gruppen.« Schöne neue Welt der virtuellen Psychotherapie!

Der »flexible Patient«

Solche Psychotherapiemodelle setzen einen rationalen, ordentlich, mechanisch funktionierenden Patienten voraus. Er hat eine Störung in seinem System. Der Defekt wird vom Therapeuten leitlinienorientiert diagnostiziert. Dann wird ein störungsspezifisches Reparaturprogramm festgelegt. Das wird leitlinienorientiert durchgeführt. Die Störung ist beseitigt. Der Patient funktioniert wieder und kann gehen. Da der Mensch jedoch weder eine Maschine noch nur rational ist, kann dieses Modell höchstens unter erheblicher Verbiegung von Realität funktionieren, es ist schlicht »nicht menschlich«.

In diesem virtuellen Szenario ist kein Ort vorgesehen für irgendeine »Ambivalenz« des Patienten, kein Platz für Zweifel, Abwehr und Widerstand, kein Raum für irgendeinen »Sinn« von Krankheit und Symptomatik. Dahinter steht ein ungeheuer verarmtes Menschenbild. Wo gibt es in einem positivistisch ausgerichteten Psychotherapiemodell einen Bereich für ein »schöpferisches Nein« in der Krankheit, für kreative Verweigerung, für Neugier und spielerisches Erproben, für eine Subversion von Gewissheiten, für produktive Unordnung? Wo ist der Ort für »Querliegendes, Unbekanntes, Sperriges« (Leuzinger-Bohleber 1997, S. 82), für Innovationen? Wo ist Raum für Leiden, Fehler, Irrtum, Verrücktes, Behinderungen und Begrenzungen? Wo ist die Möglichkeit, im Rahmen der Therapie Abstand von Zwangstendenzen zu finden oder eine Über-Ich-Milderung zu erfahren? Das vorgesehene Setting ist meines Erachtens dagegen hervorragend geeignet zur Verfestigung von Zwangsstörungen, Workaholismus und anderen Formen von »Abhängigkeitserkrankungen«.

Was ist mit Patienten, deren unbewusstes Problem aufgrund destruktiver Abhängigkeits- und Gewalterfahrungen darin besteht, sich in selbstdestruktiver

Weise ständig »angepasst« zu verhalten? Geraten sie nicht in einen Teufelskreis? Stehen sie nicht in der Gefahr, um den Preis fortgesetzter Selbstentfremdung dem Therapeuten bzw. der Kasse den vordergründigen Eindruck eines Therapieerfolges vermitteln zu müssen (B. Tenschert-Friedhoff 2002, mdl. Mttlg.)?

Was kann bei dieser manipulativen, »industriellen Psychotherapie« anderes herauskommen als ein stromlinienförmiges, »funktionierendes Objekt«, ein »flexibler Mensch« mit korrodiertem Charakter (Sennett 1999), aber nicht ein selbstbestimmendes Subjekt, das mit Zivilcourage auch zu einem beherzten »Nein« fähig ist. Bei diesem Psychotherapieverfahren werden gleichzeitig Egoisten, narzisstische Charaktere produziert, die ausschließlich um sich selbst kreisen, und unterwürfige und angepasste »Normopathen«. Dagegen fördert das Therapieziel von Sigmund Freud (1895d, S. 312) die Freiheit, »hysterisches Elend in gemeines Unglück zu verwandeln«, sprich die sozialen und auch sozialkritischen Anteile des Menschen und damit seine Demokratiefähigkeit. Eine dauerhafte therapeutische und damit auch »ökonomische« Effizienz ist allein durch eine tief gehende, strukturelle Veränderung, aber nicht eine oberflächliche Verhaltenskorrektur, gewährleistet.

Die Zukunft der Psychotherapie und die Zukunft der Psychoanalyse – oder: Ist die Psychoanalyse gerade durch ihre Antiquiertheit zeitgemäß?

Das Schibboleth der Psychoanalyse ist und bleibt sicher das Konzept des »Unbewussten« (Freud 1923b, S. 239), seine Aufgabe wäre ein Selbstverrat (vgl. Buchholz 1999, S. 212). Mit ihrem Festhalten an der fundamentalen Bedeutung von »Nicht-Wissen« (Schneider 2000) neben der »leisen Stimme des Intellekts« (Freud 1927c, S. 377) bzw. der Vernunft stellt sich die Psychoanalyse unausweichlich gegen jeden positivistischen Wahn von Rationalität, Objektivität und Allwissenheit. Insofern kollidiert die Psychoanalyse unvermeidlich mit einem »Zeitgeist, der auf das Planbare, Kontrollierbare, Messbare und Machbare« (Ermann 1995, S. 291) setzt.

Die Psychoanalyse hält einem verarmten, reduktionistischen und mechanistischen Menschenbild die Vorstellung einer komplexen, ganzheitlichen, aber immer begrenzten und unvollkommenen Subjektivität entgegen. Die

Psychoanalyse steht quer zum Zeitgeist, indem sie das Individuum als »Subjekt« (Trimborn 2000a, S. 1) gegen alle Trends zur Entindividualisierung zu stärken versucht, seine Beziehungs- und Bindungsfähigkeiten gegen Beliebigkeiten und Bindungserosion (vgl. Auchter 2001) auszubauen versucht und die Bestrebungen zur Sinnstiftung (Loch 1986, S. 184) gegen alle Formen von Entsinnlichung unterstützt.

Gegenüber vorherrschenden Tendenzen zur kurzfristigen psychotechnischen Beseitigung von Störungen oder Defekten betont die Psychoanalyse die Notwendigkeit von äußerem und innerem »Raum« und »Zeit« für die Selbstauseinandersetzung, für das Verstehen und Neukonfigurieren zerrissener lebensgeschichtlicher Zusammenhänge, für die Analyse unbewusster Sinnzusammenhänge, für die Nachreifung konflikthaft oder traumatisch unterbrochener Entwicklungsprozesse. Dabei spielen Prozesse der kritischen Selbstreflexion, der Auseinandersetzung mit Angst, Schmerz, Trauer und Ambivalenz, der Akzeptanz unrealisierbarer Wünsche und Illusionen, der Toleranz für Unsicherheit, Krankheit und Leiden eine bedeutende Rolle. Die Psychoanalyse sieht die Möglichkeit dazu nur in einem längerfristigen, stabilen persönlichen, »menschlichen Begegnungs- und Beziehungsraum«, der nur in engen Grenzen durch Leitlinien und Manuale regulierbar und kontrollierbar ist. »Sozialtechnische Größenphantasien dürfen den inneren Raum nicht zerstören, den die Individuen nach wie vor benötigen, um lebensgeschichtliche Zusammenhänge und unbewusste Phantasien verstehen zu können« (Mertens 1997a, S. 14).

> »Psychoanalytische Erfolgsmaße konzentrieren sich gerade nicht auf die Beseitigung engumschriebener Störungen, sondern beziehen sich in beträchtlichem Umfang auf Selbstreflexion, auf ein Aufgeben und Abtrauern unrealistischer Phantasien und Erwartungen und zum Teil auch auf ein Nachholen eines konflikthaft unterbrochenen Entwicklungsprozesses. ›Auch zielt die Therapie nicht auf das schiere Wohlbefinden im psychischen, körperlichen und sozialen Bereich, sondern auf die Fähigkeit, Konflikte zu lösen oder sie auszuhalten, sich mit Leid und Trauer auseinander zusetzen [sic] und ein selbstkritisches Bild der eigenen Person zu entwickeln‹« (Rudolf et al. 1994, S. 38; zit. n. Mertens 1995, S. 16).

Carlo Strenger (1991) charakterisiert die »ethische Natur« der Psychoanalyse dadurch, dass sie »Autonomie und Wahrhaftigkeit des Patienten als oberste Werte ansieht« (zit. n. Kaiser 1993, S. 362) – selbstverständlich ohne der Versuchung eines Rückfalles in die idealisierende, romantische Illusion eines vollkommen autonomen Subjekts zu verfallen. Zu dessen Dekonstruktion hat die Psychoanalyse u.a. durch die Betonung des Unbewussten, des Hinweises darauf, dass das Ich »nicht Herr im eigenen Haus« ist (Freud 1917a, S. 11), selbst zur Genüge beigetragen. Die Psychoanalyse hat die Vorstellung einer reinen Subjektivität durch die von der »Inter-Subjektivität« erweitert. Nichtsdestotrotz überlässt sie es allerdings »dem Analysanden [...], für sich selbst zu bestimmen« (Leuzinger-Bohleber 1997, S. 74). Peter Fürstenau (2001, S. 7) diffamiert in seinem neuen Buch die »radikale Selbsterforschung« oder »freie Persönlichkeitsentfaltung als ›religiöse Ideologie‹«. Wolfgang Tress (1992, S. 81) warnt schon in einer Rezension von Fürstenaus Thesen vor der Gefahr eines »funktionalistisch-mechanistischen Ausverkaufs der Subjektivität«.

Hinter der Anwendung eines nicht kritisch-reflektierten Störungsbegriffes steht die unbewusste Fantasie vom endgültig »perfekten« Menschen. Wenn das Individuum seiner Personalität und seiner Kontextualisierung in seiner Lebens- und Beziehungsgeschichte beraubt wird, wird es fungibel für eine totalitäre Gesellschaftsverfassung. Der Verlust einer personalen Identität führt zu einer Normierung und Uniformierung an dessen Ende konsequent das »Klonen« des perfekten Menschen steht. Diese Vorstellung ist latent faschistoid. Das Bedürfnis, Unterschiede einzuebnen, gehört ja nach Chasseguet-Smirgel (1988) zu den archaischsten Bedürfnissen. Und mit Recht weist sie darauf hin, dass die fantasierte Glückseligkeit totalitärer Utopien (Chasseguet-Smirgel 1988, S. 112ff.) genau auf dieser Unterschiedslosigkeit beruht.

»Psychoanalyse ist gegen Ende dieses Jahrhunderts aktueller denn je, weil sie nie müde wurde, die Komplexität alles Lebendigen gegen den jeweiligen Zeitgeist zu beschwören« (Mertens 1997a, S. 13).

> »Wenn man dem ganzen Menschen gerecht werden will, grundlegendes Wissen über individuelle Zusammenhänge des Erlebens, des Verhaltens, der Seele und des Körpers in Interaktion mit der Umwelt erwerben möchte, dann ist die Psychoanalyse immer noch die umfassendste, tiefgehendste und gründlichste wissenschaftliche Methode, das Seelenleben zu studieren und bis in das Zentrum zu verstehen« (Sies 1997, S. 181).

Solange ein Mensch lebendig ist, befindet er sich in einem Spannungsverhältnis zwischen seinen Wünschen und Sehnsüchten, darunter zähle ich auch seine Idealvorstellungen, und seiner immer unvollkommenen und begrenzten Wirklichkeit. In ihrer Betonung von Nicht-Wissen, Verzicht und Begrenzung ist die Psychoanalyse ein Stachel gegen jede diese Ohnmachtserfahrung abwehrende Allwissenheits- und Allmachtsvorstellung von Psychotherapie. So »besitzt die Psychoanalyse neben anderen gesellschaftlichen Kräften eine Verantwortung, die Achtung für Individualität, Leiden und Unvollkommenheiten, wie sie sich in Behinderungen und chronischen Krankheiten zeigen, aufrechtzuerhalten und das Bewusstsein ihrer unlösbaren Verknüpfung mit der menschlichen Existenz zu bewahren« (Bruns 2001a, S. 750). Die Frage ist, ob heutzutage das »Anstößige« der Psychoanalyse noch im Bestehen auf der Triebnatur des Menschen beruht, oder ob es heute um das Beharren auf der »Individualität« des Ich-Selbst geht, von welcher der Triebbereich ein zentraler Aspekt ist.

Bestehen auf der Individualität heißt auch Bestehen auf der »Unterschiedlichkeit« (Levinas 1983; Chasseguet-Smirgel 1988). »Denn die Lebendigkeit einer Beziehung lebt von der Differenz, und nicht von der Ähnlichkeit« (Hardtmann 1997, S. 99).

Gerade dieses Einstehen für »alte«, anachronistische Werte (Individualität, Beziehung, Sinn), die ansonsten verlustig zu gehen drohen, macht die Psychoanalyse so »zeitgemäß«. Im Interesse unserer Patienten, im Interesse der Sache der Psychoanalyse und in unserem eigenen Interesse sollten wir den Anfängen einer »Psychotherapie ohne Menschlichkeit« entgegentreten. Wer, wenn nicht wir, und wann, wenn nicht jetzt?

3. »Denk ich an Deutschland ...« Die Fähigkeit zu erinnern

Erinnerung (2003)

Über den schwierigen Weg, sich der eigenen Vergangenheit anzunähern[12]

Einführende Überlegungen

Zweimal im vergangenen Jahrhundert hatten die Deutschen die Chance, ihrer traumatischen Geschichte eingedenk zu werden und Trauerarbeit (A. Mitscherlich/M. Mitscherlich 1967) zu leisten, nach 1945 und nach 1989. Beide Möglichkeiten sind im Wesentlichen und weitgehend vertan worden. Die psychosozialen Folgen davon sind noch nicht voll abzusehen. Der in Deutschland immer wieder aufflammende Rechtsradikalismus muss jedoch auch in diesem Zusammenhang betrachtet werden. Diese historische Situation bildet den Hintergrund für meine folgenden Überlegungen.

Primo Levi (1986, S. 19f.), Überlebender von Auschwitz, schreibt in seinem Buch *Die Untergegangenen und die Geretteten*:

> »Die menschliche Erinnerung ist ein wunderbares, aber unzuverlässiges Instrument […]. Wer tief verletzt worden ist, neigt dazu, die Erinnerung daran zu verdrängen, um den Schmerz nicht zu erneuern; und derjenige, der diese Verletzung zugefügt hat, drängt seine Erinnerung in die Tiefe ab, um sein Schuldgefühl zu beschwichtigen.«

Unseren gewöhnlichen Umgang mit belastenden Erinnerungen fasst Christa Wolf (1977, S. 9) in ihrem Buch *Kindheitsmuster* so: »Das Vergangene ist nicht tot; es ist nicht einmal vergangen. Wir trennen es von uns ab und stellen

12 Für Viviana als Zeichen der Solidarität in Zeiten deutscher Geschichtsvergessenheit.

uns fremd.« Eine traumatische Erfahrung macht uns häufig sprachlos, gedankenlos und gefühllos, entfremdet uns von uns selbst und von anderen.

Das »Fremdstellen«, das Abspalten (Dissoziation) und Verdrängen beseitigt aber die konflikthaften oder traumatischen Gedächtnisspuren nur aus dem Bewusst-Sein, nicht jedoch aus dem Sein. Und darin liegt das Problem, dass seelisch nichts verloren geht – auch wenn es unbewusst geworden ist (Freud 1930a, S. 426). Und dieses Unbewusste übt ja nach Auffassung der Psychoanalyse erhebliche Wirkung auf unser Erleben und Verhalten aus. Das Erinnern als Aufheben von Verdrängungen und Selbstentfremdungen ist eine Form des Bewusstwerdens von Unbewusstem.

Der Mensch ist nicht das einzige Lebewesen, welches ein Gedächtnis besitzt, aber vielleicht das einzige, das prinzipiell dazu in der Lage ist, sich bewusst mit seinen Erinnerungen auseinanderzusetzen.

Aus der Traumaforschung sind uns zwei gegensätzliche Schwierigkeiten mit dem Erinnern bekannt, einerseits zu wenig Erinnerung (Hypomnesie, Amnesie) und damit einhergehend eine Gefühlstaubheit, andererseits zu viel Erinnerung (Hypermnesie, intrusives Eindringen der Erinnerungen, Verfolgtwerden durch Erinnerungen, Albträume) und entsprechende affektive Übererregung. Diese Erfahrungen korrespondieren mit zwei basalen Tendenzen im Menschen, nämlich einerseits dem Bedürfnis, sich der eigenen belastenden Vergangenheit bewusst zuzuwenden und sich damit auseinanderzusetzen, und andererseits dem entgegengesetzten Verlangen, die belastete Vergangenheit möglichst schnell und vollständig aus dem Gedächtnis zu tilgen. Die Spannung zwischen diesen beiden Strebungen begleitet uns unser Leben lang. Jede individuelle Erinnerungsarbeit und jede kollektive Erinnerungskultur ist der Aporie dieses Zwiespalts ausgesetzt (Loewy 1992). Insofern kann Erinnern nur glaubwürdig sein, solange und soweit es sich seiner Grenzen (Auchter 1997a) bewusst bleibt.

Was ist Erinnerung?

Der Begriff »Erinnerung« – ähnlich wie »Gedächtnis« – bezieht sich auf zwei unterschiedliche Phänomene. Er umfasst zum einen den »Vorgang« des Erinnerns, zum anderen wird mit Erinnerung aber auch der »Inhalt« des erinnernd Bewusstgemachten (vgl. Moore/Fine 1990, S. 118) bezeichnet: »im Gedächtnis bewahrter Eindruck, Andenken, Gedenken« (Pfeiffer 1995, S. 294). Zum Vermeiden einer Verwechslung zwischen beidem schlägt der Psychoanalytiker Theodor Reik (1948, S. 411) vor, die Inhalte besser als »Gedächtnisspuren« zu bezeichnen.

Das Wort »Erinnern« kommt aus dem Mittelhochdeutschen und bedeutet ursprünglich »machen, dass jemand inne wird« (Kluge 1999, S. 230), darüber hinaus auch »bekannt machen mit«, »sich etwas ins Gedächtnis zurückzurufen«, »auf etwas aufmerksam machen« und »mahnen« (vgl. Süßmut 1994, S. 4). Ein *Philosophisches Wörterbuch* (Schischkoff 1991, S. 178) charakterisiert »Erinnern« als »das unwillkürliche oder willentlich herbeigeführte Wiederauftauchen von Bewusstseinsinhalten, die dem ursprünglichen Erleben mehr oder weniger ähnlich sind oder zu sein scheinen«. Ein *Wörterbuch zur Psychologie* (Drever/Fröhlich 1968, S. 73) bezeichnet als »Erinnern« dagegen ein nur »bewusstes Ins-Gedächtnis-Rufen bestimmter Erfahrungen«, einen »speziellen Aspekt des Gedächtnisses«. In dieser Definition wird allerdings die ganze komplexe »unbewusste« Psychodynamik von Erinnerungsvorgängen und ihrer Störungen vernachlässigt.

Eigentlich bringt der Mensch die besten Voraussetzungen zum Erinnern mit. Er besitzt ein Gedächtnis, kann denken, ist fähig zur Symbolisierung und Reflexion, mit anderen Worten, er kann sich gedanklich zu sich selbst in Beziehung setzen. Und doch tut er sich mit dem Erinnern so sehr schwer. Er ist ständig »auf der Suche nach der verlorenen Zeit« (Marcel Proust), unser Blick in die Vergangenheit ist unaufhörlich von Lücken, Verzerrungen und Erinnerungstäuschungen bedroht. Das Produkt unserer inneren Rückschau ist niemals ein einfaches Wiederfinden des Faktischen (Objektivität), sondern immer eine kreative Gestalt, eine »Re-Konstruktion«, eine Geschichte über unsere Geschichte. Der lebenslang nicht aufhörende Prozess des Erinnerns bringt ständig mehr oder weniger veränderte »subjektive Konstruktionen« unserer vergangenen Wirklichkeit hervor. Sie stellen grundsätzlich eine unterschiedliche Mischung von Vergessen, Erinnern und Hinzufügen dar. Sigmund Freud (1918b, S. 72) spricht in diesem Zusammenhang vom Prinzip »Nachträglichkeit«, das jedes Erinnern als »Re-Interpretation« (Kettner 1998, S. 38) prägt. Der Psychoanalytiker Wolfgang Leuschner (2000) stellt sowohl bei der Traum- wie bei der Erinnerungsarbeit eine Doppelschwingung zwischen »dissoziativen« und »reassoziativen« Bewegungen heraus.

Freud hat in seinem sogenannten »topischen Modell« die Seele in drei

Bereiche oder Schichten unterteilt: Das »Bewusste«, das »Vorbewusste« und das »Unbewusste«. Das Bewusstsein – vielleicht ein wenig vergleichbar dem Arbeitsspeicher des Computers – hat nur eine begrenzte Kapazität. Um nicht in der Informationsüberflutung unterzugehen, ist es aus psychoökonomischen Gründen unumgänglich, einen Teil der Daten im Vorbewussten – in etwa vergleichbar der Software oder abgespeicherten Dokumentvorlagen – unterzubringen (zum Beispiel Automatismen, Verhaltensklischees etc.) und einen anderen Teil im Unbewussten – gewissermaßen vergleichbar der Festplatte des Computers – abzulagern, in psychoanalytischer Terminologie: zu »verdrängen«.

Gibt es eine ethische Pflicht zum Erinnern, zur Aufklärung und zum (Selbst-)Bewusstwerden?

»Sind wir dazu verpflichtet, uns an vergangene Personen und Ereignisse zu erinnern?«, fragt Avishi Margalit (2000, S. 12, 33) in seiner *Ethik der Erinnerung*. Die Forderung nach ständiger Weiterbildung ist explizit oder implizit in den berufsethischen Verpflichtungen vieler Professionen insbesondere von Sozial- und Heilberufen verankert. Die Pflicht, Wissen zu erwerben, sich auf den aktuellen Stand der Information zu bringen, zählt der Philosoph Hans Jonas (1984, S. 28, 293) zu den vordringlichsten Aufgaben des »Prinzips Verantwortung«. Und Immanuel Kant prägte den herausfordernden Gedanken: »Aufklärung ist der Ausgang des Menschen aus seiner selbstverschuldeten Unmündigkeit. Und Mündigkeit ist das Vermögen, sich seines Verstandes ohne Leitung eines anderen zu bedienen.« Der Psychoanalytiker würde sich der von Kant geforderten Pflicht zur Aufklärung anschließen und besonders das (Selbst-)Bewusstwerden akzentuieren, welches über den intellektuellen Wissenserwerb, den Kopf, weit hinausgeht und auch das Herz oder den Bauch mit umfasst beziehungsweise in vielen Fällen gerade eine Re-Integration von Körper und Geist darstellt. Die Aufklärung über sich selbst umfasst neben der Gegenwart immer auch die Vergangenheit und die Zukunft.

Welche psychologischen Sachverhalte liegen dieser Verpflichtung, welche das Erinnern einschließt, zugrunde?

Nach psychoanalytischer Auffassung entgeht, wie erwähnt, dem Gedächtnis grundsätzlich nichts, dem offenen Blick in die Vergangenheit stellen sich allerdings bewusste, vor allem aber unbewusste »Widerstände« entgegen.

Alle Lebenserfahrungen werden als sinnliche Erlebnisse zunächst in den Körper eingeschrieben (»prozedurales Gedächtnis«) wie in die Jahresringe oder die Rinde eines Baumes. Und bei manchen Menschen können wir das auch an ihrem Körper ablesen: an den Furchen, die das Leben in ihr Gesicht getrieben hat, den Verfärbungen ihrer Haut, an ihrer Haltung oder den Bewegungsabläufen ihres Körpers, und bei anderen an ihren (psychosomatischen) Erkrankungen.

Mit der Psychoanalyse steht uns ein Instrumentarium zur Verfügung, diesen Lebensspuren nachzugehen und sie zu ihren Wurzeln zurückzuverfolgen. Warum aber sollte man überhaupt auf seelische Spurensuche gehen? Ist es nicht vielleicht besser, die »schlafenden Hunde nicht zu wecken« (Freud 1937c, S. 75)? Das fragen sich und uns Psychoanalytiker ja auch immer wieder unsere Patienten.

Das psychische Problem besteht nun darin, dass die Hunde eben nicht schlafen, sondern häufig unbemerkt, d.h. unbewusst wirksamen Einfluss auf unser Handeln und Erleben nehmen – und uns sogar krank machen können. Deshalb formulierte Freud (1917a, S. 11) knapp aber deutlich: »Geh in dich, in deine Tiefen und lerne dich erst kennen, dann wirst du verstehen, warum du krank werden musst, und vielleicht vermeiden krank zu werden.«

In einer Psychoanalyse wird der Versuch unternommen, abgespaltene Körper- oder Affekterinnerungen durch Symbolisierung in Bildern und Worten zu »mentalisieren« und damit dem Bewusstsein zugänglich und verfügbar zu machen.

Der Neuropsychologe Daniel Schacter (1999, S. 16) stellt seiner großen Monografie über das Erinnern ein Zitat von Saul Bellow voran, welches die Notwendigkeit des Erinnerns auf die knappe Formel bringt: »Erinnern heißt leben« – was umgekehrt heißt: Wer nicht erinnert, ist nicht wirklich und ganz lebendig.

Die Notwendigkeit des Erinnerns

Eine alte jüdische Weisheit besagt: »Das Exil wird langer des Vergessens wegen, aber vom Erinnern kommt die Erlösung« (Baal Schem Tov zit. n.

Grünberg 1995, S. 100). Entsprechend bemüht sich die Psychoanalyse als Therapie darum, den Menschen auch um seine verdrängte und »vergessene« eigene Geschichte zu bereichern. Das Aneignen der eigenen Geschichte ist unter anderem die Voraussetzung für eine konstruktivere, weniger schuldbeladene Gestaltung der Zukunft (vgl. Auchter 1996, S. 111). Oder wie es der amerikanische Philosoph George Santayana negativ formulierte: »Wer seine Geschichte verleugnet, ist dazu verdammt, sie zu wiederholen.«

Schon allein das Aussprechen schuld- und schambesetzter Erfahrungen kann die *Last des Schweigens* vermindern, wie der israelische Psychologe Dan Bar-On (1993) am Beispiel der Kinder von Nazi-Tätern eindrucksvoll herausgearbeitet hat. Die Sozialwissenschaftler Alphons Silbermann und Manfred Stoffers (2000, S. 163) betonen die »Heilsamkeit des Erinnerns durch Zurkenntnisnahme von Fakten und Leiden [...], die nicht nur Bescheidwissen voraussetzt, sondern auch Einfühlungsbereitschaft«, also eine Wiederverknüpfung auseinandergerissenen Fühlens und Denkens. Auch Margalit (2000, S. 23) hebt die Funktion des Erinnerns gegen Uneinfühlsamkeit, Fehlen von Anteilnahme und (emotionale) Gleichgültigkeit hervor.

Besonders belastende und traumatische Erfahrungen können aber nicht »einfach« ins Bewusstsein zurückgeholt werden, ihre Vergegenwärtigung unterliegt starken Widerständen, sie müssen dem Vergessen in einem *Kampf um die Erinnerung* (A. Mitscherlich 1975) abgerungen werden (vgl. Richter 1992, S. 227). Die unbewältigten Erlebnisse und Konflikte drängen andererseits jedoch psychisch gleichzeitig von selbst nach Bearbeitung, indem sie sich unbewusst, wortlos, vor allem szenisch als »Wiederholungszwang« in unser Erleben und Verhalten, insbesondere in unsere Beziehungen einschleichen. Das Unbewusste hat einen »natürlichen Auftrieb« (Freud 1940a, S. 104). Eine spezielle Form der leibhaftigen Wiederholung sind körperliche beziehungsweise präziser psychosomatische Erkrankungen. Das Wiederholen ist ein körperlich-seelischer, das Erinnern ein seelisch-körperlicher Akt. Erst das Bewusstwerden der Hintergründe von Wiederholungen mittels ihrer »Verwörterung« eröffnet die Chance, den unbewussten Wiederholungszwang zu durchbrechen. Das deutet auch schon unsere Sprache an: »wiederholen« impliziert »wieder ins Gedächtnis holen«. Insofern müssen wir Erinnerung zulassen, um vergessen zu können, die Vergangenheit als wirklich vergangen (A. Mitscherlich/M. Mitscherlich 1977, S. 82) wahrnehmen und anerkennen zu können.

Die Akzeptanz des Vergangenen als unwiederholbar hinter uns liegend kann uns von dem vergeblichen Versuch befreien, die Vergangenheit »wieder holen« zu wollen oder zu müssen.

Geschichtsvergessenheit in der Postmoderne

Man kann modellhaft die psychosomatische Ganzheit des Menschen sehr grob vereinfacht mit dem Bild von einem Kern und einer Schale erfassen. Wir fühlen uns wohl, in Sicherheit und Harmonie, wenn uns sozusagen »der Anzug passt«, wenn Kern und Schale stimmig mit und zu einander sind. Unwohlsein bis hin zur Erkrankung befällt uns, je mehr Kern und Schale auseinanderklaffen. Wir nennen das Extrem eine »Als-ob-Persönlichkeit«, einen »Fassadenmenschen« oder mit dem britischen Psychoanalytiker Donald W. Winnicott einen Menschen mit einem »Falschen Selbst« (vgl. Auchter 1994a). Das ist der seelische Nährboden für den »Wendehals«, der sein Fähnchen nach dem jeweiligen Wind hängt. Heute ist das allerdings eine von Wirtschaft und Politik geforderte und zunehmend verbreitete Figur: der sogenannte »flexible Mensch« (Sennett 1998). Die Psychologin und Supervisorin Jutta Lutzi (2000, S. 168) beleuchtet eine Problematik dieser neuen Flexibilität: »Die Fähigkeit, aus Erfahrungen zu lernen, basiert auf der Stabilität bestimmter Interpretationsmuster, die über den Einzelfall hinaus und über eine bestimmte Zeit hinweg Gültigkeit haben.«

Zum wachsenden Entwurzelungsgefühl, zur Haltlosigkeit des postmodernen Menschen (Auchter 2000a, 2000c, 2001) trägt unter anderem das von dem Psychoanalytiker Martin Dornes (1999) angesprochene »Verschwinden der Vergangenheit« bei, die sich verbreitende ausschließliche Fixierung auf das Hier und Jetzt, der Verlust von Traditionen. Die Beschleunigung aller Lebensvorgänge und vor allem die explosionsartige Vermehrung von Wissen und Informationen erschweren dem Individuum zunehmend das Erleben einer historischen Kontinuität. Dem korrespondieren soziologische Untersuchungen über das historische Wissen besonders von Jugendlichen über die jüngere deutsche Geschichte (z.B. Silbermann/Stoffers 2000). *DIE ZEIT* (10.08.2000) berichtet über Umfrageergebnisse von 1997, 1998 und 2000, in denen bis über 60% der 14- bis 18-jährigen Deutschen (aber auch Franzosen oder Schweden), sogar bis zu 87% der Grund- und Hauptschüler von der »Shoah« keine Ahnung haben, 40% der Jugendlichen sagen Namen wie »Auschwitz«, »Treblinka«

oder »Dachau« nichts mehr. Die zunehmende pluralistische Beliebigkeit unterminiert die Fähigkeit des Subjekts, Phänomenen in der Gegenwart oder im Rückblick ein Gewicht, eine Bedeutung oder einen Sinn zu verleihen. Alles scheint »gleich gültig«.

Das Erinnern stiftet »Identität«, es schafft eine seelische Verbindung zwischen unserer Vergangenheit und unserer Gegenwart, betont unseren Werdegang. Der Blick in die Vergangenheit führt zum Erleben einer zeitlichen Kontinuität, das Erfahren von »Zusammenhängen« statt Zeitfragmenten, und kann so auch eine hoffnungsvolle Zukunftsorientierung begründen. Um zu wissen, wer wir heute sind und morgen sein werden, um uns selbst treu bleiben zu können, ist es notwendig, in Erfahrung zu bringen, wer wir gestern waren. »Unsere Erinnerungen sind die hinfälligen, aber machtvollen Produkte dessen, was wir aus der Vergangenheit behalten, über die Gegenwart glauben und von der Zukunft erwarten« (Schacter 1999, S. 496).

Von der Erinnerungsvergessenheit führt nur ein kurzer Weg zur Selbstvergessenheit. Die Verwurzelung in der eigenen Geschichte ist demgegenüber auch eine gewisse Prophylaxe gegen das Phänomen des Selbstverlustes in der »neuen Flexibilität« und dessen pathologischen Folgen in der Suche nach neuen Selbstgewissheiten. Eine neue Sicherheit finden desorientierte Menschen, vor allem Jugendliche, zum Beispiel in rechtsradikalen Ideologien und Gruppen. Der Soziologe David Riesman (1958) nennt das Produkt dieser Art von Selbstvergewisserung trefflich ein »außengeleitetes Individuum«.

Das »Prinzip Freiwilligkeit« beim Erinnern

Ohne Zweifel kann »Wahrheit frei machen« (Johannes 8, 23), Wahrheit als bewusstgemachte, vergegenwärtigte Geschichte. Aber wie viel an Wahrheit und an Freiheit kann ein Mensch ertragen? »Weder die Sonne noch den Tod kann man unverwandt anblicken«, schrieb der Philosoph François de La Rochefoucauld (zit. n. Fogelmann 1995, S. 70).

Erinnerung lässt sich weder individuell noch kollektiv verordnen. Die persönliche Rückschau setzt neben der Fähigkeit dazu, dem Erinnerungsvermögen, eine innere Bereitschaft dafür voraus. Es gibt zwei wesentliche seelische Motoren für das Selbstbewusstwerden: die Neugier und das Leiden.

Es macht psychologisch keinerlei produktiven Sinn, jemand zur Wahrheit oder zum Beispiel zur Anerkennung von Schuld zwingen zu wollen. Erinnerung erzwingen zu wollen ist nicht allein deswegen kontraproduktiv, weil es (nur) seelische Abwehr hervorrufen wird. Es droht darüber hinaus die Gefahr, durch das Anwenden von Gewalt unbewusst zum Doppelgänger eines Gewalttäters zu werden. Das Böse ist höchstgradig infektiös! Das einzige, was psychotherapeutisch sinnvoll sein kann, ist zum Beispiel einem Schuldiggewordenen hilfreich zur Seite zu stehen, ihn zu ermutigen, seine Erinnerungen zuzulassen, sich seiner Wahrheit zu stellen, ihn beim Anerkennen seiner Schuld zu begleiten.

Deshalb setzt eine Psychoanalyse als Therapie trotz aller immer vorhandenen »normalen« Abwehr und aller wirksamen Widerstände grundsätzlich einen »freiwilligen« Bewusstwerdungs- und Veränderungswunsch des Analysanden voraus. Sie geht vom »Prinzip Freiwilligkeit« aus, weil sie ja letztlich auch auf die Emanzipation, eine größere Freiheit des Ich-Selbstes eines Menschen zielt.

Der Psychoanalytiker macht den Menschen, die ihn (mehr oder weniger) freiwillig aufsuchen, das Angebot, sie auf ihrer Suche nach sich selbst und ihrer Geschichte hilfreich zu begleiten. Er bietet für diesen schwierigen Weg der Spurensuche, der Wahrheits- und Sinnsuche seinen »therapeutischen Raum« einschließlich seiner Person an.

Schaffen von Erinnerungsräumen (Möglichkeitsräumen) oder: »Die Erinnerung beginnt zu zweit«

Das menschliche Erinnern bedarf spezifischer Rahmenbedingungen, um überhaupt möglich zu werden. Mit der Psychoanalyse wurde ein besonderes institutionelles und personales Instrument geschaffen, um »in Gegenwart eines anderen« die Erinnerungsarbeit zu erleichtern und zu fördern. Sverre Varvin (2000) spricht von der »Möglichkeit der Historisierung über eine Beziehung zum anderen«. Der Psychoanalytiker bemüht sich in seiner Praxis, wortwörtlich und im übertragenen Sinne einen Raum zur Verfügung zu stellen, in dem alles, auch zum Beispiel alle »Scham« und »Schuld«, zur Sprache kommen darf.

Gerade angesichts gravierender gesellschaftlich-politischer Umwälzungen ist aber vielleicht auch das Schaffen von »kollektivem Erinnerungsraum«

notwendig. Tilmann Moser (1992) verwendet für den kollektiven Prozess im Anschluss an die »Wende« 1989, vielleicht etwas unglücklich, die Formulierung »therapeutischer Raum« – und wird wegen der impliziten Pathologisierung der Ostdeutschen zu Recht von einer ostdeutschen Kollegin kritisiert: »Die Patienten sitzen mit sehr verschiedenen (aber auch gleichen) Symptomen auf beiden Seiten der Elbe« (ebd., S. 49). Ich möchte deshalb lieber vom »heilsamen Möglichkeitsraum« sprechen und greife damit einen Begriff von Winnicott (1971a), »potential space«, auf. Dieser Raum kann zunächst immer nur ein intimer Beziehungsraum sein. Erinnern kann zu zweit oder in einer überschaubaren Gruppe beginnen (vgl. Moeller/Maaz 1991). Die Frage bleibt, inwieweit »öffentliche« Erinnerungsräume tatsächlich zur Rückschau anregen und sie ermöglichen können. Vielleicht sind Willy Brands Kniefall in Warschau oder Richard von Weizsäckers Rede vom 8. Mai 1995 Beispiele für öffentliche Erinnerungssymbolisierungen, die zur Identifikation einladen.

Ich möchte meine Überlegungen durch eine kurze Behandlungsvignette illustrieren:

> Der Bruder der 32-jährigen Frau G., mit dem diese lebenslang in heftigster Rivalität gelebt hatte, kommt in der Zeit ihrer Analyse bei einem Sportunfall ums Leben. Er fällt vom Segelschiff über Bord ins Meer und bleibt verschwunden. Lange Zeit kann Frau G. nichts dazu empfinden, ein Durcharbeiten in der Analyse scheint nicht möglich. Etwa zwei Jahre nach seinem Tod träumt sie: »Ich bin an einem Strand und finde eine kleine rosa Muschel. Ich nehme die Muschel in die Hand. Sie wird größer und größer. Schließlich verwandelt sie sich in einen Stein, einen ›Grabstein‹. Ich wache auf und fühle einen ganz tiefen Schmerz in mir und muss heftig weinen. Da spüre ich, dass das der Schmerz über den Tod meines Bruders ist, den ich bis zu diesem Zeitpunkt nie fühlen konnte.«

Ihre ungelösten Gefühle hatten sich im Traum ein »Symbol zum Erinnern« geschaffen. Einen Grabstein für den Bruder, den es aufgrund der Umstände seines Todes in der Wirklichkeit nicht gibt. Dieser »virtuelle« Erinnerungsort ermöglichte ihr die unumgängliche Trauerarbeit und das Abschiednehmen vom Bruder und der gemeinsamen belasteten Vergangenheit.

Erinnerungsarbeit

Bei einem Besuch in Ost-Berlin im Mai 1990 fand ich an einer Hauswand den Spruch »Freiheit macht Arbeit« – die ironische Anspielung auf den zynischen Nazi-Spruch über dem Tor von Auschwitz, »Arbeit macht frei«, ist wohl gewollt und unübersehbar. Zu dieser seelischen Arbeit zählt unter anderem die Arbeit der Erinnerung.

Den Begriff »Erinnerungsarbeit« gebraucht schon 1895 Freud (1987, S. 426) für den therapeutischen Prozess. Margarete Mitscherlich (1987) greift ihn auf und verwendet ihn für den kollektiven Trauerprozess. Mit Formulierungen wie »Traum-arbeit«, »Trauer-arbeit« oder eben auch »Erinnerungs-arbeit« will die Psychoanalyse die menschliche Leistung würdigen, die in all diesen Formen oft mühseliger seelischer Arbeit steckt.

Die Erinnerungsarbeit innerhalb einer Psychoanalyse hat das Ziel, im schützenden Rahmen des Settings und der therapeutischen Beziehung, vergangenes Leid bewusst wiedererfahrbar, durchlebbar und damit einer Bewältigung zugänglich zu machen (vgl. Haas 1994, S. 156). Das (Wieder-)Aneignen der Lebensgeschichte ist unvermeidlich auch mit schwer erträglichen Gefühlen wie Angst, Schmerz, Trauer, Scham oder Schuld verknüpft. Durch das erinnernde Wiederbeleben von unbewältigten Konflikten und Traumatisierungen in der therapeutischen Situation können im besten Fall die beim Erleiden des Traumas von einander abgespaltenen Erinnerungsbilder und die dazugehörigen Affekte wieder miteinander verknüpft werden, und zwar letztlich über den Weg einer »Verwörterung« dessen, was bis dahin nur oder überwiegend körper- oder handlungssprachlich zum Ausdruck kommen konnte. Für die beginnende verbale Symbolisierung zuvor nur agierend Ausdrückbarem möge folgendes Behandlungsbeispiel dienen:

> Die in ihrer Kindheit vom Vater längere Zeit sexuell missbrauchte Frau B. stand jahrelang unter dem unwiderstehlichen Zwang, sich in Spannungssituationen die Arme aufzuritzen bis Blut floss, und dann weiter und weiter schneiden zu müssen. Etwa nach einem halben Jahr unserer analytischen Arbeit kommt Frau B. in der Zeit der Therapieunterbrechung durch Ferien in einen starken Spannungszustand. In der Stunde nach den Ferien berichtet sie: »Ich spürte, wie zwei Stimmen in mir kämpften. Eine drängte mich: ›Nimm das Messer und schneide!‹ Die andere sagte: ›Warum willst du das tun? Lass es doch!‹. Diesmal konnte ich nach dem zweiten Schnitt aufhören.«

Durch eine derartige Verwörterung können ungelöste lebensgeschichtliche Probleme, wenn alles gut geht, wirklich »Vergangen-heit« (vgl. A. Mitscherlich/M. Mitscherlich 1977, S. 82) werden, können sozusagen »seelisch zu den Akten gelegt« werden. Sie werden dann nicht mehr die Gegenwart und Zukunft eines Menschen in einem Übermaß überschatten.

Erinnern, Wiederholen und Durcharbeiten

»Erinnern
das ist
vielleicht
die qualvollste Art
des Vergessens
und vielleicht
die freundlichste Art
der Linderung
dieser Qual.«
Erich Fried

»Erinnern, Wiederholen und Durcharbeiten«, so charakterisiert Freud (1914g) die wesentlichsten Elemente des psychoanalytischen Prozesses. Wiederholen ist gewissermaßen die archaische, körpernahe, handlungssprachliche, unbewusste Urform des Erinnerns (»wieder ins Gedächtnis holen«) meint Reik (1948, S. 419, 424). »Ein Kind versucht Eindrücke, mit denen es konfrontiert wird, festzuhalten, indem es diese reproduziert.« Aber, fügt er hinzu, Kinder »wollen nicht in erster Linie ihre Eindrücke ›erinnern‹, sondern sie bewältigen« (ebd., S. 420).

Auch Freud (1920g, S. 13ff.) beschäftigt die Frage, warum Kinder bestimmte Erlebnisse, auch oder gerade wenn sie unlustvoll, unangenehm oder peinlich sind, »wiederholen«. Denn das erscheint ja auf den ersten Blick widersinnig. Als Bedeutsamstes stellt er heraus, dass die Wiederholung im Spiel die Möglichkeit verschaffe, aus der passiven in eine aktive Rolle zu wechseln. »Dass die Kinder alles im Spiel wiederholen, was ihnen im Leben großen Eindruck gemacht hat« und sie sich damit »sozusagen zu Herren der Situation« (ebd., S. 14f.) aufschwingen können. Die durch die aktive Wiederholung angestrebte Beherrschung der Szene zielt auf eine gründliche Bewältigung (ebd., S. 36).

Dies dürfte genauso auf die »Spiele der Erwachsenen«, vor allem aber auf die Re-Inszenierungen seelisch kranker Menschen zutreffen. Da der psychisch Kranke seine Traumatisierungen nicht einfach erinnern und verbalisieren könne, sei er zunächst genötigt, »das Verdrängte als gegenwärtiges Erlebnis zu wiederholen« (ebd., S. 16). Derartiges »agierendes« (Klüwer 1983) Wiederbeleben »vergessenen« Lebens in der Übertragungs- und Gegenübertragungsbeziehung ist in jeder psychoanalytischen Behandlung ein unumgänglicher Bestandteil des therapeutischen Prozesses, ein bedeutsames »therapeutisches Agens« (M. Balint 1970, S. 190ff.). Die zumeist unbewusste Wiederholung im Beziehungsagieren außerhalb und innerhalb einer Behandlung muss so lange fortgesetzt werden, bis die vordem wortlose Erinnerung durch Verwörterung ins Bewusstsein vorgedrungen ist. Der Moment des Erinnerns kann dann zur Lösung und Erlösung aus dem Wiederholungszwang führen. Wie das?

Nicht nur Kinder, sondern auch »Erwachsene versuchen Eindrücke mit Hilfe der Erinnerung zu erledigen« (Reik 1948, S. 420). Reik (ebd., S. 413) verweist darauf, dass wir häufig »Erinnern« und »Vergessen« gegenüberstellen. Er hält es aber für wesentlicher, den Gegensatz zwischen »Erinnern« und »Gedächtnis« hervorzuheben (ebd., S. 414). Das Gedächtnis – sei es bewusst oder unbewusst – erhält und bewahrt nach seiner Auffassung die Erinnerungsspuren oder besser Gedächtnisspuren (ebd., S. 411). »Die Funktion des Gedächtnisses ist es, unsere Eindrücke zu schützen; die Erinnerung zielt auf ihre Auflösung. Im wesentlichen ist das Gedächtnis bewahrend, die Erinnerung zerstörend« (ebd., S. 416). Reik (ebd.) vergleicht den Vorgang einleuchtend mit einer ägyptischen Mumie, die Jahrtausende in der Erde unversehrt erhalten blieb, sich jedoch aufzulösen beginnt, wenn sie ausgegraben, ans Licht gezerrt und anderen atmosphärischen Einflüssen ausgesetzt wird. »Was nicht erinnert wird, ist psychisch unsterblich […]. Das Vergangene kann nicht verschwinden, bis es wieder gegenwärtig wird.« Und er resümiert: »Die Erinnerung ist die beste Straße zum ›Vergessen‹« (ebd., S. 417).

In diesem Sinne bedeutet Erinnern auch »Trauerarbeit«, mit anderen Worten, sich eines Vergangenen, eines Verlustes oder auch eines Niemalsdagewesenen schmerzhaft bewusst zu werden. Wer nicht bereit, gewillt oder fähig ist, sich einer solchen bewussten Trauerarbeit auszusetzen, gerät in die Gefahr eines unbewussten Fixiertbleibens an das zu Betrauernde, er wird dann vielleicht depressiv. Denn Depression ist nicht selten das leidvolle und leidverursachende Vermeiden wirklicher Trauer.

Die Spaltung Deutschlands nach 1945 erlaubte eine projektive Abwehr der Erinnerung an die Nazizeit, indem alles »Böse« jeweils beim »Klassenfeind«, dem Kapitalisten beziehungsweise reziprok beim Kommunisten untergebracht werden konnte. Dabei dominierte in Westdeutschland eher eine manische Abwehr, die im »Wirtschaftswunder«‹ gipfelte, in Ostdeutschland eine eher depressive Abwehr mit einer gewissen Entwicklungsstagnation. Die zweite Chance zum Trauern 1989 nach der Wiedervereinigung der abgespaltenen »schlechteren Hälften« wurde erneut verspielt, indem das Belastende wieder »unter den Teppich blühender Landschaften« gekehrt werden sollte.

Natürlich spielt auch die Zeit eine wichtige Rolle. Sie kann zum Beispiel dazu beitragen, dass Erinnerungen verblassen. Es gibt allerdings Erinnerungen, die nicht vergessen werden dürfen, wenn »Lernen aus der Geschichte« einen Sinn bekommen soll. Margalit (2000, S. 55, 73) rechnet darunter vor allem Erfahrungen des »radikal Bösen«.

Diese traumatischen Gedächtnisinhalte sind in der Regel affektiv hoch aufgeladen, zum Beispiel stark schuld- und/oder schambesetzt. Schuld gegenüber anderen, Scham gegenüber sich selbst. Oder sie umfassen äußerst schmerzhafte und beängstigende Ohnmacht- und Hilflosigkeitsempfindungen.

Es geht beispielsweise um Situationen, in denen wir die Zähne zusammengebissen oder den Mund nicht aufbekommen haben, obgleich ein klares »Ja« oder ein mutiges »Nein« angebracht gewesen wäre. Situationen, in denen wir die Augen verschlossen haben oder weggeschaut haben, obgleich sich vor unseren Augen offensichtliches Unrecht und Unheil abspielte. Situationen, in den wir uns aus Bequemlichkeit oder Feigheit angepasst haben und Kompromisse geschlossen haben, ohne rechtzeitig wahrzunehmen, wie wir uns damit kompromittiert haben und unsere Integrität beschädigt worden ist.

Hier ist dann Erinnern im Sinne von »im Gedächtnis bewahren« gefragt, was zur Unterscheidung vielleicht besser als »Gedenken« bezeichnet wird. Wir finden es in Begriffen wie »Gedenktag«, »Denkmal« oder »Andenken«. »Gedenken bewahrt das Vergangene, hält ihm die Treue, Erinnern zerstört es, so wie Erinnerungsarbeit die Macht des Wiederholungszwanges aufzulösen vermag« (Haas 1994, S. 171).

Das Erinnern selbst kann schließlich zum Widerstand gegen die Erinnerung werden, wie Primo Levi (1986, S. 20) anmerkte:

> »Die häufige Vergegenwärtigung hält die Erinnerung frisch und lebendig […], aber es ist ebenso wahr, dass eine Erinnerung, die allzu oft heraufbeschworen wird und in der Form einer Erzählung dargeboten wird, dahin tendiert, zu einem Stereotyp, das heißt zu einer durch die Erfahrung bewährten Form, zu erstarren […], die sich dann an die Stelle der ursprünglichen Erinnerung setzt.«

Wie kann es gelingen, dem Dilemma zu entgehen, dass Erinnerungsrituale, zum Beispiel jährliche Wiederholungen von Gedenktagen, nicht zu Stereotypien entarten? Auch das Errichten von steinernen oder bronzenen »toten« Mahnmalen und Gedenkstätten kann paradoxerweise zum Verlöschen von Erinnerungen beitragen. Lebendiges Erinnern setzt »Erinnerungsträger«, zum Beispiel »Zeitzeugen«, als Identifikationsfiguren voraus, aber deren Lebenszeit ist begrenzt. Die Bedrohlichkeit solchen lebendigen Erinnerns liegt allerdings in der Möglichkeit einer gefühlsmäßigen Überwältigung, die wir glauben, nicht ertragen zu können.

Die Grenzen des Erinnerns – oder: Ist Vergangenheit zu bewältigen?

> »Endgültig abgewiesen suchen wir Trost im Vergessen,
> das man Erinnerung nennt.«
> *Christa Wolf*

Anhaltende Ambivalenz gegenüber dem Erinnern

Die Grenzen des Erinnerns – und auch die des Vergessens – beziehen sich vor allem auf die traumatischen Erfahrungen des menschlichen Lebens. Gegenüber unserer Vergangenheit, insbesondere ihren belastenden Aspekten, bleiben wir unausweichlich in einen »Ambivalenzkonflikt« verstrickt zwischen unserem Bedürfnis, wegzuschauen, wegzudenken (M. Mitscherlich 2000) und möglichst schnell zu vergessen, und unserem ebenso starken inneren Antrieb, uns zu erinnern und möglichst genau hinzuschauen. Freud (1901b, S. 247) vermerkte: »Man darf allgemein erstaunt sein, dass der Wahrheitsdrang der Menschen soviel stärker ist, als man ihn für gewöhnlich einschätzt«, bisweilen wirkt er unbewusst: »Wessen Lippen schweigen, der schwätzt mit den Fingerspitzen; aus allen Poren dringt ihm der Verrat« (Freud 1905e, S. 240).

Ebenso häufig wie nach dem Wahrhaftigkeitsprinzip verhalten wir uns allerdings nach dem bekannten Nietzsche-Aphorismus: »›Das hab ich getan‹, sagt mein Gedächtnis. ›Das kann ich nicht getan haben‹, sagt mein Stolz und bleibt unerbittlich. Endlich gibt das Gedächtnis nach« (Nietzsche [1886] 1994, S. 68). Demnach wäre der Stolz respektive die Scham, also unser Narzissmus, einer der stärksten Widersacher des Erinnerns. Deshalb möchte ich mich im Folgenden mit einigen Aspekten der Schamproblematik auseinandersetzen.

Das Bedürfnis nach Selbstverborgenheit

Der unberührbare Kern des Selbst

Alexander Mitscherlich stellt 1946 an den Anfang seiner Einführungsvorlesung in die Psychoanalyse – dem ersten systematischen Kolleg über Psychoanalyse an einer deutschen Hochschule nach dem Zweiten Weltkrieg und der Nazizeit – eine ausdrückliche Warnung vor der »Distanzlosigkeit den großen Geheimnissen des Lebens gegenüber«. Er fordert Respekt vor der »prinzipiellen Selbstverborgenheit, in der wir Menschen leben« (A. Mitscherlich 1983, S. 8ff.). Der schon erwähnte Psychoanalytiker Winnicott (1965a, S. 187) postuliert einen innersten Kern im Selbst des Menschen, der ohne massive seelische Beschädigung nicht durch andere berührt oder angetastet werden darf. »Im Zentrum jeder Person ist ein Element des ›incommunicado‹«, schreibt Winnicott (ebd.), das »heilig und höchst bewahrenswert ist« und geradezu ein »Recht auf Nicht-Kommunikation« (ebd., S. 179) besitzt. Winnicott versucht mit dem »Kern des Selbst« etwas von der Einzigartigkeit und unverbrüchlichen Individualität des Subjekts zu erfassen. Erik H. Erikson (1959, S. 102) hat diesen Aspekt der (Kern-)Identität als »persistent sameness within oneself« bezeichnet. Der Dichter Rainer Maria Rilke (1904) formuliert in poetischer Weise das Gleiche, wenn er Liebe dadurch bestimmt, »dass zwei Einsamkeiten einander schützen, grenzen und grüßen«. Die »Eigenschaften des Herzens«, schreibt die Philosophin Hannah Arendt (1963, S. 122; zit. n. Stierlin 1971, S. 132), »bedürfen dieser Dunkelheit und des Schutzes gegen das Licht der Öffentlichkeit, um sich entfalten oder auch nur bleiben zu können, was sie sind: die innersten verborgenen Antriebe, die sich zur öffentlichen Zurschaustellung nicht eignen«. Henrik Ibsen hat in seinem Drama *Die Wildente* eindrucksvoll dargestellt, wie ein Aufklärungs- und Wahrheitsfanatismus, welcher die Ertragensmöglichkeiten und -fähigkeiten übersteigt, nur in Destruktion und Tod enden kann. Hier finden Selbstbewusstwerdung und Erinnerung offenbar eine Grenze.

Die conditio humana der »Selbstverborgenheit« ist durch die Entwicklungsmöglichkeiten der modernen Informationstechnologie einerseits und die unbewussten Abwehrbemühungen gegen die menschlichen Ängste vor dem eigenen und dem fremden (Auchter 1990) unkontrollierbaren Unbewussten nicht nur im medizinischen Bereich (»gläserner Patient«) aufs Höchste gefährdet. Die informationellen Vernetzungen (z. B. Internet, Handy) besitzen ein Janusgesicht. Sie erleichtern einerseits dem Individuum schnellen und bequemen Zugriff auf alle möglichen »Beziehungen« und »Waren«, sie erleichtern andererseits allen möglichen »Interessierten« zum Beispiel in Wirtschaft und Politik direkten Zugriff auf das Individuum. Die kollektive unbewusste Abwehr gegen die irrationalen Ängste vor dem Unbekannten, dem Fremden und dem Unkontrollierbaren der Freiheit manifestiert sich neben der kruden »Fremdenfeindlichkeit« (Auchter 2000b) zum Beispiel auch in dem allenthalben aufsprießenden Bedürfnis nach sogenannten Qualitätssicherungsmaßnahmen, auch im psychosozialen Bereich, sogar in der Psychotherapie. Allein der damit verbundene erhöhte bürokratische Aufwand schnürt den Raum für lebendige Begegnungen weiter ein und droht die Lebendigkeit zwischenmenschlicher Beziehungen zu ersticken.

Wir müssen uns auch fragen, ob unser therapeutischer Wissensdurst, unser Aufklärungsbedarf, unsere Neugier, unsere Angst vor dem Nichtwissen immer hinreichend gepaart sind mit der Ehrfurcht vor der Selbstverborgenheit unserer Gegenüber (vgl. Auchter 1994a). Freud (1910k) warnte zum Beispiel vor einer »wilden Analyse«, in welcher dem Patienten die Wahrheit »an den Kopf geworfen« (Freud 1926e, S. 250f.) wird, sobald der Psychotherapeut sie gefunden zu haben glaubt. Er fordert dazu auf, den »Kairos«, den richtigen Moment dafür abzuwarten (vgl. Meerwein 1988).

Die grundsätzliche dialektische Spannung zwischen dem Offenbarungsbedürfnis und dem Bedürfnis nach Selbstverborgenheit jedes Menschen kann und darf nach dem amerikanischen Psychoanalytiker Carl Schneider (1987, S. 209) nicht eliminiert werden, sie gehört zur »Essenz unserer Menschlichkeit« und zu den konstituierenden Bedingungen jeder Psychotherapie und jeder helfenden menschlichen Begegnung, auch einer Supervision! Winnicott (1965a, S. 186) hat das in eine seiner unnachahmlichen paradoxen Formulierungen gebracht: »Es handelt sich [bei solchen Begegnungen; Anm. T.A.] um ein hochdifferenziertes Such- und Versteckspiel, in welchem es ein Vergnügen ist, verborgen zu bleiben, jedoch ein Desaster, nicht gefunden zu werden.« Allerdings ist zum Beispiel in den therapeutischen Behandlungen ein absolutes Vermeiden von allen Beschämungen sicher unmöglich. Unser Bemühen sollte jedoch darauf gerichtet sein, dem Patienten nur ein zuträgliches, hinreichend verdauliches und entwicklungsförderndes Maß an Schamgefühlen (Hilgers 1995, S. 37; 1996, S. 64) zuzumuten. Winnicott (1965b, S. 33) macht auf das bedeutsame Faktum aufmerksam, dass Fremdbestimmung (»aufgezwungene Geborgenheit«) zur Beleidigung und dysfunktional wird, wenn reifungsmäßig der Modus der Selbstbeherrschung erreicht ist.

Bedeutung der Scham als »innere Grenze«

Der Bewahrung und dem Schutz des innersten Individualitätskerns dient nun unter anderem das Schamgefühl (Auchter 1998a). Mit Wurmser (1981, 1986, 1990) möchte ich drei Aspekte der Scham unterscheiden: (1) den »Schamaffekt«, (2) die »Schamangst« und (3) die »Schamhaftigkeit« oder das Schamgefühl (»sense of shame«).

Ich schäme mich rückblickend für etwas, das schon passiert ist (Schamaffekt), ich schäme mich vorausblickend für etwas, das eintreten kann oder wird (Schamangst) und schließlich: Ich bin ein schamhafter Mensch, sozusagen als »vorbeugende Einstellung, als Charakterhaltung« (Wurmser 1981, S. 13). In diesem Sinne dient das Schamgefühl als ein ständiges »Sicherheitssystem [safeguard] für unser Seelenleben« (Broucek 1991, S. 5). Es soll den Kern unseres Selbst vor Grenzüberschreitungen, Übergriffen, Verletzung, Überwältigung und Zerstörung abschirmen. Die Schamhaftigkeit soll unser Intimstes, Privatestes davor behüten, entblößt, in die Öffentlichkeit gezerrt zu werden, es soll uns vor einer Beschädigung unserer Integrität bewahren. Deswegen kann Wurmser (1986) das Schamgefühl als »innere Grenze« bezeichnen. Sie ist in diesem Sinne eine »unentbehrliche Wächterin der Privatheit und der Innerlichkeit, eine Wächterin, die den Kern unserer Persönlichkeit schützt« (ebd., S. 18). Auch unsere Sprache macht dies deutlich, wenn ein Motiv von Scham das »Sich-durchschaut-Fühlen« bis in den innersten Kern ist.

> Frau E., eine psychosenahe Patientin, sprach von ihrem Empfinden, für andere »gläsern zu sein, keinerlei Schutz vor den durchdringenden Blicken der anderen« zu besitzen.

Jemanden mit Respekt, Achtung, Würde und Takt (vgl. Wurmser 1990, S. 428f.) zu behandeln, angemessene Distanz und Zurückhaltung zu wahren, ist dementsprechend das Gegenteil von Beschämen und stärkt das Selbstgefühl unseres Gegenübers. Nichtsdestotrotz muss manche Erinnerung aber der Scham abgerungen werden.

Jenseits von Vergessen und Erinnerung

»Um verantwortlich weiterleben zu können, brauchen wir die lebendige Erinnerung an eine inhumane, deformierte Geschichte, die sich jederzeit wiederholen kann« (Buck 1999, S. 33).

Primo Levi und Jean Amery haben als Opfer Auschwitz überlebt. Sie bemühten sich zeitlebens, ihre traumatischen Erfahrungen schreibend zu erinnern und sind letztlich von dem Unbewältigbaren überwältigt worden. Beide haben selbst ihrem Leben ein Ende gesetzt – und sie sind nicht die einzigen. Auch der Lyriker Paul Celan, Schöpfer der berühmten *Todesfuge* (Buck 1999), wurde am Ende von seinen traumatischen Erinnerungen an seine Verfolgung durch die Deutschen im Nationalsozialismus bezwungen und suchte schließlich selber den Tod (Vogt 2000). »Erinnern heißt Leben«, aber es gibt Erinnerungen, die lassen ein Überleben – vielleicht unter anderem aus unbewusster »Überlebensschuld« (Niederland 1980) – nicht mehr möglich erscheinen. Abschließend sei noch ein letztes Mal Christa Wolf (1994, S. 108) aus ihrem Buch *Was bleibt* zitiert: »Dass es kein Unglück gibt außer dem, nicht zu leben. Und am Ende keine Verzweiflung außer der, nicht gelebt zu haben.«

»Die Enkel des 20. Juli« (2004)

Zur Bedeutung von Vergangenheit und Generationenfolge für die Gegenwart

Einleitung

»Ich bin ein eifersüchtiger Gott, der die Schuld der Väter heimsucht bis ins dritte und vierte Geschlecht [...] der aber Gnade übt bis ins tausendste Geschlecht« (2. Mose 20, 5; 34, 6; 4. Mose 14, 18; Jeremiah 32, 18). Mit dieser poetischen Metapher beschreibt die Bibel das Phänomen, dass wir uns als Menschen nicht aus unserer eigenen Geschichte herausstehlen können. Ja, dass wir darüber hinaus in die Geschichte unserer Vorfahren in Generationen vor uns hineinverstrickt sind. Um es in einem anderen Bild zu fassen, sind wir unter übergreifender lebensgeschichtlicher Betrachtung so etwas wie eine Matrjoschka, die russische Puppe in der Puppe in der Puppe ... In moderner wissenschaftlicher Terminologie wird das als »transgenerationale psychische Vererbung«, als »Transmission« (Bergmann et al. 1995, S. 49) oder als »intergenerationale Tradierung« (Buchholz 1998, S. 338, 351) bezeichnet.

Seelisch – unbewusst – vererbt werden nun nicht nur positive Erfahrungen und Kompetenzen, sondern vor allem auch ungelöste Konflikte und unbewältigte Traumata (Leuzinger-Bohleber 2003, S. 983). Unseren gewöhnlichen Umgang mit derart belastenden Erinnerungen fasst die Schriftstellerin Christa Wolf (1977, S. 9; kursiv T. A.) in ihrem Buch *Kindheitsmuster* so: »Das Vergangene ist nicht tot; es ist nicht einmal vergangen. *Wir trennen es von uns ab* und *stellen uns fremd.*« Jedoch, wie es der Psychologische Psychotherapeut Jürgen Müller-Hohagen (1998, S. 320) formuliert: »Wir tragen die Geschichte unserer Eltern und Großeltern, unserer Lehrer, unseres Landes in uns« weiter, ob wir das nun wollen oder nicht.

Ich möchte zunächst einen kurzen Überblick über den Gedankengang meiner Arbeit geben. Ich beginne mit grundlegenden Überlegungen zum Thema Vergangenheit und den Zusammenhängen zwischen Vergangenheit und Identität. Und ich erörtere an Beispielen krankhafte Auswirkungen unbewältigter Vergangenheit auf die Enkelgeneration. Sodann wende ich mich dem speziellen Thema der »Psychologie des Enkels und der Großeltern« zu und beleuchte ausführlich den Beziehungs-Diskurs zwischen beiden. Anschließend betrachte ich die Generation der Nazizeit und die Wirkung ihrer Erfahrungen in der Generationenfolge. Dabei geht es einmal um die Diskrepanz zwischen dem durch Schule und Medien vermittelten offiziellen »kulturellen Gedächtnis« und dem durch persönliche Gespräche begründeten »familialen Gedächtnis«. Das betrifft vor allem Menschen, die in der Nazizeit Erwachsene oder junge Erwachsene waren. Abschließend werde ich mich dann den Kriegskindern und ihren traumatisierenden Erinnerungen zuwenden.

Vergangenheit

Jeder Mensch lebt unausweichlich in einer historischen Kontinuität, jedoch ist das Bewusstsein von der individuellen, lebensgeschichtlichen und der kollektiven Vergangenheit höchst unterschiedlich ausgeprägt. Für weite Teile der Vergangenheit kommt es (nur) zu einer »unbewussten Weitergabe zwischen den Generationen« (Buchholz 1998, S. 330ff.).

Vergangenheit heute

Zum wachsenden Entwurzelungsgefühl, zur Haltlosigkeit des postmodernen Menschen (Auchter 2000a, 2000c) trägt unter anderem das von dem Psychoanalytiker Martin Dornes (1999) angesprochene »Verschwinden der Vergangenheit« bei. Er meint damit die sich bei vielen verbreitende ausschließliche Fixierung auf das Hier und Jetzt, den Verlust von Traditionen. Die Beschleunigung aller Lebensvorgänge und vor allem die explosionsartige Vermehrung von Wissen und Informationen erschweren dem Individuum anwachsend das Erleben, sich in einem Strom historischer Kontinuität zu befinden. Die zunehmende pluralistische Beliebigkeit in der Postmoderne untergräbt die Fähigkeit des Subjekts, Phänomenen in der Gegenwart oder im Rückblick in der Vergangenheit ein Gewicht, eine Bedeutung oder einen Sinn zu verleihen. Alles scheint »gleich gültig«.

Das Erinnern dagegen stiftet Identität, es schafft eine seelische Verbindung zwischen unserer Vergangenheit und unserer Gegenwart, es betont unseren Werdegang (Auchter 2004a). Der Blick in die Vergangenheit führt zum Erleben einer zeitlichen Kontinuität. Das Erfahren von lebensgeschichtlichen »Zusammenhängen« anstelle von Zeitfragmenten kann so auch eine hoffnungsvolle Zukunftsorientierung mit begründen. Um zu wissen, wer wir heute sind, und morgen sein werden, um uns selbst treu bleiben zu können, ist es notwendig, in Erfahrung zu bringen, wer wir gestern waren. »Unsere Erinnerungen«, schreibt der Hirnforscher Daniel Schacter (1999, S. 496), »sind die hinfälligen, aber machtvollen Produkte dessen, was wir aus der Vergangenheit behalten, über die Gegenwart glauben und von der Zukunft erwarten«.

Von der Erinnerungsvergessenheit führt nur ein kurzer Weg zur Selbstvergessenheit, zur »Korrosion des Charakters«, wie der Sozialwissenschaftler Richard Sennett (1999) es nennt. Die Verwurzelung in der eigenen Geschichte ist demgegenüber auch eine gewisse Prophylaxe gegen das Phänomen des Selbstverlustes in der von der Wirtschaft und Politik geforderten »neuen Flexibilität« (Sennett 1999), der totalen Anpassungsfähigkeit des Individuums an die Verhältnisse, und deren pathologischen Folgen, nämlich der verzweifelten Suche nach neuen Selbstgewissheiten und Selbstsicherheiten.

Vergangenheit und Identität

Jeder Mensch steht in seinem Leben vor der Herausforderung, eine persönliche Identität herauszubilden. »Die psychosoziale Identität ist die Verankerung der vergänglichen Existenz des Menschen im Hier und Jetzt«, betont der Psychoanalytiker Erik H. Erikson (1970b, S. 39), der sich lebenslang intensiv mit dem Thema »Identität« auseinandergesetzt hat. Das Bedürfnis nach Identität umfasst neben der Zukunftsperspektive – der Verbindung zu den Nachgeborenen – auch den Wunsch, in einer Verbundenheit mit den Vorfahren zu stehen, die Vergangenheitsperspektive (Erikson 1970a, S. 182).

In der klinischen Praxis begegnen uns Psychoanalytikern in erster Linie »Vergangenheiten, die nicht vergehen«, also krankhafte Phänomene, bei denen die gegenwärtige Existenz (oder Identität) eines Individuums in einem Übermaß von der persönlichen und/oder familiären Vergangenheit überschattet und beeinträchtigt ist.

Dies ist besonders augenfällig, wenn außerordentlich belastende Erfahrungen, sogenannte »Traumata« in den Vorgenerationen vorgefallen sind. Mittlerweile gibt es zum Beispiel eine recht umfangreiche psychologische/psychoanalytische Literatur über die transgenerationale Wirkung der Judenverfolgung und Judenvernichtung in der Nazizeit bei den Opfern der Shoah, aber auch bei den Tätern (Bohleber 1998). Dabei entfaltet in der ersten Folgegeneration vor allem die »Last des Schweigens« (Bar-On 1993) der Traumatisierten ihre pathologische Macht. Primo Levi, Überlebender von Auschwitz, notiert in seinem Buch *Die Untergegangenen und die Geretteten* (1986, S. 19f.):

> »Die menschliche Erinnerung ist ein wunderbares, aber unzuverlässiges Instrument […]. Wer tief verletzt worden ist, neigt dazu, die Erinnerung daran zu verdrängen, um den Schmerz nicht zu erneuern; und derjenige, der diese Verletzung zugefügt hat, drängt seine Erinnerung in die Tiefe ab, um sein Schuldgefühl zu beschwichtigen«.

»Moralische Schuld vererbt sich nicht, aber die psychischen und sozialen Folgen ihres Beschweigens beschädigen noch die folgenden Generationen«, meinen Claudia Brunner und Uwe von Seltmann (2004, S. 13). Sie, Enkel von NS-Tätern, haben kürzlich ein Buch veröffentlicht unter dem Titel *Schweigen die Täter, reden die Enkel.*

Die zwei folgenden Beispiele, an denen ich die Auswirkungen solcher Sprachlosigkeit in den Folgegenerationen erläutern möchte, entnehme ich Arbeiten des schon erwähnten Psychotherapeuten Jürgen Müller-Hohagen (1994, 2002). Er ist Leiter einer Evangelischen Erziehungsberatungsstelle in München und hat sich in mehreren Publikationen (1988, 1994, 2002) intensiv mit dieser Thematik auseinandergesetzt.

(1) »Der 10jährige Simon leidet unter einem Aufmerksamkeitsdefizitsyndrom und diversen Verhaltensauffälligkeiten, weshalb seine Mutter die Beratungsstelle aufsucht. Jeden Mittag, wenn er aus der Schule kommt, lese er die Süddeutsche Zeitung von Anfang bis Ende gründlich durch. Ein Geiseldrama in einer entfernten Stadt versetzt ihn in so extreme

Ängste, dass er sich persönlich bedroht und verfolgt fühle. Er weigere sich im Haushalt mitzuhelfen und spreche davon, man wolle ihn damit foltern. Der Berater, der dem Dargestellten zunächst ziemlich ratlos gegenübersteht, erfährt per Zufall, dass Simon aus einer jüdischen Familie stammt. Trotz einsetzender Befangenheit fragt der Berater, ob es in der Familie Opfer der Verfolgung durch die Nazis gäbe. Es stellt sich heraus, dass der Großvater von Simon mütterlicherseits ein Überlebender von Auschwitz ist. Darüber hätte er jedoch mit seinen Kindern nie gesprochen. Nur durch Verwandte wisse sie, dass er Entsetzliches habe mit ansehen, erdulden und wahrscheinlich auch ausführen müssen.

Sie selber habe sich schon seit längerem gefragt, ob Simons auffälliges Verhalten etwas mit diesem Familienhintergrund zu tun haben könnte.

Als die Mutter im Anschluss daran mit Simon über die Möglichkeit einer Therapie spricht, fleht er sie an, er könne einfach nicht darüber sprechen, wie es in ihm aussehe, wenn man ihn zur Therapie zwingen würde, würde er dort nur etwas vorspielen. Simons Angst, sich offenbaren zu müssen, lässt sich nur mit dem Verfolgungsschicksal seines Großvaters und einer unbewussten Identifikation seines Enkels mit ihm angemessen verstehen« (Müller-Hohagen 2002, S. 34ff.).

(2) »Ilona, vier Jahre alt, wird von ihrer Mutter in der Beratungsstelle vorgestellt wegen leichterer Schlafstörungen, Einnässen und gelegentlichen aggressiven Ausbrüchen im Kindergarten. Erst auf Nachfragen des Beraters wird deutlich, dass der Symptombeginn vor zwei bis drei Monaten zeitlich mit dem Tod des Großvaters mütterlicherseits zusammenfällt. Erst nach einigem Zögern offenbart Frau A., dass sie ihren Vater sehr gehasst habe. Es stellt sich heraus, dass er Pilot in der ›Führerstaffel‹ gewesen war, die Hitler und seine Begleitung geflogen habe. Frau A. sei 1944 als zweites Mädchen zur Welt gekommen, während der Vater sich sehnlichst einen Sohn gewünscht habe und dem ›Führer‹ einen Soldaten. 1945 brachen die Größenphantasien ihres Vaters – ›Ich und der Führer‹ pflegte er im Scherz zu sagen – zusammen. Durch das Malträtieren seiner Tochter, ›ich musste neben ihm sitzen und bei jedem Essen bekam ich das Gesicht in die Suppe‹, konnte er sich einen erbärmlichen Rest von Machtgefühl erhalten. Er ließ sie ›büßen‹, indem sie stellvertretend für ihre Geschwister ›bestraft‹ wurde. Darüber hinaus war sie von ihm dazu

ausersehen, als völlige Versagerin zu enden, indem er ihr z.B. jegliche Unterstützung für eine Berufsausbildung versagte. Sie sollte unbewusst seine ›Delegierte‹ als ›Schandfleck der Familie‹ sein, statt dass er sich mit seiner eigenen Scham und Schuld auseinander setzte. In der Beratungsarbeit wird deutlich, dass die Schatten der Vergangenheit – die brutale Abwertung der Mutter durch ihren Vater – bis zu der kleinen Ilona von heute reichen. Noch sie muss unbewusst verbissen darum kämpfen, als Mädchen anerkannt zu sein, aber nicht gegen ihre Eltern, sondern gegen die unbewusste Delegation ihres Großvaters« (Müller-Hohagen 1994, S. 58f.).

Die Kindertherapeutin Rose Ahlheim (1985) beschreibt in ihrer Arbeit *Bis ins dritte und vierte Glied. Das Verfolgungstrauma in der Enkelgeneration* die analytische Behandlung der siebenjährigen Amelie. Ihre Eltern waren »nur« mittelbar von der Judenverfolgung betroffen. Amelie war jedoch zutiefst »in ihren unbewussten Phantasien geprägt [...] von dem schweren Schicksal ihrer Familie« (Ahlheim 1985. S. 331), speziell dem ihrer Großeltern.

Zur Psychologie von Enkeln und Großeltern

Obwohl es natürlich schon immer unterschiedliche Generationen und insofern auch Großeltern gibt, fand das Enkel-Großeltern-Verhältnis in der psychologischen und soziologischen Wissenschaft, in der Familien- und Altersforschung bislang vergleichsweise wenig Aufmerksamkeit (Uhlendorff 2003; Höpflinger 2002).

Zur Definition des Enkels

Die familiäre Position des Enkels bestimmt sich im Bezug auf die übernächste Generation, nicht die der Eltern, sondern die der Großeltern. Die psychosoziale Identität des »Enkels« setzt sich zusammen aus der genau definierten Position im Generationenverhältnis, und diversen offenen Rollen und Stellungen in seinen sonstigen Lebens- und Beziehungsverhältnissen.

Enkel sind einerseits durch ihre größere familiale Distanz zu ihren Großeltern in der Regel nicht direkt in die Kind-Eltern-Probleme ihrer Eltern mit deren Eltern verwickelt. Andererseits sind Enkel jedoch bisweilen durchaus durch unbewusste »Delegation« (Stierlin 1978, 1980) – wie bei Ilona – in ungelöste Kind-Eltern-Konflikte ihrer Eltern verstrickt und mit unbewussten Lösungsaufgaben belastet. In anderen Fällen sind Enkel aber durchaus auch »geeignet und befähigt, Spannungen zwischen Familiengenerationen zu reduzieren« (Olbrich 1997; zit.n. Höpflinger 2002, S. 3). Problematisch ist es, wenn Großeltern ihren Enkeln andere überstarke unbewusste Delegationen (Stierlin 1978, 1980) überstülpen. Wenn also die Enkel beispielsweise stellvertretend unerreichte Ziele, Erwartungen und Ideale ihrer Großeltern erreichen und erfüllen sollen. Der Psychoanalytiker Horst-Eberhard Richter (1963, 1970) bezeichnet das als »traumatische Rollenzuweisungen«. Derartige unbewusste Rollenaufträge beeinträchtigen die freie Selbstentwicklung der betroffenen Enkel oft in krankhaftem Ausmaß. Manche begegnen uns dann in den psychotherapeutischen Praxen wieder.

Gesellschaftliche Dimensionen des Enkel-Großeltern-Verhältnisses

Die gesellschaftliche Position von Großeltern variiert historisch und kulturell in hohem Maße (Uhlendorff 2003, S. 116). »Die Beziehungen zwischen Enkelkindern und Großeltern beruhen – wie viele andere verwandtschaftliche Beziehungen – auf Freiwilligkeit und individueller Gestaltung« (Höpflinger 2002, S. 3). Diese Beziehungen sind in postmodernen Gesellschaften weder juristisch noch sozial reglementiert oder reguliert. Sie zeigen deshalb vielfältigste Ausprägungsformen.

In diesem Kontext ist vielleicht erwähnenswert, dass in islamischen Familien traditionell der älteste Enkel den Vornamen des Großvaters väterlicherseits und die erste Enkelin den der Großmutter väterlicherseits erhält (Mazarweh 2004, mdl. Mttlg.). Mein nächstjüngerer Bruder trägt als Zweitvornamen den meines Großvaters väterlicherseits und ich selber als Zweitvornamen den meines Großvaters mütterlicherseits. Er ist zugleich der Vorname des kurz vor Ende des Zweiten Weltkrieges mit 18 Jahren als Soldat getöteten jüngsten Bruders meiner Mutter.

Die Entwicklung von der Großfamilie zur modernen Kleinfamilie hat einerseits den direkten Austausch und die direkte Vermittlung zwischen

Großeltern und Enkeln erschwert, andererseits gerade durch den größeren Abstand zwischen den Generationen auch neue Freiräume der Begegnung geschaffen. Sich ständig vermindernde Kinderzahlen führen heute dazu, dass in wachsender Zahl mehr Großeltern als Enkel vorhanden sein werden. Damit verändern sich auch die Formen der Drei-Generationen-Beziehungen. Der Sozialwissenschaftler Harald Uhlendorff (2003, S. 112; Anm. T. A.) konstatiert seit Mitte des 20. Jahrhunderts einen »Wandel von einer [eher] negativen zu einer [eher] positiven Bewertung der Großelternschaft«. Großeltern und Enkel können im besten Fall füreinander eine Bereicherung darstellen.

Die »neuen« Großeltern

Die zunehmende Verlängerung der Lebenserwartung führt dazu, dass sich die Lebenszeit von Großeltern und Enkeln heute oft viel länger überschneidet als das früher der Fall war (Höpflinger 2002; Uhlendorff 2003). Darüber hinaus kommt es heutzutage zu einer »Relativierung der Alterspositionen« (Höpflinger 2002, S. 2). Die Großmutter trägt beispielsweise dieselben Jeans wie ihre Enkelin. Das kann die intergenerationale Kommunikation erleichtern und fördern. Das erlaubt und erfordert für Großeltern auch neue Rollenzuweisungen und Lebensperspektiven, zum Beispiel eine »aktive Großelternschaft« (Höpflinger 2002, S. 8; Uhlendorff 2003, S. 113). Durch eine engagierte Großelternschaft und Kinderbetreuung (Höpflinger 2002, S. 7) kann beispielsweise die Berufstätigkeit der Tochter erleichtert oder eine Hilfestellung bei Scheidungen von Eltern geleistet werden (Höpflinger 2002, S. 6; Uhlendorff 2003). Großeltern können auch wichtige materielle und emotionale Ersatzfunktionen als Betreuer und/oder Ernährer bei Erkrankungen oder Tod der Eltern oder in anderen Krisen für ihre Enkel übernehmen.

Der Beziehungs-Diskurs zwischen Großeltern und Enkeln

Großeltern haben nicht selten einfach »mehr Zeit« für ihre Enkel als mitten im Berufsleben stehende Eltern. Die aktive Großelternschaft bietet ihnen ein neues Betätigungsfeld, in das sie kreativ ihre Fähigkeiten einbringen und diese erweitern können (Uhlendorff 2003, S. 113). Das kann ihrem Leben auch Sinn und ein Gefühl der Zugehörigkeit statt Einsamkeit verleihen. Denn für die Großeltern wird ja ihre Gleichaltrigengruppe immer kleiner. Darüber hinaus kann die Großelternschaft ihnen das Gefühl vermitteln, jung zu bleiben, gefragt und gebraucht zu sein. Nicht nur Kinder, Adoleszente und Erwachsene, sondern gerade auch Ältere sind, wie der schon erwähnte Erik H. Erikson (1971) bemerkte, so konstituiert, »dass sie es nötig haben, benötigt zu werden, um nicht der seelischen Deformierung […] zu verfallen«. Die Enkel sind zudem ein sichtbarer Beweis für die Kontinuität der Familie. Eine gute Beziehung zu ihnen kann bei den Großeltern das Gefühl stärken, in der übernächsten Generation weiterzuleben, es kann das Gefühl der »biographischen Kontinuität« (Höpflinger 2002, S. 4) festigen. Es kann insofern sogar Gefühle und Fantasien von biologischer »Unsterblichkeit« erwecken.

Großeltern erhalten partielle Partizipation an den Erfahrungen der jüngsten Generation. Sie werden dadurch auch an ihre eigene Vergangenheit als Kinder und Jugendliche erinnert. Und Enkel können umgekehrt an den Erfahrungen der Älteren – und damit ihrer Zukunft, dem Älterwerden mit seinen Aspekten wie Krankheit, Leid, Einschränkung, Verlust, Tod und Trauer – teilhaben. »Durch die Begegnung mit alten Menschen«, schreibt Erik H. Erikson ([1982] 1988, S. 80), »werden Kinder lebendiger Kulturen in besonderer Weise zur Nachdenklichkeit angeregt.« Der Sozialwissenschaftler François Höpflinger (2002, S. 4f.) unterstreicht die Möglichkeit zur »Generativität« (Erikson 1970a) in der Großelternrolle. Zur Generativität zählen unter anderem: Vermittlung und Weitergabe von Erfahrung und Kompetenz (Traditionen), Sorge um die nachkommenden Generationen, inklusive finanzieller Aspekte. Diese Sorge kann sich zum Beispiel auch in sozialen, kulturellen oder politischen Aktivitäten äußern. »Die Generativität älterer Menschen besteht im weiteren auch in der Integration von Neuem in das Alte und der Wahrung der Kontinuität« (Höpflinger 2002, S. 5). »Großeltern geben Erfahrungen, Haltungen, Sicht- und Erlebnisweisen an die Enkel weiter« (Uhlendorff 2003, S. 118). Sie können Zeitzeugen, Geschichts- und Traditionsvermittler und Lehrer für ihre Enkel sein, darüber hinaus auch Personen, bei denen man Zuflucht suchen kann, die besondere Wünsche erfüllen und bisweilen die Enkel verwöhnen. Der Verwöhnung der Enkel durch die Großeltern kann auch ein unbewusster Wiedergutmachungsversuch an den eigenen Kindern zugrunde liegen. Aufgrund ihrer größeren Lebenserfahrung zeigen viele Großeltern Altersweisheit, Nachsichtigkeit und Toleranz. Psychoanalytisch sprechen wir von einer

Milderung des Über-Ichs im Alter – bisweilen kommt es allerdings auch zum Gegenteil einer vermehrten Rigidität und Alterstarrheit.

Aber wie jede menschliche Beziehung steht auch die zwischen Großeltern und Enkel unter einer gewissen Ambivalenz. Diese wird manchmal bewusst, ist oft aber auch unbewusst. Zum Beispiel konfrontieren die Enkel ihre Großeltern zwangsläufig mit dem eigenen Älterwerden und damit ihrer Endlichkeit beziehungsweise Vergänglichkeit. Das ist nicht nur angenehm. Zur Identitätsfindung des Pubertierenden und Adoleszenten gehört auch eine altersbedingte und -gemäße Abgrenzung gegenüber den Vorfahren, den Eltern und auch den Großeltern. Das kann manche Konflikte zwischen ihnen verständlicher machen.

Enkel können schließlich auch durch ihr Leben und ihre Fragen die Großeltern zur Auseinandersetzung mit deren eigener Vergangenheit anregen. Die größere Distanz zwischen Enkeln und Großeltern erlaubt nicht selten auch einen offeneren, freieren und differenzierteren Zugang zur Vergangenheit, besonders einer belasteten Vergangenheit, als den zwischen Kindern und Eltern. »Lebensgeschichtliche Erzählungen und die Tradierung des familialen Gedächtnisses sind denn bedeutsame Bestandteile der Beziehung zwischen Großeltern und Enkelkindern«, meint François Höpflinger (2002, S. 4). Bisweilen kann sogar das, was zwischen Eltern und Kindern unaussprechlich war und die erdrückende »Last des Schweigens« (Bar-On 1993) hervorrief, dann im Gespräch mit der Nachfolgegeneration zur Sprache kommen (Brocke 1989; vgl. Lorenz 2003, S. 104). So kann ein Anfang gesetzt werden, das belastende Schweigen zu brechen und die Sprachlosigkeit zu überwinden.

Enkel der »Hitlergeneration«

Wenn heute lebende Menschen die Nazizeit miterlebten (als Großeltern, Eltern oder Kinder), ergeben sich daraus spezifische Fragen und Problemstellungen, aber auch Chancen für deren Enkel. »Die Sprachlosigkeit der Eltern war Hauptproblem dieser Kinder« (Brocke 1989, S. 41), damit sind die Eltern der Enkel gemeint. »Mit den Enkeln können die Großeltern reden. Es wirkt fast so, als sei eine Generation übersprungen worden« (ebd., S. 42).

Generationenfolge

In den letzten 10 bis 15 Jahren ist es zu einer intensiven interdisziplinären Ausweitung und Vertiefung der Erinnerungs- und Gedächtnisforschung gekommen. Die Untersuchungen beziehen sich auf das »kulturelle Gedächtnis« (Assmann 1992), das »soziale Gedächtnis« (Welzer 2001) einer größeren Gemeinschaft wie einer Gesellschaft ebenso, wie auf das einer kleineren wie der Familie, das »Familiengedächtnis« (Halbwachs 1985 zit. n. Koch 2001, S. 138). Ich frage mich, ob es nach dem Schock der Shoah und der Nazizeit ein rein zufälliger Zusammenhang ist, dass heutzutage (erst) fast fünf Jahrzehnte später die Wissenschaft damit beginnt, sich intensiv interdisziplinär (vgl. Auchter/Schlagheck 2004) mit der Erforschung der Phänomene Gedächtnis und Erinnerung zu befassen.

Es ist nun auffällig, dass zudem in jüngster Zeit, also ungefähr 60 Jahre nach den Geschehnissen, auch eine neue Welle von »Erinnerungsliteratur« auf den (Buch-)Markt kommt. Es sind vor allem die deutschen »Kriegskinder« und ihre Nachkommen, die sich heute verstärkt zu Wort melden. Ich erwähne nur zum Beispiel Hilke Lorenz' *Kriegskinder. Das Schicksal einer Generation* (2003) oder Sabine Bodes *Die vergessene Generation. Die Kriegskinder brechen ihr Schweigen* (2004). Die Kriegskinder von damals (also die Generation der etwa zwischen 1930/1935 und 1945 Geborenen) sind heute häufig selbst schon im Alter von Großeltern.

»Es scheint als sei die Zeit des konsequenten Schweigens nun vorbei«, formuliert Hilke Lorenz (2003, S. 22). In der psychoanalytischen Fachzeitschrift *Forum der Psychoanalyse* veröffentlicht der Münchner Psychoanalytiker Michael Ermann (2004) einen einschlägigen Artikel mit dem Titel »Wir Kriegskinder«. Auch er betont, dass es bislang zu diesem Thema »kaum nennenswerte psychotherapeutische Fachliteratur« (Ermann 2004, S. 226) gäbe.

Der Historiker Jörn Rüsen (2001, S. 243f.) hat drei Phasen der deutschen Erinnerung an die Nazizeit und die Shoah unterschieden. Er ordnet sie idealtypisch drei Generationstypen zu: (1) der Kriegs- und Wiederaufbaugeneration, (2) der Nachkriegsgeneration und (3) ihrer Kinder (mit anderen Worten: die »Enkel«). Markante »Wendezeiten« dafür sind die Jahre 1968 und 1989. Den entsprechenden Umgang mit der Erinnerung charakterisiert Rüsen (2001) durch (1) »Beschweigen und Exterritorialisieren«, das ist die Zeit der »Unfähigkeit zu trauern«, welche die Psychoanalytiker Alexander und

Margarete Mitscherlich (1967) beschrieben haben. (2) Die »68er« gründeten ihr Selbstverständnis vor allem auf »moralischer Distanzierung« von und auf kritischer Auseinandersetzung mit der Väter- und Mütter-Generation. Dabei dominierten häufig eine »Gegenidentifizierung« mit den Opfern und eine universalistische Identifizierung (Che Guevara, Ho Chi Min, Mao Tse Tung). (3) Erst heute scheint eine dritte Epoche anzubrechen, die Rüsen mit »Historisierung und Aneignung« charakterisiert. »Der wachsende Abstand zum Holocaust im Generationswechsel eröffnet nun die Chance, den mentalen Bruch zu schließen, der die Deutschen von heute von ihren Vätern und Großvätern in der historischen Perspektive ihres Selbstverständnisses trennt« (Rüsen 2001, S. 254).

Der *ZEIT*-Autor Volker Ullrich (2003, S. 14) schreibt in einer Besprechung des Jugendbuches *Die Zeit der schlafenden Hunde* von Mirjam Pressler (2003), welches sich mit Ereignissen in der Nazizeit beschäftigt: »Auch die Generation der Enkelinnen und Enkel kann sich nicht aus der Verantwortung stehlen; sie anzunehmen eröffnet vielmehr die Möglichkeit, ein selbstbewusstes Leben zu führen.«

Im Folgenden wende ich mich nun zunächst der Generation zu, welche die Nazizeit als Erwachsene beziehungsweise junge Erwachsene erlebt hat.

»Opa war kein Nazi«

Der Hannoveraner Sozialpsychologe Harald Welzer und seine MitarbeiterInnen führten zwischen 1997 und 2000 eine vielbeachtete und -diskutierte Mehrgenerationenstudie zum Thema »Tradierung von Geschichtsbewusstsein« durch. Sie veröffentlichten sie unter dem Titel *Opa war kein Nazi* im Jahre 2002. Für das Projekt wurden 40 Familiengespräche und 142 Interviews mit Familienangehörigen geführt (Welzer et al. 2002, S. 11). Die Autoren stellen eine gravierende Diskrepanz zwischen dem kognitiven Geschichtswissen (durch Schule und Medien fundiert), dem »kulturellen Gedächtnis«, und emotionalen Erinnerungen (vor allem durch familiale Gespräche vermittelt), dem »kommunikativen Gedächtnis« (ebd., 12f.) oder »Familiengedächtnis« fest.

Das Familiengedächtnis wird bestimmt durch prinzipielle – überwiegend unbewusste – Forderungen. Die Autoren benennen drei grundlegende Anforderungen: Es soll (1) die familiäre Kohärenz sichern, (2) die familiäre Identität bewahren und (3) Loyalitätsverpflichtungen gegenüber der Familie nachkommen (ebd., S. 20). Das hat zur Folge, dass grundsätzlich eine »›gute Geschichte‹ der Familie aufrechterhalten und fortgeschrieben« (ebd., S. 24) werden muss. Die Angehörigen der Kinder- und noch mehr die der Enkelgeneration stehen damit aber vor dem Dilemma: »Einerseits den verbrecherischen Charakter des Nationalsozialismus und die Tatsache des Holocaust umstandslos anzuerkennen, andererseits aber ihre eigenen Eltern und Großeltern so zu positionieren, dass von diesem Grauen kein Schatten auf sie fällt« (ebd., S. 47; vgl. auch S. 207, 247). Die gelungene gesellschaftliche Aufklärung über die nationalsozialistische Vergangenheit, meinen die Autoren, »evoziert geradezu das subjektive Bedürfnis, dem eigenen Großvater oder der eigenen Großmutter jeweils die Rolle der anderen, der ›guten Deutschen‹ im nationalsozialistischen Alltag zuzuweisen« (ebd., S. 53). Das Ergebnis ist, dass »zwei Drittel aller Geschichten [in den Familiengesprächen; Anm. T. A.] davon handeln, dass die Familienangehörigen aus der Zeitzeugengeneration und ihre Verwandten entweder Opfer der NS-Vergangenheit und/oder Helden des alltäglichen Widerstands waren« (ebd., S. 54). »›Die Nazis‹ sind die anderen – die ›Gegentypen‹ zum eigenen Großvater bzw. Vater« (ebd., S. 155). Im Anhang zur zweiten Auflage des Buches (ebd., S. 246ff.) wird eine repräsentative Emnid-Umfrage zum gleichen Thema vom Juni 2002 referiert. Die überraschenden Ergebnisse der Umfrage sind: 49% der Befragten sind der Auffassung, dass ihre Angehörigen dem Nationalsozialismus sehr negativ oder eher negativ gegenüberstanden. Lediglich 6% meinen, sie seien sehr positiv (2%) oder eher positiv (4%) dem Nationalsozialismus gegenüber eingestellt gewesen. Nur 3% der Befragten meinten, ihre Angehörigen seien »antijüdisch« eingestellt gewesen. 26% sind der Überzeugung, ihre Angehörigen hätten »Verfolgten geholfen«, und 35% meinten, ihre Verwandten hätten »nach Möglichkeit nirgendwo mitgemacht« (ebd., S. 246f.). Die Befragungsergebnisse veranlassen eine Kommentatorin zu der bissigen Bemerkung: »Die Opfer des Nationalsozialismus müssten demnach wohl ein ernsthaftes Problem gehabt haben, diese Nachfrage zu stillen!«.

Die Autoren der Studie fassen ihre Ergebnisse so zusammen, »dass es in deutschen Familien aus der Sicht der Familienangehörigen *so gut wie keine Nazis* gegeben hat« (ebd., S. 248; kursiv T. A.).

Dieses Ergebnis ähnelt in wirklich verblüffender Weise den Antworten, die der amerikanische Sozialpsychologe Saul K. Padover ([1946] 1999) bei seinen Befragungen von Deutschen 1944/45 direkt nach der Befreiung durch die Amerikaner im Aachener Raum und im Ruhrgebiet erhielt. »Sie schoben die *Schuld* auf den einst so geliebten Führer, machten ihn für *alle* Schwierigkeiten verantwortlich« (ebd., S. 28; kursiv T.A.). »Wir haben *keinen einzigen Nazi* gefunden. Jeder ist ein Nazigegner. Sie sind immer schon gegen Hitler gewesen [...]. Ich bin nur zwei Deutschen begegnet, die nicht vor Selbstmitleid troffen, die nicht jammerten und sich nicht als unschuldig und völlig bedeutungslos hinstellten« (ebd., S. 46f.; kursiv T.A.).

Ein Befragungsergebnis aus der Emnid-Umfrage von 2002, nämlich dass »65% der Befragten glaubten, dass ihre Eltern und Großeltern ›viel im Krieg erlitten hätten‹« (Welzer et al. 2002, S. 47), bedarf allerdings m.E. einer gesonderten Betrachtung.

Ohne Zweifel lassen sich eigene Leidens- und Opfergeschichten zur Abwehr der eigenen Täterschaft und Verantwortungsübernahme missbrauchen. Wie Welzer und seine Kollegen herausgearbeitet haben, können solche Opferkonstruktionen bis zur völligen Umkehrung der Täter- in die Opferrolle reichen (ebd., S. 82ff., 248). Dahinter und daneben dürfen jedoch m.E. die tatsächlichen Leiden, insbesondere die der sicher »unschuldigen« Kinder, nicht verloren gehen!

Kriegskinder

Die Psychoanalytikerin Marianne Leuzinger-Bohleber (2003, S. 984 Fn.) charakterisiert als »Kriegskinder« Menschen, die »den Krieg als Kleinkinder, Kinder und Jugendliche erlebt« haben, also etwa die Geburtsjahrgänge 1930 bis 1945. Das sind ca. 14,8 Millionen Menschen allein in den alten Bundesländern (Lorenz 2003, S. 19).

Ihrer bisherigen Sprachlosigkeit, ihrem »konsequenten Schweigen« (ebd., S. 22) entspricht ein jahrzehntelanges mangelndes öffentliches Interesse ebenso wie eine fehlende psychologische (Bode 2004, S. 19, 32) oder psychotherapeutische Fachauseinandersetzung (Ermann 2004, S. 226) mit ihnen. Dieses kollektive »dauernde Wegschauen« (ebd., S. 227) über Jahrzehnte bedarf einer Erklärung.

(1) Der erste und wichtigste Grund dürfte darin liegen, dass die bewussten und unbewussten »Schuldgefühle« über die Verfolgung und

Vernichtung der Juden und anderer und die Destruktionen des von Deutschland ausgegangenen Krieges den Blick auf das eigene Leiden und auch die Leiden der (sicher unschuldigen) Kinder verstellten. Man fürchtete vermutlich, einer Verwischung der klaren Unterscheidungen zwischen Opfern und Tätern und des Versuchs einer Aufrechnung von Schuld bezichtigt zu werden (Leuzinger-Bohleber 2003, S. 983; Ermann 2004, S. 238; Bode 2004, S. 18, 68; Richter 1997; zit. n. Bode 2004, S. 68, 101).

(2) Sehr viele Kriegskinder haben »Traumatisierungen« erlitten. Zur traumaspezifischen seelischen Abwehr zählen Dissoziation, Abspaltung und Verleugnung. Dabei ist zu berücksichtigen, dass es sich bei diesen seelischen Abwehrmaßnahmen primär um selbststabilisierende (Leuzinger-Bohleber 2003, S. 1010) und selbstregulierende Schutz- und Bewältigungsversuche angesichts von traumatisch überwältigenden Erfahrungen handelt (vgl. Ermann 2004, S. 238)! Dieser Abwehr unterlagen wohl auch die Wissenschaftler und auch die Psychoanalytiker (Leuzinger-Bohleber 2003, S. 982). Die »Unfähigkeit zu erinnern« erwuchs der »Unfähigkeit zu trauern«.

(3) Ermann (2004, S. 238) findet ein weiteres Motiv in den Nachwirkungen der Heldenideologie des Nationalsozialismus und des Mythos von der Stärke und Unverletzlichkeit des »deutschen Kindes« (»Gelobt sei, was hart macht«, »hart wie Kruppstahl«, »deutsche Jungen (und Mädels) weinen nicht«) (vgl. Lorenz 2003, S. 296).

»Bagatellisieren, abschwächen, bewusst vergessen und verdrängen, lautete die Devise in den Nachkriegsjahren« (ebd., S. 19). »Ein Leben lang haben sie geschwiegen: jetzt beginnen sie zu reden: ›Wir Kriegskinder‹« (Ermann 2004, S. 228).

(4) Weiter meint Ermann (ebd.): »Wir können als Menschen offenbar nicht zur Ruhe kommen und nicht in Ruhe alt werden, wenn wir Kern und Ursprung unserer Geschichte, einer erschreckenden Geschichte, in uns abgespalten halten.« »Im Alter rückt auch die Kindheit wieder näher. Da hat man das Bedürfnis und endlich auch die Zeit, sich mit seinen Wurzeln und den frühesten Eindrücken zu beschäftigen« (Bode 2004, S. 32). »Die Erlebnisse der Kriegskindheit melden sich oft erst wieder, wenn die Menschen nach einem langen Arbeitsleben zur Ruhe kommen« (Lorenz 2003, S. 164).

Angesichts des näher rückenden Lebensendes wächst vielleicht das Bedürfnis, die eigene Lebensgeschichte »abzurunden«, indem auch traumatische Erfahrungen durch Aussprechen und Mitteilen integriert werden. Die heranwachsenden Enkel regen vielleicht zusätzlich ihre Großeltern dazu an, durch Identifikation mit ihnen ihre eigenen Kindheits- und Jugenderinnerungen wiederzubeleben.

Traumatisierungen erfolgten durch Bombardierungen, unerträgliche Trennungserfahrungen – von der sogenannten »Kinderlandverschickung« waren ungefähr 2 Millionen Kinder betroffen (ebd., S. 57) –, Flucht und Vertreibung, Hunger und Heimatlosigkeit, Miterleben von unaushaltbaren Szenen (z.B. Tötung und Vergewaltigung). Eine gravierende potenziell traumatisierende Erfahrung war die verbreitete »Vaterlosigkeit« – 3 Millionen Gefallene, 2 Millionen Vermisste, 2 Millionen Kriegsversehrte (Bode 2004, S. 46) –, rund 10 Millionen Männer kehrten aus der Kriegsgefangenschaft zurück (Lorenz 2003, S. 249). Diese Thematik und Problematik des Kriegsheimkehrers ist 2003 durch Sönke Wortmanns Film *Das Wunder von Bern* eindrucksvoll in Erinnerung gerufen worden. 2,5 Millionen Kinder hatten nach dem Zweiten Weltkrieg nur noch einen Elternteil, 100.000 waren Vollwaisen (Lorenz 2003, S. 48, 248). 14 Millionen Menschen suchten nach dem Krieg Angehörige (Bode 2004, S. 132). Zwischen 11 (Lorenz 2003, S. 237) und 14 Millionen waren Heimatvertriebene (Bode 2004, S. 111).

Ein Topos, der in den Berichten der Kriegskinder immer wieder auftaucht, ist das lebenslange seelische Gezeichnetsein durch die Traumatisierungen: »Unbeschwertheit hat sich im Leben nie richtig eingestellt« (Lorenz 2003, S. 44, 136), »nie mehr richtig unbeschwert« (ebd., S. 234; Bode 2004, S. 114). »Das Ohnmachtsgefühl schmerzt sie heute noch« (Lorenz 2003, S. 59). »Noch immer hat die heute Zweiundsechzigjährige Angst, verloren zu gehen« (ebd., S. 211). Eine besonders problematische unbewusste Rollenzuweisung nach dem Krieg lag darin, dass viele dieser Kinder dazu bestimmt waren, »fröhlich« zu sein (Bode 2004, S. 93ff.), den »Sonnenschein« ihrer Eltern zu verkörpern. Das »fröhliche Kind« sollte einerseits zur Abwehr der eigenen (kindlichen) Trauer dienen. Andererseits stellte das »Fröhlichsein« einen – in der Regel vergeblichen – unbewussten Versuch des Kindes dar, die depressiven Mütter (Leuzinger-Bohleber 2003, S. 997ff.) und die geschlagenen Väter (ebd., S. 995) aufzuheitern. »Das Schlimmste, was passieren konnte«, sagt einer, war, »Enttäuschungen [zu] verursachen« (Bode 2004, S. 113). »Doch dieses kollektive Nach-vorne-Schauen war nicht gesund optimistisch. Es hat etwas von Denk- und Fühlverbot« (Lorenz 2003, S. 292). »Die Kriegskinder, ihre Eltern und Großeltern haben ihre Trauer gut in sich vergraben« (ebd., S. 296). Erst heute, sechs Jahrzehnte später, beginnt das Verdrängte wiederzukehren. Und es hat eine (letzte) Chance zur seelischen Bearbeitung. Vielleicht auch zur Bewältigung.

Enkel der Widerstandskämpfer des 20. Juli

Die »Großeltern des 20. Juli«, jedenfalls die Großväter, die im Widerstand gegen Hitler ermordet wurden oder gezwungen wurden, Selbstmord zu begehen, zeichnen sich dadurch aus, dass sie einerseits »Helden« sind, die ihr Leben für den Sturz Hitlers und ein »besseres Deutschland« geopfert haben. Andererseits sind sie »tot«. Und deshalb ist nach dem 20. Juli 1944 für ihre Partnerinnen, ihre Kinder und ihre Enkel keine persönliche Beziehung mehr zu ihnen, kein lebendiger Austausch mit ihnen und keine realitätsfördernde Auseinandersetzung mit ihnen mehr möglich. Das ist in jeder Hinsicht ein Verlust.

Schluss

Lassen Sie mich diese Arbeit mit einigen Zeilen aus dem Gedicht *An die Nachgeborenen* von Bertold Brecht schließen. Er schrieb es Mitte der 30er Jahre des vergangenen Jahrhunderts in seinem dänischen Exil, in das ihn die Nazis gezwungen hatten.

»Ihr, die ihr auftauchen werdet aus der Flut,
in der wir untergegangen sind,
gedenket,
wenn ihr von unseren Schwächen sprecht,
auch der finsteren Zeit,
der ihr entronnen seid.

Dabei wissen wir doch:
Auch der Hass gegen die Niedrigkeit
verzerrt die Züge.
Auch der Zorn über das Unrecht
macht die Stimme heiser. Ach wir,
die wir den Boden bereiten wollten für Freundlichkeit,
konnten selber nicht freundlich sein.

Ihr aber, wenn es so weit sein wird,
dass der Mensch dem Menschen ein Helfer ist,
gedenket unserer
mit Nachsicht.«

4.

»Man wird schlecht durch Leiden«

Kindheit, Jugend, Gesellschaft und Gewalt

Zur Kritik der antiautoritären Erziehung (1972/1973)

In den Rahmen der 1968er Jahre und der »antiautoritären Bewegung« gehört auch die »antiautoritäre Erziehung«. Zu dieser Zeit leben gleichfalls »klassische« Erziehungsansätze mit psychoanalytischen Anteilen wie die der Moskauerin Vera Schmidt aus den zwanziger Jahren oder des Briten Alexander S. Neill wieder auf.

Die »antiautoritäre Erziehung« muss in engem Zusammenhang mit der studentischen Protestbewegung der ausgehenden 60er Jahre und der seinerzeitigen Entwicklung der »Linken« betrachtet werden. Die damaligen Unruhen basieren auf der Analyse und Erkenntnis gesellschaftlicher Widersprüche und Konflikte, die eine »selbstzufriedene, opportunistische und risikoscheue Gesellschaft, die seit Jahren an einem unterentwickelten Problembewusstsein, an sozio-ökonomischer und politischer Kurzsichtigkeit« (Baumann/Grossmann 1969, S. 137) leidet, bis dahin zu verschleiern und zu harmonisieren versucht. Schon sehr früh (1968) verwandelt sich die »antiautoritäre Bewegung«, Hauptträgerin der antiautoritären Erziehung, in eine »sozialistische Bewegung« (von Werder 1972, S. 13ff.). Aus dieser »sozialistischen« Perspektive ist dann die antiautoritäre Erziehung »nur noch eine Erfindung des kleinbürgerlichen Intellektuellen, geboren aus seinem Konflikt, den er in unserer Gesellschaft durchstehen muss, den Konflikt mit den Autoritäten« (Breiteneicher et al. 1971, S. 125).

Zur Kategorie der »ersten antiautoritären Phase« lassen sich rechnen: die »Kommune 2« in Berlin, die »Kinderschule Frankfurt« und der »Psychoanalytische Kindergarten Berlin«. Alle übrigen »Kinderläden« machten den Wandlungsprozess zur sozialistischen Bewegung mit. Mit anderen Worten: Die Erziehung wurde stärker »politisiert«. Da jede Erziehung ein »politischer Akt« ist, kann man auch sagen: stärker »ideologisiert«. »Das antiautoritäre Konzept musste neu diskutiert werden im Hinblick auf die strategische Bedeutung innerhalb der Gesamtstrategie der sozialistischen Bewegung« (ebd., S. 123). Eindeutig drückt es ein Autorenkollektiv aus: Es »gilt, zu einer politischeren Erziehung überzugehen, die zum Angriff auf dieses System befähigt« (Sadoun et al. 1970, S. 221). Bei der »sozialistischen Erziehung« geht es nicht mehr um:

> »1. Ich-Stärke und Autonomie durch das Kollektiv als Korrektiv bereits manifester Milieuschäden, 2. Kritik- und Widerstandsfähigkeit innerhalb der Widersprüchlichkeit der Gesellschaft, 3. Vermittlung freier Triebbefriedigung mit intensiver sinnlicher und intellektueller Erfahrung und Auseinandersetzung mit der Umwelt [...], also auch um Realitätstüchtigkeit und Anerkennung der objektiven Notwendigkeit« (Breiteneicher et al. 1971, S. 120).

Sondern: »Erziehung muss als Teil der Wiederaufnahme des Klassenkampfes begriffen werden« (von Werder 1972, S. 14), damit wird sie »revolutionär«. In diesem Sinne sind auch die Thesen der *Roten Presse Korrespondenz* zu verstehen: »Revolutionäre Erziehung muss auf Kindermassenerziehung aus sein [...]. Sie muss eine Kinderbewegung sein«, »Revolutionäre Erziehung muss zum Klassenbewusstsein, zur revolutionären Praxis führen, nicht zur Ich-Autonomie, nicht zum kritischen Bewusstsein« (zit. n. ebd., S. 14)! Diese Erziehung, die im Rahmen der weiteren Wandlung von der »sozialistischen« zur »proletarischen« Erziehung immer mehr unter das »politische Primat« (Sadoun et al. 1970, S. 235) gestellt wird, d.h. einer Ideologie den Vorrang vor allem anderen gibt, ist somit undemokratisch und inhuman. Sie maßt sich an, eine endgültige »Wahrheit« erkannt zu haben, die sie dem Individuum unhinterfragt und kritiklos aufzwingt, ohne Raum für eine persönliche Entscheidung zu lassen. Diese Erziehung ist nicht nur »autoritär«, sie ist »totalitär«. Zutreffend spricht Brezinka (1972, S. 18) diesbezüglich von der »Erziehungsdiktatur«.

Einleitung

Als ich 1971 im Rahmen meiner psychologischen Diplomarbeit mit Vorüberlegungen zu dem Thema begann, waren außer einer Reihe von Aufsätzen, die sich mit bestimmten Aspekten der antiautoritären Erziehung beschäftigen (u.a. Beutler 1970; Bleistein 1971a, 1971b; Deissler 1971; Hart 1971; Oswald 1971; Wudtke 1970) und dem Buch von Kemmler und Grigat (1971), keine wissenschaftlichen Auseinandersetzungen mit der antiautoritären Erziehung erschienen. Dagegen wurde in Publikationsorganen, entsprechend der jeweiligen Couleur, und an der »Erziehungsfront« in Vorträgen und Elterngruppen heftig und voller Emotionen um den Sinn und Unsinn der antiautoritären Erziehung gestritten.

»Man kann Angst durch die Auseinandersetzung mit der realen Bedrohung bestehen oder aber mit imaginären Ritualien« (A. Mitscherlich 1970a, S. 17). Letzteres wurde und wird in weiten Kreisen mit der antiautoritären Erziehung praktiziert; so ist der Begriff selbst zum »Schlagwort« geworden (Bleistein 1971a). Jedes Schlagwort aber ist »eine Denkhemmung, denn es suggeriert, Weiterdenken sei nicht erlaubt. Es weckt Klischees, Vorurteile, dogmatische Fixierungen, seelische Zustimmung oder emotionale Abwehr, entsprechend der starren Indoktrination oder des modischen Standards« (ebd., S. 178).

Meine Arbeit richtet sich damit zunächst einmal gegen unsachliche, vereinseitigende und simplifizierende Darstellungen von Befürwortern und Gegnern der antiautoritären Erziehung, kommen sie von »Rechts« oder von »Links«. Die einseitige nur negative beziehungsweise nur positive Betrachtung antiautoritärer Erziehungstheorien und -praktiken auch in Presse und Fernsehen hat viele Eltern und Erzieher nicht empfänglicher für pädagogische Fragestellungen, sondern überempfindlich werden lassen.

Die Erziehungsunsicherheit ist zu einer »kollektiven Identitätskrise im pädagogischen Bereich« geworden, die die existenzielle Identitätskrise des modernen Menschen nur verstärkt: »Das allgemeine Leiden ist die Entfremdung von sich selbst, von den Mitmenschen und von der Natur; das Bewusstsein, dass uns das Leben wie Sand durch die Finger läuft, dass wir sterben werden, ohne gelebt zu haben« (Fromm 1972, S. 111f.). Oder wie Alex Comfort (1968, S. 41) es ausdrückt: »Eingezwängt, aber einsam, technisch fortgeschritten, aber persönlich unsicher, einem komplizierten System institutioneller Ordnungen unterworfen, aber ohne eigene Verantwortung und verwirrt aus Mangel an Bestätigung durch die Gemeinschaft. Das ist der heutige Mensch.«

Das Dilemma des Erziehers besteht darin, den Zögling in diese Umwelt hineinführen und ihn gleichzeitig gegen sie immunisieren, ihn zu ihrer Veränderung befähigen zu müssen. Der Begriff »Kritik« ist gewöhnlich »negativ«

besetzt und mit der Tendenz verbunden, das Kritisierte abzuwerten und abzulehnen. Hier soll er – in Anlehnung an das griechische Wort »krinein« – im Sinne von Abwägung und Entscheidung gebraucht werden. Die Analyse und Gewichtung von Modellen und Theorien setzt Kriterien, Maßstäbe für derartige Entscheidungen voraus. Die »marxistische Theorie«, sofern man summarisch von ihr sprechen kann, ohne ihre vielfältigen Erscheinungsformen zu übersehen, behauptet von sich, sowohl inhaltlich als auch formal, d. h. in ihren Methoden, dem Subjekt Mensch entsprechende Wissenschaft zu verwirklichen; ihr Standpunkt ist »absolutistisch«. – Ich glaube nicht, dass das gesellschaftlich geprägte Individuum, sei die Gesellschaft nun sozialistisch, demokratisch oder in anderer Weise gestaltet, zur Formulierung absoluter »Wahrheiten« fähig ist – und das gilt auch für den Wissenschaftler. Außerdem bedeutet jeder wissenschaftliche Absolutismus die Verhinderung wissenschaftlicher Veränderung und wissenschaftlichen Fortschritts.

Die Kriterien, an denen hier die antiautoritäre Erziehung gewichtet werden soll, stellen keine Erkenntnisse dar, die 100%ig sicher sind. Die Ergebnisse, seien sie empirischer oder nichtempirischer Natur – beide sind Bestandteile eines ganzheitlichen Erkenntnisspektrums –, stellen »vorläufige Endpunkte« von Experimenten, Beobachtungen und Überlegungen dar. Sie besitzen eine gewisse Wahrscheinlichkeit ihres Bezuges zur Erziehungswirklichkeit. Morgen aber schon können durch die Gesellschafts- und Wissenschaftsentwicklung ganz andere Dinge in den Vordergrund gestellt werden. Was nur zu leisten ist, ist eine »vorläufige Kategorisierung« (im Sinne einer sprachlichen Benennung) bestimmter Aspekte der Erziehungswirklichkeit unter einem spezifischen Blickwinkel, nämlich der subjektiven Perspektive des Autors.

Ähnlich wie Günter Bittner (1971b) an den Anfang seines »Nachrufes« auf die antiautoritäre Erziehung ein Bekenntnis zu den Zielen der studentischen Protestbewegung stellt, soll hier die Position des Autors mit einem Bekenntnis zu einem übergeordneten Ziel der antiautoritären Erziehung markiert werden: einem Bekenntnis zur »Befreiung des Menschen aus der Selbstentfremdung«, zur Selbstverwirklichung, zur »Identität«, d. h. zur vollen Fähigkeit, »Ich« sagen zu können, um »Du« sagen zu können, oder wie Roman Bleistein (1971b, S. 391) es formuliert: »einen Menschen hervorzubringen, der aufgrund seines gestärkten Ich von den irrationalen Zwängen und Ansprüchen einer Gruppe, einer Produktionsgemeinschaft, eines Staatswesens, einer Religion befreit ist, und nicht zuletzt auch aufgrund der Kontrolle über die Triebansprüche von innen jederzeit zu einer unabhängigen Entscheidung findet«.

Nach Ansicht des Autors ist die »Erziehung zur Identität«, die »Erziehung zur Authentizität« (vgl. De Witt Button 1969), die hier der Erziehung zur Entfremdung gegenübergestellt werden soll, nicht auf revolutionärem Wege einführbar, sondern nur durch eine »gewaltfreie Veränderung« der Gesellschaft, d.h. durch Veränderung zu einem humanitäreren, sozialeren und demokratischeren System, zu erreichen.

Es soll Anliegen dieses Beitrages sein, »konstruktive Kritik« zu leisten, deshalb ist es das Bestreben des Autors gewesen, möglichst positiv zu argumentieren und damit die bloße Verneinung zu überwinden. Jeder aufgeschlossene Leser kann die negativen Aspekte der antiautoritären Erziehung selbst erkennen. Insofern sollen meine Überlegungen nicht mehr als ein Diskussionsbeitrag sein und vor allem Anregung zur selbstständigen Weiterarbeit vermitteln. Diesen einleitenden Abschnitt abschließen möchte ich mit einigen Gedanken des Philosophen Khalil Gibran (1973), der in poetischer Form die Beziehung zwischen Erwachsenen und Kindern zum Ausdruck bringt, die wesentlich auch meinen Überlegungen zugrunde liegt:

> »Your children are not your children.
> They are the sons and the daughters of life's longing for itself.
> They come through you but not from you,
> and though they are with you, yet they belong not to you.
> You may give them your love but not your thoughts.
> For they have their own thoughts.
> You may house their bodies but not their souls,
> For their souls dwell in the house of tomorrow,
> which you cannot visit, not even in your dreams.
> You may strive to be like them,
> but seek not to make them like you.
> For life goes not backward nor tarries with yesterday« (Gibran 1973, S. 18f.).[13]

13 »Deine Kinder sind nicht deine Kinder. Sie sind die Söhne und Töchter der Sehnsucht des Lebens nach sich selbst. Sie kommen durch dich, aber nicht von dir, und obwohl sie bei dir sind, gehören sie dir nicht. Du kannst ihnen deine Liebe geben, aber nicht deine Gedanken, denn sie haben ihre eigenen Gedanken. Du kannst ihrem Körper ein Heim geben, aber nicht ihrer Seele, denn ihre Seele wohnt im Haus von morgen, das du nicht besuchen kannst, nicht einmal in deinen Träumen. Du kannst versuchen ihnen gleich zu sein, aber suche nicht, sie dir gleich zu machen. Denn das Leben geht nicht rückwärts und verweilt nicht beim Gestern.«

Das »sogenannte Gute«

Während der Beschäftigung mit einzelnen Modellen und Theorien der antiautoritären Erziehung zeigt es sich immer klarer, dass z. B. eine eindeutige Zuordnung bestimmter Konzepte zu bestimmten Erziehungsstilen nicht möglich ist. In je verschiedenem Maß stehen Aspekte »demokratischer Erziehung«, »emanzipatorischer Erziehung«, »nichtrepressiver Erziehung«, der »Laissez-faire-Erziehung«, »psychoanalytischer Erziehung«, »sozialistischer Erziehung« und »revolutionärer Erziehung« im Vordergrund der jeweiligen Erziehungskonzeption. Anstelle einer Systematisierung soll hier eine knappe historische Skizze die Einordnung der Modelle erleichtern.

Also kehren wir zunächst noch einmal zurück zu den Anfängen der »antiautoritären Erziehung«. Relativ einig war und ist man sich – zumindest theoretisch – einerseits in der grundlegenden Anti-Haltung gegenüber bestehenden Erziehungsvorstellungen, die als »unterdrückend« bzw. »autoritär« angesehen werden, und zum anderen in der Zielvorstellung einer »emanzipierenden« Erziehung. Sowohl die Bestimmung des Erziehungszieles (von »Glück« bis »sozialistische Lebensperspektive«) als auch die Methoden seiner Erreichung unterscheiden sich allerdings bei den verschiedenen Konzepten sehr.

Eine erste Leistung der antiautoritären Bewegung war es, dem scheinbar und vorgeblich konfliktfrei und reibungslos funktionierenden Gesellschafts- und Erziehungssystem der BRD die Maske der Wohlstandsharmonie und unreflektierten Selbstgefälligkeit abzureißen. Durch gezielte provokatorische Verbreitung zum großen Teil wissenschaftlich längst bekannter pädagogischer, psychologischer und psychoanalytischer Erkenntnisse, die allerdings zum Teil so ausgewählt (vgl. Bittner 1971b) und dadurch verzerrt wurden, dass sie in den Rahmen der eigenen Ideologie passten, wurde der große Mangel und Nachholbedarf an pädagogischer Bildung im Nachkriegsdeutschland aufgedeckt, wie auch Anzahl und Auflagenziffern der seitdem erschienenen pädagogischen Literatur andeuten.

Im Folgenden sollen nun einige konkrete, im Wesentlichen positive Ansätze der antiautoritären Erziehung diskutiert werden.

Die Respektierung der individuellen Persönlichkeit des Kindes, die *Achtung vor dem Kind* (Korczak 1928) wird klar ausgesprochen. Die Individualität soll erhalten und gefördert werden, indem man eine übermäßige Bindung (Fixierung) an die Eltern verhindert. Dazu sollen das Kinderkollektiv und die Erziehung außerhalb der Familie dienen. »Entfremdung« von den Eltern nennt Bleistein (1971b, S. 396) kritisch diese Form der Sozialisation. Verhinderung von »Fixierung«, d.h. einer anomalen Bindung an die Eltern ist sicher sinnvoll. Ob allerdings die Methoden der antiautoritären Erziehung nicht zum Teil eine »Fixierung an das Kollektiv« beziehungsweise eine Fixierung an eine Außenleitung (Riesman 1958), wie sie z.B. eine Ideologie darstellt, begünstigen, bleibe dahingestellt. Zum anderen ist es sicher berechtigt, zu fragen, ob die Verweigerung der Eltern-Kind-Beziehung nicht auch begründet sein kann in der unbewussten Angst vor der eigenen elterlichen Fixierung an die Kinder und der damit verbundenen Angst, sich eines Tages von diesen Liebesobjekten trennen zu müssen. Das aber würde bedeuten, dass es sich um ein epochalpsychologisches personales, aber nicht institutionelles Problem handelt, d.h., dass die Selbstständigkeit der Kinder nicht durch die Familie als Institution, sondern durch die Personen, die sie bilden, verhindert oder gefördert wird.

Nicht nur über die Persönlichkeit des zu Erziehenden, sondern auch über die des Erziehers macht die antiautoritäre Erziehung bedeutsame Aussagen. Stark betont wird die »Selbsterziehung« des Erziehers. Das bedeutet ein Sensibelwerden des Erwachsenen, »Erfahrungsfähigkeit gegenüber sich selbst«, wie Horn (1970, S. 11) es nennt, Selbstreflexion und Selbstkritik. Auch dass sich diese Selbstanalyse nicht nur auf »bewusste« Aspekte der Erzieherpersönlichkeit richten kann, wird zum Teil erkannt. Es bleibt allerdings die Frage, wie weit Eltern- oder Erziehergruppen in der Selbstanalyse ohne Gruppenkorrektiv, z.B. durch einen Gruppendynamiker oder Gruppentherapeuten, Erfolg haben können. Fraglich ist auch, wie ohne solche Fachleute, bei zumindest nicht auszuschließenden neurotischen Tendenzen einzelner Gruppenmitglieder, eine dynamische Veränderung möglich ist, die dann auch in der pädagogischen Arbeit fruchtbar gemacht werden kann. Die »Kommune 2« z.B. schaffte das nicht (vgl. Bookhagen u.a. 1969).

Problematisch wird die Erziehung des Erziehers in dem Moment, da die antiautoritäre Erziehung sich zur sozialistischen wandelt. Denn hier beginnt, zumindest in den Augen ihrer heutigen autoritären Verfechter, das Tabu, die Nichtmehrhinterfragbarkeit der marxistischen »Wahrheit«. Erziehung des Erziehers wird unter diesen Umständen zur ideologischen Beschränkung.

Im Gegensatz zum »Missverständnis« vieler ihrer Gegner setzt sich die antiautoritäre Erziehung sehr eindeutig von der »Laissez-faire-Erziehung« ab. In fast allen Konzepten wird betont, dass erst ein »stabiler Bezugsrahmen« den größtmöglichen Erfahrungsfreiraum begründet. Die »Beteiligung« der Kinder an der Schaffung und Gestaltung des Ordnungsrahmens erleichtert es ihnen, sich mit einer solchen Ordnung zu identifizieren, die ihnen dann nicht mehr einfach von den Erwachsenen aufgenötigt wird.

Die sonst gewährte »Selbstregulierung« der Kindergruppe verlangt da ein Eingreifen des Erwachsenen, wo körperlich oder seelisch benachteiligte Kinder unterdrückt werden, d.h. beispielsweise zu Aggressionsobjekten, zum Sündenbock werden. Dies wird nicht in allen Konzepten ausgesprochen – wird es verwirklicht? Eine grenzenlose Selbstregulierung in diesem Bereich würde möglicherweise dazu führen, dass das »Recht des Stärkeren« sich durchsetzt. Hier ist schon in der Kindergruppe bzw. gerade dort ein begründeter und den Kindern auch erklärter »Minderheitenschutz« für Schwächere notwendig. Sonst ist ein Erziehungsziel wie »Solidarität« wohl nicht erreichbar.

Die Bedeutung der Erziehungspersonen besteht darin, kindliche Aktivitäten anzuregen und als Objekte der Konfliktaustragung zur Verfügung zu stehen. Wie jedoch veröffentlichte praktische Beispiele zeigen, besteht bei der antiautoritären Erziehung zwischen dem angestrebten Verhalten der Erzieher und dem verwirklichten eine ebensolche »Theorie-Praxis-Diskrepanz« wie z.B. bei der herkömmlichen, sogenannten »freiheitlich-demokratischen« auch. Das Besondere der antiautoritären Erziehung besteht nur darin, dass über ihre Praxis »kritisch gesprochen« wird und Veröffentlichungen gemacht werden. So beleuchtet Bittner (1971b) an mehreren Beispielen, wie das erstrebte Erziehungsziel der Vermittlung des Realitätsprinzips offensichtlich missglückt, ohne dass dies der Erzieherin oder den Berichterstattern bewusst wird.

Von der antiautoritären Erziehung wird eine umfassendere Entfaltung des Kindes als herkömmlich angestrebt. Besonderer Wert wird auf »Neugier- und Spontaneitätsförderung« gelegt. Man muss allerdings fragen, ob diese weitere Entfaltung inhaltlich nicht z.T. zu sehr verstandesmäßig gesehen wird, ob nicht eine »Überschätzung des Intellekts«, des Bewusstzumachenden vorliegt. Zum Beispiel, wenn schon sehr kleinen Kindern die Bedeutung politischer Aktionen der Eltern und Erwachsenen »erklärt« wird. Kinder in ihrer Fantastik und ihrem oft eben nicht »vernünftigen« Realitätsbezug können leicht durch eine derartige rationale »Bewusstseinserweiterung« in ihrem späteren Realitätsbezug gestört werden (vgl. Bittner 1971a). Ebenso fragwürdig scheint die einseitige Forderung nach »bewusst« gemachter Erfahrung im sexuellen Bereich, die für eine freie und unbehinderte Triebentwicklung so wichtig sein soll. Gerade die von der antiautoritären Erziehung gern zitierte Psychoanalyse hat auf die fantastischen Begleiterscheinungen realer Erfahrungen (z. B. Wunschvorstellungen und Ängste) und die unabhängig von tatsächlichen Erlebnissen verlaufenden Fantasien des kindlichen und erwachsenen Individuums immer wieder hingewiesen (z. B. Wyatt 1971, S. 762). Darüber hinaus muss gefragt werden, ob die Aufhebung aller Intimitäts- und Schamgrenzen tatsächlich zu einer »befreiten Sexualität« führt. Gegen die Methoden der Sexualerziehung in der »Kommune 2« sind also insofern erhebliche Bedenken anzumelden.

Bedeutsam scheinen auch noch der Anspruch an das »Spielmaterial« und dessen Auswahl zu sein. Die alleinige Verwendung von Materialien aus der Erwachsenenwelt bzw. improvisierter Dinge als Spielzeug birgt einerseits natürlich die Chance, eine mystifizierte »Kinderwelt« zu überwinden. Andererseits birgt sie aber die Gefahr, dass z. B. die Austauschbarkeit und der geringe Wert der improvisierten Materialien keine festen Beziehungen zu diesen Spielobjekten zulassen und somit eventuell eine mangelnde Stabilität der Objektbeziehungen, d. h. der Bindungen an Menschen und Dinge, begünstigt. Damit aber wären die Kinder paradoxerweise nicht auf kritischen Konsum, sondern auf reibungsloses Funktionieren im Konsumprozess vorbereitet, der ja gerade von raschem Objektwechsel lebt. Immer wieder zeigt sich die Ambivalenz, die Doppelgesichtigkeit derartiger Erziehungsbemühungen, die z. T. den »Teufel mit dem Beelzebub« austreiben zu wollen scheinen. Auch Freyberg und Freyberg (1971, S. 161) weisen darauf hin, dass z. B. nichtrepressive Erziehung nicht grundsätzlich emanzipierend ist und damit zur Veränderung einer repressiven Gesellschaft beiträgt, sondern teilweise nur »eine Fortsetzung der repressiven Erziehung mit anderen Mitteln ist, Mitteln, die den gewandelten funktionalen Bedürfnissen weiterhin repressiver Gesellschaft angemessener sind als traditionelle Erziehungsmethoden«.

Wesentlich scheint auch noch zu sein, dass Erziehungskategorien wie Freiheit, Selbstständigkeit und Kritikfähigkeit z. T. durch bestimmte Axiome und Vorurteile der antiautoritären Erzieher und Eltern schon von vornherein inhaltlich festgelegt sind und mit dem herkömmlichen Begriffsverständnis nicht übereinstimmen. Berechtigt ist dazu allerdings der Gedanke von Wudtke (1970, S. 223), dass umgekehrt die linke Kritik den »schimärenhaften Begriff ›bürgerlicher Autonomie‹ (= privatistische Organisation des Subjekts)« begründet angreift.

Es bedarf also auf beiden Seiten eines kritischen Überdenkens und einer

Offenlegung der »Privatsprachen«, um überhaupt in eine kommunikative Auseinandersetzung zu kommen.

Die konkreten Ansätze der antiautoritären Erziehung stellen die gewohnten, traditionellen Erziehungsbahnen infrage. Damit bergen sie einerseits die Gefahr der Resignation und der Restauration sich dadurch überfordert Fühlender, andererseits aber auch die große Chance zu einer konstruktiven Veränderung des Erziehungswesens. Obgleich objektive Berichte über die antiautoritäre Erziehungspraxis fehlen und Langzeitbeobachtungen über die Erziehungswirkungen noch nicht möglich waren, können ihre Modelle und Theorien – und das scheint dem Autor ihre wichtigste Funktion zu sein – trotzdem Anreiz zur theoretischen und praktischen Auseinandersetzung mit dem Phänomen Erziehung bieten.

Ich-Identität

Im Folgenden soll zunächst in knapper Form das Persönlichkeitsmodell der Psychoanalyse dargestellt werden, das dem Diskurs des Autors wesentlich zugrunde liegt. Es soll dem Leser die Einordnung der Begriffe und ihren Zusammenhang verdeutlichen und erleichtern.

Die Persönlichkeit setzt sich im »Struktur-Modell« der Psychoanalyse aus drei sogenannten »Instanzen« zusammen: dem »Ich«, dem »Es« und dem »Über-Ich« (und »Ich-Ideal«) (siehe Abb. 1).

Im »Es« sind die Motivationskräfte des Menschen, die »Triebe« und Bedürfnisse und das vor dem Bewusstsein »Verdrängte« lokalisiert. Man nimmt zwei Haupttriebe an: die Sexualität und die Aggression. Das Verdrängte besteht aus zurückgedrängten Triebimpulsen, Gefühlen und Wahrnehmungsspuren. Die Funktionsweisen im Es sind die sogenannten »Primärprozesse«, d. h. das Fehlen von Raum- und Zeitperspektive, »fantastisches Denken«, Abwesenheit und Verleugnung alles Realen. Das Es strebt, ohne Rücksicht auf die wirklichen Möglichkeiten, nach Lustbefriedigung (»Lustprinzip«).

Das »Über-Ich« umfasst die während der Entwicklung verinnerlichten moralischen Forderungen, Vorschriften und Verbote der Umwelt. Es liegt in der Nähe der Gewissensfunktion. Das »Ich-Ideal« setzt sich aus den idealen Strebungen und Wertorientierungen zusammen.

Das »Ich« lässt sich als eine Art zentrales Steuerungs- und Kontrollorgan

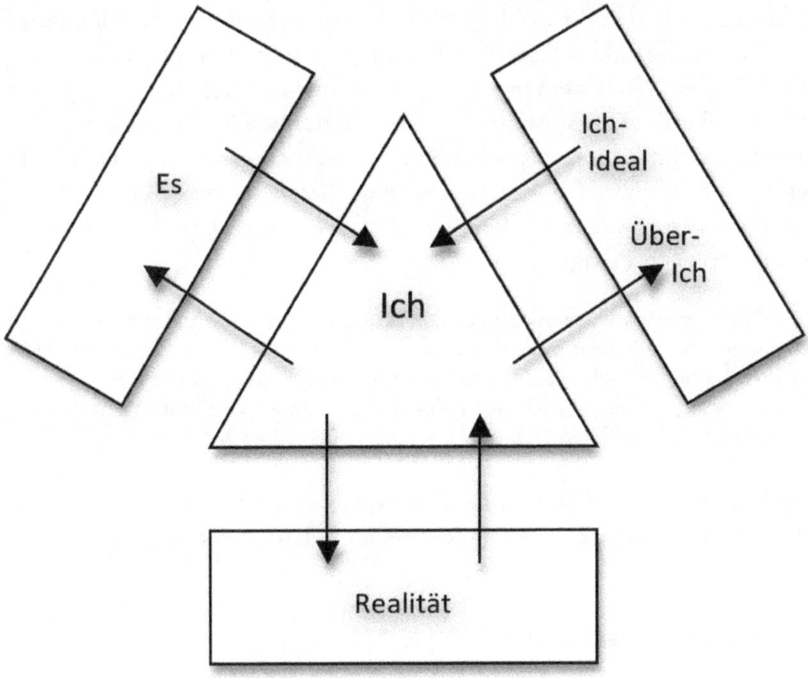

Abb. 1: Persönlichkeitsmodell der Psychoanalyse

verstehen. Es hat die Aufgabe der Vermittlung und Koordinierung zwischen den anderen Bereichen. Das Ich mit seinen Anpassungs- und Abwehrmechanismen ist die »Entscheidungs- und Handlungsinstanz«. »Eine Handlung des Ich ist dann korrekt, wenn sie gleichzeitig den Anforderungen des Es, des Über-Ich und der Realität genügt, also deren Ansprüche miteinander zu versöhnen weiß« (Freud 1940a, S. 69). Angestrebt wird in diesem Modell also immer ein Gleichgewicht zwischen den Instanzen und der Realität, eine »Homöostase«, wie der Fachausdruck heißt. Es ist einleuchtend, dass nur ein starkes und autonomes Ich eine symptomfreie Verarbeitung der Triebimpulse gewährleistet und Über-Ich und Ich-Ideal in gewissenhafter und schöpferischer Weise gerecht werden kann. Das bedeutet, dass das Ich nicht in bedingungsloser Abhängigkeit von Moral und Wertorientierungen steht, sondern so autonom ist, dass es im gegebenen Fall auch »gegen« die Forderungen des Über-Ich entscheiden kann bzw. diese einer Revision unterziehen können muss, im Sinne einer dynamischen und flexiblen Ethik. Schließlich erlaubt nur ein gesundes Ich eine befriedigende Selbstverwirklichung in der Gesellschaft.

Nach Reiche (1968) werden alle Ich-Funktionen im Rahmen der repressiven und kontrollierten »Entsublimierung« von denselben Mächten übernommen, die die Entsublimierung an die Individuen herantragen, nämlich den »Herrschenden«, es kommt zur »Außenleitung« (Riesman 1958). Die Gefahr der Entsublimierung wird ersichtlich, wenn man sich die Definition von »Sublimation« vergegenwärtigt:

> »Von Freud postulierter Vorgang zur Erklärung derjenigen menschlichen Handlungen, die scheinbar ohne Beziehung zur Sexualität sind, deren treibende Kraft aber der Sexualtrieb ist [...]. Der Trieb wird in dem Maße ›sublimiert‹ genannt, in dem er auf ein neues, nicht sexuelles Ziel abgelenkt wird und sich auf ein neues nicht sexuelles Objekt richtet« (Laplanche/Pontalis 1972, S. 478).

Die Sublimierung wird in der Psychoanalyse vor allem als eine Bedingung zu schöpferischer Tätigkeit und intellektuellen Leistungen angesehen.

Erziehung zur Kreativität

Das Ergebnis der Untersuchungen von Gallagher, Aschner und Jenne (1967, S. 46), »dass die intellektuelle Produktivität in der Schule direkt zu dem Stil, den Erwartungen und dem Reaktionsmuster des Lehrers in Beziehung steht«, lässt sich ohne Schwierigkeiten auf die Ebene der Eltern-Kind-Beziehung übertragen. Das bedeutet: Neben dem eigenen (vorgelebten) kreativen Verhalten müssen Eltern von ihren Kindern Kreativität »erwarten«, sie über diese Erwartung informieren (vgl. Landau 1969, S. 93) und kreatives Verhalten fördern und verstärken. Grundlegend notwendig ist die Schaffung eines sicheren emotionalen und kognitiven Hintergrunds, der dem Kind schöpferisches Handeln erst möglich macht und erleichtert.

Fasst man die menschliche Entwicklung unter dem Aspekt typischer phasenspezifischer Krisen und Konflikte und ihrer adäquaten oder inadäquaten (neurotischen) Lösungen (vgl. Erikson 1965, S. 241ff.; 1970, S. 55ff.) zusammen, so bilden die geglückten Konfliktlösungen die Grundlage eines stabilen Ich, das dann zu kreativem Verhalten fähig ist. Wohl nicht zufällig kennzeichnet Erikson (1970, S. 117) die Phase des Erwachsenenlebens durch den Begriff »Generativität«, zeugender Persönlichkeitszustand (der allerdings bei ihm noch über Kreativität und Produktivität hinausgeht). Die Erfahrungsoffenheit (Rogers' »openness to experience«) wird gefördert durch adäquate Stimulation und Anregung des Kindes. »Man soll es lehren, die Augen nicht nur zum Sehen, sondern zum Schauen, die Ohren nicht nur zum Hören, sondern zum aufmerksamen Horchen, die Hände nicht nur zum Greifen, sondern auch zum Tasten und Fühlen zu gebrauchen« (Landau 1969, S. 96). »Nur das *Unvollkommene* hat eine Chance, sich zu entwickeln«, schreibt die Schriftstellerin Christa Wolf (1972, S. 173; kursiv T. A.). Werden dem Kind Entwicklungsanreize verweigert, durch eine vollkommene Pflege, eine vollkommen ausgewogene Nahrung, ein vollkommenes Erziehungsprogramm etc. etc., so findet es gar keine Notwendigkeit zur Weiterentwicklung, es braucht das Bedürfnis dazu nicht zu entwickeln. Es kann der ewig gierige, ewig konsumierende, nimmersatte Säugling bleiben, äußerlich befriedigt, innerlich nie zu befriedigen. Ein solcher »Konsumbürger« aber ist unfähig, über das Gegenwärtige hinauszudenken oder zu handeln, unfähig zum lebendig-schöpferischen Sozialverhalten, unfähig zu produktiver Aktivität. – Die Devise kann deshalb nur lauten: »Konfrontation mit der Unvollkommenheit«. So ist es z. B. sicher langfristig sinnvoller, mit dem Kind »zusammen« ein wahrscheinlich unvollkommenes Spielzeug zu basteln und zu konstruieren, als ihm ein technisch perfektes, vollkommenes zu kaufen. Technische Perfektion kann niemals den gefühlsmäßigen und gemeinschaftsfördernden Effekt bewirken, wie das »Zusammenwerken« und »-wirken« an einer gemeinsamen Aufgabe, und die Freude über das Selbstgeschaffene aufwiegen. Nur das Unvollkommene reizt zur Auseinandersetzung, führt zum Versuch, durch schöpferische Aktivität Verbesserungen zu erreichen. »Unbefriedigte Wünsche sind die Triebkräfte der Phantasien, und jede einzelne Phantasie ist eine Wunscherfüllung, eine Korrektur der unbefriedigenden Wirklichkeit« (Freud 1908e, S. 216).

Da Wissen und eine breite Interessenbasis wesentliche Voraussetzungen kreativen Verhaltens sind (vgl. Ulmann 1970, S. 47, 124), muss dem Kind die Möglichkeit zum »Staunen« und zur »Betroffenheit« eröffnet werden. »Das Staunen des Kindes kennzeichnet den Beginn der Welterfahrung und Weltbegegnung« (Heinelt 1971, S. 190). Für den modernen Menschen gibt es oft kein Staunen mehr. Alles ist erklärbar geworden, logisch und vernünftig. Wunder gibt es nicht mehr. Für das Kind aber ist, wie Wolfgang Metzger (1962, S. 32) schreibt, »der Weg über das Wunder der sichere Weg zur Wirklichkeit«, denn »die Wirklichkeit ist eine organische Gesamterfahrung, bei der Bild und Wahrnehmung nicht klar geschieden sind« (Read 1968, S. 83). »Was wir für wirklich halten, oder wovon wir glauben, es sei in Wirklichkeit geschehen, ist eine Kombination von Phantasien mit Realitätserfahrung« (Arlow 1969, S. 890).

Autorität

Wenn man über Autorität spricht oder schreibt, kommt einem rasch das Wort »Autoritätskrise« in den Sinn. Mit Recht ist der Begriff »Autorität« mittlerweile fragwürdig geworden, da es sich bei ihm häufig nur noch um ein Zerrbild, einen Schatten des ursprünglichen Wortgebrauchs handelt. Allerdings steht man heute in der Gefahr, im Rahmen einer krankhaften »Autoritätsphobie« (Hilber 1971, S. 377) auch alle positiven Aspekte der Autorität mit auszumerzen. Im Gegensatz zu Beutler (1970) und Bittner (1971b) wird in dieser Arbeit von der Möglichkeit einer Unterscheidung zwischen »richtiger« und »falscher« Autorität ausgegangen.

Zur Begriffsbildung

»Autorität« beschreibt ein bestimmtes »Beziehungsverhältnis« zwischen Menschen (vgl. Langeveld 1969, S. 48). »Autorität« (vom lateinischen »auctoritas«) im Sinne einer Entschließungs- und Ratschlagsinstanz, einer »Vertrauensmacht« (Rüberg 1969, S. 156), muss von ihrer Fehlform, »Autoritarität« (im Lateinischen »potestas«) einer Machtinstanz, als verselbstständigte »Befehlsgewalt« unterschieden werden (Groothoff 1964, S. 78). Autorität als Beziehung ist wesentlich durch das Element der »Freiheit« und »Freiwilligkeit« gekennzeichnet. Horkheimer (1936, S. 7) bezeichnet Autorität in diesem Sinne als »bejahte Abhängigkeit«. Das bedeutet, dass Autorität kein fester Besitz, »keine Eigenschaft« (Schaller/Gräbenitz 1968, S. 75) einer Person ist, sondern ein immer neuer personaler Erwerb, indem einer dem anderen Vertrauen »schenkt« – und damit Anerkennung gewährt. Autorität ist deshalb grundlegend auf eine »Beziehung« angewiesen. »Autorität hat man immer nur für andere, Autorität kann man nur für andere werden« (ebd., S. 77; vgl. auch Zulliger 1961, S. 195). Unter einem spezifisch psychoanalytischen Aspekt bezeichnet Pohlen (1969, S. 764) »Autorität« als »das seiner Identität gewisse Selbstbewusstsein, während wir unter ›autoritär‹ eine ›Überkompensation‹ im Sinne zwanghaft phallischen Agierens verstehen müssen, d.h. eine Reaktionsbildung auf eine ihrer selbst nicht gewisse Identität«. Die Identität gewährt der Autorität die innere Freiheit zur Zurücknahme oder Änderung einer »autoritativen« (d.h. »positiv autoritären«) Entscheidung. Autorität ist damit nicht auf »einseitige Kommunikation« (A. Mitscherlich 1963, S. 161) abgestellt, sie ist von ihrem Wesen her »dialogisches« Geschehen, »Interaktion«. Während es »gegen Macht [...] nur Rebellion, Rückzug oder Kapitulation gibt« (Bernstein 1970, S. 121), ermöglicht die Autorität, »da sie per definitionem Rückkopplung erlaubt [...], einen größeren Entscheidungsbereich und dadurch mehrere Arten und Weisen des Einwandes« (vgl. auch Ruthe 1972, S. 45).

Neben der Möglichkeit zur Revision autoritativer Akte ist nach Szczesny (1971, S. 144) in der Demokratie die »Partialisierung der Kompetenzen« ein entscheidender Gesichtspunkt der Autorität. Begemann (1960) spricht im selben Sinne bezüglich der Familie von einer »Familiarisierung« der Autorität. Dieser Begriff umfasst zwei Aspekte. Einmal geht die Autorität auf alle Familienmitglieder über, »aber in je verschiedener Weise« (ebd., S. 39), d.h. alters- und entwicklungsspezifisch, andererseits entspringt die »familienautonome« (ebd., S. 38) Autorität »spontan dem Lebenszusammenhang der Gruppe selbst und tritt ihr nicht als Fremdinstanz gegenüber« (Begemann 1960, S. 39). Ruthes Begriff der »egalitären Autorität« (Ruthe 1972, S. 44) scheint dagegen gerade die Verschiedenheit in der Gleichberechtigung zu verschleiern.

Einen ähnlichen Gedanken wie die eben genannten Autoren entwickelt Margret Mead (1971, S. 27) mit ihrer Unterscheidung von »postfigurativen, kofigurativen und präfigurativen Kulturen«, wobei in der ersten die »Kinder primär von ihren Vorfahren lernen«, in der zweiten sowohl »Kinder wie Erwachsene von Ebenbürtigen lernen« und in der dritten »Erwachsene auch von ihren Kindern lernen«.

Autorität als Beziehung

Autorität und ihre Fehlform lassen sich durch die Art der Beziehung unterscheiden. Während Autorität »Partnerschaft« voraussetzt (Hastenteufel 1969, S. 90), ist das Kennzeichen der autoritären Beziehung der »Herrschaftszusammenhang« mit Unterdrückung, Zwang und Gewalt. Ziel der »gesunden« Autorität ist die »Mündigkeit« und »Selbstbestimmung« (Langeveld 1969, S. 44ff.) des Gegenübers, der »Ich-Gehorsam« (A. Mitscherlich 1963, S. 300). Autorität kommt nicht aus dem Amt oder der Funktion, sondern aus dem personalen Sein ihres Trägers. »Sie führt nicht zur sklavischen Nachahmung oder zum blinden formellen ›Gehorsam‹, sondern zur einsichtigen Zusage oder Absage, jedenfalls zur partnerschaftlichen Auseinandersetzung, die – so oder so – der Selbstverwirklichung dient« (Hastenteufel 1969, S. 90). Das bedeutet: Die Beziehung oder Bindung an die Autorität muss die Freiheit zur Nichtbindung einschließen. »Um folgen zu können, muss man unfolgsam sein können« (A. Mitscherlich 1963, S. 43). Der Autoritätsbezug ist also immer ein »Spannungsverhältnis« zwischen der Anerkennung der Autorität und dem Bedürfnis nach Selbstbestimmung (vgl. Langeveld 1969, S. 48). Eine grundlegende Voraussetzung der Autoritätsbeziehung, wie auch jeder anderen Beziehung, ist das »Vertrauen«. Vertrauen setzt Aufrichtigkeit voraus. »Niemand hat mehr Autorität, als er an Normen selbst verwirklicht« (Langeveld 1969, S. 49). Bedenken sollte man jedoch auch die Norm, dass man die Freiheit hat, gegen Normen zu verstoßen, die »Freiheit, Fehler zu machen«, eben weil man menschlich unvollkommen ist. In der Identifizierung mit Vorbildfiguren muss deren eigenes Bemühen um Erkenntnis, deren eigene Einsicht in die Fehlbarkeit und ihre Aufrichtigkeit vor den Zweifeln, die uns nicht erspart bleiben, nahe erlebt werden, um nahegehen zu können (A. Mitscherlich 1963, S. 303). Sind die Eltern bereit, den Kindern auch zu vermitteln, dass sie »versuchen«, richtig zu handeln (Oraison 1963, S. 73), so ist es für das Kind sicher leichter, die »schwerste Erschütterung im kindlichen Leben« zu ertragen, »wenn es allmählich sieht, dass die Eltern in Wirklichkeit den eigenen Anforderungen nur wenig entsprechen« (Fromm 1936, S. 35; vgl. auch A. Balint 1966, S. 107ff.). Anerkennung von Autorität ist »echter« Gehorsam (Langeveld 1969, S. 41). »Von der Seite des Zöglings ist die Antwort entscheidend, die auf jene Motive und das Dasein der Autorität gegeben wird« (Flitner 1968, S. 82).

Autorität als Prozess

Von Natur aus ist das Verhältnis zwischen Kind und Erwachsenen, zwischen Zögling und Erzieher »ungleich«, asymmetrisch. Beide sind Subjekte mit dem

Recht auf Individualität; aber der Ältere hat eben seinen altersgemäßen Erfahrungsbereich, seine Geschichte, dem jüngeren voraus. Von hier aus kann man das Ziel des Erziehungsprozesses als die »Aufhebung der Asymmetrie« definieren, es geht um die »Erziehung zur Mündigkeit« (Adorno 1972). Die Entwicklung der Autorität ist im Grunde ein paradoxer Vorgang. Autorität muss einerseits durch den erzieherischen Bezug erst und immer wieder neu gewonnen werden (vgl. Schaller/Gräbenitz 1968, S. 79), andererseits muss sie sich im Verlauf des Entwicklungsprozesses immer mehr überflüssig machen. Becker (1972, S. 140) fasst diese Spannung so zusammen: »dass natürlich der Ablösungsprozess von dieser Autorität notwendig ist, dass aber die Identitätsfindung ohne die Begegnung mit der Autorität nicht möglich ist«. Der Säugling und das kleine Kind sind unbedingt auf Autorität im Sinne einer »Schutzmacht« angewiesen. Diese frühe Autorität wird vom Kind »blind« angenommen (Werner 1959, S. 339) und in der Fantasie noch vergrößert, denn das Kind in seiner »mitgebrachten Autoritätsbedürftigkeit« (Klein 1919, S. 47) »hungert nach Autoritäten, die es bewundern und an denen es, indem es sie sich als Vorbild nimmt, sein Ich gestalten, ausbauen und ihnen in seiner Schwäche vertrauen kann« (Zulliger 1961, S. 188; vgl. auch Fromm 1936, S. 27). Mit der und zur eigenen Ich-Stärkung aber ist eine allmähliche »altersgemäße Lösung« von der Autorität notwendig, insbesondere von der (fantasierten) »allmächtigen« Autorität (vgl. Klein 1919, S. 40), die verinnerlicht auch eine Verkennung der eigenen kindlichen Realität und Möglichkeiten begünstigt und deshalb einer Relativierung bedarf. »Wie das Kind sich dieser Autorität gegenüber verhalten – ob es sich ihr bedingungslos beugen, sich gegen sie auflehnen oder sich möglichst unbehindert davon entwickeln kann –, wird somit bestimmend für seine spätere Einstellung jeder Autorität gegenüber« (ebd., S. 45). Das bedeutet aber, dass nur das Kind fähig wird, späterer Autorität gegenüber kritisch zu bleiben und sich notfalls gegen sie zu stellen, das dies gelernt hat, dessen Eltern sich in ihrer Autorität infrage stellen ließen. »Wirkliche Liebe will dem Kind zu eigener Entfaltung, zur Verwirklichung seines eigenen Wesens verhelfen. Alles andere dient dem Egoismus der Eltern« (Künzel 1969, S. 23). Genauso aber ist »autoritätsbestimmtes Gebaren« aufseiten des Kindes »immer ein Zeichen egozentrischen Verhaltens; denn blinder Gehorsam ist von ausschließlich personalen Zielen, der Vermeidung von Unlust und der Gewinnung des Lustvollen gesteuert« (Werner 1959, S. 339). »Echte« Subjektivität und Intersubjektivität bedarf also der Ersetzung des blinden, unkritischen Gehorsams durch »reflektierte, bejahte Abhängigkeit«.

Erziehung durch Autorität – Pädagogische Konsequenzen

Autorität als »Prozess«, als Beziehungsverhältnis, ist kurz gesagt durch die Freiwilligkeit ihrer Annahme, die Partialisierung ihrer Kompetenzen und die Falsibilität und damit Reversibilität ihrer Entscheidungen gekennzeichnet. Die Entwicklung der Autorität lässt sich als paradoxes Geschehen beschreiben: Im Aufbau ist zugleich der Abbau einbegriffen. Die Aufgabe der Autorität ist »paradox-funktional« (Claessens 1962): Sie ist einerseits ein Anpassungsorgan und andererseits gleichzeitig ein Widerstandsorgan. Die Notwendigkeit der Autorität lässt sich aus ihren Funktionen ableiten. Man kann vier wichtige unterscheiden: 1. als Hilfs-Ich, 2. als Identifikationsobjekt, 3. als Konfliktobjekt, 4. als Ablösungsobjekt (als Objekt der Erkenntnis, der Verkleinerung von Allmachtsfantasien). Angesichts dieses vielfältigen Aufgabenkomplexes der Autorität wird der Satz Horkheimers (1936, S. 13) verständlich: »Die grundsätzlich antiautoritäre Haltung des Anarchisten ist [...] eine Übertreibung des bürgerlichen Selbstbewusstseins von der eigenen Freiheit.« Wichtig ist die »Demokratisierung«, die »Familiarisierung« der Autorität. Mit anderen Worten, dass mit der Entwicklung des Kindes von der Heteronomie zur »Autonomie« gleichzeitig mit dem Zuwachs an kindlicher ein Abbau an elterlicher Autorität einhergeht. Die Autorität muss sich selbst infrage stellen können, um dem Heranwachsenden zu helfen, die Sozialisationsmechanismen zunächst innerhalb der Familie und dann innerhalb des größeren sozialen Systems, denen er fortwährend unterliegt, kritisch durchschauen zu können. Genauso schädlich wie eine »autoritäre« ist die »Laissez-faire Erziehung«, die nicht einmal die Möglichkeit zur Auseinandersetzung und damit zur Ich-Definierung bietet. Mit psychoanalytischen Beschreibungskategorien lässt sich die »autoritäre Erziehung« als pathogen in dem Sinne beschreiben, dass sie ein »überstarkes Über-Ich« erzeugt und dementsprechend die Ich-Funktionen und die Genussfähigkeit beeinträchtigt. Die »Laissez-faire-Erziehung« kann ein »krankhaftes Übergewicht des Es« begünstigen, das eine Ich- und eine Über-Ich-Schwäche mit einschließt. Der »Erziehung zur Identität« allein gelingt die Überwindung der Selbstentfremdung, sei sie in Richtung der Triebhaftigkeit, sei sie im Sinne einer Außenleitung. Sie allein begründet ein »starkes Ich«, das zu einem gesunden Ausgleich und konstruktiver Integration der verschiedenen Anforderungen, die an den Menschen von innen und von außen gestellt werden, befähigt ist. »Jede extreme Erziehung ist im Grunde intolerant und damit repressiv« (Eibl-Eibesfeld 1970, S. 268). Man sollte sich nämlich bewusst sein,

> »dass passives Verhalten der Erzieher ebenso ein ›Eingriff‹ [ist], wie aktives, Nicht-Aufklärung ebenso wie Aufklärung, Nicht-Deuten ebenso wie Deuten, Nicht-Verbieten ebenso wie Verbieten usw. Kurz gesagt: Was man die natürliche Entwicklung oder Erziehung des Kindes nennt, ist nur eine Falschmeldung für jene, die man für die richtige hält, das heißt aber, die man positiv bewertet« (Hartmann 1960, S. 145).

Das sogenannte Bessere – oder: Von der Freiheit, Fehler zu machen

Dieser letzte Abschnitt soll den »Grenzen der Erziehung« gewidmet sein – und den Grenzen des Redens über Erziehung. In einem räumlichen Vorstellungsmodell kann man eine »obere« und eine »untere« Grenze der Erziehbarkeit setzen. Die obere besteht einmal darin, dass das Individuum nicht total erziehbar oder klarer: dressierbar ist, und andererseits darin, dass jeder Erzieher selbst begrenzt ist. Die untere Grenze bilden die Erziehungsakte, die für eine »menschliche« Entwicklung unabdingbar notwendig sind. Die Erziehungsakte beziehen sich auf vier – nach Ansicht des Autors unumgänglich zu fördernde – Dimensionen der Persönlichkeit, die hier unter den »Vier S«, nämlich »Sicherheit«, »Sprachfähigkeit«, »Selbstsein« und »Solidarität«, zusammengefasst werden sollen. Wesentlich für die Entwicklung und Entfaltung dieser Persönlichkeitsbereiche sind die grundlegenden Fähigkeiten der Differenzierung und Unterscheidung, der Strukturierung, Integration und der zur Synthese.

Die genannten Grenzen der Erziehung bilden einen stabilisierenden, relativ abstrakten Rahmen, innerhalb dessen optimale Freiheit und Spontaneität der Erzieher möglich wird. Solche Begriffe unterscheiden Erziehung als »schöpferisches Interaktionsgeschehen« zwischen in ihrer Verschiedenheit gleichberechtigten Partnern von einem bloß »methodischen Funktionszusammenhang«, wie sie zum Teil Tendenzen der Vorschulerziehung und des frühkindlichen Intelligenz- und Kreativitätstrainings begreifen. Wichtiger als die Erziehung nach den neuesten »wissenschaftlichen« Erkenntnissen und mit dem neuesten »pädagogisch und psychologisch geprüften« Spiel- und Lernmaterial ist die Erziehung durch »Verstehen« und »Begegnung«. Die aufmerksame Beobachtung kindlicher Verhaltens- und Erlebensäußerungen, deren Analyse und der Versuch des Miterlebens ermöglichen eine »begleitende Erziehung«. Es gilt so, »die bestmöglichen Reifungsvoraussetzungen zu schaffen, damit dem einzelnen Menschen als Person, in eigener Verantwortlichkeit, die ihm vorgegebenen Möglichkeiten auch verfügbar werden« (W. Auchter 1966, S. 333). Dies wird vornehmlich »durch die erlebten Vorbilder und den erlebten unbewussten und bewussten affektiven Austausch in einer Ehe und Familie erreicht« (ebd.).

Erziehung ist ein Prozessgeschehen zwischen zwei Menschen, ein »dialogisches Verhältnis« (Bittner/Rehm 1966), das durch bewusste und unbewusste »wechselseitige Regulation« (Erikson 1965) bestimmt ist. Das Erziehungsverhältnis, wie jedes Beziehungsverhältnis, ist ein »Konfliktverhältnis«, das in ständiger Abgrenzungs- und Versöhnungsarbeit (Stierlin 1971), Anpassung und Widerstand besteht. Wesentlich für den Erziehungsprozess ist die Dialektik zwischen dem gleichzeitigen Aufbau einer »Bindung« zwischen Erzieher und Kind als Voraussetzung zum Lernen (vgl. Brocher 1967, S. 21) und zur Identifizierung mit dem Vorbild und der »Ablösung« des Kindes vom Erzieher als Voraussetzung zur Selbstständigkeit (Freud 1910a, S. 51). Die Verleugnung dieser Dialektik, z.B. durch eine ungebrochene »Anti-Autorität«, führt genau zu dem »eindimensionalen Menschen« (Marcuse 1966), zu dessen Überwindung die antiautoritäre Erziehung eigentlich angetreten ist. Soll die Beziehung »herrschaftsfreien« Charakter besitzen, so ist »gegenseitige Achtung« der Partner vonnöten. Dass Kinder ihre Eltern achten (müssen), ist eine Selbstverständlichkeit. Erst Janus Korczak (1928) machte das »Recht des Kindes auf Achtung« bewusst, d.h., dass jedes Kind in seiner individuellen Persönlichkeit bejaht, angenommen und ernst genommen werden sollte. Nicht nur das Kind muss sich an seine Familie anpassen, sondern auch die Familie hat sich an das Kind anzupassen (Ferenczi 1927). Wie jedoch Hartmut von Hentig (*FAZ* 02.10.1972) ausführt, ist in der BRD das Erziehungsverhältnis eher als »ungleicher Krieg zwischen Erwachsenen und Kindern« zu charakterisieren. Durch die ungleiche Machtverteilung der widerstreitenden Parteien kommt der Krieg allerdings nie zum offenen Austrag. Deswegen rächt sich jede neue

Elterngeneration dann wieder an ihren Kindern für die erlittene Unbill und reproduziert so fortdauernd die Gewalt. Die »Magna Charta« von Janus Korczak (1919) gegen die fortwährende Neuschaffung der Friedlosigkeit lautet: »Das Recht des Kindes auf seinen Tod, das Recht des Kindes auf den heutigen Tag, das Recht des Kindes, so zu sein, wie es ist« (zit. n. von Hentig 1972). Dies ist eine erste »obere« Grenze der Erziehbarkeit. Doch nicht nur durch die Person des Kindes, sondern auch durch die Persönlichkeit des Erziehers werden der Erziehung Grenzen gesetzt.

Jeder Erzieher bringt seine persönliche Entwicklungs- und Erziehungsgeschichte in den pädagogischen Prozess mit ein. Gute und schlechte Erfahrungen, Erfolge und Misserfolge, Narben des Schmerzes und Augenblicke des Glücks und der Freude, all diese lebensgeschichtlichen Erlebnisse und Erinnerungen gehen bewusst oder unbewusst in das Erziehungsgeschehen mit ein. Erzieher sind mit dem Scheitern und den Fehlern ihrer Eltern und Erzieher konfrontiert worden und haben selbst ein »Recht auf Schwächen, Fehler und Scheitern«, ohne dafür Angst und Schuldgefühle entwickeln zu müssen. Sie sollten sie sich und anderen zugestehen! Fehler zu begehen, ist das Risiko eines offenen Erziehungsverhältnisses, in dem es keine eindeutigen, eindimensionalen Ursache-Wirk-Zusammenhänge gibt, und das nicht einen direkten, »gleichsam mechanischen Zusammenhang« (Bittner 1967, S. 38) darstellt. »Wichtig ist vor allem, dass die Erzieher von der Begrenztheit ihres Wirkens überzeugt sind« (Oraison 1963, S. 32). Erzieher sind keine fertigen, keine in sich abgeschlossenen Wesen, und so sind Elternschaft und Erziehungsgeschehen als »Entwicklungsphasen« und »Reifungsprozesse« (Benedek 1960) anzusehen, mit allen Unabwägbarkeiten, damit aber auch allen Chancen. Die Annahme dieser Erkenntnis bedeutet für viele Erwachsene nicht nur eine Kränkung ihres Erwachsenenstatus, sondern auch eine Infragestellung ihrer (Schein-)Identität, die sie als »omnipotente« (Macht und Gewalt besitzen sie auf jeden Fall!) Erzieher ausweist. Die unbewusste Abwehr dieser Infragestellung, des Gedankens der Begrenztheit des Erziehers, dürfte zum einen eine Barriere gegen die Überwindung des pädagogischen Dilettantismus darstellen (denn: »Erziehen braucht man ja nicht zu lernen«). Andererseits dürfte sie die »Idealisierung der Methode« (Bittner 1971a, S. 424) begünstigen (denn: »eine wissenschaftliche Methode kann ja nicht fehlbar sein«). In einer Gesellschaft, die auf der einen Seite Leistung als das »sine qua non«, auf der anderen die Ablehnung jeglichen Leistungsprinzips als das Optimum anpreist (vgl. hierzu Schoeck 1972), ist eine »Leistungsidentität«, mit der Möglichkeit zum Leistungsnachweis, aber auch der Freiheit zum Scheitern nur schwer erreichbar. Es ist natürlich die Frage aufzuwerfen, ob Erziehung überhaupt an Leistungskriterien messbar ist bzw. wie solche beschaffen sein müssen. Wenn Identität immer auch das Ertragen von Identitätsdivergenzen mit einschließt, wenn »Identität sich dort am stärksten erweist, wo sie mit sich selber Risiken eingehen kann« (Erikson 1971, S. 111), gilt es für den Erzieher zunächst, sich als begrenzter und unvollkommener Mensch in seiner potenziellen Fehlbarkeit zu begreifen. Gleichzeitig muss er jedoch auch seine realen Möglichkeiten und die Notwendigkeit seiner Funktion als Identifikations- und Ablösungsobjekt, als Interpret und Vermittler von Realität erkennen. Mit anderen Worten: Der sich seiner Identität gewisse Erzieher wird sich weder Omnipotenzgefühlen (Allmachtsfantasien) noch Insuffizienzgefühlen (Minderwertigkeitsgefühlen) ausliefern, sondern sein Erziehungsverhalten unter das »Realitätsprinzip« stellen.

Nun sollen die »unteren« Grenzen der Erziehung etwas näher betrachtet werden. Eine der wichtigsten menschlichen Fähigkeiten ist die der Differenzierung und Unterscheidung sowohl innerer als auch äußerer Reizgegebenheiten. Die Unterscheidung zwischen innerer und äußerer »Wirklichkeit« bezeichnet man als »Realitätsprüfung«. Sie ist eine der wichtigsten »Ich- Funktionen«. Unterscheidung und Vergleich sind Grundlagen jeden Urteils, jeder Entscheidung, sie machen Wahlen erst möglich. Dazu bedarf das Individuum auch der Kriterien, die es zu Entscheidungen befähigen. Die von Geburt (ja schon vorher) an gegebene ununterbrochene Reizkonfrontation des Menschen kann mit zunehmendem Alter immer mehr alleine bestanden werden. Eltern und Erzieher müssen aber in der frühen Kindheit als Interpreten und Unterscheidungshilfen gegenüber dem vielfältigen Reizangebot wirken (vgl. Wudtke 1970). Die »Hilfs-Ich-Funktion« der Eltern bezieht sich auf die Abwehr bzw. Beibringung nicht nur materieller (z.B. schädigender und gefährlicher) Reize, sondern auch intellektueller (z.B. Sprache), informatorischer, ideeller und ethischer (z.B. Normen und Wertvorstellungen), ästhetischer und nicht zuletzt sozialer Reize. Verweigern Eltern und Erzieher ihre Funktion als »Hilfs-Ich«, kann das junge Individuum von der Reizstimulation überfordert werden. Es hat dann nur zwei Möglichkeiten der Reaktion. Entweder nimmt es alle Reize blind auf oder lehnt alle Reize blind ab, es kann keine kritische Auswahl treffen. Das Fehlen einer »gestalteten Stimulation« (Hebb 1969), wie sie z.B. die Auswahl der Spielmaterialien, der familiären Aktivitäten und die Interaktionsweisen zwischen Eltern und Kindern darstellt, verhindert ein kritisches Wählen und Wägen. Wahrnehmungs- und Unterscheidungshilfen der Eltern, und diese setzen allemal Entscheidungen der Eltern voraus, verhelfen aber dem Kind zu einem entwicklungsgemäßen Wahrnehmungs- und Erlebnisfeld und begründen gleichzeitig eine fortschreitende innere Differenzierung und Strukturierung. »Kein Erzieher, wie er es auch anstellt, kann vermeiden, das Kind zu bevormunden« (von Hentig 1972). In dem Maße, in dem sich die kindliche Erlebensfähigkeit organisiert und erweitert, muss dem Kind allerdings auch die Möglichkeit zur selbstständigen Konfrontation mit der Realität verschafft werden. Das Kind soll zu einer »autonomen« Reizauswahl kommen, und zwar über den Weg einer immer mehr sich erweiternden »Mitbestimmung«. Eines Tages muss dann das Kind auch die Chance haben, sich für oder gegen die von außen herangetragenen Strukturierungshilfen und Entscheidungsunterstützungen zu entscheiden; nicht weil die Einstellungen und Meinungen der Erzieher nicht mehr gültig sind, sondern weil sie diese nicht zum absoluten Prinzip erheben können. Ein freiheitlich-demokratisches Gesellschaftssystem setzt autonome Entscheidungen und »Toleranz gegenüber abweichenden Meinungen« voraus; diese müssen auch in der Erziehung für ein solches System verwirklicht werden. Die Folgen eines absolutistischen Erziehungsprozesses (aus »linker« Sicht) beschreibt Dermitzel (1969, S. 187):

> »Ein von Kindheit an links-indoktriniertes Kind, das von der Erfahrung gesellschaftlicher Widersprüche, die den Kampf der Eltern motivieren, ausgeschlossen ist, wird in der Pubertät vielleicht aus bloßer Opposition gegen den Vater den Lenin von der Wand reißen. Was wir erreichen müssen ist nicht die Identifizierung mit den Normen des Vaters aus Angst, sondern die Erziehung zu Kritikfähigkeit und autonomer Entscheidung, die bei einer bewussten Konfrontation der Kinder mit den gesellschaftlichen Herrschaftsverhältnissen allemal Entscheidung zum Widerstand sein wird.«

Neben der Erweiterung des Erlebens- und Verhaltensspektrums (Differenzierung) ist auch die Integrierung und Synthese der Erlebnisinhalte von wesentlicher Bedeutung. Die »synthetische Funktion des Ich« (Nunberg 1959) ist entscheidend für die Aufrechterhaltung des seelischen Gleichgewichts. Das Streben nach Ausgeglichenheit, nach »Homöostase«, wird hier als allgemeines menschliches (nicht nur seelisches) Grundprinzip vorausgesetzt.

Das Individuum wird im Entwicklungs- und Lebensverlauf ständig mit Widersprüchen und Ungleichgewichten gefühlsmäßiger, verstandesmäßiger und sozialer Art konfrontiert. Jeder wahrgenommene Reiz stellt das immer vorläufige individuelle Gleichgewicht infrage. So bedarf es einer fortwährenden Neuintegration und Wiederherstellung des Gleichgewichts. Auch diese integrierende Fähigkeit wird durch das Vorbild und mit Unterstützung der – selbst mehr oder weniger »integrierten« – Eltern und Erzieher entwickelt und entfaltet.

Wenden wir uns nun abschließend den vier menschlichen Basisdimensionen »Sicherheit«, »Sprachfähigkeit«, »Selbstsein« und »Solidarität« zu. Sie sind die Grundlage zur »Konfliktfähigkeit« des Menschen, d.h. seiner Möglichkeit, die Anforderungen, die Umwelt und Binnenwelt dauernd an ihn stellen, zu analysieren, zu unterscheiden und mit dem entsprechenden Handeln zu beantworten, in Bezug auf Außenwelt und Innenwelt zu immer neuer Integration und Synthese zu gelangen.

Sicherheit

Gegenüber der Ungeborgenheit der modernen Welt, ihrer Unbehaustheit und den Unabwägbarkeiten der menschlichen Existenz, kann der Mensch nur mit dem inneren Gefühl und Bewusstsein einer Basissicherheit, dem »Urvertrauen« (Erikson 1970a), bestehen. Diese Ursicherheit erlaubt es dem Individuum, mit einem Minimum irrationaler Ängste, mit einem Gefühl relativer Angstfreiheit, sich den Anforderungen des Lebens zu stellen. Uns allen sind Menschen bekannt, die ihr Leben lang unsicher sind, die von unnötigen und unbegründeten Ängsten und Befürchtungen geplagt werden, und die andauernd ihre Unzufriedenheit über die eigene und fremde Unvollkommenheit zum Ausdruck bringen müssen. Unsicherheit und Angst schränken aber die Fähigkeiten und Möglichkeiten des Menschen ein. Solche Menschen sind unfähig, Entscheidungen zu treffen, haben wenig Mut und Hoffnung, etwas Neues zu beginnen und neigen infolge ihrer Selbstunsicherheit zu sozialer und politischer Kurzsichtigkeit. Eine aktive und schöpferische Gestaltung der Existenz setzt voraus, dass man von einer sicheren Basis her, geleitet vom »Prinzip Hoffnung« (Ernst Bloch), an die Dinge herangeht.

Das grundlegende Vertrauen auf sich selbst und die Sinnhaftigkeit des Daseins wird begründet durch das Vertrauen auf andere Menschen. Solange beim kleinen Kind noch keine Trennung zwischen Ich und Nicht-Ich stattgefunden hat, fühlt es sich mit seiner Mutter als Eines. Die Mutter (oder erste feste Bezugsperson) ist praktisch das Ich des Kindes. Das kindliche Vertrauen erwächst somit aus dem Vertrauen, das die Mutter in sich selbst hat und dem, das sie ihrem Kinde erweist, indem sie es annimmt und sich ihm gegenüber als verlässlich, vertrauenswürdig zeigt. Evely (1969, S. 163) hat das auf die schöne Formel gebracht: »Das Kind hat nur Vertrauen zu sich, weil es auf Euch Vertrauen hat, die Ihr auf es Vertrauen habt.« Das Urvertrauen ist das Ergebnis einer sozialen Kommunikation und Interaktion, begründet vor allem in der ganz frühen Mutter-Kind-Beziehung. Wenn man berücksichtigt, dass »ungefähr 70 Prozent aller Schwangerschaften« (Lidz 1970, S. 167) »ungewollt« eintreten, stellt sich die Frage, wie viele dieser Kinder dann tatsächlich akzeptiert werden und in wie viele damit Vertrauen gesetzt wird. Wird dieses Basisvertrauen nicht geschaffen, ist es sehr schwer, später nachträglich ein Gefühl des Vertrauens in das Leben und die soziale Umwelt zu erwecken. Da das Urvertrauen auch der erste Schritt der Identitätsfindung des Menschen ist, wirken sich frühe Störungen und Mangelzustände hier lebenslang nachhaltig aus. Die Vermittlung des Urvertrauens ist somit eine unumgängliche Aufgabe der Eltern, im besonderen Maße in der frühen Kindheit. Es muss dauernd fortentwickelt werden, deshalb meint Evely (1969, S. 163): »Die beste Eigenschaft eines Erziehers ist der Optimismus, der Kredit, das Vertrauen.«

Eltern und Erzieher werden auch gebraucht als »Grenzsetzer«. Denn das »Grenzenlose«, das Unfassbare löst Angst aus. Verinnerlichte Grenzerfahrungen dagegen schaffen einen »Sicherheitsrahmen«, der Ängsten entgegenwirken kann.

Sprachfähigkeit

Die Sprache hat zwei grundlegende Funktionen: Sie ist einmal ein Abstraktionsinstrument, durch ihre Symbolfunktion ermöglicht sie Denken, »Probehandeln« im Geist (Freud 1933a, S. 96). Zum anderen ist sie ein Kommunikationsinstrument (in unserem Kulturbereich das wichtigste), sie ermöglicht und erleichtert menschliche Verständigung. Entsprechend diesen zwei Aufgaben, hängen von einer Erweiterung und Entfaltung des Sprachschatzes und Sprachgebrauchs sowohl die Fähigkeit zum Denken als auch die Kontaktfähigkeit des Individuums ab. »Sprechen« vollzieht sich jedoch nicht nur über das Medium der Worte. »Die Grundlagen für die Sprachentwicklung werden bereits in der präverbalen Phase des Kleinkindes gelegt. Durch das Eingehen der Mutter auf die Bedürfnisse und Spontanaktivitäten des Kindes bildet sich bei diesem die Erwartungseinstellung, dass es von anderen verstanden wird« (Lidz 1971, S. 85). Mienen- und Gebärdenspiel geben beredten Ausdruck von unserem Innern. Wir reden ja auch von der »Sprache der Malerei« oder der »Sprache der Musik«. Im Verlauf der letzten Jahre ist die Erforschung der Wort-Sprache und ihre Förderung immer mehr in den Vordergrund gerückt. Die Beschränkung auf die verbale »Sprachförderung« birgt aber die Schwierigkeit, die menschlichen Fähigkeiten und Entfaltungsmöglichkeiten einzuengen. Die Gefahr besteht in der Überschätzung der Ratio, des Intellekts, des Verstandesmäßigen. Selbstverständlich gilt Sigmund Freuds Forderung »Wo Es war, soll Ich werden« (Freud 1940a, S. 86) unverändert weiter, d.h. es soll mehr »Vernunft« im menschlichen Verhalten und Erleben walten. Mit der Begeisterung über das Frühlesenlernen, die Vorschulerziehung, das Intelligenztraining und Ähnliches mehr scheint jedoch ein »szientistisches Selbstmissverständnis« (Habermas) der »modernen Erzieher« vorzuliegen. Erziehung wird zur »Technik«, auf den Funktionszusammenhang zwischen Erzieher und Zögling beschränkt, der Erzieher wird zum »Sozialisationstechniker«. An die Stelle der »Erzieherpersönlichkeit« (mit all ihren Fehlern und Begrenztheiten) tritt die »Methode«. Die Methode wird idealisiert (Bittner 1971a, S. 424). Büchern, Pädagogen und Psychologen werden »Gebrauchsanweisungen« für Kinder abverlangt (und z.T. geliefert). All das zeigt einen Verlust der »dialogischen Dimension« der Erziehung an, ein Verlorengehen von Menschlichkeit. Jede Erziehung, die so auf »einseitige Kommunikation« (A. Mitscherlich 1963, S. 161) abgestellt ist, muss jedoch scheitern: »Der Verlust der fruchtbaren Gegenseitigkeit […] zerstört unter Umständen die gemeinsame Funktion und am Ende den Ausnutzer selbst« (Erikson 1965, S. 408). Zum Sprechen-Können gehört notwendig auch das »Zuhören-Können«. Nicht nur Kinder, auch Erwachsene müssen Kindern zuhören können. Denn erst beider Zusammenwirken ergibt das Gespräch. Und im Gespräch vor allem, neben der eigenen Erfahrung, kann dem Kind zur Einsicht in seine Probleme und ihre Bewältigung verholfen werden. Kinder sind aber nicht verpflichtet, immer alles zu sagen (das tun Erwachsene auch nicht), sie brauchen das »Recht zur Verborgenheit«, auf innere Orte, die nur ihnen zu eigen sind. Viktor Tausk hat einmal gesagt: »Der Kampf um das Recht,

Geheimnisse vor den Eltern zu haben, gehört zu den stärksten Faktoren der Ich-Bildung« (1919, S. 15); es ist das »Recht auf Privatheit« (vgl. Stierlin 1971, S. 131), das Recht, sich distanzieren zu können. Das Sprechen-Können umfasst darüber hinaus das »Widersprechen-Können«. Um Mitglied einer mündigen Gesellschaft zu werden, müssen Kinder »Nein« sagen dürfen, ja das »Neinsagen« lernen. Mündigkeit kann nur darin bestehen, zu analysieren, zu unterscheiden, »Ja« und »Nein« sagen zu können. Das »Neinsagen-Können« stellt auch die Grundlage der Verzichtfähigkeit dar. Ein Kind, das niemals seinen Eltern gegenüber hat »Nein« sagen dürfen, das Neinsagen hat erlernen dürfen, wird auch gegenüber den so widersprüchlichen geistigen Wertvorstellungen der pluralistischen Gesellschaft nur schwer Nein sagen können, Entscheidungen treffen können. Das gilt ebenso für den Konsumbereich wie für die Informationsüberflutung unserer Zeit. Auch hier sind »Grenzerfahrungen« überlebenswichtig!

Neben der Entfaltung der Sprache im eigentlichen Sinn scheint aus den oben dargelegten Gründen die Entwicklung möglichst vieler und verschiedener Ausdrucksmöglichkeiten notwendig, um eine optimale Erlebnis- und Kommunikationsbefähigung zu erreichen. Die Wortsprache nimmt einen grundlegenden Platz ein, jedoch ist die optische, akustische und motorische Differenzierung und das Sensibelwerden für weitere »Sprachen« zur Entfaltung des Menschen nicht zu vernachlässigen, denn sie begründen auch seine Kreativität und Produktivität. Es geht in all diesen Bereichen um Anregung, d.h. Vorstellung der Produktionsmethoden und der Produkte dieser »Sprachen«, ohne dem Kind etwas aufdrängen zu wollen. Es geht um das Schaffen von Reizangeboten und das Aufzeigen von Handlungsmöglichkeiten. Schwerlich wird es möglich sein, an das Kind Dinge heranzutragen, von denen die Eltern selbst nichts halten, von denen sie nicht überzeugt sind, denen gegenüber ihnen nicht zumindest eine Haltung der Toleranz möglich ist.

Der Verantwortung für die Sprachfähigkeit des Kindes können sich Eltern und Erzieher nicht entziehen.

Selbstsein

Auf die Bedeutung der Identitätsentwicklung wurde schon hingewiesen. Es ist notwendig, man kann sagen »lebensnotwendig«, dass der Mensch einen »Sinn« in seiner Existenz sieht, dass das Leben für ihn einen Wert besitzt.

Voraussetzung dafür aber ist, dass der Mensch für sich selbst einen Wert darstellt, er bedarf eines gewissen »Selbstwertgefühls«. Wert kann einem nur etwas sein, über das man Klarheit gewonnen hat. Je stärker das »Bewusstsein« ist, das man von sich selbst hat, desto mehr ist man in der Lage, sich auch zu verwirklichen.

Die Identität, die Fähigkeit, man selbst zu sein, wird durch die Bindung und in der Auseinandersetzung mit der materiellen und der sozialen Umwelt erworben. Das setzt voraus, dass diese zum einen Antwort auf die Fragen und Handlungsversuche des Individuums gibt, und zum anderen auch selbst aktiv anregend ist. Grundlegend wichtig sind von Anfang an die Beziehungen des Kindes zu seinen Mitmenschen, insbesondere zu seinen Eltern. Sie erst machen das Kind menschlich. »Gute Objektbeziehungen verstärken […] auch meine Identität, d.h. mein Gefühl, mir selbst gegenüber kein Fremder, sondern ein Mit-mir-bekannt-Gewordener zu sein« (A. Mitscherlich 1969c, S. 129).

Das kleine Kind ist anfänglich nur in geringem Maße zur Unterscheidung von belebter und unbelebter Umwelt und zwischen Ich und Nicht-Ich fähig. So wird auch das »Eigentum« des Kindes, im Entwicklungsverlauf, beginnend mit den sogenannten »Übergangsobjekten« (Winnicott 1971a), beispielsweise dem Kuscheltier oder Kuscheltuch, als zum Ich gehörend empfunden. »Kinder betrachten ihren Besitz als Teil von sich selbst« (Zulliger 1969, S. 61). Das »Eigen-tum« ist also ein wesentlicher Bestandteil der Selbstdefinition des Kindes und des Menschen überhaupt. Das Bewusstsein von Eigentum macht das Kind auch fähig, das Eigentum anderer anzuerkennen und zu achten. Das bedeutet nicht, dass Kinder mit Eigentum und Besitz überhäuft werden sollen, wie man es oft mit den Spielgegenständen erleben kann, die häufig nicht den Funktionsbedürfnissen der Kinder, sondern den Prestigebedürfnissen der Eltern dienen, oder gar einen Ersatz für elterliche Zuneigung darstellen sollen. Es geht vielmehr darum, einen eigenen Bereich für das Kind zu schaffen und einige Gegenstände bereitzustellen, die durch die Bedeutung, die sie für das Kind haben, zum »unverbrüchlichen Eigentum« des Kindes werden.

Wenn man dem Kind so rein äußerlich einen »Eigenbereich« schafft, begünstigt man damit auch eine weitere Dimension des Selbstseins: die »Distanzierungsmöglichkeit«. Was Alexander Mitscherlich (1969c, S. 136) über die Wohnung schreibt: sie solle »dem Kontaktbedürfnis […] und zugleich dem Bedürfnis nach Alleinsein dienen«, gilt genauso für die Eltern-Kind-Beziehung, die Familie und überhaupt jegliche menschliche Beziehung (vgl. Stierlin 1971). Die Gelegenheit zur »Abgrenzung« gegenüber Eltern und Familie ermöglicht erst die »Selbstwerdung«.

Die Fähigkeit zum Selbstsein erfordert, dass man sich über seine Bedürfnisse möglichst klar und bewusst ist. Sehr oft aber ist der Mensch unserer spätkapitalistischen Gesellschaft nicht durch »autonome Bedürfnisqualifikation« (vgl. Zepf 1973) ausgezeichnet, sondern durch »Konsumismus« mit »heteronomer Bedürfnisqualifikation«, d.h., seine Bedürfnisse sind diejenigen, die Werbung und öffentliche Meinung ihm einreden. Dem äußeren Überfluss und den entsprechenden manipulierten (Schein-)Bedürfnissen entspricht ein innerer Mangelzustand mit entsprechender fehlender Bedürfnisqualifikation. »Der moderne Mensch *hat* alles: ein Auto, ein Haus, einen Beruf, Kinder, eine Ehe, Probleme, Ärger, Befriedigungen – und wenn das alles nicht genügt, hat er seinen Psychoanalytiker. Er *ist* nichts« (Fromm 1971, S. 94; kursiv T.A.). Die äußere Verwöhntheit, verbunden mit dem Fehlen notwendiger Verzichtleistungen, verhindert das Lernen von »Frustrationstoleranz« (vgl. Meves 1972) zur Verarbeitung der unausweichlichen inneren, gefühlsmäßigen Mangelerlebnisse und Versagungserfahrungen. Diese versucht man dann in einem unglückseligen Kreislauf durch äußere Befriedigungen wieder auszugleichen. Nicht kritiklose Hinnahme und Erfüllung aller kindlichen Wünsche und Bedürfnisse, nicht »Laissez-faire«, sondern »reflektierte Befriedigung und Nichtbefriedigung« des Kindes, Erziehung mit und durch Entscheidungen, ist Voraussetzung autonomer Selbstentscheidungen des Kindes. »Selbstbewusstsein« setzt »Selbsterfahrungen«, Erfahrungen der »Möglichkeiten« und »Grenzen« des eigenen »Ich« voraus. Das aber bedeutet, dass Grenzen gesetzt werden müssen, Orientierungen gegeben und Möglichkeiten aufgezeigt werden. Denn heute ist das Erziehungsziel »weniger ein Mensch, der sich in vorgegebene Verhältnisse, Traditionen, Glaubensüberzeugungen einfügt, als einer, der zwar noch feste Grundsätze, sie aber in immer neuen Verhältnissen anzuwenden hat, der sich hier zu entscheiden und bewähren vermag« (David 1966, S. 53).

Solidarität

Die Verarmung des Gemeinschaftsbewusstseins auf der Mikro- und Makroebene zwischenmenschlicher Beziehungen, in Ehe, Familie und Gesellschaft, deutet das Charakteristikum »Entfremdung« für die moderne Welt an. Wir erleben die Paradoxie, dass in einer Welt, in der die Menschen (äußerlich) immer näher zusammenrücken, der innere Abstand scheinbar entsprechend immer größer wird. »Man versteht es nicht, zwischen schrankenlos zudringlicher Intimität und vollkommener Interesselosigkeit die mittlere Distanz zu finden« (A. Mitscherlich 1969c, S. 113). Die Psychoanalyse hat nun aufgezeigt,

> »dass die Fähigkeit, Kontakt zu haben und zu pflegen, die grundlegendste natürliche Voraussetzung zur Ehe und Familie, bereits im ersten Lebensjahr vorwiegend in der Mutter-Kind-Beziehung in einer besonderen Weise durch die liebende Geborgenheit des Stillens, der Zuwendung und der Pflege begründet wird« (W. Auchter 1966, S. 334).

Das Kind muss einmal »bedingungslos« angenommen und geliebt worden sein, um sich selbst annehmen und lieben zu können. Auf diese Weise kann das Individuum die Fähigkeit und die Kraft gewinnen, später nicht nur da lieben zu können, wo es selbst geliebt wird, sondern auch dort, wo es nicht geliebt wird. Es gelingt, den einfachen Beziehungszirkel des »do ut des« – »Ich gebe (dir), damit du (mir) gibst« – zu überwinden, zugunsten eines »do ut dare possis« – »Ich gebe, damit du geben kannst« –, eines Liebens und Schenkens ohne Bedingung, das wiederum neue Liebe erwecken kann. Die Solidarisierungsfähigkeit wird des Weiteren begründet durch die »Solidarisierungsfähigkeit« der erzieherischen Vorbilder, die erlebte »Koalition der Eltern« (Lidz 1971) und die Solidarität, die die Eltern mit ihren Kindern verbindet. Wichtig ist die Einübung in Solidarität durch partnerschaftliche Verhaltensweisen innerhalb der Familie. Soziales Bewusstsein setzt die Erfahrung sozialer Verhaltensweisen in der eigenen Sozialisationsgeschichte voraus.

Mit zunehmender Notwendigkeit der Ablösung von den primären Bezugspersonen (Eltern) wird die Gleichaltrigengruppe (Peergroup) zum mitentscheidenden Sozialisationsfaktor.

> »Wird jedoch das Lernen von den Eltern zu früh durch Lernen von Gleichaltrigen ersetzt, kann es zur Bildung labiler Persönlichkeitsstrukturen kommen [...]. Gelingt es dem Kind auf der anderen Seite nicht, Zugang zu Gruppen von Gleichaltrigen zu finden, dann kann dies zu einer Konservierung der in der Familie erlernten exzentrischen und idiosynkratischen Bedeutungsgehalte und Verhaltensmuster führen« (Lidz 1971, S. 91).

In der Verbundenheit und Auseinandersetzung mit der Peergroup werden die sozialen Fähigkeiten weiter entwickelt; regulierendes Eingreifen von Erziehern wird notwendig, wenn die Beziehungen der Gleichaltrigengruppe Herrschaftscharakter annehmen. Einschreiten ist notwendig zum Schutz von Minderheiten. Die Erfahrung dieser Regulation sollte beim Kind zu einer Einstellungswandlung gegenüber Minderheiten führen, Verantwortungsbewusstsein für den Schwächeren erwecken. Die Peergroup-Kontakte dürfen jedoch nicht zur alleinigen Sozialisationsinstanz werden, der Differenziertheit menschlicher Kommunikationsstrukturen entsprechen auch Kontakte mit Andersaltrigen, mit Kindern, mit jugendlichen, erwachsenen und alten Menschen. Außerdem müssen ja all diese Lebensphasen auch vom Kind in der Zukunft durchlebt werden. Es gilt zu bedenken, »dass niemand aus sich selbst den Sinn dieser Welt entdecken kann« (A. Mitscherlich 1970a, S. 24), es also immer der Vermittlung anderer (nicht nur gleichaltriger) Menschen bedarf. Dialektisch gehört aber dazu die Bemerkung von Theodor W. Adorno (1972, S. 90): »Erziehung wäre sinnvoll überhaupt nur als eine zu kritischer Selbstreflexion.«

Zusammenfassend kann man feststellen: Die geschilderten vier Basisdimensionen (Sicherheit, Sprachfähigkeit, Selbstsein und Solidarität) begünstigen besonders drei menschliche Verhaltens- und Erlebnisweisen, die sowohl optimale Individualität als auch optimale Sozialität charakterisieren.

Erstens die »Genussfähigkeit«, d.h. die Fähigkeit, in seinen Bedürfnissen und Interessen Befriedigung erlangen zu können, ohne von äußeren oder inneren Mächten darin behindert zu werden, außer wenn man die berechtigten (und Gerechtigkeit bedeutet nicht: jedem das gleiche) Bedürfnisse und Interessen eines anderen Menschen beeinträchtigt.

Zweitens die »Konfliktfähigkeit«, d.h. die Fähigkeit, Bedürfniskollisionen wahrnehmen zu können, Spannungen ertragen zu können, »statt der Versuchung vorschneller, meist gewaltsamer Lösungen zu erliegen« (Hacker 1971, S. 427), Konflikte austragen zu können. Austragen nicht im Sinne »technokratischen Konfliktmanagements« (Freyberg/Freyberg 1971, S. 91), sondern »kommunikativen Handelns« (Habermas), welches die »Sieg-Niederlage-Methode« der Konfliktbewältigung durch die »Niederlagelose-Methode« (vgl. Gordon 1972, insbes. S. 186ff.) ersetzt. Zur Konfliktfähigkeit gehören auch die Befähigung und der Wille, für die Bedürfnisse eines Dritten eintreten zu können, wenn diesem die Durchsetzung seiner berechtigten

Bedürfnisse selbst nicht möglich ist, z.B. für Schwache, Minderheiten, Unterdrückte.

Drittens die »Verzichtfähigkeit«, d.h. die Fähigkeit, in den eigenen Bedürfnissen da zurückstehen zu können, mit Frustrationstoleranz begabt zu sein, wo man die berechtigten Bedürfnisse eines anderen Menschen beeinträchtigen und beschränken würde.

Mit diesen Fähigkeiten der Individuen ist dann auch ein gesellschaftliches System erreichbar, »worin die freie Entwicklung eines jeden Bedingung für die freie Entwicklung aller ist« (Marx/Engels 1848, S. 51).

Gewalt und Widerstand (2003)

Eine psychoanalytische Perspektive

Einleitung

Seit es Menschen gibt, gibt es auch »Gewalt« zwischen ihnen – und »Widerstand« dagegen, das Bemühen, das Böse in den Griff zu bekommen und die destruktive Gewalt[14] einzugrenzen. Sicher nicht ohne Grund steht die Erzählung von Kain und Abel (1. Mose 4, 1–16), dem ersten von unzähligen Brudermorden in der Geschichte des Menschen, ziemlich am Anfang der Bibel. Im ersten Buch Mose (8, 21; kursiv T.A.) finden wir auch die Formulierung: »Ist doch das Trachten des menschlichen Herzens *böse von Jugend auf.*« Und der Prophet Micha (7, 1–6; kursiv T.A.) stellt ungeschminkt fest: Die Menschen, »sie alle lauern auf Blut und stellen einer dem anderen Fallen [...]. Vertraue keiner auf seinen Nachbarn. Verlasse sich keiner auf seine sogenannten Freunde [...]. *Des Menschen Feinde sind die eigenen Hausgenossen.*« Wie wenig sich daran in 3.000 Jahren menschlicher Weiterentwicklung geändert hat, stellt die Gewaltkommission der Bundesregierung 1989 fest: Die »Gewalt in Familien« sei die »verbreitetste Form der Gewalt«.

14 Diese Arbeit schreibe ich unter dem Eindruck der entfesselten Gewalt des Irak-Krieges, aber auch des hoffnungsvollen Widerstandes gegen diesen Krieg von Millionen Menschen in aller Welt. Mich beeindruckt dabei vor allem der Protest der vielen Kinder und Jugendlichen, denen in der Vergangenheit offenbar zu leichtfertig eine unpolitische Haltung zugeschrieben wurde.

Zur Begriffsbildung

Da im öffentlichen Diskurs die Begriffe »Aggression«, »Gewalt« und »Destruktion« häufig unkritisch verwendet und verwechselt werden und zudem einer einseitig negativen Konnotation unterliegen, ist zunächst der Versuch einer knappen Klärung der psychologischen beziehungsweise psychoanalytischen Begriffsverwendung notwendig.

»Aggression« betrachte ich mit dem britischen Psychoanalytiker Donald W. Winnicott (Auchter 2000d) als angeborene, unspezifische »Antriebskraft« im Sinne einer grundlegenden Lebensaktivität. Erst durch – aufgrund der Begrenztheit des Menschen grundsätzlich unvermeidbare – frustrierende Schmerz- und Verlusterfahrungen einerseits und grundsätzlich vermeidbare Gewalterfahrungen (wie Vernachlässigungen, Grenzüberschreitungen, gewaltsame Übergriffe und Kränkungen) andererseits wird ein Teil dieser ursprünglich neutralen Wirkkraft, die »primäre Aggression«, in »sekundäre«, destruktive »Aggression« oder Gewaltsamkeit umgewandelt. Sie kann dann später als feindselige Aggressivität in den Dienst von Wut, Zorn, Hass und Rache gestellt werden.

Der konstruktive Aspekt der Aggression wird häufig, auch in der Erziehung, zugunsten einer negativen Betrachtung unterbewertet. »Konstruktive Aggression« ist zum Beispiel ein unumgänglicher Faktor bei der Selbsterhaltung, der Selbstentdeckung, der Selbstentwicklung und der Selbstbehauptung. Gesunde Aggression ist auch eine der Grundlagen von »Zivilcourage«, der »Hochform der kultivierten Aggression« (Schraml 1968, S. 191).

Auch der Begriff der »Gewalt« ist ein schillernder, nicht eindeutiger. Gewalt möchte ich definieren als ein aggressives Verhalten, das absichtsvoll und unter dem Einsatz von Zwangsmitteln Einfluss auf einen anderen nehmen, ihn einschränken oder unterwerfen soll. Mithilfe von Angsterzeugung dient es dem Dominieren über Objekte und ihre Kontrolle. Maligne Gewalt zielt neben dem Beschädigen, Verletzen, Zerstören und Vernichten von belebten und unbelebten Objekten auf das Verursachen von Schrecken und Leiden. Dabei wird der andere in seiner Andersartigkeit, als Subjekt negiert. Das wird als »Desobjektalisierung« bezeichnet (Green 2001). Gewalt kann von Personen oder Gruppen angewandt – »personale Gewalt« – oder von Institutionen oder anderen Organisationen – »Staatsgewalt«, Polizeigewalt, »strukturelle Gewalt« (Galtung 1975) – ausgeübt werden. Es gibt aktives und passives Gewaltverhalten, ähnlich wie das Strafrecht ja neben der aktiv begangenen Straftat auch das Delikt der »Unterlassung« einer bestimmten Handlung kennt. Gewalt kann offen ausgeübt werden oder in verdeckter Form wie bei der strukturellen Gewalt oder bei der verleugneten Gewalt in der Pseudoliberalität (Küchenhoff 2002, S. 242f.). Körperliche Gewalt wirkt sich ebenso traumatisierend aus wie das Zufügen seelischer Gewalt. Ohne Zweifel gibt es individuelle und kollektive blindwütige Gewalttaten, bei denen jegliche Ichkontrolle verloren gegangen ist und die zumindest in der Wahl des Opfers sinnlos und zufällig erscheinen. Wahrscheinlich lässt sich aber bei genügend gutem Hinsehen in fast allen Fällen ein »unbewusster Sinn« auch in der Täter-Opfer-Beziehung herausfinden.

»Destruktion« zerstört, aber nicht jede Zerstörung ist schädlich und vernichtend. Destruktive »Trennungsaggression« wird beispielsweise benötigt, um die ursprünglich undifferenziert erlebte Selbst-Objekt-Verschmolzenheit aufzutrennen. Sie führt zur Differenzierung zwischen dem Ich und dem Nicht-Ich und damit zur Selbstkonstitution und außerdem zur Unterscheidung zwischen innerer Wirklichkeit (Fantasie) und äußerer Wirklichkeit (Realität). Destruktive Aggression ist auch eine notwendige Voraussetzung für kreative Neugestaltungen, denn jeder schöpferische Prozess beginnt mit einer Zerstörung einer alten Form, Struktur, Gestalt, eines alten Gedankens oder einer alten Ordnung. *Die Destruktion als Ursache des Werdens* lautet der Titel der bekanntesten Arbeit der Psychoanalytikerin Sabina Spielrein (1912). Grundsätzlich ist eine »benigne«, lebensfreundliche Destruktion im Dienste von Konstruktion und Entwicklung und eine »maligne«, lebensfeindliche Destruktion im Dienste von Wut, Hass (Kernberg 2000), Grausamkeit und Übermächtigungswille (Freud 1924c, S. 376), Zerstörungs- und Vernichtungswille zu unterscheiden.

»Widerstand« ist ein ebenso komplexer Begriff wie die bislang erörterten. Seine diversen Facetten erschließen sich erst durch eine interdisziplinäre Perspektive. Allgemein wird darunter eine »oppositionelle Haltung« und/oder »Handlung« verstanden. Man kann einen aktiven und einen passiven Widerstand unterscheiden und einen gewaltfreien und einen gewaltsamen.

Im Rahmen politischer Betrachtung (zum Beispiel Widerstandsbewegungen, Protestbewegungen) ist der Begriff des »Widerstandes« nicht einfach und eindeutig zu bestimmen, sondern eine Frage der politischen Definition. Dabei spielt dann beispielsweise auch das Problem der »Gewaltanwendung« immer wieder eine gewichtige Rolle. Ein vorbildliches Beispiel gewaltfreien Widerstandes sind die Demonstrationen und Aktionen, die dann am 9. November 1989 zur Öffnung der Mauer in Berlin geführt haben.

Juristisch gibt es einerseits den Straftatbestand des »Widerstandes gegen die Staatsgewalt« und andererseits das »Grundrecht auf Widerstand« (»Notwehr«) gegen die Staatsgewalt, wenn diese verfassungswidrig handelt oder Individualrechte grob vernachlässigt oder überschreitet. Das ist in Deutschland in Art. 20 Abs. 4 GG normiert.

Psychologisch besteht ein, allerdings nicht eindeutiger, Zusammenhang zwischen Widerstand und Selbsterhaltungsbedürfnis. Während es nämlich in einem Fall lebensrettend sein kann, Widerstand zu leisten, wirkt sich in einer anderen Situation der Verzicht auf Widerstand, eine Anpassung oder Unterwerfung, lebenserhaltend aus.

Der Begriff der »Notwehr«, der auch das Töten legitimiert, lässt sich leicht instrumentalisieren und missbrauchen. Die Konstruktion einer Bedrohung und im Anschluss daran einer Notwehrsituation kann zum Beispiel politisch dazu benutzt werden, einen »Präventivkrieg« zu beginnen. Das Recht auf Selbstverteidigung ist zwar in Art. 51 der UN-Charta gewährleistet, ein Präventivangriff aufgrund einer abstrakten Bedrohung ist jedoch nicht gedeckt.

In der Psychoanalyse wird der »Widerstand« (Ermann 2000) als ein zentrales behandlungstechnisches Konzept und das Analysieren und Durcharbeiten von Widerständen als eine der bedeutsamsten therapeutischen Herausforderungen verstanden. Als Widerstand werden all die unbewussten seelischen Kräfte bezeichnet, die der Entwicklung des therapeutischen Prozesses, vor allem dem Bewusstwerden unbewusster seelischer Inhalte, entgegenwirken. Da jede Bewegung und jeder Fortschritt im Therapieprozess eine Störung des jeweiligen gegenwärtigen seelischen Gleichgewichts darstellen, dient der Widerstand psychoökonomisch der Aufrechterhaltung desselben nach dem »Homöostaseprinzip«. Deshalb ist der gesamte Prozess einer Psychotherapie bis zu seinem Ende auch durch seelische Widerstände geprägt. Das Fehlen von Widerstand und Abwehr wird in der Psychoanalyse als psychopathologisches Phänomen betrachtet. Ein derart Erkrankter ist nicht mehr in der Lage, sich seelisch zu verteidigen und zu schützen. Wir finden dieses Phänomen zum Beispiel bei »Borderline-Erkrankungen« (»Grenzstörungen«) und psychotisch Kranken, die aufgrund fehlender Widerstandsfähigkeit von inneren und äußeren Einflüssen überflutet werden.

Ursprünge der Gewalt

Eine Grundfrage zieht sich wie ein roter Faden durch die verschiedenen psychoanalytischen Konzeptualisierungen von Aggression und Gewalt: Ist die destruktive Aggression ein angeborener Trieb, der aktiv nach Abfuhr und Entladung drängt oder eine angeborene Affekt- und Handlungsdisposition, die nur unter bestimmten Mitweltbedingungen zur Entfaltung kommt? Dahinter steckt natürlich auch die uralte philosophische Frage, ob der Mensch »von Natur aus« böse oder gut sei.

Sigmund Freud führt die Gewalt auf einen sogenannten »Todestrieb« (1920g) oder »Destruktionstrieb« (1940a, S. 71) zurück. Dessen Ziel ist es, Zusammenhänge aufzulösen, Spannungen zu reduzieren und letztlich Leben und Sachen zu einem Nichts zu machen. Freud selbst hat sein Konzept vom Todestrieb als »Spekulation« (1920g, S. 23), als »Glauben« (1920g, S. 47) beziehungsweise »Mythologie« (1933a, S. 101) bezeichnet. Sie diene wohl dazu, die »Schwere des Daseins« auszuhalten, die den Tod geliebter Personen und den eigenen umfasse (1920g, S. 47). Die Psychoanalytikerin Melanie Klein ([1932] 1979, S. 160ff.) führt Freuds Konzept vom »Todestrieb« fort und postuliert eine primäre destruktive Kraft im Menschen, der sie einen »Lebenstrieb« gegenüberstellt. Die meisten Psychoanalytiker, außer den Anhängern von Melanie Klein, können sich dieser Todestrieb-Hypothese jedoch nicht anschließen und nehmen vielmehr eine psychosoziale Verursachung von Gewalt in den Blick (vgl. Loch 1970, S. 246). »Man wird schlecht durch Leiden«, schreibt Michael Balint (1966, S. 66) programmatisch. Die jüngste und differenzierteste psychoanalytische Theorie der Aggressionsentwicklung und -systematik von Henri Parens (1993, S. 110) betrachtet zwar den Ausdruck von Feindseligkeit als »angeborenen Mechanismus«. Die »feindselige Destruktivität« entstehe allerdings nicht spontan, sondern setze »exzessive Unlust« voraus, sei also immer erfahrungsabhängig, also »reaktiv« (ebd., S. 111). Nach Auffassung verschiedener psychoanalytischer Aggressionsforscher (Eissler 1980, S. 52ff.; A. Mitscherlich 1974, S. 88; Mentzos 1993; Dornes 1993, S. 276; Loch 1999, S. 39) führt hasserfüllte, feindselige destruktive Aktivität an sich nicht zu einer Triebbefriedigung. Es ist wohl nicht die Gewalttat selbst, die Lust verschafft, sondern ihre psychische Bedeutung, zum Beispiel die Erfüllung von Macht- und Überlegenheitsbedürfnissen oder der Vollzug von Allmachtsfantasien (»Herr über Leben und Tod«), die »narzisstische« Befriedigung (Mentzos 1988,

S. 141ff.; 1993) bereitet. Entsprechend lokalisiert der Psychoanalytiker Stavros Mentzos (2002, S. 160) den Ursprung von Krieg und Gewalt in dem Konflikt »zwischen den (angeborenen) selbstbezogenen [narzisstischen; Anm. T.A.] und (ebenfalls angeborenen) objektbezogenen, also den egoistischen und den sozialen, den autophilen und den heterophilen Bedürfnissen und Tendenzen«, und einer »Lösung« zugunsten der jeweils ersteren.

Die Frage der »Geschlechtsspezifität« von Aggression und Gewalt gerät erst in jüngster Zeit mehr in den Blick der Forschung, auch jener der Psychoanalyse. Straftäter sind zu fast 90% Männer, sind deshalb Frauen weniger aggressiv? Nach der Erziehungswissenschaftlerin Christiane Micus (2002), die eine grundlegende und differenzierte Monografie zum Thema vorgelegt hat, zeigen Frauen andere, vor allem »indirekte«, Ausdrucksformen der Aggression als Männer.

Die Psychoanalyse betrachtet den Menschen als ein Wesen »im Widerspruch«, ständig befasst mit dem Lösen von Entwicklungsherausforderungen und Konflikten. Das Ausüben von Gewalt ist immer ein Hinweis auf das Versagen konstruktiverer Konfliktfähigkeiten.

Funktion und Bedeutung von Aggression und Widerstand im Verlauf der seelischen Entwicklung

In der entwicklungspsychologischen Betrachtung sind die Genese von Aggression und Widerstand eng miteinander verknüpft, untrennbar verbunden und wechselseitig befruchtend. Der verständlichen Darstellung halber werden sie im Folgenden getrennt erläutert.

Die seelische Entwicklungslinie der Aggression

Die »primäre Aggression« im Sinne von Winnicotts spontaner Lebensaktivität ist zunächst »nicht-destruktive Aggression« (Parens 1993, S. 110), bisweilen unbeabsichtigt, aber auch destruktiv, wenn der Säugling zum Beispiel tritt, beißt, spuckt oder schreit. Sie ist zunächst nicht feindselig. Nicht-affektive Destruktivität ist auch zum Beispiel das sich Einverleiben von Nahrung, als »Zerstörung lebendiger Struktur im Dienste der Selbsterhaltung« (ebd.).

Schon im beengten Raum des Mutterleibes, während des Geburtsvorganges und nachgeburtlich durch die unvermeidlichen Frustrationen vonseiten der nicht-allmächtigen, begrenzten und fehlerhaften frühen Beziehungspersonen kommt es zu einer »Einschränkung und Versagung der Lebenstriebe« (Loch 1970, S. 256). Die dadurch mobilisierten aggressiv-destruktiven Reaktionsbereitschaften stehen ursprünglich im Dienste des (Über-)Lebenswillens und der Selbsterhaltung. Sie sind – zunächst nur aus dem Blickwinkel des anderen, den der Säugling noch gar nicht als von ihm getrenntes eigenständiges Subjekt wahrnehmen kann – »unbarmherzig« oder »erbarmungslos« (Winnicott 1958, S. 206).

Das Kleinkind selbst erlebt seine aggressiven und destruktiven Impulse allerdings als undifferenziert und als grenzenlos, da sie wie die meisten Phänomene noch nicht überschaubar und einschätzbar sind. Deshalb ist alles aggressive Erleben, sei es das eigene, sei es das fremde, für den Säugling immer der »GAU«. Das noch nicht dimensionierte Erleben des Kleinkindes lässt sich trefflich mit den Worten des Apostels Petrus fassen: »dass ein Tag […] wie tausend Jahre ist und tausend Jahre wie *ein* Tag« (2. Petrus 3, 8; Kursiv T. A.). Die fantasierte aggressive Grenzenlosigkeit bedarf also der realen Eingrenzung, einer Relativierung. Dies geschieht auf natürlichem Wege dadurch, dass die Mutter und andere frühe Beziehungspersonen alle die fantasierten und realen aggressiven Attacken des Kindes tatsächlich »überleben«. Die konkrete Erfahrung, dass das Objekt überlebt, bestätigt und ermutigt auch den nach Winnicott (1984, S. 87) angeborenen unbewussten Drang, ein geliebtes Objekt zu beschützen und zu bewahren. Neben der Begrenzung der destruktiven Aggressivität ist das Überleben des Objekts außerdem die Voraussetzung für die Erfahrung von Möglichkeiten der »Wiedergutmachung«, des Heilmachens und Zurückgebens ihm gegenüber. Wenn das Kind wiederholt erfahren kann, dass es neben seinen zerstörerischen Mächten auch Kräfte der Wiederherstellung und Wiedergutmachung besitzt, dann erleichtert ein solcher »wohltätiger Zyklus« (Winnicott 1965a, S. 77) von Destruktion und Reparation die bewusste Aneignung der aggressiv-destruktiven Impulse und das Empfinden von angemessenen Schuldempfindungen darüber. Das fundiert, fördert und stärkt die »Fähigkeit zum Erbarmen« und die »Fähigkeit zur Besorgnis« (ebd.) als bedeutsame Gegenspieler gewaltsamer Destruktivität. Sie erlauben schließlich auch die Ersetzung des archaischen Vergeltungs- und Racheprinzips, das die Gewalt nur unaufhörlich fortschreibt, durch das »Prinzip Wiedergutmachung«, das über ausgleichende Gerechtigkeit und Sühne im besten Fall zu einer Versöhnung führen kann (Auchter 1996).

Der frühe (mitunter) aggressive Dialog zwischen Mutter und Kind oder Vater und Kind kann allerdings auch misslingen oder »entgleisen« (Spitz 1982). Indem die Eltern zum Beispiel die Aggressivität ihres Kindes »todernst« nehmen, ihr Kind als »böse« erklären und sich z. B. emotional von ihm zurückziehen. Im unbewussten Erleben des Kindes lassen sie sich damit von seinen aggressiven Impulsen als »gute Objekte« vernichten. Oder sie bestätigen seine Destruktivität, indem sie maßlos aggressiv destruktiv reagieren, sich am Kind »rächen« (Winnicott 1971a, S. 91).

> Kürzlich berichtete mir eine Patientin, dass sie als Vierjährige monatelang von ihrer Mutter nächstens an den Stäben ihres Holzbettchens festgebunden wurde und ihr Mund mit Klebeband verschlossen wurde, damit sie nicht schrie. Einer anderen wurde von ihrem Vater (Arzt) unter Beihilfe der Mutter Wasser unter die Fingernägel gespritzt, damit sie mit dem Nägelkauen aufhöre.

Auf diese Weise werden die grenzenlosen unbewussten Gewaltfantasien zur zerstörerischen und vernichtenden Wirklichkeit. Damit wird die Aneignung der eigenen Aggression erschwert, die Destruktion muss gewissermaßen ein »Fremdkörper« im Selbst bleiben und das Kind wird so potenziell gewalttätig gemacht. Die abgespaltene und eingekapselte Destruktivität kann nicht integriert und damit sozialisiert werden, sondern bleibt als Zeitbombe, die jederzeit hochgehen kann.

Bisweilen bedürfen die konkreten aggressiv-destruktiven Aktivitäten von Kindern und Jugendlichen auch einer schlichten Eingrenzung. »Wenn Eltern dem Kind eine ›auf die Pfoten hauen‹, weil es einer Fliege die Flügel ausreißt, so ist das ein Moment der Autorität, das zur Entbarbarisierung beiträgt«, meint Theodor W. Adorno (1970, S. 131). Wenn Eltern und Erzieher sich ihrer grenzsetzenden Funktion entziehen, wie es viele heutzutage aus Bequemlichkeit oder Unfähigkeit praktizieren, müssen junge Menschen die entwicklungsnotwendigen Grenzerfahrungen anderswo suchen. Wenn ihre diversen Versuche des »Anstoß-Erregens« (Winnicott 1958, S. 311) ins Leere laufen, kann es sein, dass sie, »um sich von ihrem depressiven Affekt zu befreien, eine Flucht nach vorn antreten, eine *gewaltsame* Tat unternehmen« (Haynal 1976, S. 100; kursiv T. A.). Eine andere Weise der Grenzsetzung wird von Jugendlichen im

Anschluss an eine Gruppe gesucht, deren autoritäre Führung und Ordnung die Angst vor der eigenen aggressiven Triebhaftigkeit mindert. Derartige Gruppen stehen aber auch in der Gefahr, ihre destruktive Aggression gegen bestimmte andere Gruppen (zum Beispiel Ausländer, Behinderte, politische Gegner) zu kanalisieren.

Für die Pubertät und Adoleszenz ist ein oppositionelles Verhalten des Jugendlichen konstitutiv, da die bedeutsamsten Entwicklungsherausforderungen in der Bildung einer stabilen eigenen Identität und der Ablösung aus der Herkunftsfamilie bestehen (vgl. Auchter 2002d). Adoleszente Gewalt ist in der Regel ein »Übergangsphänomen«. Wenn sie dauerhaft wird oder bleibt, ist das ein Indiz für eine Entwicklungsstörung.

Die psychoanalytische Selbstpsychologie hebt besonders die Kränkung, Verletzung und Traumatisierung des Selbst in der Genese der destruktiven Aggressivität, basierend auf »narzisstischer Wut« (Kohut 1979, S. 108ff.), hervor. Wir wissen heute, wie bedeutsam die »anerkennende Spiegelung« (Winnicott 1971a, S. 111ff.) durch die Mutter und andere Beziehungspersonen für die gesunde Entwicklung eines Kindes ist. Das Selbst- und Selbstwertgefühl wird gestärkt durch den »Glanz im Auge der Mutter«, wie das Heinz Kohut (1976, S. 141) in einer trefflichen Formulierung fasst. Jessica Benjamin (1993a, S. 25) vergleicht die zwischenmenschliche »Anerkennung« »mit jenem wichtigen Element der Photosynthese […], nämlich dem Sonnenlicht, das die Energie für die dauernde Transformation der pflanzlichen Substanz liefert«. Menschen, die längerfristig gegenteiligen Erfahrungen von Nicht-Anerkennung, Erniedrigung, Missachtung, Demütigung und Beschämung ausgesetzt sind, werden Ressentiments entwickeln. Die Abwehr der Scham kann sich in einer »Verkehrung ins Gegenteil« manifestieren, in hochmütiger Selbstüberschätzung und Arroganz oder in der Herabsetzung des anderen, seiner Beschämung. Die trotzige Wut kann aber am Ende auch in Gewalt gegen andere oder sich selbst münden (Auchter 1998a, S. 146f.).

Exkurs: Das Soziale in der »Antisozialen Tendenz«

Als Ausdrucksformen der »antisozialen Tendenz« versteht der Psychoanalytiker Donald W. Winnicott aggressive Verhaltensweisen wie Gierigkeit, Einnässen, zwanghaftes Zerstören, habituelles Lügen, Stehlen, Schulschwänzen (vgl. Nitschmann 2002) und Ähnliches mehr. Derartige Symptome zeigen an, dass in der Beziehungsentwicklung etwas schief gegangen ist. Winnicott nennt sie nicht »asozial«, sondern »antisozial«, weil er in ihnen paradox eine untergründige soziale Tendenz verborgen sieht. Für ihn umfassen diese Verhaltensweisen einen unbewussten Hilferuf, sie sind ein »SOS-Signal«, das sich in letzter Hoffnung an ein Objekt richtet, statt verzweifelt aufzugeben oder die Gewalt direkt gegen sich selbst zu richten.

Der Ausbildung antisozialer Impulse geht lebensanfänglich eine zumindest minimale gute, soziale Beziehungserfahrung voraus. Diese wird abrupt, gewaltsam unterbrochen zum Beispiel durch einen schwerwiegenden Verlust wie den Tod eines Elternteils in den ersten Lebensjahren. Die durch die Deprivation ausgelösten tiefen Ängste zwingen das Kind zu seelischen Reaktionen, die seiner Hilflosigkeits- und Ohnmachtserfahrung entgegenwirken sollen.

Dieselbe paradoxe, produktive Sichtweise liegt auch Winnicotts Formulierung von der »Delinquenz als Zeichen von Hoffnung« (Winnicott 1986, S. 90ff.) zugrunde. Auch dieses Symptom betrachtet er als Ausdruck eines krankheitsauslösenden Verlusts, aus dem diese spezifische Form der »Suche nach einem Objekt« (Winnicott 1984, S. 125) resultiert.

Die seelische Entwicklungslinie des Widerstandes

Wir können zwischen einem »passiven Widerstandserleben«, bei dem der Widerstand vom Objekt ausgeht, und einem »aktiven Widerstandsverhalten«, bei dem der Widerstand vom Subjekt ausgeht, unterscheiden.

Die ersten Widerstandserfahrungen macht der Fötus schon im Mutterleib, wenn seine spontanen, »aggressiven« Bewegungen »anstoßen« (Winnicott 1958, S. 216). Sie dienen wie auch folgende Widerstandserlebnisse wesentlich der Unterscheidung zwischen Ich und Nicht-Ich (ebd., S. 215ff.). Sie sind selbstkonstituierend. Spätere Grenzsetzungen anderer, »Neins«, sind hilfreich und notwendig zur weiteren Ausdifferenzierung des Selbst. Diese Widerstände sind selbststrukturierend. Das allerdings nur, wenn sie mit hinreichenden Bejahungserlebnissen, Anerkennungs- und Bestätigungserfahrungen gepaart sind!

Das aktive Widerstandsverhalten setzt eine nachgeburtlich nicht sofort bestehende deutliche Abgrenzung zwischen Ich und Nicht-Ich, die Unterscheidung zwischen Subjekt und Objekt voraus. Ihre Vorläufer finden wir in den frühen

Abwendungsbewegungen des Säuglings (Spitz 1957), vermutlich angeborenen »aversiven« (Lichtenberg 1992, S. 56) Gesten, zum Beispiel dem Abwenden des Blickes oder des Kopfes. Die Reifung der Motorik erlaubt dann später die Fort-bewegung, das Weg-kriechen und Weg-laufen. Mit dem Erwerb der Wortsprache kommt dann eine weitere Dimension des Widerstandsrepertoires, die Fähigkeit zum »Nein-Sagen«, hinzu. Außerdem erhält das Kind dadurch die Möglichkeit, etwas nicht zu sagen, etwas zu verschweigen. Die Fähigkeit zum Schweigen kann dann später nur durch Gewalt, zum Beispiel der Folter gebrochen werden. Wenn diese Ur- und Grundformen des Widerstandes nicht durch die frühen Beziehungspersonen anerkannt und als positive Verhaltensmöglichkeit bestätigt werden, wird die spätere Widerstandsfähigkeit des Individuums beeinträchtigt. Werden gar in der sogenannten »Trotzphase« die Äußerungen des Eigensinnes, die sich im »Nein« des Kindes manifestieren können, mit Gewalt gebrochen, wie bei der »autoritären Erziehung«, kommt es zu einer langfristigen Beschädigung der Widerstandsmöglichkeiten.

Wenn Eltern und Erzieher sich auf der anderen Seite den entwicklungsnotwendigen Grenzsetzungen, ihrem »Nein«, aus Bequemlichkeit, Konfliktscheu oder sonstigen Gründen entziehen, wie es heute allzu häufig zu beobachten ist, erschweren beziehungsweise verhindern sie ebenfalls die Entwicklung der Fähigkeit zum Widerstand. Sie steht dann dem Subjekt in Situationen, in denen sie angemessen und notwendig ist, nicht in hinreichendem Maße zu Verfügung. Wie in jener bekannten Sentenz von Martin Niemöller (1946):

> »Als die Nazis die Kommunisten holten, habe ich geschwiegen, ich war ja kein Kommunist. Als sie die Sozialdemokraten einsperrten, habe ich geschwiegen, ich war ja kein Sozialdemokrat. Als sie die Gewerkschaftler holten, habe ich nicht protestiert, ich war ja kein Gewerkschaftler. Als sie Juden holten, habe ich nicht protestiert, ich war ja kein Jude. Als sie mich holten, gab es keinen mehr, der protestierte.«

Sich gegen das menschengemachte Böse oder die Gewalt zu entscheiden, setzt beim Individuum auch die Fähigkeit voraus, »Nein« sagen zu können. Das Neinsagen- und Widersprechen-Können als Ausdruck ihrer »Mündigkeit« müssen Kinder und Jugendliche in der Auseinandersetzung mit ihren Eltern und gesellschaftlichen Institutionen wie der Schule lernen können. Mündig werden bedeutet, lernen zu analysieren, zu unterscheiden, Ja und Nein zu sagen, gehorsam und ungehorsam sein zu können. Um nicht böse zu werden und eine Gewalttat zu vermeiden, muss man bisweilen nämlich auch den Gehorsam verweigern! Es geht auch um eine Erziehung zum begrenzten, »gesunden Ungehorsam«, welcher gelegentlich Gewalt zu mindern vermag. Eine notwendige und hilfreiche Voraussetzung dafür liegt für ein Kind im Erleben von relativen und nicht absoluten »Neins« in der Erziehung.

Genauso wie die Gewalt nicht vom Himmel fällt, wird auch der Widerstand gegen Gewalt, der Courage und Zivilcourage voraussetzt, in der menschlichen Entwicklung produziert. Die Sozialpsychologin und Psychotherapeutin Eva Fogelmann und ihre Forschungsgruppe befragten mehr als 300 Menschen, die in der Nazizeit dem Antisemitismus trotzten und unter Einsatz ihres Lebens Juden gerettet hatten. Ihr altruistisches und der Gewalt Widerstand entgegensetzendes Verhalten sieht sie als Ausdruck von Werten und Überzeugungen, die in der Kindheit geprägt werden und im innersten Kern der Persönlichkeit verwurzelt sind (Fogelmann 1995, S. 16, 247ff.). Als zentral betrachtet sie die Fähigkeit, klar durchzublicken und sich nicht von propagandistischen Nebeln, hinter denen die Gewalt versteckt wird, täuschen zu lassen (ebd., S. 75). Das setzt die Fähigkeit zu »selbstständigem« Fühlen, Denken und Handeln voraus, das durch ein stabiles, liebevolles, verständnisvolles und fürsorgliches Elternhaus garantiert wird. Die Eltern anerkennen, bestätigen und fördern das Selbst des Kindes auch dadurch, dass sie sich als »wirkliche Gegenüber« (Winnicott 1989, S. 89, 101) erweisen, die sich auch zum »liebevollen Kampf« (Stierlin [1974] 1980, S. 203) zum Beispiel für die adoleszente Ablösung zur Verfügung stellen. Wenn die Kinder aus ihrer Beziehung zu den Eltern und den fairen Auseinandersetzungen mit ihnen ein hinreichendes Maß an »Urvertrauen« (Erikson 1970) gewinnen konnten, dann erwächst daraus ein relativ unerschütterliches inneres Gleichgewicht, das es ihnen ermöglicht, auch Gewaltsituationen, die Angst machen und Mut erfordern, mit einer hinreichenden Angsttoleranz zu bestehen. Statt unkritisch die Verantwortung an Autoritäten oder andere (Milgram 1982) abzugeben, können sie Selbstverantwortung übernehmen (Fogelmann 1995, S. 77f., 86). Ihre Erfahrung, dass ihre Eltern ihnen mit Empathie und grundsätzlicher Sympathie begegnet sind, befähigt sie selbst zu einem empathischen Zugang zu anderen. Die »Empathie«, die Einfühlung in einen anderen Menschen, erschwert dessen Entwertung, Dehumanisierung und Gewalt gegen ihn, erleichtert dagegen Mitempfinden und Mitleid (ebd., S. 61, 260f.), »Sympathie« für ihn. Sie verhindert Gleichgültigkeit.

Gewalt ist nicht selten eine Folge unkritischen, blinden Gehorsams. Sie entsteht aus dem Bedürfnis nach sozialer Sicherheit und Ruhe, zum Beispiel dem Aufgehobensein in einer bestimmten Gruppe oder der Anerkennung durch eine Autorität. Das sogenannte Milgram-Experiment (Milgram 1982) verdeutlicht dies in eindrucksvoller Weise.

Das selbstbewusste Neinsagen- und Widersprechen-Können ist schließlich auch eine wichtige Prophylaxe gegen das Erleiden von sexueller Gewalt.

Im Alltag geht es immer wieder um eine Balance zwischen Anpassung und Widerstand. Die Psychoanalyse unterscheidet dementsprechend zwei große Gruppen seelischer Regulationsmechanismen des Ichs, die »Anpassungsmechanismen« einerseits und die »Abwehrmechanismen« andererseits. Freud (1926e, S. 228) formulierte,

> »dass es noch einen anderen Weg zur Versicherung der Befriedigung gibt als die beschriebene Anpassung. Man kann auch verändernd in die Außenwelt eingreifen […]. die Entscheidung, wann es zweckmäßiger ist, seine Leidenschaften zu beherrschen und sich vor der Realität zu beugen, oder deren Partei zu ergreifen und sich gegen die Außenwelt zur Wehr zu setzen, sind das Um und Auf der Lebensklugheit.«

Widerstand hat seine Zeit und Ergebung hat seine Zeit.

Die Fähigkeit zum Kompromiss ist ein bedeutsamer entwicklungspsychologischer Erwerb. Der selbstkritisch reife Mensch wird sich allerdings auch mit der Frage auseinandersetzen, wann der Kompromiss zur Kompromittierung wird. Nach Winnicott (1960, S. 149f.) hört der Kompromiss auf zulässig zu sein, »wenn es um entscheidende Fragen geht«.

Gewalt fällt nicht von Himmel – Gewalt wird produziert

Gewalt zwischen Menschen ist grundlegend »Beziehungsgewalt« (Bauriedl 1992). Sie wird in und durch unheile/n Beziehungen produziert und lässt sich deswegen durch heilsame Beziehungen positiv beeinflussen.

Traumatisierend wirkt nach Winnicott neben der direkt erfahrenen Gewalt, den »Übergriffen« zum Beispiel durch körperliche und seelische Misshandlung oder sexuelle Gewalt, auch ein »Mangel« an hinreichender »Zuwendung, Bindung und Halten« (Auchter 2000d). Da solchen vernachlässigten, »sozial verwahrlosten« Kindern die »affektive Nahrung vorenthalten wurde, auf die sie Anspruch hatten, ist ihr einziges Hilfsmittel die *Gewalt* […]. Das Kind wurde um die Liebe betrogen, dem Erwachsenen bleibt nur der Hass«, schreibt der Psychoanalytiker René Spitz (1976, S. 311; kursiv T. A.). Götz Eisenberg und Reimer Gronemeyer (1993, S. 27) haben das auf die treffliche Formel von der »Gewalt, die aus der [sozialen; Anm. T. A.] Kälte kommt« gebracht. Die mangelnde soziale Einbindung eines Kindes führt zu einer mangelhaften Einbindung der Aggression in seine Persönlichkeit und trägt somit ebenfalls zu einer Entgrenzung seiner Gewalt bei. In den Gewaltverhältnissen, in denen sie aufwachsen, wird nicht ihr »Subjektsein« gestärkt, sondern sie erfahren sich als »Objekt« übermächtiger Gewalt anderer. Sie werden dann später dazu neigen, in einer »Verkehrung ins Gegenteil« andere zum Objekt ihrer gewalttätigen Macht zu machen, um sich damit aktiv von ihrem Ohnmachtsgefühl zu befreien, ihr passives Ausgeliefertsein zu überwinden und womöglich dem anderen die Angst einzujagen, welche sie selber quält (»Macht kaputt, was Euch kaputt macht«). Auch wenn äußerlich betrachtet eine Gewalttat ein Ausdruck von Stärke, Macht und Überlegenheit zu sein scheint, ist sie aus psychologischer Sicht immer zugleich ein Symptom von innerer Schwäche, Ohnmacht und Unterlegenheit. In den meisten Fällen sind »Gewalttäter« in irgendeiner Form vormalige »Gewaltopfer«.

Da viele Menschen den Angriff für die beste Verteidigung halten, suchen sie immer wieder, einen Zustand der Sicherheit mit Gewalt herbeizuführen. Das geschieht im Kleinen in der Familie ebenso wie im Großen in der Politik. Das »Vertrauen« in eine langfristig gesunde, positive »Selbstentwicklung« des anderen setzt den Verzicht auf eigene »Allmachtsfantasien«, die immer gewalttätig sind, und den Mut zur eigenen »Unsicherheit« voraus. Freiheit macht Angst und Freiheit macht Arbeit. Die Formulierung »Freiheit macht Arbeit« fand ich 1990 an einer Häuserwand in Ost-Berlin.

Sexuelle Gewalt

Neben der »Vergewaltigung« hat sich in den letzten Jahren für die sexuelle Gewalt gegenüber Abhängigen die Formulierung »sexueller Missbrauch« eingebürgert. Dieser Begriff ist allerdings höchst missverständlich. So, als ob es einen guten »Gebrauch« eines Kindes oder eines anderswie Abhängigen geben könnte. Bei der sexualisierten Gewalt handelt es sich um einen einseitigen Machtmissbrauch, um die Manipulation und Ausnutzung von Abhängigkeitsverhältnissen (Wirtz 1990, S. 15).

Die Formulierung »sexuelle Gewalt« oder »sexuelle Ausbeutung« (Wirtz 1990, S. 16) bringt auch den Kern des Geschehens präziser auf den Punkt. Denn es geht dabei um eine machtvolle Überwältigung eines oder einer Abhängigen auf sexueller Ebene. Dabei spielen subtile Formen von emotionaler oder psychischer Gewaltanwendung häufig eine viel größere Rolle als physische Gewalt. Der Mächtigere (zum Beispiel ein Elternteil, Psychotherapeut, Pfarrer) in einem Abhängigkeitsverhältnis hat die ethische Pflicht, auch allen möglichen Verführungsversuchen des oder der Abhängigen ein klares und definitives »Nein« entgegenzusetzen. Alles andere wäre ein einseitiges Ausnutzen eines Abhängigkeitsverhältnisses und damit ein Verfehlen des anderen als ein personales »Subjekt«, eine Verdinglichung der Person und damit eine »Dehumanisierung«. Die Folge ist dann eine sexuelle »Misshandlung«.

Psychopathologisch ist die sexuelle Gewalt beim Täter eher unter den »narzisstischen« Persönlichkeitsstörungen oder der »narzisstischen« Charakterstörung einzuordnen als unter den »sexuellen« Störungen, denn sie bedient sich nur des »Instruments« der Sexualität. Dem entspricht die klinische Erfahrung, dass »Grenzüberschreitungen sich in der Regel nicht auf den sexuellen Bereich beschränken« (Richter-Appelt 1997, S. 103).

Beim Opfer führt die sexuelle Gewalt in der Regel zu einer sexuellen »Traumatisierung« mit langfristigen seelischen Beschädigungen. »Das Traumatisierende einer Handlung ist nicht die Handlung selbst, sondern das Erleben derselben« (Richter-Appelt 1997, S. 96). In der Regel ist das Wesentliche der »Vertrauensbruch« durch eine Person, der man zuvor volles Vertrauen geschenkt hat, und die einen nun voll enttäuscht. Wenn schon von »Missbrauch« gesprochen wird, dann von »Missbrauch des Vertrauens«!

Bei der sexuellen Gewalt sind mindestens drei Szenarien vorstellbar, in denen Widerstand eine Rolle spielt: 1. Aufgrund des Abhängigkeitsverhältnisses zwischen Täter und Opfer findet überhaupt kein spürbarer Widerstand statt. 2. Der leise Widerstand des Opfers wird vom Täter nicht wahrgenommen und/oder nicht respektiert. 3. Der unüberhörbare Widerstand wird vom Täter mit brutaler Gewalt gebrochen.

Terroristische Gewalt und Widerstand

Die politische Bedrohung durch Gewalt hat sich im Laufe der letzten Jahrzehnte grundlegend verändert. Durch den Zusammenbruch der kommunistisch regierten Länder hat sich das Gleichgewicht der atomaren Abschreckung zwischen den Supermächten in verschiedene gefährliche Richtungen entwickelt. Den riskanten Hegemonialansprüchen der einzig verbliebenen Supermacht ist derzeit machtpolitisch nur schwer etwas entgegenzusetzen. Der Bedrohung durch die strukturelle Gewalt häufig global operierender Wirtschaftskonzerne steht eine internationale Kontrolle nur in begrenztem Ausmaß gegenüber. Die durch den Ost-West-Konflikt einerseits angefachten (»Stellvertreterkonflikte«), aber andererseits darin auch eingebundenen Regionalkonflikte, häufig ethnisch oder religiös begründete, historisch tief verwurzelte Spannungen, gewinnen nun eine eigenständige bedrohliche Qualität. Verstärkt hat sich in den letzten Jahren die sogenannte »asymmetrische Bedrohung« von Gesellschaften und Nationen durch »Terroristen«.

Der Zusammenhang zwischen Leiden und Gewalt lässt sich auch bei der terroristischen Gewalt nachweisen. An vielen Stellen unserer »einen« Welt können wir teuflische Gewaltkreisläufe zwischen zerstörerischen und tödlichen Gewaltakten von Gruppierungen, die sich selbst als »Widerstandskämpfer« definieren, und die, besonders nach dem 11. September 2001, alle unter der Bezeichnung »Terroristen« eingestuft werden, einerseits und staatlichen zerstörerischen und tödlichen Gewaltakten, die als »Selbstverteidigung« unter der Bezeichnung »Terrorismusbekämpfung« laufen, andererseits beobachten. Die Frage der Gewaltanwendung bleibt für Gruppierungen, die sich dem politischen Widerstand zurechnen, eine prekäre. Es sind sicher extreme Einzelsituationen, in denen Gewaltanwendung unvermeidlich ist, zum Beispiel beim sogenannten »Tyrannenmord« oder der Tötung eines potenziellen »Verräters« einer Widerstandsbewegung, welche die Tötung vieler anderer Menschen verhindern könnte. Aber hierfür kann es und wird es keine allgemeine und grundsätzliche Legitimierung geben können, sondern es bleibt eine verantwortliche Entscheidung des einzelnen ausführenden Attentäters beziehungsweise seiner Gruppe. Mit dem »Widerstands-« beziehungsweise »Selbstverteidigungsrecht« begründen schon immer und auch heute nichtdemokratische und demokratische staatliche Organe (zum Beispiel Russen in Bezug auf Tschetschenen, Israelis in Bezug auf Palästinenser, Chinesen in Bezug auf Oppositionsgruppen, Amerikaner in Bezug auf den Irak) gewaltsame und destruktive polizeiliche und militärische Aktionen. Bekanntestes – perverses – Beispiel hierfür ist sicher am Beginn des Zweiten Weltkrieges der deutsche Überfall auf Polen 1939 unter dem Tenor: »Seit 5.45 Uhr wird *zurück*geschossen.« So wenig die Geiselnahme in dem Moskauer Musicaltheater im Herbst 2001, obgleich vielleicht angesichts der verzweifelten Lage in Tschetschenien und der Vergessenheit der Welt verstehbar, legitim ist, so wenig ist es die kaltblütige Liquidierung der durch Betäubung wehrlos gemachten Geiselnehmer mittels eines Genickschusses durch die russischen Staatsorgane.

Der terroristische Gewalttäter, insbesondere der sogenannte »Selbstmordattentäter«, muss sowohl seinen Selbsterhaltungstrieb als auch seine Tötungshemmung überwinden. Dies kann durch ein Aufwachsen unter gewaltgeschwängerten Bedingungen, in denen der Einzelne, seine Würde und sein Leben wenig oder nichts zählen (zum Beispiel in Palästina), gewissermaßen auf natürlichem Wege erfolgen oder durch zusätzliche oder nachträgliche Indoktrinierung gewaltsam in die Wege geleitet werden. Alle nichtstaatlichen und staatlichen Gruppen, demokratisch oder nichtdemokratisch, indoktrinieren ihren Jugendlichen das »Tötungsgebot« im sogenannten »Wehrdienst«. Mit dieser Etikettierung wird der Selbstverteidigungscharakter – auch das entsprechende Ministerium heißt immer »Verteidigungs-« und nie »Kriegsministerium« – hervorgehoben und damit der Blick vom Töten und Vernichten abgelenkt. Mit dem »Prinzip Selbstverteidigung« wird dann alles, auch alle zerstörerische, tödliche und mörderische eigene Gewalt, begründet.

Durch gewalttätige Re-Aktionen wie die Drangsalierung und Liquidierung der Bevölkerung in Tschetschenien oder die Zerschlagung der palästinensischen Infrastruktur oder die Zerstörung palästinensischer Gebäude und Wohnhäuser mit Inkaufnahme von menschlichen Gewaltopfern trägt das jeweilige staatliche Militär zur Aufrechterhaltung des Teufelskreises der Gewalt bei. Eine Annäherung an eine tatsächliche Überwindung von terroristischer Gewalt lässt sich nur auf dem Wege einer Austrocknung des Nährbodens für die Gewalt vorstellen. Dazu gehören unter anderem die Anerkennung der Menschenrechte, die Achtung vor der Menschenwürde und die Gewährleistung eines Minimums an humanen Grundbedingungen der Existenz. »Egal, was ein Mensch getan hat, er bleibt ein Mensch«, formulierte Bundespräsident Johannes Rau im Jahre 2002 auf der Gedenkfeier für die Opfer des Amokläufers von Erfurt, Robert Steinhäuser, der 16 Schüler und Lehrer und schließlich sich selbst tötete.

Eine weitere Gefahr besteht darin, dass unter dem Deckmantel der Terrorismusbekämpfung, auch in demokratischen Staaten, wesentliche Menschenrechte eingeschränkt oder eliminiert werden, der eigenen Bevölkerung also »Freiheiten« zugunsten vermeintlich größerer »Sicherheit« entzogen werden. »Freiheit stirbt mit Sicherheit.« Damit werden aber nur neue Wurzelgründe für terroristische Gewalt geschaffen und neue Gewaltspiralen begründet.

Gewalt und Medien

Die realistische Wahrnehmung der destruktiven Kraft der Gewalt und damit die Möglichkeit zur Entwicklung von Widerstandspotenzial werden durch die modernen Medien nur scheinbar erleichtert. Die Überflutung mit Gewaltszenen im Fernsehen, in Videofilmen und Computerspielen führt erstens zu einer affektiven Abstumpfung, zweitens durch die Überwältigung mittels von außen eindringender Bilder zu einer Verarmung der eigenen Fantasietätigkeit, drittens zu einer destruktiven Auflösung der Unterscheidung zwischen Fantasie (virtueller Realität) und Wirklichkeit, und viertens zu einem Versiegen der moralischen Einbildungskraft.

Der Krieg wird auch zu einer »Medienschlacht«. Kriegsbilder werden jeweils im Interesse der eigenen Sache instrumentalisiert, auf der einen Seite durch eine »Ästhetisierung« des Grauens (High-Tech-Krieg), die zu einer »Anästhesierung« des Publikums führen soll, andererseits durch demonstrative, medienwirksame Zurschaustellung von Grausamkeiten, die der Gegner angerichtet hat. Die tatsächliche blutige Wahrheit des Verstümmelns, des Zerfetzens, des Tötens und Sterbens und des Leidens wird trotz scheinbarer »Live-Übertragung« von den Kriegsschauplätzen nur vorgetäuscht. Die Wahrheit der Gewalt fällt als Erstes der militärischen Gewalt zum Opfer.

Schließlich sollte auch die »Attraktivität« von Gewaltdarstellungen für die Menschen, sei es zum unbewussten identifikatorischen Miterleben, sei es wegen der stellvertretenden Gewaltausübung, die zudem noch den Vorteil hat, sich dagegen bewusst empören zu können, also auch noch das eigene Gewissen beruhigen und besänftigen zu können, nicht unterschätzt werden. Denn sie hält die mediale »Gewaltindustrie« am Leben und füttert sie. Wenn nicht eine derartig große Nachfrage nach Gewalt und Destruktion bestehen würde, würden die Medien sie nicht so groß herausbringen können und müssen.

Gewalt und Gewissen

Am Fatalsten ist, wenn Gewissen und Gewalt nicht in einem Widerspruchsverhältnis stehen, sondern eine unheilvolle Allianz eingehen – und womöglich noch eine »von Gott – oder ›Allah‹ – gegebene« Legitimation für die Gewalt mit einbeziehen. Der französische Philosoph Blaise Pascal schrieb in seinen *Pensées*: »Niemals tut man so gut und so vollständig das Böse, als wenn man es guten Gewissens tut.« Der israelische Psychoanalytiker Raphael Moses (1986) hat dieses Phänomen als »Watergate-Syndrom« bezeichnet. Dabei rückt an die Stelle allgemein verbindlicher Wertvorstellungen oder des »Über-Ichs«, wie wir Psychoanalytiker sagen, ein individuelles, idealgesteuertes, nicht mehr kritisch hinterfragbares Wertesystem. Beispiele für ein derartiges Verhalten sind neben Richard Nixon z. B. Helmut Kohl oder George W. Bush.

Die Verabsolutierung, die Mystifikation von Ideen und Idealen pervertiert deren – möglicherweise guten – Inhalte in ihr Gegenteil. In diesem Kontext heiligt dann auch der Zweck die Mittel. Es sind die »allzu Gläubigen, die Idealisten und Perfektionisten, die Fanatiker und Fundamentalisten, die um hehrster Ziele willen unvorstellbare Grausamkeiten begangen, Scheiterhaufen und Galgen errichtet und ›heilige Kriege‹ begonnen haben« (Eckert 1978, S. 129). Die entscheidende Frage lautet: »Was bewahrt Menschen davor, ihre Position zu verabsolutieren und damit potentiell guten Gewissens zu Verbrechern zu werden?« (ebd.)

Die Zukunft der Gewalt – »Jenseits des Gewaltprinzips«?

Das Problem der Gewalt im 21. Jahrhundert besteht vor allem in ihren Dimensionen. Das betrifft nicht nur die Massenvernichtungsmittel, die einen vielfachen »overkill« ermöglichen, sondern die seit 11. September 2001 von niemandem mehr zu verleugnende Verwundbarkeit moderner Großgesellschaften. Die meisten wissenschaftlichen und technischen Fortschritte des Menschen lassen sich auch als destruktive Waffen gewaltsam gegen ihn selbst richten. Der Mensch in seiner »Antiquiertheit« (Anders 1956), der einen wirklichen, emotionalen Bezug nur zum sinnlich Fassbaren, begreifbaren »Naheliegenden« herstellen kann (Claessens 1980), ist durch die Dimensionen technologischer Entwicklungen (zu groß oder zu klein, zu schnell oder zu langsam für eine bewusste Sinnesempfindung) seit längerem moralisch überfordert. Wie soll er auch in Bezug auf seine Gewalt seinen ethischen Verpflichtungen, dem »Prinzip Verantwortung« (Jonas 1980) gerecht werden können?

Solange es Menschen geben wird, werden sie sich mit der »Menschlichkeit« ihrer Gewalt und deren »Allgegenwart« (Rauchfleisch 1992) auseinanderzusetzen haben. Alle im Laufe der Menschheitsgeschichte entworfenen »Utopien« gewaltfreien Zusammenlebens beruhen ausgesprochen oder unausgesprochen auf der Voraussetzung, dass zuvor alle diese Glückseligkeit störenden Menschen beseitigt worden sind (Chasseguet-Smirgel 1988, S. 130). In Wirklichkeit ist das vollkommene Eliminieren destruktiver Aggressivität nur auf dem Wege der Selbstvernichtung der Menschheit möglich. Der individuell wie kollektiv immer wieder gesuchte Weg, die Gewalt mit Gewalt ausmerzen zu wollen, hat sich allzu häufig als trügerische Hoffnung und Irrpfad erwiesen. »Das ist eben der Fluch der bösen Tat, dass sie fortzeugend immer Böses muss gebären«, sagt schon Friedrich Schiller (1799) in seinem Kriegsdrama *Piccolomini.*

Da es unmöglich ist, die Gewalt ganz aus sich herauszubekommen, liegt die erfolgversprechendere Möglichkeit darin, sich die Aggression in ihren vielfältigen Varianten bewusst und kritisch anzueignen (Auchter 1994, S. 33f.). »Die Schicksalsfrage der Menschenart scheint mir zu sein, ob und in welchem Maße es ihrer Kulturentwicklung gelingen wird, der Störung des Zusammenlebens durch den menschlichen Aggressions- und Selbstvernichtungstrieb Herr zu werden« (Freud 1930a, S. 506). Die Formulierung »Trieb« sollte an dieser Stelle nicht auf die Goldwaage gelegt werden, sondern im Sinne von Impuls oder Tendenz verstanden werden.

Da wir der destruktiven Gewalt entgegenwirken müssen, und zwar schlicht aus Selbsterhaltungsgründen, wie Freud (1933b, S. 25) meint, ist es notwendig, zu versuchen, soweit wie möglich die Psychodynamik individueller und gesellschaftlicher beziehungsweise struktureller Produktion von Gewalt aufzuklären.

Genauso wie der Mensch nach aller menschlichen Erfahrung unbestreitbar zum Niedrigsten und Bösesten gegenüber seinem Mitmenschen und der Natur in der Lage ist, ist er auch zum Höchsten und Besten fähig. Aber unsere innersten Idealvorstellungen vom Reinen und Edlen, unsere »Krankheit der Idealität« (Chasseguet-Smirgel 1981) hindern uns immer wieder daran, unsere

»realistische Zebranatur«, den Wechsel schwarzer und weißer Streifen, bei uns und in uns anzuerkennen. Sie lassen uns immer wieder den Traum vom »weißen Zebra« träumen (Cremerius 1977, S. 1). Ebenso häufig wie nach dem »Wahrhaftigkeitsprinzip« verhalten wir uns nach dem bekannten Aphorismus von Friedrich Nietzsche: »›Das hab ich getan‹, sagt mein Gedächtnis. ›Das kann ich nicht getan haben‹, sagt mein Stolz und bleibt unerbittlich. Endlich gibt das Gedächtnis nach.« Man könnte hierfür vom Wirksamwerden des »Schamprinzips« sprechen.

»Böse« werden wir, wenn wir uns selbst nicht so annehmen wie wir sind, nämlich voller Widersprüche. Mit Fähigkeiten und Stärken, auf die wir stolz sein können, aber auch mit Schwächen und Fehlern und Unvollkommenheiten, für die wir uns vor unserem inneren Ideal schämen. Wenn es uns nicht gelingt, auch diese ungeliebten Selbstanteile, unsere »schlechtere Hälfte«, unsere »Schatten« (wie Carl Gustav Jung sie nennt) anzunehmen, dann stehen wir immer wieder in der Gefahr, dieses unser eigenes Böses auf andere (Fremde, Juden, Palästinenser, Muslime, Ausländer, Behinderte, Asylbewerber, Arbeitslose, Frauen, Kinder usw.) zu projizieren und dann an ihnen mit aller Gewalt zu bekämpfen (Auchter 1990). »Fremdheit erzeugt Misstrauen, Misstrauen erzeugt Hass, Hass erzeugt Gewalttat« (Ben Chorin 1988, S. 104). »Es ist letztlich das Nicht-ertragen-können von Leiden, das immer wieder dazu zwingt, andere leiden zu machen« (Richter 1979, S. 146). Die Leidensfähigkeit setzt voraus, dass wir auf den Versuch der Befriedigung unserer Ideal- und Omnipotenzvorstellungen verzichten. Winnicott hat uns hierfür die hilfreiche Kategorie des »hinreichend Guten« angeboten. Das Annehmen unvermeidlichen Leidens bewahrt uns davor, andere vermeidbar leiden zu machen. So wie es der französische Philosoph Albert Camus (1951, S. 248; kursiv T. A.) einmal formulierte: Es gehe darum, »leben und sterben zu lernen, und *um Mensch zu sein, sich weigern, Gott zu sein*«.

Winnicott (1965b, S. 52) bezeichnet als die »wirklich verantwortlichen Menschen jene, die ihren eigenen Hass, ihre Ekelhaftigkeit, ihre Grausamkeit als Tatsachen annehmen, als Eigenschaften, die gleichzeitig mit ihrer Fähigkeit zu lieben und etwas aufzubauen, bestehen«. Es geht um die Anerkenntnis, dass »Liebe und Hass normale Gefühle sind« (Simmel [1946] 1993, S. 90) und um eine »Koexistenz von Liebe und Hass« (Winnicott 1965a, S. 21), die ausgehalten werden muss. Gesundheit besteht in der Fähigkeit, »zu lieben und zu hassen« (M. Balint 1966, S. 159). Das wusste auch schon die Bibel: »Lieben hat seine Zeit und Hassen hat seine Zeit« (Prediger 3, 8). Die Psychoanalytikerin Melanie Klein ([1935] 1972) hat das Akzeptieren der dunklen Seite im Menschen in einer etwas unglücklichen Formulierung als »depressive Position« bezeichnet. Gemeint sind damit die Fähigkeit und der Wille zur Übernahme von Verantwortung, zur Annahme von realer Schuld und zum Bemühen, zukünftig schuldhaftes Handeln zu minimieren. Kain wird nicht nach dem Prinzip »Auge für Auge, Zahn für Zahn« (2. Mose 21, 24) für seinen Mord an Abel getötet (1. Mose 4, 11–15), was nur zu einer Perpetuierung mörderischer Gewalt führen würde, sondern dazu bestimmt, »mit seiner Schuld zu leben«. Winnicott (1965a, S. 73ff.) bezeichnet das als »Fähigkeit zum Erbarmen« oder »Fähigkeit zur Besorgnis«.

Wenn der destruktiven Gewalt ein entgleister, abgebrochener oder nie zustande gekommener sozialer Dialog zugrunde liegt, dann kann die humane Konsequenz nur in einer Aufnahme oder Wiederaufnahme des Dialoges bestehen. »Worte öffnen Fäuste« (Schorlemer 1992).

Ein wichtiger Beitrag, den wir »Zivilisierten« für die Eindämmung des Nährbodens für Terrorismus und Gewalt leisten könnten, wären Schritte in Richtung einer Beendigung von Ausbeutung und Missbrauch (Rohstoffausbeutung, Kinderprostitution, Abfallablagerung u. a. m. in der »Dritten Welt«). Sie müssten gehen in die Richtung: »Gleiches (Menschen-)Recht für alle«, das zwar in der Charta der Vereinten Nationen (UNO) verankert ist, von dessen globaler Realisierung wir aber meilenweit entfernt sind.

Wir werden es schließlich aushalten müssen, dass ein gewisser Anteil des destruktiven, gewaltsamen Verhaltens nicht und niemals verstanden und erklärt werden kann. So bleibt die Gewalt eine ständige Herausforderung für uns alle. Wir werden das Kainsmal niemals und schon gar nicht gewaltsam auslöschen können – wir müssen und wir können damit leben.

Gewalt als Zeichen von Hoffnung? (2002)

Zur psychoanalytischen Theorie der jugendlichen Gewalt bei D. W. Winnicott

Die Verknüpfung von »Gewalt« und »Hoffnung« im Titel meiner Arbeit erscheint nach den monströsen Attentaten von New York und Washington am 11. September 2001, dem Amoklauf des Schülers Robert Steinhäuser im Gutenberg-Gymnasium in Erfurt am 26. April 2002 und der nahezu täglichen schrecklichen Gewalt im Nahen Osten und anderswo umso befremdlicher und provokativer. Aber auf eine paradoxe Weise liegt für mich in bestimmten Reaktionen auf die grausamen und ohnmächtig machenden Gewalttaten auch etwas Hoffnungsvolles. Könnte es nicht sein, dass die relativ rasch nach den Attentaten vom 11. September aufgekommen Appelle an Besonnenheit und Vernunft – eher von Nicht-Politikern als Politikern – anstelle kurzsichtiger und kurzfristiger militärischer Racheakte, doch ein wenig etwas bewirkt haben? Niemals in meiner nun fast 30-jährigen Praxis haben so viele (fast alle) Patienten dieses äußere Geschehen zum Thema ihrer Stunden gemacht und nicht wenige mit einer Relativierung ihrer inneren Problematik verbunden. Sie haben sich damit als »zoon politikon« erwiesen, als Menschen, die sich auch aktiv als Mitbürger, ja »Weltbürger« verstehen. Die betroffen machenden äußeren Ereignisse haben bei sehr vielen Menschen ein Bedürfnis nach Aussprache, Mitteilung und Austausch zutage treten lassen, sodass ich von einem hoffnungsvollen konstruktiven »kommunikativen Schub« sprechen möchte, der durch die destruktiven Attentate auch ausgelöst worden ist.

Auch die Trauerfeier in Erfurt am 3. Mai 2002 beinhaltete für mich offensichtliche Elemente der Hoffnung. Nicht nur in den Reden der Schülerin Constanze Krieg, des Bundespräsidenten Johannes Rau und des Landesbischofs Christoph Kähler vor über 100.000 Menschen, sondern zum Beispiel auch in dem beeindruckenden Symbol von Menschlichkeit, dass außer den 16 Kerzen für die Opfer des Massakers abgesondert eine weitere Kerze für den Attentäter aufgestellt war. »Was immer ein Mensch getan hat: Er bleibt ein Mensch« (Johannes Rau).

Einführung

Jede Gesellschaft hat die Jugend, die sie verdient. Denn es sind ihre Kinder, die sie erzeugt und erzogen hat. Wie in einem Brennglas verdichten sich in den Adoleszenten bewusste und unbewusste universelle Fragen, Ängste und Grundkonflikte (Stierlin 1971; Mentzos 1982) des Menschen. Aber wie äußerst empfindsame Seismografen signalisieren die Jugendlichen auch aktuelle Probleme, Verwerfungen und Erschütterungen ihrer Gesellschaft und Kultur.

Jugendliche Gewalt hat es zu allen Zeiten gegeben. Die Qualität der Gewalt scheint sich jedoch heute zunehmend in Richtung einer Entgrenzung und Brutalisierung zu entwickeln. Die »neue Gewalt« wird nicht selten mit Etiketten wie ziellos (Eisenberg/Gronemeyer 1993, S. 49), hemmungslos oder sinnlos versehen. Gerade das Letztere muss aber die Psychoanalytiker und Kinderanalytiker als »Spezialisten für Sinnlosigkeit« auf den Plan rufen, um nach möglichen Verstehensansätzen zu forschen. Diese müssen sich jedoch immer ihrer Begrenztheit bewusst bleiben, denn dem komplexen Thema der Gewalt ist sicher nur mit einer interdisziplinären Betrachtung angemessen näherzukommen. Die Frage einer Geschlechtsspezifität aggressiver und destruktiver Manifestationen (Micus 2002) bedürfte einer umfangreicheren Erörterung. Bei dieser Frage wird jedoch sicher der Einfluss kultureller und gesellschaftlicher Faktoren auf die Sozialisationsbedingungen und auf die Ausdrucksformen von Gewalt bei Jungen und Mädchen berücksichtigt werden müssen. Insofern beziehen sich meine Überlegungen zur expressiven Gewalt primär auf junge Männer.

Die Grundlage meiner Arbeit sind vor allem Konzeptualisierungen des britischen Kinderarztes und Psychoanalytikers Donald W. Winnicott (1896–1971), die mir für ein Verständnis jugendlicher Gewalt hilfreich erscheinen. Er entwickelte seine Vorstellungen und Konzepte zur Jugendgewalt vor allem im

Angesicht der Gewalt des Zweiten Weltkrieges und ihrer Auswirkungen auf Kinder und Jugendliche. Außerdem möchte ich versuchen, seine Gedanken ein wenig in den aktuellen Diskurs der Psychoanalyse einzuordnen. Der aufmerksame Leser wird in meiner Arbeit darüber hinaus unschwer eine Reihe von impliziten Bezügen zu dem Attentat vom 11. September und zum Amoklauf von Erfurt entdecken.

Zum Begriff der »Gewalt«

Im öffentlichen Diskurs werden »Aggression« und »Gewalt« häufig undifferenziert in einen Topf geworfen. Aggression betrachte ich mit Winnicott (1984) als ursprüngliche, nicht festgelegte Antriebskraft, eine »Lebenskraft« (Winnicott 1989, S. 245) im Sinne einer grundlegenden Aktivität. Aufgrund (grundsätzlich unvermeidbarer) frustrierender Schmerz- und Verlusterfahrungen (vgl. Loch 1970, S. 251) oder traumatisierender Gewalterfahrungen wird ein Teil dieser neutralen Wirkkraft, die »primäre Aggression«, sekundär reaktiv in Destruktivität oder Gewalttätigkeit umgewandelt (Winnicott 1958, S. 216). Aggression ist also eine zunächst »unspezifische Aktivität im Dienste der Selbsterhaltung« (Ermann 1996, S. 332; Lantos 1958; Kohut 1979, S. 108). Parens (1993, S. 110f.) bezeichnet ihre zwei Varianten als 1. »nichtdestruktive Aggression« und 2. »nicht-affektive Destruktion«. Erstere entspricht Winnicotts Vorstellung von der Aggression als »Aktivität«, die zweite zum Beispiel seinem Bild von der Aggression als einem Teil des archaischen Liebesimpulses (vgl. Auchter 2000d, S. 34f.), dem gierig-verschlingenden Liebeshunger (Winnicott 1984, S. 88), welcher in der Fantasie des Säuglings das Objekt vernichtet. Die primäre Aggression wird erst durch gewaltsame Vernachlässigungen, Verletzungen, Kränkungen und Traumatisierungen des Selbst (Kohut 1979, S. 108ff.) in Destruktivität umgeformt und kann dann in den »Dienst von Zorn, Hass und Rache« (Winnicott 1984, S. 97) und narzisstischer Wut (Kohut) gestellt werden – zum einen als defensiv-aggressive Reaktion (Frustrations-Aggressions-Hypothese) und zum anderen durch den von Anna Freud (1936) hervorgehobenen Mechanismus der »Identifikation mit dem Aggressor«. Parens (1993, S. 110f.) bezeichnet das Produkt davon als »feindselige Destruktivität«.

Nicht jede Destruktion ist schädlich und vernichtend. Destruktive Aggression ist beispielsweise eine Voraussetzung für die Auflösung der lebensanfänglichen seelischen Ununterschiedenheit zwischen Selbst und Objekt (Winnicott 1971a, S. 90). Die ursprünglich erlebte Verschmolzenheit zwischen Selbst und Objekt muss mittels destruktiver Aggressivität – wobei Winnicott (1988, S. 79, Fn.; 1958, S. 210) selbst mit dem Gedanken spielt, sie könnte angeboren sein, ohne allerdings einen Todestrieb in Betracht zu ziehen (Auchter 2000a) – in eine Getrenntheit zwischen dem Ich und dem Nicht-Ich verwandelt werden (vgl. auch Kohut 1979, S. 111). Erst durch die Wahrnehmung und Anerkennung einer Unterscheidung zwischen diesen beiden wird überhaupt eine »wechselseitige« Beziehung möglich. Winnicott (1971a, S. 86ff.) nennt diese Form der Beziehung »use of an object«. Die primäre Funktion der Aggression liegt also für Winnicott (1984, S. 94; 1971a, S. 90) ebenso wie für Kohut in der Selbst- bzw. Objektkonstituierung durch Wahrnehmung der Differenz zwischen dem Ich und dem anderen und der Unterscheidung von innerer Wirklichkeit (Fantasie) und äußerer Wirklichkeit (Realität) mittels destruktiver »Trennungsaggression«.

Destruktive Aggression ist auch eine notwendige Voraussetzung für kreative Neugestaltungen. Denn jeder schöpferische Prozess beginnt mit einer Zerstörung. Eine alte Form, Struktur, Gestalt, ein alter Gedanke, eine alte Ordnung muss untergehen, verschwinden oder zerbrechen, ehe das Neue Platz greifen kann. Am offensichtlichsten wird das beim Bildhauer, der die naturgegebene Form und Struktur eines Steines oder Holzes zerstören muss, um eine neue Gestalt herauszuhauen. Ebenso lässt sich der kreative Prozess einer Psychoanalyse in einer gewissen Verfremdung des Gedankens von Lorenzer (1970) als »Sprachzerstörung und Rekonstruktion« begreifen (Auchter 1978, S. 64). Entsprechend formuliert Winnicott (1971a, S. 145): »Im Verlauf des Entwicklungsprozesses der Pubertät und des Jugendalters gibt es immer irgendwo tief im Unbewussten die Phantasie vom Tod irgendeines Menschen.« »In der unbewussten Phantasie ist das Erwachsenwerden naturgegeben etwas Aggressives« (ebd., S. 144). Aber wie Bohleber (2002) betont, muss es dabei immer um einen (nur) »symbolischen Elternmord« gehen.

Wir müssen also grundsätzlich eine »benigne«, lebensfreundliche Destruktion im Dienste von Konstruktion und Entwicklung und eine »maligne«, lebensfeindliche Destruktion im Dienste von Wut, Hass und Grausamkeit unterscheiden. Auch die Staatsgewalt kann im besten Fall eine benigne Form von destruktiver Aggression ausüben, steht allerdings auch ständig in der

Gefahr, relativ leicht in eine maligne Destruktion – zum Beispiel als Ausdruck unkontrollierter Rachebedürfnisse und eigener Aggressionstendenzen – umzuschlagen. Ich erinnere in diesem Zusammenhang an die Polizeiaktionen in Genua anlässlich des »G8-Gipfels« im Juli 2001.

Mit maligner Gewalt verbundene Affekte sind Wut und Hass (Kernberg 2000), Zorn und Rache (Winnicott 1984, S. 97) und ein Machtgefühl (Freud 1924c, S. 376). Dadurch bewusst oder unbewusst motivierte Gewaltakte zielen auf das Beschädigen, Zerstören oder Vernichten von unbelebten und belebten Objekten, die Verursachung von Leiden und Angst beziehungsweise das Dominieren und Kontrollieren von Objekten. Habituell gewordene Gewaltsamkeit kann schließlich auch unter dem Aspekt des Sadismus betrachtet werden.

Was kann zu einer blinden, einer sinnlosen Gewalt gesagt werden? Ohne Zweifel gibt es individuelle und kollektive blindwütige Gewalttaten, bei denen jegliche Ichkontrolle verloren gegangen ist (z. B. »Lynchjustiz«). Dem betroffenen Opfer mag bisweilen die Wahl des Gewalttäters oder der gewalttätigen Gruppe zufällig oder völlig sinnlos erscheinen. Ich bin allerdings der Überzeugung, dass bei hinreichend gutem Hinsehen (»Victimologie«) in fast allen Fällen ein »unbewusster Sinn« auch in der Täter-Opfer-Beziehung herausgefunden werden kann. Dieses Verstehen liegt jenseits von einer Rechtfertigung oder einer Verurteilung der Tat.

»Gewalt wird produziert« – Entwicklungspsychologische Aspekte der Gewalt

Das Leben beginnt nicht mit der Adoleszenz. Und die Gewalt fällt nicht vom Himmel, schon gar nicht aus einem heiterem. Gewalttätiges Handeln hat lange und tiefe Wurzeln in der Lebensgeschichte des Einzelnen (Loch 1970, 1979) und seiner Gesellschaft, in der Regel einer Gewaltgeschichte. Gewalt wird »produziert«.

In den meisten Fällen sind Gewalttäter in irgendeiner Form vormalige Gewaltopfer. Michael Balint (1966, S. 66) hat das einmal auf den Punkt gebracht: »Man wird schlecht durch Leiden.« Wenn der vorangehende familiäre und gesellschaftliche Diskurs überwiegend ein Gewaltdialog (z. B. in Israel/Palästina) gewesen ist, braucht sich eigentlich niemand zu wundern, dass vor allem durch den Mechanismus »Identifikation mit dem Aggressor« sowohl die gesunde Beziehungsfähigkeit als auch die (verbale) Dialogfähigkeit eines Kindes und Jugendlichen beschädigt oder gar zerstört worden ist. Dann dominiert die Körpersprache oft gewaltsam die Beziehungskonflikte. Bei einem Menschen, der gewalttätigen Übergriffen ausgesetzt ist, kann unter anderem die vielleicht schon erworbene »Fähigkeit zur Besorgnis« (Winnicott 1965a, S. 73ff.) wieder zerstört werden, »an ihre Stelle treten primitive Ängste und primitive Abwehr wie Spaltung und Desintegration« (ebd., S. 78).

Der Mechanismus der »Spaltung« gehört zu den frühesten seelischen Techniken. Er dient einer primitiven, »digitalen« Struktur- und Ordnungsbildung und stellt eine archaische Form der Unlustbeseitigung dar. Mithilfe einer Spaltung im Selbst wird alles Lustvolle, alles Gute dem eigenen Selbst zugeordnet, sich selbst einverleibt (»Internalisierung«) – Freud (1915c, S. 228) spricht von einem »purifizierten Lust-Ich«, das dadurch erzeugt wird. Vom Säugling wird alles andere – sofern es nicht befriedigend und lustvoll seinen »primären Narzissmus« unterstützt – zunächst nur als »störend« erlebt und diese Störung wird abgelehnt und das Abgelehnte wird abgespalten. In diesem Sinne kann Freud (1913i, S. 451; 1915, S. 231) dann formulieren: »Der Hass ist in Relation zum Objekt älter als die Liebe.« Alles Unlustvolle, alles Schlechte und Böse wird also seelisch abgespalten und mittels des Projektionsmechanismus veräußerlicht (»Externalisierung«), ausgeschieden und der Nicht-Ich-Welt, dem anderen zugeordnet. »Das Äußere, das Objekt, das Gehasste wären zu allem Anfang identisch« (Freud 1915c, S. 229; 1925h, S. 13; 1926e, S. 223). Das Produkt ist eine Weltanschauung, die nur aus schwarz oder weiß besteht. Vermutlich kennt ein jeder Menschen, die an dem kindlichen Mechanismus »Alles Gute ist in und bei mir, alles Schlechte und Böse ist bei dem oder den anderen« festhalten. Der Preis der »Projektion« des eigenen Bösen auf das Nicht-Ich ist jedoch die Angst vor dem bösen – böse gemachten – anderen, mit anderen Worten: Verfolgungsangst. Die Psychoanalytikerin Melanie Klein spricht deshalb für diesen Zustand von der »paranoid-schizoiden Position«. »Schizoid« wegen der Spaltung, »paranoid« wegen den daraus resultierenden Verfolgungsängsten. Problematisch wird es, wenn diese zunächst nur fantasierte Angst durch die Realität des Objekts bestätigt wird, indem es sich als wirklich verfolgend oder rächend erweist.

Auch zwischen größeren Konfliktparteien wie Völkern spielt der Spaltungs- und Projektionsmechanismus eine bedeutsame Rolle. Gegenüber diesem eindeutigen Bösen, das immer beim anderen lokalisiert wird, kann ich dann besten

Gewissens alle Gewalt anwenden. »Niemals tut man so gut und so vollständig das Böse, als wenn man es guten Gewissens tut« (Blaise Pascal 1670).

Wichtig ist aber, festzuhalten, dass die seelischen Mechanismen der Spaltung, der Externalisierung und der Projektion zunächst gesunde und normale seelische Techniken der Affektregulation, der Beziehungsgestaltung und (Über-)Lebenstechniken sind. Sie sollen vor allem der Angstverminderung, der »Sicherheit« und dem seelischen »Wohlbefinden« (Sandler 1961) dienen. Sie werden erst durch ein quantitatives Moment, ein Übermaß oder wenn sie zur Gewohnheit werden, pathologisch. Das Pathologische der Aggression ist auch grundsätzlich nicht nur ein qualitatives Problem, sondern auch ein quantitatives – so ähnlich wie jedes Medikament im Übermaß toxisch wirkt.

Mit dem Verlust der »Fähigkeit zum Erbarmen« (Winnicott) geht dem Individuum sowohl die Fähigkeit zur Einfühlung in den anderen (Empathie) als auch die Fähigkeit zum Mitleiden (Sympathie) verloren und begünstigt damit eine Enthemmung der Gewalttätigkeit. Um eine Tötungshemmung gegenüber einem Mitmenschen zu überwinden, ist es seelisch notwendig, ihn zuvor seiner Menschlichkeit zu entkleiden, ihn zum Beispiel zum »Untermenschen« oder zu einem Tier – »Killerbestien« titelte die *BILD* nach dem 11. September – zu erklären.

Traumatisierend wirkt nach Winnicott neben der direkt erfahrenen Gewalt, den »Übergriffen« z.B. durch körperliche und seelische Misshandlung oder sexuelle Gewalt, auch ein »Mangel« an hinreichender Zuwendung, Bindung und Halten (Auchter 2000c, 2000e, 2001). Da solchen sozial verwahrlosten Kindern die »affektive Nahrung vorenthalten wurde, auf die sie Anspruch hatten, ist ihr einziges Hilfsmittel die Gewalt [...]. Das Kind wurde um die Liebe betrogen, dem Erwachsenen [oder in unserem Fall dem Jugendlichen; Anm. T.A.] bleibt nur der Hass«, schreibt Spitz (1976, S. 311). Eisenberg und Gronemeyer (1993) haben das auf die treffliche Formel von der »Gewalt, die aus der [sozialen; Anm. T.A.] Kälte kommt«, gebracht. Die mangelnde soziale Einbindung eines Kindes in die Familie und andere Gruppen führt zu einer mangelhaften Einbindung der Aggression in seine Persönlichkeit und trägt somit ebenfalls zu einer Entgrenzung von Gewalt bei. Dieser Aspekt hat vermutlich auch bei dem Erfurter Amokläufer Robert Steinhäuser eine nicht unerhebliche Rolle gespielt. In den Gewaltverhältnissen, in denen solche Kinder aufwachsen, wird nicht ihr Subjektsein gestärkt, sondern sie erfahren sich als »Objekt« übermächtiger Gewalt anderer. Sie werden dann später dazu neigen, in einer Verkehrung ins Gegenteil andere zum Objekt ihrer gewalttätigen Macht zu machen, um sich aktiv von ihrem Ohnmachtsgefühl zu befreien, ihr Empfinden eines passiven Ausgeliefertseins zu überwinden und womöglich dem anderen die Angst einzujagen, die sie selber quält (»Macht kaputt, was Euch kaputt macht«).

Exkurs über Zerstörung und Wiedergutmachung

Begrenzte, maßvolle passive und aktive Gewalterfahrungen, können zur Entwicklung der Fähigkeit zur Gewaltregulation beitragen, wenn sie in einem Beziehungsdialog zwischen Gewalttäter und Gewaltopfer bewusst wahrgenommen, rational reflektiert, emotional bearbeitet und damit einer Ichkontrolle unterworfen werden können. Unter diesem Aspekt ist das »Ausdrücken« von Aggression ein »Fortschritt« (Winnicott 1984, S. 98), denn es hilft bei der Entwicklung von Konfliktfähigkeit. Eine geistige Verleugnung und Ausgrenzung von Gewaltkonflikten innerhalb der Familie, Schule und Gesellschaft dagegen, zum Beispiel durch Externalisierung und Projektion, erschwert beziehungsweise verhindert dagegen die Aneignung der Aggression. Eine übermäßige Hemmung und Unterdrückung aggressiver Impulse führt »immer mehr in einen Zustand von Depression und Depersonalisation«, in welchem dann letztlich vielleicht nur noch die »Realität der Gewalt« als wirklich erfahren werden kann (ebd., S. 116). Wenn die – unvermeidlich aggressive – adoleszente Ablösung nicht mehr im »liebevollen Kampf« (Stierlin 1980, S. 203) innerhalb der Familie (Müller 2001, S. 194f.) stattfinden kann, dann verlagert sich der Konflikt auf die Straße oder andere Orte, z.B. die Schule, und die Liebe bleibt meistens dabei auf der Strecke.

Eine produktive Aneignung der aggressiven und destruktiven Selbstanteile ist allerdings nur möglich, wenn sich die eigenen Gewaltimpulse im Verlauf der lebensgeschichtlichen Entwicklung nicht in traumatischer Weise als tatsächlich übermächtig oder vollkommen zerstörerisch und vernichtend erwiesen haben. Erreichbar ist sie umgekehrt also dann, wenn die in der Fantasie und der Realität destruktiv attackierten Objekte »überleben« und sich als relativ »unzerstörbar« zeigen (Winnicott 1965a, S. 176). Durch die Verinnerlichung von wiederholten derartigen realen Erfahrungen kann eine »Eingrenzung« von zuvor als grenzenlos erlebten Gewaltfantasien erfolgen (Winnicott 1971a, S. 90).

Die Aggressionen richten sich anfänglich gegen die nächsten verfügbaren Objekte und »Nicht-Ichs«, also in der Regel die Mutter und den Vater. Diese sind aber zugleich diejenigen, auf die das Kind zu dieser Lebenszeit am meisten angewiesen, von denen es vollkommen abhängig ist. Wenn es diese also zerstört und vernichtet, dann ist es mutter- und vaterseelenallein. Und das löst furchtbare Angst aus.

Aus seinem inneren Dilemma zwischen Vernichtungsimpuls und Erhaltungsbedürfnis kommt das Kind durch den seelischen Mechanismus der »Spaltung« heraus. In einer weiteren Variante der Spaltung, nach der »Spaltung im Selbst« nun einer »Spaltung im Objekt«, erfindet es in seiner Fantasie gewissermaßen »zwei Mütter« oder »zwei Väter«. Winnicott (1965a, S. 75) hat sie als »Objekt-Mutter« einerseits und als »Umwelt-Mutter« andererseits bezeichnet. Die sogenannte »Objekt-Mutter« kann nun in der Fantasie aggressiv attackiert, zerstört und vernichtet werden. Die »Umwelt-Mutter« bleibt dagegen im besten Fall real lebendig, zuverlässig da, einfühlend und liebevoll. Sie lässt sich nicht wirklich zerstören und »überlebt« alle realen Wutausbrüche und fantasierten aggressiven Attacken ihres Kindes. Sie gewährt durch ihr Überleben ihrem Kind später auch die Möglichkeit zu einer »Wiedergutmachung« an diesem, eben nicht total vernichteten Objekt. Neben den Eltern ist diese Differenzierung auch für andere Berufsgruppen wie zum Beispiel Lehrer von Bedeutung. Auch sie sind nicht selten durch die Aggressionen ihrer Schüler auf diesen beiden Ebenen gefordert, als »Objekt-Lehrer« und als »Umwelt-Lehrer«.

Ein »Nicht-Überleben« des aggressiv attackierten Objekts verhindert dagegen auch, dass die frühen Spaltungen aufgehoben werden können zugunsten einer »Integration« der beiden Mütter (Väter, Lehrer) zu einer »Einheitsmutter«, die sowohl schlecht als auch gut ist. Die Einheitsmutter ermöglicht dem Kind auch die Aneignung seines ganzen Ichs, das ja ebenfalls aus bösen und guten Anteilen besteht. Wir Psychoanalytiker sprechen hierfür vom Erreichen der »Fähigkeit zur Ambivalenz« anstelle der Spaltung oder, wiederum bildhaft, vom Annehmen der »Zebranatur« des Menschen (Cremerius 1977) mit schwarzen und weißen Streifen statt der »weißen Weste«, die nur zu häufig eine schwarze Seele verbergen soll.

Der frühe »aggressive Dialog« zwischen Mutter und Kind oder Vater und Kind kann natürlich auch misslingen oder entgleisen (Spitz 1982). Zum Beispiel dadurch, dass die Eltern die Aggressivität ihres Kindes »todernst« nehmen, das Kind – und nicht ein bestimmtes Handeln – als »böse« erklären und sich von ihm emotional zurückziehen. Im Erleben des Kindes lassen sie sich also von seinen destruktiven Impulsen vernichten. Oder sie bestätigen seine fantasierte Destruktivität durch eine reale reaktive heftige aggressive Reaktion ihrerseits, sie »rächen« sich (Winnicott). Auf diese Weise werden die aggressiv-destruktiven Fantasien des Kindes in ihrer Zerstörungskraft bestätigt, sie werden für das Kind zur Realität. Die zuvor projektiv entäußerte Aggression wird dem Kind in diesen Fällen also unbearbeitet zurückgegeben. Und so wird das Kind böse – gemacht!

Wilfred Bion hat für das dynamische seelische Geschehen zwischen Eltern und Kind das Konzept des »Containing« entwickelt. Die entäußerten aggressiven und destruktiven Impulse und Fantasien des Kindes müssen im positiven Falle vom Objekt (zum Beispiel der Mutter oder dem Vater) »contained«, angenommen und aufgenommen werden. Ihre Relativierung geschieht dann durch ihre seelische Verarbeitung im Objekt. Bion vergleicht das trefflich mit einem Verdauungsvorgang. Das unverdauliche, vergiftete, unbekömmliche »Böse« des Kindes wird sozusagen im Container der Eltern verarbeitet, entgiftet, verdaulich und bekömmlich gemacht und dann bei passender Gelegenheit dem Kind verdaut zurückgegeben. Wiederum sind auch Lehrer in dieser Containerfunktion gefordert und müssten ihrerseits durch weitere Container, z. B. eine qualifizierte Supervision oder Balint-Gruppen für Lehrer, darin unterstützt werden. Eine derartige Entgiftung der als totalzerstörerisch fantasierten primären und sekundären aggressiven Impulse durch ein wohltuendes Containing ermöglicht dem Kind die (Wieder-)Aneignung des nun erträglicheren eigenen Bösen. Das bedeutet aber auch, dass es bei diesem Vorgang nicht um eine Beseitigung des Bösen aus dem menschlichen Leben gehen kann, sondern nur um ein Erträglichmachen, das aber seine seelische Annahme und Aneignung möglich macht.

Darüber hinaus wird die Integration des Aggressiven in die Persönlichkeit erleichtert, wenn Kinder und Jugendliche neben ihrer destruktiven Aggressivität auch »konstruktive Aktivität« (Winnicott 1984, S. 96) erfahren können, zum Beispiel in Form einer tatbezogenen, sinnvollen »Wiedergutmachungsleistung«. Versteht niemand das unbewusste Reparationsbedürfnis und verschafft dem Jugendlichen eine Gelegenheit zum (Zurück-)Geben, dann fördert das schließlich den »Ausbruch blanker Aggression oder Destruktion« (ebd., S. 97). Umgekehrt verstärkt die wiederholte Erfahrung des »wohltätigen Zyklus« (Winnicott 1958, S. 270; 1988, S. 72) von drohender Zerstörung oder Vernichtung und darauf folgender Möglichkeit zur Wiederherstellung und Wiedergutmachung auch die »Fähigkeit zur Besorgnis« (Winnicott 1965a, S. 77). Dieser Begriff entspricht cum grano salis Melanie Kleins »depressiver Position«. Sie umfasst das Vermögen, »traurig« darüber zu sein, dass ich nicht nur gut, sondern auch »böse« handeln kann. Sie erleichtert die Balance zwischen den »autophilen Bedürfnissen«, der Selbstliebe, und den »heterophilen Bedürfnissen«, der Liebe zum anderen, von denen Mentzos (2002) ausgeht.

Adoleszenz als »Übergang«

In der Adoleszenz als einer Zeit des »Überganges« (Auchter 1982) ist der Mensch nicht mehr Kind und noch nicht Erwachsener. Es ist eine Periode der auch physiologisch begründeten Destabilisierung, der Irritation, der Desintegration, der Identitätsdiffusion (Erikson 1968), des Zweifelns und Infragestellens, der Unsicherheit und Ungewissheiten, der Ratlosigkeit, der Haltlosigkeit, der Widersprüchlichkeit und Spaltungen, überschäumender Erwartungen und schwärzester Hoffnungslosigkeit. Die phasenspezifische individuelle Entgrenzung wird heutzutage verkompliziert und verschärft durch eine gesellschaftliche und kulturelle Mitwelt, die durch globale Entgrenzungs- und Entsolidarisierungsprozesse (vgl. Auchter 2001) geprägt ist.

Das Jugendalter ist die Zeit einer intensiven Suche nach sich selbst und anderen Gewissheiten – nach »echt und unecht« (Winnicott 1965b, S. 84). Charakteristisch für die Jugendzeit ist das unvermittelte Nebeneinanderstehen von rigidestem, fundamentalistischem, gnadenlosem Moralismus (Winnicott 1984, S. 151) und kompromisslosem Idealismus (Winnicott 1971a, S. 149) – Chasseguet-Smirgel (1981) spricht trefflich von der »Krankheit der Idealität« – auf der einen Seite und von völliger Anomie und moralischer Beliebigkeit (»null Bock auf nichts«) auf der anderen Seite. Beides kann in ein gewaltsam-destruktives Handeln, z.B. im Rahmen von Fanatismus, münden. Das Scheitern an Idealen ist mit tiefsten Schamempfindungen verknüpft. Das Versagen vor den Leistungsidealen seiner Familie und der Gesellschaft scheint auch einen Beitrag zur gewalttätigen Explosion von Robert Steinhäuser geleistet zu haben.

Das adoleszente Bedürfnis nach Idealen und Idolen zur unbewussten Abwehr von Verunsicherung und Minderwertigkeitsgefühlen macht die Jugendlichen so empfänglich für Utopien und Ideologien als Repräsentanten des »Ganzen und Heilen«. Entsprechend zeigte der Terroristenführer Osama Bin Laden in einem Fernsehinterview die Grafik einer Alterspyramide der Bevölkerung und erklärte die 15- bis 25-Jährigen als besonders geeignet zur Rekrutierung für einen Kampf in seinem »Djihad«. Aber auch die Kriegsausbildung anderer Länder und Gesellschaften hat genau diese Zielgruppe im Auge.

Die Adoleszenz ist fokal eine Zeit der Unfertigkeit. »Unreife ist ein wesentliches Kennzeichen von Gesundheit im Jugendalter« (Winnicott 1971a, S. 146). Die pubertäre und adoleszente Destabilisierung mobilisiert allerdings eine Fülle von bewussten und unbewussten Ängsten, unter anderem Ängsten vor Verletzung, Beschädigung, Fragmentierung, Zerstörung und Vernichtung. Die seelische Abwehr gegen diese destruktiven Ängste kann sich zu pathologischen (destruktiven) Organisationen (Steiner 1998) verdichten. Neben projektiv begründeten paranoiden Fantasien können die krankhaften Persönlichkeitsorganisationen auch in den verschiedensten Formen von Gewalttätigkeit ihren Ausdruck finden. Gertrud Hardtmann (2001) hat in einer jüngeren Arbeit detailliert und plastisch die »Funktionalisierung des Opfers als ›Container‹« für die unerträglichen und deshalb projizierten eigenen Gewaltelemente bei rechtsradikalen Jugendlichen beschrieben.

Als eine wichtige Angstquelle des Adoleszenten beschreibt Winnicott die Veränderung bezüglich des Destruktionspotenzials. Das Kleinkind könne seine Hass- und Zerstörungsimpulse im Erleben leichter zulassen, weil seine realen Zerstörungsfähigkeiten begrenzt sind. Der Heranwachsende kann dagegen »real zerstören und töten« (Winnicott 1984, S. 146; 1986, S. 163). Das verkompliziere den Umgang mit seinen Mord- und Zerstörungsfantasien ganz erheblich (Winnicott 1971a, S. 144f.). Das Allerwichtigste, was die Erwachsenen, vor allem Eltern, Lehrer und andere Autoritätspersonen, zur Lösung dieses Problems beitragen könnten, ist, die destruktiven Angriffe real zu »überleben«, physisch und psychisch möglichst unverletzt und unbeschadet zu bleiben, und ohne dabei wesentliche Grundhaltungen und Grundsätze aufzugeben (ebd., S. 145). Und dies bedeutet, »notwendige« Grenzen zu setzen!

Zu den bedrängendsten Ängsten der Adoleszenz zählt Winnicott die Angst vor dem Realitätsverlust und entsprechend zur wesentlichsten Herausforderung den »Wirklichkeitserwerb«, »sich wirklich [zu] fühlen« (Winnicott 1986, S. 25). Das Gefühl, wirklich zu sein, kann nur erworben werden über das Erleben tatsächlicher eigener Wirkmächtigkeit, über Effizienz- und Kontingenzerfahrungen (Broucek 1991, S. 32). Aber auch über die Konfrontation (Winnicott

1971a, S. 150) mit der Erfahrung von einer Ohnmächtigkeit und Begrenztheit, die aber ausgehalten und angenommen werden kann.

Die massiven psychophysiologischen Veränderungen in der Adoleszenzzeit destabilisieren und bedrohen das Selbstgefühl und das Selbstbewusstsein mit Depersonalisation und Derealisation (Winnicott 1965a, S. 243). Vor allem der Bearbeitung von partieller Desintegration und Destabilisierung, der Abwehr von Ängsten vor Fragmentierung und Körperzerfall, dient das »Agieren« (Blos 1962, 1964) des Adoleszenten. »Das Ausagieren ist eine Alternative zur Verzweiflung« (Winnicott 1965a, S. 209) und insofern »Zeichen von Hoffnung«. Das gesteigerte Bedürfnis vieler Jugendlicher nach körperlicher Aktion erfüllt primär den Zweck, einem befürchteten Zerfall der Persönlichkeit und einem Verlust der Realität entgegenzuwirken.

> »Wir wissen, dass ein ›begrenzter‹ Krieg mit all seiner unendlichen Tragik gewöhnlich einen positiven Beitrag für die Entlastung von Spannungen beim Einzelnen leistet, indem er der Paranoia erlaubt, potentiell zu bleiben und den Menschen ein Gefühl des REALEN verschafft, die sich nicht immer wirklich fühlen, wenn es übermäßig friedlich zugeht. Besonders bei Jungen fühlt sich die Gewalttat real an, während eine allzu große Leichtigkeit des Seins die Gefahr der Depersonalisation mit sich bringt« (Winnicott 1965a, S. 243).

Die gewaltsame Provokation einer wahnhaft erwarteten Verfolgung kann dem Jugendlichen dazu dienen, »sich von Verrücktheit und Wahn zu lösen« (Winnicott 1971a, S. 148). Einerseits dadurch, dass das zuvor fantasierte Paranoide damit greifbare Realität wird, andererseits sicher auch durch das Unterbringen des eigenen Bösen im »Container« des anderen. Bisweilen scheint das destruktive Handeln auch einen Ausweg aus dem Tal der Langeweile (vgl. Winnicott 1984, S. 145ff.) ins Abenteuerland der Gewalt zu versprechen (vgl. Haynal 1976, S. 102).

Die »Identitätsdiffusion« (Erikson 1970b) des Adoleszenten und daraus resultierend seine intensivierte Identitätssuche kann sich auch in einer übermäßigen Abgrenzung gegenüber dem Nicht-Ich manifestieren. Für die Restrukturierung des Ich-Selbst werden die Spaltungsmechanismen wiederbelebt. Das trägt zu einer verstärkten »Fremdenfeindlichkeit« (vgl. Auchter 1990) bei, wobei »die Fremden« alle sein können, die irgendwie anders sind. Ihr Anderssein wird benötigt, damit der Adoleszente sein Selbst, seine Identität daran und dagegen definieren kann: »Ich bin nicht wie«. Wenn die Mitwelt zum Beispiel durch einen Jugendlichkeitskult in Werbung und Kommerz bei den Erwachsenen die adoleszente Identitätssuche erschwert, bleibt dem Jugendlichen bisweilen nur noch die Flucht in die »negative Identität« (Erikson 1970b), die auch leicht gewaltsam entarten kann.

Mörderische Gewalt in der Adoleszenz

Die teilweise verzweifelte Suche des Adoleszenten nach seiner Identität äußert sich neben massiven Rückzugstendenzen nach innen vor allem in verstärkten Zuwendungsbewegungen nach außen. Blos (1964, S. 120; 1962) spricht geradezu von einer »Handlungssucht« der Jugendlichen. Sie umfasst neben libidinösen und sexuellen natürlich auch aggressive und destruktive Akte gegen sich selbst und andere. »Es wird Selbstmorde geben«, schreibt Winnicott (1965a, S. 245; vgl. 1971a, S. 148), man

> »muss lernen, sich mit Suiziden, Schulverweigerung, gelegentlichen manischen Ausbrüchen, welche etwas Mörderisches haben, abzufinden, und mit zerbrochenen Fensterscheiben und der Zerstörung von Sachen […]. Natürlich hat die wirkliche Zerstörung keinerlei Nutzen und das Ziel muss sein, tatsächliche Zerstörung oder Selbstmord zu verhindern; aber was gebraucht wird, ist menschliche Vorbeugung, und mechanische Einschränkung ist wertlos.«

Nicht nur Kinder und Erwachsene, sondern gerade auch Adoleszente sind, wie schon Erikson (1966, S. 118) bemerkte, so konstituiert, »dass sie es nötig haben, benötigt zu werden, um nicht der seelischen Deformierung […] zu verfallen«. Wenn Jugendliche sich bewusst oder unbewusst nicht gefragt, nicht gebraucht, überflüssig erleben, dann kommt es vor, dass sie, »um sich von ihrem depressiven Affekt zu befreien, […] eine Flucht nach vorn antreten, eine gewaltsame Tat unternehmen« (Haynal 1976, S. 100). Einzelne der »neuen Verzweifelten«, wie Lempa (2001) die heutigen gewalttätigen Jugendlichen charakterisiert, werden versuchen, »in einem spektakulären Akt (Mord oder Selbstmord) sich auf Kosten ihrer Existenz wenigstens einmal das Gefühl verschaffen, zu sein« (Lempa 2001, S. 167). Lempa greift hier auf einen Gedanken des Psychoanalytikers Heinz Henseler (1974) zurück, der den Suizid als letzten und bei Gelingen einmaligen Versuch versteht, wirkmächtig zu sein. »Die Suizidhandlung ist eine Konfliktlösung. Der Konflikt besteht in der Gefahr, einer vernichtend phantasierten Situation passiv und hilflos ausgeliefert zu sein, und ihrer Abwehr durch Agieren von Phantasien, die dieser Gefahr aktiv zuvorkommen« (Henseler 1974, S. 89). Ich bin sicher, dass diese narzisstische Psychodynamik auch bei den Selbstmordattentätern in Palästina eine Rolle spielt und auch Robert Steinhäuser bei seiner Gewalttat angetrieben hat.

Gewalt braucht Halt: Über die Bedeutung von Grenzen

Da das Ich-Selbst des Menschen nach Freud (1923b, S. 253) im Wesentlichen ein »körperliches« ist, bei dessen Aufbau die Haut eine ebenso bedeutende Rolle spielt (vgl. Anzieu 1991) wie die Erfahrung von Schmerz (Freud 1923b, S. 253), ist die lebenslang notwendige Selbstbestätigung immer wieder eng verknüpft mit Körpererfahrungen. Das beginnt mit dem Anstoßen des Fötus an den umgrenzenden Mutterleib (Winnicott 1958, S. 211; 1984, S. 93), geht über die frühkindliche »autistisch-berührende« Position von Ogden (1995), die »relative Unempfindlichkeit gegenüber Püffen und Hinfallen« (Mahler u.a. 1978, S. 94) in der Übungsperiode (10.–18. Monat), welche das »Gefühl (Besetzung) der Körper-Selbst-Grenzen steigern« (ebd., S. 276), bis zur erwähnten »Handlungssucht« (Blos 1962), dem »Anstoß-erregen« (Winnicott 1958, S. 311; 1984, S. 153) des Adoleszenten.

Exkurs über die (Wieder-)Entdeckung der Sinnlichkeit

Die zentrale Aufgabe der Identitätsbildung in der Adoleszenz umfasst auch eine (Neu)-Integration von Körper und Seele, Winnicott nennt das »Personalisierung«. Diese lebenslang ständig zu bewältigende Herausforderung wird durch die gravierenden physiologischen Veränderungen der Pubertätszeit verschärft.

Die Generation von »Gameboy«, »Playstation« und »SMS« kommt schon mit einem »Sinnlichkeitsdefizit« in die Jugendzeit. Adorno (1969, S. 113) beklagt allerdings lange vorher, 1966, den »tiefsten Defekt«, »dass die Menschen eigentlich gar nicht mehr zur Erfahrung fähig sind«. Die sinnliche Erfahrung vieler heutiger Jugendlicher ist nicht selten weitgehend reduziert auf das Drücken von irgendwelchen Knöpfen, die ihnen eine (nur) virtuelle Welt eröffnen. In einer Realität, in der Abenteuer, Konfrontation, Kampf, Rivalität, Aufopferung und auch Mord und Tod zwar ständig, aber im Erleben weitgehend irreal auf dem Bildschirm oder dem Display stattfinden, reizt z.B. der reale Tod auf der Straße bei einem Unfall massenhaft die »Schaulustigen«.

Die konkrete körperliche Bewegung bei einer Gewaltaktion, das »Auf-die-Straße-Gehen«, das Vor- und Zurückrennen, Auge-in-Auge-Stehen mit einem Polizisten, das Spüren des Steines in meiner Hand, die Blendung durch den Molotowcocktail, das Fühlen des Polizeiknüppels, das Schreien, erlauben mir sinnliche Erfahrungen meiner selbst und des Nicht-Ich. Außerdem können zum Beispiel Polizisten Staat zum Anfassen und Angreifen sein. Etwas ansonsten nur als abstrakt und unfassbar mächtig Erlebtes wie Gesellschaft oder Politik wird auf einen Schlag konkret und real. Insofern ist zu fragen, ob gewaltsame Entladungen bei globalen Veranstaltungen wie Weltwirtschaftsgipfeln und anderem nicht auch einen unbewussten Versuch darstellen, das abstrakt Unüberschaubare und auch die im öffentlichen Bewusstsein verdrängte »strukturelle Gewalt« (Galtung 1975) moderner Wirtschaft durch relativ überschaubare, konkrete (Claessens 1980) gewaltsame Kleinkonflikte sichtbar und schmerzhaft fassbar zu machen.

Wenn heute viele Eltern (und auch Lehrer) infolge eigener Verunsicherung sich zunehmend nicht mehr in der Lage sehen, ihrer notwendigen Eltern- bzw. Autoritätsfunktion gerecht zu werden (Auchter 1973; vgl. Müller 2001) und ihren Kindern immer weniger Grenzen setzen (Auchter 2000b; Rotthaus 2001), dann erschweren sie durch ihr »Laissez-faire-Verhalten« den Erwerb einer stabilen Persönlichkeitsstruktur, die Fähigkeit ihrer Kinder zur Realitätsprüfung und damit auch zur Eingrenzung ihrer Gewaltimpulse. Wer aus seiner kindlichen Erfahrung gewohnt ist, alles Materielle immer sofort (und dann vielleicht noch im Überfluss) zu bekommen, konnte keine Fähigkeiten zum Warten, Aufschieben und Verzichten entwickeln. Er wird dann eher dazu neigen, als Jugendlicher oder Erwachsener sich das Begehrte, und nicht sofort und vollständig Erreichbare, mit Gewalt anzueignen.

Adoleszente, deren Bedürfnis, angenommen und gehalten zu werden, nicht hinreichend befriedigt wird, die sich nicht in einer wohltuenden Weise festgehalten erleben können, ohne festgehalten zu werden (Auchter 2000b), werden nicht selten handgreiflich, werden »Anstoß erregen« (Winnicott 1958, S. 311; 1984, S. 153). Winnicott (1984, S. 145; Anm. u. kursiv T.A.) übersieht dabei nicht den gegenteiligen Fakt, »dass heranwachsende Jungen und Mädchen [auch] *nicht* verstanden werden wollen«!

Im eben genannten Sinne bedeutet »Gewalttätigkeit also einen Versuch, wieder fest gehalten zu werden« (ebd., S. 157). Sie ist damit ein unbewusster, hoffnungsvoller Hilfeschrei, ein »SOS-Signal« (Winnicott 1958, S. 102f.; 1984, S. 116; 1986, S. 90). Bohleber (2002b) spricht vom »Appellcharakter« der jugendlichen Gewalt. Der unbewusste Ruf gilt nicht nur der Mutter, sondern ist zugleich einer nach dem Vater (Winnicott 1984, S. 116, 208). Einem Vater, der mit echter Autorität, Geradlinigkeit und Stärke bei gebotenem Anlass »Nein« sagt und Grenzen setzt (vgl. ebd., S. 208), unter deren Schutz der Jugendliche es dann wagen kann, sich auch produktiv mit seinen aggressiv-destruktiven Impulsen auseinanderzusetzen, und Zugang zu seinen Wiedergutmachungstendenzen finden kann (ebd., S.116). Die begrenzende Konfrontation mutet dem Jugendlichen etwas zu, traut ihm damit aber auch gleichzeitig etwas zu. Durch Internalisierung der grenzmarkierenden elterlichen Strukturen kann er zu einer selbstständigen Regulation der eigenen Aggressivität fähiger werden. Müller (2001, S. 195) ergänzt das: Eltern und andere Autoritätspersonen »müssen aushalten können, einen Streitpunkt auch längere Zeit ›stehen zu lassen‹, d.h. weder eine Entscheidung erzwingen, noch klein beizugeben«. Mit dieser »Fähigkeit zur Geduld« unterscheiden sie sich von den Jugendlichen, für die gerade die »Ungeduld ein alterstypischer Vor- und Nachteil« ist (Hardtmann 2001, S. 1039).

Eine lebendigmachende und realitätsstiftende Konfrontation durch die Erwachsenen bedeutet, »ohne Vergeltungsanspruch und Rachsucht, jedoch im Bewusstsein der eigenen Stärke, Grenzen zu setzen« (Winnicott 1971a, S. 150). Die »Unzerstörbarkeit« von Eltern, Lehrern und anderen, zum Beispiel in Form ihrer Standhaftigkeit und ihrem Bestehen auf einem grenzsetzenden »Nein«, wird dringend gebraucht – auch wenn die Eltern durch die aggressiven Attacken und Wutausbrüche ihrer pubertierenden Kinder bisweilen auf harte Proben gestellt werden und ziemlich in Verwirrung geraten mögen. Winnicott (1958, S. 242) hat dieses Problem in dem schönen Paradox verdichtet: Eltern werden während dieser Phase sehr gebraucht, »als Menschen, die man vernachlässigt«. Bei einem großen nordeuropäischen Möbelhaus sind bzw. waren bisweilen Maschinen ausgestellt, die systematisch auf einen Sessel oder ein Sofa einschlagen. Sie sollen natürlich nicht die Zerstörungskraft der Maschine, sondern die Strapazierfähigkeit und Haltbarkeit des Möbelstücks demonstrieren. Viele Eltern werden sich in der Pubertät ihrer Kinder ähnlich empfinden wie ein solches Sofa. Aber auch das Ziel der Kinder ist »nicht« die »Zerstörung« ihrer Eltern, sondern die immer neu notwendige »Überprüfung« ihrer »Haltbarkeit« und »Nichtzerstörbarkeit«. Nur sie gewährleistet dem Kind die notwendige Sicherheit, dass seine destruktiven Impulse nicht totalvernichtend sind. Wenn die Eltern und die Familie all die aggressiven Attacken des Jugendlichen ohne übermäßige Blessuren überstehen, »überleben«, dann kann dieser hinreichend feste und stabile familiäre Rahmen (Winnicott 1984, S. 115) verinnerlicht werden. Er hilft dem Ich des Jugendlichen dabei, seine destruktiven Impulse in Grenzen zu halten.

Ich fürchte, dass eine der gravierenden psychischen Folgen des Attentats vom 11. September für alle Menschen – daher auch die weltweite tiefe Betroffenheit – eine »Erschütterung« des unbewussten Glaubens an dieses »Überleben« ist.

Wenn die Eltern und Elternfiguren wie Lehrer in ihrer natürlichen strukturbildenden Funktion versagen, dann wird der Jugendliche versuchen, sie unbewusst durch aggressive Provokationen zum Handeln zu bewegen. Jugendliche »müssen gegenüber der Gesellschaft immer wieder Anstoß erregen, sodass diese sich manifest als Gegner erweist und man ihr dann Widerpart bieten kann« (Winnicott 1984, S. 153; 1958, S. 311). Solche Provokationen haben das unbewusste Ziel, »äußere Kontrolle wiederherzustellen« (Winnicott 1984, S. 117). Dabei handelt es sich um Grenzsetzungen von außen, die durch ihre Verinnerlichung entlastend für die Ängste vor dem inneren Kontrollverlust wirken können.

Das »Soziale« in der »Antisozialen Tendenz« – oder: Gewalt als Zeichen von Hoffnung?

Alle Menschen kommen mit sozialen Tendenzen (Bürgin/Biebricher 1993) zur Welt, dem Bedürfnis nach »Bindung« und Beziehung (Auchter 2001). Daneben besteht aber auch ein angeborenes Bedürfnis nach »Entbindung« und Selbstständigkeit (Individuation). Problematisch wird es, wenn die altersspezifische adoleszente Desidentifikation (Küchenhoff 2002) von den Primärobjekten zu einer »Desobjektalisierung« (Green 2001) entartet, in welcher das Nicht-Ich psychisch in ein »Nicht-Nicht« (z. B. eine »Nummer«) umgewandelt wird und dann schuldgefühlfrei vernichtet werden kann, damit aber auch als ein »wirkliches Gegenüber«, das selbstkonstituierend wirken kann, verloren geht.

Der von Winnicott (1958, S. 306ff.) entwickelte Begriff der »Anti-sozialen Tendenz« (beginnend mit kindlichem Lügen, Stehlen, Bettnässen u. a. m.) wird von Anfang an (Abram 1996, S. 39) unter seinem kommunikativen Aspekt, seiner sozialen Komponente betrachtet. Die antisoziale Tendenz ist gewissermaßen der letzte unbewusste Versuch, eine Beziehung herzustellen, wenn zuvor der soziale Dialog entgleist (Spitz 1982) ist. An ihrem Ursprung steht nach Winnicott (1986, S. 91) immer eine passiv erlittene Gewalterfahrung in Form von einer Kränkung, Verletzung, Trennung oder einem Verlust. Hier erhebt sich die Frage, ob heutzutage nicht generell eher von einem »Bindungsmangel« als von einem Bindungsverlust (Auchter 2001) ausgegangen werden muss.

Wenn solche Traumata vom Kind psychisch nicht zu bewältigen sind, werden sie sozusagen innerlich »eingefroren« (Winnicott 1958, S. 281). Das Kind hofft in der Folgezeit unbewusst, dass irgendwann die inneren und äußeren Bedingungen so gut werden, dass sich eine Gelegenheit ergibt, diese innere Vereisungen wieder aufzutauen (ebd., S. 283; Auchter 1995). Aufgrund des verbliebenen Fünkchens Hoffnung (Winnicott 1984, S. 116, 123, 260) wird und muss das Kind dann in einem solchen Moment unbewusst seine Mitwelt aggressiv-provokativ auf die Probe stellen, ob diese hinter der oft lärmend vorgetragenen Destruktivität die Sehnsucht nach Eingrenzung und Verhinderung von Zerstörung wahrnehmen kann. Oder ob sie (wiederum) versagt, indem sie sich entweder »raushält« oder sich »rächt« und damit auch alle unbewussten Wiedergutmachungstendenzen im Kind vernichtet – und dadurch den Jugendlichen dazu verurteilt, seine Destruktivität als einen Fremdkörper in sich abzukapseln, sozusagen als eine innere Tretmine oder Zeitbombe, statt sie sich bewusst anzueignen und damit unter eine gewisse Ichkontrolle zu bringen. Nach außen gerichtete Gewalt in Form der Antisozialen Tendenz ist unter ihrem provokativen Aspekt eine Alternative zur Selbstzerstörung und insofern ein »Zeichen von Hoffnung« (Winnicott 1986, S. 90ff.).

»Jenseits des Gewaltprinzips«

Es bedarf zunächst einer klaren Diagnostizierung und Differenzierung jugendlicher Gewaltakte. Untersucht werden muss im Einzelfall, inwieweit sie ein gewissermaßen »normales«, passageres alterspezifisches Verhaltensmuster darstellen oder inwiefern sie ein »pathologisches«, »behandlungsbedürftiges« Verhalten sind.

Zur Sicherheit von möglichen Opfern und von Tätern ist eine umgehende und unmittelbare, klare und unmissverständliche »Eingrenzung« von Gewaltakten unumgänglich. Diese Begrenzung muss allerdings immer wieder aktiv davor bewahrt werden, auf der »Gegenseite« (Staatsgewalt, Institutionsgewalt) projektiv-identifikatorisch in dieselbe Entgrenzung der Gewalt abzugleiten, die man zu bekämpfen vorgibt.

Die gesellschaftliche Fantasie, durch eine »Ausgrenzung« von Gewalttätern und damit verbunden das projektive Unterbringen des eigenen Bösen bei diesen anderen (Auchter 1994b), die Gewalt bei sich selbst übersehen oder eliminieren zu können, ist eine Illusion. Zum Beispiel kann das Bemühen von Schulleitungen, die Gewalt im eigenen Hause zu übersehen, zu verleugnen und damit nicht zu einzugrenzen, um den »Ruf der Schule« oder Ähnliches zu bewahren, nur zu einer weiteren Entgrenzung und Eskalation der Gewalt führen – und ist somit langfristig kontraproduktiv. Die Hasskontrolle wird sicher dadurch erleichtert, dass Mütter (und Väter) neben ihrer Liebe zum Kind um den unvermeidlichen Hass auf ihr Kind wissen (Winnicott 1958, S. 194ff.), sich seiner bewusst werden und ihn so annehmen und bei sich behalten können. Damit sind sie darüber hinaus ein Vorbild in der Aneignung des »eigenen Bösen« für ihr Kind. Auch Lehrer könnten für ihren Umgang mit aggressiven Schülern davon profitieren, wenn sie sich immer wieder um eine Bewusstheit für ihre eigenen aggressiven Impulse bemühen.

Eine »Täter-Opfer-Konfrontation« und daraus resultierende Wiedergutmachungsakte stellen im besten Fall eine »Rehumanisierung« dar. Durch das Wiedereinsetzen von Opfer und Täter in einen menschlichen Subjektstatus wird auch der Weg für einen möglichen Schulddialog (Auchter 1996) geebnet, der nur in einer Beziehung stattfinden kann.

Allerdings sollten wir uns keine Illusionen machen: Es wird auch in Zukunft weiter Gewalt und Mord geben. Denn wir alle sind die Nachkommen von Kain, der Abel erschlagen hat und damit den ersten von unzähligen Brudermorden – und jeder Mord unter Menschen ist ein Brudermord – begangen hat. Womit aber jeder von uns beginnen kann, wenn er es nicht längst getan hat, ist das Verhindern von Rufmorden, die regelmäßig dem Mord vorausgehen (Hardtmann 2001). Dieser Gedanke ist heute angesichts der Entwicklungen nach dem Attentat von New York aktueller und bedeutsamer denn je!

Wir werden es schließlich aushalten müssen, dass ein gewisser Anteil des destruktiven, gewaltsamen menschlichen Verhaltens nicht und niemals verstanden und erklärt werden kann.

Zusammenfassung

Aggression und Destruktion stellen ursprünglich neutrale Radikale menschlichen Seins dar. Ihnen kommt sogar eine bedeutsame entwicklungspsychologische Funktion für die Selbst- und Objektkonstituierung (Trennungsaggression) zu. Insbesondere in der Adoleszenz besitzt die aggressive »Handlungssucht« einen selbststabilisierenden, integrierenden und realitätsversichernden Charakter. Aggressiv-destruktive Handlungsbereitschaften werden sowohl durch erlittene Gewalterfahrungen (Übergriffe) als auch durch Alleingelassenwerden mit triebhaften Impulsen (mangelndes Halten) mobilisiert. Nach außen gerichtete Gewalt (»Antisoziale Tendenz«) erscheint unter ihrem provokativen Aspekt als Alternative zur Selbstzerstörung und bildet insofern ein »Zeichen von Hoffnung«.

Täter und Opfer zugleich (2006)

Zur Psychoanalyse adoleszenter terroristischer Selbstmordattentäter

Einführende Überlegungen

Auch wenn Selbstmordattentäter häufig monströse Taten begehen, sind sie keine »Monster«. Sie sind und bleiben »Menschen«. Ihr Verhalten wirft allerdings die Frage auf, wie es so weit kommen kann, dass ein Mensch sich und anderen etwas antun kann, das wir als »unmenschlich« bezeichnen, weil wir nicht (wahr-)haben wollen, dass das Ausüben von destruktiver Gewalt gegen Artgenossen eine ausgesprochen menschliche Verhaltensweise ist.

»Den« Selbstmordattentäter gibt es natürlich ebenso wenig wie »die« Psychoanalyse. Was ich im Folgenden nur anbieten kann, sind einige psychoanalytische Überlegungen und Hypothesen zu den seelischen Bedingungen einer Persönlichkeit, die ein suizidales terroristisches Verhalten wahrscheinlicher machen oder begünstigen. Mit meinem Beitrag möchte ich versuchen, einige Aspekte solcher Entwicklungen zum Selbstmordattentäter herauszuarbeiten, die das auf den ersten Blick häufig Unfassbare vielleicht ein wenig begreiflicher machen können. Dabei bin ich mir voll bewusst, dass ich als Psychoanalytiker zu diesem hochkomplexen Themenbereich immer nur einen relativ begrenzten Erklärungsansatz bieten kann, der mindestens um soziologische, politische, ökonomische, kulturelle, religiöse und weitere Aspekte ergänzt werden muss.

Ich konzentriere mich bei meinem Beitrag auf jugendliche Selbstmordattentäter, die ja auch die Mehrheit der Täter bilden, weil sich an ihnen exemplarisch bestimmte Grundzüge suizidalen terroristischen Verhaltens und seiner Entwicklung verdeutlichen lassen. Beginnen möchte ich mit einigen grundlegenden Vorstellungen zur Psychodynamik der Adoleszenz.

Adoleszenz als Übergangsphase

In der Adoleszenz als einer Zeit des »Überganges« (Auchter 1982) ist der Mensch nicht mehr Kind und noch nicht Erwachsener. Es ist eine Periode der auch physiologisch begründeten Destabilisierung, der Irritation, der Desintegration, der Identitätsdiffusion (Erikson 1968), des Zweifelns und Infragestellens, der Unsicherheit und Ungewissheiten, der Ratlosigkeit, der Haltlosigkeit, der Widersprüchlichkeit und Spaltungen, überschäumender Erwartungen und schwärzester Hoffnungslosigkeit.

Das adoleszente Bedürfnis nach Idealen und Idolen zur unbewussten Abwehr von Verunsicherung und Minderwertigkeitsgefühlen macht Jugendliche so empfänglich für Utopien und Ideologien als Repräsentanten des »Ganzen und Heilen«. Entsprechend zeigte der Terroristenführer Osama bin Laden 2001 in einem Fernsehinterview die Grafik einer Alterspyramide der Bevölkerung und erklärte die 15- bis 25-Jährigen als besonders geeignet für einen Kampf in seinem »Dschihad«. Allerdings sollten wir die Augen nicht davor verschließen, dass in allen Gesellschaften, auch den »zivilisierten« und demokratischen, die Indoktrination zum Töten des Feindes (»Kriegsdienst«) in der Regel in der Adoleszenz erfolgt. Dass damit die Jugendlichen von den Älteren zugleich dem Risiko des Getötetwerdens im Krieg ausgesetzt werden, mag man einem unbewussten Schuldgefühl, einem unbewussten Strafbedürfnis, einem unbewussten Tötungswunsch (Hirsch 2006), der Gefühlsambivalenz (Ruff 2006) oder der Abwehr und Projektion eigener Hilflosigkeit (Franz 2006) zuschreiben. Jedenfalls sind die Mehrheit der Soldaten in allen Ländern Adoleszente und Spätadoleszente, bisweilen gar Kinder! Die UNO schätzt, dass weltweit etwa 300.000 Kinder und Jugendliche unter 18 Jahren in bewaffneten Konflikten kämpfen. 200.000 weitere werden als Spione, Boten, Späher, Träger oder Sexsklaven missbraucht. Nach offiziellen Angaben leisteten 1999 über 6.600 16- und 17-Jährige Dienst in der britischen Armee (UNICEF-Informationen zu »Kinder und Krieg«).

Bei den amerikanischen Soldaten in Afghanistan und im Irak lässt sich präzise das Phänomen beobachten, wie Täter zu Opfern werden. Sogar nach einer offiziellen Studie der amerikanischen Armee von 2004 zeigen zwischen 16 und 23% der Soldaten Anzeichen von schwerer Depression, Angstzuständen, Schlafstörungen oder PTSD (»Posttraumatisches Stress-Syndrom«). Fast 900 Soldaten werden 2004 wegen seelischer Probleme nach Hause geschickt, mindestens 30 begehen Selbstmord (ntv-Sendung vom 14.02.2005). Die militärische Indoktrination zum »schuldgefühlfreien« Töten und Vernichten des »Feindes« scheint also nicht perfekt zu funktionieren. Das »Friedens-Ich« lässt sich nicht vollständig durch das »kriegerische Ich« ersetzen, sondern führt zu einem traumatischen Ich-Konflikt (Freud 1919d, S. 323). Reste gesunden moralischen Empfindens überleben offenbar. Eindrucksvolle Beispiele für solche Gewissensrudimente finden sich in den Darstellungen des amerikanischen Journalisten Evan Wright (2005) als Frontberichterstatter im Irak-Krieg.

Schätzungen gehen davon aus, dass mehr als 100.000 amerikanische Soldaten mit Symptomen von PTSD aus Afghanistan und dem Irak zurückkommen (van Langendonck 2005). Nicht selten schlägt diese seelische Störung dann wieder in unkontrollierte Gewalt, Mord und Selbstmord um! So bleibt der Teufelskreis zwischen Opfer und Täter erhalten!

Die Adoleszenz ist fokal eine Zeit der Unfertigkeit. »Unreife ist ein wesentliches Kennzeichen von Gesundheit im Jugendalter« (Winnicott 1971a, S. 146). Die pubertäre und adoleszente Destabilisierung mobilisiert eine Fülle von bewussten und unbewussten Ängsten, unter anderem Ängste vor Verletzung, Beschädigung, Fragmentierung, Zerstört- und Vernichtetwerden, und andererseits vor den eigenen destruktiven und mörderischen Impulsen (ebd., S. 144f.). Die seelische Abwehr gegen diese Ängste kann sich zu pathologischen (destruktiven) Organisationen (Steiner 1993) verdichten, zum Beispiel einer Regression in den »Äquivalenzmodus« (Fonagy u.a. 2002, S. 258ff.) oder einer Desymbolisierung beziehungsweise zu gesteigertem »Konkretismus«.

Neben projektiv begründeten paranoiden Fantasien (die eigene Gewalttätigkeit wird dabei ausschließlich dem anderen zugeschrieben) können die krankhaften Persönlichkeitsorganisationen auch in den verschiedensten Formen von Gewalttätigkeit ihren Ausdruck finden. Gertrud Hardtmann (2001) hat detailliert und plastisch die »Funktionalisierung des Opfers als ›Container‹« für die unerträglichen und deshalb unbewusst projizierten eigenen Gewaltelemente bei rechtsradikalen Jugendlichen beschrieben.

Narzissmus

Seit wir individuell und kollektiv aus dem Paradies vertrieben sind und unsere Existenz unter Mühsal und im Schweiße unseres Angesichts fristen müssen, sind in uns allen tiefe, geheime Sehnsüchte und Träume von paradiesischen Zuständen lebendig (Auchter 2002c). Gewöhnlich assoziieren wir dazu: endgültige Freiheit von allen Spannungen und Konflikten, ein für alle Mal Erlösung von allem Bösen und Leiden, eine reine Welt ohne Grenzen, Barrieren oder Hindernisse (Chasseguet-Smirgel 1986, S. 88ff.), keine Unterschiede bezüglich der Interessen und Sichtweisen zwischen uns und den anderen (M. Balint 1966, S. 105), vollkommene Harmonie, absolute Sicherheit und sofortige und vollständige Befriedigung all unserer Bedürfnisse und Wünsche. Dieses primär-narzisstische Paradies ist aber spätestens seit unserer Geburt und für die gesamte Zeit unseres irdischen Daseins ein für allemal verloren. Alle Versuche, solche utopischen Zustände wiederherzustellen, bergen die Gefahr, dass das immer nur auf Kosten anderer möglich ist. Denn alle bislang von Menschen entwickelten Utopien paradiesischer Verhältnisse beinhalten regelmäßig »den vorherigen Ausschluss und die Beseitigung eines Teils der Bevölkerung. Alles, was der Errichtung des utopischen Glücks im Wege steht, muss [zuvor; Anm. T. A.] vernichtet werden« (Chasseguet-Smirgel 1986, S. 130).

Entwicklung von gesundem Narzissmus und gesunder Beziehungsfähigkeit

In jedem Menschen wurzelt ein tiefes Bedürfnis nach Bindung, Halt, Sicherheit, Ruhe und Geborgenheit, nach Geliebtwerden und Liebenkönnen, und nach Anerkennung (Benjamin 1988, 1993b), narzisstischer Bestätigung (Kohut 1971) und Affirmation durch andere, eine Gruppe, ein Kollektiv, eine Gesellschaft. Diese Perspektive verleugnet nicht das Vorhandensein destruktiv-aggressiver Impulse im Individuum und Kollektiv, betrachtet sie allerdings im Sinne Winnicotts und Kohuts eher als sekundär und reaktiv, nicht primär (»Todestrieb«).

In einem glückenden Entwicklungsverlauf macht ein Kind schon von frühester Zeit an mit seinen wichtigsten Beziehungspersonen und -gruppen genügend gute Erfahrungen dieser Art. Sie führen durch Verinnerlichung zu einer stabilen Selbstsicherheit, zur Entwicklung eines »gesunden Narzissmus«

(Kohut 1971). Diese solide Identität – als gesundes Selbstgefühl, gesundes Selbstwertgefühl und gesunde Selbstbehauptung – basiert auf hinreichend guten, haltvermittelnden und selbstbestätigenden Objektbeziehungen. Umgekehrt bildet sie ihrerseits die Voraussetzung einer gesunden Beziehungsfähigkeit des Individuums. Eine gesunde narzisstische Entwicklung befähigt dazu, den immer unvollkommenen, immer unvollständigen und immer unsicheren Zustand unserer Mitwelt und unserer selbst – also, um mit Winnicott (1958, S. 214) zu sprechen, das »hinreichend Gute« – auf der Basis eines durch genügend gute Beziehungserfahrungen entwickelten »Urvertrauens« (Erikson 1950, S. 241ff.) immer mehr anzunehmen. Zu dem unauflöslich Imperfekten im Individuum gehören unvermeidlich auch die Angst, die Hilflosigkeit und Ohnmacht, das Leiden (Zetzel 1970) und letztlich unsere Vergänglichkeit und Sterblichkeit.

Zum Rettungsversuch für seinen verlorenen archaischen Narzissmus stehen schon dem Kleinstkind primitive seelische Mechanismen zur Verfügung, vor allem die »Spaltung« in absolut Gut und absolut Böse, die »Externalisierung« und die »Projektion« beziehungsweise die »projektive Identifikation«. Das Böse wird dabei bevorzugt »beim anderen« gefunden. Hier liegt auch die Urquelle späterer Feindbildungen (Auchter 1990, 2000b). Darüber hinaus helfen zur Kompensation des narzisstischen Verlusts Fantasien von Allmacht (Winnicott 1958, S. 130) und Allwissenheit und die Idealbildung (Freud 1914c, S. 161). In einer gesunden Weiterentwicklung können diese primitiven seelischen Modalitäten durch angemessene modifizierende Beziehungserfahrungen immer mehr zugunsten differenzierterer Modi zurücktreten. Das Bedürfnis nach Sofortbefriedigung kann durch Aufschub und Verzicht relativiert werden. Den Spaltungstendenzen treten integrative und synthetische Mechanismen zur Seite. Der Äquivalenzmodus der Wahrnehmung kann durch den »Als-ob-Modus« (Fonagy u.a. 2002, S. 258ff.), das »Spielen« mit Wirklichkeit (Winnicott 1971a), ergänzt und modifiziert werden. Das »Entweder-Oder-Prinzip« und das »Schwarz-Weiß-Denken« wird durch ein »Sowohl-als-auch« (Ambiguität) und die »Fähigkeit zur Ambivalenz« differenziert, Verabsolutierungen durch Relativierung abgeschwächt. Die Omnipotenzfantasien werden zugunsten des »Realitätsprinzips« eingegrenzt. Die archaische primäre und die sekundäre destruktive Aggression werden ergänzt um die »Fähigkeit zur Besorgnis« (Winnicott 1965a, S. 73ff.) und Wiedergutmachung. Die »primäre Liebe« (M. Balint 1966) erweitert sich zur bewussten liebenden Gegenseitigkeit. Die Fähigkeit, Spannungen, Unsicherheiten und Ungelöstheiten auszuhalten und stehen zu lassen, wächst genauso wie die Toleranz.

Entwicklung eines »pathologischen Narzissmus«

Wenn aber Menschen – aus welchen Gründen und Umständen auch immer – die erwähnten, für die Entwicklung eines gesunden Narzissmus fundamentalen, hinreichend guten Beziehungserfahrungen versagt bleiben, besteht die Gefahr der Entwicklung eines »pathologischen Narzissmus«. Auch eine Traumatisierung im späteren Leben bedeutet immer eine Verletzung des Selbstgefühls, eine »narzisstische Kränkung« (Moses 1982). Wenn auf diese Weise die Regulation des gesunden Narzissmus übermäßig gestört wird, kommt es häufig ebenfalls zur Entwicklung eines »malignen Narzissmus«. Narzisstische Kränkungen führen nach Heinz Kohut (1973) vor allem zu »narzisstischer Wut«. Beschämungen, Demütigungen, Ohnmachtserfahrungen, Angst, Verzweiflung und Hoffnungslosigkeit zählen also zu den Geburtshelfern des »destruktiven Narzissmus« (Rosenfeld 1971), der zerstörerischen Gewalt. Das kann zum Beispiel die Form annehmen, dass ich unbewusst versuche, jemand anderem die Angst einzujagen, unter der ich selber leide (was ja auch der Begriff »Terror« impliziert), oder den Schmerz zuzufügen versuche, der mich selbst quält. »Der explosive Narzissmus, dessen dramatischer Ausdruck gegenwärtig die menschlichen Bomben sind, speist sich, so paradox es klingt, aus dem *Sicherheitsbedürfnis* traumatisierter Menschen« (Schmidbauer 2003, S. 19; kursiv T.A.).

Der »pathologische Narzissmus« ist charakterisiert vor allem durch einen krankhaft übersteigerten Egozentrismus und Egoismus und eine omnipotente Abwehr von Minderwertigkeits- und Ohnmachtsgefühlen (Richter 1979, 2002). Bei einer destruktiven ausschließlichen Selbstbezogenheit spielen der andere als menschliche Person oder die anderen als menschliche Gruppe keine Rolle mehr. Diese vorausgehende »Dehumanisierung« erleichtert einen relativ schuldgefühlfreien Angriff auf andere und auch ihre Tötung.

Narzisstische Abwehr

Es gab schon immer Menschen, die ihre unvermeidliche narzisstische Begrenztheit und Unvollkommenheit nicht wahrhaben wollen oder können. Das Akzeptieren eigener Grenzen und Ohnmacht, zugleich mit der Erfahrung eigener Wirkmächtigkeit, gehört neben den kindlichen Entwicklungsaufgaben auch zu den wesentlichen Herausforderungen der Adoleszenz. Und es gibt (kulturelle, religiöse, gesellschaftliche und politische) Organisationen, Institutionen und Ideologen, die die Menschen daran hindern, sich mit ihren realen Grenzen und ihrer Vergänglichkeit zu arrangieren. Stattdessen packen sie sie aus eigenen Machtbedürfnissen an ihren unbewussten Scham- oder Schuldgefühlen über ihre Nicht-Idealität und an ihren megalomanen Träumen, missbrauchen sie und beuten sie aus.

Menschen, denen in ihrer Kindheit, ihrer Jugend und/oder ihrem Erwachsenenstatus hinreichend gute liebevolle und anerkennende und identitätsstiftende und -fördernde Erfahrungen versagt blieben, die hätten verinnerlicht werden können, oder deren gute, sicherheitsvermittelnde innere Repräsentanzen durch Traumatisierungen geschädigt oder zerstört wurden, werden unbewusst lebenslang nach äußerem Halt und äußeren Sicherheiten suchen. Sie sind somit anfällig für alle möglichen Heilsversprechen und Heilslehren (Auchter 2005). Ihr ungestilltes Sicherheitsbedürfnis kann zu einem angstgesteuerten Sichfesthalten und Sichanklammern an bestimmte Weltanschauungen (Ideologien), bestimmte Kollektive und bestimmte »Führer« beitragen. Auf diese Weise wird dogmatischen, fundamentalistischen (Pfürtner 1991, S. 106) oder fanatischen (Hole 1995, S. 20; Conzen 2005) Positionen der Weg bereitet. Ideologische Führer verkünden als Heilsbringer absolute und damit völlig sicher erscheinende Heilsgewissheiten (»ewiges Heil«). Der gesunde Gläubige glaubt zu mindestens 50,1% und ist bis zu 49,9% von Zweifeln erfüllt. Der krankhaft Gläubige muss alle seine Zweifel durch einen 99,9%igen Glauben abwehren (vgl. Reik 1923). Das kann zum Beispiel darin bestehen, die Bibel oder den Koran als »wortwörtliche« Offenbarung Gottes zu betrachten. »Der Koran ist nicht interpretierbar, der Koran ist absolut«, betont Mohammed Atta, einer der Attentäter vom 11. September 2001 (Aust/Schnibben 2002, S. 173). Ein derartiger kranker Glaube verleugnet, dass alle religiösen Texte (schon) immer nur durch Menschen vermittelt sein können und es infolgedessen den direkt gottgegebenen (geoffenbarten) eineindeutigen Koran nur für den Gläubigen (das heißt: den »daran« Glaubenden) gibt. Zum Problem der Entstehungsgeschichte des Koran beziehungsweise des Islam informiert differenziert der von Ohlig und Puin (2005) herausgegebene Band *Die dunklen Anfänge*. Auch an die unmittelbare Gottgegebenheit der eineindeutigen Bibel (»Offenbarung«) kann man nur »glauben«. Die wortwörtliche Gültigkeit der Bibel auch heutiger christlicher Fundamentalisten in aller Welt steht allein deswegen infrage, weil es sich immer schon um Übersetzungen aus dem Hebräischen oder Aramäischen handelt, und die sind per se immer schon »Interpretationen«!

Im Denken des »Fundamentalisten« gibt es aber keinerlei Interpretationsspielraum, kein »Als-ob« – damit aber auch keine Verunsicherungsmöglichkeiten. Zur Abwehr von Unsicherheit soll auch die Reduktion von Komplexität durch einfache (vereinfachende) Erklärungsmuster (»terrible simplificateur«) dienen, zum Beispiel das »Schwarz-Weiß-Denken«.

Viele Menschen in der sogenannten »Dritten Welt« oder Migranten in den westlichen Ländern, besonders Jugendliche, gerade die der zweiten und dritten Generation, sind als »Grenzgänger« zwischen herkömmlichen Traditionen und Kulturen und modernen westlichen Kulturen in ihren integrativen und synthetischen Fähigkeiten überfordert. Der alltägliche offene oder versteckte Rassismus ihrer Aufnahmeländer, geboren aus Fremdenangst und Fremdenfeindlichkeit (Auchter 1990, 2000b), erschwert eine stabile Identitätsbildung dieser Menschen zusätzlich. Häufig fühlen sie sich wurzellos, nirgends beheimatet, nirgends zugehörig, empfinden aber starke bewusste oder unbewusste Bedürfnisse nach der Zugehörigkeit zu einer bestimmten Gruppe (Taarnby 2005, S.15ff.). Zudem vertiefen Informationsüberreizung und zunehmende Unüberschaubarkeit der Globalisierungsprozesse die Identitätsverunsicherung. Damit verbundene sich verstärkende Abstraktions- und Entfremdungsprozesse fördern die kompensatorische Hinwendung zum Naheliegenden, »Konkreten« (Claessens 1980), z. B. in Nationalismen, Regionalismen oder einer Religionszugehörigkeit. Die Fähigkeit zum spielerischen Umgang mit der Realität, innere Spiel- und Möglichkeitsräume (Auchter 2004b), Voraussetzung kreativer Wirklichkeitsgestaltung, gehen verloren. Realität und Interpretation der Realität (z. B. durch eine Religion) fallen in eins. Vorstellungen müssen »1x1« und sofort in Realität umgesetzt werden – wenn nötig mit aller Gewalt! Menschen versuchen damit die Brüchigkeit (Auchter 2005) ihrer Identität zu übertünchen und die Risse (Volkan 2003, S. 260) im Selbstverständnis zu kitten.

Adoleszenz und Narzissmus

Die Herausforderung der Adoleszenzzeit als Neubestimmung der Identität lässt sich auch unter dem Aspekt einer »narzisstischen Krise« betrachten. Die Adoleszenz ist die Zeit einer intensiven Suche nach sich selbst und anderen Gewissheiten – nach »echt und unecht« (Winnicott 1965b, S. 84), und nach dem Sinn der Existenz. Zu den bedrängendsten Ängsten der Adoleszenz zählt

Winnicott die Angst vor dem Realitätsverlust und entsprechend zur wesentlichsten Herausforderung den Wirklichkeitserwerb, »sich wirklich zu fühlen«. Das Gefühl, »wirklich zu sein«, kann nur erworben werden über das Erleben tatsächlicher eigener Wirkmächtigkeit, über Effizienz- und Kontingenzerfahrungen (Broucek 1991, S. 32). Das ist heutzutage ungemein erschwert. Viele Jugendliche haben eine nur mangelhafte Schulausbildung und, wenn sie bildungsmäßig qualifizierter sind, ist ihre nächste Behinderung der zunehmende Mangel an Arbeitsplätzen und in der Folge ihre Arbeitslosigkeit. Das »Wirklichkeitsgefühl« erwächst aber auch aus der Konfrontation (Winnicott 1971a, S. 150) mit Erfahrungen von (unausweichlicher) Begrenztheit und Ohnmächtigkeit, die ausgehalten und angeeignet werden kann. Übermäßige oder überlange Ohnmachtserfahrungen bilden ein starkes Motiv, nach Wegen zu suchen, kompensatorische Machterfahrungen zu machen – im schlechtesten Fall aggressiv-destruktive. Die massiven psychophysiologischen Veränderungen in der Adoleszenzzeit destabilisieren und bedrohen das Selbstgefühl und das Selbstbewusstsein mit Depersonalisation und Derealisation (Winnicott 1965b, S. 243). Vor allem der Bearbeitung von partieller Desintegration und Destabilisierung, der Abwehr von Ängsten vor Fragmentierung und Körperzerfall, dient das »Agieren« (Blos 1962, 1963) des Adoleszenten. »Das Ausagieren ist eine Alternative zur Verzweiflung« (Winnicott 1965b, S. 209) und insofern ein »Zeichen von Hoffnung« (ebd., S. 208). Das gesteigerte Bedürfnis vieler Jugendlicher nach körperlicher »Aktion« – sowohl alleine als auch im Rahmen einer Gleichaltrigengruppe – erfüllt primär den Zweck, einem befürchteten Zerfall der Persönlichkeit und einem Verlust des Realitätsgefühls entgegenzuwirken. Auf diesem Hintergrund ist die körperliche Inaktivität vieler heutiger Kinder und Adoleszenter in ihren seelischen Auswirkungen umso bedenklicher!

> »Wir wissen, dass ein ›begrenzter‹ Krieg mit all seiner unendlichen Tragik gewöhnlich einen positiven Beitrag für die Entlastung von Spannungen beim Einzelnen leistet, indem er der Paranoia erlaubt, potentiell zu bleiben und den Menschen ein Gefühl des REALEN verschafft, welche sich nicht immer wirklich fühlen, wenn es übermäßig friedlich zugeht. Besonders bei Jungen fühlt sich die Gewalttat real an, während eine allzu große Leichtigkeit des Seins die Gefahr der Depersonalisation mit sich bringt« (Winnicott 1965a, S. 243).

Neben der unerträglichen Leichtigkeit des Seins ist in unseren Tagen auch die unerträgliche Schwere des Seins (Jugendarbeitslosigkeit, Perspektivlosigkeit,

Hoffnungslosigkeit), die bewusst und unbewusst als bedrohlich depersonalisierend erfahren wird. Die gewaltsame Provokation einer in der Vorstellung oder wahnhaft erwarteten Verfolgung kann dem Jugendlichen dazu dienen, »sich von Verrücktheit und Wahn zu lösen« (Winnicott 1971a, S. 148). Einerseits dadurch, dass das zuvor fantasierte Paranoide nun Realität wird, andererseits sicher auch durch die Möglichkeit, das eigene Böse im »Container« des anderen unterzubringen. Bisweilen scheint das destruktive Handeln auch einen Ausweg aus dem Tal unaushaltbar quälender »Langeweile« (Winnicott 1984, S. 145ff.) ins Abenteuerland der Gewalt zu versprechen (Haynal 1976, S. 102). Adoleszente registrieren unter anderem aufgrund ihrer durch die »normale« Identitätskrise begründeten erhöhten Verletzlichkeit besonders sensibel reale soziale und politische Ungerechtigkeiten und Unterdrückungen. Sie finden in deren Opfern Identifikationsangebote und Solidarisierungsmöglichkeiten. Kriegerische Auseinandersetzungen begünstigen zusätzlich das »Freund-Feind-Denken«. Abd Samad Moussaoui (2002, S. 103), der Bruder (siehe ausführlicher in einem späteren Abschnitt) eines der Attentäter vom 11. September 2001, berichtet: »Golfkrieg, Bosnien, Algerien, Palästina, Afghanistan, Tschetschenien [...] überall in der Welt wurden Muslime verfolgt. Das empörte uns [...]. Diejenigen, die diese Ungerechtigkeiten stark wahrnahmen, wurden mit der Zeit sehr dünnhäutig. So wurden einige von ihnen anfällig für totalitäre, fanatische Ideologien.«

Die »Identitätsdiffusion« (Erikson 1959, 1968) des Adoleszenten und daraus resultierend seine intensivierte Identitätssuche kann sich auch in einer übermäßigen Abgrenzung gegenüber dem Nicht-Ich manifestieren. Das führt zu einer verstärkten »Fremdenfeindlichkeit« (vgl. Auchter 1990, 2000b), wobei »die Fremden« alle sein können, die anders sind. Ihr Anderssein wird unbedingt benötigt, damit der Adoleszente sein Selbst daran und dagegen definieren kann. Wenn die Mitwelt zum Beispiel durch einen Jugendlichkeitskult in Werbung und Kommerz bei den Erwachsenen die Identitätssuche erschwert, bleibt dem Jugendlichen bisweilen nur noch eine Flucht in die »negative Identität« (Erikson 1959, S. 163), die aber auch leicht gewaltsam entarten kann.

Mörderische Gewalt in der Adoleszenz

»In der unbewussten Phantasie ist das Erwachsenwerden naturgegeben etwas Aggressives« (Winnicott 1971a, S. 144) und mit dem »Tod von irgendjemand«

verknüpft (ebd., S. 145). Als eine wichtige Angstquelle des Adoleszenten beschreibt Winnicott die wesentliche Veränderung bezüglich des Destruktionspotenzials. Das Kleinkind könne seine Hass- und Zerstörungsimpulse im Erleben leichter zulassen, weil seine realen Zerstörungsfähigkeiten begrenzt sind. Der Heranwachsende kann dagegen »real« zerstören und töten (Winnicott 1984, S. 146; 1988, S. 163). Das verkompliziere den Umgang mit seinen Mord- und Zerstörungsfantasien ganz erheblich (Winnicott 1971a, S. 144f.).

Die teilweise verzweifelte Suche des Adoleszenten nach seiner Identität äußert sich neben massiven Rückzugstendenzen nach innen vor allem in verstärkten Zuwendungsbewegungen nach außen. Blos (1963, S. 120; 1962) spricht geradezu von einer »Handlungssucht« der Jugendlichen. Sie umfasst neben libidinösen (z.B. Gruppenbedürfnisse) und sexuellen auch aggressive und destruktive Akte gegen sich selbst und andere. »Es wird Selbstmorde geben«, meint Winnicott (1965a, S. 245; vgl. 1971a, S. 148), man

> »muss lernen, sich mit Suiziden, Schulverweigerung, gelegentlichen manischen Ausbrüchen, welche etwas Mörderisches haben, abzufinden, und mit zerbrochenen Fensterscheiben und der Zerstörung von Sachen [...]. Natürlich hat die wirkliche Zerstörung keinerlei Nutzen und das Ziel muss sein, tatsächliche Zerstörung oder Selbstmord zu verhindern; aber was gebraucht wird, ist menschliche Vorbeugung, und mechanische Einschränkung ist wertlos.«

Nicht nur Kinder und Erwachsene, sondern gerade auch Adoleszente sind, wie schon Erikson (1964, S. 118f.; kursiv T.A.) bemerkte, so konstituiert, »dass sie es *nötig haben, benötigt zu werden*, um nicht der seelischen Deformierung [...] zu verfallen«. Wenn Jugendliche sich bewusst oder unbewusst nicht gefragt, nicht gebraucht, überflüssig erleben, dann kommt es vor, dass sie, »um sich von ihrem depressiven Affekt zu befreien, [...] eine Flucht nach vorn antreten, eine gewaltsame Tat unternehmen« (Haynal 1976, S. 100). Die Anfang November 2005 ausgebrochenen Gewaltexzesse französischer Jugendlicher in den Vorstädten von Paris und anderswo bilden hierfür ein Beispiel. Einzelne der »neuen Verzweifelten«, wie Lempa (2001) die heutigen gewalttätigen Jugendlichen charakterisiert, werden versuchen, »in einem spektakulären Akt (Mord oder Selbstmord) sich auf Kosten ihrer Existenz wenigstens einmal das Gefühl zu verschaffen, zu sein« (Lempa 2001, S. 167). Lempa greift hier auf einen Gedanken von Heinz Henseler (1974) zurück, welcher den Suizid als letzten und bei Gelingen einmaligen Versuch versteht, wirkmächtig zu sein. »Die Suizidhandlung ist eine Konfliktlösung. Der Konflikt besteht in der Gefahr, einer vernichtend phantasierten Situation passiv und hilflos ausgeliefert zu sein, und ihrer Abwehr durch Agieren von Phantasien, die dieser Gefahr aktiv zuvorkommen« (Henseler 1974, S. 89). In diesem Sinne ist der (gelungene) Suizid ein einmaliger narzisstischer Lösungsversuch, »einmal Herr über Leben und Tod« zu sein! Ich bin mir sicher, dass diese narzisstische Psychodynamik, zum Beispiel der Versuch, erlebte oder vorgestellte Ohnmacht in Macht zu verwandeln, auch bei den Selbstmordattentätern eine hervorragende Rolle spielt (Auchter 2005).

Aspekte der Mentalität eines Selbstmordattentäters

Gewöhnlich hängt der Mensch an seinem Leben. Insofern muss man fragen, was einen Menschen dazu bringen kann und was die Bedingungen sind, unter denen er sich dazu veranlasst sieht, sein eigenes Leben und das anderer für etwas oder jemanden zu »opfern«. Was kann wichtiger werden als das Leben?

Ein Terrorist, der ein Selbstmordattentat begehen will, muss vor allem zwei innere Hindernisse überwinden: erstens das »Tötungsverbot« gegenüber dem oder den anderen und zweitens das »Selbsterhaltungsprinzip«. In dem »Terroristenhandbuch«, das im Jahr 2000 gefunden wurde und bin Ladens Al-Qaida zugeordnet wird, heißt es dementsprechend unter »Eigenschaften von Angehörigen der Organisation«: »Er sollte eine Persönlichkeit haben, die es ihm ermöglicht, Blutvergießen, Mord, Verhaftung, Gefangenschaft auszuhalten – genauso wie die Tötung eines oder aller der Genossen seiner Organisation« (zit. n. Aust/Schnibben 2002, S. 262). Wie sieht eine Persönlichkeitsstruktur aus, die das ermöglicht, und wie entwickelt sie sich dahin?

Eine solche Mentalität setzt die grundlegenden individuellen Menschenrechte auf Unversehrtheit, Leben, Eigentum, Freiheit und Würde des Einzelnen zugunsten anderer, als höher eingestufter Ziele außer Kraft (Heintze 2000, S. 228). Rafael Moses (1986) hat diese Über-Ich-Deformation exemplarisch am Beispiel von Richard Nixon als »Watergate-Syndrom« beschrieben. »Der Zweck heiligt die Mittel.« Psychisch korrespondiert das mit einer Dehumanisierung des Gegners zum absoluten Feind, einer Verweigerung jeglicher »Empathie« (Einfühlung) und »Sympathie« (Mitleiden). Nicht mehr das vernünftige, rational denkende, abwägende, tolerante und relativierende, vermittelnde »Ich« besitzt die Herrschaft im Seelenleben, sondern bestimmte »Über-Ich«-Anteile (ideologische Vorstellungen) und »Ich-Ideal«-Anteile (Idealvorstellungen). Janine Chasseguet-Smirgel (1975) spricht trefflich von der »Krankheit der Idealität«. Der Fanatiker »liebt Ideen mehr als Menschen« (Hole 1995, S. 93). Die schlichte Mitmenschlichkeit, die »Nächsten-Liebe« ist durch eine religiös verbrämte »Fernsten-Liebe« ersetzt.

Zum Terroristen wird man nicht geboren, sondern »gemacht«. Selbstmordattentäter sind Menschen mit einer je spezifischen Geschichte, die sich bei genauem Hinsehen nicht selten als eine »Leidensgeschichte« entpuppt. Diese motiviert sie auf direkten und indirekten seelischen Wegen dazu, anderen übermäßiges Leid zuzufügen. Wenn schon das basale Sicherheitsgefühl und Urvertrauen angeschlagen ist oder gar nicht erst entwickelt wurde, dominiert im Individuum ein untergründiges, dumpfes Angstgefühl. Eine unbewusste Abwehrmöglichkeit dagegen liegt darin, sein Selbstverständnis als Opfer abzutöten und den Opferstatus dadurch umzuwandeln, dass man einen anderen zum Opfer macht (Akhtar 2002, S. 90), Passivität in Aktivität verkehrt.

Bei der Psychodynamik eines Selbstmordattentäters sind mindestens zwei Anteile zu unterscheiden: Erstens eine individuelle lebensgeschichtlich begründete »Disposition«, gewissermaßen der seelische Nährboden, und zweitens eine spezielle Ausbildung und »Indoktrination«, die das vormalige Opfer in einen Täter verwandelt. Im Gegensatz zu früheren Zeiten, als die Terroristen als Einzelpersonen oder kleine Gruppe auftraten, stellt sich der heutige internationale Terrorismus häufig eher als »organisierte Kriminalität« dar. Osama bin Laden führte seine Al-Qaida wie ein modernes multinationales Unternehmen (er war ja vorher tatsächlich Unternehmensmanager), das mit neuestem technischen und logistischem Know-how ausgestattet ist. Und zu dieser »Terrorismusfirma« gehören auch entsprechende Ausbildungseinrichtungen für terroristische Aktivisten. Insofern besteht eine »unheilige Allianz« zwischen politischen Kräften, die nach (durchaus weltlicher) Macht streben und den »Gotteskriegern«, die dem »Glauben« eines »Gottesstaates« anhängen und dafür zu allen Opfern bereit sind.

Palästinensische Selbstmordattentäter

Mit Taarnby (2005), Moser (2005) und anderen scheint es sinnvoll, palästinensische Selbstmordattentäter als eine gesonderte Gruppe zu betrachten, also regionale terroristische Reaktionen gegenüber Terrorakten abzugrenzen, die von ausländischen Terroristen begangen werden.

Palästinenser sind in der Regel aufgewachsen in Armut, Elend, Einschränkungen, Demütigungen, Angst, Hass und Gewalt durch die israelischen Besatzer und ihre palästinensischen Landsleute. Ihre Sehnsüchte auf bessere Lebensbedingungen sind immer wieder enttäuscht worden, sie besitzen zumeist keinerlei Perspektive auf Veränderung (Heine 2004, S. 138), sind geprägt von Verzweiflung und Hoffnungslosigkeit. Ihr Aufwachsen unter derart narzisstisch traumatisierenden Bedingungen hat bei ihnen zu einer spezifischen Charakterpathologie, nämlich zur Entwicklung eines wesentlich sogenannten »Falschen Selbst« (Winnicott 1965b, S. 140ff.) oder »fremden Selbst« (Fonagy u.a. 2002, S. 18) geführt.

Die traumatischen Ängste und Verletzungen, denen sie seit ihrer Kindheit permanent ausgesetzt sind, lösen als erste Reaktion überlebensnotwendige Anpassungsbemühungen aus. Die anfängliche starke Anpassung führt zu einer grundlegenden Gefügigkeit und Bereitschaft, gehorsam auf Befehle zu reagieren. Es kommt zu vergleichbaren Entwicklungen wie sie bei Extremtraumatisierungen beschrieben wurden, zu einer »Automatisierung des Ichs« (Niederland 1968, S. 444) oder »Roboterisierung« (Meerloo 1969; zit.n. Grubrich-Simitis 1979, S. 991ff.). Ihr Heranwachsen unter traumatisierenden Bedingungen erlaubte ihnen kein angstfreies Spielen, das zu einem Gefühl sicherer Weltbewältigung hätte beitragen können. Stattdessen musste ihr Spiel von Anfang an einer realen Angstbewältigung dienen. Ihr Spiel war immer schon wirklich und todernst. »Der Gegensatz zu Spiel ist nicht Ernst, sondern – Wirklichkeit« (Freud 1905c, S. 214). So war es diesen Kindern nicht möglich, hinreichend den »Äquivalenzmodus« der Wahrnehmung durch den »Als-ob-Modus« zu ersetzen bzw. zu ergänzen (vgl. Fonagy u.a. 2004, S. 258ff.). Die frühen traumatisierenden Introjekte verbunden mit der Unmöglichkeit, Zorn, Ärger und Wut adäquat zu äußern, führen zu einer massiven Abhängigkeit von äußeren Objekten, die als Externalisierungsplattform benötigt werden (ebd., S. 20). Mit der phasenspezifischen Separationsnotwendigkeit von den primären Bezugspersonen gerät die Möglichkeit, eine halbwegs stabile Selbstkohärenz durch Externalisierung der »fremden Selbstanteile« zu gewährleisten, in Gefahr (ebd., S. 320ff.). Deswegen werden »neue Objekte« dafür benötigt, die z.B. religiöse oder fundamentalistische Ideologien zur Verfügung stellen können.

Als weiterer unbewusster Abwehrschritt wird eine betonartige innere Schutzmauer errichtet, ein »Armieren des Ichs« (Grubrich-Simitis 1979, S. 998). Dieser

»Gewaltpanzer« soll vor weiteren seelischen Verletzungen, Kränkungen und Verlusten schützen. Die seelische Verhärtung dabei macht aber wie bei einer Ritterrüstung zugleich immer unflexibler und gefühlloser. Der Charakterpanzer des Falschen Selbst bildet eine feste Oberfläche, eine harte Schale. Diese starre Oberflächenpersönlichkeit ist abgeschnitten vom vitalen inneren Kern der Persönlichkeit, der dahinter verborgen bleibt. Da ihnen die Verbindung zu ihrem lebendigen (menschlichen, auch liebevollen) Kern verloren gegangen ist, fehlt ihnen auch ein angemessenes Gefühl für sich selbst, zum Beispiel für den eigenen Schmerz, und in dessen Folge auch für ein Mitgefühl mit einem anderen. An der Stelle dieser humanen Empfindungen steht eine bedrohlich erlebte »innere Leere« (Gruen 2002, S. 140f.). Gerne lassen sie sich deshalb verführen von (falschen) Versprechungen und ideologischen Verheißungen, welche diesen inneren Leerraum zu füllen anbieten und Hörigkeitsbedürfnisse befriedigen. Kinder mit einer derartigen Prämorbidität werden leicht Opfer von ideologischen Rattenfängern. Das ist nicht nur bei den Palästinenserkindern so! Allerdings sind die zumeist adoleszenten oder spätadoleszenten palästinensischen Selbstmordattentäter keineswegs die »Dummen«. Auch unter den »Selbstmordattentätern im armen Gaza-Streifen besitzen rund fünfzig Prozent einen akademischen Abschluss« (W. Berner zit. n. Albrecht/Etzold/Schuh in *DIE ZEIT* 39/2001). Die zukünftigen »terroristischen« Jugendlichen in Palästina werden von ihren Ursprungsfamilien getrennt, wenn sie es seelisch nicht schon vorher sind, und isoliert. Dem kommt die alterspezifische Notwendigkeit der Ablösung aus den bisherigen familiären Bindungen (Auchter 1982, S. 150; Wirth 2003, S. 73) entgegen. Die Gruppe bzw. ihre Führer können dann in diese Beziehungslücken und -löcher eindringen und die innere Leere mit Ideologie auffüllen (Gruen 2002). Nicht selten wird der Entschluss, zum Selbstmordattentäter zu werden, ausgelöst durch die miterlebte narzisstische Kränkung (Demütigung), körperliche Verletzung oder gar Tötung eines nahen Verwandten. Auswärtige Selbstmordattentäter sind dagegen eher bestimmt durch spezifische psychosoziale Hintergründe, besondere Umstände zum Zeitpunkt ihrer Rekrutierung (vgl. Taarnby 2005) und eine fanatische religiöse Ideologie.

Indoktrination

Zur Vollendung einer terroristischen Karriere bedarf es aber dann noch einer entsprechenden, mehr oder weniger gewaltsamen »Indoktrination« und

Umerziehung (Bohleber 2002a, S. 716). Wie wird eine solche Indoktrination oder »Gehirnwäsche« vollzogen?

Zum Beispiel »werden die Jungen gezwungen [Koran-]Sätze zu lesen, die für sie überhaupt keinen Sinn ergeben« (Volkan 2002, S. 176; Anm. T. A.). Die dadurch künstlich erzeugte geistige Verwirrung wird dann durch die Implantation neuer ordnender ideologischer Formeln aufgehoben. »Die zukünftigen Selbstmord-Attentäter [werden] systematisch extremen psychischen und körperlichen Belastungen ausgesetzt, die an Methoden der Gehirnwäsche, der Folter und der ›künstlichen‹ Traumatisierung erinnern« (Wirth 2002, S. 378). »Die Unterscheidung zwischen Ausbildung und Bestrafung ist dabei oft verwischt, besonders bei Prozeduren, in denen das Gruppenmitglied in extrem kaltes oder heißes Wasser getaucht oder an den Füßen aufgehängt oder tagelang in einer Zelle allein gelassen wird« (Bohleber 2002a, S. 716). »Der Palästinenser Eyad Saradsch, der in Gaza ein psychiatrisches Zentrum leitet, berichtet, die Kandidaten müssten tagelang schweigend und völlig isoliert in einem Raum sitzen oder 48 Stunden unter der Erde, in einem Grab, neben einer Leiche verbringen« (Wirth 2002, S. 378).

> »Ein Zeuge berichtet, dass die Ausbilder bei jeder Trainingseinheit einen ihrer Schüler opferten, indem sie ihn mit einem Sprengstoffgürtel um den Leib mit einem Auto gegen eine Mauer fahren ließen, während die anderen zuschauen mussten. Der grauenvolle Anblick des zerrissenen Kameraden habe ihnen eine Energie der Verzweiflung gegeben« (Bohleber 2002a, S. 717).

Abd Samad Moussaoui (2002, S. 146) beschreibt, wie durch eine fortwährende Erhöhung der Anforderungen die Auszubildenden systematisch daran gehindert werden, gesteckte Ziele zu erreichen und damit Erfolgserlebnisse zu verbuchen. Das dadurch »künstlich erzeugte Minderwertigkeits- und Schamgefühl« glauben sie dann schließlich nur durch den höchsten Einsatz, den ihres »Lebens«, kompensieren zu können. »Dann sind sie reif für den Selbstmord« (Moussaoui 2002, S. 146).

Terrorismus und Märtyrertum

Auch im Islam sind Mord und Selbstmord grundsätzlich verboten (Heine 2004, S. 15, 36f., 43). Im Gegensatz z.B. zur katholischen Kirche besitzt der

Islam eine nur gering ausgeprägte hierarchische Struktur. Es gibt keine Instanz, die für »den Islam« sprechen könnte, aber eine Klasse religiöser Funktionsträger, islamische Gelehrte, Mullahs, die aus ihrer Kompetenz in religiösen und juristischen Fragen eine Autorität ableiten (ebd., S. 13). Einige solcher islamischer »Rechtsgelehrten« deuten dann Tötung und Selbsttötung der Selbstmordattentäter um in Taten im Rahmen des »Dschihad« und die Attentäter zu »Märtyrern« (»Schahid«).

Als »Märtyrer« gilt allgemein ein Mensch, der bereit ist, für seinen Glauben sein Leben zu opfern. Der versprochene Gewinn ist der (sofortige) Aufstieg in den Himmel beziehungsweise das Paradies, zu Gott. Das Martyrium wird in aller Regel erlitten und erduldet, ist mehr eine passive als eine aktive Erfahrung. Das Martyrium wurde historisch eher als eine Ausnahmeerscheinung angesehen.

Kann es gesund sein, ein Martyrium zu suchen? Ist es mit dem Begriff des Märtyrers zu vereinen, dabei bewusst und willentlich den Tod anderer, Unschuldiger zugunsten eines höheren Zieles in Kauf zu nehmen?

Der Selbstmordattentäter und sein Handeln werden (religiös) verklärt, idealistisch, narzisstisch überhöht, damit der schlichte Akt des Tötens und Sich-Tötens nicht realisiert werden muss. Die »Banalität des Bösen« wird ideologisch verbrämt. Die Selbstaufopferung wäre sonst vielleicht gar nicht vollziehbar.

Statt dass den Jugendlichen zu einer differenzierenden Sichtweise verholfen wird, werden sie in ihren archaischen Denkmustern von einem extremen manichäischen »Schwarz-Weiß-Denken«, Selbstidealisierung bei Fremdabwertung und Feindbildungen bestätigt und verstärkt. Jörg Lau (2005, S. 5) findet hierin auch den Hintergrund für die Auswahl der westlichen Entführungsopfer im Irak.

> »Gerade weil sie Gutes bringen und die Freund-Feind-Logik des Krieges unterlaufen, müssen die Helfer aus dem Weg geräumt werden. Sie sind ein Ärgernis für die Dschihadisten, in deren Propaganda alle Westler ›Zionisten und Kreuzzügler‹ sind […]. Nichts stört den Endkampf-Mythos der Terroristen nämlich so sehr wie die selbstlosen Gutmenschen aus dem Westen, die sich nicht verschrecken lassen, stoisch weiter an die Völkerverständigung glauben und unerschrocken im Bombenhagel Brücken bauen.«

Zu dieser Ideologie gehört auch die kollektive Idealisierung der Selbstmordattentäter zu auserwählten »Märtyrern«. Den Jugendlichen wird in Aussicht gestellt, zu begeistert gefeierten Helden zu werden, allerdings erst nach ihrem Heldentod! Gruen (2002, S. 140) spricht deswegen von der »heldischen Selbstzerstörung«. Damit erhalten diese in der Regel perspektivlosen jungen Menschen eine narzisstisch verlockende Perspektive. Die Anerkennung durch die eigene Gruppe ist natürlich besonders für narzisstisch verwundete und/oder in ihrer Identität verunsicherte Menschen von besonderer Attraktivität. Gleichzeitig erhalten sie das Versprechen, dass ihre Familien bis zum Lebensende materiell versorgt werden. Hinzu kommen schließlich noch »religiöse« Verheißungen für das Jenseits. Die »religiöse« Indoktrination hat dabei nur allzu oft rein oberflächlichen Charakter, das Profane wird sakralisiert im »Interesse der (politischen) Sache«!

Zu den religiösen Verheißungen gehört der sofortige Einzug ins Paradies und für diese jungen Männer die Verfügung über 72 Jungfrauen. Jörg Lau (2003, S. 47) berichtet über den deutschen Sprachwissenschaftler Christoph Luxenberg (ein Pseudonym aus Angst vor Islamisten), promoviert in alten semitischen Sprachen, der herausgefunden hat, dass es sich bei der entsprechenden Koranstelle überhaupt nicht um 72 »Paradiesjungfrauen«, sondern um »weiße, kristallklare Trauben« handelt, bevorzugte Paradiesfrüchte der Vorstellungen des alten Orients!

Wer auf der Erde keine Perspektive mehr finden kann, der sucht sie vielleicht im Himmel. Die Realität wird durch (Wunsch-)Fantasien ersetzt zu einer Pseudo-Realität. Diese ideologischen, idealisierten (»religiösen«) Positionen sind so weit entrückt von der tatsächlichen Wirklichkeit, dass das alltägliche Leben, das eigene Leben und das Leben anderer, demgegenüber jeglichen Wert verliert und keine Rolle mehr im Denken und Fühlen spielt. Eine kritische Überprüfung und Differenzierung zwischen Vorstellung und Wirklichkeit ist nicht mehr möglich. Äquivalenzmodus und Als-ob-Modus sind nicht mehr unterschieden.

Der Terrorist versucht, mit aller Gewalt einen sicheren, angst- und schmerzfreien, perfekten Zustand mit einem Schlag herzustellen. Der Himmel soll auf die Erde gebombt werden und er selbst mit einem Knall direkt ins Paradies (vgl. Hirsch 2006). Der Terrorist ist der sicheren Überzeugung, dass nur eine gewaltsame Aktion ein bombensicheres Erreichen seines Zieles ermöglicht. Wenn kein »Lebensraum« da ist oder mehr da ist, dann wird der »Todesraum« inklusive Jenseitsraum zu einer Verlockung. Horst-Eberhard Richter (1979) hat mit seinem Konzept des »Gotteskomplexes« diesen Versuch der Verwandlung von Ohnmacht in die Fantasie der Allmacht differenziert erfasst. »Je schwächer sich der Kandidat für eine Selbstmordmission vor der Tat gefühlt, desto stärker wird dieser Tod ihn erheben« (Reuter 2002, S. 12).

Werden, Wachstum, Entwicklung und Übergänge sind aber regelhaft ohne Unsicherheit, Unlust, Angst und Schmerz nicht vorstellbar. Dem Terroristen als Utopisten fehlt die Fähigkeit zum Aufschub, zum »Probehandeln«, zur Ambiguität oder Ambivalenz, zur Toleranz, zum Respekt vor der Unvollkommenheit, der Schwäche, der Versehrtheit und zum Ertragen-Können von Hilflosigkeit und Ohnmacht. »Der Utopist hat das Werden satt; er will endlich sein« (Lübbe 1978, S. 98; vgl. Chasseguet-Smirgel 1986, S. 126). Der perfekte Zustand ist aber lebensfeindlich und tot, denn Leben bedeutet immer Bewegung, Entwicklung und Veränderung. Da der fantasierte Zustand jedoch in der Vorstellung schon »vollendet« ist, muss jede Bewegung verhindert werden. Deshalb muss Leben zerstört werden, damit der (scheinbar) vollkommene und angstfreie Zustand erhalten bleibt!

Der Terrorist und die Frauen

Zu den besonderen Entwicklungsherausforderungen der Adoleszenz gehört – auch physiologisch begründet – die Ausformung der geschlechtlichen Identität. Wenn eine Integration der Sexualität in die Persönlichkeit nicht gelingt, bleibt die Trieb-Abspaltung und Unterdrückung eine alternative Möglichkeit. Schon Anna Freud (1946) hat die »Askese« als einen der hervorragenden Abwehrmechanismen gegen die Triebangst der Adoleszenz beschrieben.

Eine Gemeinsamkeit der monotheistischen Weltreligionen – in denen Gott in der Regel ein »Mann« ist – liegt in der (unbewussten?) Abwehr des »Unreinen«, das durch den Körper, speziell die Sexualität und das »Weibliche«, repräsentiert wird, in dem »Hass auf die Sinnlichkeit, auf Lust und Vergnügen« (Bohleber 2004, S. 80). A. Freud (1946, S. 176) weist schon auf die Ähnlichkeit phasenspezifischer jugendlicher Triebfeindlichkeit mit »Asketen aus religiösem Fanatismus« hin. Von Mohammed Atta ist zum Beispiel bekannt, dass er in seinem konkreten Umgang mit Frauen sehr verklemmt und verschüchtert gewesen ist (Döser 2003; Wirth 2003; Bohleber 2004). In seinem 1996 verfassten »Testament« geht es in drei Punkten allein um seine Ängste vor der Unreinheit der Frauen. »Angst und Scham […] vor der Frau – speziell der emanzipierten, der selbstbewussten, der sexuell aktiven Frau – ist nicht nur ein individuelles Merkmal von Atta, sondern ein in der islamischen Welt verbreitetes Phänomen« (Wirth 2003, S. 68).

Bei vielen der terroristischen Attentäter fällt ihr besonderes Verhältnis zur Frau auf. Zacarias Moussaoui (siehe seine ausführliche Geschichte weiter unten) hatte zehn Jahre lang eine Liebesbeziehung zu Fanny, einer weißen jungen Frau aus »besseren Kreisen«, gegen den Willen ihrer Eltern. Als sie sich 1993 weigert, Zacarias nach London zu folgen, ist er zutiefst enttäuscht und verletzt. Seine starke Veränderung zeigt sich bei einem Besuch in Frankreich ein Jahr später, als er voller Verachtung über Frauen spricht, sich gegen ein Studium für Frauen ausspricht und Gewalt gegen Frauen befürwortet, »die bräuchten das« (Moussaoui 2002, S. 119). Der Marokkaner Said Bahaji, ein Mitbewohner von Mohammed Atta in Hamburg, lernt 1995 seine große Liebe, eine Deutsch-Brasilianerin kennen. Ihre Eltern verbieten der Tochter die Beziehung und schicken sie in die USA. »Diese Zurückweisung sei nach Aussagen seiner Tante das größte Unglück für Said gewesen [...]. Er ändert radikal seine Einstellungen, vor allem auch über Frauen« (Bohleber 2003, S. 177). Jeweils wird, ausgelöst durch eine Liebesenttäuschung, das libidinöse Begehren und die Sexualität abgewehrt durch eine massive Entwertung, Verachtung und Erniedrigung »der Frau« und die Idealisierung eigener Askese (vgl. Döser 2003, S. 232f.). Der Abwertung des Körpers und der daraus erwachsenden Körperfeindlichkeit liegt in fast allen Ausprägungen des religiös-politischen Fundamentalismus außerdem unbewusst die narzisstische Sehnsucht nach »vollkommener Reinheit« zugrunde.

Traditionelle arabisch-islamische Gesellschaften sind vorwiegend patriarchal strukturiert. Patrizentrische Strukturen lassen sich als unbewusste kollektive männliche (narzisstische) Abwehr gegenüber der »mächtigen Frau« verstehen. Vermutlich bildet dies auch den Hintergrund für das Phänomen, dass Selbstmordattentäter in der Regel keine Frauen sind. Dies scheint sich jedoch in jüngster Zeit zu wandeln.

Machtvoll ist die Frau (vor allem in der Fantasie der Männer) einmal als die Mutter, die auch jeden Mann zur Welt gebracht hat (»Geburtsneid«; Bettelheim 1954), und andererseits als das Wesen, das sein Begehren erwecken und seine Sexualität erregen kann, sogar gegen seinen bewussten Willen! Gehad Mazarweh (2005, mdl. Mttlg.) hat darauf hingewiesen, dass in arabischen Gesellschaften die Söhne in der ersten Zeit fast ausschließlich von der – »mächtigen« – Mutter erzogen werden und dass dann an einer bestimmten Stelle der Entwicklung schlagartig die Unterordnung unter sie in Verachtung und Entwertung umschlägt, der die Frauen in aller Regel in solchen Gesellschaften durch Benachteiligung und Unterdrückung ausgesetzt sind. Die unbewusste Identifikation mit dem (scheinbar) mächtigeren Vater und den mächtigen Männern hilft zunächst bei der Abwehr und Bewältigung der mächtigen Mutter. Wenn sich aber dann der reale Vater zwar als gewalttätig, aber tatsächlich gerade nicht mächtig erweist, dann muss Zuflucht bei dem fantasierten »allmächtigen Vater Allah« respektive beim christlichen Fundamentalisten bei »Gott Vater« beziehungsweise entsprechenden Vaterrepräsentanten gesucht werden. Solche stellen auch die gewaltmächtigen Terroristenführer wie zum Beispiel Osama bin Laden oder Abu Musab al-Sarkawi dar. Ruth Stein (2002) leitet unter anderem aus dem Brief des Flugzeugentführers vom 11. September, Mohammed Atta, ab, dass religiös motivierte Selbstmordattentäter sich in einer Art ekstatischer, mystischer Vereinigung mit Allah oder Gott verbunden erleben. Statt sich den ödipalen – und anderen – Konflikten zu stellen, erfolgt eine regressive Unterwerfung unter den archaisch grausamen, sadistischen und mörderischen »Ur-Vater« und durch eine aggressiv-destruktive Identifikation eine Verschmelzung mit ihm.

Terror und Familie

Es mag vor allem in Palästina vereinzelt Familien geben, die ihren Kindern, meist sind es Söhne, in vollem Bewusstsein den Auftrag erteilen, Selbstmordmissionen durchzuführen.

> »Manchmal erhascht man einen Blick auf die Familien, während diese ihren Tod betrauern. So schwierig und riskant es auch sein mag, dies zu beurteilen, der Eindruck der entsteht, ist nicht der benachteiligter und liebloser Familien oder benachteiligter, ungeliebter Kinder. Oft treten echter Kummer und Schmerz, häufig gemischt mit Stolz, zutage […]. Der Heldentod des Sohnes wird als erhabenes Opfer betrachtet, als Erreichen des Märtyrerstatus, und findet die offene Billigung der Gemeinschaft« (Erlich 2002, S. 36; 2003, S. 221).

In der Mehrzahl der Fälle sind die Jugendlichen aber wohl schon von ihrer Familie entfremdet, wie meine nachfolgenden Beispiele zeigen, und/oder werden aktiv von ihren Herkunftsfamilien separiert (Volkan 2003, S. 263; Tremlow/Sacco 2002, S. 111; Gruen 2002). Bei den meisten Selbstmordattentätern dürften ihre Herkunftsfamilien schon früh zu einer hinreichenden emotionalen Versorgung nicht in der Lage gewesen sein, sodass kein hinreichendes »Urvertrauen« (Erikson 1950, S. 241ff.) oder grundlegendes »Sicherheitsgefühl« (Sandler 1960) aufgebaut werden konnte (vgl. Akhtar 2002, S. 90). Stattdessen bleiben diese Menschen an den »paranoid-schizoiden« Modus (M. Klein) fixiert, sie spalten, projizieren und fühlen sich verfolgt.

Exemplarische Beispiele

In der Regel ist wenig über den Lebensweg von suizidalen Terroristen bekannt. Deshalb sollen im Folgenden zwei dokumentierte Beispiele exemplarisch skizziert werden.

Zacarias Moussaoui

Der französische Staatsbürger Zacarias Massaoui gilt als der »20. Mann« in der Gruppe der Attentäter vom 11. September 2001. Er hat nur überlebt, weil er schon am 17. August wegen anderer Vergehen in den USA verhaftet worden war. Sein Bruder Abd Samad Moussaoui hat die Geschichte seiner Familie unter dem Titel *Zacarias Moussaoui. Mein Bruder* (2002) aufgezeichnet.

Die in Marokko seit dem siebten Lebensjahr vaterlos aufgewachsene, aber dank ihrer Mutter durch Schulbesuch gebildete Aischa heiratet 1960 mit 14 Jahren den erheblich älteren Omar Moussaoui. Zwei Kinder sterben früh und als sie 17 ist, kommt ihre älteste lebende Tochter Nadia zur Welt, zwei Jahre später Jamila. 1965 zieht die Familie in den Südwesten Frankreichs. Am 1. Januar 1967 wird Abd Samad geboren, am 30. Mai 1968 Zacarias. Drei Jahre später, 1971, verlässt Aischa mit ihren vier Kindern ihren Mann und lässt sich schließlich in Mulhouse im Elsaß nieder. Das ist ein im arabischen Kulturbereich eher ungewöhnliches Verhalten für eine Frau. Wenn Aischa, wie in dieser Kultur üblich, als Kind der Klitorisbeschneidung ausgesetzt war, jedoch gebildet, aber schon als sehr junge Frau Mutter, mag man diesen Ausbruch auch als einen ersten unbewussten Protestakt gegen die Männerdominanz ihrer Gesellschaft verstehen. Den unvermeidlichen Preis dafür zahlen allerdings ihre Kinder.

Da sie arbeiten muss, um die Familie zu versorgen, kommen die Kinder für ein Jahr in ein Waisenhaus, stehen von heute auf morgen ohne Vater und ohne Mutter da. In Mulhouse werden sie Opfer rassistischer Entwertungen: »dreckige Araber, dreckige Neger«. Die dominante und autoritäre Mutter schlägt ihre Kinder. Als Zacarias 13 Jahre alt ist, zieht die Mutter mit ihren vier Kindern nach Narbonne. Zacarias, der sich in Mulhouse in einer Handballmannschaft als begabter Spieler etabliert hatte und von einer Karriere als Handballprofi träumt, wird jäh aus seinem Traum gerissen. Mit ihrem elsässischen Akzent sind sie in Narbonne wieder »Fremde«. Mehr noch: Mit ihrer sehr dunklen Hautfarbe und diesem Akzent sind sie für die Einheimischen nicht einzuordnen und werden zum Opfer des Gespötts ihrer Klassenkameraden und Nachbarn. »Dass wir uns wegen unserer Hautfarbe sehr häufig rechtfertigen mussten […] hatte etwas Erniedrigendes und Destabilisierendes […], als hätten wir keine eindeutige Identität« (Moussaoui 2002, S. 38). Im Gegensatz zu seinen Schwestern sprechen Abd und Zacarias kein Arabisch, »so waren wir also innerhalb unserer eigenen Gemeinschaft diskriminiert« (ebd., S. 63). Arabische Sitten und Gebräuche und die muslimische Kultur werden ihnen von der Mutter vorenthalten, woraus bei ihnen eine »kulturelle Leerstelle« (ebd., S. 77) resultiert und das »Gefühl, nirgends dazuzugehören« (ebd., S. 79). »Wir gehörten nirgends richtig dazu – weder zu den Franzosen noch zu den Nordafrikanern« (ebd., S. 83). Nach einem gewaltsamen rassistischen Übergriff am 14. Juli 1989 sucht Abd Samad Moussaoui Schutz bei Polizisten – einer von ihnen sprüht ihm, dem »Opfer«, und nicht dem Täter, Tränengas ins Gesicht. Dem heimtückischen und verschlagenen Rassismus seiner Lehrer begegnet Zacarias durch inneren Rückzug. »Sein Leiden nagte im Stillen an ihm« (ebd., S. 90). Trotz aller Widrigkeiten absolviert Zacarias sein Fachabitur und beginnt ein Studium in Perpignan. Nach dem höheren Technikerdiplom erhält er eine Stelle als Aufsichtslehrer in einem Gymnasium. An der Universität »fühlte er sich aber verloren, wenn er nicht gelenkt, unterstützt und bestätigt wurde […], er fühlte sich wohl zu sehr sich selbst überlassen« (ebd., S. 99). Er verlässt die Uni, macht sich auf vergebliche Arbeitssuche, fühlt sich zunehmend rassistisch diskriminiert und leidet unter den Konflikten und Kriegen gegen Muslime in Irak, Palästina, Algerien und Bosnien. Sein Denken verwandelt sich zunehmend in ein »Schwarz-Weiß-Denken«: Weiße unterdrücken und diskriminieren

Schwarze (ebd., S. 102). »Der ›Rassismus‹ war zu einer fixen Idee geworden, die ihn nicht mehr losließ und ihm das Leben vergällte« (ebd., S. 106). Seine launische Mutter Aischa beschimpft Zacarias: »Du bist ein Tunichtgut, von dir kommt alles böse, du bist ein Bastard« (ebd., S. 59). Attackiert sie in ihm unbewusst die Erinnerung an seinen Vater, den sie ihren Kindern gegenüber nur negativ darstellt?

1986 verlässt Zacarias Narbonne in Richtung Montpellier, kommt 1988 noch einmal kurz zurück und dann erst wieder 1996. Zacarias trifft in Montpellier mit fundamentalistischen muslimischen Studenten zusammen. 1991 macht sich Zacarias nach London auf. Bei seinen Besuchen in Frankreich wirkt er zunehmend verhärtet. Als seine langjährige weiße Freundin Fanny sich 1993 weigert, ihm nach London zu folgen, trennt er sich von ihr. »Von diesem Zeitpunkt an wurde alles anders. Als Zacarias im nächsten Jahr wiederkam, fand ich ihn verändert« (ebd., S. 118). Er machte »aggressive Bemerkungen und gab unverrückbare Meinungen zum Besten« (ebd., S. 119), speziell über Frauen. Er betont, »dass eine Ausbildung für Frauen nicht wichtig sei und sie besser daran täte, zu Hause zu bleiben« (ebd., S. 119). Ist das eine späte unbewusste Vergeltung an seiner Mutter, die »nicht zu Hause geblieben« ist und den Kindern den Vater entzogen hat? Frauen bräuchten das, von ihren Männern geschlagen zu werden (ebd., S. 119). Seine Mutter hat sich mit dem Argument, vom Vater geschlagen worden zu sein (ebd., S. 19, 24), scheiden lassen.

»Zacarias hatte sich abgekapselt und war mir fremd geworden« (ebd., S. 120). »Dies alles ließ darauf schließen, dass mein Bruder von einer sektiererischen Gruppierung angeworben worden war« (ebd., S. 139). »Die Anwerber gehen stets nach dem gleichen Muster vor. Zuerst machen sie junge Opfer aus, die gewollt oder gezwungenermaßen aus ihrer Familie entwurzelt sind« (ebd., S. 140f.). »Die Gurus der Wahabiten und der Anhänger des Sayyid Qutb versuchen, die neuen Mitglieder von ihrer Familie zu trennen« (ebd., S. 141). »Seine Verlorenheit hat sicher dazu beigetragen, sein Zugehörigkeitsgefühl zu einer Gruppe zu fördern, die ihn bei sich aufgenommen hat« (ebd., S. 143). »Die Predigten der extremistischen Imane finden bei den orientierungslosen Jugendlichen soviel Gehör, weil sie deren Identitätsgefühl durch Berichte über die Leiden des muslimischen Volkes wachrufen« (ebd., S. 144). »Was konnte ich tun? Meine Möglichkeiten waren sehr beschränkt, denn Zacarias lebte nicht in meiner Nähe [...]. Zacarias ließ mich nicht mehr an sich herankommen« (ebd., S. 147).

Nizar Trabelsi

Zwei Tage nach 11. September 2001 verhaftet die Polizei in Brüssel einen fest entschlossenen Selbstmordattentäter, den 31-jährigen Tunesier Nizar Trabelsi, der 1989 als 19-jähriger Adoleszent aus Nordafrika nach Deutschland zu Fortuna Düsseldorf als Fußballprofi gekommen war (Bittner 2005b). Schon bald fühlt er sich von dem harten Training und der Disziplin im Team überfordert, verlässt den Verein und steigt über mehrere Stufen bis in die Fußballoberliga ab. »Mit jeder Degradierung wird er bockiger, wütender. Trabelsi macht den Verlust dessen durch, was viele spätere Selbstmordattentäter radikalisiert wiederherstellen wollen – das Einssein mit einer geliebten Gruppe« (ebd.). »Für den Jugendlichen und jungen Erwachsenen ist dieses Bedürfnis, in etwas Größerem als dem eigenen Selbst aufzugehen, entscheidend« (Erlich 2003, S. 226). Seine 1990 geschlossene Verbindung mit Simone scheitert 1996. Trabelsi hat sich im Drogenmilieu verstrickt und begeht etliche Straftaten. Gescheitert an den modernen Lebensbedingungen des Westens – als »Versager« bezeichnet ihn seine Ex-Frau –, zieht sich Trabelsi nach Saudi-Arabien zurück und lernt dort den islamischen Neofundamentalismus kennen. Er vagabundiert durch Europa und knüpft Kontakte mit Islamisten. »Aus dem Mann, der in den Westen kam, wird der Mann, der alles Westliche hasst […]. Die sich selbst verstärkende Desintegration dürfte ein Hauptgrund sein für die wachsende Militanz unter europäischen Muslimen« (Bittner 2005b). Trabelsi steigt in der Hierarchie der Dschihadisten schnell auf, findet den Erfolg, der ihm ursprünglich versagt blieb. Im Oktober 2000 trifft er in Afghanistan seinen väterlichen Führer Osama bin Laden. »Trabelsi fühlt sich ernstgenommen, wichtig […]. Doch diese Vaterfigur formt den verlorenen Sohn Schritt für Schritt zum Selbstmordattentäter um« (ebd.).

Die fatale Kollusion zwischen Terrorismus und dem »Kampf gegen den Terrorismus«

Die indische Autorin Arundhati Roy (2002, S. 276) hat in ihrem bekannten Essay »Wut ist der Schlüssel« Osama bin Laden als »Doppelgänger des amerikanischen Präsidenten«, als »brutalen Zwilling alles angeblich Schönen und Zivilisierten« charakterisiert. Die hohe mentale Übereinstimmung zwischen dem Terrorismus und dem »Kampf gegen den Terrorismus« ist unübersehbar. Die menschenrechtsverachtenden Verhaltensweisen von Amerikanern im Kampf gegen den Terror (rechtlose Zustände in Guantanamo, Abu Ghraib und anderswo, Folter, Entwürdigung des Gegners u.a.m.) lassen keinen geistigen Unterschied zu terroristischen Verhaltensweisen erkennen. Eine Erkenntnis, die offenbar Ende des Jahres 2005 auch in der amerikanischen Politik und Öffentlichkeit immer mehr an Gewicht gewinnt.

Das Schlimmste, was passieren kann, ist eine sich selbst verstärkende destruktive Spirale. Die terroristischen Attentate führen zu einer noch größeren Entfremdung, zu Verdächtigungen und aggressiven Akten zwischen Menschen verschiedener Herkunft, Rassen und Kulturen (wie die Erschießung des unschuldigen Brasilianers durch britische Zivilpolizisten im Anschluss an die Terrorakte in London im Sommer 2005). Dadurch wird wiederum das Aggressionspotenzial und der Hass der Ausländer im Westen verstärkt und kann sich wiederum in terroristischen Akten Ausdruck suchen. Damit kann es dann tatsächlich zu dem von Samuel Huntington beschworenen »Clash der Kulturen« kommen.

Wenn etwas von den in diesem Beitrag entwickelten Hypothesen zutreffend ist, dann folgt daraus, dass ein rein militärischer oder polizeilicher »Kampf gegen den Terror« höchstens versuchen kann, die Symptome zu bekämpfen, aber nicht zu seinen tiefen Wurzeln vordringt und sie unbearbeitet bleiben. Darüber hinaus werden durch polizeilich-militärische Aktivitäten unvermeidlich neue Opfer erzeugt. Diese Form des Kampfes gegen den Terror »produziert« also im Endeffekt genau das, was sie zu bekämpfen vorgibt. Sie hält den Teufelskreis zwischen Opferschaft und Täterschaft weiter aufrecht.

Zusammenfassung

Im Verhalten jugendlicher terroristischer Selbstmordattentäter fließen im Sinne einer »Ergänzungsreihe« (Freud 1905d, S. 141) mindestens drei psychische bzw. psychosoziale Komponenten zusammen.

(1) Die altersentsprechende narzisstische und allgemeine »Destabilisierung« des Adoleszenten ruft an stabilisierenden Elementen neben dem Bedürfnis zum Agieren eine besondere Empfänglichkeit für Ideologien des Heilen und Ganzen und eine Unterwerfungsbereitschaft unter Führer hervor.

(2) Bei lebensgeschichtlich narzisstisch traumatisierten, seelisch vorgeschädigten Jugendlichen, also vormaligen »Opfern«, verschärft sich die normale Adoleszenzkrise und verstärkt das Bedürfnis nach vor allem narzisstisch-kompensatorischen Stabilisierungsfaktoren.

(3) Religiöse, ideologische und politische Interessenten missbrauchen diese Schwäche der Adoleszenten – insofern sind die Jugendlichen wieder Opfer –, indoktrinieren sie und bilden sie aus – zu »Tätern«. Dabei wird das Heil ausschließlich in der Destruktion gesucht. Das Opfer hat keinen sonstigen Sinn. Indem die Adoleszenten sich dann im Selbstmordattentat selber mittöten, sind sie »Täter und Opfer zugleich«.

5.

»Wir warn die stärkste der Partein ...«

Vom Narzissmus zum Fundamentalismus

Ideologisierung als psychopathologisches Phänomen – oder: Wie werde ich ein Sektierer? (1980)

Eine Psycho-Analyse der »Erfahrungsberichte aus der Welt der K-Gruppen«: *Wir warn die stärkste der Partein …*

1977 veröffentlichte ein Autorenkollektiv aus ehemaligen Angehörigen von »K-Gruppen« (Varianten kommunistischer Parteien), vor allem Studenten der 68er Zeit, die hier eine politische Heimat gesucht hatten, autobiografische Erfahrungsberichte. Da die eindrucksvollen Texte für sich selbst sprechen, wurden sie hier unter bestimmten Gesichtspunkten geordnet und nur mit behutsamen psychoanalytischen Kommentierungen *(kursiv)* versehen.

Wie alles beginnt

Es sind fast ausschließlich persönliche Motive, die Menschen zu einem Kontakt mit einer ideologischen Organisation führen, so z.B. die Unzufriedenheit mit dem Stumpfsinn des Alltages, die Suche nach etwas anderem, persönliche Unsicherheiten in der Geschlechtsrolle, homosexuelle Probleme, die Trennung von einer Partnerin, die Ablehnung des kleinstädtisch-bürgerlichen Elternhauses, Autoritätskonflikte mit Eltern, Lehrern und Meistern, die politische Tätigkeit des Partners. Es sind also vor allem persönliche Notlagen, Konflikte oder Traumata, die den Anlass zum Kontakt mit einer ideologischen Organisation bilden.

Was imponiert an der Organisation? Was wird gesucht?

»Ich hing mich an bestimmte Genossen ran, die ich persönlich sehr gut fand [...]. Ich habe mir überhaupt so unheimliche Vorbilder genommen (11). Meine Politisierung [...] hat nicht über Inhalte stattgefunden, sondern über Leute. Wenn ich mit anderen Leuten zusammen gewesen wäre [...], hätte ich mich vielleicht ganz anders entwickelt. Hätte ich einen Mann kennen gelernt, der eine Heirat und Familiengründung angestrebt hätte, dann hätte ich das mitgemacht. Ich hatte damals eigentlich keine eigene Meinung. Politisiert worden bin ich, weil der Mann, mit dem ich zusammen war, politisch gearbeitet hat und mich mitgezogen hat (37). Hier, so meinte ich, gibt's endlich eine klare, knallharte Linie, die Leute wissen, wo's lang geht (35). Ich fand es ganz spannend, dass es da schon was gab, klare Linien und Schulungsgruppen usw. (110).

Die Sammelbewegung für eine später evtl. zu gründende kommunistische Partei schien eine offene Diskussion politischer Anschauungen zu garantieren und auch die Möglichkeit, eigene Vorstellungen einzubringen und umzusetzen (50). Ich war der ehrlichen Meinung, mich in dieser Partei zu verwirklichen, politisch für mich und andere Arbeiten zu machen (26). Das Wichtigste war die Stärkung meines Selbstbewusstseins (39). Ich fand das ganz gut [...], ich war nun organisiert (36). Die ziemlich wacklige gemeinsame Basis war das Gefühl, eine Art negativer Elite gegenüber einer von geheuchelter Wohlanständigkeit strotzenden Umgebung darzustellen (89). In der Organisation jetzt fing es erstmal an, für mich romantisch zu werden. Die Zellentermine abends bei zugezogenen Vorhängen, leise sprechend, ein paar Stullen, Tee aus der Thermosflasche: ›Genossen, die nächsten Aufgaben stehen an‹ und so [...]. Das war erst mal ein Klima für mich, das ich sehr gut fand (11). Einer von uns machte die Erfahrung, dass die Bereitschaft, für die Organisation zu arbeiten, besonders dann stark ausgeprägt war, wenn gerade eine Beziehung in die Brüche gegangen war. In solchen Fällen bietet die in sich festgeschlossene Organisation das trügerische Gefühl von Geborgenheit und Sicherheit. Auf unüberbietbare Weise drängt einem die Organisation die Möglichkeit auf, in der Arbeit ›aufzugehen‹, seine Probleme nicht etwa zu lösen, sondern zu kompensieren. In ihr findet man seine trügerische Stabilität« (62).

»Initiationsrituale«

Als Erstes finden sogenannte Kooptationsgespräche statt: »Kurios bei solchen Gesprächen ist, dass kein politischer Meinungsaustausch stattfindet, sondern dass beide Seiten nur auf ein positives Ende hinsteuern« (24). *Ein anderes Ritual:* »In dieser Kneipe war das so: Ich kam rein, zwei, drei Leute hatten sich imposant hinter dem Tisch aufgebaut, einige andere, neue offenbar wie ich, standen rum. Vor einem Typ, der ein richtiges Obermackergebaren drauf hatte und unheimlich wichtig tat, lag ein Riesenstapel Mitgliedskarten. Dieser Typ drückte jedem so ein Ding in die Hand, das musste man ausfüllen und war Liga-Mitglied. Ich fand das alles ganz spannend, nur dieser Mackertyp ging mir auf den Wecker« (35). *Nach der Kooption wird man dann als Sympathisant einem Sympathisantenzirkel zugeteilt. Die Tätigkeit in diesem Sympathisantenzirkel besteht in Schulung, Verkauf der* Roten Fahne *oder einer entsprechenden Zeitschrift, Agit-Prop-Arbeit, Druckertätigkeit, Botengänge usw. Einige erzählen von einem Sechs- bis Zehnstundentag. Bei den Vorbereitungsgesprächen wird noch künstlich die Spannung gesteigert, indem man vorgibt, irgendwelche Gremien befragen zu müssen und sich Tage der Entscheidung lässt, dann anrufen lässt und wenn man dann mitgeteilt bekommt, es sei positiv entschieden worden, dann ist man* »mächtig stolz und kommt sich im Moment sehr wichtig vor« (111). *In anderen Gruppen wird man zunächst Kandidat, bevor man zum Kader oder Genossen aufsteigt.*

Störung der Realitätswahrnehmung – Beginn der Entfremdung

Systematisch werden die angehenden Genossen mit Arbeit überschüttet. »Besonders unangenehm war, dass man mir in meiner Einarbeitungszeit keinerlei präzise umrissene Aufgaben gegeben hatte und ich folglich von jedermann allerlei technische Arbeiten zugeteilt bekam, die ich kaum ablehnen konnte, da ich ja nichts zu tun hatte. Da ich wochenlang 6 bis 8 Stunden am Tag mit solchen entfremdeten Verrichtungen beschäftigt war, stellte sich bald das Gefühl ein, in einer unendlichen Tretmühle gelandet zu sein (99). Eigentlich war man mindestens 40 Stunden in der Woche für die Organisation auf den Beinen, und das als Mitglied einer Massenorganisation (60). Schließlich machte es die totale Absorption des Einzelnen durch die Organisation unmöglich, anderen Interessen nachzugehen, die einen höheren Grad an Selbstverwirklichung bringen könnten (61). Bei den sogenannten Schulungen hatten die Sitzungen etwas von Schulstunden an sich […], die Themen waren auf einem so abstrakten Niveau, dass es kaum verstanden wurde, geschweige denn praxisbezogen angewendet werden konnte […]. Offen zugegeben wurde das Nichtverstehen selten, weil es diese ganze Art der Schulung infrage gestellt hätte. Peinlich einseitig war die Besprechung neuer Einschätzungen und Linienänderungen der Partei. Es gab nie eine wirkliche Grundsatzdiskussion, wir konnten nur Verständnis-Schwierigkeiten vorbringen, ansonsten mussten wir das von oben Herabgegebene wiederkäuen (25).

In den Diskussionen über Schulungstexte war die wichtigste Frage: ›Was heißt das für heute?‹ Wir haben das gar nicht als merkwürdig empfunden, dass man von Klassikertexten etwas für die aktuelle Lage ableiten wollte und sind nicht auf die Idee gekommen, dass man mal umgekehrt diskutieren könnte, von den wirklichen Erfahrungen her (113). Schließlich war die Vorstellung, mit der eigenen politischen Alltagsarbeit zugleich ›höheren‹ Zielen, nämlich dem ›Zusammenschluss der Arbeiterklasse‹ und der ›Schaffung der KP‹ zu dienen, ein tolles Mittel, sich über die eigene, häufig als misslich empfundene Realität zu erheben (94). Man stellt fest: die Arbeiterbewegung, mit der wir uns hätten verbünden können, war nicht vorhanden (82). Mein Unbehagen begann vielmehr dort, wo ich sah, dass wir bei den Arbeitern nicht ankamen […], da blieb nur die Flucht in die absurde These, das Wichtigste sei, dass die politische Linie der Partei stimmte, die Massen kämen später schon dahinter« (76). *Der Gegensatz von Anspruch und Wirklichkeit – Partei der Arbeiterklasse sein zu wollen, faktisch aber von der Arbeiterklasse ignoriert zu werden – führt dazu, dass man ungeheuer stark nach innen, innerhalb der Organisation denkt und lebt und in ihr den Ersatz für die fehlende Außenwirkung sucht. Ein zukünftiger Genosse, der erfolglos versucht, in aller Herrgottsfrühe die* Kommunistische Volkszeitung *an den Arbeiter zu bringen, wurde sich bald der Sinnlosigkeit eines solchen Vorhabens voll bewusst.* »Doch ich ging immer wieder hin. Es kostet jedes Mal neue Überwindung, aber wenn ich von der Frage nach irgendeinem Sinn meines Tuns absah, blieb immer noch ein Gefühl von Selbstbestätigung, ein bisschen über den eigenen Schatten gesprungen zu sein, seinem den anderen vorgehaltenen Anspruch selbst entsprochen zu haben.«

Abbau der persönlichen Individualität – Aufbau der ideologischen Identität

»Die Zelle war einfach nur Konferenzort und der Mensch kam eigentlich nur in negativer Weise zum Vorschein (11). Je mehr wir zur in-group wurden, je mehr die Partei in den absoluten Mittelpunkt meines Lebens rückte, desto weniger Zeit hatte ich für meine alten Freunde, meine Kollegen und Verwandten. Ich sah sie nur noch als Objekte meiner politischen Bemühungen (27). Die Kollegen in der Firma waren für mich in erster Linie Agitationsobjekte (31). Wir erlebten die zwangsläufig wirkende Tendenz der Organisation, unser praktisches Handeln wie unser politisches Denken mehr und mehr gegen unsere ursprünglichen Absichten zu vereinnahmen und zu deformieren« (52). *Immer wieder taucht in den Berichten der Wunsch auf,* »richtiger Kommunist« (66) *zu sein oder die romantische Vorstellung vom* »›aufrechten Bolschewiken‹, der in aller Herrgottsfrühe die illegal gedruckten Flugblätter verteilt (53). Der richtige Kommunist hatte umfassend gebildet zu sein und überall die vorantreibenden Vorschläge zu machen – in dem Sinne, dass er jederzeit die entsprechende Einschätzung des Zentralorgans wiedergeben konnte (56). Vor meiner Organisierung hatte ich eine Sensibilität dafür, dass ich eine Frau bin und habe mich als solche verhalten, und als Sympathisantin dieser Organisation wurde dieses Bewusstsein mehr und mehr in den Hintergrund gedrängt und hatte schließlich keine Bedeutung mehr, auch für meine persönliche Entwicklung nicht. Als Frau konnte ich mich nicht mehr einbringen, es zählte nur, ob man/frau politisch gut auftreten konnte (37). Eine weitere Erklärung für mein rastloses Durchhalten war die empfundene Solidarität und Verpflichtung gegenüber den anderen Genossen/innen. Man übernahm Aufgaben und führte sie durch, weil man wusste, dass die anderen vielleicht genau so wenig Lust hatten, oder genau so wenig Sinn darin sahen und es trotzdem taten. Und da wir uns das nicht gegenseitig offen eingestanden, war der Weg der kollektiven Gegenwehr versperrt. So ging ich immer wieder hin, so sinnlos es auch war. Nur innerhalb des organisatorischen Zusammenhangs erhält es einen Sinn. Ein gutes Beispiel, wie im Laufe der Zeit die Eigenidentität durch die Identität mit der Organisation ersetzt wird, ja notwendig wird, um nicht an sich selbst zu verzweifeln. Das erschwert dem Einzelnen das Brechen mit der Organisation ganz ungemein, denn das bedeutet zunächst Identitätsverlust, das Eingeständnis, Monate oder jahrelang Sinnlosigkeiten betrieben zu haben« (54).

»Entmenschlichung«: Der Mensch als Opfer des Menschen

»Die Zelle war einfach nur der Konferenzort und der Mensch kam nur in negativer Weise zum Vorschein (11). In Bezug auf private Beziehungen wird man da voll sitzen gelassen (13). Die Zelle […], die hatten aber auch nie ein menschliches Interesse an mir gehabt (18). Unfähig, die Beziehungen solidarisch zu gestalten, weil Solidarität nur als Solidarität mit politischen Ansichten, aber nicht mit Individuen verstanden wurde, wurden die Bedürfnisse des Einzelnen missachtet, sprachlos in den Untergrund bürgerlicher Privatheit abgedrängt« (83). *Dementsprechend berichtet einer von einer Freundin:* »Mit der Erika hatte ich also ein illegales Bündnis bzw. eine illegale Beziehung« (15). *Ein anderer Genosse hatte eine Freundin, die nicht politisch war. Die Organisation schlägt ihm vor, die Freundin vor die Tür zu setzen. Er gehorcht, sie heult und dreht fast durch. Das hat er alles mannhaft revolutionär ertragen. In einem anderen Fall zerstritt sich ein in einer politischen Wohngemeinschaft lebendes Paar.* »K-Genosse Jakob führte gemeinsam mit dem ranghöchsten KSV-Mitbewohner [Kommunistischer Studentenverband] mit der aufgelösten und verzweifelten Genossin zwei der sattsam bekannten ›Ermittlungsgespräche‹. Schließlich wurde ihr mitgeteilt, sie müsse schnellstens aus der Wohnung ausziehen. Dies geschah dann auch. Wie ich später erfuhr, musste sich die Genossin danach einer längeren psychiatrischen Behandlung unterziehen. Dieser für uns alle beschämende Vorgang wurde nach einigen pharisäerhaften und inhumanen Sprüchen für erledigt erklärt (102). Dass ich dabei ebenso rücksichtslos mit mir selbst vorgegangen bin, war mir zwar nicht so scharf bewusst, aber gespürt habe ich diese Leere, diese Verarmung, diese Unfähigkeit zu einer menschlichen Beziehung wohl. Ich konnte es nicht definieren« (29). *In vielen Partnerbeziehungen traten Spannungen auf* (26). *Eine Genossin berichtet über* Frauen *in der Organisation:* »Das waren Frauen, die mir menschlich verkorkst vorkamen, die waren richtig kaputt, auf die konnte man gar nicht zugehen, die waren einfach nicht mehr fähig, auf einer menschlichen Ebene mit anderen zu verkehren. Wenn ich etwa der einen über den Arm gestreichelt habe, war die völlig konsterniert, die konnte das gar nicht verkraften. Solche Frauen haben mir immer sehr leid getan, weil sie offensichtlich als Mensch keine Identität mehr hatten, als Frauen ohnehin nicht« (40). *Eine andere Genossin kommt ins Krankenhaus, keiner von der Organisation besucht sie:* »Das war der Punkt, wo mir klar geworden ist:

Geht es dir mal schlecht und du kannst nicht mehr politisch arbeiten, dann bist du uninteressant. Als Mensch zählst du gar nichts (46). Entsprechend als Objekte fühlen sich Genossen auf Fahrten in andere Städte, um für irgendwas Kulisse abzugeben (27). Mit der Zeit nahmen diese Fahrten immer mehr zu und wir wurden zu ›Demo-Vieh‹ (28). Es kam halt nie ne menschliche Kritik, sondern immer nur ne politische und das hat mich immer sehr frustriert […]. Die haben einen seziert, aber nie menschlich – eben nur so ein politisches Sezieren. Selbstkritik war: Du hast nicht was eingesehen, sondern du hast dich hingeschmissen und dann wurdest du kritisiert. ›Das scheint denen Spaß gemacht zu haben?‹ Na klar, das baut Aggressionen ab, die jeder gegen jeden aufgestaut hat. Man kann plötzlich einen Genossen zur Sau machen, auf eine unemotionale Art: man kann ja objektive Begründungen anführen: Der Genosse hat noch kleinbürgerliche Illusionen, seine Privilegien spielt er noch aus usw. (19). Durch die Linie des KSV ›dem Volke dienen‹ entstand insbesondere bei vielen Studenten ein schlechtes Gewissen was ihre Herkunft und ihre studentische Situation betraf. Eine blinde Verehrung für das Proletariat als revolutionäre Klasse und dieses schlechte Gewissen waren der Boden für eine handfeste Ausbeutung der Studenten durch die Partei (30). Der alltägliche Frust entlud sich vor allem in der Feindschaft mit ›den anderen‹, den Konkurrenten, Agenten und Drahtziehern – bis auf einen Kanal, der nicht organisierbar, nicht registrierbar war, dafür aber umso reichlicher floss: der Tratsch. Verarmt in der Erlebnissphäre des Normalalltags konzentrierten sich die Feierabend- und Pausengespräche vor allem auf die Skandale, Abweichungen, Fehlhandlungen, den Privat- und Bettbereich der oberen Kader. Dieser Kader-Tratsch unter der Beamten-Gürtellinie trug genau die Merkmale geduckter und krummer Opposition, auf der der Erfolg der Sensationspresse aufbaut: dem Bedürfnis, hinter dem entfremdeten Vorgang der Politik die Subjekte sichtbar zu machen, sie in den Bereich des Bekannten zu holen, sie zu ›vermenschlichen‹ – und damit kritisierbar zu machen« (83).

Weiterer Verlust der Realitätsprüfung

»Wer nicht auf einer höheren Leitungsebene saß, bekam aus der eigenen Organisation nur sehr gefilterte Informationen, Niederlagen wurden vertuscht und allgemein wurde ein ständiges Vordringen der Partei für selbstverständlich gehalten. Obwohl z.B. jeder von sich wusste, wie wenig Exemplare der ›Roten Fahne‹ oder anderer Zeitungen er verkaufte, glaubte jeder an ihren ungeheuren Einfluss auf die Arbeiterklasse und die fortschrittliche Bewegung mit unserem Land. Die Broschüren der KPD werden immer an dieselben Leute verkauft, die in der Organisation oder in ihrem Umkreis arbeiten. Dennoch war jedes Mitglied stolz auf die ständige Broschürenproduktion und bildete sich ein, mit diesen Heften wirklich breite Teile der Bevölkerung zu erreichen. Diese Realitätsferne ist das Produkt der selbstgeschaffenen Welt, in der die KPD lebt: automatisch nimmt man an, die Probleme, die den KSV und jedes einzelne Mitglied bewegen, seien überhaupt die weltbewegenden Fragen. Deshalb können die K-Gruppen die wirklichen Interessen z.B. der Studenten und auch anderer Bevölkerungsteile, in deren Namen sie auftreten, gar nicht ausdrücken, das ist von ihrem ideologischen System her unmöglich. Wer in einer so geschlossenen Welt lebt, der verliert über kurz oder lang dazu jede Möglichkeit (78). Die einzelnen Mitglieder stehen in dieser Zirkellogik und können nicht mehr über deren Grenzen hinausschauen« (79). *Da sich der Einzelne in der Organisation nicht zur Wehr setzen kann, bleibt nur noch die Alternative: einzutauchen in den Nebel politischer Umnachtung und totaler Realitätsblindheit, also strammes Mitglied der Organisation zu werden – oder sich auszuklinken.*

Der Regulationsmechanismus der »Idealisierung des eigenen Selbst«

»Zunächst war ich durchaus stolz, jetzt direkt zur Partei zu gehören. Ich hatte es schließlich geschafft. Wo manch anderer abgesprungen war, ich hatte es geschafft. Ich gehörte nun zur stählernen Vorhut des Proletariats« (28). *Die Idealisierung wird zugleich als Anspruch begriffen:* »nicht mehr man selbst sein, sondern etwas ›Höheres‹ repräsentieren, sich als funktionierenden Teil eines Apparates verstehen« (82). *Immer wieder wird der Anspruch erhoben,* »›guter Kommunist‹ (44), ›aufrichtiger Kommunist‹ (66), ›zuverlässiger Genosse‹ (63) oder ›aufrechter Bolschewik‹« (53) *zu sein.* »Über die anstrengende Lebensweise wird zwar viel gejammert, darin kommt aber auch reichlich Selbstzufriedenheit zum Ausdruck über das ›harte Leben eines Kommunisten‹. Die tatsächliche Deklassierung und Verlumpung, die wir alle zusammen mitmachten, galten als Beweis besonders erfolgreicher ›Umerziehung‹ und halfen, eine elitäre Haltung zu begründen, durch die wir uns von den anderen Linken abhoben, die etwas normaler lebten als wir« (103). *Wo man diesen eigenen Ansprüchen nicht genügen kann, beginnt die Unaufrichtigkeit* (15). »Du musst kämpfen können bzw. so tun, als ob du kämpfst. Und abgehetzt aussehen, unheimlich viele Termine und einen richtigen Stundenplan vorweisen und dann kannst du Karriere machen. Und persönliche Opfer anführen (z.B. schon wieder nicht zum Zahnarzt gekommen). Und dann das Märtyrertum, das ist das Höchste, was man werden kann, wenn man Märtyrer war, dann war man sehr gut (21). Manche Genossen entwickelten in solchen Situationen artistische Fähigkeiten: sie jumpten, im Halbschlaf auf dem Bett liegend, zum Schreibtisch, um pausenloses Arbeiten vorzutäuschen, wenn sich ein Mitbewohner dem Zimmer näherte (84). Irgendwann später, kam ich mir vor, als wenn ich die ganze Zeit über Theater gespielt habe. Das Einstudieren einer Rolle war das. Mit der totalen Hingabe. Und der Regisseur war die ganze Organisation. Jeder. Jeder andere Genosse. Denn jeder hat mir was anderes abverlangt, ein jesuitisches Regime. Das ganze Selbstbewusstsein beruhte auf Schauspielerei« (20).

Der Abwehrmechanismus der »Idealisierung des Anderen«

Die Mutter Partei *vereinnahmt einen, man bekommt ihr gegenüber ein schlechtes Gewissen* (28). *Ein anderer spricht von seinem* »heilen Weltbild von der Partei – also: Partei ist was ganz Tolles und die Genossen auch und alles läuft wunderbar [...], da läuft alles, die Genossen sind sich einig, wir sind uns alle einig, die Wahrheit siegt (114). Die Organisation vermochte in ihren Publikationen ständig den Eindruck herzustellen, als gebe es einen nationalen Aufbauplan der Partei, der binnen zwei Jahren dazu führen müsste, dass auch in entlegenen Gebieten wie dem unsrigen die Aktivitäten in den Rahmen einer revolutionären Arbeiterpartei eingebunden werden könnten (92). Wer nicht auf einer höheren Leitungsebene saß, bekam aus der eigenen Organisation nur sehr gefilterte Informationen. Niederlagen wurden vertuscht und allgemein wurde ein ständiges Vordringen der Partei für selbstverständlich gehalten (78). Außerdem gab es eine blinde Verehrung für das Proletariat als revolutionäre Klasse« (30). *Die Illusion der Einigkeit und Solidarität wurde also von der Organisation systematisch gefördert.* »Von oben her werden alle Entscheidungen gefällt und durchgesetzt, die Mitglieder dürfen nur noch beraten, wie sie diese Entscheidungen am besten umsetzen […], diese beinahe totalitär zu nennenden Methoden (77). Beschlüsse tragen das Zeichen ihrer Unumstößlichkeit schon bei ihrer Verkündigung, denn der ›demokratische Zentralismus‹ verlangt ihre unbedingte Ausführung. Auf inhaltliche Vermittlung wurde keinerlei Wert gelegt, Zustimmung oder Ablehnung hat ja erst mal keine Bedeutung (61). Die fortgeschrittenen Genossen funktionierten jede Diskussion in einen Lehrgang, eine Schulung um (11). Man brauchte eigentlich gar nicht abzustimmen, weil sich sowieso immer alle einig waren (11). So habe ich meine ganzen Unklarheiten und Zweifel immer zurückgesteckt und auf ›Geschlossenheit nach außen‹ geachtet (43). ›Geschlossenheit nach außen‹ […] stellte eigentlich das Hauptelement in meinem Bestreben dar, ein ›guter Kommunist‹ zu werden. Man musste ganz klar nach außen treten und durfte auf keinen Fall die Kritik oder die Unsicherheit zeigen, die man hatte (43). Entsprechend der Umgang mit einem Genossen, der die Partei verlassen will: jetzt wurden alle persönlichen Beziehungen mit meiner Parteiflucht abgebrochen. Mit diesem Menschen wollte keiner mehr was zu tun haben. Auch aus Furcht, dass einen dieses negative Vorbild schwankend und unsicher macht […], dass das mühsam gehaltene Gleichgewicht zwischen Einsicht in die notwendige politische Arbeit und völligem Verlust der Selbständigkeit und eigenen Identität ins Wanken gerät« (33).

Der Mechanismus der »Ritualisierung«

»Bei Demonstrationen war es eine Ehre, wenn du eingeteilt warst als Ordner oder die Fahne tragen durftest« (12). *Ein Genosse berichtet von seiner Teilnahme an einer Großveranstaltung:* »Hier herrschte aber – verstärkt durch die sorgfältige Ausschmückung des Saales mit einer Unmenge von roten Transparenten und Organisationsemblemen eine Atmosphäre von Gigantismus, strenger Regelhaftigkeit und Mummenschanz, die das Gefühl entstehen ließ, an einer höchst bedeutungsvollen Handlung mitzuwirken (96). Derartige Ausflüge in die ›große Welt‹ der Organisation wirkten auf mich, ebenso wie auf andere Genossen, die später in den ›Genuss‹ derartiger Auftritte kamen, wie eine Droge. Sie erzeugten einen unpolitischen, rein atmosphärischen Enthusiasmus und verstärkten dadurch die Loyalität gegenüber der KPD/AO [Aufbauorganisation]. Beim KOV [Kommunistischer Oberschülerverband] wurde einem nie direkt was gesagt, sondern da werden Punkte über einen aufgeschrieben und dann wird über einen diskutiert […], die anderen werden zu einer Kontrollinstanz, die alle Handlungen bewertet« (8). *Zum Beispiel:* »Du gehst zu einem Genossen hin und sagst ihm was relativ Vertrauliches. Er geht zur Regionalen (Leitung) und plötzlich kommt einer: ›Hör mal, was hast du denn da gesagt?‹. Das passiert. Das passiert andauernd. Oder in der Zelle. Du musst dich ständig rechtfertigen für Sachen (9). Man kann sagen: die haben einen seziert, aber nie menschlich – eben nur so ein politisches Sezieren, so pathologisch. Deshalb hat vor einem ›klärenden Gespräch‹ auch jeder Angst gehabt. Weil das immer auf Selbstkritik hinauslief. Und Selbstkritik war eben wie eine Beichte, wo du dich den Genossen echt ausgeliefert hast. Du hast nicht was eingesehen, sondern du hast dich hingeschmissen und dann wurdest du kritisiert« (19).

Der Mechanismus der »Privatsprache« oder: »Gehirnwäsche«

»Eine wichtige Funktion bei der Abkapselung der Mitglieder des KBW [Kommunistischer Bund Westdeutschland] von der Umwelt, von Kontakten und Beziehungen mit anderen Menschen, hatte die Organisationssprache (54). Den Sprachstil der zentralen Publikationen nahm sich der überwiegende Teil der Genossen zum Vorbild. Anstatt in ihrer bisherigen Alltags- und Umgangssprache zu reden und zu schreiben, übernahmen sie Redewendungen und Diktion des Vorbildes. Viele Genossen benutzten die Redewendungen führender Mitglieder der Organisation mit tiefem Ernst, bis sie durch eine neue Sprachschöpfung eines ZK-Mitgliedes [Zentralkomitee] abgelöst wurde. Besonders auffallend war die Organisations-Einheitssprache immer bei geschriebenen Texten. Nach einer gewissen Zeit als KBW-Mitglied hörte sich auch die gesprochene Rede vieler Genossen an, als würden sie eine Broschüre oder ein Flugblatt der Organisation auswendig aufsagen. Die persönliche Identifikation mit dem Agitationsziel war fast immer oberflächlich. Zwar hatte einem die sogenannte ›politische Bedeutung des Kampfes‹ durch Artikel aus dem Zentralorgan und Diskussionen in der Grundeinheit klar zu sein, außer diesen Richtlinien hatte man aber meist kaum eine Ahnung von den Problemen und Konflikten, über die man agitierte, geschweige denn war man persönlich davon betroffen. Deshalb leierte die Agitatorin oder der Agitator einfach die paar Sätze runter, die sie/er sich gemerkt hatte, natürlich mit entsprechendem Erfolg. Für die Erarbeitung von fundierteren Kenntnissen über einen bestimmten Problemkreis fehlte schlicht die Zeit. Genauere Kenntnisse zu haben, eine eigene Meinung zu äußern, war als ›Spezialistentum‹ verpönt (55). Der richtige Kommunist hatte umfassend gebildet zu sein und überall die vorantreibenden Vorschläge zu machen – in dem Sinne, dass er jederzeit die entsprechende Einschätzung des Zentralorgans wiedergeben konnte. Das ständige Eingeschlossenbleiben im keimfreien Milieu des von der ML-Ideologie [Marxismus-Leninismus] desinfizierten Dunstkreises der Organisation, trug wesentlich bei zur Herausbildung eines Sprachcodes, der mit seinen Begriffen, seinen apodiktischen Kategorien gar nicht mehr zu ließ, differenziertere Fragen zu stellen bzw. Erklärungen realer Probleme zu suchen. Eine spontane Neugier und Aufgeschlossenheit anderen Ansichten, neuen gesellschaftswissenschaftlichen Theorien gegenüber musste damit verkümmern. Die Wirklichkeit war generell durch die Brille und nach dem Interpretationsmuster der von der KBW-Führung legalisierten ML-Glaubenssätze zu betrachten. Die eigene Erfahrung zählte nichts. Mit der Zeit wurde der Sprachcode zur Umgangssprache jedes Mitglieds. Es verlernte so zu sprechen, dass Nichtmitglieder es noch verstanden und es verlernte, von anderen Menschen geäußerte, nicht im Code gehaltene Aussagen zu verstehen. Alles was nicht Code war, wurde von ihm als falsch oder ›bürgerlich‹ abgelehnt. Wenn man mit anderen nicht mehr diskutieren kann, diskutiert man nicht mehr mit ihnen. Weil man sich nicht mehr mit anderen auseinandersetzt, verliert man den Bezug zur Realität« (56). *Die Frau eines Genossen ist der Auffassung*, »dass die ›Rote Fahne‹ höchstens als Schlafmittel zu gebrauchen sei« (26).

Symptombildung: Entfremdete Arbeit

Ein Genosse, der in aller Herrgottsfrühe vor einem Werkstor die KVZ *verkaufen will und Parolen ruft und mit beidem nicht ankommt, macht sich Gedanken:* »Da kam ich doch schnell auf die Idee, dass es an etwas anderem liegen musste, als dass man es mit einem technischen Herangehen lösen konnte. Was ich da rief und anbot, waren nicht ihre Probleme, es waren nicht die Angelegenheiten, die sie beschäftigten. Bald war ich mir der Sinnlosigkeit eines solchen Vorhabens voll bewusst. Doch ich ging immer wieder hin. Es kostet jedes Mal neue Überwindung, aber wenn ich von der Frage nach irgendeinem Sinn meines Tuns absah, blieb immer noch ein Gefühl von Selbstbestätigung, ein bisschen über den eigenen Schatten gesprungen zu sein, seinem den anderen vorgehaltenen Anspruch selbst entsprochen zu haben. Im Nachhinein ist mir natürlich klar, dass ich genau so gut im Winter im Grunewaldsee baden gehen könnte. Auf dieser Ebene etwa liegt ein solcher Akt der Selbstüberwindung (53). Natürlich durfte man nur 3 Wochen im Jahr in Urlaub fahren – nicht ohne zum Urlaubsort Propagandamaterial mitzunehmen und dort zu vertreiben. Eigentlich war man mindestens 40 Stunden in der Woche für die Organisation auf den Beinen und das als Mitglied einer Massenorganisation. Der zeitliche Aufwand allein spiegelt jedoch noch nicht das erschreckende Maß der Vereinnahmung durch die KHG [Kommunistische Hochschulgruppe] wider. Die Arbeit selbst war aber gekennzeichnet durch andauernden Misserfolg. Der Aufwand stand in keinem Verhältnis zu den Ergebnissen, die erzielt wurden (61). Es wird zum soundsovielten Male eine Veranstaltung zu einem beliebigen Thema angesetzt, Referate werden ausgearbeitet und vordiskutiert, Flugblätter verfasst, zu Tausenden gedruckt und verteilt, Plakate entworfen, hergestellt und geklebt, Räume ausfindig gemacht, angemietet und ausgeschmückt und vielleicht sogar noch im Seminar-Betrieb für den Besuch dieser Veranstaltung geworben. Insgesamt eine Wahnsinnsarbeit, um möglichst viele Leute für die Veranstaltung zu agitieren. Am Abend der Veranstaltung muss man feststellen, dass man außerhalb der eigenen Organisation niemanden mobilisiert hat. Dass ein paar hundert Mitglieder der Organisation erschienen sind, ist nur dem Beschluss zu verdanken, der von jedem Einzelnen verlangt, sämtliche Veranstaltungen der Organisation zu besuchen. Damit wird für ein solches Ritual wenigstens der äußere Schein von Sinnhaftigkeit erzeugt« (58). *Ein anderer berichtet:* »Zur Metalltarifrunde haben die immer Kampfausschüsse gebildet, zusammen mit anderen linken Gruppen. 1973 habe ich gesagt: Was soll das, so abgehobene Dinger, damit können wir gar nichts ausrichten. Antwort: doch, im Zirkular steht es, von oben kam es. Also haben wir wieder einen Kampfausschuss gebildet: Einladungen mit tollen Briefen, Flugblätter usw. Dann saßen wir ganz alleine da, keiner war gekommen« (119). *Wieder ein anderer berichtet von einer Veranstaltung für Bauarbeiter zum 1. Mai:* »Zu der Veranstaltung, zu der wir aufriefen, kam ein einziger Bauarbeiter und der schüttelte nur den Kopf. Die Blamage fiel besonders auf, weil wir kein ›Füllmaterial‹ (das sind die Genossen, die ansonsten die fehlenden Betriebsarbeiter, Mieter oder sonstige angesprochene Gruppen darstellen) hatten und der eine erschienene Arbeiter auch noch fragte, wer denn nun eigentlich auf dem Bau sei. Da gingen nur wenige Hände hoch, die von uns zwei Kadern. Ich saß außerdem im zentralen Maikomitee für die ganze Stadt und bekam erstmals hinter den Kulissen mit, wie da mit Zahlen manipuliert wurde (32). Es gab eine ganze Menge solcher in Wahrheit völlig überflüssiger und sinnloser Verrichtungen, denen aber organisationsintern ein äußerst hoher Stellenwert zugemessen wurde. Der lag aber nicht in der Wichtigkeit dieser Verrichtungen für die praktische Arbeit als vielmehr in ihrer Bedeutung für die Bildung des ›Kaderbewusstseins‹, also des Gefühls, Teile einer exklusiven Elite der Linken zu sein. Das Unverständnis Außenstehender für die merkwürdigen Gebräuche innerhalb der KPD/AO stellte diese nicht infrage, sondern bestätigte geradezu das gehobene Selbstgefühl der Kader (95). Ich war nun seit einem Jahr in Berlin als Partei-Kader tätig, litt immer stärker nicht nur unter dem Stress unserer Arbeit, sondern auch unter dem Gefühl, dass das meiste, was wir taten, weitgehend sinnlos war (104). Nach unserem Austritt kommen uns solche Situationen unwirklich vor. Was hat uns und was bringt heute noch so viele dazu, die Absurdität ihres Handelns überhaupt nur so begrenzt wahrzunehmen, welches sind die Mechanismen, die solche erlebten Situationen in einer Weise uminterpretieren, die eine radikale Kritik an der Organisation unmöglich machten? Wichtig für die Erklärung ist sicherlich die totale zeitliche, psychische und physische Beanspruchung des einzelnen durch die Organisation, die sich als relative Isolierung von seinem eigentlichen und ursprünglichen Lebenszusammenhang auswirkt« (59).

Regressionen

»Willkommene Abwechslung im Parteialltag waren Busfahrten nach Westdeutschland [...], um für irgendetwas Kulisse abzugeben [...], man konnte entweder saufen oder herumalbern, also endlich mal regredieren. Oder einmal wirkliche längere, gründlichere Gespräche führen (27). Wir haben dann auch mal ne Wandzeitung zusammen gemacht oder einen Redebeitrag vorbereitet und haben uns auch erzählt, was wir sonst noch machen. Das war ganz wichtig für mich, dass es Momente gab, wo ich dann nicht auch unter Druck stand, immer nur die Linie des KSV zu verbreiten, sondern auch mal über was anderes reden zu können. Ich habe mich immer bemüht, mir bestimmte Freiräume zu schaffen. Ich habe bestimmte Dinge völlig rausgehalten, dabei hatte ich auch kein schlechtes Gewissen. Es ist öfters vorgekommen, dass mir die Arbeit einfach zu viel wurde und dann habe ich mich entzogen, habe einfach weniger gemacht. Nichts zu machen, hätte ich vor mir selber gar nicht rechtfertigen können. Ich habe es aber nie geschafft, das Problem bzw. das Bedürfnis nach Privatleben vorzubringen, die Organisation an dem Punkt zu kritisieren. Ich bin dann halt mal zum Arzt gegangen und habe mich absichtlich vorher nicht angemeldet, damit ich lange warten musste. Ich hab mir dann immer ein Buch mitgenommen, da hatte ich endlich mal Zeit, was zu lesen (42). Ausflüge in die ›große Welt‹ der Organisation wirkten auf mich, ebenso wie auf andere Genossen, die später in den ›Genuss‹ derartiger Auftritte kamen, wie eine Droge. Sie erzeugten einen unpolitischen, rein atmosphärischen Enthusiasmus und verstärkten dadurch die Loyalität gegenüber der KPD/AO (96). Höhepunkte wie der 1. Mai und große Demos haben das noch bestärkt, man kam sich stark vor, da war irgendwie so ein Gefühl der Glückseligkeit schon da« (122).

Ängste und Schuldgefühle

Bei fast allen der Berichtenden nahm die Partei schließlich Elternstelle *ein, einer spricht explizit von der* »Mutter Partei« (29). *Dieser Partei mit ihren Ansprüchen und Forderungen gegenüber entwickeln fast alle ein* schlechtes Gewissen (28, 33, 44). »Es war das schlechte Gewissen, unserem eigenen Anspruch als ›zuverlässige Genossen‹ nicht entsprochen zu haben (63). Durch die Linie des KSV ›dem Volke dienen‹ entstand insbesondere bei vielen Studenten ein schlechtes Gewissen, was ihre Herkunft und ihre studentische Situation betraf. Eine blinde Verehrung für das Proletariat als revolutionäre Klasse und dieses schlechte Gewissen waren der Boden für eine handfeste Ausbeutung der Studenten durch die Partei (30). Eine Genossin berichtet: Ich hätte mich eben auch gerne geschminkt, hätte gerne tolle Klamotten angezogen, habe mir selbst aber immer wieder rigide auferlegt: ein guter Kommunist macht das nicht. Er darf erst gar nicht diese Bedürfnisse haben. Ich habe ständig ein schlechtes Gewissen produziert weil ich diese Bedürfnisse hatte. Ich habe mich immer selbst kasteit und bin den anderen rigide gegenüber getreten (44). So gehen äußerer Zwang und innere Selbstbeschränkung zusammen und führen zu einer Perversion einer offenen Diskussion. Die einzelnen Mitglieder stehen in einer Zirkellogik und können nicht mehr über deren Grenzen hinausschauen (79). Damals hatte ich Angst vor einem Ausschluss, vor dem Verlust meiner politischen Heimat (30). Die Angst ist auch da, weil irgendwo kein Vertrauen in menschliche Handlungen da ist (9). Also ich habe Angst, wenn dir dauernd einer erzählt, wir kommen an die Macht, und wir sind schon fast an der Macht – und wenn wir die proletarische Diktatur errichten, dann geht es den Übeltätern aber schlecht – dann willst du kein Übeltäter sein. Aber die Identifikation mit dieser Organisation und die Angst um unsere eigene Identität waren bereits zu groß, um einen ernsthaften Konflikt zu führen (96). Es bestand die Angst, jede harte Kritik könnte das Verhältnis zur Organisation und damit die eigene Identität gefährden« (97).

Das zwangsläufige Produkt der »Über-Ich-Moral«: Doppelmoral und Korruption

»Grundlegende Zweifel gab es nicht. Obwohl meiner Ansicht nach die wenigsten grundlegend überzeugt davon waren, was sie gemacht haben, sondern das wirklich nur übernommen haben wie ich selber auch (12). Irgendwann, als ich dann studierte, kam ich mir vor, als wenn ich die ganze Zeit über Theater gespielt habe. Das Einstudieren einer Rolle war das. Mit der totalen Hingabe. Und der Regisseur war die ganze Organisation. Jeder. Jeder andere Genosse. Denn jeder hat mir was anderes abverlangt, ein jesuitisches Regime. Das Selbstbewusstsein im KOV beruhte auf Schauspielerei (20). Dann musst du kämpfen können bzw. so tun, als ob du kämpfst. Immer abgehetzt aussehen, unheimliche viele Termine und einen richtigen Stundenplan nachweisen und dann kannst du Karriere machen. Und dann das Märtyrertum, das ist das Höchste, was man werden kann. Wenn man Märtyrer war, dann war man sehr gut. Dann wird darüber geredet im Verband und überall. Man zeigt, dass man wirklich kämpft (21). Und dann die Unaufrichtigkeit: beim KOV wurde einem nie direkt etwas gesagt, sondern da werden Punkte über einen aufgeschrieben und dann wird über einen diskutiert« (8). *Die totale Versagung von persönlicher Erfahrung und Beziehungen führt zu Doppelmoral und Unaufrichtigkeit. Man vergeht sich bewusst gegen die Gesetze und leistet dann Selbstkritik.* »Also wieder die Unaufrichtigkeit zu den Genossen, immer ein schönes Gesicht gemacht. Da fing meine Schizophrenie an (15). Ich saß außerdem im zentralen Maikomitee für die ganze Stadt und bekam erstmals hinter den Kulissen mit, wie da mit Zahlen manipuliert wurde. In der öffentlichen Sitzung wurde ein strahlendes Bild über unsere Mobilisierung zum 1. Mai abgegeben. Nach der Sitzung hagelte es Vorwürfe, und ich bekam die ganze Trostlosigkeit, die ganze Wirkungslosigkeit nochmal im größeren Rahmen mit« (32). *Die Unaufrichtigkeit und Doppelmoral spielt auch in den politischen Wohngemeinschaften eine große Rolle.* »Die Männer sind politisch unheimlich rumgewirbelt, aber im Haushalt haben sie nichts gemacht. Mich hat es oft gestört, wenn alles so schmutzig war und ich habe es dann gemacht. Das führte zu Widersprüchen und mir ist dabei klar geworden, welche Haltung die mir gegenüber als Frau hatten (46). So war das Ganze verkrampft, ritualisiert, fruchtbarer Boden für Doppelmoral aller Art. Unfähig, die Beziehungen solidarisch zu gestalten, weil Solidarität nur als Solidarität mit politischen Ansichten, aber nicht mit Individuen verstanden wurde, wurden die Bedürfnisse der Einzelnen missachtet, sprachlos in den Untergrund bürgerlicher Privatheit abgedrängt (83). Nicht mehr man selbst sein, sondern etwas ›Höheres‹ repräsentieren, sich als funktionierenden Teil eines Apparates verstehen, das Ganze im Rahmen des Kleinbürgertums und dann auch noch in Deutschland – da musste ja der Beamte rauskommen (83). Am erschreckendsten dabei war der bürokratische Habitus, die beamtete Abgebrühtheit, die den Verlust emotionaler Empörung mit sich bringt. Leute wie er, die sich zum Wutanfall über Nebensächlichkeiten wie z.B. das Verhalten anderer Organisationen steigern konnten, reagierten angesichts der faschistischen Barbarei mit kühler Beamtenroutine (84). Betrachtet man die Entwicklung des KSV, so kann man die Entstehung von Elementen eines Staatsapparates verfolgen, deren Charakter sich nicht wesentlich vom gewohnten Bild solcher Institutionen unterscheidet (84). Die Beamten- und Repräsentantenmentalität der Kader führte zu skurrilen Erscheinungen. So wurde es Mode, sich statt eine Aktentasche ein schwarzes

Diplomaten-Köfferchen zuzulegen und prall gefüllt mit sich herumzutragen. Bei Sitzungen wurde der Koffer geöffnet, ein Großteil des Inhalts turmartig aufgeschichtet, um nach der Sitzung wieder verpackt zu werden. In einer Wohnung erkannte man ein Kaderzimmer an der langen Reihe von Aktenordnern, die meist alles Gedruckte des Organisationstrustes enthielten (85). Die schöne Sitte, die die KPD mit ihrem Parteitag einführte, ihre Kader mit goldenen, verdiente Sympathisanten mit dem silbernen Parteiabzeichen zu schmücken, machte es den KSV-Kadern leicht, bei jeweiligen Zusammenkünften – auf den ersten Blick die Rangordnung der Anwesenden abzuschätzen (85). In Kader-Wohngemeinschaften verständigte man sich entweder augenzwinkernd auf der Ebene der Doppelmoral oder man lebte wie in einer Polizeikaserne, immer überwacht und auf Rechtfertigung jeder Handlung trainiert. Manche Genossen entwickelten in solchen Situationen artistische Fähigkeiten: sie jumpten, im Halbschlaf auf dem Bett liegend, zum Schreibtisch, um pausenloses Arbeiten vorzutäuschen, wenn sich ein Mitbewohner dem Zimmer näherte (84). Ein wirklicher Meister in der Kunst, über seine Umgebung zu verfügen, war der zu meiner Wohngemeinschaft gehörende ZK-Genosse ›Jakob‹. Genosse Jakob verstand es vortrefflich, unter Hinweis auf langfristig anstehende Ausarbeitungen, mit denen er vom ZK beauftragt war, sich aller technischen und organisatorischen Arbeit zu entziehen, einschließlich der in der Wohngemeinschaft anfallenden Hausarbeit. Es gelang ihm immer wieder, nicht nur die WG-Mitglieder, sondern auch seine Freundin dazu zu bewegen, an seiner Stelle die Verpflichtungen zum Flugblattverteilen wahrzunehmen. Währenddessen verbrachte er große Teile des Tages vor dem Fernseher, die Übertragungen der Winter-Olympiade betrachtend. In meiner Erinnerung personifiziert er eine häufig anzutreffende, ganz handfeste Privilegierung der auf ›höheren Ebenen‹ tätigen Kader. Die Mitglieder der Leitungen waren häufig mit längerfristigen Ausarbeitungen beschäftigt, die es ihnen ermöglichten, bestimmte unangenehme Alltags-Arbeiten abzulehnen, sie waren in ihrer Zeitplanung flexibler und keinen Kontrollen unterworfen. Und ihre Leitungstätigkeit bestand großteils ohnehin darin, halbe Tage in irgendwelchen Uni-Vorhallen oder Wohnungen zu sitzen und Genossen aus den verschiedenen Bereichen der Organisation zu empfangen, mit ihnen über anstehende Probleme zu reden bzw. sie zu ›instruieren‹« (100). *Ein anderer Genosse berichtet:* »Ich kam um 10 Uhr morgens ziemlich unausgeschlafen, unrasiert und verraucht bei der betreffenden Genossin an, da ich nachts zuvor noch verschiedene Sitzungsprotokolle hatte fertigstellen müssen. Die Tür wurde mir von einem aristokratisch wirkenden Herrn mittleren Alters geöffnet, der zwischen den Zeigefingern eine Langspielplatte balancierte und mich durch die von Barockmusik erfüllte Wohnung auf einen sonnigen Balkon dirigierte.

Dort lag ein knappes Dutzend braungebrannter Leute auf Liegestühlen in der Sonne und verspeiste gerade recht ansehnliche Portionen Eis. Mir erschien das alles nach einer Nacht über seitenlangen Sitzungsprotokollen und im Hinblick auf meine eigene Wohnung und Lebenssituation wie eine ferne Traumwelt. Die Genossin aus der KSV-Leitung erhob sich aus ihrem Liegestuhl und führte mich in ein mit hohen Wandregalen voller Bücher ausgestattetes Zimmer, in dem die Unterhaltung über meine Wünsche nach einem Studium stattfinden sollte (105). Ich war nach dieser Unterhaltung voller Aggressionen gegen die wiederum deutlich gewordene Doppelmoral auf den höheren Ebenen, die es ermöglichte, dass Intellektuelle anderen Intellektuellen die Befriedigung ihrer Bedürfnisse als ›kleinbürgerlich‹ verboten« (106).

Folgen

»Dann sind wir illegal zusammen verreist, nach Frankreich. Die Fahrt war teilweise sehr schön und teilweise ein Horror. Denn da fing meine Schizophrenie an (15). Und dann habe ich ein Mädchen getroffen, die wirklich Paranoia hatte. Die hatte ständig das Gefühl, hinter ihr ist ein KOV-ler her, wenn das Telefon ging (16). Als ich dann raus bin, lief alles chaotisch ab. Ich habe auch diese ganzen Verfolgungsängste gehabt (18). Da kommen Gedanken an Selbstmord rein […], und eine persönliche Angst vor Menschen […], diese Angst führt zu völlig blödsinnigen Handlungen. Ich hatte Angst vor neuen Beziehungen. Irgendwo ist es das totale Fehlen von Selbstbestätigungsmöglichkeiten. Ich neige jetzt unheimlich zu einer resignativen Haltung […], nie wieder diesen Leuten ausgeliefert sein […], da kriege ich Angst – jämmerliche Angst (22).

Schließlich wurde ihr mitgeteilt, sie müsse schnellstens aus der Wohnung ausziehen. Dies geschah dann auch. Wie ich später erfuhr, musste sich die Genossin danach einer längeren psychiatrischen Behandlung unterziehen. Dieser für alle beschämende Vorgang wurde nach einigen pharisäerhaften und inhumanen Sprüchen für erledigt erklärt« (102).

Befreiung

»Die Anfängliche Euphorie, nun endlich das ›todsichere Rezept‹ zur Gesellschaftsveränderung gefunden zu haben, erwies sich als frommer Wunsch und der hektische Aufbruch der vielen endete oft im Katzenjammer der einzelnen. Wer nach zwei, drei, vier oder auch sieben Jahren politischer Tätigkeit ›absprang‹, hatte nicht selten mit massiven psychischen Konflikten, persönlicher Ratlosigkeit, Resignation und Zweifel über Sinn und Zweck politischer Arbeit überhaupt zu kämpfen (5). Es wird eine völlig falsche Trennung vorgenommen zwischen deinem Privatbereich, wo du deine Beziehung hast und deine eigenen Probleme, und der politischen Arbeit. Für mich wurde die Kluft immer größer (46). Irgendwann fängt man an, sich Gedanken zu machen über seine totale gesellschaftliche Isolierung als Mitglied dieser Organisationen. Nicht nur physisch, sondern auch im Denken und Reagieren stellt die Organisation einen Absolutheitsanspruch, der den parolenmäßig propagierten ›Zusammenschluss mit den Massen‹ völlig unmöglich macht (75). Mir wurde klar, dass wir mit unserer Arbeitsweise und dem absolut unmenschlichen Klima in unseren Organisationen niemals für Jugendliche, aber auch nicht für erwachsene Arbeiter mit Familie, eine Perspektive darstellen würden (104). Ich habe dann eine individuelle Lösung angestrebt, wollte so werden, wie es mir und meinen Bedürfnissen entsprach, wollte in erster Linie wieder freundlich und herzlich auf andere Leute zugehen, sie erst mal als Menschen wieder ernst nehmen aber immer noch stand die Organisation im Hintergrund (45). Und dann ist es mir endlich mal gelungen, meinem Bedürfnis nachzugehen und menschliche Kontakte zu knüpfen, mich wirklich für die Probleme der Leute vor allem der Frauen zu interessieren und denen nicht einfach was vorzuknallen (47). Der Grund für meinen Austritt war auch die Tatsache, dass ich meine eigene Situation nicht einbringen konnte in die politische Arbeit, dass da eine Kluft entstanden war (48). Wir hatten inzwischen gelernt, dass wir an der konkreten Situation der Menschen, der Frauen ansetzen mussten, dass wir sie ernst nehmen mussten mit ihren Ansichten und Meinungen, dass wir endlich diese Schulmeister-Haltung ablegen mussten, das war ein bedeutender Schritt, eine wichtige Erkenntnis. Wir haben sie konkret umgesetzt, indem wir im Stadtteil eine Schwangerenberatungsstelle in einem Kinderladen einrichteten und zu den Frauen und Müttern Kontakt suchten« (49). *Ein anderer berichtet:* »Nach meinem Ausschluss fuhr ich in ein italienisches Restaurant und genehmigte mir ein opulentes Mahl. Ich wog nämlich am Ende meiner Zeit als ›Partei-Kader‹ nur noch ganze 48 Kilogramm. Mir fiel ein, dass am nächsten Tag ein neues Semester anfing und meinem Studium nun nichts mehr im Wege stand (107).

Der Ausbruch aus der ›Welt‹ der K-Gruppen war also zugleich ein mühsamer Prozess von Identitätszerstörung und Identitätsfindung, der in unserem eigenen Bewusstsein viele Brüche und Verzerrungen hinterlassen hat, der aber vor allem ein befeiender Lernprozess war, bei dem viel überflüssiges Gerümpel auf der Strecke blieb« (7). *Insofern gleicht dieser Vorgang einem psychoanalytischen Prozess.*

Versuch, Jim Jones besser zu verstehen (2004)

Psychoanalytische Überlegungen zur Verschränkung zwischen individuellem und kollektivem destruktiven Wahn

> »Bosheit, Schlechtigkeit, sogar Sadismus sind analysierbar, heilbar oder was gleichbedeutend ist: sie haben ihre Entstehungsgeschichte. *Man wird schlecht durch Leiden.*«
>
> *Michael Balint*

Am 18. November 1978 sterben über 900 Anhänger der »Volkstempel«-Sekte und ihr Führer, Reverend James Warren (»Jim«) Jones im Alter von 47 Jahren, in Jonestown, in dem kleinen, im Norden Südamerikas gelegenen Staat Guayana, eines gemeinsamen gewaltsamen Todes durch Mord respektive Selbstmord mittels Gift und Erschießen.

»Those, who do not remember the past, are condemned to repeat it« – »Wer seine Geschichte verleugnet, der ist dazu verdammt, sie zu wiederholen«. Dieser Satz des amerikanischen Philosophen George Santayana stand auf einem Schild über dem Thron von Jim Jones in Jonestown (Krause 1978, S. 113). Der Lebensverlauf von Jim Jones erscheint wie eine Illustration dieses Gedankens, der dem Denken des Psychoanalytikers wohlvertraut vorkommt. Mein Beitrag stellt einen Versuch dar, mittels einer psychoanalytischen Untersuchung und vorläufigen Hypothesenbildung dem Verständnis dieses »unbegreiflichen« Phänomens ein wenig näherzukommen. Die Geschichte von Jim Jones und dem »Massen(-selbst-)mord« in Guyana beschäftigt mich im Grunde seit den damaligen Ereignissen im Jahre 1978. Immer wieder im Laufe der Jahre habe ich Notizen dazu gesammelt. Ich freue mich, nun hier die Möglichkeit zu haben, meine Überlegungen zusammenbringen zu können. Eine tiefer greifende und befriedigendere Erklärung des Zusammenspiels und Ineinanderwirkens von individueller und kollektiver Wahnpathologie muss weiterer Untersuchung vorbehalten bleiben.

Fundamentierung

Der destruktive Wahn von Jim Jones, im Folgenden »JJ«, hat seine Wurzeln in der zerstörerischen Verletzung seines Vaters, James T. Jones, durch einen Senfgasangriff im Ersten Weltkrieg. Er trägt ein schweres Lungenleiden davon, das ihn lebenslang zum Invaliden und arbeitsunfähig macht. Seine Defizienz und sein Minderwertigkeitsgefühl versucht James T. Jones wohl durch seine Mitgliedschaft im »Ku-Klux-Klan« zu kompensieren. Über die Existenz des Klans in dem kleinen amerikanischen Ort Lynn und die Zugehörigkeit von James T. Jones gibt es allerdings widersprüchliche Angaben. Einerseits heißt es unter Berufung auf einen Nachbarn, George Southworth, der Klan sei eine »starke politische Macht in Lynn« (Krause 1978, S. 29) mit »zahlreichen Anhängern« (Kilduff/Javers 1979, S. 23f.) gewesen. Andere Jugendfreunde von JJ halten Lynn nicht für »Klan-Land« und James T. Jones nicht für ein Klanmitglied (Reitermann/Jacob 1982, S. 11, 581). Psychologisch machte eine Mitgliedschaft in dem sich gegenüber den Schwarzen »mächtig« gebärdenden »Ku-Klux-Klan« (Zee 1980, S. 347) für den auf der untersten Stufe der sozialen Leiter stehenden Halbinvaliden als Kompensationsversuch seiner Versehrtheit allerdings durchaus Sinn. Die »Ku-Klux-Klan-Mitglieder« hüllen sich in weiße Gewänder mit Kapuzen, die ihnen etwas Geheimnisvolles verleihen, und predigten Hass gegen die Schwarzen.

Ende der zwanziger Jahre des letzten Jahrhunderts heiratet Lynetta Putnam den 16 Jahre älteren Straßenbauarbeiter James T. Jones, statt ihre Karriere als Anthropologin (ebd.) oder Geschäftsfrau (Reitermann/Jacob 1982, S. 9f.) zu verfolgen. Sucht sie mit ihrer Wahl unbewusst nach einem (sicher) schwachen und abhängigen Partner, der ihr nur vordergründig durch sein Alter überlegen ist? So wie ihr Sohn später zur Entfaltung seines Heilungs- und Größenwahns ebenfalls Schwache und Abhängige benötigt.

Im Gegensatz zu dem versehrten und blassen James T. Jones ist Lynetta Jones offenbar eine begabte, kraftvolle, aber exzentrische Frau. Sie ist voller Fantasie, liest und schreibt selber (ebd., S. 12). Sie ist unter ihrem intellektuellen Niveau als Fabrikarbeiterin beschäftigt und verrichtet zusätzlich Gelegenheitsjobs, trotzdem bleibt die Familie sehr arm. Sie muss von der schmalen Kriegsversehrtenrente und den Einkünften von Lynetta leben.

Lynetta schottet sich gegenüber den Nachbarn ab, trägt auch im Sommer dunkle Kleidung. Andererseits provoziert sie gerne ihre Umgebung zum

Beispiel mit unflätigen Schimpfwörtern. Einmal zeigt sie sich rauchend auf der Hauptstrasse von Lynn, was seinerzeit einen absoluten Skandal darstellt (Kilduff/Javers 1979, S. 26).

Lynetta Jones berichtet von einem Traum, in dem ihre verstorbene Mutter ihr prophezeit, dass sie einen Sohn gebären würde, »der alles Unrecht der Welt zurechtrücken würde« (Zee 1980, S. 347). Nach der Geburt von JJ ist sie überzeugt, dass er »ein Messias sein würde« (ebd.; Lifton 2000, S. 162). Sicher liegen in diesen Erwartungen seiner Mutter Fundamente für JJs spätere wahnhafte Erlösungs- und Größenvorstellungen (Stierlin 1979, S. 19). Die schon in seinen Eltern angelegte Spaltung zwischen destruktiven bzw. destruierten Anteilen und konstruktiven Elementen und die daraus resultierende Spannung werden sich wie ein roter Faden durch das Leben von JJ ziehen.

Jim Jones wird am 13. Mai 1931 in dem kleinen Ort Crete im amerikanischen Bundesstaat Indiana geboren. 1934 zieht die Familie an den Rand des nahe gelegenen Bauerndorfes Lynn um. Da seine Mutter arbeiten gehen muss und sein alter und versehrter Vater vorwiegend mit sich selbst beschäftigt ist, bleibt JJ weitgehend sich selbst überlassen, vernachlässigt (Reitermann/Jacob 1982, S. 13), ungepflegt und einsam, ein »Niemandskind«.

Die »Idealisierung« durch seine Mutter ist für JJ insofern gepaart mit der Erfahrung hochgradiger »Vernachlässigung« und daraus resultierender Enttäuschung, Unsicherheit und Angst. Für das Erleben des allein gelassenen Kindes spielt es keine Rolle, ob dahinter ökonomische Zwänge stehen. Die narzisstische Aufblähung durch seine Mutter erweist sich als Luftblase, wenn sie ihm andererseits durch ihre Nichtpräsenz eine ständige narzisstische Kränkung zufügt. Aus der Enttäuschung über sein Verlassensein erwächst »narzisstische Wut« (Kohut 1975), ein »maligner Narzissmus« (Rosenfeld 1981), und der führt zu destruktiver Aggressivität[15]. Götz Eisenberg und Reimer Gronemeyer (1993, S. 27) haben dafür die treffliche Formulierung von der »Gewalt, die aus der Kälte kommt«, gefunden. Außerdem bewirkt das Wechselbad zwischen Vergötterung und Verachtung beim Kind eine tiefe Verwirrung über Gut und Böse. Da eine massive Zurückweisung durch seine Eltern für ein Kind unbegreiflich ist und das Unfassbare existenzielle Angst

15 Michael Moore hat in seinem 2002 entstandenen Film *Bowling for Columbine* eindrucksvoll diesen bis heute zu beobachtenden Zusammenhang zwischen ökonomisch bedingter Vernachlässigung und der Entwicklung von Gewalt bei Kindern herausgearbeitet (vgl. auch Eisenberg 2002).

auslöst, besteht eine Möglichkeit, es erklärlich zu machen in der Erzeugung von dem, was ich den »Mythos der eigenen Schlechtigkeit« nenne. Denn, wenn ich total böse bin, dann hat die Vernachlässigung durch meine Eltern ja einen Grund und einen Sinn. Auf diese Weise kann es zur Ausbildung eines total negativen Selbstbildes kommen. Das kollidiert jedoch mit den narzisstischen, idealen Selbstvorstellungen, die bei JJ zudem durch die Erwartungen seiner Mutter extrem verstärkt sind. Gegen die aus diesem Widerspruch resultierende Spannung, die ihn zu zerreißen droht, kämpft JJ lebenslang an.

Ein Kind mit dermaßen defizienten Eltern kann sich auch unbewusst herausgefordert fühlen, nicht nur seine Mutter zu einer »guten« Mutter zu erlösen, sondern auch den schwachen und kranken Vater ganz und heil zu machen, damit es endlich die »guten Eltern« voller Liebe findet, die jedes Kind zu einem gesunden seelischen Wachstum benötigt, und die es ihm selbst ermöglichen, gut zu sein. Diese Selbstsicherheit kennt JJ aus seiner Erfahrung nicht.

Beim einsamen Spielen gerät er als Kleinkind einmal fast unter einen Zug, der direkt hinter dem Garten entlangfährt. Von da nimmt ihn eine Nachbarin, Myrtle Kennedy, unter ihre Fittiche. Neben ihrer Funktion als Mutter-Ersatz wird er von ihr aber auch in den fundamentalistischen Glauben der »Nazarener« eingeführt. Die emotionale Zuwendung von Myrtle Kennedy und die Glaubensvorstellungen, mit denen er im Gottesdienst und der Sonntagsschule konfrontiert wird, versprechen ihm mit ihren manichäischen, absoluten Unterscheidungen zwischen gut und böse einen Ausweg aus seinem inneren Durcheinander. Sie verheißen endlich eine klare Ordnung und Orientierung für sein bisheriges, weitgehend unstrukturiertes und deshalb verwirrendes Leben. JJ erhält erstmalig das Angebot, aus dem Chaos seines tristen Alltags in die erhabene Welt, den Kosmos des Religiösen zu flüchten. Die Religion, das »Opium des Volkes« (K. Marx), bietet ihm einen theoretischen Überbau, seine inneren bösen Objekte durch idealisierte gute Objekte vorläufig in Schach zu halten. Hier beginnt die »Krankheit der Idealität« (Chasseguet-Smirgel 1981) von JJ.

In Lynn gibt es sechs verschiedene Kirchen (Reitermann/Jacob 1982, S. 11, 17), unter anderem die der »Nazarener«, der »Quäker«, der »Methodisten«, der »Jünger Christi« und der »Pfingstler«, die vermutlich alle in Konkurrenz zu einander stehen. Da religiösen Institutionen die Tendenz innewohnt, sich selbst für die einzig richtige und wahre zu halten, führt das zwangsläufig dazu, die anderen abzuwerten und zu verachten. Diese äußeren Spaltungsphänomene in total gut und total schlecht können sich mit den frühen, präambivalenten inneren Spaltungen von JJ in ausschließlich gute und ausschließlich schlechte Objekte verknüpfen. Bar-On (2001) nennt das daraus resultierende Produkt eine »monolithische Struktur« des Selbst und des anderen. Unter diesen Umständen hat JJ keine Chance, über die frühkindliche »paranoid-schizoide Position« (M. Klein) hinauszuwachsen. Der Erwerb der »Fähigkeit zur Ambivalenz« bleibt ihm unzugänglich.

Noch als Kind erlebt er als weitere destruktive Erfahrung den offensichtlichen Suizid des Bruders seines Vaters, eines Alkoholikers, mit, der zu dieser Zeit bei der Familie lebt (Reitermann/Jacob 1982, S. 16).

Wie seine Mutter provoziert JJ in unbewusster »Identifikation mit der Aggressorin« schon als Kind seine Umgebung mit gemeinen und obszönen Ausdrücken (Krause 1979, S. 28). Er schreit seine Trauer, seine Wut und seinen Hass über seine Verlorenheit in die Welt hinaus. In einer seiner Predigten, ein Jahr vor seinem Tod, bemerkt er: »Am Ende des dritten Schuljahres war ich soweit, dass ›ich hätte töten können‹. Ich will damit sagen, ich war so verdammt aggressiv und hasserfüllt. ›Ich hätte töten können‹. Niemand liebte mich, niemand verstand mich« (Reitermann/Jacob 1982, S. 16). Da er die Menschen als so unzuverlässig erlebt, nimmt sich JJ streunender Tiere (ebd.) an – wie früher seine Mutter mehr Verbundenheit mit Tieren als mit Menschen erlebt (ebd., S. 10). Sie sieht in ihm einen neuen »Heiligen Franziskus« (Zee 1980, S. 347). Bei den Tieren, die er in Käfige einsperren und beherrschen kann, die er aber auch mit »Experimenten« quält (Reitermann/Jacob 1982, S. 16, 20), sucht er einen Ersatz für die fehlenden oder fehllaufenden menschlichen Beziehungen.

Seine neue Verbundenheit mit dem Religiösen manifestiert sich zum Beispiel darin, dass JJ feierliche Begräbniszeremonien für Tiere organisiert (Zee 1980, S. 347) und beim »Kirchespielen« mit anderen Kindern als Prediger[16] auftritt (Kilduff/Javers 1979, S. 25). Er bleibt aber im Grunde ein Einzelgänger und wenn er nicht »Anführer sein konnte, machte er nicht mit« (ebd., S. 25). Versucht er schon früh durch die Beherrschung anderer, seine tiefen unbewussten Ängste vor dem Verlust von Sicherheit, Kontrolle und Existenz aufgrund seiner Wurzel- und Heimatlosigkeit in den Griff zu bekommen?

16 Ähnlich wie Hitler nach dem ersten Weltkrieg entdeckt JJ zu einem bestimmten Zeitpunkt seine rhetorischen Fähigkeiten, die es ihm erlauben, andere in seinen Bann zu ziehen.

JJ findet nach vergeblicher Suche in anderen Gemeinden in seiner späteren Kindheit schließlich eine Heimat bei einer Kirche der »Pfingstlerbewegung« (Reitermann/Jacob 1982, S. 17f.; Robins/Post 2002, S. 163).

Über die psychosozialen und psychodynamischen Verhältnisse seiner Kindheit lässt sich Folgendes zusammenfassen: JJ ist ein extrem vernachlässigtes (Reitermann/Jacob 1982, S. 13) und vereinsamtes Kind, ein »Straßenkind« (Kilduff/Javers 1979, S. 24), wurzellos. Neben einer existenziellen Vernichtungsangst und einem extrem negativen Selbstbild resultiert aus seinen narzisstischen Enttäuschungen auch ein intensives Wut- und Hassgefühl und eine massive destruktive Aggressivität, die sich auch aus der »Identifikation mit dem Aggressor« speist. Sie wird früh kanalisiert durch eine kompensatorische Hinwendung zu Tieren und religiöse Aktivitäten. Darüber hinaus wird JJ von Geburt an mit extremen Widersprüchen konfrontiert. Die Geschlechtsrollen sind invertiert, seine machtvolle Mutter hat »die Hosen an« (Reitermann/Jacob 1982, S. 12) und geht zur Arbeit, während der Vater invalide, schwach und wehleidig zu Hause sitzt. Man kann sich vorstellen, dass seine Geschlechtsidentität dadurch prekär bleibt. »Werde nicht so ein Nichtsnutz [nothing; Anm. T.A.] wie dein Vater«, predigt Lynetta ihrem Sohn (ebd., S. 17). Aufgrund dieser Umstände ist auch keine konstruktive Lösung des ödipalen Konflikts für JJ möglich, stattdessen bleibt er in der ödipalen Spannung fixiert. In der (verdrängten) Liebe zu seinem Vater liegt vermutlich zugleich eine Wurzel seiner paranoiden Ängste (vgl. Freud 1911c, S. 299ff.) und seiner narzisstischen Selbstüberschätzung, seines »Größenwahns« (ebd., S. 301). Seiner Mutter soll er ein »Messias« sein, der sie aus ihrem Elend erlösen soll. So trägt sie zu seiner grandiosen narzisstischen Aufblähung bei (vgl. Stierlin 1979). Seine massive Vernachlässigung durch dieselbe Mutter führt zu einer moralischen Verwirrung über gut und böse, bei sich und anderen, die aufzuheben die fundamentalistische Religion mit ihrem »Schwarz-Weiß-Denken« verheißt. Sie kann sich auf die guten Objekterfahrungen, die JJ mit Myrtle Kennedy macht, aufpfropfen.

Seine unbändige Sehnsucht nach einer idealen, ganzen Familie und einer heilen Welt, in der er selbst heil sein kann, die er nie wirklich erfahren hat, wird sein Leben prägen. Er wird versuchen, eine »ideale Welt« zu errichten – und wenn es sein muss, mit aller Gewalt! Das Übermaß macht aus dem Idealisten den Bösewicht, der durch die Idealisierung eigentlich in Schach gehalten werden sollte. Es kommt so zur »Wiederkehr des Verdrängten«. »Niemals tut man so gut und so vollständig das Böse, als wenn man es guten Gewissens tut« (Blaise Pascal 1670).

In JJs Pubertät wendet sich seine Mutter einem anderen Mann zu, die Eltern trennen sich (Zee 1980, S. 347) und er zieht mit seiner Mutter und ihrem neuen Freund in die nahe gelegene Stadt Richmond. Sechs Jahre später stirbt sein Vater vereinsamt in einem Hotelzimmer (ebd.). Nach seinem Wechsel von der Oberschule in Lynn auf die in Richmond verstärkt sich der religiöse Fanatismus von JJ (Kilduff/Javers 1979, S. 28). Infolge der Armut seiner Eltern verdient sich JJ schon als Schüler nachts in einem Krankenhaus Geld. Bereits während seiner Oberschuljahre Ende der 40er Jahre beginnt JJ sich in ausdrücklicher Abgrenzung gegenüber seinem Vater (ebd., S. 27) für »Rassengleichheit« einzusetzen. Eine Universitätsausbildung bricht er nach kurzer Zeit ab und beginnt eine Tätigkeit als Pfleger in dem Krankenhaus, in dem er schon früher gearbeitet hatte. Dort lernt er Marceline Baldwin, eine 22-jährige Krankenschwester, vier Jahre älter als er, kennen und heiratet sie nach kurzer Zeit, nämlich 1949. Ein Zimmernachbar bezeichnet sie als »Mutterfigur« für JJ (ebd., S. 29). In dem charismatischen schwarzen Prediger Father Divine, mit dem er auch persönliche Kontakte pflegt, sucht sich JJ eine idealisierte »Vaterfigur«, die wohl unbewusst seine Enttäuschung über seinen schwachen leiblichen Vater kompensieren soll (Robins/Post 2002, S. 162f.; Reitermann/Jacob 1982, S. 58f.).

Latenz

1950 ziehen JJ und seine Frau nach Indianapolis. Ohne richtig ausgebildet und geweiht zu sein, übernimmt JJ 19-jährig (!) dort eine Pfarrstelle in einer methodistischen Gemeinde. Seine gepredigten liberalen Ansichten über die Bürgerrechte und seine Aktivitäten für die Rassenintegration beantworten seine konservativen kirchlichen Gegner mit verbalen und anderen Attacken, unter anderem werden tote Tiere in die Kirche geworfen oder in die Toiletten gestopft (Kilduff/Javers 1979, S. 29). Wieder erlebt er sich verlassen und enttäuscht von den idealisierten kirchlichen Objekten und der religiösen Gemeinschaft und bleibt auf sich selbst zurückgeworfen, den einzigen, auf den er sich verlassen kann. Wegen der Anfeindungen an seiner bisherigen kirchlichen Wirkungsstätte begründet JJ 1956 25-jährig seine eigene »Gemeinschafts-Einheits-Kirche« [Assembly of God Church], eine rassisch-integrierte Gemeinde (ebd., S. 30). 1956 eröffnet er seine eigene Kirche, den »Tempel des Volkes« in Indianapolis. Dahinter steht sein »Traum von einer vollkommenen Harmonie unter den Rassen innerhalb einer utopischen Gemeinschaft« (Lifton 2000, S. 301), ohne Hass und ohne Gewalt. JJ konstruiert eine »höchst eklektische Theologie, die Inhalte der Pfingstbewegung mit christlichen Elementen und Inspirationen aus so unterschiedlichen Quellen wie Karl Marx, Father Divine, Stalin, Hitler, Gandhi, Martin Luther King und Fidel Castro verknüpfte« (ebd., S. 305). Sie spiegelt wohl auch seine Restitutionsversuche gegen seine innere Zerrissenheit und Bedrohung durch (psychotische) Desintegration. Mit seinen Verkündigungen, einer Mischung aus »Sozialismus« (Marxismus) und »Erlösungsglaube« (Christentum) spricht er vor allem Benachteiligte, Bedürftige und Desorientierte an und zieht sie in seinen Bann. Seine Anschauungen über Rassenintegration untermauert er durch die Aufnahme von sieben Adoptivkindern unterschiedlicher Rassen (Kilduff/Javers 1979, S. 31) in seine eigene Familie[17]. In einer rassistischen Gesellschaft ist es nur zu leicht möglich, durch ein offensives Eintreten für Rassengleichheit Feindseligkeit und aggressive Attacken von Gegnern zu provozieren[18]. Durch solche Provokationen, mit denen JJ bei seiner Mutter und sich selbst vertraut ist, wird die Außenwelt unter anderem dazu veranlasst, eine vorhandene paranoide Erwartung zu bestätigen und damit paradoxerweise einen vorläufigen Ausweg aus dem Wahn anzubieten (Winnicott 1971a, S. 148). Die realen äußeren Feinde helfen JJ außerdem dabei, seine innere Spaltung in Selbstidealisierung und Fremdabwertung aufrechtzuerhalten und zu verschärfen.

Erst 1964 macht JJ seinen Bakkalaureus an der Philosophischen Fakultät und wird offiziell zum Pfarrer der methodistischen »Christlichen Kirche« geweiht.

Ist JJ zunächst mit den Unterdrückten identifiziert und mit ihnen solidarisch, so verwandelt er sich in seinem Lebensverlauf in einer inneren Gegenbewegung gegen die (seine) Unterdrückung immer mehr zum Unterdrücker. Er erwar-

17 Wegen seiner Gesichtszüge und vor allem seiner rabenschwarzen Haare entwickelt JJ später den Mythos, dass seine Mutter eine Indianerin gewesen sei (ebd., S. 24). So sei ihm die Rassenintegration gleichsam in die Wiege gelegt worden.

18 Es geht bei dieser Betrachtung nicht um eine moralische Einschätzung, sondern um den Versuch einer Beschreibung der psychodynamischen Verhältnisse.

tet, von jedermann geliebt zu werden, »wenn jemand das nicht tat, wurde er furchtbar heftig« (Kilduff/Javers 1979, S. 32). Hinzu kommt ein zunehmender Anspruch auf »Allwissenheit« (ebd., S. 33) und absolute Loyalität anderer. Die sich verstärkenden Selbstidealisierungen sollen einen Schutz vor seinen unbewussten Selbstinfragestellungen bieten. Die inneren Dämonen seines negativen Selbstbildes lassen sich aber immer weniger unterdrücken. Zunehmend quälen ihn persönliche Ängste und ein außergewöhnliches Misstrauen (Robins/Post 2002, S. 164). Schon Ende der 50er Jahre etabliert JJ, damals noch nicht 30 Jahre alt, in seiner Gemeinde einen »Befragungsausschuss« aus ihm ergebenen und wachsamen Gemeindemitgliedern, welche die anderen kontrollieren sollen (Kilduff/Javers 1979, S. 31f.). Der Ausschuss soll herausbekommen, »ob in der Kirche eine Verschwörung gegen ihn im Gange sei« (ebd., S. 32). Trotz dieser beginnenden regressiven, destruktiven (paranoiden und daraus resultierenden totalitären) Veränderungen im Innern steht nach außen zunächst noch sein aktiver und mutiger Einsatz für die Bürgerrechtsbewegung, mit anderen Worten eine neue, bessere Welt, im Vordergrund. 1961 wird JJ vom Bürgermeister von Indianapolis zum »Leiter der Menschenrechtskommission« ernannt. Die aggressiven Angriffe von Befürwortern der Rassendiskriminierung gegen ihn und seine Familie verstärken sich.

Etwa um diese Zeit erklärt JJ, »er habe eine ›persönliche Vision‹ von einer unmittelbar bevorstehenden atomaren Katastrophe gehabt« (ebd., S. 34; Krause 1978, S. 30; Reitermann/Jacob 1982, S.76f.). Seine aus seinen frühen negativen Kindheitserfahrungen stammende, unbewusste latente Desintegrations- und Vernichtungsangst findet in der tatsächlichen atomaren Bedrohung ein äußeres Objekt, an die sie sich heften kann. JJ ist 14 Jahre alt, als im August 1945 die Atombomben in Hiroshima und Nagasaki ihre verheerende destruktive Wirkung entfalten. Er beschäftigt sich seinerzeit intensiv mit dem Kriegsgeschehen und seinen Führern wie Hitler und Stalin (ebd., S. 24). Durch die Trennung der Eltern ist der zuvor schon unter anderem von der Mutter zu einem Nichts entwertete leibliche Vater für JJ völlig ausgefallen, sodass sich der Pubertierende die für die »tertiäre Triangulierung« und seine männliche Identitätsbildung entwicklungspsychologisch notwendige Vaterobjekte in der Ferne suchen muss. Infolge ihrer Virtualität können sie keiner kritischen Infragestellung und Überprüfung unterzogen werden, wie es bei einem realen Vater möglich wäre.

Anlässlich eines längeren Aufenthalts in Südamerika, um dort seine Familie vor der vorhergesehenen Atomkatastrophe in Sicherheit zu bringen, hält sich JJ 1963 erstmalig auch kurz in Guayana auf (Kilduff/Javers 1979, S. 35).

Man möchte an dieser Stelle fragen, wo denn nun das Wahnhafte verortet ist. Bei JJ und seiner Angst vor der atomaren Bedrohung, die ihn nach einem vor Atombomben sicheren Ort auf dieser Welt suchen lässt? Oder bei denjenigen, die mit billigen Propagandafilmchen die Atomgefahr verharmlosen? Ich selber wurde Anfang der 60er Jahre mit derartigen Produktionen konfrontiert, in denen den Schülern eingeredet wurde, sie könnten sich vor der Atombombe schützen, indem sie unter die Schulbank kriechen oder die Schultasche über den Kopf halten (vgl. Lifton 2000, S. 304). Diese, die Gefahren bagatellisierenden Propagandafilme wurden von den Amerikanern wider besseres Wissen produziert, denn sie selbst hatten schon 1945 mit den zwei Atombomben auf Hiroshima und Nagasaki gezeigt, welche überwältigende destruktive Kraft in der Bombe steckt (vgl. Döser 2004).

Die wahnhaften Angstvorstellungen von JJ haben wie alle psychotischen Vorstellungen immer auch etwas mit realen Bedrohungen zu tun. Wie wir heute wissen, stand die Welt angesichts der Kuba-Krise 1962 tatsächlich unmittelbar vor dem »atomaren Holocaust« – und es ist eher Zufällen als weiser Vernunft zu verdanken, dass die Katastrophe damals ausblieb.

1963 benennt JJ seine Kirche in »Volkstempel – Das ganze Evangelium« [Peoples Temple Full Gospel Church] um. JJ unternimmt in der Folgezeit in den USA »Erweckungsreisen«, auf denen er auch zunehmend seine angebliche »Fähigkeit zum Gesundbeten« praktiziert (Kilduff/Javers 1979, S. 35ff.). Man kann sich fragen, ob diese »Wunderheilungen«, mit denen er schon zehn Jahre zuvor begonnen hatte (Reitermann/Jacob 1982, S. 44ff.), nicht auch unbewusste Reparationsversuche an seinem schon immer defekten, kranken und schwachen Vater darstellen, und dazu dienen sollen, ihn schließlich doch noch heil, ganz und ideal zu machen. Wie aus späteren Berichten von Beteiligten klar wird, sind alle seine Heilungen »Fakes«, inszenierte Täuschungen (Lifton 2000, S. 302; Heuwagen 1978). Sein mangelnder Erfolg beim Abbau rassistischer Spannungen macht ihn nach Aussagen von Mitarbeitern »depressiv« (Kilduff/Javers 1979, S. 39), er leidet unter starken »Verfolgungsängsten« (Reitermann/Jacob 1982, S. 79). Sein zunehmender paranoischer Wahn soll auch der Abwehr dieser depressiven Verzweiflung dienen.

1965 zieht JJ mit etwa 150 treuen Jüngern, darunter viele Schwarze, auf eine Farm in dem angeblich atombombensicheren Ort Redwood Valley, 200 km nördlich von San Francisco. Innerhalb kurzer Zeit wächst seine Anhängerzahl auf das Doppelte. Durch diverse soziale Aktivitäten gewinnt JJ in der Lokalpolitik dermaßen an Einfluss, dass er 1967 zum Mitglied und Sprecher des Bezirksschwurgerichts [County Grand Jury] berufen wird (Kilduff/Javers 1979, S. 42). Ende der 60er Jahre wird seine Anhängerschaft auf bis zu 400 Personen geschätzt (ebd., S. 45). Seine Jünger rekrutieren sich überwiegend aus Outcasts der Gesellschaft, Unzufriedenen, Entwurzelten, Versehrten und Idealisten – also Menschen, denen er aufgrund seiner eigenen Lebensgeschichte nahesteht. Für sie stellt er die Verheißung von Stärke und Erlösung dar. Für ihn versprechen die ihn liebenden und ihn bewundernden Anhänger einen Weg aus seiner abgrundtiefen Einsamkeit und Verlassenheit.

Seine Gedanken und Reden kreisen zunehmend mehr um »Sexualität« (ebd., S. 44; Reitermann/Jacob 1982, S. 171ff.). JJ verhält sich nicht nur heterosexuell und homosexuell (Kilduff/Javers 1979, S. 66; Lifton 2000, S. 306), nicht nur promiskuitiv, sondern man könnte von einer »pansexuellen« Orientierung sprechen. Vielleicht ist das auch Ausdruck der Kehrseite seiner mangelnden sexuellen Integration und Identifizierung. In seinen Reden bezeichnet er sich kompensatorisch selbst als den »einzig vollkommenen Heterosexuellen« (Kilduff/Javers 1979, S. 67) und die einzige Person, der Sex gestattet sei (ebd., S. 66). Die Sexualität wird für ihn eine Technik der Kontrolle, Beherrschung und Machtausübung (Reitermann/Jacob 1982, S. 172f.) nach außen und nach innen eine omnipotente Abwehr seiner fragilen und fragmentarischen sexuellen Identität.

Der »Volkstempel« schottet sich zunehmend mehr gegen die Außenwelt ab. Die Begründung lautet, dass die Sekte von außen vor allem durch Rassisten und Faschisten bedroht würde. Die Tempel-Kirche wird unter anderem durch scharfe Hunde bewacht (Kilduff/Javers 1979, S. 44), die Wächter tragen Pistolen oder Gewehre (ebd., S. 49). Anhänger, welche die Kirche verlassen wollen, werden unter Druck gesetzt (ebd., S. 44) und daran gehindert. Die Isolierung führt immer mehr in ein »geschlossenes System«, in dem die persönlichen Vorstellungen nicht mehr kritisch hinterfragt, sondern wechselseitig beglaubigt werden (Robins/Post 2002, S. 161). Feinde der Kirche werfen nach Angaben von Gemeindemitgliedern immer wieder tote Katzen und Hunde in den Vorgarten des Tempels oder zerschießen Fensterscheiben (Kilduff/Javers 1979, S. 45). Paranoia und reale Attacken der Außenwelt bilden eine eskalierende Spirale. Die lebensanfängliche Zurückweisung von JJ durch seine

Mutter und seinen Vater reproduziert sich so ständig in neuen Ablehnungen und Feindseligkeiten. »Jones nahm seit Anfang der siebziger Jahre große Mengen von Schmerzmitteln, Tranquilizern und Amphetaminen« (Lifton 2000, S. 308), die seine wachsende psychotische Fragmentierung in Schach halten sollen. Neben den eher verdeckten pathologischen Elementen bemüht sich JJ die ganze Zeit in einer Art »Doppelleben« um öffentliche »Anerkennung«, die er offensichtlich auch erhält. Krause (1978, S. 27) bezeichnet ihn als eine »Jekyll- und Hyde-Persönlichkeit«.

Der materielle Wohlstand von JJ beziehungsweise der Sekte nimmt mit der Zeit durch einbehaltene Sozialbezüge der Sektenmitglieder und gesammelte Geldspenden immer mehr zu. Dieses Geld setzt JJ dann wieder geschickt und gezielt ein, indem er Sozialeinrichtungen, Journalisten und Politiker materiell unterstützt. Schon damals und auch später stellen die Stimmen seiner Anhänger bei lokalen Wahlen eine zunehmende reale politische Macht dar.

1972 verlegt JJ seine Kirche nach San Francisco (Kilduff/Javers 1979, S. 52; Reitermann/Jacob 1982, S. 164). 1973 umfasst sie nach eigenen Angaben 7.500 Mitglieder (Kilduff/Javers 1979, S. 53), nach anderen Schätzungen 3.000 (Reitermann/Jacob 1982, S. 156), überwiegend Schwarze. 1977 eröffnet JJ eine weitere Kirche in Los Angeles (Kilduff/Javers 1979, S. 55). Er beziehungsweise seine Kirche kauft Sendezeit im Rundfunk, wird Gegenstand von Zeitungs- und Zeitschriftenberichten und wird in Talkshows eingeladen. Er kommt auf eine überkonfessionelle Liste der 100 berühmtesten Geistlichen der USA, der *Los Angeles Herald* ernennt ihn zum »Humanisten des Jahres«. JJ empfängt sogar den »Humanitätspreis« der *Martin-Luther-King-Stiftung* (Zee 1980, S. 360). Er karrt seine Anhänger zu politischen Veranstaltungen und lässt sie in Massen Briefe und Leserbriefe schreiben (Kilduff/Javers 1979, S. 56ff.). Im Wahlkampf 1975 unterstützt JJ mit seinen Mitgliedern den Bürgermeister George Moscone (Reitermann/Jacob 1982, S. 267). 1976 wird JJ zum Dank ein Amt in der »Menschenrechtskommission« angeboten, er lässt sich jedoch in die »Wohnungsbaukommission« von San Francisco berufen, und wird 1977 deren Vorsitzender (Kilduff/Javers 1979, S. 58), Tempelmitglieder erhalten Posten in der Stadtverwaltung (Krause 1978, S. 28). »Immer mehr maßgebliche kalifornische Politiker erscheinen zu den Sonntagsgottesdiensten des ›Tempels‹« (Kilduff/Javers 1979, S. 59; Krause 1978, S. 28), so z. B. der Gouverneur Jerry Brown. Bei einer Wahlveranstaltung von Rosalynn Carter 1976 unterstützt JJ sie mit 600 bis 700 Anhängern (Kilduff/Javers 1979, S. 57; Reitermann/Jacob

1982, S. 303ff.; Krause 1978, S. 27). Er erhält ein persönliches Dankschreiben (abgedruckt z. B. in: Kilduff/Javers 1979, S. 84). In narzisstischer Partizipation nutzen die Politiker JJ und er sie aus. Um des eigenen Vorteils und der eigenen Macht willen, bleiben sie auf einem, dem rechten Auge blind. Die Beziehungen kommen über eine parasitäre Komplizenschaft nicht hinaus.

JJ umgibt sich mit bewaffneten Leibwächtern und die Besucher des streng mit Sicherheitseinrichtungen abgeschirmten Volkstempels (ebd., S. 18f.) werden mit Metalldetektoren abgetastet (ebd., S. 61). Zu derselben Zeit nehmen seine persönlichen Ängste und Fantasien weiter zu, er wittert überall Verrat und Gefahren, wird immer misstrauischer. Je mehr sich das Ich-Selbst von JJ aufgrund seiner Ich-Schwäche und der unerfüllbaren Anforderungen seines Narzissmus gefährdet erlebt, je größer die Bedrohung einer psychotischen Dekompensation wird, umso dickere Schutzmauern muss er um sich und seine Sekte errichten. Der »Volkstempel« mutiert immer mehr zu einem »Hochsicherheitsgefängnis«.

JJ bringt die Außenwelt mit seinem zunehmend destruktiven Verhalten in ein unlösbares Dilemma, in dem sie in jedem Fall »böse« werden muss. Schauen sie nämlich seinem Treiben tatenlos zu, dann erweisen sich Außenstehende in der Tolerierung der menschenverachtenden Maßnahmen, um deren Destruktivität die Restbestände des Realitätsprinzips sie (als auch er) unbewusst sehr wohl »wissen«, als böse[19]. Greift die Außenwelt jedoch ein und geht gegen ihn vor, ist sie in seinen Augen bewusst und offensichtlich böse. Auf diese Weise wird unbewusst eine Zwickmühle aufgestellt, in der die paranoiden Fantasien durch die Reaktionen der Außenwelt auf jeden Fall Realität werden.

Exodus

1973 erkundeten Mitglieder der Sekte das Gebiet von Guayana und 1974 pachtet JJ von der sozialistischen Regierung des Landes ein 11.000 Hektar großes Stück Land in der Nähe von Port Kaituma (Krause 1978, S. 34). Der Staat Guayana ist seinerzeit marxistisch orientiert, mit engen Beziehungen zu China, den UdSSR und Kuba. Auch die Volkstempler-Sekte versteht sich

19 Ähnlich wie Soldaten im Krieg trotz aller Indoktrination ihren Schuldgefühlen über ihr Töten und Zerstören letztlich nicht entgehen können. Suizide von Soldaten und vielfältige posttraumatische Störungen sprechen hierfür eine eindrucksvolle Sprache.

selbst als sozialistisch. »Ich bin Sozialist, der an die absolute Demokratie glaubt« (Kilduff/Javers 1979, S. 179). JJ behauptet, dort »den besten Himmel, den man auf Erden schaffen kann« (Lifton 2000, S. 300), errichtet zu haben. Er nennt ihn »Jonestown« als Manifestation seines grandios aufgeblähten Selbstkonzeptes. Die einzige Beziehungsform, die JJ vertraut ist, ist die des »Führers«, also genau das, was er an seinem Vater immer vermisst und unter anderem bei seiner Mutter erlebt hat. JJ lässt sich von seinen Jüngern als »Dad« [Vater] titulieren. Er übernimmt im wahrsten Sinne des Wortes das »Himmelfahrtskommando« für die Tempelsekte. In die Dschungelkolonie folgen JJ 1974 etwa 1.100 Sektenmitglieder.

Die (Wahn-)Vorstellung einer besseren Welt, eines »Paradieses auf Erden«, ist nur aufrechtzuerhalten um den Preis 1. einer manichäischen Sichtweise, die alles Übel in der äußeren Realität verortet, 2. daraus resultierend einer wachsenden Abschottung gegen das äußere Böse, 3. einer zusätzlichen, sich steigernden Notwendigkeit der Kontrolle von Resten des Unheilvollen im Innern und 4. einer ständig strengeren Bestrafung von Abweichungen vom Ideal, um die Eliminierung des Bösen aufrechterhalten zu können.

Die Kommune der Templerkirche im abgelegenen Urwald von Guayana wird von JJ durch eine Reihe von psychosozialen Kontrolltechniken zu einem geschlossenen autoritären System vervollkommnet. Lasaga (1980, S. 213) bezeichnet Jonestown als »totalitären Staat en miniature«. Darunter zählen nach Lasaga (1980): Kontrolle über Eigentum und Einkommen (Enteignung), Auflösung familiärer Bindungen (z. B. geforderte Promiskuität), ein streng hierarchisches soziales Kastensystem (Reitermann/Jacob 1982, S. XVII), totale Einschränkung der Bewegungsfreiheit (Entfernung aus Jonestown ist verboten und wird bestraft), Zensur der Redefreiheit (strengste Bestrafung kritischer Äußerungen, Spionagesystem und Denunziation), Überwachung der Gedanken (Unterdrückung aller Informationen von außen, ständige Indoktrination), Emotionale Kontrolle (stundenlange Reden des »Führers«, öffentliche Entwertungen, Demütigungen und Bestrafungen). Das Hochsicherheitsgefängnis verwandelt sich immer mehr in ein »Konzentrationslager«. Der destruktive Wahnsinn wird zur Normalität.

Durch die Zersetzung der engen familiären Bindungen verfolgt JJ einerseits das unbewusste Ziel, dass die Kinder niemals »Niemandskinder« sein sollten – so wie er früher –, sondern »Allerkinder«. Andererseits wiederholt er durch die Trennung von Eltern und Kindern jedoch unbewusst ständig seine eigenen frühen Trennungs-Traumatisierungen. Mittels »projektiver Identifikation« und einer Pervertierung unterwirft er deshalb unbewusst die Kinder der Sekte einer massiven Kontrolle und Disziplinierung. Körperliche Misshandlungen bei Vergehen werden nicht nur an Erwachsenen, sondern auch an Kindern vollzogen. Dazu gehören Schläge mit einem Brett und Schläge mit einem elektrischen Viehtreiberstock oder einem Herzdefibrillator (Kilduff/Javers 1979, S. 76ff.). Das »Dschungelparadies« kann nur durch wachsende physische und psychische Einschüchterung und Gewalt aufrechterhalten werden.

Durch die Abschottung gegenüber der Außenwelt und das Unterbrechen jeglicher Informationszufuhr von außen sind keine Infragestellung, keine Überprüfung und keine Relativierung der eigenen Position mehr möglich. Die eigene Wahrheit wird damit zur einzigen und damit absolut richtigen. Daraus resultiert eine Einschränkung und Begrenzung der Wirklichkeit, die sich nicht mehr als etwas Ganzes und Komplexes mit der ständigen Herausforderung ihrer Neubestimmung erweist, sondern auf etwas Einfaches und Klares reduziert wird (vgl. Laval 2004). Die Realitätsprüfung als fortwährende Neuorientierung wird außer Kraft gesetzt, an ihre Stelle tritt die Unterwerfung unter die wahnhafte starre »Weltanschauung«.

In der Paranoia von JJ fließen Aspekte lebensgeschichtlicher Erfahrungen zusammen: erstens seine aus der Kindheit stammende unbewusste existenzielle Desintegrations- und Vernichtungsangst und zweitens seine tief verwurzelte reaktive destruktive Aggressivität, die von ihm zum Teil externalisiert und auf die Außenwelt projiziert wird.

JJ will mit aller Gewalt den »menschlichen Makel« (Phillip Roth) aus der Welt schaffen, dadurch verkörpert er ihn aber nur umso deutlicher. Eine ideale Welt ist nur unter der Bedingung von Spaltungen und Vernichtung alles Nicht-Idealen (Chasseguet-Smirgel 1988) zu realisieren. Alle menschlichen Versuche, die Erde in das »Paradies« zu verwandeln, sind bislang gescheitert. In der Regel sind sie in der Einrichtung einer »Hölle« gemündet.

Erst 1977 bekommt die schöne und gute Fassade des ansonsten hermetisch abgeschlossenen Volkstempels erste Risse durch ausgetretene Mitglieder, obwohl ihre Aussagen zunächst »verrückt klangen« (Kilduff/Javers 1979, S. 64). 1978 desertiert eine enge Vertraute von JJ, Deborah Layton, und verfasst eine elf Seiten lange eidesstattliche Erklärung über die tatsächlichen Verhältnisse in Jonestown und den Geisteszustand von JJ. Der *San Francisco Chronicle* berichtet am 16. Juni 1978 über diese Erklärung.

Expedition und Explosion

Mitte November 1978 unternimmt der linksliberale demokratische Kongressabgeordnete Leo J. Ryan aufgrund dieser Veröffentlichungen im Namen der amerikanischen Regierung eine offizielle Untersuchung der Volkstempler-Sekte in Guayana. Zu seiner Gruppe gehören 13 Verwandte von Sektenmitgliedern, teilweise selbst früher führende Sektenmitglieder, darunter ein Anwalt, Tim Stoen, der diese Gruppe leitet, und neun Journalisten (Krause 1978; Reitermann/Jacob 1982, S. 476ff.).

Nach langwierigen Verhandlungen darf die Gruppe zweimal, am 17. und 18. November 1978, nach Jonestown hinein. Ihnen wird dort eine Show geboten und vorgegaukelt, dass alles in Ordnung sei, alle freiwillig dort seien und dort paradiesische Zustände herrschten (ebd., S. 491ff.). Nur einer Frau gelingt es, einem NBC-Reporter einen Zettel zuzustecken. »Bitte helfen sie uns, aus Jonestown herauszukommen« (Kilduff/Javers 1979, S. 171). Am nächsten Tag sagt eine Frau, Edith Parks, mit fester klarer Stimme zu den Besuchern: »Ich möchte mit Ihnen gehen. Ich möchte Jonestown verlassen« (ebd., S. 175). Ihrem Beispiel folgen immer mehr, bis schließlich 20 Personen aus Jonestown wegmöchten (ebd., S. 176).

JJ, der von Anfang an auf die Besucher einen merkwürdigen Eindruck macht, maskenhaft wirkt, krank, mit Schweißperlen auf der Stirn, gerät immer mehr in Erregung und schließlich in »Panik« (ebd., S. 169, 176). Zwischen einem Sektenführer und seinen Jüngern besteht eine sogenannte »Selbst-Objekt-Beziehung« (Kohut 1971). Der Führer erlebt seine Anhänger unbewusst als Erweiterung seines Ich-Selbst und umgekehrt verschmelzen die Sektenmitglieder unbewusst mit dem Sektenführer, wie Freud (1921c) das schon in *Massenpsychologie und Ich-Analyse* beschrieben hat. »In seinem Größenwahn erlebte er [JJ; Anm. T. A.] jeden Austritt als Beschädigung seines Ichs« (Lifton 2000, S. 309) und als weitere narzisstische Kränkung und Infragestellung.

Als die Reporter und ein Teil der Flüchtlinge mit dem Abgeordneten Ryan nach ihrem Aufenthalt in Jonestown am nahe gelegenen Flugplatz von Port Kaituma ankommen, werden sie dort von drei oder vier Mitgliedern der Sekte unter Gewehrfeuer genommen. Fünf Menschen, darunter der Abgeordnete, werden umgebracht.

Das »paranoide System« funktioniert, solange die Mechanismen der projektiven Externalisierung alles Bösen bei gleichzeitiger Selbstidealisierung ausreichen und die Abschottung gegenüber der äußeren Realität dicht ist. Die immer vollständigere Isolierung der Mitglieder hat allerdings den Nachteil, dass nun auch die Destruktivität nicht mehr nach außen abgeführt werden kann. Umso notwendiger wird es, sie durch immer stärkere innere Überwachung unter Kontrolle zu bringen und zu halten. Der Druck, auszubrechen, wird aber dadurch korrespondierend immer stärker. Das System dekompensiert in dem Moment, da der Drang von Sektenanhängern, aus dem Eingeschlossensein heraus zu flüchten, eine gewisse Stärke erreicht und zudem die äußere Realität – in Gestalt des Abgeordneten Ryan und seiner Gruppe – in das Innere einzudringen droht (vgl. Stierlin 1979, S. 22).

Durch die Ermordung Ryans und seiner Begleiter wird ein letzter Versuch des gewaltsamen Aufhaltens der äußeren Realität versucht. Danach bleibt zur Rettung der Idealität nur noch die totale Eliminierung der äußeren Realität durch Selbstauslöschung der Sekte und von JJ selbst.

Implosion und Exekution

In seinem letzten Interview, einen Tag vor seinem Suizid, am 18. November 1978 sagt JJ: »Das einzige, was ich jetzt wünsche ist, dass ich nie geboren wäre […]. Ich möchte nie geboren sein« (Kilduff/Javers 1979, S. 180). »Jones' Hass auf die Welt war untrennbar mit seinem langen inneren Kampf gegen die Verzweiflung verbunden […]. Die funktionierende Gemeinschaft seiner alternativen Welt hielt diese Verzweiflung in Schach« (Lifton 2000, S. 309).

Einmal in der Woche wird in Jonestown seit Anfang 1976 (ebd., S. 311) als »Treueprobe« eine sogenannte »Weiße Nacht« abgehalten. Alle Sektenmitglieder werden aus dem Schlaf gerissen, müssen sich versammeln und erhalten ein Glas roter Flüssigkeit, das nach Angaben von JJ ein schnellwirkendes Gift enthält. Alle gehorchen, trinken die Flüssigkeit und als keiner stirbt, erklärt JJ, sie hätten den »Loyalitätstest« bestanden (Kilduff/Javers 1979, S. 135; Krause 1978, S. 58f.). JJ hatte damit seine unbewusste Vernichtungsbedrohtheit externalisiert und den Tod, die Vernichtung zu einem »ständigen Begleiter« seiner Jünger gemacht. Auf diese Weise vermochte er seine individuelle Psychopathologie auf kollektiver Bühne in Szene zu setzen.

Der »Mord an der Realität« (Grunberger/Chasseguet-Smirgel 1976, S. 149ff.) führt in Jonestown zwangsläufig zur »Realität des Mordes«. Wenn ich die

Realität nicht mehr aushalten kann oder will, mich unfähig und ohnmächtig erlebe, sie zu verändern, dann bleibt als »Lösung« nur noch die Flucht in eine andere Wirklichkeit, allerdings um den Preis wirklichen Lebens. Schließlich wird JJ zu einem »Selbstmordattentäter«. »Letzten Endes gelang es Jones, seine 912 Anhänger eher zum Massenselbstmord zu bewegen, als sich der bedrohlichen Welt um sie herum zu stellen« (Robins/Post 2002, S. 169). »Die von eigener Hand herbeigeführte Miniapokalypse stellte eine Möglichkeit dar, die von ihm befürchtete Vernichtung der Welt zu überleben und ihr zugleich zuvorzukommen« (Lifton 2000, S. 304). Liftons Gedanke entspricht der psychoanalytischen Selbstmordtheorie von Heinz Henseler (1974). Nach ihm ist »Die Suizidhandlung [...] eine Konfliktlösung. Der Konflikt besteht in der Gefahr, einer vernichtend phantasierten Situation passiv und hilflos ausgeliefert zu sein« (ebd., S. 89). Die Suizidhandlung ist dann eine unbewusste Abwehr, indem sie dem passiv befürchteten Zustand (vernichtet, getötet zu werden) durch ein kontraphobisches Agieren, ein aktives Handeln (die Selbsttötung) zuvorkommt. In diesem Sinne ist der (gelungene) Suizid ein einmaliger narzisstischer Triumph, einmal »Herr über Leben und Tod«!

Der gemeinsame »Massenselbstmord« bedeutet für JJ zudem eine letztmalige eindrucksvolle Bestätigung seiner unbewussten Fantasie von der Selbst-Objekt-Einheit zwischen ihm und seinen Anhängern. Ein für alle Mal und für alle Zeit wird mit dem Massensuizid seine Angst ausgeräumt, dass sich einer seiner Jünger (als Selbst-Objekt) von ihm entfernen könnte, was in JJs unbewusstem Erleben einer Totalvernichtung seiner selbst gleichkäme.

Von den letzten Stunden in Jonestown existieren Tonbandaufzeichnungen. Die Aussagen von JJ machen ein letztes Mal die Dimensionen seines narzisstischen destruktiven Wahns sichtbar:

> »Ohne mich hat das Leben keinen Sinn. Ich bin das Beste, was ihr je haben werdet [...]. Sind wir schwarz, stolz und Sozialisten oder was [...]. Der Tod hat nichts Furchterregendes. Es ist das Leben das verflucht ist [...]. Es ist viel, viel schwieriger, es Tag für Tag zu durchwandern, langsam zu sterben [...]. Ich habe praktisch mein Leben geopfert. Ich bin praktisch jeden Tag gestorben, um euch Frieden zu geben [...]. Wir begehen keinen Selbstmord. Dies ist ein revolutionärer Akt« (zit. n. Lifton 2000, S. 317ff.; vgl. Kilduff/Javers 1979, S. 220f.).

Sein letzter aufgezeichneter Satz lautet: »Wir haben keinen Selbstmord begangen; wir haben aus Protest gegen die Zustände einer unmenschlichen

Welt einen Akt des revolutionären Selbstmords begangen« (zit.n. Lifton 2000, S. 319). Überlebende Augenzeugen berichten: »Während seine Anhänger zu seinen Füßen sterben, habe Jones gerufen: ›Ich sehe euch im nächsten Leben. *Ich werde endlich meine Ruhe finden*‹« (zit.n. der *Badischen Zeitung* vom 27.11.1978; kursiv T.A.).

Die meisten Menschen sterben an einer Zyankali-Vergiftung, die ihnen mittels eines vergifteten Getränks oder durch eine Injektion verabreicht wird, drei, darunter JJ selber, werden erschossen (Lifton 2000, S. 301). Die Differenzierung zwischen Selbstmord und Mord erweist sich als äußerst schwierig. Lifton (ebd.) erwähnt Zahlen von einem Drittel bis sogar der Hälfte, die ermordet werden, weil sie den Selbstmord verweigern.

Am Ende ist JJ wohl unbewusst total mit seinem Vater identifiziert. Er erweist sich als gehorsamer Sohn, aber zugleich als der »bessere Vater«: Er setzt in die Tat um, was sein Vater nur predigte. Mit seinen Helfern, übrigens zumeist Weißen (ebd., S. 314), tötet JJ Hunderte von Schwarzen. Er hat letztlich mit seinem Massen(-selbst-)mord tatsächlich mehr Schwarze umgebracht als es sich sein Vater vielleicht in seinen destruktiven »Ku-Klux-Klan-Fantasien« je geträumt hätte! Dieser späte ödipale Triumph beschließt aber zugleich sein eigenes Leben.

Das Leben von JJ reflektiert auch ungelöste Konflikte der amerikanischen Gesellschaft und anderer Gesellschaften. Auf der einen Seite steht ihr Bemühen um die Schaffung der »Neuen Welt« auch durch Integration »Fremder« als gleichberechtigte Mitbürger einer freien Welt. Auf der anderen Seite stehen Spaltungstendenzen (»Apartheid«) und Eliminierung der andersfarbigen Mitmenschen – und daraus resultierende kollektive unbewusste Schuldgefühle. Auch die amerikanische Gesellschaft und ihre politischen Repräsentanten sind nicht frei von der Neigung, immer wieder den untauglichen Versuch der gewaltsamen Schaffung einer neuen idealen Welt zu unternehmen, in der alles nur gut und schön ist.

Erst wenn wir begreifen, dass Auschwitz, Srebrenica, New York und auch Jonestown oder der Terrorismus nicht nur »außerhalb« von uns anzusiedeln sind, erst wenn wir solche Untaten nicht mehr nur als unmenschlich diffamieren und damit als gefundene Projektionsfläche unserer eigenen unbewussten destruktiven Antriebe oder destruktiven Handlungen missbrauchen (Auchter 2003b), erst wenn wir die »Bereitschaft zur Unmenschlichkeit« als zu unser aller Konstitution gehörig (vgl. Mitscherlich 1970) anerkennen, dann haben wir Menschen, dann hat die »leise Stimme des Intellekts« (Sigmund Freud) eine Chance, unsere wirkliche Destruktivität etwas mehr in den Griff zu bekommen, anstatt sie immer von Neuem wahnhaft auszuleben.

Angst, Hass, Gewalt und Fundamentalismus (2003/2005)

Psychoanalytische Überlegungen zu den Ursachen und Folgen des Terrors

Einführung

> »Von dem Wirbel dieser Kriegszeit gepackt, einseitig unterrichtet, ohne Distanz von den großen Veränderungen, die sich bereits vollzogen haben oder zu vollziehen beginnen [...] werden wir selbst irre an der Bedeutung der Eindrücke, die sich uns aufdrängen, und an dem Wert der Urteile, die wir bilden. Es will uns scheinen, als hätte noch niemals ein Ereignis so viel kostbares Gemeingut der Menschheit zerstört, so viele der klarsten Intelligenzen verwirrt. Selbst die Wissenschaft hat ihre leidenschaftslose Unparteilichkeit verloren [...]. Der Anthropologe muss den Gegner für minderwertig und degeneriert erklären, der Psychiater die Diagnose seiner Geistes- oder Seelenstörung verkünden. Aber wahrscheinlich empfinden wir das Böse dieser Zeit unmäßig stark und haben kein Recht, es mit dem Bösen anderer Zeiten zu vergleichen, die wir nicht erlebt haben« (Freud 1915b, S. 324f.).

Dies ist kein Kommentar zum 11. September 2001, sondern ein Gedankengang von Sigmund Freud von vor über 90 Jahren aus dem Jahre 1915, der Zeit des Ersten Weltkrieges.

Monströse Ereignisse wie der Terrorakt vom 11. September oder die nicht aufhörenden Selbstmordattentate im Nahen Osten, Afghanistan oder dem Irak lösen neben den von den Urhebern geplanten und beabsichtigten Schrecken und der Verunsicherung vor allem Unverständnis aus. »Wie kann ein Mensch sich und anderen so etwas antun?« Entsprechende Massenmedien haben dann ganz schnell Antworten parat: »Terrorbestien« titelt die *BILD*-Zeitung. Wenn wir die Attentäter nicht auf diese Weise entmenschlichen – sie zur Bestie erklären bedeutet übrigens eine Versündigung an den Tieren, die häufig sehr viel sozialer sind als Menschen –, dann möchten wir sie wenigstens für geistesgestört oder geisteskrank erklären. Das hätte mindestens zwei Vorteile: Erstens hätte ihre destruktive Gewalt nichts mehr mit uns »Normalen« zu tun und zweitens hätten wir dieses unfassbare und dadurch so beängstigende Phänomen in einem Klischee begreiflich gemacht: »Psychopathen«. So einfach geht das aber nicht, das ist Wunschdenken.

Die Frage nach den komplexen Phänomenen von Gewalt und Terror stellt uns allerdings sofort vor eine Aporie. Denn jeglicher Erklärungsversuch bedeutet zugleich eine Reduktion der Komplexität und damit unvermeidlich eine gewaltsame Simplifizierung, wir drohen zu »schrecklichen Vereinfachern« zu werden. Genauso unmöglich ist es aber, vor der Vielschichtigkeit zu kapitulieren, Augen, Ohren, Mund und Verstand zu verschließen und damit den Verhältnissen freien Lauf zu lassen. Im Bewusstsein der Begrenztheit und Vorläufigkeit unserer Aussagen können wir nur versuchen, aus unterschiedlichen psychoanalytischen Perspektiven einige wenige Pfade und Lichtungen in den Dschungel der Gewalt und des Terrors zu schlagen. Alle Beiträge können immer nur Teilaspekte beleuchten und sind insofern ergänzungsbedürftig. Da die psychoanalytische Sichtweise allein grundsätzlich zu kurz greift, werde ich, wo es mir notwendig erscheint, Ergebnisse aus den Nachbarwissenschaften in meinen Diskurs mit einbeziehen.

Im ersten Teil meines Beitrages möchte ich mit einigen psychoanalytischen Erklärungsversuchen für die Phänomene Hass, Aggression und Gewalt bekannt machen. Darin sind wichtige Wurzeln auch der terroristischen Gewalt zu finden. Im zweiten Teil will ich mich dann speziell mit dem »Terrorismus« auseinandersetzen. Und im dritten und abschließenden Teil werde ich dann nach Ansätzen für Auswege aus dem Teufelskreis von Gewalt und Gegengewalt und dem Terror Ausschau halten.

Zur Psychoanalyse von Hass und Gewalt

Zur Dynamik von Hass und Gewalt

Seit es Menschen gibt, gibt es auch Gewalt zwischen ihnen – und das Bemühen, dieses Böse in den Griff zu bekommen und die Gewalt einzugrenzen. Wie Freud (1933b, S. 25) in seinem berühmten Brief an Albert Einstein, »Warum Krieg?«, schreibt, ist Letzteres schlicht aus Selbsterhaltungsgründen so. Sicher nicht ohne Grund steht die Erzählung von Kain und Abel, dem ersten von unzähligen Brudermorden in der Geschichte des Menschen, ziemlich am Anfang der Bibel. Kain erschlägt seinen jüngeren Bruder Abel, weil er sich von Gott Vater nicht hinreichend anerkannt fühlt und eifersüchtig auf seinen von Gott bevorzugten Bruder ist. Er tötet also wegen einer »narzisstischen Kränkung«.

Ödipus wird zum Vatermörder, weil seine Eltern ihn als Säugling verstoßen, ihm die Füße durchstechen und ihn in der Wüste aussetzen lassen, damit er stirbt. Den Beginn der späteren tragischen Gewalttätigkeit von Ödipus bildet also das leibhaftige Erleiden von traumatischer körperlicher und seelischer Gewalt, tödlicher Bedrohung seines Selbst durch seine eigenen Eltern. Und diese narzisstische Verletzung führt – und auch das ist wichtig – auf »unbewusstem« Wege dazu, dass Ödipus später selbst gewalttätig wird. »Das ist eben der Fluch der bösen Tat, dass sie fortzeugend immer Böses muss gebären«, sagt Friedrich Schiller in den *Piccolomini*. Gewalttäter sind in aller Regel in irgendeiner Form vormalige Gewaltopfer.

Freud (1915b, S. 345) schreibt angesichts des Ersten Weltkrieges: »Noch heute ist das, was unsere Kinder in der Schule als Weltgeschichte lernen, im wesentlichen eine Reihe von Völkermorden.«

> »Das gerne verleugnete Stück Wirklichkeit hinter alledem ist, dass der Mensch nicht ein sanftes, liebesbedürftiges Wesen ist, das sich höchstens wenn angegriffen, auch zu verteidigen vermag, sondern dass er zu seinen Triebbegabungen auch einen mächtigen Anteil von Aggressionsneigung rechnen darf. Infolgedessen ist ihm der Nächste nicht nur möglicher Helfer und Sexualobjekt, sondern auch eine Versuchung, seine Aggression an ihm zu befriedigen, seine Arbeitskraft ohne Entschädigung auszunützen, ihn ohne seine Einwilligung sexuell zu gebrauchen, sich in den Besitz seiner Habe zu setzen, ihn zu demütigen, ihm Schmerzen zu bereiten, zu martern und zu töten. Homo homini lupus, wer hat nach all den Erfahrungen des Lebens und der Geschichte den Mut, diesen Satz zu bestreiten?« (Freud 1930a, S. 470f.).

Freud schreibt dies schon 1930. Und wer wollte seinen Gedanken nach Auschwitz, nach Hiroshima, nach Srebrenica und nach New York überhaupt noch anzweifeln? Der Mensch ist leider eben nicht nur »edel, hilfreich und gut« (Johann Wolfgang von Goethe), sondern ebenso »niederträchtig, ausbeuterisch und böse«. Einen kleinen Fehler hat Freuds Satz allerdings: »Der Mensch ist nicht des Menschen Wolf, er ist schlimmer« (Bastian 2001, S. 15).

Neben der Vielfalt massiver und offensichtlicher böser Gewalttaten gibt es eine ganze Palette versteckter kleiner Bosheiten, mit denen wir unsere Mitmenschen malträtieren und ihnen das Leben zur Hölle machen können. Der französische Existentialphilosoph Jean-Paul Sartre formuliert entsprechend in seinem Drama *Bei geschlossenen Türen [Huis clos]*: »Also dies ist die Hölle […]. Ihr entsinnt Euch: Schwefel, Scheiterhaufen, Bratrost […]. Ach, ein Witz! Kein Rost erforderlich, die Hölle, das sind die anderen.«

Gewalt kann sich offen und direkt in aktiver körperlicher Form äußern, aber auch in verdeckter oder passiver Form. Am eindrucksvollsten ist mir immer in Lebensberichten von Patienten, wenn sie erzählen, dass Vater oder Mutter stundenlang, tagelang, ja wochenlang nicht mit ihnen gesprochen haben und welche seelische Qual und Gewalt dieses Schweigen für sie bedeutet hat. Nadejda Mandelstamm (1971) betont – angesichts menschlicher Gräueltaten: »Schweigen ist das eigentliche Verbrechen.«

Gewalt manifestiert sich in einer Tat, einem Handeln, einem Agieren, dabei sind dann Denken und Vernunft, die Fähigkeit zum »Probehandeln«, wie Freud (1911b, S. 233) das einmal so trefflich genannt hat, außer Kraft gesetzt. Wir sprechen in diesem Sinne ja auch vom »blinden Aktionismus«. Und Gewalt greift auch die »Symbolisierungsfunktion«, das Denkvermögen des Menschen an bzw. zerstört es (Grubrich-Simitis 1984; Bohleber 2000, S. 798; vgl. Ebrecht 2001, S. 9). Es ist wie bei einem gewaltigen Blitzeinschlag: Alle Sicherungen fliegen raus, aber auch die Funktionen von empfindlichen Geräten können dadurch beschädigt oder zerstört werden.

Seit den Anfängen der Psychoanalyse um die Jahrhundertwende 1900 haben sich die Psychoanalytiker bis zum heutigen Tage immer wieder mit den verschiedenen Ausformungen von Aggression und Destruktion kritisch auseinandergesetzt. Sie haben Hypothesen über die Psychodynamik der Gewalt und ihre Entwicklung erarbeitet. In unserer therapeutischen Praxis sind wir ja auch täglich mit den Folgen erfahrener privater und öffentlicher Gewalt vor allem in Kindheit und Jugend konfrontiert.

Da das Konzept eines »Todestriebes«, wie es von Freud entworfen und von Melanie Klein weiterentwickelt wurde, für mich einen zu geringen Erklärungswert besitzt, halte ich mich in meinen Überlegungen mehr an andere psychoanalytische Forscher. Sie nehmen eher eine »psychosoziale Verursachung« von Gewalt in den Blick. »Man wird schlecht durch Leiden«, schreibt Michael Balint (1966, S. 66) programmatisch. Dieser Satz lässt sich übrigens unschwer in sein Gegenteil umkehren: Man wird gut durch hinreichende liebevolle Zuwendung. »Das Kind wurde um die Liebe betrogen, dem Erwachsenen bleibt nur der Hass«, resümiert der Säuglingsforscher und Psychoanalytiker René Spitz (1965, S. 311) seine Untersuchungen.

Ich möchte also im Weiteren verdeutlichen, wie Gewalt in Beziehungen »produziert« wird. Dabei liegt mein besonderes Augenmerk auf der Funktion von Aggression im narzisstischen Haushalt des Individuums mit der Unterscheidung zwischen einem »gesunden Narzissmus« einerseits und auf der anderen Seite einem »pathologischen Narzissmus«. Der gesunde Narzissmus (gesundes Selbstgefühl, gesundes Selbstwertgefühl, gesunde Selbstbehauptung), wir können auch von »gesunder Identität« sprechen, ist immer und grundsätzlich mit einer gesunden Beziehungsfähigkeit verknüpft. Der pathologische Narzissmus (krankhafter Egoismus, krankhafte Selbstbezogenheit, omnipotente Abwehr von Minderwertigkeits- und Ohnmachtsgefühlen) leistet meines Erachtens einen grundlegenden Beitrag zu allem Formen der Gewalt gegen sich selbst und andere.

Bei unserer Betrachtung der aktuellen terroristischen Gewalt dürfen wir allerdings nicht geschichtslos und nicht kontextlos vorgehen. Zerstörerische Gewalt und Massenmord sind ja geradezu ein Charakteristikum des vergangenen 20. Jahrhunderts. Der polnische Soziologe Zygmunt Baumann (1980) stellt die These auf, dass die »Shoah«, die bürokratische und hochtechnische Vernichtung der Juden durch Deutsche, die »Fabrikation von Leichen«, wie Hannah Arendt (zit. n. Diner 1988, S. 7) das einmal genannt hat, nicht einen »Zivilisations-bruch« (Diner 1988) darstellt, sondern dass die Shoah eher ein konsequentes Produkt der modernen zivilisatorischen Entwicklung ist. Die mörderischen Gewalttaten gegen Juden und andere wurden im Wesentlichen nicht von geistesgestörten, sadistischen Gewaltmonstern, sondern ganz »banal« (Arendt 1963) von »ganz normalen« Mitmenschen (Goldhagen 1996; Browning 1996) begangen. Die »willigen Vollstrecker«, wie Goldhagen (1996) sie nennt, begingen ihre mörderische Destruktivität aus »pflichttreuer Gehorsamsbereitschaft«, aus »Angst vor der Autorität« (Milgram 1974) und aus einer »Angst vor dem Verlust der Gruppenzugehörigkeit«. Der größte und schnellste effektive Massenmord (etwa 200.000 Tote) mit dem minimalsten technischen Aufwand bei der Ausführung wurde von den Amerikanern durch den Abwurf von nur zwei Atombomben auf Hiroshima und Nagasaki am Ende des Zweiten Weltkrieges begangen.

Eine der anstößigen Ideen, die Freud entwickelt hat, ist die von der Kontinuität zwischen Normalität und Anomalität, vom fließenden Übergang zwischen Gesundheit und Krankheit. Dieser Gedanke erregt Ablehnung, weil er es uns unmöglich macht, alle Gewalt und Destruktivität, alles Böse immer nur beim anderen wahrzunehmen (Auchter 1994b).

Zur Genese von Hass und Gewalt (Entwicklungspsychologische Aspekte)

Freud (1915c, S. 231; 1913i, S. 451) siedelt das Auftreten von Hass in der Entwicklungsgeschichte des Individuums noch vor der Liebe an. Gemeint ist damit, dass Gefühle der Ablehnung früher »spürbar« werden als das Empfinden von Zuneigung. Denn die positive Zuwendung, Liebe und narzisstische Bestätigung, Bejahung und Anerkennung werden im Frühstadium der menschlichen Entwicklung vom Säugling eher als »selbstverständlich« erfahren und deshalb nicht bewusst wahrgenommen.

Dagegen löst alles, was das primäre narzisstische Gleichgewicht von Harmonie, Sicherheit und Wohlbefinden eines Menschen stört, alles, was sein Gefühl narzisstischer Unversehrtheit bedroht, Angst aus. Mildere Störungen werden allerdings bald Neugier und Interesse des Säuglings wecken. Das durch eine heftigere Störung ausgelöste »Angstsignal«, das auf eine existenzielle Gefährdung des Ich-Selbst hinweist, mobilisiert jedoch reaktiv ein – fast instinktives – archaisches Ablehnungsgefühl, einen archaischen Hass gegen das Objekt der Störung (»Angstbeißer«). Wir hassen das, was wir »wenig kennen und verstehen«, schreibt Freud (1915b, S. 329). Unter »Objekt« versteht die Psychoanalyse im Gegensatz zum Allgemeinverständnis immer ein belebtes oder unbelebtes Gegenüber des Subjekts.

Das Störende, gegen das sich der archaische Hass richtet, ist ganz am Anfang alles, was nicht ist wie ich, alles »Nicht-Ich«, alles Fremde (Freud 1915c, S. 229; 1925h, S. 13; 1926e, S. 223). Und der archaische Hass führt zu dem Bedürfnis, das Störende zu beseitigen, es zu »vernichten« (vgl. Freud 1915a, S. 229f.), es zu »zerstören« (Kernberg 2000, S. 274). Hier liegen die Quellen destruktiver Aggression. In dem eben beschriebenen Sinne besteht also von Lebensbeginn an im Menschen eine »elementare Hassbereitschaft« (Freud 1921, S. 111), ein »Trieb zum Hassen« (Freud 1933b, S. 20). Diese frühe »Hassrelation« stammt »aus dem Ringen des Ich um seine Erhaltung und Behauptung« (Freud 1915a, S. 230). »Der Hass hat seinen Ursprung in den Selbsterhaltungstrieben« (Laplanche/Pontalis 1972, S. 57).

Für die Lösung des frühen Konflikts mit dem Störenden kann das Kleinkind einen zeitig vorhandenen, archaischen psychischen Ordnungsmechanismus benutzen, den Mechanismus der »Spaltung«. Mit seiner Hilfe wird nun seelisch eine primitive, digitale Aufteilung der Beziehungswelt in gut und böse vorgenommen. Alles Lustvolle, Befriedigende, Wohltuende wird dabei dem eigenen Selbst zugeordnet. Freud (1915c, S. 228) hat das Produkt davon als »purifiziertes Lust-Ich« bezeichnet. Alles andere, das nicht den primären Narzissmus des Kindes unterstützt, sondern stört, wird dagegen abgespalten und dann mittels eines weiteren archaischen seelischen Mechanismus, der »Projektion«, auf die Nicht-Ich-Welt übertragen. »Das Äußere, das Objekt, das Gehasste wären zu allem Anfang identisch«, fasst Freud (1915c, S. 229; 1925h, S. 13; 1926e, S. 223) knapp zusammen. Die Projektion des eigenen Bösen in die Außenwelt führt aber dann rückwirkend zu einer Bedrohung des Ich-Selbst durch eben dieses selbstgemachte (äußere) Böse, und daraus resultiert dann Verfolgungsangst. Die Psychoanalytikerin Melanie Klein hat deshalb von einer »paranoid-schizoiden Position« gesprochen, die so erzeugt wird, schizoid wegen der Spaltung, paranoid wegen der durch die Projektion erzeugten Verfolgungsangst.

Vermutlich kennen die meisten in ihrem persönlichen Umfeld Menschen, die an dem kindlichen Spaltungs- und Projektionsmechanismus »Alles Liebe und Gute ist nur bei mir« und »alles Schlechte« bzw. das »Reich des Bösen« ist »ausschließlich bei dem anderen« oder bei »den anderen« festhalten. In diesen Mechanismen liegt auch eine wichtige Wurzel der »Fremdenfeindlichkeit« (Auchter 1990). Und wenn die sich fanatisch steigert, findet sich darin auch eine psychische Quelle von Gewalt und Terror.

Der Freiburger Psychoanalytiker Johannes Cremerius (1977) hat für die Psychodynamik der Sehnsucht nach einem utopischen, narzisstischen Idealzustand die Metapher vom »weißen Zebra« kreiert. Nach Cremerius (ebd., S. 1) leidet unser Über-Ich beziehungsweise Ich-Ideal an der »phantastischen Idee vom ungestreiften Zebra« anstelle unserer menschlichen »Zebra-Natur, dem Wechsel heller und dunkler Streifen«. »Aber diese Phantasie vom weißen Zebra ist auch die Quelle einer tiefen Angst. Denn wenn es das gibt, wer bin ich dann mit meinen ach so vielen schwarzen Streifen?« (ebd.) Die Fantasie vom weißen Zebra ist nur aufrechtzuerhalten, wenn ich alles Schwarze von mir auf den anderen, den Fremden übertrage. Er muss als »Müllcontainer« für alles Negative (Auchter 1992), bei mir selbst Abgelehnte dienen.

Die fatale Verknüpfung von Selbstliebe und Objekthass hatte Freud (1930a, S. 473) zunächst für die Massenpsychologie beschrieben: »Es ist immer möglich, eine größere Menge von Menschen in Liebe an einander zu binden, wenn nur andere für die Äußerung der Aggression übrig bleiben.« Vamik Volkan (1988) spricht vergleichbar vom grundlegenden menschlichen »Bedürfnis, Feinde zu haben und Freunde«. Definierte Feinde zu besitzen, hat eine identitätsstiftende und -versichernde Funktion: »viel Feind, viel Ehr«.

Eine andere Variante der Abwehr von Angst vor dem anderen (Fremden) besteht darin, dass ich dem anderen die Angst einjage, unter der ich selber leide. Der Psychoanalytiker Arno Gruen (2002, S. 157) berichtet von Studien arabischer Psychologen, die palästinensische »Intifada-Kinder« untersucht haben. Unter dem Titel »Tagsüber Helden, nachts Bettnässer« wird berichtet, dass 60% von ihnen Angst vor nächtlicher Dunkelheit haben. »Sie sind streitsüchtig, fürchten sich vor allem Neuen, lügen, stehlen, sind aufbrausend, aggressiv, ungehorsam gegenüber ihren Eltern, unruhig, verstört, unbeliebt, leiden unter heftigen Kopfschmerzen, Bettnässen, Appetitlosigkeit, lutschen am Daumen und kauen an den Fingernägeln« (ebd.). Dies alles sind nicht Folgen ihres Steinewerfens, sondern Ausdruck der seelischen Ursachen ihres Steinewerfens, sie sind »Angstbeißer«. Mit ihren (hilflosen) Gewaltaktionen gegen die militärische Übermacht versuchen sie unbewusst, ihre tiefen Ängste und Unsicherheiten abzuwehren, zu verdrängen und zu kompensieren. Es kommt zu einer »Gefühlsabstumpfung« (Lifton 1986). Aber dabei verdrängen sie nicht nur ihre Angstgefühle, sondern auch andere Empfindsamkeiten, Einfühlung und Mitgefühl mit dem Feind. Für ihre Disposition zur Gewalt sind ihre Lebensumstände, die schon von frühester Kindheit an durch Gewalt und Angst geprägt sind, verantwortlich! Spiegelbildlich versuchen die Israelis ihrer Ängste Herr zu werden, indem sie neben ihrer Hochrüstung mit ständig neuen militärischen Gewaltaktionen, ebenso wie die Gegenseite, ohne Einfühlung, ohne Mitgefühl oder Achtung grundlegender Menschenrechte (z. B. Liquidierung von

Gegnern ohne Gerichtsverfahren, Zerstörung von Häusern der Familienangehörigen von Tätern) vorgehen. So wird dort eine endlose Gewaltspirale aufrechterhalten.

Neben dem Selbsterhaltungs- und Individuationsbedürfnis besteht von Lebensbeginn an auch ein – teilweise entgegengesetztes – Bedürfnis nach Zuwendung, Beziehung und Bindung (z.B. Bowlby 1969; Fairbain 2000; Winnicott 1965a) an einzelne andere und kleinere und größere Gruppenzugehörigkeiten. Die Befriedigung des »Bindungsbedürfnisses« verschafft dem Säugling und dem Individuum auch später Sicherheit und Geborgenheit, das sogenannte »Urvertrauen« (Erikson). Das stellt ein wichtiges seelisches Gegengewicht gegen die Empfindungen von Abgelehntsein, Ausgeschlossensein, Isoliertsein, Angst und Hass dar. Im Falle einer gesunden seelischen Entwicklung kommt es zu einer gewissen Ausgewogenheit zwischen Angst und Sicherheit, zwischen Hass und Liebe, vielleicht mit leichter Dominanz der letzteren. »Ein wirklich gesunder Mensch muss«, nach Auffassung von Michael Balint (1966, S. 159), »beides können, lieben und hassen« (vgl. Freud 1933b, S. 20; 1937c, S. 92; 1940a, S. 71, Fn.; Winnicott 1984, S. 84).

Später im Lauf der seelischen Entwicklung gesellt sich zu dem oben beschriebenen archaischen Hass (»primäre Ablehnung«) der »sekundäre Hass« als Reaktion auf seelische Verletzungen. Als besonders gravierend werden hier die »narzisstischen Kränkungen« wie Entwertung, Beschämung und Demütigung erlebt, also alle Verletzungen des Selbstgefühls und Selbstwertgefühls. Der Psychoanalytiker und Selbstpsychologe Heinz Kohut (1975, S. 226; vgl. Lichtenberg 1992, S. 56f.) hat den Zusammenhang zwischen narzisstischer Verletzung und daraus resultierendem Zorn besonders hervorgehoben, indem er sagt, dass »das narzisstisch verwundbare Individuum auf tatsächliche oder erwartete narzisstische Kränkungen […] mit narzisstischer Wut reagiert«. Herbert Schulz-Gora (2001, S. 58f.) spricht von der »Notwendigkeit der Gewalt« zur »›Bewältigung einer narzisstischen Not‹, einer ›Krise in Bezug auf Integrität und Identität‹«.

Da der Säugling sozusagen auf die sofortige und vollständige Befriedigung aller seiner Bedürfnisse und Wünsche pocht, ist er aufgrund der Grenzen und Unvollkommenheit seiner Beziehungspersonen unvermeidlich mit Versagungen, Enttäuschungen und damit narzisstischen Kränkungen konfrontiert. Seine reaktiven Wut- und Hassgefühle bringen ihn aber nun in ein Dilemma. Denn seine vernichtende, mörderische Wut gegen Mutter und Vater würde ja auch deren Liebe und Zuwendung zu ihm, auf die er dringend angewiesen ist, mit vernichten. Was tun?

Die oben beschriebene, gewissermaßen »vertikale« Spaltung zwischen Selbst/gut und Objekt/böse ist bezüglich der Eltern im Laufe der Weiterentwicklung nicht aufrechtzuerhalten, da dem Kind zunehmend bewusst wird, dass es von ihrer liebevollen Zuwendung abhängig ist. Hier kommt nun eine zweite Form der Spaltung, eine »horizontale« Spaltung, zum Tragen. Das Kind erfindet in seiner Fantasie gewissermaßen zwei Mütter oder zwei Väter. Der britische Psychoanalytiker Donald W. Winnicott (1965a, S. 75) hat sie als »Objekt-Mutter« (oder -Vater) einerseits und als »Umwelt-Mutter« (oder -Vater) andererseits bezeichnet. Die sogenannte Objekt-Mutter kann nun vom Kind in der Fantasie aggressiv attackiert, zerstört und vernichtet werden. Die Umwelt-Mutter bleibt dagegen – im besten Fall – real lebendig, zuverlässig da, einfühlend und liebevoll. Sie lässt sich nicht wirklich zerstören und »überlebt« alle realen Wutausbrüche und fantasierten grenzenlosen, aggressiven Attacken ihres Kindes – sicher nicht ohne bisweilen seinen konkreten destruktiven Gewaltaktivitäten auch Grenzen zu setzen! Damit begrenzt sie die Gewalt und relativiert sie. Sie hilft durch ihr »Überleben« ihrem Kind auch bei der so wichtigen Fähigkeit zur Unterscheidung zwischen innerer Fantasie und äußerer Realität. Und sie gewährt durch ihr Überleben ihrem Kind später überdies die Möglichkeit zu einer »Wiedergutmachung« an diesem eben nicht total vernichteten Objekt. Durch die Möglichkeit zur Wiedergutmachung und damit zur Begrenzung der Destruktivität wird aber für das Kind seine Aggressivität annehmbarer, und sie kann so in sein Ich-Selbst eingebunden und integriert werden.

Ein (reales) »Nicht-Überleben« des (in der Fantasie) aggressiv attackierten guten Objekts verhindert dagegen auch, dass die frühen Spaltungen aufgehoben werden können zugunsten einer Integration der beiden Mütter zu einer »Einheitsmutter«, die sowohl schlecht als auch gut ist. Und es behindert das Kind auch im Aneignen seines ganzen Ichs, das ja ebenfalls immer böse und gut ist. Wir bezeichnen diese Aneignung als das Erreichen der »Ambivalenz« anstelle der Spaltung oder wiederum bildhaft als das Annehmen der »Zebranatur« des Menschen mit schwarzen und weißen Streifen (Cremerius 1977) statt der weißen Weste, welche die schwarze Seele verbergen soll. Melanie Klein hat diesen Zustand in einer etwas unglücklichen Formulierung als »depressive Position« bezeichnet. Gemeint ist die »Fähigkeit zur Verantwortungsübernahme«, Fähigkeit zum Empfinden realer Schuld oder, wie Winnicott (1958, S. 264) es nennt, die »Fähigkeit zur Besorgnis« oder »Fähigkeit zum Erbarmen«.

Der frühe (auch) aggressive Dialog zwischen Mutter und Kind oder Vater und Kind kann natürlich misslingen oder »entgleisen« (Spitz 1982). Zum Beispiel dadurch, dass die Eltern die Aggressivität ihres Kindes »todernst« nehmen, es – und nicht (nur) sein Tun – als »böse« erklären, und sich von ihm emotional zurückziehen. Sie unterscheiden dabei nicht zwischen dem bösen »Handeln« des Kindes und seinem »Sein«. Oder sie bestätigen seine Destruktivität durch eine reaktive maßlose, aggressive Reaktion ihrerseits, sie »rächen« sich (Winnicott 1971a, S. 91). Im Erleben ihres Kindes lassen sie sich also von seinen destruktiven Impulsen als notwendige »gute Objekte« vernichten. Auf diese Weise werden die grenzenlosen aggressiv-destruktiven Gewaltfantasien des Kindes in ihrer Zerstörungskraft bestätigt, sie werden für das Kind zur Realität. Die zuvor gegenüber den Eltern geäußerte Aggression wird dem Kind in diesen Fällen also unbearbeitet zurückgegeben. Und so wird das Kind »böse (gemacht)« und damit potenziell gewalttätig.

Der Psychoanalytiker Wilfred Bion (1970) hat für das produktive dynamische seelische Geschehen zwischen Menschen, also auch Eltern und Kind, das Konzept des »Containing« entwickelt. Die entäußerten aggressiven und destruktiven Impulse und Fantasien des Kindes müssen im positiven Falle vom »Objekt« (zum Beispiel der Mutter oder dem Vater) contained, das heißt: angenommen und aufgenommen werden. Ihre Relativierung geschieht dann durch ihre seelische Verarbeitung im Objekt. Bion vergleicht das trefflich mit einem Verdauungsvorgang. Das unverdauliche, vergiftete, unbekömmliche »Böse« des Kindes wird sozusagen im »Container« der Eltern verarbeitet, entgiftet, verdaulich und bekömmlich gemacht und dann bei passender Gelegenheit dem Kind »verdaut« zurückgegeben. Eine derartige »Entgiftung« der als totalzerstörerisch fantasierten primären und sekundären aggressiven Impulse durch ein wohltuendes Containing ermöglicht dem Kind die (Wieder-)Aneignung des nun annehmbareren eigenen Bösen. Das bedeutet aber auch, dass es bei diesem Vorgang nicht um eine »Beseitigung« des Bösen aus dem menschlichen Leben, sondern nur um ein Erträglichmachen gehen kann, welches aber seine Annahme und Aneignung, seine Integration ins Ich-Selbst möglich macht. Durch diese Einbindung der Aggression in die Persönlichkeit lässt sich die Gewalttätigkeit zumindest ein wenig bändigen.

Wichtig ist mir aber, festzuhalten, dass die Mechanismen der »Spaltung«, der

»Externalisierung« und der »Projektion« zunächst bei jedem Kind »normale« und »gesunde« seelische Techniken der Affektregulation und (Über-)Lebenstechniken sind. Sie sind archaische Formen der individuellen und sozialen seelischen Ordnung und Orientierung. Sie sollen der Minderung von Angst und der Verstärkung von Gefühlen der Sicherheit und des Wohlbefindens (Sandler 1960) dienen. Erst durch ein quantitatives Moment, ein Übermaß oder durch sonstige Unangemessenheiten werden sie pathologisch und werden zu einer seelischen Voraussetzung von Gewalttaten. Das ist ähnlich wie mit Medikamenten, die angemessene Dosis ist heilsam, die Überdosis wirkt toxisch.

Da die »Aggression« im öffentlichen Diskurs nur allzu leicht mit »destruktiver Gewalt« in einen Topf geworfen wird, möchte ich die Begriffe kurz differenzieren (vgl. Auchter 2003c). »Aggression« betrachte ich mit Winnicott als eine ursprüngliche, nicht festgelegte Antriebskraft im Sinne einer grundlegenden »Aktivität«. Erst durch – grundsätzlich unvermeidbare – frustrierende Verlusterfahrungen oder durch – vermeidbare – traumatisierende Gewalterfahrungen wird diese an sich neutrale Wirkkraft, die primäre Aggression, sekundär in destruktive Aggression oder Gewaltsamkeit umgewandelt. Man kann hier eine Analogie sehen zu dem archaischen Hass zur Aufrechterhaltung des narzisstischen Urzustandes und dem sekundären Hass als Reaktion auf Kränkungen und Verletzungen.

Der konstruktive Aspekt von Aggression wird nicht selten – auch in der Erziehung – zugunsten einer negativen Betrachtung unterschätzt und vernachlässigt. »Gesunde Aggression« ist unter anderem ein unumgänglicher Faktor bei der Selbstentwicklung und der Selbstbehauptung, und ist auch die Grundlage von »Zivilcourage« (Schraml 1968). Konstruktive Aggression wird außerdem benötigt angesichts notwendiger Abgrenzungen und Trennungen im Verlaufe der individuellen seelischen Entwicklung.

Wir müssen also grundsätzlich eine »benigne« Destruktion und Aggression im Dienste von Konstruktion und Entwicklung von einer »malignen« Destruktion im Dienste von Hass, Übermächtigung und Grausamkeit unterscheiden. Hinter maligner Gewalt stehen Affekte wie Angst, Wut und Hass (Kernberg 2000) und Machtgefühl (Freud 1924c, S. 376). Dadurch motivierte Gewaltakte zielen auf das Beeinträchtigen, Beschädigen, Zerstören oder Vernichten von belebten und unbelebten Objekten, die Verursachung von Leiden beziehungsweise das Dominieren und Kontrollieren von Objekten.

Aufseiten des Opfers ist die Gewalterfahrung mit Empfindungen von

Überwältigung, Unterdrückung, Demütigung, Beschämung, Ohnmacht und Hilflosigkeit verknüpft. Bei einer Gewalttat geht es um Macht, Überlegenheit und Unterwerfung durch den Täter. Aber auch wenn, äußerlich betrachtet, ein Gewaltakt Ausdruck von Stärke, Macht und Überlegenheit des Täters zu sein scheint, so ist die Anwendung von Gewalt psychologisch betrachtet in der Regel ein Zeichen von innerlicher Schwäche, Angst, Ohnmacht und Unterlegenheit. Zum Beispiel auch, wenn Erwachsene Kinder schlagen oder bei sexueller Gewalt gegen Kinder! Jemand, der sich seiner selbst und seiner Sache wirklich sicher ist, benötigt keine Gewalt. Der Terrorismusexperte Peter Waldmann (1998, 2000) argumentiert ähnlich: Letztlich sei Terrorismus nur eine »Strategie der Schwäche«. Die unerträglichen Gefühle von Schwachheit, Ohnmacht und Hilflosigkeit sollen mittels gewaltsamer Aktivität in ihr Gegenteil, Übermacht und Allmacht, verwandelt und damit psychisch abgewehrt bzw. eliminiert werden. Das erleben wir derzeit im politisch-militärischen Verhalten der Weltmacht USA und auch von Israel, ebenso wie bei den Palästinensern und anderswo.

Zur Psychoanalyse des Terrors und des Terrorismus

Zur Definition des Begriffsfeldes »Terror«

Ehe wir uns mit der Psyche des Terroristen befassen, ist es zunächst notwendig, dass wir uns darüber verständigen, wovon wir eigentlich sprechen. Die Begriffe »Terror«, »Terrorismus« und »Terrorist« haben vor allem nach dem 11. September 2001 Hochkonjunktur. Ihre massenhafte Verbreitung birgt jedoch die Gefahr einer zunehmenden Unschärfe und damit die Möglichkeit zum vielfältigen interessegeleiteten Missbrauch. Man erklärt schlicht die jeweiligen Gegner zu »Terroristen« und im »Kampf gegen den Terrorismus« ist dann grenzenlos alles erlaubt! Ich erinnere beispielhaft an Tschetschenien, Irak, Israel/Palästina. Ohne wahrzunehmen, dass man sich dadurch auf dieselbe menschenverachtende Stufe stellt wie diejenigen, die man zu bekämpfen vorgibt.

Der Historiker Walter Laqueur (1982, S. 10, Fn.) weist in seiner umfangreichen Monografie über den Terrorismus darauf hin, dass man rasch in

Schwierigkeiten gerät, wenn man eine »umfassende Definition des Terrorismus sucht. Eine solche Definition gibt es nicht.« Diese Auffassung wird von den meisten Terrorismus-Experten geteilt (vgl. Hoffmann 1999; Waldmann 2000). Die Begriffe »Terror« und »Terrorismus« werden in sehr unterschiedlichen, vor allem auch zeitbedingten Kontexten definiert und weisen heutzutage eine Fülle von divergierenden Begriffsbestimmungen auf (vgl. Hoffman 1999; Hirschmann/Gerhards 2000).

»Terror« ist ein lateinisches Wort und bedeutet übersetzt: »Angst«, »Schrecken«, »einschüchternder Eindruck«, »schreckender Gegenstand«, »Schreckensnachricht«. Politisch taucht der Begriff »terreur« bzw. »terrorisme« während der französischen Revolution auf und wird vor allem auf die Schreckensherrschaft der Jakobiner 1793/94 angewandt (Pfeifer 1995, S. 1426; vgl. Laqueur 1982, S. 11f.).

Erst im 20. Jahrhunderts bezeichnet das Wort Terrorismus bzw. Terrorist das Tätigwerden extremistischer Einzeltäter oder Gruppen, die mit gewaltsamen Anschlägen und Attentaten bestimmte staatliche Ordnungen bekämpfen und (mehr oder weniger) bestimmte politische oder ideologische Ziele und/oder Machtansprüche durchzusetzen versuchen (vgl. Schoeck 1969, S. 328; Hoffmann 1999, S. 13ff.).

Für unseren Diskurs möchte ich folgende allgemeine »Definition« von »Terror« vorschlagen:

> »Terror ist die geplante, punktuelle oder systematische Erzeugung von Verunsicherung, Angst und Schrecken durch unerwartete, unberechenbare und willkürliche Drohungen oder Akte von zerstörerischer Gewalt gegen Sachen und/oder Personen, um politische, religiöse oder andere ideologische Ziele zu erreichen.«

»Terrorismus« ist die Ausübung von Terror. Dabei können wir grundsätzlich einen »Terror von oben« (vgl. hierzu Chomsky 2001; Hoffman 1999, S. 27), eine Gewalt- und Schreckensherrschaft der Mächtigen (z.B. »Staatsterror«) – darin liegt, wie erwähnt, auch der politische Ursprung des Begriffs in der Französischen Revolution – und einen »Terror von unten« der Ohnmächtigen oder sich ohnmächtig Fühlenden unterscheiden (vgl. Funke 1977, S. 11). In der Literatur und Publizistik wird häufig allein der Terror durch politisch Ohnmächtige oder Machtlose, Unterdrückte und Verzweifelte (Kasch 1978, S. 54) mit Terrorismus gleichgesetzt (z.B. Hacker 1973, S. 21). Dieser entwickelt sich aus verschiedenen Beweggründen zum Beispiel im Rahmen religiöser Protestbewegungen, politischer Revolutionen oder sozialer Aufstände (Laqueur 1982, S. 13). Der Soziologe Wolfgang Sofsky (1997) beschreibt als ein Beispiel für »Terror von oben« das Konzentrationslager der Nazis als *Die Ordnung des Terrors.*

Die gewaltsamen Instrumente des Terrors und des Terrorismus wie Verletzung, Beschädigung, Mord und Zerstörung sollen der Erregung von Furcht, der Erzeugung von Unsicherheit, der Einschüchterung und der Druckausübung dienen. Terror ist in erster Linie eine »psychologische Kriegsführung«. »Terrorismus [...] ist primär eine Kommunikationsstrategie« (Waldmann 2000, S. 13), sie will eine »Botschaft übermitteln« (Hoffman 1999, S. 209).

Bei der Charakterisierung als »Terror« oder »Terrorist« finden wir in der Regel eine erhebliche Diskrepanz zwischen der Selbstwahrnehmung und der Fremdwahrnehmung. Kein Staat wird sich selbst als Terrorstaat und kein Terrorist sich selbst als Terroristen bezeichnen (vgl. Chomsky 2001, S. 11; Hoffman 1999, S. 36). Die terroristische Gewalt wird durch Etikettenschwindel jeweils positiv beschönigend umformuliert. So wird sich der Terrorist selber eher als zum Beispiel »Freiheitskämpfer«, »Kämpfer für Gerechtigkeit« oder »Gotteskrieger« beziehungsweise »Märtyrer« idealisieren. Und die jeweiligen Gegner des (terroristischen) staatlichen Machtapparates werden beispielsweise als »Staatsfeinde«, »Schurken«, »Volksverräter«, »Konterrevolutionäre« oder eben »Terroristen« verteufelt. Die Definitionsmacht über den Begriff nimmt also jeweils das Gegenüber in Anspruch (vgl. Gießmann in Hirschmann/Gerhards 2000, S. 121)!

Der Terror bedroht die Freiheit in zweifacher Weise. Zum einen durch den terroristischen Gewaltakt an sich bzw. die daraus resultierende Gewaltdrohung respektive Angst. Zum zweiten aber, und bisweilen schlimmer, durch die institutionellen Reaktionen, die ein Terrorakt hervorruft. Dabei wird im Spannungsfeld zwischen Sicherheitsbedürfnis und Freiheitsanspruch allzu häufig die Freiheit zugunsten der (oft nur vermeintlichen) Sicherheit eingeschränkt, verletzt und beschädigt. Einer der Gründerväter Amerikas, Benjamin Franklin, wies schon vor rund 240 Jahren darauf hin: »Wer die Freiheit aufgibt, um Sicherheit zu gewinnen, wird am Ende beides verlieren« (zit. n. Klingst in: *DIE ZEIT* 42/2001).

Die »Terrorismusfalle« oder, psychoanalytisch gesprochen, die »Gegenübertragungsfalle« (Wirth 2002, S. 384) besteht darin, dass z. B. ein demokratischer

Rechtsstaat sich durch terroristische Aktivitäten »von unten« dazu verführen lässt, verfassungsmäßige Freiheitsrechte in einem solchen Maße einzuschränken (vgl. Heintze in Hirschmann/Gerhards 2000, S. 228f.), dass es im Endeffekt zu einem »Terror von oben« kommt. »In diese ›Schere des Terrors‹ von oben oder/und von unten dürfen wir nicht hineingeraten«, schreibt Funke schon (1977, S. 10) angesichts des »RAF-Terrorismus« in Deutschland.

Amnesty International betont in ihrem Jahresbericht im Mai 2002 bezüglich des Anti-Terror-Kampfes, dass Sicherheit keinen Vorrang vor den Menschenrechten haben dürfe und verweist auf 1.200 nach dem 11. September in den USA verhaftete und internierte Menschen und die ohne irgendwelche Rechte Gefangenen in *Guantanamo Bay*.

Der damalige Bundesaußenminister Fischer warnt anlässlich des Berichts über die Menschenrechtspolitik der Bundesregierung im Juni 2002 vor einem »Anti-Terror-Rabatt« in Form einer Aushebelung von »Grundwerten und Menschenrechten«. Die vormalige Präsidentin des Verfassungsgerichts, Jutta Limbach, warnt im Juni 2002 vor einer »Sammelwut des Staates«, ausgelöst durch ein »allgemeines Bedürfnis nach Sicherheit«. Die parlamentarische Versammlung der *OSZE* betont – sicher nicht ohne Anlass – in ihrer Schlusserklärung im Juli 2002, dass im Kampf gegen den Terrorismus der »Schutz der Menschenrechte« an erster Stelle stehen müsse. Diese kritischen Reaktionen sind zugleich Beispiele für Chancen, wie der demokratische Staat nicht in die Terrorismusfalle tappen muss.

Auch auf den terroristischen Akt selbst trifft nicht selten die Formulierung vom »tremendum et fascinosum« zu, die in seinem grandiosen, unvorhersehbaren, gewalttätigen und schreckerregenden Charakter wurzelt (vgl. Laqueur 1982, S. 8; Hacker 1973, S. 239). Wir kennen aus der Traumaforschung das irritierende Phänomen, dass in seiner großen Angst und Not das völlig ohnmächtige Opfer einer Gewalttat, zum Beispiel das einer Vergewaltigung, sich unbewusst mit dem allmächtig erscheinenden Täter identifiziert und implizit oder explizit seine Nähe und Hilfe sucht. Diese »Identifikation mit dem Aggressor« (A. Freud 1936) hat unter anderem den unbewussten Beweggrund, dass der Gewalttäter aufgrund seiner Mächtigkeit in dieser Situation dem Opfer als einzig verfügbares Objekt vorkommt, das in der Lage ist, das Opfer zu retten (Ehlert/Lorke 1988). Natürlich können wir uns außerdem fragen, ob die Faszination von Gewalt und Zerstörung nicht auch in einem Zusammenhang mit unseren zutiefst verborgenen eigenen destruktiven Impulsen steht. Wir sprechen ja auch von einer »Ästhetik des Grauens«. Am deutlichsten hat das am 16. September 2001 der Komponist Karlheinz Stockhausen formuliert: »Was da geschehen ist, ist – jetzt müssen sie alle ihr Gehirn umstellen – das größte Kunstwerk, das es je gegeben hat […]. Dagegen sind wir gar nichts als Komponisten.«

Fundamentalismus und Terrorismus

Jeglicher »Fundamentalismus«, das heißt die Verabsolutierung eines Teils von Wirklichkeit, sei er religiöser, ideeller, ideologischer, wissenschaftlicher, politischer, berufspolitischer oder anderer Natur, stellt eine grundlegende und tief greifende Bedrohung des Menschlichen dar. Der heutzutage scheinbar überall in der Welt zunehmende Fundamentalismus gefährdet die Freiheit des individuellen, selbstbestimmten, differenzierenden Denkens, Fühlens und Handelns zugunsten der Ausrichtung an einer absoluten, unveränderlichen und allgemeingültigen »Wahrheit«. Wirklichkeit wird darin als objektive, ein für alle Mal gegebene Entität und nicht als fortwährende subjektive und intersubjektive Konstruktion und »Neukonstruktion« begriffen (vgl. Bermann 2004). Die differenzierte, komplexe und widersprüchliche Realität wird dabei auf einfachste Formeln reduziert, wobei dualistische und manichäische Sichtweisen dominieren. Die eigenen Dogmen werden als unfehlbar und als exklusives Eigentum betrachtet und kompromisslos und intolerant, expansiv und aggressiv anderen gegenüber vertreten (vgl. Meyer 1998). Das Grundrecht auf individuelle Freiheit der Selbstbestimmung im Denken und Glauben wird im Rahmen des Fundamentalismus auf dem Altar der Sicherheit absolutistischer Fremdbestimmtheit (autoritäres »Führerprinzip«) geopfert (vgl. Bosse 2004, S. 107). Der ursprünglich auf protestantische Strömungen gegen Ende des 19. Jahrhunderts in den USA zurückgehende religiöse Begriff »Fundamentalismus« wurde erst später auch im politischen Bereich verwendet. Der Fundamentalismus kann allgemein als eine Reaktion auf durch Modernisierungsprozesse ausgelöste Krisen, Verunsicherungen und Ängste begriffen werden (Pfürtner 1991; Meyer 1998). Die fundamentalistische Abwehr der eigenen Bedrohtheit führt aber dann in ihrer Konsequenz zur Bedrohung des anderen. Nur durch die Auslöschung der Andersartigkeit des anderen scheint das eigene Sicherheitsgefühl endgültig gewährleistet werden zu können.

Ansätze zur Psychoanalyse des Terroristen, besonders des Selbstmordattentäters

Einführung

Wichtige Anregungen für meine folgenden Überlegungen verdanke ich den Teilnehmern und Teilnehmerinnen des Workshops der *Psychoanalytischen Arbeitsgemeinschaft Köln-Düsseldorf* zu den Terroranschlägen vom 11. September am 1. November 2001 und den kollegialen Diskussionen im Vorfeld der Kölner Vortragsreihe zum Thema im September 2002.

Zuerst möchte ich auf ein sprachliches Problem aufmerksam machen. Der Begriff »Selbstmordattentäter«, der sich mittlerweile eingebürgert hat, impliziert schon eine Wertung, nämlich »Mord«. Wertungsfreier und sachlicher wäre es, von »Suizid« oder »Selbsttötung« zu sprechen, die bei diesen Attentaten zumindest billigend in Kauf genommen wird. Da die Formulierung »Selbstmordattentäter« aber mittlerweile in den allgemeinen Sprachschatz übergegangen ist, verwende ich ihn im Folgenden auch.

Die Psychoanalyse hat aus ihrer klinischen Erfahrung verschiedene Hypothesen zum Verständnis des »Suizids« aufgestellt.

In der klassischen Theorie wird der Suizid als Wendung von Hass und Aggression gegen die eigene Person verstanden – eine reine Aggressionstheorie. Eine Aggression, die aus unterschiedlichen Gründen nicht gegen das Objekt des Hasses gerichtet werden kann, wird gegen das eigene Selbst gelenkt. Dabei können zugleich unbewusste eigene Schuldgefühle, Sühne- und Strafbedürfnisse befriedigt werden.

Die Selbsttötung kann auch Ausfluss eines direkten Selbsthasses sein. Eine Beseitigung verpönter und gehasster Selbstanteile wie z. B. Unvollkommenheiten, Schwächen, Fehler, Unkontrolliertes, Triebimpulse scheint dabei nur über eine Selbstvernichtung möglich.

Die Suizidhandlung kann überdies vorgestellt werden als Voraussetzung für eine Wiedervereinigung mit einer toten Beziehungsperson, als Verschmelzungsfantasie, als Grundlage für einen Neubeginn in einem »besseren Leben« oder einer Wiedergeburt – teleologische Theorien.

Für unseren Zusammenhang am wichtigsten finde ich die »Narzissmus-Theorie des Suizids«, die der Psychoanalytiker Heinz Henseler (1974) aufgestellt hat. Nach ihm ist »Die Suizidhandlung [...] eine Konfliktlösung. Der

Konflikt besteht in der Gefahr, einer vernichtend phantasierten Situation passiv und hilflos ausgeliefert zu sein« (ebd., S. 89). Die Suizidhandlung ist dann eine unbewusste Abwehr, indem sie dem passiv befürchteten Zustand (vernichtet, getötet zu werden) durch ein kontraphobisches Agieren, ein aktives Handeln (die Selbsttötung) zuvorkommt. In diesem Sinne ist der (gelungene) Suizid ein einmaliger »narzisstischer Triumph«, einmal »Herr über Leben und Tod«!

Es gibt nicht »den« Terroristen, so wenig wie es die Psychoanalyse gibt. Insofern werde ich sicher nicht ein allgemeingültiges Psychogramm des Terroristen liefern können. Was ich nur anbieten kann, sind vielmehr einige Überlegungen und Hypothesen zu den seelischen Bedingungen, die ein terroristisches Verhalten wahrscheinlicher machen oder begünstigen.

Bei den heutigen Terroristen müssen wir erst einmal grundsätzlich zwischen erstens den »Führern« und Drahtziehern im Hintergrund, zweitens den »Offizieren« (*DER SPIEGEL* 48/2001, S. 48) oder »Hirnen« (Aust/Schnibben 2002, S. 167) eines konkreten Attentats und drittens den »einfachen Soldaten« oder »Muskeln«, wie *DER SPIEGEL* sie nennt, unterscheiden. Alle Genannten werden neben vergleichbaren Persönlichkeitsanteilen sicher auch partiell unterschiedliche Motivationen besitzen.

Fangen wir mit den mentalen Gemeinsamkeiten der Terroristen an.

1. Sie eint eine gemeinsame ideologische Überzeugung, im Falle islamistischer Terroristen ein islamischer Fundamentalismus. Sie fühlen sich verwurzelt und aufgehoben in einer von vielen anderen geteilten, absolut festen Grundüberzeugung. Sie verschafft ihnen Ordnung, Orientierung und Gemeinschaft.
2. Sie handeln subjektiv überzeugt im völligen Einklang mit dem vom Koran vorgegebenen beziehungsweise den islamischen Führern bestimmten Werten, Idealen und Gesetzen. Insofern sind sie »fanatisch gewissenhaft« und keineswegs gewissenlos. »Niemals tut man so gut und so vollständig das Böse, als wenn man es guten Gewissens tut«, formulierte der französische Philosoph Blaise Pascal (1760). Die französische Psychoanalytikerin Janine Chasseguet-Smirgel (1981) spricht von der »Krankheit der Idealität«.
3. Sie eint die unerschütterliche Selbstgewissheit, dass ausschließlich der Islam, meist im Sinne einer fundmentalistischen, wortwörtlichen Anwendung des Koran, die Lösung aller irdischen Probleme und das ewige Heil erreichen kann. Das ist Ausdruck eines pathologischen Narzissmus,

der nicht mehr zu einer kritischen Selbstinfragestellung und Selbstvergewisserung in der Lage ist.

4. Entsprechend ist ihre Welt manichäisch aufgespalten in Gläubige und Ungläubige, in gut oder böse, in schwarz oder weiß. Wir beobachten eine Dominanz von regressiven Spaltungsmechanismen, und eine Selbstidealisierung bei Fremdabwertung.
5. Sie erleben sich von den »Ungläubigen« – das sind alle Andersdenkenden, Liberalen, westlich Orientierten, Demokraten u. a. – überwältigend bedroht (»Paranoia«). Aus dieser – paranoiden – Angst erwächst Hass und das Bedürfnis, das Angstmachende zu vernichten. Problematisch ist allerdings, wenn z. B. »der Westen« durch sein reales Verhalten (z. B. Irak-Krieg) der Paranoia eine realistische Unterfütterung anbietet!
6. Die Durchsetzung der eigenen ideologischen Überzeugungen rechtfertigt jedes Mittel, alle Gewalt. »Der Zweck heiligt die Mittel.«
7. Die Idee(-ologie) oder das Prinzip hat grundsätzlich Vorrang vor dem Individuum. Der Fanatiker »liebt Ideen mehr als Menschen« (Hole 1995, S. 93).

An dieser Stelle drängt sich die Frage auf, wie viele dieser Punkte auch auf die Gegner der Terroristen zutreffen.

Aspekte der Mentalität eines Selbstmordattentäters

Ein Terrorist, der ein Selbstmordattentat begehen will, muss vor allem zwei innere Hindernisse überwinden: erstens das »Tötungsverbot« gegenüber dem oder den anderen und zweitens das »Selbsterhaltungsprinzip«. In dem »Terroristenhandbuch«, das im Jahr 2000 gefunden wurde und bin Ladens Al-Qaida zugeordnet wird, heißt es dementsprechend unter »Eigenschaften von Angehörigen der Organisation«: »Er sollte eine Persönlichkeit haben, die es ihm ermöglicht, Blutvergießen, Mord, Verhaftung, Gefangenschaft auszuhalten – genauso wie die Tötung eines oder aller der Genossen seiner Organisation« (zit. n. Aust/Schnibben 2002, S. 262). Wie sieht eine Persönlichkeitsstruktur aus, die dazu in der Lage ist, und wie kommt jemand dazu?

Diese Mentalität setzt die grundlegenden individuellen Menschenrechte auf Unversehrtheit, Leben, Eigentum, Freiheit und Würde des Einzelnen zugunsten anderer, als höher eingestufter Ziele außer Kraft (Heintze 2000,

S. 228). Rafael Moses (1986) hat das als »Watergate-Syndrom« beschrieben. Psychisch korrespondiert das mit einer »Dehumanisierung« des Gegners zum absoluten Feind, einer Verweigerung jeglicher »Empathie« (Einfühlung) und »Sympathie« (Mitleiden). Nicht mehr das vernünftige, rational denkende, abwägende, tolerante und relativierende, vermittelnde »Ich« besitzt die Herrschaft im Seelenleben, sondern bestimmte »Über-Ich«-Anteile (ideologische Vorstellungen) und »Ich-Ideal«-Anteile (Idealvorstellungen). Die schlichte Mitmenschlichkeit, die Nächsten-Liebe ist durch eine religiös verbrämte Fernsten-Liebe ersetzt.

Zum Terroristen wird man nicht geboren, sondern »gemacht«. Bei der Psychodynamik der Selbstmordattentäter sind zwei Anteile zu unterscheiden: erstens eine individuelle lebensgeschichtlich begründete »Disposition« und zweitens eine spezielle Ausbildung und »Indoktrination«. Im Gegensatz zu früheren Zeiten, als die Terroristen als Einzelpersonen oder kleine Gruppe operierten, stellt sich der heutige internationale Terrorismus als »organisierte Kriminalität« dar. Osama bin Laden führte seine Al-Qaida wie ein modernes multinationales Unternehmen (er war ja vorher tatsächlich Unternehmensmanager), das mit neuestem technischen und logistischem Know-how ausgestattet ist. Und zu dieser »Terrorismusfirma« gehören auch entsprechende »Ausbildungseinrichtungen« für terroristische Aktivisten.

Wenn Menschen – aus welchen Gründen und Umständen auch immer – die für die Entwicklung eines gesunden Narzissmus fundamentalen, hinreichend guten Beziehungserfahrungen versagt bleiben, besteht die Gefahr der Entwicklung eines »pathologischen Narzissmus«. Eine Traumatisierung im späteren Leben bedeutet immer auch eine Verletzung des Selbstgefühls, eine narzisstische Kränkung (Moses 1982). Wenn auf diese Weise die Regulation des gesunden Narzissmus übermäßig gestört wird, kommt es häufig ebenfalls zur Entwicklung eines »malignen Narzissmus«. »Man wird schlecht durch Leiden«, formuliert Michael Balint (1966, S. 66) programmatisch. Narzisstische Kränkungen führen nach Kohut (1975) vor allem zu »narzisstischer Wut«. Beschämungen, Demütigungen, Angst, Verzweiflung und Hoffnungslosigkeit zählen also zu den Geburtshelfern des »destruktiven Narzissmus« (Rosenfeld 1981), der zerstörerischen Gewalt. Das kann zum Beispiel die Form annehmen, dass ich unbewusst versuche, jemand anderem die Angst einzujagen, unter der ich selber leide (was ja auch der Begriff »Terror« impliziert). »Der explosive Narzissmus, dessen dramatischer Ausdruck gegenwärtig die menschlichen

Bomben sind, speist sich, so paradox es klingt, aus dem Sicherheitsbedürfnis traumatisierter Menschen« (Schmidbauer 2003, S. 19). Menschen, denen in ihrer Kindheit, ihrer Jugend und/oder ihrem Erwachsenenstatus hinreichend gute liebevolle und anerkennende und identitätsstiftende und -fördernde Erfahrungen versagt bleiben, die hätten internalisiert werden können, oder deren gute, sicherheitvermittelnde innere Repräsentanzen durch Traumatisierungen geschädigt oder zerstört werden, werden unbewusst lebenslang nach äußerem Halt und äußeren Sicherheiten suchen. Sie sind somit anfällig für alle möglichen Heilsversprechen und Heilslehren (Auchter 2005). Ihr ungestilltes Sicherheitsbedürfnis kann zu einem angstgesteuerten Sich-Festhalten und Sich-Anklammern an bestimmte Weltanschauungen, bestimmte Kollektive und bestimmte »Führer« beitragen. Auf diese Weise wird dogmatischen, fundamentalistischen (Pfürtner 1991, S. 106) oder fanatischen (Hole 1995, S. 20; Conzen 2005) Positionen der Weg bereitet. Ideologische Führer verkünden als Heilsbringer absolute und damit völlig sicher erscheinende Heilsgewissheiten (»ewiges Heil«). Der gesunde Gläubige glaubt zu mindestens 50,1% und ist bis zu 49,9% von Zweifeln erfüllt. Der krankhaft Gläubige muss alle seine Zweifel durch einen 99,9%igen Glauben abwehren (vgl. Reik 1923). Das kann zum Beispiel darin bestehen, die Bibel oder den Koran als »wortwörtliche Offenbarung« Gottes zu betrachten. »Der Koran ist nicht interpretierbar, der Koran ist absolut«, betont Mohammed Atta, einer der Attentäter vom 11. September 2001 (Aust/Schnibben 2002, S. 173). Ein derartiger Glaube verleugnet, dass es »den« eineindeutigen Koran wohl ebenso wenig gibt (geben kann!) wie die eineindeutige Bibel[20]. Die Wortwörtlichkeit könnte sich höchstens auf selektive Textstellen beziehen. Und dann bleibt immer noch die Frage, ob nicht jede Lesart immer schon eine »Interpretation« ist. Im Denken des Fundamentalisten aber gibt es natürlich keinerlei Interpretationsspielraum – damit aber auch keine Verunsicherungsmöglichkeiten.

Viele Menschen in der sogenannten »Dritten Welt« oder Migranten in den westlichen Ländern, besonders Jugendliche, gerade der zweiten und dritten Generation, sind als »Grenzgänger« zwischen herkömmlichen Traditionen und Kulturen und modernen westlichen Kulturen in ihren integrativen und synthetischen Fähigkeiten überfordert. Der alltägliche offene oder versteckte

20 Die Bibel christlicher Fundamentalisten kann deswegen nie wortwörtlich gelten, da es sich immer schon um Übersetzungen aus dem Hebräischen oder Aramäischen handelt, und die sind per se immer schon »Interpretationen«!

Rassismus ihrer Aufnahmeländer, geboren aus Fremdenangst und Fremdenfeindlichkeit (Auchter 1990), erschwert eine stabile Identitätsbildung dieser Menschen zusätzlich. Häufig fühlen sie sich nirgends beheimatet, wurzellos, nirgends zugehörig, empfinden aber starke bewusste oder unbewusste Bedürfnisse nach der Zugehörigkeit zu einer bestimmten Gruppe (vgl. Taarnby 2003, S.15ff.). Zudem vertiefen Informationsüberreizung und zunehmende Unüberschaubarkeit der Globalisierungsprozesse die »Identitätsverunsicherung«. Damit verbundene, sich verstärkende Abstraktions- und Entfremdungsprozesse fördern die kompensatorische Hinwendung zum Naheliegenden, »Konkreten« (vgl. Claessens 1980), z.B. in Nationalismen, Regionalismen oder Religionszugehörigkeit. Sie versuchen damit, die Brüchigkeit (Auchter 2005) ihrer Identität zu übertünchen und die Risse (Volkan 2003, S. 260) im Selbstverständnis zu kitten. Adoleszente registrieren unter anderem aufgrund ihrer durch die normale Identitätskrise begründeten erhöhten Verletzlichkeit besonders sensibel reale soziale und politische Ungerechtigkeiten und Unterdrückungen. Sie finden in deren Opfern Identifikationsangebote und Solidarisierungsmöglichkeiten. Kriegerische Auseinandersetzungen begünstigen zusätzlich das »Freund-Feind-Denken«. Abd Samad Moussaoui (2002, S. 103), der Bruder eines der Attentäter vom 11. September, schreibt:

> »Golfkrieg, Bosnien, Algerien, Palästina, Afghanistan, Tschetschenien [...] überall in der Welt wurden Muslime verfolgt. Das empörte uns [...]. Diejenigen, die diese Ungerechtigkeiten stark wahrnahmen, wurden mit der Zeit sehr dünnhäutig. So wurden einige von ihnen anfällig für totalitäre, fanatische Ideologien.«

Der Fundamentalist versucht, »mit aller Gewalt« den harmonisch-friedlichen Zustand der Präambivalenz wiederherzustellen. Oder, wenn man es »kleinianisch« formuliert: Er verharrt oder regrediert in der »paranoid-schizoiden Position«, er spaltet und fühlt sich verfolgt und reagiert aggressiv-destruktiv.

Die Attentäter vom 11. September

Ihre Persönlichkeiten, speziell die der Piloten, stellen uns vor eine besondere Erklärungsschwierigkeit. Sie sind intelligent, gebildet, fleißig, weltzugewandt, stammen aus wohlhabenden arabischen Elternhäusern. Als sogenannte »Schläfer« haben sie jahrelang äußerlich relativ unauffällig, zum Beispiel als Studenten in Deutschland gelebt und unter Geheimhaltung sorgfältig, organisatorisch geschickt und klug das Verbrechen vom 11. September geplant. So zeigen auch sie zwei Gesichter. Welches ist ihr »wahres Gesicht«?

Fachleute attestieren dem Attentäter Mohammed Atta eine »geradezu bizarre Verhaltenskontrolle« (Aust/Schnibben 2002, S. 170), »nur selten seien sein Fanatismus und sein Antiamerikanismus durchgebrochen« (ebd.). »Selbst unter Glaubensbrüdern fällt er bisweilen durch Starrsinn auf« (ebd., S. 174), durch »religiöse Strenge« (ebd., S. 171). »Atta funktioniert« (ebd., S. 172). Die Attentäter leben in einer »Parallelwelt« (ebd., S. 175), führen ein »doppeltes Leben« (*DER SPIEGEL* 48/2001, S. 60). Ein Kommilitone, Martin E., beobachtet bei Atta ein »kulturelles Angstgefühl, die Furcht an den Rand gedrängt zu werden«. Die Gutachter sprechen von »Frustrations- und Hilflosigkeitsgefühlen« (*DER SPIEGEL* 48/2001, S. 50) bei ihm.

Traditionelle arabisch-islamische Gesellschaften sind vorwiegend patriarchal strukturiert. Patrizentrische Strukturen lassen sich als unbewusste kollektive männliche (narzisstische) Abwehr gegenüber der »mächtigen Frau« verstehen. Machtvoll ist die Frau (in der Fantasie der Männer) einmal als Mutter, die auch jeden Mann zur Welt gebracht hat (vgl. »Geburtsneid«; Bettelheim 1954), und andererseits als das Wesen, das sein Begehren erwecken und seine Sexualität erregen kann. Gehad Mazarweh (2005, mdl. Mttlg.) hat darauf hingewiesen, dass in arabischen Gesellschaften die Söhne in der ersten Zeit ausschließlich von der (»mächtigen«) Mutter erzogen werden und dass dann an einer bestimmten Stelle der Entwicklung schlagartig die Unterordnung in Verachtung und Entwertung umschlägt, der die Frauen in solchen Gesellschaften durch Benachteiligung und Unterdrückung ausgesetzt sind. Die unbewusste Identifikation mit dem (scheinbar) mächtigeren Vater und den mächtigen Männern hilft zunächst bei der Abwehr und Bewältigung der mächtigen Mutter. Wenn sich aber dann der reale Vater zwar als gewalttätig, aber tatsächlich gerade nicht mächtig erweist, dann muss Zuflucht bei dem fantasierten »allmächtigen Vater Allah« respektive beim christlichen Fundamentalisten beim allmächtigen »Gott Vater« beziehungsweise entsprechenden Vaterfiguren gesucht werden. Ruth Stein (2005) leitet unter anderem aus dem Brief des Flugzeugentführers vom 11. September Mohammed Atta ab, dass religiös motivierte Selbstmordattentäter sich in einer Art ekstatischer, mystischer Vereinigung mit Allah oder Gott verbunden fühlen. Statt sich den ödipalen – und anderen – Konflikten zu stellen, erfolgt eine regressive Unterwerfung unter den archaisch grausamen, sadistischen und mörderischen »Ur-Vater« und durch eine aggressiv-destruktive Identifikation eine Verschmelzung mit ihm.

Eine Gemeinsamkeit der monotheistischen Weltreligionen liegt in der Abwehr des Unreinen, das durch den Körper, speziell die Sexualität und das Weibliche, repräsentiert wird, in dem »Hass auf die Sinnlichkeit, auf Lust und Vergnügen« (Bohleber 2004, S. 80). Von Mohammed Atta ist bekannt, dass er in seinem konkreten Umgang mit Frauen sehr verklemmt und verschüchtert gewesen ist (Döser 2003; Wirth 2003; Bohleber 2004). In seinem 1996 verfassten Testament geht es in drei Punkten allein um seine Ängste vor der »Unreinheit der Frauen«. »Angst und Scham [...] vor der Frau – speziell der emanzipierten, der selbstbewussten, der sexuell aktiven Frau – ist nicht nur ein individuelles Merkmal von Atta, sondern ein in der islamischen Welt verbreitetes Phänomen« (Wirth 2003, S. 68). Sie werden durch eine Entwertung und Erniedrigung des»Weiblichen« abgewehrt. Auch der Abwertung des Körpers und der Körperfeindlichkeit in fast allen Ausprägungen des religiös-politischen Fundamentalismus liegt unbewusst die »narzisstische Sehnsucht nach Reinheit« zugrunde.

Hinter ihrer narzisstischen Charakterpanzerung können diese Männer ihre bewussten und unbewussten Ängste, ihr Fremdheitsgefühl, ihren kulturellen Zwiespalt, ihre Identitätsverunsicherung, ihre sexuelle Furcht, ihre Trauer, ihren Schmerz und ihre Verzweiflung verbergen. Genauso aber auch ihre Hassgefühle und ihre Racheimpulse. Die Erstarrung im Panzer ihres Falschen Selbst, der zudem ideologisch verstärkt ist durch einen extremen »Islamismus«, lässt jedes selbstkritische Denkvermögen, jedes Empfindungen für eigene Gefühle, den eigenen Schmerz (Gruen 2002, S. 138) und jedes Mitgefühl für das Opfer verschwinden. Sie funktionieren wie menschliche »Kampfmaschinen«, wie Roboter auf Befehle, und sie lassen sich als menschliche Bomben einsetzen.

Gerade durch die sichere »Medienaufmerksamkeit« versprechen Attentate wie das vom 11. September eine grandiose narzisstische Überwindung von Gefühlen der Demütigung, Beschämung und Minderwertigkeit bei den Tätern. Die weltweite traumatische Wirkung wurde von den Terroristen auch dadurch erzielt, dass zwischen dem Einschlag des ersten und des zweiten Flugzeuges 18 Minuten lagen, was vermutlich im Kalkül der Terroristen lag. In einer Medienmetropole wie New York reichte diese Zeit aus, dass ab dem zweiten Einschlag Milliarden Zuschauer in aller Welt live, »in Echtzeit« (*DER SPIEGEL* 38/2001,

S. 126), dabei sein konnten. Erst dadurch, dass die Terroristen »die ganze Welt als Resonanzraum« benutzten (Waldmann zit.n. Wirth 2002, S. 384), bekam der Terrorakt vom 11. September seine weltbewegende Bedeutung. 20 Leuten gelang es, am 11. September mithilfe der modernen Medien für mehrere Tage praktisch die ganze Welt lahmzulegen und horrende Unkosten zu erzeugen. Für geraume Zeit waren die Augen, Ohren und Herzen der gesamten Welt auf diese Menschen gerichtet. Das muss in ihnen in der Vorstellung ein reales Gefühl gewaltiger »narzisstischer Großartigkeit« auslösen.

Das Attentat vom 11. September hat uns alle einerseits mit einer gewaltigen Hilflosigkeits- und Ohnmachtserfahrung konfrontiert, andererseits aber auch damit, welche zerstörerische Macht mit relativ geringfügigen Mitteln zu erlangen ist. Dafür gibt es sogar einen Begriff: »Herostratismus«. Herostrat, auf den er zurückgeht, steckte in der Antike den Artemistempel in Ephesus in Brand, wodurch dieser völlig niederbrannte und zerstört wurde. Herostrat ist aber bis heute weltbekannt geblieben! Ein solches Selbstmordattentat ist also auch der unbewusste Versuch der Realisierung von »narzisstischen Größenfantasien« zur Abwehr gegenteiliger Gefühle.

Ansätze zur Überwindung – oder präziser: Eindämmung von Gewalt und Terror

Auch als Mitglied im Verein »Aachener Friedenspreis«[21] halte ich militärische Gewalt nicht für eine mögliche Lösung des Terrorismusproblems! Sie stellt allerhöchstens eine Symptombekämpfung dar, steht aber in der Gefahr, unbewusst oder bewusst genau das zu produzieren, was sie zu bekämpfen vorgibt.

Terrorismus als Spiegel?

Die bekannte indische Autorin Arundhati Roy (2002, S. 276), engagierte Kämpferin für die Menschenrechte, schreibt: »Was ist Osama bin Laden?

21 Aufgrund interner Entwicklungen sah ich mich gezwungen, im November 2011 aus diesem Verein auszutreten.

Er ist das amerikanische Familiengeheimnis. Er ist der dunkle Doppelgänger des amerikanischen Präsidenten. Der brutale Zwilling des angeblich Schönen und Zivilisierten.« Der Tagesschaumoderator Ulrich Wickert griff dies auf: »Bush ist kein Mörder und Terrorist. Aber die Denkstrukturen sind die gleichen.« Man erinnere sich an den Sturm der öffentlichen Entrüstung, der über Wickert hereinbrach.

Aber könnte es nicht tatsächlich so sein, dass die allgemeine Empörung nach dem 11. September auch etwas damit zu tun hat, dass die Terroristen uns in brutaler Weise einen Spiegel vorgehalten haben? Einen Spiegel, in dem unsere so gerne verdrängten eigenen selbst- und fremdzerstörerischen Tendenzen schlagartig sichtbar gemacht wurden? Sind wir frei davon, die Welt manichäisch in gut und böse aufzuteilen? Denken wir exemplarisch an den amerikanischen Präsidenten George W. Bush und seinen »Kreuzzug gegen das Böse« oder seine Metapher von der »Achse des Bösen«. Und sind wir häufig nicht ebenso unkritisch selbstgewiss, dass wir die »richtigen« Vorstellungen vom »Heil« der Welt besitzen? Ist der »Fundamentalismus« tatsächlich nur unter Muslimen zu finden?

Gehen wir in unserem Umgang mit Rohstoffen, Energien und Schadstoffen nicht ebenso maßlos, zerstörerisch und menschenverachtend vor wie die Attentäter mit ihrer Mitwelt?

Dient in diesem Sinn der »Kampf gegen den Terrorismus« vielleicht unbewusst auch dem Zerschlagen dieses Spiegels? Entspringt er unserem Bedürfnis, die »eigene« Gewalttätigkeit (z.B. Verweigerung des Kyoto-Abkommens zur Schadstoffreduzierung in der globalen Luft durch die USA, die Verweigerung des Internationalen Gerichtshofes, den Sonderstatus amerikanischer Militärs, die wegen Kriegsverbrechen nicht vor diesen Gerichtshof zitiert werden dürfen) in der Verborgenheit, der Verdrängung, im »Un-Bewusstsein« zu belassen?

Einer meiner ersten Gedanken am 11. September 2001 war: Jetzt konzentrieren sich die Blicke der ganzen Welt auf diese Tausende von Toten in New York und all die jeden Tag zum Beispiel an Hunger Sterbenden (ungefähr 25.000, also etwa zehnmal so viel) geraten völlig aus dem Blick.

Stellen die Terroristen nicht auch eine Variante des von dem Soziologen Richard Sennett (1999) beschriebenen modernen »flexiblen Menschen« dar, der fungibel für alle möglichen wirtschaftlichen und politischen Interessen ist. »Vielleicht ist die Zerstörung des Charakters eine unvermeidliche Folge« (ebd., S. 3). Auch in dem Motto »Der Zweck heiligt die Mittel« sind die USA ein großes Vorbild (vgl. den Sprachwissenschaftler und Kulturkritiker Noam Chomsky 2001, 2002).

Ansätze zur Bewältigung des Terrors

So monströs, beeindruckend und subjektiv überwältigend Selbstmordattentate dem ersten Anschein nach auch sein mögen – schon neigen wir dazu, uns an diese alltägliche Gewalt z. B. im Irak zu gewöhnen –, sollten wir uns den Blick nicht trüben lassen (»Angst macht dumm!«). Das primäre Ziel von Terror ist, Angst auslösen. Die objektive Gefahr, durch einen terroristischen Anschlag sein Leben zu verlieren, ist bislang jedenfalls in den meisten Gebieten der Erde in Relation zu den Gefahren, die uns zum Beispiel täglich im Straßenverkehr drohen, oder einem anderen Verbrechen zum Opfer zu fallen, vergleichsweise gering! Je gefasster und gelassener die Öffentlichkeit auf einen Terrorangriff reagiert[22], wie beispielhaft auf denjenigen Anfang Juli 2005 in London, desto eher kann dem Terrorismus sein wichtigster Stachel, die »Angstmache«, gezogen werden. »Langfristig muss es gelten, Täter zu verhindern und nicht Taten. Kurzfristig ist nur das Gegenteil möglich« (Bittner 2005b).

Die Schriftstellerin Irene Dische aus New York berichtet von einem TV-Interview nach dem Attentat auf das World Trade Center am 11. September 2001. Die junge Frau hatte ihren Mann in der höchsten Etage des einen Turmes verloren. Auf die Frage der Journalistin nach einer Botschaft ihres Mannes für das amerikanische Volk blickte die junge Witwe direkt in die Kamera und sagte:

> »›Er würde jede Rache ablehnen. Keine Vergeltung. Keine Rache. Er würde mit den Tätern sprechen wollen. Sein Tod kann nicht rückgängig gemacht werden, indem wir das Blut anderer Menschen vergießen.‹ Die Journalistin war tief schockiert. ›Wie meinen Sie‹, stotterte sie, ›glauben Sie, dass wir unsere andere Wange hinhalten sollten?‹ Die Witwe wollte nicht streiten, sondern wiederholte ihren Standpunkt: ›Ich weiß, dass er glaubte, ein Gespräch sei fruchtbarer als Gewalt. Wir sollten versuchen, eine Wiederholung dieses Verbrechens zu

22 Das impliziert einen Verzicht von Medien auf Auflagenstärke oder Einschaltquoten und Verzicht von Politikern auf kurzfristigen Aktivismus oder parteipolitischen Missbrauch derartiger Taten!

verhindern, indem wir mit denen, die uns hassen, zu einem gemeinsamen Verständnis kommen.‹

Unter all den Wiederholungen auf allen Kanälen tauchte dieses Interview nicht mehr auf. Statt dessen sehen wir Amerikaner, die Flaggen kaufen, die Vergeltung fordern, Rache und Gottes Segen« (Dische 2002, S. 30f.).

Wenn meine Hypothese zutreffend ist, dass die terroristische Gewalt neben anderem vor allem ein unbewusster Versuch ist, eine individuelle und/oder kollektive narzisstische Persönlichkeitsproblematik zu lösen, also in einer Form des »pathologischen Narzissmus« wurzelt, dann müssen alle Ansätze zu einer Überwindung im Zusammenhang mit der Entwicklung und Förderung eines »gesunden Narzissmus« gesehen werden.

Millionen, Milliarden von Menschen, dem größten Teil der Menschheit, ist ein Aufwachsen in Freiheit, Recht und Würde verwehrt. 6,2 Milliarden Menschen leben von weniger als 2 Dollar pro Tag. 800 Millionen Menschen leiden Hunger. Täglich sterben weit über 20.000 Menschen wegen der ungleichen und ungerechten Verteilung der Güter in der Welt. Die sogenannten zivilisierten Kulturen importieren ungehemmt die Rohstoffe und exportieren ihren Müll in die Länder der sogenannten »Dritten Welt«.

Der Welt-Waffenexport – und Waffen haben keine andere Funktion als zu töten und zu zerstören – betrug im Jahr 2000 40 Milliarden Euro, eine Steigung gegenüber 1999 von 8% (1999 circa 37 Milliarden Euro). Die sogenannten »Entwicklungsländer« haben Waffen für 25,4 Milliarden Dollar erworben. Die USA sind an diesem Geschäft mit 18,6 Milliarden Dollar beteiligt, Russland mit 7,7 Milliarden, Frankreich 4,1 Milliarden, Deutschland mit 1,1 Milliarden Dollar. Die Gesamtausfuhr von Kriegswaffen aus Deutschland betrug 1999 2,8 Milliarden DM. Die globalen Militärausgaben sind 2002 auf 960 Milliarden Euro gestiegen (4 bis 5% mehr als 2001), die USA geben 353 Milliarden Dollar dafür aus (*Aachener Nachrichten* 28.05.02), Deutschland 30 Milliarden. Das Internationale Konversionszentrum Bonn (BICC) spricht im Jahrbuch 2002 diesbezüglich von einer »Terrordividende«.

Die im Anschluss an den 11. September 2001 schnell formulierte Äußerung, nach diesem Ereignis sei in der Welt »nichts mehr wie vorher«, hatte nur wenige Tage, höchstens zwei Wochen, Gültigkeit. Zwar war nach einer Emnid-Umfrage für 98% der Deutschen die Anschlagsserie das wichtigste Ereignis des Jahres 2001, aber heute ist die Welt zur Tagesordnung und zur »Allgegenwart« und

Alltäglichkeit der Gewalt (Rauchfleisch 1992) übergegangen. Verunsicherung und Angst sind in die Tiefe des Unbewussten abgedrängt worden beziehungsweise werden mit ständig neuen militärischen Gewaltaktionen in aller Welt dahin zurückgebombt.

82,4% der Frauen und 76,6% der Männer in Deutschland erklärten, dass sie nach dem 11. September generell mehr Angst hätten. Im November 2001 hatte der Berufsverband der Allgemeinärzte Deutschlands von einer Zunahme der Angsterkrankten berichtet. 50% der Hausärzte berichteten von deutlich mehr Fällen von Ängsten und Depressionen in ihren Praxen (*Aachener Nachrichten* 07.02.2002). Nach dem 11. September äußerten 35%, 15% mehr als im April 2001, die Sorge, in einen militärischen Konflikt verstrickt zu werden. Aber auch die privaten Besorgnisse verstärkten sich nach dem 11. September. Angst vor Einsamkeit äußerten 7,3% mehr als vorher (25,5%), 7,1% mehr als zuvor (41,7%) äußerten Angst, dass ihren Angehörigen etwas zustößt, um 6,4% auf 49,7% stieg die Zahl derjenigen mit Angst, im Alter zum Pflegefall zu werden (*Aachener Nachrichten* 07.02.2002). Der Terror hat einen seiner Zwecke erfüllt, nämlich Angst einjagen.

Ein wichtiger Beitrag, den wir »Zivilisierten« für die Eindämmung des Nährbodens für Terrorismus leisten könnten, wären Schritte in Richtung einer Beendigung von Ausbeutung und Missbrauch (z.B. Rohstoffe, Kinderprostitution, Abfallablagerung) der »Dritten Welt«. Sie müssten gehen in Richtung »Gleiches (Menschen-)Recht für alle«, das zwar in der Charta der Vereinten Nationen (UN) verankert ist, von dessen Realisierung wir aber meilenweit entfernt sind. Dazu gehört auch der »Minderheitenschutz«. »Terrorismus ist eine Folge der Ungerechtigkeit. Bestünde politische und soziale Gerechtigkeit, gäbe es keinen Terrorismus«, schreibt Walter Laqueur (1982, S. 11) schon zu Beginn der 80er Jahre. Eine absolut gerechte Gesellschaft ist allerdings eine Utopie, die wiederum den Keim weiterer Gewalt in sich trägt (Waelder 1980a, S. 325). Abgesehen davon müsste auf Aktivitäten verzichtet werden, die unter der Maske von »Befreiung« und »Demokratisierung« ganz andere (eigene ökonomische) Interessen befriedigen und damit realen Anlass zu Ressentiment und Racheimpulsen bieten. Der polnische Soziologe Zygmunt Bauman (*DIE ZEIT* 39/2001) meint:

> »Derzeit gleicht unser aller Zuhause einem Lagerraum, der bis zur Decke mit Dynamit gefüllt ist. Dynamit das aus dem geballten Leid und Elend verarmter

> und enterbter Millionen besteht. Es gibt genügend potentielle Terroristen, die mit Streichhölzern bereitstehen. Es ist der wachsende Berg an Dynamit, der uns zu schaffen machen sollte.«

Und Baumann resümiert: »Nicht nur der Terrorismus, auch seine Ursache muss bekämpft werden.«

Da das vermeidliche, überflüssige Böse im Wesentlichen in Beziehungen produziert wird, kann und muss hierin auch der Ansatzpunkt für eine Eindämmung des Bösen gesucht werden. Wenn einer Gewalttat in der Regel ein entgleister, abgebrochener oder nie zustande gekommener Beziehungsdialog zugrunde liegt, dann kann nicht ein Beziehungsabbruch oder eine Beziehungsverweigerung, sondern nur eine »Aufnahme oder Wiederaufnahme von Beziehung und Dialog« aus dem Teufelskreis von Gewalt und Gegengewalt herausführen. Mit dem Sprechen kann es dann zu einem Wiedergewinn von Probehandeln und Symbolisierungsfunktionen und der »leisen Stimme des Intellekts« (Freud 1927c, S. 377) kommen. »Worte öffnen Fäuste« (Schorlemmer 1992). Der israelische Psychologe Dan Bar-On beschreibt in seinem Buch *Die »Anderen« in uns* (2001) den »Dialog als Modell der interkulturellen Begegnung« und vor allem am Beispiel Israel/Palästina dessen »Chancen für eine interkulturelle Konfliktbewältigung«. Wir kommen nur voran, wenn wir den malignen narzisstischen Haltungen wie Fundamentalismus und Terrorismus etwas anderes als pure (militärische) Gegengewalt entgegensetzen – nämlich »Differenzierung«, »Toleranz«, »Fragen«, »Aushalten von Unterschieden«, »Unsicherheit« und »Unlösbarkeiten« anstelle von »Gewaltlösungen«. Das alles verzichtet nicht auf notwendige Abgrenzungen und Grenzsetzungen, es grenzt aber ein und nicht aus!

Die Annahme eigener Schwäche und Versehrtheit, von Verletzlichkeit und Verwundbarkeit, der Verzicht auf absolute Sicherheit und die Fähigkeit, die eigene Begrenztheit und die Sterblichkeit zu ertragen, gehören zu einem gesunden Selbstbild. Das vermag dazu beizutragen, dass wir nicht mit Gewalt versuchen, dieses Menschliche zu eliminieren. Wenn wir dennoch versuchen, das Unvollkommene und Schwache des Menschen als lebensunwert zu beseitigen, dann kann das nur in Zerstörung und letztlich einer Selbstvernichtung münden. »Wir können nicht alles Böse und allen Terror zerstören, ohne uns damit selbst zu zerstören, denn sie sind Teil von uns«, sagte die Psychoanalytikerin Hanna Segal auf einer Tagung über den Terrorismus im Dezember 2001 in

London. Die Akzeptanz unseres eigenen unvermeidbaren Leidens bewahrt uns davor, andere vermeidbar leiden zu machen. Das ist nur über »Trauer-Arbeit« möglich. Und durch ein fortgesetztes Überwinden der »paranoid-schizoiden Position« zugunsten der »depressiven Position« (M. Klein).

Menschsein ohne oder mit weniger Gewalt bedeutet den radikalen und definitiven Verzicht des Menschen auf jede Gottähnlichkeit. Damit meine ich den a priori zum Scheitern verurteilten Versuch der Realisierung von Wunschfantasien über menschliche Allwissenheit, Unfehlbarkeit und Omnipotenz (Auchter 1987). So wie es der französische Philosoph Albert Camus (1951, S. 248) einmal formulierte: »Leben und sterben lernen und, um Mensch zu sein, sich weigern, Gott zu sein.«

6.

»Das fremde eigene Böse« Vorurteil, Rassismus und Antisemitismus

Die seelische Krankheit »Fremdenfeindlichkeit« – oder: »Das fremde eigene Böse« (1990/1991)

Zur Psychoanalyse von Fremdenangst und Fremdenhass

»Niemals tut man so gut und so vollständig das Böse,
als wenn man es guten Gewissens tut.«
Blaise Pascal

Fremdenangst, Fremdenfeindlichkeit und Rassismus sind keine spezifisch deutschen Erscheinungen, sie sind offenbar ubiquitäre und zeitlose Phänomene. Wir hassen das, was wir »wenig kennen und verstehen«, schreibt Sigmund Freud (1915b, S. 329). Beispielsweise im Zusammenhang mit dem deutschen Einigungsprozess Anfang der 90er Jahre ist ein erhebliches Anwachsen der »Ausländerfeindlichkeit« festzustellen, und zwar vor allem auch in dem Gebiet der neuen Bundesländer (vgl. Studie des Instituts für Sozialforschung und Gesellschaftspolitik 1990 »Ausländerfeindlichkeit in der ehemaligen DDR«; Lederer 1990, S. 80f.; Maaz 1990b, S. 94). Ich erinnere nur an die »brennenden« Stichworte »Lichtenhagen« und »Mölln«. Auch die globale Krise der Finanzmärkte und die Wirtschaftskrise rund 20 Jahre später führen zu einem erneuten Aufflammen von Rassismus und Rechtsradikalismus. Aufgrund unserer Geschichte bedürfen wir Deutsche für solche Vorkommnisse einer ausdrücklichen Wachsamkeit und sind zu besonderer Verantwortung herausgefordert.

Das Fremde und das Eigene

Das Fremde ist alles mir nicht Eigene, mir nicht Identische – alles, was mir verstandesmäßig nicht bekannt und gefühlsmäßig nicht vertraut ist. In einem lebenslangen Prozess der Erfahrung, des Wahrnehmens und Erkennens eigne ich mir das zunächst Fremde an, wodurch es seine Fremdheit verliert. Der

»Aneignung« des »Fremden« sind z. B. durch Begrenztheit der Wahrnehmungskapazität subjektive und im Gegenstand des Fremden, z. B. dem eigenen Tod, objektive Grenzen gesetzt. Da der eigene Tod uns immer fremd bleiben wird, muss Rainer Maria Rilkes (1903) Gedanke »O Herr, gieb jedem seinen eigenen Tod« wohl immer Wunsch bleiben.

Wenn wir das Wort »fremd« hören, denken wir wahrscheinlich zuerst immer an die fremden Anderen. Wir übersehen dabei, dass wir selbst für die meisten anderen Fremde sind. Und wir machen uns wohl auch selten bewusst, dass wir uns selbst in nicht unerheblichem Ausmaß fremd sind, »nicht Herr im eigenen Haus« (Freud 1917a). Der Name dieses fremden Eigenen ist das »Unbewusste«, das in viel größerem Maße als wir gewöhnlich bereit sind, anzuerkennen, unser persönliches und soziales Verhalten und Erleben beeinflusst.

Selbstregulation

In der Psychoanalyse betrachten wir menschliches Erleben und Verhalten wesentlich durch drei Antriebsbereiche bestimmt: durch »Sexualität« und »Aggression« (Liebe und Hass) und durch den »Narzissmus«. Narzissmus bedeutet zunächst: Beziehung zu sich selbst, Liebe zu sich selbst. Selbstliebe ist etwas Normales, Gesundes, Lebensnotwendiges. Friedrich-Wilhelm Denecke (1989) hat das Konstrukt eines »Selbst-Systems« oder narzisstischen Persönlichkeitssystems entwickelt. Es ist das »organisierte persönliche Weltmodell eines Menschen, einschließlich aller Regulationsvorgänge, die an seiner Organisation teilhaben« (ebd., S. 589). Lebenslang suchen wir nach Anerkennung und Bestätigung unseres Selbst durch andere. Wenn wir sie erhalten, sind wir stolz und fühlen uns gut. Von der Bejahung und Anerkennung durch andere sind wir unvermeidlich abhängig, solange wir leben. Wenn in der heutigen schnelllebigen und komplexen Zeit die persönliche »Anerkennungskultur« immer mehr verloren geht, versuchen die Menschen sich Ersatz zu suchen. Zum Beispiel in »facebook« und ähnlichen virtuellen »sozialen Netzwerken«, wo einem die Illusion vorgegaukelt wird – und man sich selber vorgaukeln kann –, zwischen 50 und 5.000 oder mehr »Freunde« zu besitzen und wo man sich darüber hinaus niemals allein fühlen muss.

Der Mensch ist, soweit uns bekannt, das einzige Lebewesen, das sich selber denken kann. Damit steht er von Lebensbeginn an jedoch auch in einer ständigen Herausforderung, Stellung zu sich zu beziehen, Selbstgefühl und Selbstbewusstsein zu entwickeln, seine Identität zu bestimmen, seiner Existenz Sinn zu verleihen. Der Prozess der Identitätsbildung besteht in fortwährenden, durch innere und/oder äußere Umstände bedingten »narzisstischen Krisen« und Konflikten, Selbst-Infragestellungen und dem phasenspezifischen Bearbeiten und Bewältigen dieser Störungen im Gleichgewicht des Selbstsystems durch das (Wieder-)Herstellen eines (Identitäts-)Gleichgewichts. Defizite und Störungen der gesunden Selbstentwicklung wie narzisstische Kränkungen oder narzisstische Bedrohungen können zur krankhaften Entartung, dem »pathologischen Narzissmus« führen. Vorausgehende Kränkung führt zur Krankheit!

Pathologischer Narzissmus

In der pathologischen »narzisstischen Welt« herrschen absoluter Egozentrismus und Egoismus, eine den anderen völlig ausschließende Ich-Bezogenheit. Der Selbstidealisierung korrespondiert eine vollständige Geringschätzung, Entwertung und Verachtung für den anderen. Die Größenideen vom eigenen Selbst äußern sich in »Omnipotenzvorstellungen« (Fantasien von Allwissenheit, Allmacht, Allgewalt). Der Narzisst hält sich für unverwundbar, unsterblich, unbegrenzt – und zwar in jeder Hinsicht. Vollkommenheit und Perfektion bestimmen sein Weltbild. In der narzisstischen Welt gibt es keinen Aufschub, kein Warten, keine Hindernisse, keine Fragen.

Der Zustand der Fraglosigkeit und Widerspruchsfreiheit lässt sich nur durch ein Denken in »Schwarz-Weiß-Malerei«, dem »Entweder-oder-« und dem »Alles-oder-Nichts-Prinzip« aufrechterhalten. Die Unfähigkeit zur Relativität erlaubt keinerlei Kompromisse. In dieser Welt dürfen keinerlei Unterschiede bestehen. Keine Unterschiede zwischen Ich und Nicht-Ich, keine zwischen den Geschlechtern, keine zwischen den Generationen. Dadurch sollen jedwede Reibungen, Spannungen und Konflikte ausgeschlossen werden. Unser lebensgeschichtlich zutiefst verwurzeltes unbewusstes »Sicherheitsbedürfnis« wird am besten dadurch befriedigt, dass alles gleich ist und alles gleich bleibt und kein Unterschied uns irritiert und beängstigt. Deswegen gibt es ein starkes unbewusstes Bestreben in uns, den anderen uns gleich zu machen – und, wenn das nicht gelingt, dann nach dem Motto vorzugehen: »Willst Du nicht mein

Bruder sein, dann schlag ich Dir den Schädel ein.« Die Fantasie vollständiger Unabhängigkeit wird am besten durch eine totale Beherrschung des anderen gewährleistet. Bei der narzisstischen Orientierung geht es um die einfachen, glatten, sauberen und endgültigen Lösungen. »Endlösungen« aber sind immer tödlich!

Diese vollkommene narzisstische Welt ohne Differenzen, ohne Spannungen ist eine perfekte, eine fertige Welt, zum Stillstand gekommen, ohne Entwicklungsperspektive, eine »tote« Welt. Sie steht im diametralen Gegensatz zu einer Wirklichkeit, in der wir uns lebendig fühlen können. Lebendiges seelisches Geschehen ist immer durch Unterschiede und Spannungen charakterisiert, die fortwährend in ein relatives, stabiles Gleichgewicht gebracht werden müssen (»Realitätsprinzip«). »Der Mensch muss, um im psychologischen Sinne am Leben zu bleiben, unaufhörlich [...] Konflikte lösen« (Erikson 1970, S. 56).

Sogar das grundlegende Bedürfnis nach Konfliktfreiheit und Ruhe steht in einem dialektischen Verhältnis zum »Unruheprinzip« (Denecke 1989). Der lebendige Mensch ist das »Wesen im Widerspruch«. Neben dem ursprünglichen Bestreben nach narzisstischer Ausgeglichenheit gibt es ein ebenso ursprüngliches Bestreben nach Ausgewogenheit in den zwischenmenschlichen Beziehungen, zum Beispiel nach »Gerechtigkeit«. Gerade dieses bleibt beim pathologischen Narzissmus leidvoll unbefriedigt bzw. wird durch Pseudobeziehungen gesättigt.

Der Tod am Eigenen

»Ein starker Egoismus schützt vor Erkrankung, aber endlich muss man beginnen zu lieben, um nicht krank zu werden, und muss erkranken, wenn man infolge von Versagung nicht lieben kann« (Freud 1914c, S. 151f.). Freud (1920g) macht das am Beispiel der Einzeller drastisch deutlich, die in einem Experiment nur »im eigenen Saft schmorend« schließlich an ihren eigenen Stoffwechselprodukten zugrunde gehen. Es scheint heute, 90 Jahre später, keine Frage mehr, dass die Menschen mit ihren »Stoffwechselprodukten« (Abgase, CO_2, Abwasser, Müll etc.) ihre (einzige) Erde so verseuchen, dass sie sich möglicherweise selbst damit den Garaus machen.

Ohne das (den) »Fremde(n)«, Neue(n), Andere(n) gibt es keine Entwicklung, keinen Fortschritt, kein Leben, sind wir tödlich bedroht. Wir brauchen die Fremden so lebensnotwendig, wie das Neugeborene für seine gesunde Entwicklung auf den glückenden Dialog mit der Mutter bzw. den mütterlichen Funktionen des Vaters oder anderer angewiesen ist. Um uns als »Ich-Selbst« begreifen, um unsere eigene unverwechselbare »Identität« definieren zu können, benötigen wir zur Abgrenzung lebenslang unumgänglich den oder die anderen als »Nicht-Ich«, als etwas von uns Unterschiedenes. Narziss stirbt daran, dass er im Wasser nur sein Spiegelbild wahrnehmen kann, seine Identität sich nicht an der Differenz zum anderen konstituieren kann (Wahl 1985).

Fremdenfeindlichkeit

»Fremdenfeindlichkeit« ist ein höchst komplexes Phänomen. Wenn ich sie hier vor allem aus dem Blickwinkel einer seelischen Krankheit betrachten möchte, so ist das eine notwendige, aber keineswegs hinreichende Perspektive. Speziell möchte ich den Zusammenhang zwischen Fremdenfeindlichkeit und (pathologischem) Narzissmus näher untersuchen. Dem Titel meiner Arbeit »Die seelische Krankheit Fremdenfeindlichkeit« liegt ein spezifisches Krankheitsverständnis zugrunde. Ich betrachte nicht nur viele körperliche Erkrankungen (vgl. z.B. Beck 1981; Overbeck 1984), sondern auch die meisten seelischen Krankheiten und Symptombildungen vor allem unter dem Aspekt eines unbewussten »Selbstheilungsversuches«. »Die Krankheit darf [dem Kranken; Anm. T.A.] nichts Verächtliches mehr sein, viel mehr ein würdiger Gegner werden, ein Stück seines Wesens, das sich auf gute Motive stützt, aus dem es Wertvolles für sein späteres Leben zu holen gibt« (Freud 1914g, S. 132). In diesem Sinne verstehe ich übermäßige Fremdenangst (»Xenophobie«) und Fremdenhass als Symptome einer Störung der narzisstischen Regulation. Mit anderen Worten: als Reaktionen auf eine massive Gefährdung des narzisstischen Gleichgewichts, des Selbst- bzw. Selbstwertgefühls. Die daraus resultierende Fremdenfeindlichkeit stellt einen auf sozialer Ebene missglückenden Versuch der Reparation von angegriffenem oder beschädigtem Narzissmus dar. Sie hat wie jedes psychische Symptom ein Janusgesicht. Auf der subjektiven, narzisstischen Ebene ist es die derzeit bestmögliche und damit vorübergehend erfolgreiche Bemühung um Selbstheilung. Da die narzisstische Wunde jedoch auf diese Weise nicht dauerhaft zu schließen ist, kommt es zu ständig neuen und letztlich immer monströseren Anstrengungen um Selbststabilisierung. Die Fremdenfeindlichkeit kann sich so bis zum Totalvernichtungsbedürfnis alles Fremden steigern. Der Wahn der Fremdenfeindlichkeit hat also einen (unbewussten) Sinn!

Dabei kommen überwiegend seelische Regulationsmechanismen zum Einsatz, die aus der frühkindlichen Zeit der Selbstentwicklung stammen. Dazu zählen: »primitive Spaltungsmechanismen«, die »Entmischung« von Libido und Aggression, die »Externalisierung«, die »Projektion«, »Selbstidealisierung« und die »Entwertung des anderen«.

Fremdenfeindlichkeit resultiert aus dem unheilvollen Zusammenkommen zweier gestörter seelischer Entwicklungslinien. Die Entwicklung eines »pathologischen Narzissmus« verknüpft sich mit einer lebensgeschichtlich gestörten Beziehung zum Fremden, einem unausgewogenen Verhältnis zwischen Neugier und Neuangst.

Individuelle Regulationsstörungen im Selbst-System werden in gesellschaftlichen Krisen- und Umbruchsituationen verstärkt, die regelmäßig mit einer Labilisierung des narzisstischen Gleichgewichts einhergehen (vgl. Maaz 1990a).

Fremdenfeindlichkeit ist ein fatales Konglomerat, das libidinöse (gegenüber den Gesinnungsgenossen), aggressive (gegenüber den Fremden) und narzisstische Bedürfnisse (gegenüber sich selbst) zugleich befriedigt. Das macht eine Einflussnahme darauf so schwer.

Mario Erdheim (1988) hat das Konzept einer inneren »Repräsentanz des Fremden« vorgelegt, die im Entwicklungsverlauf eine Reihe von Metamorphosen durchmache (vgl. auch Parin 1985). Lassen Sie mich im Folgenden einige genetische Kristallisationspunkte der Entwicklungslinie des Fremden bzw. der Fremdenfeindlichkeit näher beleuchten.

Entwicklungspsychologie der Beziehung zum Fremden

Übermäßige Fremdenangst und der Fremdenhass fallen nicht vom Himmel. Wir »produzieren« sie in familiären und pädagogischen Verhältnissen und unter sozialen und gesellschaftlichen Bedingungen. Skizzenhaft möchte ich einige dieser Bedingungen näher erörtern. Um den seelischen Ursprüngen der Fremdenfeindlichkeit, den Anfängen des »fremden eigenen Bösen« auf die Spur zu kommen, müssen wir ganz an den Beginn unserer persönlichen Existenz zurückgehen.

Frühentwicklung

Der neue kleine Mensch steht vor allem vor zwei Entwicklungsaufgaben: Er muss eine Beziehung zu sich selbst erwerben (z.B. Selbstgefühl, Selbstbewusstsein, Selbstwertgefühl) und eine Beziehung zu seiner Mit- und Umwelt aufbauen. Dabei sind ihm seine ursprüngliche Neugierde und sein Bedürfnis, die Wahrnehmungen zu einer inneren Wirklichkeit, einer »Welt-Anschauung« zu organisieren, behilflich.

Für das Neugeborene ist zunächst fast alles fremd, mit zwei bedeutsamen Ausnahmen. Sowohl die Mutter (z.B. Stimme, Herzschlag, Bewegung) als auch der eigene Körper sind einerseits aus der neunmonatigen vorgeburtlichen Erfahrung bekannt und vertraut. Aber sie müssen andererseits zugleich nach der Entbindung neu entdeckt und angeeignet werden. Dem »Bindungsbedürfnis« muss Rechnung getragen werden.

Der »dritte« – neben Mutter und Selbst – ambivalent erlebte Fremde der Frühzeit ist der Vater (vgl. Loch 1976, S. 34). Er ist zugleich der störende Dritte, der einen Keil in die traute Zweisamkeit zwischen Mutter und Kind treibt, aber er ist auch der hoffnungsvolle Träger der Verheißung einer von der Mutter unabhängigen Existenz (vgl. Chasseguet-Smirgel 1988).

Es gibt nun offenbar ein sehr archaisches affektives Organisationsprinzip für das Wahrgenommene, nämlich die seelische Aufspaltung in »nur gut« und »nur böse« (Kernberg 1978; Ciompi 1982), wobei zunächst alles Gute (z.B. Sicherheit, Lust, Wohlbefinden) mit dem Ich-Selbst-Komplex verbunden wird und alles »Böse« (z.B. Angst, Schmerz, Wut) mit dem »Nicht-Ich-Selbst«. Dies kann natürlich nur gelingen auf dem Wege einer »Externalisierung« als böse oder schlecht erlebter kognitiver und affektiver Wahrnehmungen. Das ist ein innerseelischer Vorgang, auf der Realebene lässt sich natürlich nichts wieder hinauswerfen, was einmal Gegenstand der Wahrnehmung war. So ist zunächst (aber vermutlich nur für eine kurze Zeitspanne) im Erleben alles »Draußen«, alles Nicht-Ich, alles Fremde, alles Feindliche und Gehasste identisch (S. Freud 1915c, 1925h, 1926e). Dabei ist heute eine Gleichsetzung von gut mit Befriedigtsein und Spannungslosigkeit sicher nicht (mehr) haltbar. Als gut und lustvoll wird vielmehr das Befriedigungfinden in Komplementarität zum Unbefriedigtsein, das Sicherheitfinden vor dem Hintergrund von Irritationen, die Reizspannung im Kontrast zur Verlässlichkeit der Wiederholungserfahrung erlebt. »Wir sind so eingerichtet, dass wir nur den Kontrast intensiv genießen können, den Zustand nur sehr wenig« (Freud 1930a, S. 434). Ein Ausdruck davon ist das von Michael Balint (1960 beschriebene Phänomen der »Angstlust«, die Suche nach »Nervenkitzel« (»thrill«), die auch Erwachsene noch, z.B. auf Jahrmärkten, befriedigen können.

Zunächst besteht also eine »vertikale« Spaltung in Ich/Gut und anderer/Böse. Diese wird im Entwicklungsverlauf durch eine »horizontale« Aufteilung ergänzt und ersetzt, indem sowohl dem Ich Gutes und Böses zugeordnet und auch mit dem anderen Böses und Gutes verknüpft wird. Damit wird die Fähigkeit zum Wahrnehmen und Aushalten von »Ambivalenz« erreicht. Allerdings bleibt dieser Prozess immer reversibel!

Fremd – Körper

Körper und Seele bilden nicht von Beginn an eine selbstverständliche bewusste Einheit. Den Prozess der Aneignung des »Fremd-Körpers«, den Erwerb der »psychosomatischen Partnerschaft« fasst Donald W. Winnicott (1958, 1965a) in dem schönen Bild, dass die Seele den Körper zu »bewohnen« beginnt und lernt, sich im Körper zu Hause zu fühlen. Besondere Bedeutung kommt dabei der Haut als begrenzender Membran, als Unterscheidungsstelle zwischen Innen und Außen, Ich und Nicht-Ich zu. Die »Personalisierung« (Winnicott 1965a), die Selbstvergewisserung im Körper erfolgt einerseits über Lust-Erfahrungen (z.B. Gesättigtwerden, Gehaltenwerden, Gestreicheltwerden), andererseits über Unlusterfahrungen wie Hungerempfinden oder Schmerz (Freud 1923b). Hinfallen und Anstoßen an Gegenständen, die nicht nachgeben, wofür Kinder relativ unempfindlich sind, scheinen zu einer »Festigung und Abgrenzung seiner Körper-Selbst-Grenzen zu führen« (M. Mahler u.a. 1978). Unter ungünstigen Bedingungen kann es wieder zu einer »Depersonalisierung«, zu Entfremdungsgefühlen kommen, man ist »außer sich« oder steht »neben sich«. Das Verlieren des psychosomatischen Zusammenhalts ist eine besondere Form des Selbstverlustes. Psychosomatische Symptombildungen respektive die schmerzhafte Betonung bestimmter Körperteile ist nicht selten ein Reparationsversuch für den verloren gegangenen Körper-Selbst-Zusammenhalt (Winnicott 1965a, S. 224).

Das Fremdeln

Je klarer und konturierter die Vorstellungen der vertrauten Personen Mutter und Vater für das Baby werden, desto deutlicher heben sich davon fremde Personen ab. Spätestens mit sechs bis acht Monaten gibt es klare Unterscheidungen zwischen vertraut und fremd. Deshalb hat René Spitz (1965) dieses auch als »Fremdeln« bezeichnete Verhalten mit dem Begriff der »Achtmonatsangst« belegt. Die mit der Zeit gewachsene Fähigkeit zur Unterscheidung zwischen Mutter und Nicht-Mutter erlaubt es dem Baby darüber hinaus, die unerwünschten aggressiven Affekte und Impulse vom Bild der Mutter abzuspalten und auf den Fremden zu verschieben (Fornari 1970, S. 43, 160). Die Intensität dieses offenbar auch verhaltensbiologisch begründeten Verhaltensmusters (Renggli 1974) hängt sehr stark von den vorausgehenden lebensgeschichtlichen Erfahrungen ab. Eine sicherheitsspendende und vertrauenschaffende Frühphase, ein »gelingender Dialog« (Spitz 1981) verwandelt das »Urvertrauen« (Erikson) immer mehr in »Selbstsicherheit«. Es lässt Neugier und Verwunderung zu den hervorstechenden Elementen bei der Erforschung Fremder werden. Durch frühe Störungen im Dialog mangelhaft entwickeltes Urvertrauen dagegen begründet akute Fremdenangst und Einschränkungen im Explorationsverhalten (M. Mahler u.a. 1978). Im Angebot von Kontinuität und Verlässlichkeit der Mitwelt, von hinreichend gutem »Halten« (Winnicott 1964), das Sicherheit schafft, liegt eine erste soziale positive Einflussmöglichkeit auf die Verminderung der Fremdenangst.

Analer Narzissmus

Besonders in der Anfangsphase des Lebens ist das Individuum real vollkommen abhängig von seiner Mitwelt. Der Säugling nimmt das allerdings zunächst nicht wahr, da Mutter und Kind in seinem Erleben noch eine weitgehend ununterschiedene Einheit (»Mutter-Kind-System«) bilden. Erst im darauffolgenden Stadium der »relativen Abhängigkeit« wird diese immer mehr wahrgenommen, als unerträglich erlebt und schließlich verleugnet und abgewehrt, z.B. durch Omnipotenzfantasien. Zugleich und erst mit der Wahrnehmung der Abhängigkeit erwacht und wächst der Wunsch nach Unabhängigkeit.

In den Konflikten der sogenannten »analen Phase« (zweites/drittes Lebensjahr) geht es um die Klärung von Fragen nach Macht und Ohnmacht, Herrschen und Beherrschtwerden, Unterwerfung und um erste Übungen im Bereich der »Autonomie«, zwischen Selbstbestimmung und Fremdbestimmung. Wohl zu keiner anderen Zeit werden so viele »Neins« geäußert, und zwar vom Kind wie vom Erwachsenen.

Aus der glückenden gemeinsamen Bewältigung der Konflikte dieser Phase erwachsen die Ich-Fähigkeiten der (Selbst-)Beherrschung, des Kompetenzgefühls, der Selbstachtung, des Stolzes, der Differenzierung und Kompromissbildung, und gesunde Struktur- und Ordnungsvorstellungen. Es macht einen Unterschied, ob sich meine Wirklichkeit konstituiert mit mir als aktiv Handelndem im Zentrum – »Bewirker« – oder als passiv Behandeltem. Im ersten Fall wird meine Selbstsicherheit weiter bestärkt und damit die Neugier bekräftigt. Eine gelingende gemeinsame Bewältigung der phasenspezifischen Entwicklungsaufgaben führt zu befriedigenden Fähigkeiten des Bewahrens und Ordnens und einer ebenso lustvollen, selbstsicheren und angstfreien Fähigkeit des Loslassens, und damit des Schaffens von Freiraum für Unbekanntes, Neues und Fremdes.

Ein Missglücken der spezifischen Entwicklungsherausforderungen dieser Phase führt dagegen zu mangelndem Rückrat (»der Trotz muss ›gebrochen‹ werden«), Scham und Zweifel (Erikson 1959), Identifizierung mit dem Aggressor, zwanghaften Vorstellungen von Über- bzw. Unterordnung, Unfähigkeit zum Ertragen von relativer Hilflosigkeit, Unfähigkeit zu Kompromissen, Intoleranz und fanatischem Festhalten an Vorstellungen und Prinzipienreiterei.

Die körperliche Wurzel der »analen Phase« mit einem Erlebensschwerpunkt im Afterbereich und der Ausscheidung spiegelt sich in wiederkehrenden vorwurfsvollen Verknüpfungen zwischen den Fremden und analen Themen. So verbindet sich der Fremdenhass nicht selten mit Schmutz- und Verwahrlosungsfantasien über die Fremden. Sie würden gegen herrschende Ordnungs- und Sauberkeitsvorstellungen verstoßen und seien z. B. in »schmutzige Geschäfte« verwickelt. Auch die Bevorzugung der Fäkalsprache im Zusammenhang und im Umgang mit Fremden (»Scheiß…«) verweist auf die Analität.

Es ist unübersehbar, wie in diesen frühkindlichen Konflikten erste bedeutsame seelische Weichenstellungen im Spannungsfeld zwischen Konservativismus und progressiven Einstellungen gesetzt werden, aber auch der Nährboden für fremdenfeindliche, rassistische, fanatische und faschistische Haltungen bereitet werden kann.

»Die Familie gegen den Rest der Welt«

Im weiteren Entwicklungsverlauf können dann alle die fremd werden, die nicht zur Familie gehören (Erdheim 1988). Anna Freud (1948) sieht darin eine Folge des unausgehaltenen Ambivalenzkonflikts zwischen Liebe und Hass gegenüber Eltern und Geschwistern, indem alle missgünstigen Regungen von der Familie weg auf die Außenwelt gelenkt werden. »So geschieht es, dass eine friedliche, harmonische, liebevolle Atmosphäre im Familienkreis oft um den Preis der Feindseligkeit und Intoleranz gegenüber Außenstehenden aufgebaut wird« (ebd., S. 1479). In einem solchen Fall wird die Familie zum »nur guten« Objekt, »von dem sich das Individuum gar nicht trennen kann, während die Kultur als das gefährliche Böse erscheint« (Erdheim 1988, S. 239). Horst-Eberhard Richter (1970) hat solche Familiensysteme mit einer »Festung« verglichen, die sich gegen die Mitwelt abschotten. Das Ertragen-Können von Ambivalenzspannungen vermindert die Spaltungstendenzen und die innere Notwendigkeit von Feindbildungen.

Selbstverständlich hat der von den Eltern und Bezugspersonen vorgelebte Umgang mit Fremden, deren Interesse oder Ablehnung, deren Ängstlichkeit oder Neugier, entscheidenden Einfluss auf das Verhältnis des Kindes zum Fremden. Vorurteile und Stereotypien der Eltern werden hier unmittelbar psychisch vererbt.

Die Fremde der Pubertät

Die wesentlichste Entwicklungsaufgabe der Pubertätszeit ist die Herausbildung einer stabilen »Ich-Identität« (Erikson). Die vielfältigen psychophysischen Veränderungen dieser Entwicklungsphase stellen über längere Zeit eine massive Identitätsinfragestellung, mit anderen Worten: eine »narzisstische Labilisierung« dar. Der Körper wird wieder fremd, es kommt zu Entfremdungen von den familiären Bindungen und Überzeugungen. Neue Personen, Vorstellungen und Einstellungen werden in einem Moment zur Selbststabilisierung gesucht, und im nächsten Moment wieder verworfen. Die Suche nach einem festen Standpunkt kann im nächsten Augenblick durch heftigste Bekämpfung jeglicher Festlegung abgelöst werden.

Die innere Zerrissenheit führt zu einer spezifischen Rezeptionsbereitschaft für religiöse und/oder politische Ideologien, die einen Ausweg aus der »Identitätsdiffusion« zu offerieren scheinen. Ideologische Gruppierungen bieten den Jugendlichen vor allem dreierlei an: 1. Gemeinschaftserfahrungen, das Gefühl der Zugehörigkeit; 2. Möglichkeit zur Unterordnung unter bewunderte Führerpersönlichkeiten, unbewusst zur »narzisstischen Identifikation« mit diesen; 3. Sinnstiftende Selbst- und simplifizierende Weltbeschreibungen. Je größer die diesbezüglichen Defizite aus der familiären und schulischen Erziehung sind, desto leichter haben es ideologische Figuren oder Gruppen, in diese Lücken hineinzustoßen.

Der adoleszente Fremdenhass hat eine altersspezifische Funktion für die Selbstdefinition in Abgrenzung zum anderen, dem Fremden. Deshalb ist es unzulässig, solche Jugendliche eilfertig und vorschnell als »Rechtsradikale« oder »Nazis« abzuqualifizieren. Nicht selten treibt man sie mit einer solchen Zuschreibung erst in eine richtige Identifizierung hinein.

Bei einem Besuch in Ost-Berlin Anfang der 90er Jahre erzählte uns ein jüdischer Lehrer, etwa 40 Jahre alt, wie notwendig, aber auch schwierig er es empfand, seinem 13-jährigen Sohn klarzumachen, dass die Aussage »Faschos verrecke« ebenso »faschistisch« sei, wie die in letzter Zeit dort (wieder) häufiger zu hörende Bemerkung »Juda verrecke«!

Fremdenangst und Fremdenhass als sozial missglückender Selbstheilungsversuch

Jeder Mensch ist ständig bestrebt, ein Gleichgewicht in seinem Selbst-System herzustellen, das jedoch immer labil bleibt. Störungen der narzisstischen Balance lösen Angst aus und das Bedürfnis, einen Zustand relativer psychophysischer Ausgeglichenheit wiederherzustellen. Narzisstische Gleichgewichtsstörungen kommen auf allen Entwicklungsstufen von der Geburt bis zum Tod vor. Sie werden durch innere und/oder äußere Konflikte und Krisen ausgelöst. Für die Bearbeitung und Lösung derartiger lebensgeschichtlicher Herausforderungen und Probleme erwirbt sich der Mensch im Entwicklungsverlauf immer differenziertere und komplexere Regulations- und Bewältigungsmechanismen (»Progression«). Wenn diese reiferen psychischen Instrumente sich als zu schwach erweisen, greift das Individuum auf immer archaischere, primitivere und simplere seelische Werkzeuge zurück (»Regression«), die aus der frühkindlichen Zeit der Selbstentwicklung stammen. Darunter zählen vor allem primitive Spaltungsmechanismen, die Entmischung von Libido (Liebe) und Aggression, die Externalisierung, die Projektion, die Selbstidealisierung und die Entwertung des anderen.

Psychoökonomische Funktionen des »Fremden«

Nachfolgend möchte ich nun einige normale und pathologische »Funktionen« näher erörtern, die der oder das Fremde in unserer psychischen Ökonomie erfüllen können.

Zur Definierung und Stabilisierung unserer »Ich-Identität«, unseres grundlegenden Bedürfnisses, uns von anderen zu unterscheiden, »benötigen« wir, wie erwähnt, den Fremden als »Nicht-Ich« gerade in seiner Andersartigkeit.

Die urbane Ghettoisierung der Fremden, die ihrem eigenen Bedürfnis korrespondiert, sich an bestimmten Orten »unter ihresgleichen« zu sammeln, ist auf beiden Seiten Ausdruck des Bedürfnisses nach Abgrenzung. Auch für die »Migranten« ist nämlich Deutschland zunächst eine »Fremde« mit korrespondierenden Ängsten auch bei ihnen! Zugleich stellt die Ghettoisierung einen der Natur der Sache nach ständig scheiternden Versuch dar, das Irritierende und Beunruhigende des Fremden zu exkommunizieren und zu eliminieren. Im Gegenteil: Sie affirmiert die Bedrohlichkeit des Fremden.

Die Kehrseite des Abgrenzungswunsches ist das Bedürfnis nach Ausräumen aller Unterschiede, nach vollständigem Angleichen des Fremden. Die Forderung nach vollkommener Anpassung zielt im Tiefsten auf die Fantasie der Rückkehr in den vorgeburtlichen Zustand im Mutterleib. Dieser paradiesisch vorgestellte Status entspricht der eingangs beschriebenen »narzisstischen Welt« ohne Unterschiede, Spannungen und Konflikte (Chasseguet-Smirgel 1988). Die Unterschiedslosigkeit zwischen Ich und Nicht-Ich in der pränatalen Verschmolzenheit ist aber zugleich die Quelle der Angst vor dem Verlieren der Ich-Grenzen, dem Ich-Selbst-Verlust, der Diffusion der Identität. Hierbei handelt es sich um eine »psychotische« Angst.

Als besonders bedrohlich empfinden es wir offenbar, wenn der andere »nur ein wenig anders« ist als wir selbst. Dann werden die kleinen, aber feinen Unterschiede ganz besonders gewichtig. Diesen »Narzissmus der kleinen Differenzen« (Freud 1918a [1917]) kann man gerade bei sich nahestehenden Gruppen beobachten. Verachtung bis hin zu Feindseligkeit empfinden die Städter für die Dörfler und die Dörfler für die Städter, die Bayern für die Preußen und umgekehrt usw.

> »Der Umstand, dass uns jemand so ähnlich ist, dass wir uns zum Vergleich mit ihm herausgefordert fühlen, und doch wiederum anders ist, wirkt auf uns wie eine versteckte Kritik an uns selbst, wie ein Angriff auf unsere Lebensweise und die implizite Aufforderung, uns zu bessern; und das nehmen wir ihm übel« (Waelder 1980b, S. 281).

Die Fähigkeit zum Aushalten von »Ambivalenz« (d.h. der Aufhebung der vertikalen Spaltung in Ich/gut und anderer/böse), von einer gewissen Uneindeutigkeit und damit Unsicherheit, ist ein bedeutsamer, aber immer wieder gefährdeter Entwicklungsfortschritt. Wir erleben es aber auch später immer noch als schwierig, ja bisweilen unerträglich, ein und derselben Person oder Sache gegenüber widersprüchliche, zwiespältige Gefühle zu empfinden. Aus dieser Ambivalenzspannung befreit dann die erneute, regressive Aufspaltung in Liebe und Hass, die Spaltung in nur gut und nur böse. »Rassismus« entwickelt sich an der Grenze, wo es um unseren Umgang mit der Andersartigkeit geht.

Die Spaltung in Selbstliebe und Fremdenhass erweist sich individuell wie kollektiv immer wieder als probate Lösung. »Es ist immer möglich, eine größere Menge Menschen in Liebe an einander zu binden, wenn nur andere für die Äußerung der Aggression übrig bleiben« (Freud 1930a, S. 473). Dieses sozialpsychologische Phänomen gilt nach Freud auch für jede – sich noch so sehr als »Liebesreligion« gerierende – religiöse und auch jede ideologische Überzeugung (Freud 1921c).

Hinzu kommt, dass in den zivilisierten Kulturen direkte Aggressionsäußerungen weitgehend verpönt und unterdrückt werden. Der hohe psychische Binnendruck, der dadurch erzeugt wird, sucht sich Ventile aggressiver Triebabfuhr an zuvor entmenschlichten Hassobjekten, den Fremden (A. Mitscherlich 1962, 1977), schafft sich »Prügelknaben«. Am Beispiel der Pogrome gegen Juden im zaristischen Russland macht Otto Fenichel (1946) deutlich, wie die

Täter hierbei zugleich ihre aggressiv-destruktiven Tendenzen befriedigen und ihrer Bereitschaft zur Unterwerfung unter die Obrigkeit fröhnen können. Der Schwache, Schwachgemachte oder mit Schwächung Bedrohte sucht sich einen noch Schwächeren, auf den er herabsehen, den er kleinmachen und den er mit Füßen treten kann. »Das ist eben der Fluch der bösen Tat, dass sie fortzeugend immer Böses muss gebären«, formuliert schon Friedrich Schiller in seinem Drama *Die Piccolomini*.

Da ich den Fremden qua definitione (noch) nicht kenne, gibt mir seine relative Unbeschriebenheit wie eine weiße Leinwand die Möglichkeit zu jeder Art von Projektionen. »Projektion« ist eine seelische Operation, bei der das Subjekt Bedürfnisse, Wünsche, Gefühle oder auch innere Spannungen und Konflikte aus sich ausschließt (Externalisierung) und im anderen, im Objekt lokalisiert.

So ist der Fremde für uns nicht selten der Repräsentant des »verlorenen Paradieses«, des »gelobten Landes«, also ein Symbol für unsere unerfüllten und unerfüllbaren Wünsche und Bedürfnisse. In dieser Position ist er ein »Fascinosum«, Gegenstand unseres Interesses, aber auch unseres Neides (Waelder 1980). Zum Beispiel erinnern uns die Sinti und Roma, bei denen wir uns noch immer schwer tun, sie nicht »Zigeuner« zu nennen, an unsere eigenen romantischen und anarchischen Wünsche und Fantasien (auch wenn die mit der Wirklichkeit der Sinti und Roma wenig zu tun haben), frei und ungebunden »herumzuzigeunern«. Da wir bei uns aus den verschiedensten Gründen solche Wünsche verdrängen und unterdrücken müssen, müssen wir ihre Repräsentanten, die Sinti und Roma, unterdrücken und vertreiben.

Der leibhaftige Fremde – da er angreifbar ist – entlastet uns von der Angst vor dem unfassbaren Fremden in uns. Insofern ist der Fremde Verkörperung des Unbekannten, Unheimlichen, Unbefriedigten in uns, unseres »Unbewussten«, das uns ängstigt und zu (Abwehr-)Aktivitäten herausfordert, damit wir nicht in unseren Ohnmachtsgefühlen untergehen. »Es ist letztlich das Nicht-Ertragen-Können von Leiden, das immer wieder dazu zwingt, andere Leiden zu machen« (Richter 1979, S. 146). Besonders als negativ (böse, schlecht, unerträglich) erlebte Selbstanteile (z.B. Triebbedürfnisse, Wünsche und Gefühle) drängen uns zur Externalisierung und Projektion. Auf diese Weise wird der Fremde zum »personifizierten Bösen«.

Wenn zum Beispiel die Ängste unsere Angsttoleranz übersteigen, können wir sie als Feind erleben und beginnen, sie zu bekämpfen. Wir können dann versuchen, dem anderen unsere Angst einzujagen, also danach trachten, das passiv Erlebte (Ohnmacht) in aktives Handeln (Machen) zu verwandeln. Unsere eigene, auf das Gegenüber projizierte Angst können wir dann am Feind bekämpfen und uns bemühen, sie am Gegner unter Kontrolle zu bringen (Bauriedl/Wölpert 1984). Da das jedoch prinzipiell zum Scheitern verurteilt ist, bleiben wir dazu verurteilt, dauernd an diesem Prinzip der Angst- oder Leidensabwehr (Richter 1979) festzuhalten.

An Aids-Erkrankten und Homosexuellen können z.B. eigene unbewusste sexuelle Neigungen und perverse Impulse projektiv abgelehnt und bekämpft werden. Die Juden erinnern uns unter anderem schmerzhaft an unsere verdrängten unbewussten Schuldgefühle über unsere Gräueltaten an ihnen während der Nazizeit. Aus- und Umsiedler können uns beunruhigend an unsere unbewältigten Erfahrungen mit dem Krieg mahnen. Die Asylsuchenden weisen uns auf die herrschenden Gewaltverhältnisse in unserer Welt hin, an Verfolgung, Folter und Mord, die auch in Deutschland zwölf schreckliche Jahre geherrscht haben. Indem wir diese Gruppen auszuschließen trachten, versuchen wir, unsere Augen davor zu verschließen. Die Farbigen aus der einen Welt, die wir »Dritte Welt« nennen (vielleicht damit sie uns weiter weg erscheint und wir ihnen als »erste« überlegen), erinnern uns u.a. an unser Wissen um ihre Ausbeutung und den Hunger dort. Wenn wir sie »abschieben«, glauben wir, dadurch auch unsere Verantwortung verdrängen zu können.

Voraussetzung fremdenfeindlichen, rassistischen und vorurteilsbehafteten Denkens ist die Dominanz der verzerrten inneren Weltanschauung über die realistische Wahrnehmung von Wirklichkeit, das Außerkraftsetzen des »Realitätsprinzips«, der »Realitätsprüfung«.

Im Extremfall verdichten sich die Vorurteile und Projektionen zu festgefügten »Feindbildern«. Für unsere eigene reine, saubere narzisstische Welt brauchen wir die Fremden, die Feinde als Müllkippen für unseren eigenen Seelenmüll (Auchter 1992). Deshalb sind wir selig, wenn wir Feinde haben, »feindselig«. Mit diesen »Sündenböcken« (die im ursprünglichen jüdischen Ritual »in die Wüste« geschickt wurden) versuchen wir, uns von unseren eigenen abgelehnten Wünschen, Fantasien und Gefühlen zu befreien. Deshalb richtet sich der Rassismus zum Beispiel auch gegen Behinderte oder Obdachlose, denn sie stören unsere Illusion von einer vollkommenen Welt.

Da es in uns allen neben dem »Unruheprinzip« (Denecke 1989) ein tief verwurzeltes und starkes Bedürfnis nach Ruhe, Widerspruchs- und Konfliktfreiheit gibt, stören uns häufig innere Spannungen. Rassistisches Denken und Verhalten bietet dann eine »Alternative zum inneren Konflikt« (Poliakov u.a. 1985). Die Übertragung eigener Mängel, Schwächen, Fehler, eigenen Versagens, von Ängsten und Aggressionen auf den Fremden erspart die mühsamere Seelenarbeit der inneren Auseinandersetzung damit, versperrt aber zugleich jede Möglichkeit einer Integration.

Fatal erweist sich die Verbindung projektiver Mechanismen mit einer fanatischen Einstellung. »Der Fanatiker […] als aktive, kraftvolle Kampfnatur begegnet […] der inneren Gefahr dadurch, dass er darangeht, den Gefahrenherd in der Außenwelt radikal zu beseitigen« (Bolterauer 1989, S. 55). Auch alle Utopien setzen den vorherigen Ausschluss und die Beseitigung aller »Nicht-Auserwählten« voraus (Chasseguet-Smirgel 1988). »Der Utopist hat das Werden satt; er will endlich sein« (Lübbe 1978, S. 98).

Die kollektive Fremdenfeindlichkeit hat darüber hinaus noch sekundäre psychoökonomische Funktionen: Sie vermittelt beispielsweise ein starkes und erhebendes »Wir-Gefühl«, erlaubt die psychische Fusion mit einer Gruppe oder Masse. Sie kann ein Ersatz für die oft als viel schwieriger erlebten direkten mitmenschlichen Beziehungen sein. Darüber hinaus ermöglicht die Fremdenfeindlichkeit eine innere Verschmelzung mit bewunderten Führerfiguren. In einem Kreisprozess werden die eigenen Wahrnehmungen und Anschauungen in fremdenfeindlichen Gruppen ständig bestätigt, sodass ein Gefühl absoluter (Selbst-)Gewissheit entstehen kann.

Ansätze zur Überwindung der Fremdenfeindlichkeit

Alle Bemühungen zur Überwindung von übermäßiger Fremdenangst und maßlosem Fremdenhass, die die individuellen und kollektiven seelischen Gegebenheiten, Bedürfnisse, Gefühle, Prozesse, Funktionen und Mechanismen nicht berücksichtigen, greifen zu kurz, weil sie die tiefenpsychologische Dimension des Problems vernachlässigen.

Differenzierte Probleme und Fragestellungen im Bereich der Fremdenfeindlichkeit lassen sich nicht durch simplifizierende Antworten und einfache Lösungsstrategien bewältigen. Die Gegner des Rassismus müssen sich sorgsam davor hüten, in die »Rassismus-Falle« zu tappen und ebenso unkritisch und undifferenziert wie die Gegenseite zu denken und zu handeln, also in das simplifizierende »Schwarz-Weiß-« oder zum Beispiel »Braun-Rot-Denken« oder das polarisierende »Christlich-Islamisch-Denken« zu verfallen. Gegen die »schrecklichen Vereinfacher« hilft nur die Entwicklung und Förderung eines differenzierenden, selbstkritischen Denkens, die Erhaltung von Neugier und des Bewusstseins um die Vorläufigkeit aller Erkenntnis. Wenn es bei primitiven Parolen wie »Nazis raus« bleibt, stellt man sich auf dieselbe unreflektierte Stufe von Denken und Agieren mit denen, die man zu bekämpfen vorgibt. »Und so entsteht dann ein irrationaler Moralismus, der – unbewusst – das Übel fixiert, das er bannen möchte« (Richter 1979, S. 143). Wer bei der moralischen Entrüstung stehen bleibt, ohne sich in die Psychodynamik der »Krankheit Fremdenfeindlichkeit« zu vertiefen, setzt den Kreislauf der Gewalt mit Ausgrenzung, Entwertung und letztlichem Vernichtungsdrang fort.

Wenn überstarke Fremdenangst und Fremdenhass Symptome einer Störung des narzisstischen Regulationssystems darstellen, dann gibt es psychologisch keine Möglichkeit »direkter« Einflussnahme auf beide, falls sie bereits voll entwickelt sind. Eine völlige Beseitigung aller Fremdenangst – wenn sie denn möglich wäre – wäre außerdem weder biologisch noch psychologisch sinnvoll, da sie als »Signalangst« (Freud 1926d) eine wichtige Funktion zur Warnung vor Gefahren besitzt (Waelder 1980b). »Das Angstsignal reproduziert in einer abgeschwächten Form die ursprünglich in einer traumatischen Situation erlebte Angstreaktion, was die Auslösung von Abwehroperationen ermöglicht« (Laplanche/Pontalis 1972, S. 68f.).

Indirekte Beeinflussungsmöglichkeiten vorbeugender Art auf die Fremdenangst liegen in der Entwicklung und Förderung eines »gesunden Narzissmus« im Sinne von ausreichendem Selbst- und Selbstwertgefühl. Das ist die allerbeste Prophylaxe gegen den pathologischen Narzissmus und seine Auswüchse Fremdenangst und Fremdenhass. Gesundes Selbstbewusstsein umfasst immer auch ein Gefühl für die eigenen Begrenzungen, Schwächen und Fehler. Es schließt Selbstkritik nicht aus, sondern setzt sie voraus. Emotionale Reife erfordert die Fähigkeit zu »Angst- und Depressionstoleranz« (Zetzel 1974). Sie können nur in einem Erziehungsklima der Toleranz (Richter 1978) entfaltet werden. Zur Reife gehört auch die »Fähigkeit zum Dissens«, d.h. nicht nur die Konfliktfähigkeit, sondern darüber hinaus die Möglichkeit, zu ertragen, dass ein Konflikt ungelöst stehen bleibt. Der »Krankheit Fremdenfeindlichkeit«, die wie die meisten psychischen Erkrankungen zugleich einen »Selbstreparationsversuch« darstellt, lässt sich individuell, wenn überhaupt, nur schrittweise begegnen.

Nach dem Überwinden eigener Ängste, Abgrenzungsbedürfnisse und Ablehnungstendenzen geht es zunächst um ein grundsätzliches Annehmen des fremdenfeindlichen Gegenübers. Auf der Basis von »Toleranz« für diese fremde innere Wirklichkeit ist dann erst eine Beziehungsaufnahme zu ihm möglich. Bei dem Versuch, mit ihm ins Gespräch zu kommen, geht es zuerst um ruhiges Zuhören-Können, ohne ihn gleich besserwisserisch mundtot machen zu wollen, was großer eigener Zurückhaltung und Selbstdisziplinierung auf der Grundlage von (Angst-)Toleranz bedarf. Erst dann wird Fragen, Infragestellen und Aufklären möglich. Danach kann es dann vielleicht zu einem langwierigen Prozess des Durcharbeitens kommen, der große Geduld erfordert. Erfahrungen von Nichtgelingen und Enttäuschungen sind dabei unvermeidlich!

»Am Anfang war das Böse« – oder?

Wie steht es nun um den Zusammenhang zwischen der Fremdenfeindlichkeit und dem Bösen?

Was sozial als schlecht und böse empfunden wird, kann subjektiv einen guten Sinn haben, zum Beispiel einen Lösungsversuch für einen seelischen Konflikt darstellen. Aus den Psychotherapien kennen wir auch das umgekehrte Phänomen, dass etwas subjektiv als böse empfunden wird, was es objektiv nicht ist!

Unsere Beziehung zum Fremden bleibt immer janusgesichtig, so wie überhaupt alle unsere mitmenschlichen Beziehungen immer von »Ambivalenz« geprägt sind. Wir sind immer Liebende und Hassende zugleich. Jeder Versuch, sich aus dieser Dialektik herauszumanövrieren, weil wir die Ambivalenzspannung nicht aushalten können, führt potenziell zum Bösen. Ein Stück Fremdheit muss einfach ertragen werden.

»Böse« werden wir, wenn wir uns selbst nicht so annehmen, wie wir sind, nämlich voller Widersprüche. Doch auch unsere ungeliebten, beschämenden, unvollkommenen Selbstanteile, unsere »schlechtere Hälfte«, müssen wir akzeptieren lernen. Die Fähigkeit zur Selbstannahme ist jedoch entwicklungspsychologisch immer an die Voraussetzung des Angenommenwerdens geknüpft.

Böses Tun resultiert aus der »Maßlosigkeit«, dem Nicht-Annehmen der eigenen Begrenztheit und Unvollkommenheit. Wir können uns bemühen, es zu vermeiden, indem wir uns immer von Neuem »weigern, Gott zu sein« (Camus 1951), wenn wir auf die Realisierung und Befriedigung unserer Omnipotenzfantasien verzichten.

»Man wird schlecht durch Leiden« (M. Balint 1966). Das ist übrigens eine Argumentation, wie sie schon Sir Thomas Moore im 15. Jahrhundert in seiner *Utopia* vertritt. Balints Satz ist jedoch nicht einfach umkehrbar. Es gibt durchaus auch andere Möglichkeiten, dem Leiden zu begegnen. Und so kann Freud formulieren: »So lange der Mensch leidet, kann er es noch zu etwas bringen.« Das Annehmen unvermeidlichen Leidens bewahrt davor, andere vermeidbar leiden zu machen.

Böse werden wir, wenn wir versuchen, uns aus der Dialektik – und das heißt immer auch Spannung – von Selbst und Andern-Liebe herauszujonglieren, wenn wir das Gleichgewicht der Liebe aufgeben. Es gibt ebenso einen pathologischen Narzissmus wie einen pathologischen Altruismus. Böse Folgen hat in der Regel eine Verletzung von dialektischen Gleichgewichten, z.B. zwischen dem Einzelnen und der Gruppe, zwischen dem Menschen und der Natur usw.

Böse ist nicht das Fragen und Infragestellen – wie uns z.B. manche Politiker einzureden versuchen –, das Suchen nach Erkenntnis. Nein, böse ist, aufzuhören zu fragen, das Bedürfnis nach »endgültigen« Lösungen, nach »absoluten« Gewissheiten und Wahrheiten. Das endet meistens tödlich.

Aus der Formulierung von Sigmund Freud (1915c, S. 231), dass der Hass als Beziehung zum anderen älter sei als die Liebe, schließen manche Autoren (z.B. Görres 1989), die Psychoanalytiker meinten, dass der Hass die ursprünglichere Gefühlsschicht sei. Freuds Bemerkung gehört jedoch in den Bereich der Epistemologie, er betrifft die Wahrnehmungsentwicklung. Denn er fährt fort: Der Hass »entspringt der uranfänglichen Ablehnung der reizspendenden Außenwelt von Seiten des narzisstischen Ich«. Inhalt der Wahrnehmung wird als Erstes das »Nicht-Ich«, das Draußen, Äußere, das »Fremde«, das Schlechte, das Feindliche; das »Selbstverständliche«, mit dem »Guten« gleichgesetzt, wird nicht Inhalt der ersten Wahrnehmung.

Am Anfang ist die Liebe, die »primäre Liebe« oder »passive Objektliebe« (M. Balint 1966), die Selbstliebe, das Liebesbedürfnis. Mit anderen Worten: Das Gefühl für das Sein konstituiert sich am »Nein«, jedoch nur in Dialektik zur gleichzeitigen, ja vorausgehenden primären Bejahung durch den anderen, der aber erst in der Versagung als Objekt dem Subjekt, dem Ich entgegengesetzt und wahrgenommen werden kann. In einer seiner letzten Aufzeichnungen kurz vor seinem Tode vermerkt Freud (1941f [1938], S. 152): »Der Hass […] entsteht aus unbefriedigter Liebe.«

Das Fremdeste ist und bleibt uns das Sterben und Totsein, speziell der »eigene Tod«. Ihm kommt ja nach Freud nichts in unserem Unbewussten entgegen (Freud 1926d, S. 160; vgl. 1915b, S. 341). Die Wiederkehr des »verdrängten« Todes (Fuchs 1985; Stoppa-Sehlbach 1985) im Fremden begründet vielleicht im Tiefsten unsere Feindseligkeit (vgl. Mendelssohn 1986, S. 66ff.) ihm gegenüber.

Vielleicht gibt es auch die »Erlösung vom Bösen« immer nur in jenem »ermäßigten Sinn«, in dem nach Freud (1930a) das Glück nur vorkommt. So bleibt die Fähigkeit zum Bösen eine ständige Herausforderung für uns. Wir können sie »projektiv« lösen durch Fremdenfeindlichkeit oder »identifikatorisch« durch Selbstannahme unseres »fremden eigenen Bösen«.

Zur Psychoanalyse des Antisemitismus (2003)

Einführende Überlegungen

Wenn ich mich hier als nichtjüdischer Deutscher zum Thema Antisemitismus äußere, dann liegt darüber unvermeidlich der lange Schatten der »Shoah«. Wegen diesem Verbrechen, das Deutsche millionenfach an Juden und anderen begangen haben, sind wir nach 1945 vor allem in Deutschland mit einem »sekundären Antisemitismus« (Claussen 1987a, S. 48; Benz 2002) konfrontiert, dessen Hauptfunktion in einer »Schuldabwehr« liegt. Es kommt zum Antisemitismus nicht trotz, sondern wegen Auschwitz (Diner 1987; zit. n. Bohleber/Kafka 1992, S. 12). Hermann Beland (1992, S. 95) sieht nach seiner vergleichenden Sichtung verschiedener psychoanalytischer Antisemitismustheorien in der »Abwehr von Schuldgefühlen« überhaupt den »entscheidenden motivierenden Faktor«.

Der Begründer der Psychoanalyse, der Jude Sigmund Freud, ist von Kindheit an mit antisemitischen Manifestationen seiner Mitwelt konfrontiert. Seine universitäre Karriere als Arzt scheitert an seiner jüdischen Herkunft. Auf die Geschichte seines Vaters, dem in dessen Jugend ein Christ die neue Pelzmütze vom Kopf und in den Dreck haut und ihn in die Gosse zwingt (Freud 1900a, S. 203), reagiert der feurige Frühpubertierende Sigmund wie Hannibal, der schwört, seinen Vater Hamilkar Barkas an Rom zu rächen. Auch Bela Grunberger (Grunberger/Dessuant 2000, S. 23) beginnt seine große Monografie *Narzissmus, Christentum, Antisemitismus* mit einer antisemitischen Traumatisierung:

> »Im Dorf eines Landes in Mitteleuropa wohnte zu Beginn des 20. Jahrhunderts ein kleiner jüdischer Junge verzückt der katholischen Prozession zum 15. August (Mariä Himmelfahrt) bei. Das kleine Mädchen, ganz in Weiß gekleidet, das die Jungfrau verkörperte, bemerkte ihn: ›Schafft mir diesen Judenjungen weg!‹ befahl sie einem Mann in ihrem Gefolge, der daraufhin den Jungen brutal in den Schmutz stieß. Dies war für ihn der erste Kontakt mit der Verfolgung. Das kleine Mädchen, das sich mit der Jungfrau identifizierte, konnte es nicht ertragen, dass ein ›jüdisches Hindernis‹ seine narzisstische Himmelfahrt störte; und was könnte es Schöneres geben, als in Körper und Seele vereint zum Himmel emporzusteigen? Der kleine Junge aus dieser wahren Geschichte wurde, nachdem er erwachsen geworden war, Psychoanalytiker; dies ermöglichte ihm unter anderem das antisemitische ›Geheimnis‹ besser zu verstehen.«

Es sind wiederum antisemitische Äußerungen und Verhaltensweisen, die Freuds sonstige Ambivalenz gegenüber dem (religiösen) Judentum in eine eindeutige Stellungnahme verwandeln. 1933 vermerkt er: »Ich betrachtete mich geistig als Deutscher, bis ich das Anwachsen antisemitischer Vorurteile in Deutschland und Deutschösterreich bemerkte. Seit jener Zeit ziehe ich es vor, mich einen Juden zu nennen« (zit. n. Roazen 1976, S. 505).

Die Psychoanalyse ist von ihren Quellen her im besten Sinne eine jüdische Wissenschaft. Ich gebrauche die Formulierung »jüdische Wissenschaft« hier bewusst und ausdrücklich im Kontrast zu ihrer diffamierenden Verwendung durch die Nationalsozialisten.

Die Psychoanalyse ist zutiefst in der geistigen und ethischen Tradition des Judentums verwurzelt (Simenauer 1964; Robert 1975; Gay 1988; Blumenberg 1996; Yerushalmi 1999). Neuere Ausarbeitungen jüdischer Psychoanalytiker (Blumenberg 1996, 1997a, 1997b; Huppke 1997, Wurmser 2001) verweisen auf beeindruckende Parallelen in der Haltung und im Denken zwischen dem Judentum und der Psychoanalyse, die ich an dieser Stelle aus Platzgründen leider nicht vertieft darstellen kann.

Zum Begriff »Antisemitismus«

Das Wort »Antisemitismus« wird in der Schrift *Der Sieg des Judentums über das Germanentum* 1879 (respektive 1873[23]) von dem Journalisten Wilhelm

23 Götz Aly in *DIE ZEIT* 24/2002; Grunberger und Dessuant (2000, S. 328) geben das Jahr 1873, das Jahr der Erstveröffentlichung (Broder 1986, S. 182) der Arbeit an.

Marr im protestantischen Milieu Hamburgs geprägt. Manifestationen des Phänomens finden wir schon in der Antike, etwa um 300 v.Chr. (Grunberger 1962, S. 265). Sie sind eher von fremdenfeindlichen Motiven (Horkheimer 1946, S. 30) als durch religiöse Animosität (Grunberger/Dessuant 2000, S. 261f., 264, 278) motiviert. Da es sich keineswegs um ein abgeschlossenes historisches Phänomen handelt, erhebt sich die Frage, wie es zu einer solchen Konstanz und Kontinuität (Freud 1939a, S. 196; Grunberger 1962, S. 255; Grunberger/Dessuant 2000, S. 319) kommen kann. Oder, wie Freud in einem Brief an Arnold Zweig fragt: Warum hat der Jude »sich diesen unsterblichen Hass zugezogen?« (Brief an A. Zweig vom 30.09.1934; Freud/Zweig 1984, S. 102)

Psychologisch betrachtet reicht das Spektrum des Antisemitismus von höchst ambivalenten Gefühlen wie Bewunderung, Neid und Verachtung über viele Formen von Abneigung und Ressentiment bis hin zu ätzendem Hass, der mit offenen und direkten Angriffen auf Juden einhergeht (Orr 1946, S. 108). Antisemitismus kann sich symptomatisch auch zeigen zum Beispiel in Fantasien, Träumen, Versprechern und anderen Fehlleistungen, in Witzen, vorsätzlicher Unwissenheit, kleinen Missachtungen und Grobheiten, ebenso wie in übertriebener Höflichkeit und Freundlichkeit, dem »Philosemitismus« (Grünberg 2000, S. 42; Reik 1975, S. 206) als einer »Verkehrung ins Gegenteil«. Seine destruktivste Ausdrucksform hat der Antisemitismus schließlich im Mord und dem Massenmord der Nazizeit gefunden.

Zur Psychoanalyse des Antisemitismus

Es gibt mehrere Symposien zu diesem Thema unter starker Beteiligung von Psychoanalytikern. Das erste ist das »Psychiatrische Symposion zum Antisemitismus«, das 1944 in San Francisco stattfindet. Es wird in dem vom Ernst Simmel (1946) herausgegebenen und 1993 wiederveröffentlichten Band *Antisemitismus* dokumentiert. Das zweite wird 1962 in Wiesbaden im Rahmen des 4. Kongresses der DGPT unter dem Thema »Die psychologischen und sozialen Voraussetzungen des Antisemitismus – Analyse der Psychodynamik eines Vorurteils« durchgeführt. Es wird vor allem von Alexander Mitscherlich organisiert und ist im 16. Jahrgang der *PSYCHE* (1962, S. 241–317) dokumentiert. 1991 wird vom *Breuninger Kolleg* ein kleineres Symposion

»Antisemitismus« ausgerichtet. Es wird in dem Band *Antisemitismus* von Werner Bohleber und John S. Kafka (1992) dokumentiert.

Der Antisemitismus ist kein rein psychologisches, sondern ein höchst komplexes Phänomen, dem man sich nur mit einer »interdisziplinären« (Neubauer 1992, S. 126) Perspektive angemessen anzunähern vermag. Unter anderem »historische, soziale, politische, ökonomische und psychologische Faktoren gilt es zu erfassen« (Bohleber/Kafka 1992, S. 14). Ich kann hier nur versuchen, im vollen Bewusstsein der Begrenztheit (Neubauer 1992, S. 127) den psychologischen Teil der Problematik durch eine psychoanalytische Perspektive in wenigen Aspekten zu erhellen. Sie umfasst sowohl individuelle[24] bewusste und unbewusste (Freud 1939a, S. 197; Grunberger/Dessuant 2000, S. 319) Dimensionen als auch bewusste und unbewusste gruppenanalytische und massenpsychologische Aspekte. Der Antisemitismus und seine Verursachung lässt sich keinesfalls auf einfache, griffige Formeln bringen; er bleibt, wie Grunberger und Dessuant (ebd., S. 31) betonen, vielleicht im Letzten sogar ein »Geheimnis«, ein »Rätsel«, ein »Mysterium« (ebd., S. 332). Der Psychoanalytiker kann nach Bernhard Berliner (1946, S. 107) höchstens dabei »helfen, das Wissen über die menschliche Natur zu verbreiten, damit die Nichtjuden, die guten Willens sind, die unbewussten Wurzeln des Antisemitismus besser erkennen können«.

Die »Krankheit« Antisemitismus

Vonseiten der Psychoanalyse lässt sich der »Antisemitismus« – wie jeder »-ismus« – unter dem Blickwinkel der Psychopathologie, also als Ausdruck eines Krankheitszustandes[25] betrachten. Dabei ist das ganze Spektrum zwischen leichtesten Ausprägungsformen, einer »Psychopathologie des Alltags-

24 Detlev Claussen (1987a) weist der Psychoanalyse äußerst kritisch »nur noch Platz des Spezialistentums fürs Irrationale« zu und warnt vor einer psychologischen Reduktion des Antisemitismus-Problems ohne ihre gesellschaftlichen Aspekte zu berücksichtigen (Claussen 1987b). »Antisemitismus sollte nach seinen unterschiedlichen gesellschaftlichen Funktionen wahrgenommen werden« (ebd., S. 18).

25 Diese Sichtweise schließt nicht aus – wie Claussen (1987b) gegen die Psychoanalyse einwendet –, aus einer soziologisch-politischen Perspektive die soziale Funktion des Antisemitismus im politischen Handlungsbereich und den Antisemitismus als »Alltagreaktion« (Claussen 1987a, S. 22) zu untersuchen.

lebens« (vgl. Semi 1993; Orr 1946), und schwerster Pathologie zu beobachten, die sich einem »Wahnsystem« (Beland 1992, S. 93; Simmel 1946) nähert. Der Antisemitismus wird von der Psychoanalyse nicht nur als eine individuelle »Vorurteilskrankheit« (Mitscherlich 1962, 1964, S. 33), eine »Variante des Vorurteils« (Neubauer 1992, S. 126), betrachtet, sondern auch als ein »Gruppenphänomen« (Orr 1946, S. 108; Bernstein 1926) oder Massenphänomen (Orr 1946, S. 117; Freud 1939a, S. 197), ein »soziales Leiden« (Simmel 1946, S. 17), eine »soziale Krankheit« (Loewenstein 1968, S. 166; Silbermann 1962, S. 246), eine »aus menschlichem Hass hervorgehende Massen-Psychopathologie« (Simmel 1946, S. 87), eine »Massenpsychose« (ebd., S. 64).

Charakteristisch für die Vorurteilskrankheit ist vor allem eine »pathologische Regression« auf archaische Stadien des Ichs (Primärprozesse) bzw. des Über-Ichs (Grunberger 1962, S. 258f.) und damit einhergehend ein Verlust der »Realitätsprüfung« (Loewenstein 1968, S. 14), des »Realitätsprinzips« (Grunberger 1962, S. 269), wie im Wahn (Simmel 1946). Im regressiven primitiven Ich-Stadium können beispielsweise Widersprüche einfach nebeneinander bestehen (Freud 1921c, S. 84; Grunberger 1962, S. 258; Wangh 1962, S. 274). Für den Antisemiten kann »der Jude« – wie z. B. in der Nazizeit – zugleich der größte Kapitalist und der schlimmste Bolschewist sein, ohne dass ihn dieser offensichtliche totale Gegensatz irritiert (vgl. hierzu auch Ackerman/Jahoda 1948, S. 253; Grunberger/Dessuant 2000, S. 334 und speziell Glenn 1960). Antisemitische Vorstellungen sind neben anderem charakterisiert durch infantile Denkmuster wie »grobe Übertreibungen«, »unzulässige Verallgemeinerungen« (Orr 1946, S. 113), »Stereotypen« (Loewenstein 1968, S. 31) und »Generalisierungen«. Vorurteile ersparen Denkanstrengungen und Denkarbeit, denn sie erlauben bequeme gedankliche Bewegungen in Klischees, Stereotypien und Simplifizierungen. Der affektive, der leidenschaftliche Anteil am Antisemitismus ist sehr einflussreich und begründet unter anderem die Schwierigkeit, rational gegen ihn vorzugehen. »Antisemitismus ist ein Massenmedium«, betont Theodor W. Adorno (zit. n. Claussen 1992, S. 165), »in dem Sinn, dass er anknüpft an unbewusste Triebregungen, Konflikte, Neigungen, Tendenzen, die er verstärkt und manipuliert, anstatt sie zum Bewusstsein zu erheben und aufzuklären. Er ist eine durch und durch antiaufklärerische Macht.«

Unter der Krankheit »Antisemitismus« leidet, anders als bei manchen anderen Erkrankungen, jedoch (gerade) nicht der Kranke, sondern sein Opfer. Der Kranke hat sogar seelische und andere Vorteile von der Krankheit. Er hat deswegen in der Regel auch weder Leidensdruck noch Krankheitseinsicht (Simmel 1946, S. 60).

Die Betrachtung des Antisemitismus als »individuelles« psychopathologisches Phänomen steht, wie Gudrun Brockhaus (2003, S. 401) meint, ohne Zweifel »in der Gefahr, den Bedürfnissen nach Schuldentlastung« Befriedigung zu verschaffen. Dieselbe Gefahr der Reduktion individueller Verantwortlichkeit sehe ich allerdings auch in sozialwissenschaftlichen und gesellschaftskritischen Sichtweisen, die den Verhältnissen oder politisch-strategischen Planungen der Herrschenden die Priorität beziehungsweise eine Ausschließlichkeit einräumen. Die Frage muss meines Erachtens vielmehr dem Problem nachgehen, was in der Gruppe oder Menge, die aus einer Ansammlung von Individuen besteht und doch mehr ist, wie Freud (1921c) in *Massenpsychologie und Ich-Analyse* so eindrücklich herausgearbeitet hat, »dem Antisemitismus halbwegs entgegenkommt« (Fenichel 1946, S. 40), also ihr Ergänzungsverhältnis. Vielleicht könnte man auch bezüglich des Antisemitismus von einer »Ergänzungsreihe« (Freud 1905d, S. 141) sprechen, in der sich individuelle und kollektive Disposition und politisches Kalkül der Machthabenden verschränken.

Der Sozialwissenschaftler Detlev Claussen (1987a, S. 22, 1992, S. 163ff.) spricht von der »Alltagsreligion des Antisemitismus«, die er nicht als eine »ausnahmsweise Fehlreaktion«, also gerade nicht als pathologische Erscheinung, sondern als eine »Alltagsreaktion der Massen in Europa« betrachtet (Claussen 1987a, S. 22), ja als »deutsche Normalität gegenüber den Juden« (Claussen zit. n. Broder 1986, S. 130). Könnte eine derartige verallgemeinernde Behauptung nicht als eine Provokation verstanden werden? Könnte sie damit unbewusst einen Beitrag dazu leisten, dass der so Attackierte, in die Defensive Gedrängte abwehrend genau das zeigt, was man ihm vorwirft? Henryk Broder (1986, S. 112) kolportiert eine »unter Juden verbreitete Überzeugung«: »Der Unterschied zwischen einem Antisemiten und einem Nicht-Antisemiten liege darin, dass man bei einem Nicht-Antisemiten nur etwas länger warten müsse, bis er sich auch als Antisemit herausstellt.« Das Lachen darüber bleibt einem im Halse stecken. Gerät nicht derjenige, welcher einer derartigen »captatio malevolentiae«, einem grundsätzlichen antisemitischen Anfangsverdacht ausgesetzt ist, in eine Aporie? Weist er diesen Verdacht zurück, kann genau das als ein Beweis seiner Abwehr interpretiert werden, weist er ihn nicht zurück, ist der Verdacht sowieso bestätigt.

Lassen Sie mich an dieser Stelle im Vorgriff auf die folgenden Überlegungen den Versuch einer vorläufigen psychoanalytischen Beschreibung der Psychodynamik des »Antisemitismus« geben:

> »Antisemitismus ist, psychologisch betrachtet, das Produkt einer komplexen seelischen Dynamik. Er wurzelt in affektiven und triebhaften seelischen Bereichen, bedient sich bereitliegender kognitiver Inhalte wie Vorurteile und Rationalisierungen und dient seelischen Regulationsversuchen für innere Konflikte, insbesondere narzisstische Probleme.«

Antisemitismus zur Selbststabilisierung und Selbstversicherung

»Der Antisemitismus trat immer dann offen in Erscheinung, wenn die Sicherheit des Individuums oder der Gesellschaft durch katastrophale Ereignisse erschüttert wurde« (Simmel 1946, S. 68; vgl. Loewenberg 1992b, S. 123). Vor allem mittels der seelischen Mechanismen »Spaltung« und »Projektion« soll er dem Antisemiten dazu verhelfen, »sein seelisches Gleichgewicht wiederzufinden« (Simmel 1946, S. 58; Grunberger 1962, S. 256), er soll der Selbststabilisierung (Neubaur 1992, S. 124) dienen. Antisemitismus ist in den Augen von Ackermann und Jahoda (1948, S. 248) vor allem ein »irrationales Bemühen, ein verkrüppeltes Selbst zu restaurieren«.

»Nach Jean Paul Sartre ist der Antisemit ›ein Mensch, der *Angst* hat‹« (Grunberger 1962, S. 264: kursiv T. A.). Auch die Sozialpsychologen Nathan W. Ackermann und Marie Jahoda (1948, S. 242ff.) betonen die Rolle der Angst beziehungsweise Angstabwehr bei antisemitischen Äußerungen (Loewenberg 1992b, S. 123). Hinter der konventionellen Fassade der antisemitischen Persönlichkeit steckten »viele Zweifel und ein Gefühl der Unsicherheit« (Frenkel-Brunswik/Sanford 1946, S. 126) und die führten in einer Gegenbewegung zu Überkonformität und Rigidität, zu einer »Schwarz-Weiß-« beziehungsweise »Gut-Böse-Schematisierung« (ebd., S. 145). Gemäß Martin Wangh (1962, S. 277) führt die »Erniedrigung des Kleinbürgertums« zur Suche nach noch »schwächeren Einzelnen« (Hochheimer 1962, S. 290) und dafür böten sich die Juden als »Minderheit par excellence« an. »Die Antisemiten rekrutieren sich hauptsächlich aus der Reihe der Schwachen, der Möchtegerne, der Gezeichneten, der ewig Fordernden und der Unreifen; alles Opfer narzisstischer Wunden, die sie nicht ertragen können« (Grunberger 1962, S. 262). Gemäß den seelischen Mechanismen der »Verkehrung ins Gegenteil« beziehungsweise der »Verwandlung von Passivität in Aktivität« wird ein seelisch Gekränkter, Entwerteter, Erniedrigter danach trachten, noch Schwächere zu finden – oder zu schaffen –, an die er seine Demütigungen weitergeben kann oder denen er seine eigenen Zweifel, Unsicherheiten (Frenkel-Brunswik/Sandford 1946, S. 126) und Ängste einjagen kann. Das »Kleinbürgertum« konnte in der Nazizeit das Gefühl erleben, in den vielen Ämtern und Pöstchen mit den tollen Titeln und Uniformen und nicht zuletzt der Denunziationsmacht »ganz groß« rauszukommen!

Es gibt aber nicht nur den Antisemitismus zur individuellen Selbststabilisierung, sondern auch den zur kollektiven einer Gruppe. Freud (1930a, S. 479) betont die »ökonomisch entlastende Rolle [...], die der Jude in der Welt des arischen Ideals« spielt. »Es war [...] kein unverständlicher Zufall, dass der Traum einer germanischen Weltherrschaft zu seiner Ergänzung den Antisemitismus aufrief« (ebd., S. 474). Wobei den Juden genau dieser Vorwurf gemacht wurde – und bis heute wird –, nämlich die »Weltherrschaft«[26] anzustreben (vgl. Grunberger/Dessuant 2000, S. 335)! Ähnlich verhält es sich mit entsprechenden Vorwürfen des Kommunismus und des radikalen Islamismus (Bauer 2003, S. 7) gegenüber den Juden. »Der Reinigungsprozess ist seit zwei Jahrtausenden immer derselbe: sich vom Bösen zu befreien, indem man es auf den Judaismus projiziert« (Grunberger/Dessuant 2000, S. 26). Spöttisch bemerkt Freud (1930a, S. 474) dazu: »Das überallhin versprengte Volk der Juden hat sich in dieser Weise anerkennenswerte Verdienste um die Kulturen seiner Wirtsvölker erworben.«

Ist in diesem Sinne der »Antisemitismus«, wie Ernst Simmel (1946, S. 58) fragt, »die periodisch wiederkehrende Ausstoßung der Juden aus der Welt der Nichtjuden, ein notwendiges Nebenprodukt unserer Zivilisation«? Freud (1930a, S. 473) hatte dieses universelle Phänomen für die Massenpsychologie beschrieben: »Es ist immer möglich, eine größere Menge von Menschen in Liebe an einander zu binden, wenn nur andere für die Äußerung der Aggression übrig bleiben.«[27] Oder deutlicher: »Das Gemeinschaftsgefühl der Massen braucht zu seiner Ergänzung die Feindseligkeit gegen eine außenstehende Minderzahl«

26 Bolschewismus, Nationalsozialismus und radikaler Islamismus »streben nach der Weltherrschaft« und wenden sich mit eben diesem Vorwurf gegen die Juden (Bauer 2003).

27 »Im Grunde ist ja jede Religion eine solche Religion der Liebe für alle, die sie umfasst, und jeder liegt Grausamkeit und Intoleranz gegen die nicht dazugehörigen nahe« (Freud 1921c, S. 107).

(Freud 1939a, S. 197). Vamik D. Volkan (1988) spricht vom grundlegenden menschlichen »Bedürfnis, Feinde zu haben und Freunde«. Und Alexander Mitscherlich (1978, S. 32) ergänzt: »Das Sich-Abheben der einzelnen Gruppen voneinander gehört offenbar zu den Ritualisierungen, die eine Gesellschaft zusammenhalten.« Die Abgrenzung gegen andere zur Identitätsstabilisierung an sich ist noch kein psychopathologisches Phänomen. Das Pathologische ergibt sich aus der Qualität und Intensität dieser Abgrenzung (zum Beispiel der Entmenschlichung, Dämonisierung und Verteufelung des anderen), der Fixiertheit an diese Abgrenzung und ihrer Transformation in zerstörerisches und vernichtendes Verhalten.

Es kann keinen Zweifel daran geben, dass natürlich auch die Juden selbst von dieser Gruppendynamik nicht ausgeschlossen sind (vgl. Bar-On 2001, S. 174). Vielleicht sind sie durch ihre weltweite Zerstreuung sogar besonders zum »Gruppenzusammenhalt« herausgefordert. Ist also die Spannung zwischen dem Bedürfnis nach Gleichsein und Andersbleiben[28] ausschließlich ein Phänomen, das Nichtjuden den Juden aufdrängen, oder vielleicht auch eine Aporie, der die Juden in der Fremde selbst unterliegen (vgl. Blumenberg 1996, S. 168f.; Hertzberg 2002)? Moshe Zuckermann, marxistischer Historiker aus Tel Aviv, weist auf die Bindungsfunktion des Begriffes hin: »In dem Augenblick, wo man ›Antisemitismus‹ sagt, hat man sofort eine Kohäsionskraft, also eine Art Kittfunktion für die an und für sich sehr gespaltene israelische Gesellschaft« (Zuckermann zit. n. Pott 2002, S. 138).

Die internationale Solidarität der Juden kann schließlich ein weiterer Anlass für Neidgefühle anderer sein, besonders für isolierte und sozial ausgegrenzte Personen.

Nicht selten wird der Antisemitismus auch an der Idee der »Auserwähltheit« der Juden festgemacht. Meist wird dabei übersehen, dass die Auserwähltheit des israelischen Volkes durch Jahwe vom Ursprung her untrennbar mit der Bedingung des Bundes und der Erfüllung des Gesetzes verknüpft ist (2. Mose 19 u. 20; 5. Mose 5; 5. Mose 7, 9–11). Der wesentliche Inhalt des Gesetzes ist die Liebe zu Gott, zum Nächsten und zu sich selbst und die Gerechtigkeit. »Auserwähltsein bedeutet im Judentum nicht eine besondere Gnade, sondern ein besonderes Aufgerufensein zur Verantwortlichkeit gegenüber dem anderen, gegenüber sich selbst, gegenüber der Familie, gegenüber dem Volksganzen über

28 Grunberger und Dessuant (2000, S. 396ff.) sprechen von der »Veranderung des Juden«.

die Jahrtausende hin«, schreibt Leon Wurmser (2001, S. 16; vgl. Hertzberg 2002, S. 40ff.). »Der Stolz auf dieses Besonders- und Ausgesondertsein erzeugt im anderen zunächst ein Gefühl der Beschämung [...] und dann Ärger, Wut, Ressentiment und schließlich bitteren Hass«, betont Wurmser (2001, S. 17). Auch Freud (1939a, S. 197) hebt schon die »Eifersucht [...] auf das erstgeborene, bevorzugte Kind Gottvaters« hervor: »Wenn man der erklärte Liebling des gefürchteten Vaters ist, braucht man sich über die Eifersucht der Geschwister nicht zu wundern« (Freud 1939a, S. 213).

Antisemitismus als Projektions- und Verfolgungskrankheit – oder: Der »konstruierte Jude«

»Menschen hassen an anderen Menschen nichts mehr als das, was sie an sich selbst hassen und zu überwinden suchen«, meint Bernhard Berliner (1946, S. 106). Kurt Grünberg (2002) betrachtet in diesem Sinne den Antisemitismus als »›Selbstentgiftung‹ von Minderwertigkeit und Schuld«. Und Beland (1992, S. 120) kommt zu dem Resümee, »dass alle gegen die Juden erhobenen Anklagen Projektionen aus dem Schuldgefühl der Täter sind«. »Den Massakern an Juden ging stets eine Hetzkampagne voraus, in der die Juden eben jener Verbrechen beschuldigt wurden, die der Antisemit zu begehen im Begriffe stand« (Simmel 1946, S. 74). Diesen Aspekt möchte ich exemplarisch an zwei antisemitischen Vorwürfen[29] verdeutlichen.

Da die Juden bei ihren Gastgebervölkern nicht selten von den gewöhnlichen gesellschaftlichen Tätigkeiten ausgeschlossen sind, haben sie z.B. ihre intellektuellen, musischen oder geschäftlichen Fähigkeiten stärker ausgebildet. »Solche Persönlichkeitsmerkmale sind also nicht Ursache, sondern schon Resultat des Antisemitismus« (Fenichel 1946, S. 61). »Schritt für Schritt aus der Landwirtschaft, aus der Verwaltung, aus dem Militär und aus den Zünften der Handwerker hinausgedrängt«, waren die Juden im Mittelalter »von allen wesentlichen Aktivitäten der Gesellschaft [ausgeschlossen] bis auf die eine: den Geldhandel« (Raphael 1995, S. 115; vgl. Loewenstein 1968, S. 74). Der nachfolgende Vorwurf der Herrschenden in Kirche und Gesellschaft gegen

29 Von Julius H. Schoeps und Joachim Schlör (1995) werden die wesentlichsten dauerhaften Bilder der Judenfeindschaft einer kritischen Analyse unterzogen.

den Juden als »Wucherer« nimmt dann genau das aufs Korn, was man zuvor selbst produziert hatte. Und somit hat man dann scheinbar eine Legitimation, ihn zu berauben!

Ähnlich sieht es aus mit dem »im Verlauf der Jahrhunderte[30] regelmäßig« (Grunberger/Dessuant 2000, S. 311) wiederholten irrationalen Vorwurf des »Ritualmordes« an christlichen Kindern und der rituellen Verwendung ihres Blutes (vgl. Erb 1995, S. 74ff.). Er erhält in der christlichen Vorhaltung gegenüber den Juden eine besondere Note. Das IV. Laterankonzil beschließt 1215 die »Transsubstantionslehre«, d. h., dass im katholischen Gottesdienst durch die »Wandlung« Brot und Wein »tatsächlich« – und nicht nur »symbolisch« wie in der protestantischen Sichtweise – in Fleisch und Blut Christi umgewandelt werden. Wenn man diesen Gedanken konkretistisch nimmt, vollziehen katholische Christen also bei der »Kommunion« jedes Mal einen kannibalistischen Akt. So wird es auch das Unbewusste betrachten. Es unterliegt aber zugleich dem Kannibalismusverbot. Zur Lösung dieses inneren Konflikts des katholischen Christenmenschen wird das Problem dann unbewusst externalisiert und auf die Juden projiziert. Zur psychischen Entlastung entsteht so die »Ritualmordfantasie«: Die Juden – und nicht die Christen – essen und trinken Fleisch und Blut von Menschen, von Kindern.

Die meisten der bislang beschriebenen psychodynamischen Sachverhalte und Mechanismen gelten cum grano salis für viele Formen der alltäglichen Fremdenfeindlichkeit (Auchter 1990, 2000b). Die Frage ist, ob es darüber hinaus mögliche »spezifische« psychische Motivierungen gibt, welche die fortwährende Feindschaft gegenüber den Juden begründen könnten.

Der narzisstische Kampf des Antisemiten gegen die Konflikthaftigkeit im Dasein

Der jüdische Glaube ist eine explizite »Vaterreligion«[31] (Freud 1912–13a, S. 186) mit einem Kern im »väterlichen Gesetz«, symbolisiert in der Be-

30 Nach Angaben von Grunberger und Dessuant (2000, S. 311) findet der letzte Prozess wegen des Vorwurfs von Ritualmord im Jahre 1913 in Kiew statt!

31 »Die Sohnesreligion [das Christentum; Anm. T. A.] löst die Vaterreligion ab« (Freud 1912–13a, S. 186). »Das Judentum war eine Vaterreligion gewesen, das Christentum wurde eine Sohnesreligion« (Freud 1939a, S. 194).

schneidung, die vom Unbewussten der »Kastration« gleichgesetzt wird (Freud 1919c, S. 165, Fn.). Grunberger und Dessuant (2000, S. 227ff.) beschreiben den historischen Prozess, in dem das Judentum mit seinem »Vaterprinzip« das Heidentum, mit seinen mit der frühen »Mutterorientierung« (dem »mütterlichen Prinzip«; ebd., S. 258) verknüpften narzisstischen Aspekten, zu überwältigen suchte. Das väterliche »Prinzip verhindert« nach Auffassung von Grunberger und Dessuant (2000, S. 257) »die Dominanz des reinen Narzissmus«. Der Narzisst weigert sich, in die »ödipale Konstellation« einzutreten, er versucht, den ödipalen Konflikt »zu attackieren oder vermeiden« (ebd., S. 35). »In einem erweiterten, metaphorischen Sinn lässt sich die Kastration [bzw. Beschneidung; Anm. T. A.] auch als ein Symbol des Machtverlusts oder Kontrollverlusts verstehen [...], kann sie ein bildhafter Ausdruck für die prinzipielle Versehrtheit, Unvollkommenheit und Sterblichkeit des Menschen sein« (Auchter/Strauss 2003, S. 96). Wenn der Mensch jedoch an der narzisstischen Fantasie seiner göttlichen oder gottähnlichen Allmacht festhalten will, muss er die Repräsentanten der menschlichen Ohnmacht und Begrenztheit, die »Beschnittenen«, beseitigen.

Mit der Installierung eines allwissenden und allmächtigen Gottes im Jenseits hat das Judentum den Menschen 1. schmerzhaft und kränkend aus seinem (scheinbaren) narzisstischen Paradies vertrieben, 2. von seinem narzisstischen Vollkommenheitswahn, der Gefahr der Selbstvergötzung, befreit, 3. um persönliche Freiheit und Verantwortlichkeit für sich selbst und den anderen bereichert und 4. mit einem diesseitigen Leben im fortdauernden Konflikt beschwert. Existenzielle Grundkategorien des Judentums wie »Liebe« (3. Mose 19, 18 u. 33–34; Hosea 6, 6) und »Gerechtigkeit« (Sprüche 21, 3) sind keine idyllischen Romantizismen, sondern ubiquitäre und zeitlose konfliktträchtige Herausforderungen.

Die Erfindung des einen Gottes ist untrennbar verknüpft mit dem Bund zwischen ihm und dem Menschen, vermittelt durch das »Gesetz«. Die Erstausgabe der Gesetze besteht in steinernen Tafeln, »vom Finger Gottes beschrieben« (2. Mose 31, 18), die dem Menschen am Sinai in seine Hand gegeben werden. Angesichts der Ungeduld seines Volkes und dessen regressiven Impulsen, symbolisiert im »Tanz um das goldene Kalb«, schleudert Moses diese Steintafeln auf die Erde und zerbricht sie. Yigal Blumenberg (1997b, S. 60) leitet davon ab, dass das Gesetz mit der Übergabe von Gott an den Menschen »zerbrechlich« geworden sei. Das Gesetz erfordert von da an eine »beständige Erneuerung«

(Blumenberg 1996, S. 165, Fn. 14, 1997b, S. 60), wenn es lebendigmachend bleiben soll. »Wahret meine Satzungen und Rechtsgeheiße [...], *um durch sie zu leben*« (3. Mose 18, 5; kursiv T.A.). Das Gesetz bedarf also einer unaufhörlichen »interpretierenden Aneignung« (Blumenberg 1997b, S. 63), einer »unendlichen Interpretation« (Huppke 1997, S. 96).

Das »Unvollendete«, verbunden mit der hoffnungsvollen Erwartung der Vervollkommnung (der »kommende Messias«), stellt ein zentrales Element der jüdischen Geisteshaltung dar und drückt sich auch in der aramäischen/hebräischen Sprache aus. Wo wir im Deutschen relativ platt »Zehn Gebote« formulieren, die alle mit »Du sollst« beginnen, lässt sich die biblische Urfassung vielleicht am ehesten übersetzen mit: »Du bist noch nicht (oder: ›nie‹) fertig damit, dass ...« oder »Du bist noch nicht zu Ende damit, dass ...«. In dieser Ausdrucksweise ist der Mensch »immer auf dem Wege« und wird erst am Ende aller Zeiten ankommen. Die Gesamtheit des jüdischen Gesetzes, die »Halakha«, ist abgeleitet von »halach« (= gehen, schreiten, wandeln)[32], wir finden den Gedanken noch im – aus der Mode gekommenen – deutschen Wort »Lebenswandel«[33]. Zu dieser Idee des freien, aber unendlichen Gehens gibt es allerdings von Lebensbeginn an im Menschen eine gegenläufige Tendenz des zur Ruhe-Kommen-Wollens, des Niederlassen-Könnens, des Bleiben-Könnens[34]. Die ebenso unaufhörliche wie unlösbare Spannung zwischen Bewegungsbedürfnis und Sehnsucht nach Sesshaftigkeit wird seit Kain und Abel in dem Konflikt zwischen Hirte bzw. Jäger und Ackerbauer symbolisiert. Die Juden sind seit der Zeit Abrahams auf Wanderschaft ins »gelobte Land«. Salomon Korn (2003) spricht von der »transitorischen, nicht exakt definierbaren Existenz jüdischen Lebens«. Juden frustrieren damit ständig das unbewusste Bedürfnis nach Angekommensein und Ruhe (vgl. Quinzio 1995, S. 14ff.). Janine Chasseguet-Smirgel (1988, S. 125f.) hat auf das Todbringende aller Utopien hingewiesen, die einen guten »Zustand« mit Gewalt »verewigen« möchten.

Dem »Prozesscharakter« jüdischen Denkens (vgl. Quinzio 1995, S. 14) entspricht auch das »Bilderverbot«. »Ihr seid noch nicht zu Ende damit ge-

32 Das arabische Wort »Scharia« ist ebenfalls abgeleitet von »Schar«, d. h. *Weg*, Methode (Tibi 1996, S. 177).

33 Für diesen Hinweis danke ich Ruth Beissel.

34 Einen »primären Wunsch, eine Welt ohne Hindernisse, ohne Unebenheiten und ohne Unterschiede wiederzuentdecken, eine völlig glatte Welt [...], einen Innenraum, zu dem man freien Zugang hat« (Chasseguet-Smirgel 1988, S. 91, 113).

kommen, euch keine Gottesbilder zu verfertigen [...] und keine steinernen Bildnisse aufzustellen« (3. Mose 26, 1). Die Warnung vor dem Errichten von starren Bildern von Gott und den Mitmenschen[35] soll vor der Verführung einer gewaltfördernden Totalisierung und Verabsolutierung, einer endgültigen tödlichen Versteinerung, vor jeglichem »Fundamentalismus« (vgl. Blumenberg 1996, S. 175 u. Fn. 43) bewahren. Das freiheitsvermittelnde Bilderverbot spiegelt sich in der Psychoanalyse noch in der »freien Assoziation« (Freud 1895d), in der »gleichschwebenden Aufmerksamkeit« (Freud 1912e, S. 377), in Wilfred Bions (1970, S. 129) »No memory, no desire, no understanding« oder Donald W. Winnicotts (1971) »Potential Space« (Auchter 2004) als Anregungen zur kreativen Nichtfestlegung wider.

»Das rabbinische Judentum« ist für Blumenberg (1997a, S. 1133; 1997b, S. 42; 1996, S. 163) »der lebendige Widerspruch zu jeglicher Heilslehre, die die Konflikthaftigkeit im Diesseits zu leugnen versucht.« Das für die jüdische Geisteshaltung charakteristische »Denken in Gegensätzen, in Konflikten und Polaritäten« (Wurmser 2001, S. 7; Quinzio 1995, S. 14) muss ein Stachel im Fleisch all derjenigen sein, für die das Gesetz oder das Wort die »Wahrheit« sein soll. Eine schwärende Wunde für die »Orthodoxen«, die es unter Juden genauso gibt wie in anderen Gruppen, die aus seelischen Sicherheits- und Ruhebedürfnissen immer wieder zur Versteinerung von Worten und Bildern, zum »Dogmatismus« und zum »Fundamentalismus« neigen. Derzeit müssen wir in Israel mit ansehen, wie die »Mauer in den Köpfen« zu einer in Beton gegossenen Realität um die Palästinensergebiete wird.

Wenn man diese archaische Tendenz, Spannung und Konflikt gegen Null zu bringen, als »Todestrieb« bezeichnet, dann könnte sogar ich dieses Konzept akzeptieren! Chasseguet-Smirgel (1988, S. 28, 91) hat mit ihrem Begriff der »archaischen Matrix des Ödipuskomplexes« den Urwunsch nach einer glatten Welt ohne Unterschiede, ohne Hindernisse und ohne Konflikte konzeptua-

35 »›Was tun Sie‹, wurde Herr K. gefragt, ›wenn Sie einen Menschen lieben?‹ ›Ich mache einen Entwurf von ihm‹, sagte Herr K., ›und sorge, dass er ihm ähnlich wird‹. ›Wer? Der Entwurf?‹ ›Nein‹, sagte Herr K., ›der Mensch‹« (Bertold Brecht: *Geschichten vom Herrn Keuner*). – »Du sollst dir kein Bildnis machen [...]. Es ist bemerkenswert, dass wir gerade von dem Menschen, den wir lieben, am mindesten aussagen können, wie er sei [...] das Nächste, das lange Bekannte [...]. Die Liebe befreit es aus jeglichem Bildnis« (Max Frisch: *Tagebuch 1946–1949*, S. 33) – »Wir wünschen ihm [dem Freunde; Anm. T.A.], dass er sich wandle, o ja. Wir wünschen es ganzen Völkern! Aber darum sind wir noch lange nicht bereit, unsere Vorstellung von ihnen aufzugeben. Wir sind die letzten, die sie verwandeln« (ebd.).

lisiert. Der Narzisst ist bemüht, »jegliche Unterschiede, Besonderheiten und Gegensätze – also Charakteristika jeglichen Lebens – einzuebnen« (Blumenberg 1996, S. 163; Grunberger/Dessuant 2000, S. 59). In dieser Verleugnung stört eine Wirklichkeit, die »prinzipiell mit Unzulänglichkeiten, Konflikten und Begrenztheiten ausgestattet ist […], triangulierende Verhältnisse abverlangt und den Anforderungen des Realitätsprinzips, der Vernunft und des Wortes Geltung zu schaffen sucht« (Blumenberg 1996, S. 163). »In der antisemitischen Rede vom ›ewigen Juden‹ wird jenes talmudische Denken denunziert, das die Konflikthaftigkeit des menschlichen Lebens als conditio humana anerkennt, sich jeglicher Systematisierung und jeglichem Dogma verweigert« (ebd., S. 175).

Das Problem der Instrumentalisierung des Antisemitismus

Eine Untersuchung des Phänomens »Antisemitismus« wäre meines Erachtens unvollständig, wenn sie das Problem seiner »Instrumentalisierung« unberücksichtigt lassen würde.

Instrumentalisierung durch Nichtjuden: Das Beispiel Jürgen Möllemann

Die Inhalte des Flugblattes von dem deutschen Politiker Jürgen W. Möllemann vom September 2002 sind zwar undifferenziert, einseitig, klischeehaft, aber inhaltlich nur relativ begrenzt anfechtbar. Dass er sich, nicht nur in seinem Flyer, ausschließlich als Opfer der Attacken seines jüdischen Gegners Michel Friedmann präsentiert, ohne seine Täterschaft als Attackierender zu berücksichtigen, gehört zu häufig benutzten seelischen Mechanismen der Schuldabwehr. Vorzuwerfen ist Möllemann vor allem die Instrumentalisierung seines im Wesentlichen narzisstisch begründeten Konflikts mit Michel Friedmann für politische Zwecke. Sein Flugblatt, eine Woche vor der Bundestagswahl 2002 in NRW zigtausendfach verteilt, zielt gerade auf antiisraelische und antisemitische Stimmungen bei Wählern, um deren Stimme er buhlt. Mittlerweile sind beide Protagonisten, sowohl Jürgen W. Möllemann als auch Michel Friedmann, auf ihre je eigene Weise aus ihrem narzisstischen Himmel herabgestürzt. Die Folgen sind bekannt.

Instrumentalisierung durch Juden

Der lange Schatten der »Shoah« darf den Blick auf eine mögliche politische Instrumentalisierung des Antisemitismusvorwurfs nicht verdunkeln.

Henryk M. Broder kritisiert in seinem Buch *Der ewige Antisemit* zu Recht an manchen Deutschen den Versuch der »Entsorgung der Vergangenheit, die sich weniger mit der eigenen Geschichte als mit den Verfehlungen anderer beschäftigt« (Broder 1986, S. 24, 115), beispielsweise durch einen Vergleich zwischen dem Verhalten der Nazis gegenüber den Juden mit dem der Israelis gegenüber den Palästinensern. Späterhin bedient er sich jedoch fortwährend selbst genau dieser Argumentationsfigur, die er zuvor angeprangert hatte. Kritik an israelischen Militäraktionen gegen Palästinenser versucht er *aufzurechnen* gegen »Massaker von PLO-Verbänden«, die Tötung Hunderter von Menschen durch »schiitische Milizen« (ebd., S. 37), das Umbringen »tausender von Palästinensern durch Truppen von König Hussein« (ebd., S. 38, 114) von Jordanien. Die Landnahme Israels seit 1948 verharmlost er dagegen kommentierend: »Es gibt keine Nation [...], die sich nicht irgendwann mal auf Kosten eines anderen Volkes etabliert hätte« (ebd., S. 46).

Der israelische Psychologe Dan Bar-On (2001, S. 178; kursiv T.A.) stellt die Hypothese auf, »dass die entscheidende Zielgruppe der *verschobenen* Aggression jüdischer Israelis, die sich mit dem Holocaust konfrontiert sehen, die Palästinenser sind«. Nach seiner Theorie deutet die »gegen die Palästinenser gerichtete verbale und physische Macht, vergleicht man sie mit dem Mangel an Leidenschaft bzw. der Tatenlosigkeit gegenüber den Deutschen, auf einen versteckten Prozess verschobener Aggression« (ebd.) hin. Bar-On meint, dass dieser Aspekt der »Aggressionsverschiebung« von Juden als Folge des Holocaust »aufgrund der schwierigen moralischen und menschlichen Implikationen« (ebd., S. 177) jahrelang verschwiegen worden sei. »Bis vor kurzem«, fährt er fort, »wäre ein solches Argument, besonders, wenn es von Nicht-Juden vorgetragen worden wäre, wahrscheinlich sofort als neue Form des ›Antisemitismus‹ abgelehnt und dekonstruiert worden« (ebd., S. 181).

Wir haben am 1. September 2003 neben der palästinensischen Friedenskämpferin Nabila Espanioly den israelischen Friedensaktivisten Reuven Moskovitz, der sich seit Jahrzehnten für eine Aussöhnung zwischen Israelis und Palästinensern einsetzt, mit dem »Internationalen Aachener Friedenspreis«

ausgezeichnet. Aus seiner Preisträgerrede möchte ich einige aufrüttelnde Fragen weitergeben:

> »Wie lange gedenken die deutschen und israelischen Politiker sich einer Politik hinzugeben, die geprägt ist von gefährlichen und instrumentalisierten Schuldgefühlen? Wir lange noch wollen sich viele Israelis auf die Opferdenkstruktur berufen und unter diesem Deckmantel jegliche berechtigte Kritik an der israelischen Politik als Antisemitismus bewerten und abwerten? Wie lange noch sind die Freunde Israels in Westeuropa bereit, sich als Antisemiten bezeichnen zu lassen, nur weil sie den Mut haben, die verbrecherische Politik Israels kritisch zu bewerten und anzuprangern?« (vgl. auch Götz Aly in: *DIE ZEIT* 24/2002).

Die Gleichsetzung von »Kritik« an der israelischen »Politik« mit »Antiisraelismus«, mit »Antizionismus« und »Antisemitismus« verwässert die begriffliche Klarheit der an sich schon schwierigen Termini (Bernstein 1926, S. 15) und ihre diagnostische Schärfe. Diese ist aber dringend notwendig für eine angemessene Bekämpfung der »Vorurteilskrankheit« Antisemitismus.

Als Psychoanalytiker wissen wir, dass destruktive Impulse und Tendenzen unvermeidlich zur »conditio humana« gehören. Weder Selbstidealisierung noch Fremdidealisierung, noch Projektion oder Dämonisierung des Gegners können darüber hinwegtäuschen.

Nach seiner von den Nazis erzwungenen Emigration nach London, kurz vor seinem Tod, verfasst Sigmund Freud im Jahre 1938 »Ein Wort zum Antisemitismus«. Er zitiert darin einen unbekannten nichtjüdischen Autor, wobei höchstwahrscheinlich ist, dass Freud selbst der Verfasser des Textes ist. Es endet mit dem Gedanken, mit dem auch ich hier schließen möchte: »Hören wir also endlich auf, ihnen [den Juden; Anm. T. A.] Gnaden hinzuwerfen, wo sie auf Gerechtigkeit Anspruch haben« (Freud 1987, S. 780).

7.
»Krieg und Frieden«

»Sich weigern, Gott zu sein« (1984)

Zur Psychoanalyse der Friedlosigkeit[36]

> »Ihr aber, wenn es soweit sein wird, dass der Mensch dem Menschen
> ein Helfer ist, gedenket unserer mit Nachsicht.«
> *Bertolt Brecht*

Es lässt sich nicht behaupten, dass Psychoanalytiker besonders friedfertige Menschen seien. Wer einen Blick in vergangene oder gegenwärtige psychoanalytische Gruppen, Vereinigungen und Institutionen wirft, findet dort Drohungen, Anfeindungen, Feindseligkeiten, Spaltungen, Austritte, Ausschlüsse, Nachreden, Rufmorde, Selbstmorde u.a.m. (vgl. Rosenkötter 1984). Dem Psychoanalytiker ist die Friedlosigkeit aus der Erfahrung nichts Fremdes. Wir wissen also, wovon wir sprechen.

Der Psychoanalytiker vor der Friedensfrage

Die Funktion des Psychoanalytikers lässt sich als die eines »Motivsuchers« charakterisieren. Er forscht nach den unbewussten, irrationalen, lebensgeschichtlich begründeten Ursachen und Bedeutungen, die bewussten und rationalen Überlegungen und Entscheidungen wesentlich zugrunde liegen. Bei der psychoanalytischen Untersuchung bewegen wir uns immer im Spannungsfeld der wechselseitigen Beeinflussung zwischen individuellen und gesellschaftlichen Verhältnissen. Denn jedes Individuum ist von Lebensbeginn an lebensnotwendig auf Beziehungen angewiesen und in Beziehungen eingebunden. Auch der Analytiker ist Teil seiner Gesellschaft und Kultur.

---

36 Für meinen Bruder Bernhard, der mich durch sein aktives politisches Engagement zu dieser Arbeit anregte.

Insofern ist die kritische Analyse gesellschaftlicher Verhältnisse immer auch Selbstanalyse (und vice versa).

Seelische Störungen und Erkrankungen entstehen in Beziehungen – vor allem innerhalb der Familie. Deshalb können sie auch durch die Beziehung zwischen Analytiker und Patient bearbeitet und verändert werden. Eine spezifische Kompetenz der Psychoanalyse liegt im Bereich des Verstehens von Beziehungen, ihrer Entwicklung, ihrer Konflikte und Konfliktlösungsversuche. Zum Wesen der psychoanalytischen Therapie gehört die systematische Verweigerung der Herrschaftsbeziehung. Dies ist die Grundlage zum Erreichen des Therapiezieles, nämlich der zunehmenden Entwicklung von Freiheitsmöglichkeiten gegenüber inneren und äußeren Zwängen. Eine Psychoanalyse belässt den Analysanden am Ende häufig mit mehr Fragen als zu Beginn. Oder besser: in einer fragenden, hinterfragenden Grundhaltung gegenüber sich selbst und gegenüber der Außenwelt. Diese Einstellung befreit ihn von häufig blindem Aktionismus ebenso wie von passiver Resignation und macht ihn fähig zu aktiver Verantwortung (vgl. Jonas 1984).

Unter »Friedlosigkeit« möchte ich im Folgenden den zerstörerischen Umgang des Menschen mit sich selbst, mit anderen Menschen und mit der ihn umgebenden Natur verstehen. Angesichts des Friedensproblems lautet die Frage des Psychoanalytikers: Gibt es unbewusste individuelle und kollektive Beweggründe, die viele Menschen trotz rationaler Beteuerungen ihrer Friedensliebe und ihres Friedenswillens zu Handlungen bewegen, die den Unfrieden vermehren?

Vor uns liegt eine typische psychoanalytische Aufgabe. Einerseits müssen wir uns rational und emotional mit den bedrohten Menschen »identifizieren« – wir sind wie alle von der nuklearen und ökologischen Gefährdung Betroffene –, und andererseits ist es zum Verstehen und Verändern unumgänglich, dass wir uns von den verbreiteten kollektiven Denksystemen und Deutungsmustern »distanzieren«. Dieser Schritt der »kritischen Distanzierung« ermöglicht es uns, aus der passiven Opferrolle herauszutreten und uns unserer aktiven Möglichkeiten bewusst zu werden.

Bei Stellungnahmen, die immer im Bewusstsein ihrer Vorläufigkeit abgegeben werden, darf sich der Analytiker nicht dazu missbrauchen lassen, soziale Spannungen und Beängstigungen wegzuerklären. Vor diesem billigen Trost warnte schon Freud (1930a, S. 506; vgl. auch Grunberger/Chasseguet-Smirgel 1979; Ohlmeier 1982, S. 171). Vielmehr kann er entsprechend zur individuellen

Analyse einen Beitrag dazu leisten, dass auch auf gesellschaftlicher Ebene eine wahrhaftigere Wahrnehmung der Realität möglich wird. Diese umschließt das Bewusstsein, dass die Wirklichkeit immer nur »subjektive Realität« sein kann. In diesem Sinne plädieren Becker und Nedelmann (1983, S. 144) für eine »Einübung der politisch bewussten Bevölkerung in der psychoanalytischen Denkweise«.

Es ist klar, dass die Psychoanalyse nur einen begrenzten Teilbeitrag für die komplexen Fragestellungen anbieten kann, denen, wenn überhaupt, eine multidisziplinäre wissenschaftliche Untersuchung am ehesten gerecht zu werden vermag.

Schließlich verstehe ich meine Arbeit als einen Versuch zur Erfüllung jenes Versprechens, das die Deutsche Psychoanalytische Vereinigung 1982 mit der Annahme der »Resolution gegen den nuklearen Krieg« (vgl. *PSYCHE* 36, S. 453ff.) eingegangen ist: »Alles ihr Mögliche daranzusetzen, die Verleugnung der Realität aufzuheben […], indem sie über die unheilvollen und unwiderruflichen Folgen der Entwicklung aufklärt« (ebd., S. 455). »Schweigen ist das eigentliche Verbrechen« (Nadejda Mandelstam), betitelte Hanna Segal ihren einschlägigen Vortrag auf dem Hamburger IPA-Kongress 1985.

Die neue Bedrohung

Trotz unseres Bewusstseins vom Sterbenmüssen wehrt sich unser Vorbewusstes dagegen, und unser Unbewusstes ist von seiner »Unsterblichkeit« überzeugt (vgl. Freud 1915b). Vielleicht ist die Annahme des begrenzten Lebens nur möglich unter der Bedingung von Unsterblichkeitsfantasien oder zumindest Überlebensvorstellungen?

Die drohende ökologische Katastrophe und die Atomkriegsgefahr konfrontieren uns in einer bislang nicht gekannten Weise mit unserer Hilflosigkeit, Schwäche, Begrenztheit und Sterblichkeit (vgl. Wangh 1983; Lifton 1984). Für die gegenwärtige Bedrohung aller Menschen gibt es kein historisch vergleichbares Beispiel. Auch wenn manche Militärtechnologen davon träumen mögen, erscheint die Eingrenzung eines atomaren Angriffs einschließlich seiner Langzeitfolgen oder z.B. die Abschottung eines Teils der Erde gegen Atomraketen illusionär. Wir können uns nicht hinter einem Raketen- und Satellitenvorhang verstecken. Das »Fenster der Verwundbarkeit« ist niemals endgültig zu verschließen. Verletzbar zu sein, gehört zur »conditio humana«. Es gibt auf der Erde einfach keinen Ort, nirgends mehr, der noch Schutz und Sicherheit vor einem Atomkrieg und seinen Folgen bieten würde. »Es gibt keine Ferne mehr« (Anders 1981, S. 25), »es gibt nur noch Nächste« (ebd., S. 95). Wir wissen heute auch, dass es auf der Erde kein »Draußen« mehr gibt. Aller Dreck, den wir in die Luft blasen, aller Schmutz, den wir in unsere Flüsse und Meere leiten, aller Müll, den wir in die Landschaft kippen, kommt mit tödlicher Sicherheit auf uns zurück. In einer Welt, die durch die modernen Kommunikationsmittel und die globalen wirtschaftlichen Vernetzungen immer enger zusammenwächst, in der uns immer unabweisbarer bewusst wird, dass alles mit allem und jeder mit jedem zusammenhängt, gibt es auch kein seelisches Draußen mehr. Sündenböcke und absolut böse Außenfeinde erweisen sich als »Projektionen«. Sie sind Ausdruck unserer »Innenweltverschmutzung«.

In allen bisherigen Kriegen hat es Leiden, Tod und Vernichtung gegeben. »Aber immer ist noch jemand dagewesen, um nachher zu weinen, zu klagen, die Toten zu bestatten und wieder neu anzufangen über Trümmern, Schutt und Rauch« (Kardinal König zit. n. Eppler 1983, S. 101). Die neue, unvergleichliche Möglichkeit besteht in der totalen Vernichtung der Welt, der völligen Auslöschung jeglichen Lebens, dem absoluten Ende jeder menschlichen Geschichte. Sie schließt jede Überlebensvorstellung, jegliche Wiedergutmachungsmöglichkeit und jedwede Trauerarbeit aus. Die Möglichkeit einer vollständigen Existenzauslöschung stellt eine ungeheuerliche Kränkung des menschlichen Narzissmus dar.

Beim heutigen Stand der sogenannten »Zweitschlagskapazitäten« schließt jede glaubwürdige Vernichtungsdrohung zur Abschreckung des jeweiligen Gegners eine (Massen-)Selbstmorddrohung ein (vgl. Singer 1980, S. 119). Hinzu kommt die Aporie, dass die nukleare Abschreckung uns zu potenziellen »Massenmördern« macht. Und schließlich sind wir, indem wir Todesmittel statt Lebensmittel produzieren – und bei uns aus Geldgier Lebensmittel in Massen vernichten –, Waffen statt wirksamer Entwicklungsprojekte in die sogenannte »Dritte Welt« schicken, schon längst am Massensterben dort schuldhaft beteiligt.

Die Gefährdung geht nicht von Naturgewalten aus, sondern von Menschengewalt. Die Menschen haben den Göttern die Entscheidung über Leben und Tod aus der Hand genommen, seitdem müssen sie Angst vor dem »Gotteskomplex« des Menschen (Richter 1979) haben. »Seit diesem Tage [Hiroshima;

Anm. T. A.] sind wir *modo negativo allmächtig* geworden, aber da wir jeden Tag ausgelöscht werden können, bedeutet das zugleich: seit diesem Tage sind wir *total ohnmächtig*« (Anders 1981, S. 93). Entwicklungspsychologisch betrachtet, versetzt uns die atomare Vernichtungsmöglichkeit in den Zustand der frühesten Lebenszeit (vgl. Koechel 1982, S. 74; Metzger 1984, S. 152). Der Unterschied besteht allerdings darin, dass die totalen Zerstörungsfantasien heute zu einer realen Gefahr geworden sind (vgl. Wangh 1983, S. 29). Zwischen Vorstellung und Fakt, zwischen Fantasie und Realität ist die Unterscheidung erschwert. Die Realitätsprüfung beginnt zu versagen, und genau das ist ein erstes Kriterium für eine seelische Erkrankung. »Nach uns bliebe nichts [...]. Also wissen wir genug. Aber wir wollen das nicht wahrhaben, weil wir nicht wissen, wie man mit solcher Art Wissen morgens bis nachts weiterleben soll« (Tetzner 1982, S. 76). Mit den Folgen dieses Wissens auf die seelischen Abwehr- und Anpassungsstrategien individueller und kollektiver Art möchte ich mich nun beschäftigen.

Die Abwehr

Zu den drei von Freud beschriebenen narzisstischen Kränkungen der Menschheit, der kosmologischen durch Kopernikus, der biologischen durch Darwin und der psychologischen durch ihn selbst (vgl. Freud 1917a, S. 7ff.), kommt nun als vierte das Bewusstwerden der Möglichkeit einer menschengemachten totalen Existenzauslöschung. Gegenüber dieser extremen Bedrohung wird individuell und kollektiv das ganze Arsenal unbewusster seelischer Anpassungs- und Abwehrmechanismen mobilisiert.

Ich bin mir bewusst, dass auch das Schreiben dieser Arbeit (m)ein Versuch ist, (meine) Ängste besser zu verstehen und auszuhalten. Diese Fähigkeiten des Ichs haben zunächst eine bedeutsame Hilfs-, Schutz- und Bewältigungsfunktion. Sie dienen dazu, das grundlegende Bedürfnis des Menschen nach Sicherheit und Wohlbefinden zu befriedigen und sein narzisstisches Gleichgewicht zu schützen oder wiederherzustellen. Allerdings wissen wir aus unseren Krankenbehandlungen, wie das Sicherheitsverlangen pervertieren kann zu neurotischer Ich-Einschränkung und -Behinderung, zum psychotischen Ich-Verlust und zur psychosomatischen Ich-Zerstörung. Mit anderen Worten: Der Mensch ist dazu fähig, aus unbewussten Motiven gegen seine bewussten Interessen und Bedürfnisse zu handeln – bis hin zur Selbstvernichtung. Im Folgenden möchte ich einige wesentliche der unbewussten Abwehrmethoden darstellen. Die einfachste besteht in dem Versuch, die Gefahr herunterzuspielen, sie zu banalisieren und bagatellisieren. Probleme werden relativiert, verharmlost, vereinfacht. Es wird versichert, dass alles nicht so schlimm sei. Unsere Sprache bietet da eine Fülle von Möglichkeiten zur Selbsttäuschung und Täuschung (vgl. Anders 1981, S. 126ff.; Eppler 1983, S. 97ff.; Frank 1968, S. 37ff.). Zu den Sprachverzerrungen gehört auch die Pseudoversachlichung des Entsetzlichen. Ein kühler Kopf, Rationalität und Leidenschaftslosigkeit werden mit Vernunft gleichgesetzt. »Es gilt als anormal, sich affektiv zu verhalten« (Pohlen 1983, S. 157). Aber »wer dort keine Angst empfindet, wo Angst geboten ist, ist nicht ein Tapferer, sondern ein unmenschlich Empfindungsloser« (Pfürtner 1983, S. 82). »Menschen, die Angst nicht wahrnehmen können, haben auch die Fähigkeit verloren, die Schmerzen, die sie anderen und sich zufügen, wahrzunehmen« (Becker/Nedelmann 1983, S. 108). »Wo keine Betroffenheit mehr ist, beginnt die Grausamkeit der Abstraktion – von der Liebe« (Spaemann 1983, S. 5). Das Abstrahieren und Theoretisieren (»Rationalisierung« und »Intellektualisierung«) soll vor dem gefühlsmäßigen Erschüttert- und Überwältigt-Werden schützen. Probleme werden verdinglicht, entpersonalisiert, das Subjekt wird eliminiert (vgl. Overbeck 1982). Dem entspricht auch die moderne Technik des Tötens: Die Bombe wird ausgeklinkt, der Knopf gedrückt, der Hebel umgelegt. Der menschliche Körper, den ich zerfetzt habe, bleibt meinem Auge unsichtbar, seinen Todesschrei höre ich nicht! Verharmlosen kann ich auch durch falsche Vergleiche, durch Ironie oder ein Ästhetisieren des Grauenhaften (»Solemnifizierung«; Anders 1981). Die Kriegspropaganda aller Zeiten hat sich das »dulce et decorum est pro patria mori« des Horaz zu eigen gemacht. Größenerlebnisse (Modena 1983, S. 306) sind gefragt, nicht Leiden und nicht Sterben, wie zuletzt beim Falklandkrieg, als die Verletzten aus der Siegesparade ausgeschlossen wurden!

Die Manipulation von Wahrheit wird nicht nur durch das Verfälschen, Desinformieren und bewusste Lügen vollzogen, sondern auch z. B. durch eine gezielte Auswahl von Tatsachen sowie das Weglassen bestimmter Fakten. Der selektiven Wahrnehmung entspricht eine selektive Darstellung.

Weiter geht das Nicht-wahr-haben-Wollen, das Verleugnen, das Einfach-nicht-zur-Kenntnis-Nehmen von Gefahren. Mehrfach haben mir Patienten von Menschen berichtet, die keine Zeitung mehr lesen und keine Nachrichten mehr hören oder sehen, um der alltäglichen Konfrontation mit Gewalt und kriegerischen Auseinandersetzungen zu entgehen.

Angst kann nicht nur dumm machen (vgl. Zulliger 1969), ich kann sie als so überwältigend erleben, dass sie mich völlig handlungsunfähig macht. Das führt dann zu politischer Apathie und zum Fatalismus: »Ich kann ja doch nichts machen.« Andere Möglichkeiten, »aus dem Feld zu gehen«, sind: in ein »sicheres« Land auszuwandern (vgl. Ensel 1984, S. 37ff.), die Ängste im Alkohol zu ertränken, sich durch Drogen zu besänftigen oder durch Psychopharmaka zu beruhigen. In diesen Bereich gehört auch die Illusionsbildung. Wir könnten mit Eppler (1983, S. 97) u.a. eine »technokratische Illusion« (»alles ist machbar, kontrollierbar, beherrschbar«) auf analem Niveau und eine »romantische Illusion« unterscheiden. Letztere besteht darin, auf neue, unvergleichliche Herausforderungen mit alten, gewohnten, aber überholten Rezepten zu reagieren. Im Rahmen der individuellen Psychopathologie nennen wir das eine neurotische Reaktion. Sicher am tödlichsten ist die Illusion absoluter Sicherheit. »Den absolut sicheren Menschen gibt es nicht [...], ein unaufhebbarer Rest an Unsicherheit gehört zur conditio humana, zu den Bedingungen menschlichen Lebens. Wer diesen Rest leugnen oder gar tilgen will, sichert unser Leben nicht, er zerstört es« (ebd., S. 17; vgl. auch Grunberger/Chasseguet-Smirgel 1979). Die Illusionen können sich auch zu Rettungsfantasien verdichten (vgl. Parin 1983a, 1983b), z.B. im Schutzbunkerbau (Ensel 1984, S. 32ff.) und Ähnlichem.

Die Flucht nach innen führt zu einer regressiven Besetzung narzisstischer Positionen, einem übermäßigen Interesse am eigenen Selbst, einer Idealisierung der eigenen Position verbunden mit Größen- und Allmachtsfantasien. Eine erhöhte Autoritätsgläubigkeit knüpft an die »idealisierten Elternimagines« (Kohut 1971) der frühen Kindheit an. Unsere »psychische Selbstentmündigung« (Richter 1982a, S. 37) haben wir heute so weit getrieben, dass wir infolge der technischen Entwicklung die Entscheidung über Krieg und Frieden weitgehend an Computer delegiert haben.

Neben diesen narzisstischen Abwehrversuchen spielen vor allem anale Konfliktlösungsstrategien eine große Rolle. Dazu gehört z.B. der »Jähe Wechsel von Drohgebärden und Friedensbeteuerungen« (Grass 1982, S. 45), ja, überhaupt die gesamte Abschreckungstechnik (vgl. Richter 1982a, S. 47). Stereotype, ritualisierte Wiederholungen bestimmter Vorstellungen und Vorurteile, zwanghaftes Festhalten an Gedankengängen, in Verhandlungen

Verschiebung aufs kleinste Detail oder die Unfähigkeit, auch nur die kleinste Schwäche zuzugeben, erinnern stark an die zwangsneurotische Psychodynamik bzw. die »anal-sadistische Kollusion« zwischen Partnern (vgl. Willi 1975, S. 107ff.).

Richter (1982a, S. 95ff.) weist auf die phallische Vergötterung der modernen Vernichtungswaffen hin. Die phallisch-narzisstische Faszination von Raketen, Bombern, Panzern (vgl. Sölle 1981, S. 28f.) kann der unbewussten Abwehr von Potenzunsicherheiten und Kastrationsängsten dienen. »Es erscheint wie ein phallischer Todeskult [...], wenn die Raketen nicht irgendwo verborgen lagern, sondern wenn sie in Ost und West stolz der Menge vorgezeigt werden« (Mahler 1983, S. 277). Margarete Mitscherlich (1983) und Eugen Mahler (1983) sehen diesen »Phallus-Kult« im Zusammenhang mit fundamentalen Minderwertigkeits- und Selbstauflösungsängsten von Männern gegenüber den Frauen (vgl. Fester et al. 1979): »Gebären können wir nicht! Was immer, ihr aber unter Schmerzen und in langen Zeiten aus euren Schößen hervorgebracht habt, im Einklang mit der seit Millionen Jahren lebenspendenden Mutter Erde, das können wir heute in Augenblicken zerstören« (Mahler 1983, S. 277). Bedeutsame Abwehrmechanismen sind noch die »Reaktionsbildung« und die »Verkehrung ins Gegenteil«. Freud hat diese »Triebschicksale« (1915a) beschrieben und mit dem bekannten Beispiel illustriert: »Die meisten Mitleidschwärmer, Menschenfreunde, Tierschützer haben sich aus kleinen Sadisten und Tierquälern entwickelt« (1915b, S. 333). Er will damit klarmachen, dass jede Betrachtungsweise den Menschen verfehlen muss, die die fundamentale menschliche Zwiespältigkeit, den »Widerspruch im Subjekt« (Parin 1978a) unterschlägt. Die Psychoanalyse untersucht den Menschen im Rahmen einer dynamischen Konfliktpsychologie. Ein lebendiger Mensch bewegt sich dauernd im Feld innerer und äußerer Spannungen und zeitweiliger Lösungen und Entspannungen, in der Ambivalenz. Polaritäten sind dabei z. B.: Subjekt (Ich) und Objekt (Außenwelt), Lust und Unlust, aktiv und passiv (vgl. Freud 1915a, S. 226), Augenblick und Dauer, Verschiedenheit und Gleichheit, Befriedigung und Versagung, Stimulierung und Stabilisierung, Nähe und Distanz (vgl. Stierlin 1971, S. 45ff.), Liebe und Hass, Sexualität und Aggression. Der Mensch ist sowohl zum Niedrigsten als auch zum Höchsten fähig, so alt die Kulturgeschichte des Menschen, so alt ist auch die Geschichte seiner Barbarei.

Der Mechanismus der »Isolierung« hebt den Zusammenhang zwischen einer Vorstellung und dem dazugehörigen Gefühl auf. Das »Abspalten« des

Affektes erlaubt es dann, z. B. die Angst vor dem eigentlichen Objekt der Angst (Atomrakete) auf ein anderes (Friedensbewegung) zu verschieben. Die »Angst heftet sich an eine Gefahr, der gegenüber man sich weniger ohnmächtig fühlt und gegen die man in der Wirklichkeit oder der Phantasie etwas unternehmen kann« (Parin 1983b, S. 27; vgl. auch Richter 1982a, S. 108).

Im Verlauf der menschlichen Lebensgeschichte entwickeln und differenzieren sich die Abwehr- und Anpassungsmechanismen immer mehr. Nach einem Scheitern der reiferen Abwehrformen im Konfliktfalle und in Krisensituationen folgt gewöhnlich ein Rückgriff auf immer frühere, archaischere und primitivere Abwehrtechniken, wozu man die letztbeschriebenen auch schon rechnen kann (vgl. Loch 1977).

»Spaltungsphänomene«, »Identifizierungen«, »Introjektion« und »Projektion«, »Internalisierung« und »Externalisierung« sind Ausdruck einer Regression auf das »paranoid-schizoide« Weltbild der frühesten Lebenszeit. Sie stellen die Grundlage der wohl gefährlichsten seelischen Abwehroperation, der »Feindbildung«, dar. Nach Bauriedl und Wölpert (1984) beginnt das damit, dass die eigene Angst als Feind angesehen und bekämpft wird. »Man versucht dem anderen die eigene Angst einzujagen und sie dadurch unter Kontrolle zu bringen« (ebd., S. 27). Beim Gegner findet ein reziproker Prozess statt, wodurch es dann zur verhängnisvollen »Angst-Gewalt-Eskalation« kommt, die die »psychische Grundlage der Rüstungsspirale« (ebd.) darstelle. So wird ein »spiegelbildlicher Wahrnehmungsprozess« (Frank 1968, S. 167ff.; Schmidhäuser 1983) in Gang gesetzt, der in einen »bipolaren Verfolgungswahn« (Richter 1982a, S. 121ff.) mündet. »Dass der zum Feind Erklärte dann auch wie ein Feind reagiert, trägt zur Aufrechterhaltung des paranoiden Systems bei« (Bauriedl/Wölpert 1984, S. 28). Neben der Angstreduzierung im Selbst hat die Feindbildung noch eine weitere Entlastungsfunktion: »Der Feind ist Zielscheibe unserer enteigneten negativen Gefühle. Er rettet uns vor der schmerzhaften Arbeit, uns bewusst zu werden, welche Fähigkeit wir haben, Böses zu schaffen« (Keen 1984, S. 39). Wir brauchen Feinde als »Müllkippen« für unseren eigenen Seelenmüll (Auchter 1992). Deshalb sind wir selig, wenn wir Feinde haben, »feindselig«! Die Aufspaltung in (nur) gut und (nur) böse erlaubt uns die »Projektion« alles Bösen auf den Gegner und die Introjektion alles Guten in uns. Sie macht den entwicklungspsychologisch so bedeutsamen Reifungsschritt, die »Fähigkeit zur Ambivalenz«, rückgängig. Alle Bedrohung geht nun vom Gegner aus, alle Schuld liegt bei ihm. Damit kann ich ihn dann frei von Schuldgefühlen zum »Feind« erklären, und damit ist der Weg frei für seine Verteufelung. Das fortgesetzte Dämonisieren entmenschlicht den Feind immer mehr. Einen Unmenschen aber kann ich dann (schuld-)gefühllos vernichten.

Die atomare Bedrohung stellt seit vielen Jahren eine chronische »extreme Traumatisierung« dar. Wir sind auf ewig dazu verdammt, mit der Fähigkeit zu leben, den »Omnizid« zu begehen (vgl. Anders 1981, S. 55ff.). Die ins Unermessliche gewachsene Gefahr ist weitgehend unsichtbar und schwer lokalisierbar (vgl. Ensel 1984, S. 25). Wir können uns nicht darauf einstellen, weil Giftgase oder Atomstrahlen sinnlich nicht fassbar sind. Ähnliches gilt auch für die ökologische Bedrohung, bei der die Ursache-Wirkungs-Zusammenhänge nicht oder nur lange zeitverzögert (Waldsterben) sinnlich erfahrbar sind. Hinzu kommt, dass uns zwar seit Auschwitz und Hiroshima Vorstellungsbilder für Massentod und Totalzerstörung zur Verfügung stehen, dass aber unsere emotionale Vorstellungsfähigkeit diesen Bildern nicht nachkommt (vgl. Claessens 1980). Untersuchungen über die seelische Verarbeitung von Extrembelastungen wurden an den Opfern der nationalsozialistischen Schreckensherrschaft, den Opfern der Atombombenabwürfe von Hiroshima und Nagasaki und den Opfern des Vietnamkrieges vorgenommen. Lifton (1984), der viele Gespräche mit den Opfern von Hiroshima geführt hat, versucht die »Apokalypseblindheit« oder »Apokalypsestumpfheit« (Anders 1981) vieler Menschen mit dem Begriff des »numbing«, einer seelischen Empfindungslosigkeit im affektiven Bereich, näher zu fassen. Es handele sich um eine Art »geistiger Betäubung« (Lifton/Erikson 1984), die einen Schutzschild gegen das überwältigende Grauen bieten soll. Lifton ist der Ansicht, dass diese Gefühlstaubheit kollektiv das Bewusstwerden der Holocaustbedrohung erschwere.

Grubrich-Simitis, die sich in zwei Übersichtsarbeiten (1979, 1984) mit den Folgen der »Extremtraumatisierung« durch die Naziverbrechen beschäftigt hat, hebt hervor, dass insbesondere die »Ich-Funktion der Metaphorisierung« (Grubrich-Simitis 1984, S. 17ff.) beschädigt worden ist. Dadurch sind grundlegende Ich-Fähigkeiten zur kreativen Überwindung bedrohlicher Zustände stark beeinträchtigt. Die aus der geistigen Betäubung resultierende Denkhemmung verschärft die allgemeine Krise des Denkens (vgl. Kunze 1983) und behindert womöglich deren stimulierende Funktion. Die chronische Bedrohung führt durch das Klima permanenter latenter Beängstigung zu einem veränderten Erleben der Zeitperspektive (vgl. Friedrich 1984, S. 225). Bedeutung gewinnt dabei die Konzentration auf das Nächstliegende, der Glaube an die Zukunft geht verloren (»no future«). »Die nicht mehr mögliche Reparation, dieser Hinweis ist W. Loch besonders wichtig, führt mit der Lähmung des Ichs zum Verlust der Zukunft« (Nedelmann 1982, S. 395). Schließlich reicht die Schädigung auch in die Vergangenheit: »Das Gefühl einer historischen Kontinuität, das Wissen, in einer Folge von Generationen zu stehen, die aus der Vergangenheit kommen und in die Zukunft weiterführen – das geht immer mehr verloren« (Lasch 1980, S. 21). Berglar (1978) spricht von der »Geschichtsneurose« des modernen Menschen.

Ich möchte am Ende dieses Streifzuges durch die seelischen Anpassungs- und Abwehrmechanismen noch einmal auf ihre »Doppelgesichtigkeit« hinweisen. Einerseits sind sie lebensnotwendige Hilfs- und Schutzinstrumente des Ichs, andererseits können sie sich in ihr Gegenteil verkehren, werden lebensgefährdend und selbstzerstörerisch. Und an dieser Stelle beginnt ihre Pathologie. Alexander Mitscherlich (1970a, S. 17) schrieb seinerzeit: »Man kann Angst durch die Auseinandersetzung mit der realen Bedrohung bestehen oder aber mit imaginären Ritualien.« Ich möchte die Frage aufwerfen, ob die atomare Gefahr nicht eine derart extreme Bedrohung darstellt, dass wir eine dauernde volle Konfrontation mit dieser Realität vielleicht gar nicht aushalten können (vgl. H.-D. König 1984, S. 214), sondern nur teilweise oder zeitweise, dass dies vielleicht überlebensnotwendig ist, um die mit diesem Bewusstsein verbundenen persönlichen und sozialen Destabilisierungen zu verhindern (Horn 1983, S. 59). Unser schwer oder womöglich gar nicht zu lösendes inneres Dilemma beschreiben Becker und Nedelmann (1983, S. 114; vgl. auch Metzger 1984, S. 156) wie folgt: »Die Verleugnung hat ihre eigene Dialektik. Wir müssen verleugnen, weil wir das Furchtbare nicht aushalten, wir dürfen nicht verleugnen, weil sonst die Gefahr besteht, dass das Furchtbare geschieht.« Lifton (1984, S. 138) weist auf das »Doppelleben, das wir zu führen gezwungen sind«, hin. Die Verleugnung ist zugleich überlebenswichtig (vgl. Nedelmann 1982, S. 397; Wangh 1982, S. 414) und lebensgefährlich.

Das Abgewehrte

In der Geschichte unseres seelischen Lebens geht nichts verloren, unser Unbewusstes kennt kein Vergessen. Im Gegenteil, gerade die unerfüllten Bedürfnisse, unbewältigten Konflikte, ungelösten Probleme und unverarbeiteten Ängste unserer gesamten Lebensgeschichte – die vor allem eine Geschichte unserer Beziehungen ist – beeinflussen grundlegend unsere Wahrnehmung und Auseinandersetzung mit der gegenwärtigen Realität.

Seelische Abwehrmaßnahmen können sich gegen einen Triebimpuls, eine Über-Ich-Forderung, eine Erinnerungsspur, ein Gefühl oder eine innere Konfliktsituation richten, die die narzisstische Integrität bedrohen. Das narzisstische Gleichgewicht, unser Selbst- und Selbstwertgefühl, ist auf den verschiedenen Entwicklungsstufen jeweils spezifischen Gefährdungen ausgesetzt.

Im frühesten Stadium nach der Geburt ist die »existenzielle Gewissheit« (»Urvertrauen«) durch Vernichtung und Existenzauslöschung bedroht. Nach einer relativen Konsolidierung des »Selbst« stehen der »Selbstgewissheit« Fragmentierungs- und Desintegrationsängste entgegen. Da das Ich in erster Linie ein körperliches ist (vgl. Freud 1923b), ist die »Selbstsicherheit« eng mit der »Körpergewissheit« verbunden, es droht die »Depersonalisierung«. Nach der Differenzierung zwischen Selbst und Objekt gefährdet die Möglichkeit des Verlassenwerdens die »Beziehungsgewissheit«. Im »analen Stadium«, der »Wiederannäherungsphase« (M. Mahler et al. 1975), bedrohen Kontrollverlust- und Überwältigungsängste die »Machtgewissheit«. Im Erleben der sogenannten »phallischen Phase« wird erneut die »Körpergewissheit« mit der Unversehrtheit der Selbstgrenzen durch Kastrationsangst und Bewusstwerden der Gebährunfähigkeit (beim Mann) infrage gestellt. Schließlich ist die »Gewissheit zukünftigen Lebens« durch die Gewissheit, »dass man einmal nicht mehr sein wird« (Erikson 1970, S. 214), begrenzt. Aus diesen und weiteren Entwicklungskrisen resultieren psychogenetisch begründete Angstbereitschaften und Reaktionsmuster, die durch aktuelle Bedrohungen aktiviert werden können und über den Umgang mit ihnen wesentlich mitbestimmen. Hier kann das wirksam werden, was wir »Wiederholungszwänge« nennen (vgl. Wangh 1963). Der amerikanische Philosoph George Santayana hat das zu Beginn des 20. Jahrhunderts sinngemäß so formuliert: »Wer nicht in der Lage ist, aus der Geschichte zu lernen, ist dazu verdammt, sie zu wiederholen.« Wir nennen das psychoanalytisch eine Neurose. Im Folgenden möchte ich einige mögliche abgewehrte Konflikte und Motive näher betrachten, die unbewusst zur »Krankheit Friedlosigkeit« (vgl. von Weizsäcker 1983, S. 153ff.) beitragen.

Zu den innerlich und äußerlich bestverdrängten Fakten unseres Lebens gehören Leiden und Sterben. Die ökologische und die atomare Bedrohung haben die »allgegenwärtige Verleugnung der Sterblichkeit [...] geschwächt« (Wangh 1983, S. 29). Die Todesangst, die die Atomkriegsgefahr auslöst, besteht darin, einen vorzeitigen, nicht selbstbestimmten Tod zu erleiden. Wenn Verdrängung und Verleugnung nicht mehr ausreichen, müssen sich die Menschen nach anderen Abwehrstrategien umsehen, um der Todesangst als Extremsituation entgegenzuwirken, um den eigenen Tod – und koste es das Leben – nicht antizipieren zu müssen (vgl. Horn 1983a, S. 59ff.). Dazu gehört auch die einmalige Möglichkeit, das passiv Gefürchtete aktiv vorwegzunehmen. »Diese ganze Präokkupation durch den Atomkrieg ist eine Form von Krankheit. Sie ist äußerst morbid. Sie kann verstanden werden als [...] eine Art Todeswunsch, nämlich die Bereitschaft, den Suizid der Todesangst vorzuziehen« (Kennan zit. n. Overbeck 1982, S. 54). Es klingt wie eine Deutung der gegenwärtigen globalen Situation, wenn Henseler (1974, S. 51) in seiner Monografie über den Suizid bemerkt: »Die typische Suizidhandlung resultiert also aus einer Mischung [...] von selbstzerstörerischen und selbsterhaltenden Motiven.« Sie stellt eine Möglichkeit dar, »der narzisstischen Katastrophe, dem völligen Zusammenbruch des narzisstischen Gleichgewichts, dadurch zu entgehen, dass man ihr aktiv zuvorkommt« (ebd., S. 84).

Wir erleben uns als »an eine riesige Tötungsmaschine angeschlossen, ohne dass man uns gefragt hat« (Sölle 1981, S. 37), wir fühlen uns eher als Opfer denn als Täter (Mahler 1982, S. 10), bedroht durch Strahlungen, die wir nicht sehen, nicht hören und nicht riechen können, auf die wir uns sinnlich und seelisch nicht einstellen können. Das reaktiviert in uns die Ohnmachts-, Verfolgungs- und Vernichtungsängste des Kleinkindalters. Sie haben für uns aus der Erfahrung wesentlich mehr Realität als der Tod, den wir nie als eigenen erfahren haben oder erfahren werden (Friedrich 1984, S. 225). So wird für viele die Abwehr dieser narzisstischen Ängste »emotional wichtiger [...] als das eigene Überleben« (Parin 1983a, S. 31).

Aus dem therapeutischen Umgang mit Adoleszenten und »Borderline-Patienten« kennen wir das Phänomen, dass eine äußere aggressive Auseinandersetzung gesucht wird, um die Gefahr einer inneren Verunsicherung und Diffusion zu verringern und die Selbstgrenzen klarer zu definieren (vgl. Erikson 1969; Winnicott 1965a; Kernberg 1975). Auf nationaler Ebene kann eine kriegerische Auseinandersetzung die gleiche Funktion haben, eine »innere« Bedrohung durch Chaos und Strukturlosigkeit (Unordnung) mithilfe einer militärischen Aktion »an den Grenzen« zu vermindern. »Es ist letztlich das

Nicht-ertragen-Können von Leiden, das immer wieder dazu zwingt, andere leiden zu machen« (Richter 1979, S. 146).

Das Bilden eines Ich-Ideals (vgl. Freud 1914c, S. 161) bzw. das Schaffen einer idealisierten Selbstimago und einer idealisierten Elternimago (vgl. Kohut 1971, S. 46) sollen dazu dienen, den verloren gegangenen »primären Narzissmus«, frühkindliche Allwissenheits- und Omnipotenzfantasien zu ersetzen. Unter krankmachenden Entwicklungsbedingungen bleiben sie als megalomane Strukturen auch im Erwachsenen erhalten und führen zur »Krankheit der Idealität« (Chasseguet-Smirgel 1981), nach Willi (1984) einer typisch deutschen Erkrankung. Die Verabsolutierung, die Mystifikation von Ideen und Idealen (z.B. Freiheit, Sicherheit, Gleichheit, Gerechtigkeit) pervertiert diese Ziele in ihr Gegenteil (vgl. Schmidhäuser 1983). Es »entsteht dann jener irrationale Moralismus, der – unbewusst – das Übel fixiert, das er bannen möchte« (Richter 1979, S. 143). »Niemals tut man so gut und so vollständig das Böse, als wenn man es guten Gewissens tut« (Blaise Pascal 1670). Es sind die allzu Gläubigen, die Idealisten und Perfektionisten, die um hehrster Ziele willen unvorstellbare Grausamkeiten begangen, Scheiterhaufen und Galgen errichtet und »heilige Kriege« begonnen haben (vgl. Eckert 1978, S. 129; M. Mitscherlich 1978, S. 36; Schmidbauer 1980, S. 7). Die Intoleranz gegenüber relativer Hilflosigkeit und Trennung, die fehlende Angst- und Depressionstoleranz führen zur »Beeinträchtigung der Realitätsprüfung, zu Psychose und Mord« (Zetzel 1974, S. 100). Die Reideologisierung im Rahmen konservativer Wenden in Ost und West der letzten Jahre lässt sich als Symptom dafür verstehen, dass Über-Ich und Ich-Ideal kollektiv zu zwanghaften, sadistischen, unerbittlichen, tyrannischen Instanzen werden, zu einer »gefährlichen Krankheit« (vgl. Lincke 1970) entarten.

Ein wesentlicher Inhalt des Über-Ichs der meisten Kulturen ist das »Tötungsverbot«. Welche Auswirkungen muss es auf die Integrität des Über-Ichs als eines Hilfsorgans des Ichs haben, wenn dieses Verbot im Kriegsfall »quasi von Staats wegen außer Kraft gesetzt wird« (Modena 1983, S. 305) und plötzlich durch ein »Tötungsgebot« ersetzt wird? Logisch ist zunächst nicht einsehbar, warum das gleiche Verhalten einmal härtestens geahndet und im anderen Fall auf das Höchste honoriert wird. »Moralische und ethische Grundsätze können für den Einzelnen nur dann bindend sein, wenn ihre Gültigkeit in allen Lebenslagen unverrückbar ist« (Begemann 1983, S. 115). Psychisch aber ergibt sich aus dem Wechsel vom Verbot zum Gebot für die meisten deswegen keine Spannung, weil dabei tief Verdrängtes angesprochen wird, nämlich die Mordlust des Menschen im Gewande der Legalität. Der Gewaltverzicht ist die Voraussetzung der Kultur, so wie die Einschränkung der Natur des Menschen durch die Kultur eine Voraussetzung zur Verstärkung des Gewaltpotenzials sein kann (vgl. Freud, 1930a). Bekanntlich findet Freud ([1932] 1933a) in dieser Spannung auch die Antwort auf die Frage: »Warum Krieg?« In unserer Gesellschaftsordnung haben wir dem Staat das Gewaltmonopol übereignet – und er führt erfolgreich vor, was sich mit Gewalt alles erreichen lässt. Andererseits sind die Möglichkeiten für den Einzelnen, sich aggressiv zu befriedigen, in unserer Kultur ungeheuer reduziert (vgl. Pohlen 1983). Die aus ungestilltem Erfahrungshunger (vgl. Rutschky 1980) und Erlebnishunger (vgl. Horn 1983a) resultierende »chronische Aggressionsbereitschaft« sucht nach Entladung in »zorngeladenen, unsinnigen aggressiven Taten« (Haynal 1976, S. 102; vgl. auch Winnicott 1965a, S. 242f.), um der Langeweile zu entkommen (vgl. Horn 1983b, S. 299ff.; Frank 1968, S. 50). Womöglich lassen sich auf diesem Hintergrund auch die Blut- und Horror-Videofilme als Ventile für unbefriedigten Erregungshunger verstehen. Freud (vgl. 1927c, S. 331) zählt ja Mordlust und Kannibalismus zu den grundlegenden Triebwünschen. Außerdem wäre zu überlegen, ob die Bilder von sadistischer Zerstörung und Zerstückelung nicht auch die unbewusste Funktion haben können, die unvorstellbaren atomaren Vernichtungsängste mittels Vorstellungsbildern fassbarer zu machen. In den Fantasien über einen Krieg sind alle aggressiven, sexuellen und narzisstischen Exzesse gestattet, die im Frieden untersagt sind. Allerdings verkennen diese Illusionen, dass gerade im modernen, technischen und vor allem im nuklearen Krieg derartige Befriedigungen nicht möglich sind, denn der moderne Krieg ist ein »sehr unsinnlicher Krieg« (Horn 1983a, S. 66). Auch mit der Erfüllung ansonsten frustrierter narzisstischer und (gruppen-)symbiotischer Wünsche (vgl. Modena 1983, S. 303) wäre es mit Atomkrieg nicht weit her. Kleinere kriegerische Auseinandersetzungen wie kürzlich der Falklandkrieg mögen die »willkommene Eigenschaft haben, das Gefühl der Zusammengehörigkeit eines ganzen Volkes hervorzurufen« (Frank 1968, S. 49). Und in der Fantasie mag ein Krieg »Gelegenheit zu Heldentaten, Selbstlosigkeit und Aufopferung für andere in Hülle und Fülle anbieten« (ebd., S. 50). Im nuklearen Krieg aber kann kein Soldat mehr hoffen, »durch Tapferkeit und Hingabe [...] seiner Heimat das Schlimmste zu ersparen, denn er wird mit allem, was er tut, ihren Untergang nur um so vollständiger machen. Damit verliert sein Dienst jeden Sinn« (Bastian 1982, S. 59).

Im Kriegsfall wird qua institutione das »individuelle« Gewissen durch ein »kollektives, uniformiertes« (Redl 1982, S. 43) ersetzt, worauf schon Freud (1921c) hinwies. Mit dem Anziehen der »Uniform«, die mich von den anderen ununterscheidbar macht, wird auch mein Denken, Fühlen, Urteilen und Entscheiden uniformiert. Durch die Veräußerung meines Über-Ichs an den Befehlshaber wird mein Töten unpersönlich (vgl. das »Milgram-Experiment«). »Soldaten gehen in die Schlacht, feuern Geschosse ab und werfen Bomben, einfach weil ihnen das befohlen wurde und nicht in erster Linie, weil sie den Feind hassen« (Frank 1968, S. 119). Redl (1982, S. 45) meint, dass die seelische Entlastung durch einen Führer es den »privaten Ober-Ichs erlaube, schlafen zu gehen« und »sich frei von Schuld zu fühlen«. Aber es bleibt nach aller Erfahrung zu bezweifeln, dass tatsächlich auf Dauer eine Schuldentlastung stattfindet, und zu fragen, ob nicht doch schwerste unbewusste Schuldgefühle daraus erwachsen (vgl. Freud 1915b, S. 349). Denn auch »im ›gerechten Krieg‹ bleibt Totschlag Totschlag, gleichgültig von welcher Seite er auch verübt wird, und niemand kann den Täter vor seinem eigenen Gewissen exkulpieren« (Begemann 1983, S. 117; Freud 1912–13a, S. 47ff.).

Das Ausmaß der gegen Deutschland gerichteten und auf deutschem Boden konzentrierten Arsenale nuklearer und chemischer Waffen und die entsprechenden Szenarios, die die völlige Vernichtung Deutschlands umfassen, sind beachtenswert. Und warum verwenden wir für die globale nukleare Zerstörungsdrohung den Begriff »Holocaust«, der bei uns doch erst nach dem gleichnamigen Film über den Massenmord an den Juden gebräuchlich wurde? Könnte unser selbstmörderisches Weiterrüsten Ausdruck unseres unbewussten »Selbstbestrafungsbedürfnisses« sein (vgl. Mahler 1983, S. 280), sodass das kollektive Morden im »Dritten Reich« nur durch einen unbewusst provozierten kollektiven Selbstmord gesühnt werden kann? Könnten sich unsere unbewussten Selbstbestrafungsfantasien mit ebenso unbewussten Rachefantasien der damaligen Kriegsgegner zusammenfinden? Friedrich von Weizsäcker (1983, S. 583) fragt, »ob die Verdrängung der Kriegsgefahr wenigstens in unserem Volk etwas mit der Verdrängung unserer Schuld am letzten Krieg zu tun hat«.

Insofern bedroht die Friedensbewegung wohl nicht unsere Demokratie, womöglich aber die Verdrängungsleistungen der sogenannten »Vergangenheitsbewältigung« und die unbewusste Abwehrfunktion der dargestellten Kriegsfantasien, die den faulen Frieden des Gewissens garantieren sollen.

Hinzu kommt, dass der Tod schon wieder – oder immer noch – ein »Meister aus Deutschland« (Paul Celan 1975) ist. Deutsche Tötungsmaschinen sind gefragt in der ganzen Welt – und die Deutschen liefern. Wir sind der drittgrößte Waffenproduzent der Welt. Es ist bedenkenswert, wenn ein sogenanntes »zivilisiertes Land« eine derartige Entwicklungshilfe an sogenannte »unzivilisierte Länder« leistet (Levinson 1983, S. 25).

Wir »wissen«, d.h. unser Unbewusstes registriert es unerbittlich, dass unsere Produktion von Todesmitteln statt Lebensmitteln, von zukünftigen Massenzerstörungsmitteln schon längst die gegenwärtige Massenvernichtung in der »Dritten Welt« bewirkt. Wir wissen, obwohl wir es uns nicht bewusst machen, dass unser fanatisches Sicherheitsstreben, unsere Rüstungsexpansion zugleich den unerklärten Krieg gegen die »Dritte Welt« bedeutet. Wir wissen, obgleich es uns zu oft nicht bewusst wird, dass unser Wohlstand und verschwenderischer Überfluss auf der Armut, dem Hunger und der Ausbeutung der Menschen in der »Dritten Welt« basiert. Eissler (1980, S. 53) bezeichnet unser Verhalten unter Hinweis auf Passamanick schlicht als »mörderisch«. Dieses »unbewusste Wissen« erzeugt m.E. unweigerlich (unbewusste) Schuldgefühle. Freud (1915c, S. 389ff.) hat den Typus des »Verbrechers aus Schuldgefühl« beschrieben. Drohen wir alle zu (Kriegs-)Verbrechern aus Schuldgefühl zu werden?

Für den Menschen ist es lebensnotwendig, wenigstens eine Ahnung von Zukunft, Hoffnung und Sinn im Leben spüren zu können, wenn nicht Unsterblichkeitsfantasien, dann doch zumindest Überlebensvorstellungen entwickeln zu können. Das Zusammentreffen vom »Ende des Wachstums«, der sich abzeichnenden »ökologischen Katastrophe« und der »atomaren Totalvernichtungsdrohung« erschüttern den Glauben an eine menschliche Zukunft zutiefst. Der »angeborene Drang nach Individuation« (M. Mahler et al. 1975, S. 258) und »Entwicklung« (Winnicott 1958, S. 101) wird durch den »Mangel an Aussichten und Lebenszielen« (Haynal 1976, S. 102) massiv eingeschränkt. Lifton (1984) hebt die verbreitete Störung der Funktion »symbolischer Unsterblichkeit« hervor, die die generative Fähigkeit des Menschen (Erikson 1959), sein kreatives Potenzial fundamental beeinträchtige.

Im Sinne der Psychoanalyse kann Zukunft nur durch die Vergangenheit hindurch entworfen werden. Das gilt ebenso für den individuellen analytischen Prozess wie für das Entwickeln kollektiver Zukunftsvisionen. In der inneren

Symbolwelt verdichtet sich die Interaktionserfahrung, das Symbol prägt die Weltanschauung, und es ist die Vorbedingung schöpferischer Zukunftslösungen. Durch die ungeheuere Reduzierung der Erfahrungsmöglichkeiten (vgl. Adorno 1972, S. 111), häufig auf die Fähigkeit, etwas einzuschalten oder auszuschalten, wird das Vorstellungsvermögen zunehmend eingeengt. Lorenzer (1984) hat am Beispiel des Konzils auf die allgemeine »Zerstörung der Sinnlichkeit« und deren Folgen für die Symbolwelt hingewiesen. Aus der experimentellen Traumforschung wissen wir, dass Menschen, die am Träumen gehindert werden, seelische Beschädigungen davontragen. Wer Menschen daran hindert, Träume zu entwickeln, macht sie seelisch krank. Hinzu kommt unsere Erfahrung, dass wir nur allzuoft mit unserem Vorstellungsvermögen mit der technischen Entwicklung nicht Schritt halten können. Statt eines antizipierenden »Vordenkens« bleibt uns meistens nur »Nachdenken«. Unsere Fantasie geht der Wirklichkeit nicht mehr voraus, sondern kann ihr nur nachhinken. Weil wir unsere Wissenschaft an Spezialisten delegiert haben, bleiben uns viele Zusammenhänge verborgen, und häufig haben wir den Eindruck, dass auch die Experten das »Ganze« nicht mehr überblicken. Günther Anders (1956) hat hierfür den Begriff der »Antiquiertheit des Menschen« geprägt. Vielleicht müssen wir an manchen Stellen wieder den Mut aufbringen, Dinge selber zu Ende zu denken (vgl. Richter 1982, S. 84). Dies aber eingedenk dessen, dass Begrenztheit und Partialität ganzheitlicher Erkenntnis eine unaufhebbare Konstante menschlichen Wissenserwerbs ist.

Kriege sind weder Naturkatastrophen noch Schicksalsschläge. Kriege werden von Menschen vorbereitet und durchgeführt – einerseits durch das Produzieren von Waffen (die keine andere Funktion haben, als zu vernichten, zu verletzen und zu töten) und andererseits durch das Militarisieren von Kopf und Herz, Verstand und Gewissen durch psychische Aufrüstung. »Kriege brechen in Köpfen aus, lange bevor der erste Schuss fällt« (Ditfurth 1983, S. 148). »Lange bevor ein Krieg ausbricht, hat er in den Gedanken und Herzen der Menschen schon begonnen« (Schmidhäuser 1983, S. 22). »Der Krieg ist unvermeidbar, wenn die Menschen ihn für unvermeidbar halten« (Becker/Nedelmann 1983, S. 96). Aus diesem Grunde sind die Untersuchungsbefunde so alarmierend, nach denen zwischen 40% und 80% russischer, amerikanischer, finnischer und deutscher Kinder zu ihren Lebzeiten einen Atomkrieg für wahrscheinlich halten und die Angst davor einen enormen Raum in ihrem seelischen Leben einnimmt (vgl. Richter 1984a, S. 12, 1984b, S. 74f.; Lifton 1984).

Schritte auf dem Weg zum Frieden

»Wenn einer alleine träumt, ist es nur ein Traum.
Wenn viele gemeinsam träumen, ist das der Beginn
einer neuen Wirklichkeit.«
Dom Helder Camara

Die Sprachschöpfung der »Friedensbewegung« erfasst treffend den Umstand, dass Frieden ein niemals endgültig erreichbarer Zustand ist. Wir Psychoanalytiker als »Schüler des Zweifels« (vgl. Ricoeur 1969) können uns darüber ganz sicher sein, dass niemand mit absoluter Sicherheit den richtigen Weg zum Frieden weiß. Damit hat aber auch keiner das Recht, einen anderen kurzschlüssig zum »Friedensfeind« zu erklären (vgl. Grosser 1984, S. 122).

Im Vorhergehenden wurde die Friedlosigkeit als »seelische Krankheit« bestimmt. Mit psychischen Erkrankungen haben wir es als Psychoanalytiker täglich zu tun. Vielleicht können uns also Erfahrungen aus dem psychoanalytischen Prozess, dem »Kampf um die Erinnerung« (A. Mitscherlich 1975) weiterhelfen?

In die psychoanalytische Behandlung gehen wir mit möglichst offenen Ohren, Augen und Sinnen und mit leeren Händen, fragend. Wir haben dabei keine Macht, keine Gewalt, keine Waffe, kein Instrument außer uns selbst, unserem Herzen und unserem Kopf. Wir versuchen, den anderen möglichst vorurteilsfrei und wertungsfrei sich in seiner Wirklichkeit entfalten zu lassen. Mit Empathie bemühen wir uns, zu seinem Fühlen und Empfinden Zugang zu finden. Wir identifizieren uns partiell und probeweise mit dem Erleben unseres Gegenübers. Die Entwicklung unserer Beziehung und unseres Verstehens ergeben sich dann aus dem fortwährenden Wechselspiel von Identifizierung, Distanzierung und Deutung. Auch die psychoanalytische Behandlung lässt sich als eine Form »militanter Gewaltlosigkeit« begreifen. Erikson (1969, S. 290, vgl. auch 1975) hat die Konvergenzen zwischen Ghandis »Satyagraha«, seiner gewaltlosen Konfrontationstechnik, und der psychoanalytischen Methode herausgearbeitet, die »dem inneren Feind gewaltlos entgegentritt«. »In beiden Formen des Begegnens kann nur ein militantes Erproben von entscheidenden Problemfällen durch gewaltlose Konfrontation Aufschluss darüber geben, was an Verständigungsbereitschaft auf beiden Seiten vorhanden ist« (Erikson 1969, S. 525). Wir können unsere psychoanalytische diagnostische und therapeutische Kompetenz zur Verfügung stellen für eine Analyse der »Beziehungskrankheit

Rüstungswahnsinn«, der Beziehungsstörung zwischen den Supermächten, ebenso aber auch für die Analyse der Beziehungsprobleme zwischen der Friedensbewegung und Rüstungsbefürwortern, wo nur allzuoft der Dialog entgleist. Dabei können uns dann auch paaranalytische (vgl. Willi 1975, 1978), familienanalytische (z.B. Stierlin 1971, 1980, 1983), gruppen- und beziehungsanalytische (vgl. Bauriedl 1984a) Ansätze von Nutzen sein. Ich möchte daran erinnern, dass in allen seelischen Krankheiten Konfliktlösungsversuche und Selbstheilungsversuche stecken, dass sie ihren psychologischen Sinn haben und niemals als »eben nur pathologisch« (Mentzos 1982, S. 12) abgetan werden dürfen. Freud (1914b, S. 132) schrieb dazu: »Die Krankheit muss dem Patienten »ein würdiger Gegner werden, ein Stück seines Wesens, das sich auf gute Motive stützt, aus dem es Wertvolles für sein späteres Leben zu holen gibt«. Deswegen müsste es für uns Psychoanalytiker selbstverständlich sein, den Begriff des Krankseins nicht denunziatorisch gegen andere zu missbrauchen (vgl. Heenen 1984, S. 115ff.). Seelische Erkrankungen lassen sich weder durch Belehrung noch durch Verdammung (vgl. von Weizsäcker 1983, S. 157), also nicht durch Gewalt positiv beeinflussen. Psychotherapie kann nur gelingen, wenn wir es fertigbringen, uns mit den gesunden, konstruktiven und lebensbejahenden Ich-Anteilen zu verbünden. Erst wenn wir in Zusammenarbeit mit unseren Patienten den unbewussten »Sinn« ihrer Symptome verstanden haben, können wir nach besseren und befriedigenderen Lösungen zu suchen beginnen. Wenn die Friedensbewegung Überzeugungsarbeit und nicht Überredungsarbeit leisten will, muss sie die Angesprochenen auch an Herz und Gemüt bewegen und darf ihnen nicht nur Argumente oder Flugblätter an den Kopf werfen. Jemanden wirklich ansprechen, betroffen machen kann ich nur, wenn ich ihn vorher kennengelernt habe, und dazu muss ich ihn erst einmal zu Wort kommen lassen, ihm zuhören. Dabei können wir z.B. entdecken, dass die »Russenangst« vieler, vor allem älterer Menschen, nicht nur das Produkt zwölfjähriger nationalsozialistischer Propaganda, sonder vielmehr das Produkt ganz konkreter leidvoller Erfahrung mit sowjetischen Soldaten am Ende des Krieges und nach dem Krieg ist. Wenn es uns dann gelingt, verständlich zu machen, dass die heutigen russischen Menschen so viel und so wenig mit den damaligen Soldaten zu tun haben wie wir mit den Nationalsozialisten, dann sind wir schon ein Stück weiter. Das Überwinden der ahistorischen Betrachtung erlaubt nämlich dann eine deutlichere Differenzierung zwischen Vergangenheit und Gegenwart. Die »psychoanalytische Friedensarbeit« besteht im Ermutigen der Patienten, sich mit ihrer eigenen Geschichte auseinanderzusetzen. Wenn Schmerz, Schwäche und Schuld, Angst und Trauer nicht mehr ausgegrenzt werden müssen, sondern als Bestandteile des Selbst angenommen werden können, wird es möglich, den Krieg gegen sich selber einzustellen. »Heilung« wird nach Auffassung der Psychoanalyse nur möglich durch »Erziehung zur Wahrheit gegen sich selbst« (Freud 1916–17a, S. 451). Das Hinterfragen von scheinbaren Selbstverständlichkeiten führt zu größerer Aufrichtigkeit und Wahrhaftigkeit. Die Psychoanalyse setzt an den fortwährenden Selbsttäuschungen an, die wir »Bewusstsein« nennen. Auch der Frieden kann nur aus dem Mut zur Wahrheit erwachsen. »Entdeckte Wahrheit löst einen zuvor unlösbaren Konflikt des Kranken mit sich selbst, sie löst ein Stück Friedlosigkeit auf; sie gewährt einen Raum inneren Friedens« (von Weizsäcker 1983, S. 157). Aus den analytischen Behandlungen wissen wir, ein wie beängstigender und schmerzhafter Prozess das Suchen nach mehr Wahrheit ist, welche mühsame, Geduld erfordernde seelische Arbeit das Durcharbeiten der Einsichten verlangt. Die Prozesse des Trauerns (vgl. Spiegel 1973), des Verarbeitens einer Krebserkrankung (vgl. Meerwein et al. 1976; Meerwein 1981), des Sterbens (vgl. Kübler-Ross 1975) und der analytische Prozess weisen gewisse Analogien auf. Von der primären Ablehnung, dem Nicht-wahrhaben-Wollen und der Verleugnung kommt es über Phasen von Angst, Zorn, Depression und Projektion idealiter zu einem Zustimmen und Akzeptieren. Dies macht mich frei zum passiven Annehmen des Unvermeidlichen und Unveränderbaren, aber ebenso zum aktiven Widerstand und zum Verändern (Zetzel 1974). Das Verhältnis zwischen ihnen bleibt mit Spannung verbunden und ist immer wieder neu zu klären. Lebendig sein heißt: die Spannung zwischen Geburt und Tod zu ertragen, ohne der Scylla der Resignation und der Charybdis der Rebellion zu verfallen (vgl. Auchter 1978, S. 74). Erst die seelische Bearbeitung meines persönlichen Sterbenmüssens schafft mir die innere Freiheit, mich mit der drohenden Vernichtung der Menschheit auseinanderzusetzen (vgl. Dietrich et al. 1982, S. 114; Richter 1982a, S. 74).

»Es gibt keinen Weg zum Frieden auf dem Wege der Sicherheit. Denn Friede muss gewagt werden, ist das eine große Wagnis, und lässt sich nie und nimmer sichern. Frieden ist das Gegenteil von Sicherung« (Bonhoeffer 1934; zit. n. Eppler 1983, S. 129). Frieden, der (nur) in der Abwesenheit von Streit und Auseinandersetzung und dem Stillstand der Waffen besteht, ist trügerisch, faul und kann die Ursache wirklichen Unfriedens sein. »Der Mensch muss, um im psychologischen Sinne am Leben zu bleiben, unaufhörlich Konflikte lösen« (Erikson 1966, S. 156). Auch Frieden gibt es nicht ohne Konfliktfähigkeit (Muschg 1982, S. 67). »Nicht, dass wir streiten, sondern wie wir streiten, ist unser Hauptproblem« (Hättich 1978, S. 193). Die entscheidende Frage ist: Wie kommt es zum »liebevollen Kampf« (Stierlin 1980, S. 203), der statt gegenseitiger Vernichtung wechselseitige Befreiung bringt? Die »Abschreckungsdoktrin« hat sich im Laufe der Geschichte weder im pädagogischen, noch im juristischen, geschweige denn politischen Bereich auf Dauer als sicher und effizient erwiesen (vgl. z.B. Tuchmann 1979). Trotzdem wird dort auch heute weitgehend mit dem Prinzip von Stärke und Gewalt operiert und Politik nur allzuoft auf das »Machtproblem« reduziert (vgl. Becker/Nedelmann 1983, S. 95). Aber ist wirklich der stark, der es dauernd nötig hat, mit seiner überlegenen Macht zu protzen, seine Potenz zu demonstrieren (weil ihn unbewusst Minderwertigkeitsgefühle und Ohnmachtsängste bedrängen)? Oder kann vielleicht gerade das Zugeben von Bedürftigkeit und Begrenztheit ein Zeichen innerer Stärke und Selbstsicherheit sein? Diese Haltung muss allerdings von masochistischen Tendenzen unterschieden werden, die mancher Klagsamkeit, Betulichkeit, übertriebener Friedlichkeit und Selbstverkleinerung zugrunde liegen (vgl. Leuschner 1983, S. 25ff.). Schon Alexander Mitscherlich (1970, S. 517) wies darauf hin, dass »die Grenzen zwischen neurotischem und von einem reifen Ich geprüften Protest schwimmend« seien. Angstmachen muss ich, wenn ich Angst habe. Wenn ich mich hilflos fühle, brauche ich Schlagworte, Stichworte und Drohgebärden. Wir benötigen Mut zur »richtigen Angst« (Ensel 1984), der »Signalangst« im Sinne Freuds, die uns nicht handlungsunfähig macht, sondern zum Tätigwerden motiviert (vgl. K. König 1984, S. 215). Vielleicht ist es dafür hilfreich, den Begriff »Angst« durch den Begriff »Sorge« zu ersetzen. Entwicklungspsychologisch erwächst die »Fähigkeit zur Besorgnis« [capacity to concern] aus der frühkindlichen Erfahrung, dass die mütterliche Person ihre vom Kind fantasierte Zerstörung »überlebt« (Winnicott 1971a, S. 90). Dadurch kann die Vorstellungsmöglichkeit der »Wiedergutmachung«, der »Reparation« entwickelt werden (vgl. Winnicott 1965a, S. 78). Aus der inneren Verknüpfung von Destruktion und Reparation bildet sich dann die Fähigkeit, Schuld zu empfinden und »Verantwortung« zu übernehmen (vgl. ebd., S. 26ff.). Die positive Kehrseite von Schuldgefühlen ist das Besorgtsein. »Besorgnis bezeichnet den Umstand, dass das Individuum sich um etwas bekümmert oder dass ihm etwas ›etwas ausmacht‹« (ebd., S. 93). »›Sorge‹ bedeutet das Ernstnehmen der Destruktivität und Selbstdestruktivität des Menschen allgemein und die Hoffnung – nicht Gewissheit –, dass der Kampf gegen solche Neigungen in einzelnen Fällen erfolgreich ausgehen kann« (Kernberg 1975, S. 84). Es ist wohl kein Zufall, dass gerade von denen, die täglich mit Leiden und Sterben zu tun haben, vorbildhaft »Mut zur Angst« (Anders 1981) bewiesen wird. Die Ärzte sagen klar und einfach, dass sie im Ernstfall hilflos sind (vgl. Berliner Ärzteinitiative 1982; Ulmer Ärzteinitiative 1983; Themenheft »Katastrophenmedizin« Wege zum Menschen 7, 1984).

Aus dem Mut zur Realität kann dann auch der Wille zum Überleben und vielleicht sogar Lust am Leben erwachsen. In einer Untersuchung an Überlebenden aus Konzentrationslagern fanden Matussek und Abel (1984, S. 269) Folgendes heraus: »Aktivitätsentfaltung und der Versuch zur Selbstbehauptung war eine bessere Voraussetzung, die Belastung selbst zu reduzieren, als der Versuch, passiv und unauffällig zu überleben« (vgl. auch Bettelheim 1964). Aktionen des Widerstandes können die wichtige psychische Funktion haben, der ohnmächtigen Selbstaufgabe entgegenzuwirken und die Selbstachtung wiederherzustellen. Friedensparolen, Friedensdemonstrationen, Friedensgottesdienste und Friedensfeste stellen Reparationsmöglichkeiten für ein beschädigtes narzisstisches Gleichgewicht dar. »Schon, dass wir überhaupt standhalten und fähig zum Widerstand sind, bedeutet für unsere Kinder eine unerlässliche psychische Stärkung« (Richter 1984a, S. 13). Darüber hinaus können Friedensaktivitäten zeichenhafte Vorwegnahmen des Friedens (vgl. Eppler 1983, S. 208ff.), vorabbildliche Erfahrungen (vgl. Hummel 1983, S. 39), Symbole des Frieden-Fertigens sein, die unsere Fantasien beflügeln und unser schöpferisches Handeln inspirieren. Wer bei den großen Friedensdemonstrationen die Zuversicht, den Langmut und die Freundlichkeit untereinander erlebt hat, weiß, wovon ich spreche.

Die Umwandlung von Feindschaft in Gegnerschaft (vgl. Freud 1930a, S. 472) beginnt mit kritischer Selbstanalyse. Wie ein roter Faden durchzieht eine derartige selbstkritische Betrachtungsweise den von Horn und Senghaas herausgegebenen Band *Friedensbewegung – Persönliches und Politisches* (1983). »Selbstzweifel sind der Beginn des Mitgefühls« (Keen 1984, S. 51). Eine wichtige Rolle im Relativieren der menschlichen (Leidens-)Möglichkeiten durch »seine Majestät das Ich« (Freud 1908e, S. 220) spielt der »Humor«. Harvey Cox (1972) hat das Gelächter als »der Hoffnung letzte Waffe« bezeichnet. Humor setzt »in hohem Maße die Freiheit voraus, sich über sich selbst lustig zu machen«

(Thielicke 1974, S. 66). Zu den großen derartigen Sprachschöpfungen gehört: »Stell dir vor, es ist Krieg, und keiner geht hin.«

Die Friedensbewegung muss sich (immer wieder neu) fragen, wo sie womöglich unbewusst dazu beiträgt, den Kriegszustand aufrechtzuerhalten. »Bedient sich die Friedensbewegung im wesentlichen der gleichen strategischen Mittel, die bis heute unsere gesamte Kultur in Frage stellen, so bleibt sie befangen in dem, was sie überwinden möchte« (Horn/Senghaas 1983, S. 342). Die Maxime, dass »der Zweck die Mittel heilige«, hat nach aller historischen Erfahrung noch die bestgemeinten Ziele entwertet (vgl. Eppler 1983, S. 208f.; Bauriedl/Wölpert 1984, S. 32). Es stellt auch keinen Fortschritt dar, wenn nur die Inhalte der Feindbilder ausgetauscht werden, anstatt das Spaltungsdenken überhaupt zu überwinden. Die ins Militär oder in Politiker externalisierte Aggression, die dann bequem an diesen bekämpft werden kann, muss in einem Prozess des Trauerns und Durcharbeitens von Scham und Schuld wieder ins Selbst reintegriert werden. Das (Wieder-) Aneignen des vorher delegierten eigenen Bösen bewahrt uns auch vor einem demonstrativen, moralisierenden Friedenspathos, das den »Teufel in der eigenen Brust – die eigene Gewalttätigkeit« allzu leicht übersehen lässt (Pohlen 1983, S. 133). So wenig es psychologisch sinnvoll wäre, alle Angst ausschalten zu wollen (denn sie warnt uns vor Gefahren), so wenig wäre es sinnvoll, alle Aggression abschaffen zu wollen. Denn zur Aggression gehört nicht nur das sinnlos Zerstörerische (Destruktion), sondern die Aggression hat eine bedeutsame Funktion im Dienste lebensnotwendiger Trennung (vgl. Eicke 1972). Sie ist Voraussetzung einer unabhängigen und selbstständigen Existenz (vgl. Winnicott 1971a) und Aktivität (vgl. Lincke 1974). Alexander Mitscherlich (1969, S. 75) spricht von der »gekonnten Aggressivität«, die einer »ziel- und sachgerechten Aktivität« zugrunde liege. »Ohne starke unbewusste Aggressivität ist Widerstand überhaupt nicht möglich« (Leuschner 1983, S. 22; vgl. auch Parin 1982, S. 39), weil die Aggression erst dem politischen Engagement die notwendige emotionale Kraft verleiht. In diesem Sinne ist dann zu fragen, wie viel an »begrenzter« Aggression und Gewalt ausgehalten werden muss, um die »unbegrenzte« Zerstörung zu verhindern (vgl. Winnicott 1965a, S. 243). Für mich stellt es einen Unterschied dar, ob ich einem anderen einen Stein vor die Füße werfe, damit er stolpert und ich Zeit gewinne (und ich sicher sein kann, dass es dabei bleibt), oder ob ich in der Absicht oder mit der Möglichkeit werfe, den anderen zu verletzen oder zu töten. Allerdings möchte ich mit Mitscherlich (1970b, S. 518) fragen, »ob Formen des gewaltlosen Widerstandes nicht eine ›reifere‹ Protestform darstellen, ob sie zur Erleichterung des Daseins in der modernen Massengesellschaft erfolgversprechender sind, also eine Antwort auf die Bedingungen des Massendaseins nicht nur in den unterentwickelten, sondern auch in den technisch perfektionierten Großgesellschaften darstellen«. Frieden kann niemals gegen jemanden erreicht werden, sondern immer nur mit dem Gegner zusammen. Infolge der weltumfassenden wechselseitigen Abhängigkeit aller Menschen kann es nur noch eine gemeinsame Sicherheit oder gar keine mehr geben (Bahr zit. n. Richter 1982b, S. 24). »Es ist ein tragisches Paradox, dass die Menschheit imstande wäre, sich zu vernichten, bevor sie sich überhaupt gebildet hat« (Fühmann 1982, S. 101). Der »Freundbildungsprozeß« (Bauriedl/Wölpert 1984, S. 29), die »intelligente«, »praktische Feindesliebe« (von Weizsäcker 1983, S. 533), setzt das Verstehen des Gegners voraus. Aus der probeweisen Identifizierung (vgl. Freud 1933a, S. 23) mit ihm kann ein Verständnis seiner Motive (vgl. von Weizsäcker 1983, S. 536) erwachsen. Erst dann kann z. B. deutlich werden, dass der Gegner ebenso viel Angst vor mir hat wie ich vor ihm. Die »Entfeindungsliebe« (Lapide 1982, S. 99ff.) hat nichts mit »Gefühlsduselei, Rührseligkeit oder Selbstaufgabe zu tun« (ebd., S. 100). Verstehen ist nicht gleichzusetzen mit Billigen oder Hinnehmen gegnerischen Verhaltens (vgl. Bauriedl 1984b, S. 504), es ist viel mehr, als »gute Miene zum bösen Spiel machen« (Lapide 1982, S. 101). Die »Entfeindung« setzt weder auf passive Gewaltlosigkeit noch auf militante Gegengewalt (ebd., S. 108). Friedfertig sein bedeutet weder ununterschieden sein, noch unentschieden zu sein. Im Gegenteil: Eine wirkliche (Objekt-)Beziehung setzt das Wahrnehmen realistischer Differenzen voraus (vgl. Winnicott 1971a, S. 101ff.), ohne zu bagatellisieren oder zu beschönigen, was nicht gutzuheißen ist, noch zu dramatisieren und negativ zu werten, was auch positiv gesehen werden kann. »Einen Menschen verstehen heißt verstehen, inwiefern er legitim anders ist als ich selbst« (von Weizsäcker 1983, S. 602). Sobald wir Unterschiede und Interessenkonflikte »jedoch ideologisieren und moralisieren, als Konflikte zwischen Gut und Böse ansehen, werden sie für Kompromisse unerreichbar, sie werden unlösbar – und am Ende bleibt nichts als Gewalt« (Waelder 1980a, S. 325). Schmidhäuser (1983, S. 54) arbeitet die »spiegelverkehrten Ideologien« der Supermächte als Ursache der spiegelverkehrten Ängste heraus. »Erst die Relativierung der absoluten ideologischen Position wäre der entscheidende

Schritt auf den wirklichen Frieden zu« (ebd., S. 61; vgl. auch Eppler 1983, S. 113). Eine schwierige Aufgabe, denn

> »vielleicht ist in der gereizten und feindseligen Abwehr des anderen gesellschaftlichen Systems auch ein unbewusstes Wahrheitsgewissen wirksam: die Ahnung, dass es gar nicht die wirkliche Freiheit ist, die wir hier im Westen leben – so wie auch der ›real existierende Sozialismus‹ stets hinter seinem Anspruch zurückbleibt« (Schmidhäuser 1983, S. 80).

Individuelle Privilegien und gemeinschaftliche Verpflichtungen stehen in einem unaufhebbaren Spannungsverhältnis, ihre Relation ist immer wieder neu zu bestimmen. Wirkliche Freiheit, die eine Bezogenheit voraussetzt, wird durch einen extremen Individualismus ebenso bedroht wie durch einen extremen Kommunismus. In dieser Gefährdung menschlicher Selbstverwirklichung kommen sich die politischen Systeme in Ost und West sehr nahe. Vielleicht bedingt diese Nähe, die nicht wahrgenommen werden darf, weil sie die narzisstische Einzigartigkeit bedroht, das feindselige Insistieren auf den Unterschieden. Freud spricht in diesem Zusammenhang vom »Narzissmus der kleinen Differenzen« (z.B. 1930a, S. 474). Die Wirklichkeit und Wahrheit hinter unseren Vorurteilen und Feindbildern kann erst sichtbar werden, wenn wir versuchen, unsere Gegner möglichst gut und umfassend kennenzulernen. Dazu beitragen könnte in Ost und West eine offene, sich um Wahrheit bemühende und differenzierende Berichterstattung in den Medien. Wer dies zu verhindern versucht, wer die Informationsfreiheit offen oder verdeckt einschränkt, ist nicht friedfertig. Dabei ist die »Schere im Kopf« nicht weniger schlimm als die Schere in der Hand.

Der Unterscheidung der Ethiker zwischen »Gesinnung« und »konkreter Handlungsebene« (Gründel 1983, S. 49) entspricht in der Psychoanalyse das Unterscheiden zwischen Über-Ich (bzw. Ich-Ideal) und Ich. Auf der Ebene des Über-Ichs herrschen eindeutige, einseitige, kompromisslose Forderungen und Ideale. Die Fähigkeit und Stärke des Ichs besteht darin, auf der konkreten Handlungsebene Kompromisse möglich zu machen, Aufschub zu ertragen, Verzicht zu leisten, Risiken einzugehen, sich mit Teilerfolgen zufriedenzugeben. Jeder Rigorismus und »Fanatismus opfert den Menschen einem Prinzip« (ebd.). »Interessen lassen sich ausgleichen, zwischen alleinseligmachenden Ideologien gibt es nur Sieg oder Niederlage, Überleben oder Vernichtung« (Eppler 1983, S. 184). Ideologien und Abschreckungsdrohungen sind Krücken für ein gestörtes Selbstverständnis. Projektionen, Spaltungen und demonstrative Abgrenzungen erscheinen notwendig, wenn das narzisstische Gleichgewicht als gefährdet erlebt wird. In Massen lässt sich Kriegsbegeisterung erzeugen, indem sie die Reparation beschädigter narzisstischer Dimensionen wie Ehre, Stolz, Vaterlandsliebe in Aussicht stellt. Für den Ersten Weltkrieg hat dies Tuchmann sehr eindrücklich beschrieben. »Als der Krieg dann sein Ende gefunden hatte […], dominierte und überschattete eines alles: die Desillusionierung« (Tuchmann 1979, S. 460; vgl. auch Freud 1915b). Trotzdem erscheint es vielen immer wieder einfacher, in einer Welt der Spaltung zu leben, als die eigene Zwiespältigkeit auszuhalten. Was kann dazu beitragen, den Zustand der Polarisierung zugunsten des gemeinsamen Überlebensinteresses zu überwinden? Ziel des politischen Umganges mit dem Gegner muss es sein, weder meinen noch seinen Narzissmus weiter zu kränken, Beschämungen und Demütigungen zu vermeiden. Vereinbarungen müssen als Motive gemeinsamen Stolzes über eine gemeinschaftliche Leistung begriffen werden können. Das bedeutet den Verzicht darauf, der Erste, Beste und Größte zu sein, immer vollkommen richtig zu liegen, und ermöglicht damit vielleicht das gemeinsame Überleben. Allerdings führt der Verzicht auf den Außenfeind und die Auseinandersetzung mit ihm vermutlich dazu, dass die internen Konflikte, Spannungen und Selbstzerstörungsprozesse wieder mehr ins Blickfeld geraten (vgl. Frank 1968, S. 134; Overbeck 1982, S. 56; Mahler 1983, S. 260f.; Bauriedl/ Wölpert 1984, S. 30). Es könnte sein, dass die extensive Beschäftigung mit einem zukünftigen Krieg uns davor schützt – aber auch daran hindert –, den gegenwärtigen alltäglichen Krieg gegen Ungeborene, Kinder, Behinderte, Alte, Ausländer, Verkehrsteilnehmer, Tiere und Pflanzen mit seinen häufig tödlichen Folgen wahrzunehmen.

Die »Entbarbarisierung« beginnt individuell (vgl. Spitz 1957) und kollektiv mit dem Erwerb der Fähigkeit zum Sprechen, insbesondere des »Neinsagens«. Es ermöglicht die Diskussion anstelle des brachialen Angriffs (vgl. ebd., S. 113). Das »Probehandeln« kann an die Stelle des häufig blindwütigen und oft irreversiblen Agierens treten. Die Fähigkeit zum »Tun als ob«, zum Fantasieren, zur Utopie bewahrt die Menschen davor, angesichts von Unvermeidlichkeiten und Begrenzungen in Apathie und Resignation zu verfallen. Angesichts des heute verbreiteten Übermaßes an Rationalität sind Ventile der Irrationalität erforderlich. Wer die Menschen daran hindert, bisweilen »verrückt zu spielen«, macht sie seelisch krank, macht sie »wirklich verrückt«. Wer die Freiräume zum Träumen und Fantasieren durch Appelle an Sachlichkeit und Vernunft, durch Gesetze und Verordnungen, durch Pseudofreiräume (z.B. die Wahl zwischen 24 Fernsehprogrammen) oder das Androhen von Gewalt immer mehr zu kontrollieren und einzuengen versucht, braucht sich dann nicht darüber zu wundern, wenn sie an anderer Stelle scheinbar völlig unverständlich, unkontrollierbar, albtraumartig ausbrechen. Solange Menschen miteinander sprechen, schießen sie noch nicht aufeinander. Frieden kann nur im Dialog gedeihen. Deshalb fragt Härtling (1982, S. 67) mit Recht: »Wer wirft anstatt der ersten Bombe den ersten Satz?« Vertrauen kann ich nicht einfordern oder erzwingen, sondern nur schenken. Den Abbau von Misstrauen kann ich fördern, indem ich einen Vertrauensvorschuss gewähre, mit dem Risiko, dass der andere ihn verspielt.

Nach psychoanalytischer Auffassung entscheiden vor allem zwei Faktoren darüber, ob es gelingt, die aggressiven Antriebskräfte konstruktiv »im Dienste des Ichs« verfügbar zu machen. Der eine ist das Domestizieren der Aggression durch die Liebe (vgl. Freud 1930a; Richter 1982a, S. 127f.), der andere ihre Inanspruchnahme durch strukturierende und organisierende Ich-Funktionen. Die Spaltungsmechanismen sind nur und immer wieder einzudämmen durch den bewussten, verstärkten Einsatz integrativer und synthetischer Ich-Fähigkeiten.

> »Aus der Periode der Aggressivität und des Reduktionismus heraus führt nur ein integrierendes Denken, das Konfrontation durch Verständigung, Aggression durch Anteilnahme, Kampf durch Ausgleich ersetzt. Das neue Paradigma, wie immer es auch im einzelnen aussehen mag, muss die Welt als Ganzes sehen, dem sämtliche Teile untergeordnet sind« (Kunze 1983, S. 66).

Dabei wird es sich nicht nur um ein »Neuland des Denkens« (Vester 1984), sondern auch ein Neuland des Fühlens und der Einstellungen handeln müssen. Vielleicht werden wir scheinbar neue, komplizierte Zusammenhänge und Naturregeln entdecken, die den Menschen in historischen Zeiten schon längst bekannt waren (vgl. Gruhl 1984; Seattle 1855). Das schließt vermutlich ein Wiederfinden eines »matriarchalen Bewusstseins« mit ein. Im Gegensatz zum patriarchalen, linearen Denken, das nach unaufhörlichem Wachstum nur in einem abrupten Abfall oder Abbruch enden kann, betrachtet das matriarchale Denken Lebensvorgänge in Bildern von »Kreisläufen« und »Zyklen« (vgl. Weiler 1984; Richter 1979, S. 230), in denen Zur-Welt-Kommen, Wachsen und Vergehen ihre natürliche Verknüpfung miteinander haben.

Auf dem Wege zum Frieden – als unerreichbarem Idealzustand – müssen wir uns mit Teilschritten, Teilverwirklichungen und Teilerfolgen begnügen (vgl. Gründel 1983, S. 47). Eine Friedensbewegung, die sich verkürzt auf die Abwehr von Raketenstationierungen, die auf kurzfristige Veränderungen im Hier und Jetzt wartet, muss enttäuscht werden, kann nur in Resignation enden. Erst das Überwinden der infantilen Position, die sofortige und vollständige Befriedigung aller Bedürfnisse erwartet, kann die »Friedensbewegung« zu einer »Lebensbewegung« befreien. Vielleicht erwächst Frieden nicht so sehr aus einer möglichst weitgehenden Befriedigung als aus einem ausgewogenen Verhältnis zwischen befriedigenden und versagenden Erfahrungen.

Für uns alle ist es überlebenswichtig, auf welchem seelischen Entwicklungsniveau unsere Gesellschaft, unsere Kultur und unsere Machtstrukturen organisiert sind. Wir müssen eine Entscheidung darüber treffen, ob wir der Welt weiterhin als unreife Kleinkinder gegenüberstehen wollen. Ob wir gegenüber der Natur auch zukünftig in »primärer Objektliebe« (M. Balint 1966, S. 102) verharren wollen – »ich soll geliebt, befriedigt werden, und zwar ohne die kleinste Gegenleistung meinerseits« (ebd.) –, rücksichtslos, ohne einen »Unterschied zwischen Eigeninteressen und Interessen des Objekts« (ebd., S. 93) anzunehmen? Ob wir die Ressourcen der Mutter Erde auch fernerhin in unersättlicher oraler Gier ausbeuten? Ob wir weiter hemmungslos in analer Lust unsere Umwelt verschmutzen? Ob wir auch in Zukunft an einer phallisch ungebremsten Wachstumsideologie festhalten? Oder wird es uns gelingen, gegenüber der Natur in das reifere Stadium der »aktiven Objektliebe« (ebd., S. 91) einzutreten – was allerdings Rücksichtnahme, Begrenzung und Verzicht einschließt. Ebenso müssen wir uns fragen, ob und wann wir den Mut, die Kraft und die Zivilcourage aufbringen, zu wirklich »mündigen« Menschen zu werden, die Ja sagen, wo es angemessen ist, und zu ihrem Nein stehen, wo es notwendig ist. Die psychoanalytische Grundhaltung verpflichtet uns dazu, den Illusionen immer wieder Knüppel zwischen die Beine zu werfen (vgl. Cremerius 1979, S. 53) oder, wie es der französische Schriftsteller Albert Camus (1951, S. 248) einmal ausgedrückt hat: »Leben und sterben lernen und, um Mensch zu sein, sich weigern, Gott zu sein.«

Kriegstraumatisierung von Kindern und anderen Kriegsteilnehmern[37] (2003)

Der Mensch ist ein Wesen, das grundsätzlich auf die Bewältigung von Konflikten angelegt ist, es gibt aber Konflikterfahrungen, die das seelische Fassungs- und Verarbeitungsvermögen des Menschen übersteigen. Das Erleben der Gewalt eines Krieges ist sicher eine solche »traumatisierende« Erfahrung. Alle Kriegsteilnehmer, seien es Kinder oder Erwachsene, Soldaten oder Zivilisten, direkt Betroffene oder indirekt Betroffene – wie wir alle –, tragen in unterschiedlichem Ausmaß seelische Verletzungen, Wunden und Narben davon (vgl. Laub 2000, S. 867).

Im Folgenden möchte ich einen Blick auf das Trauma, speziell das »Kriegstrauma«, werfen, und zwar aus einer psychologischen und psychoanalytischen Perspektive. Mir ist bewusst, dass ich damit nur einen bestimmten Teilaspekt eines sehr komplexen Phänomens erfassen kann. Ich möchte in fünf Schritten vorgehen.

1. Was ist ein Trauma
2. Traumatisierung von Kindern
3. Traumatisierung von Soldaten
4. Wir alle als Kriegsteilnehmer
5. Ansätze zur Hilfe, Therapie und Überwindung von Traumata

37 Verfasst angesichts des begonnenen Irak-Krieges im März 2003.

Was ist ein Trauma?

Damit werden zwei verschiedene Dinge benannt. Mit dem Begriff »Trauma« – vom griechischen Wort »trauma«, d.h. »Verletzung« – wird erstens eine »schwere seelische Verletzung« oder »Störung« bezeichnet. Zweitens findet der Begriff des Traumas aber auch Verwendung für ein einmaliges oder wiederholt auftretendes »traumatisierendes Ereignis« oder »Erlebnis«. Das Trauma wird also sowohl »subjektiv« wie »objektiv« definiert (Ehlert-Balzer 2000, S. 727; Fischer/Riedesser 1998, S. 59).

Ein traumatisierendes Ereignis liegt außerhalb der gewöhnlichen menschlichen Erfahrung und überschreitet die Grenzen der seelischen Belastbarkeit. Die Intensität von Gefühlen des Schreckens, der Angst, des Schmerzes, der Ohnmacht und Hilflosigkeit – wie zum Beispiel Todesangst – führt dazu, dass das gewöhnlich funktionierende Verarbeitungs- und Bewältigungssystem des Individuums, sein Ich, mit seinen seelischen Abwehr- und Anpassungsmechanismen überfordert wird und zusammenbricht. Der seelische Regulationsapparat, vor allem in seiner Funktion, den Erfahrungen Sinn und Bedeutung zu verleihen (»Symbolisierungsfunktion«), wird gestört, beeinträchtigt, beschädigt oder im Extremfall zerstört. Durch diese basale »Erschütterung« gerät der Mensch aus dem Gleichgewicht, es fällt ihm schwer, seine innere Struktur aufrechtzuerhalten. Seine Fähigkeit zur Bewältigung seiner Realität wird beschädigt. Sein gesamtes Selbstgefühl gerät ins Wanken, seine Selbstgrenzen werden verletzt und durchlöchert. Dadurch kann es im Endeffekt zur seelischen Erkrankung der sogenannten »Borderline-Erkrankung«, also einer »Grenzstörung« kommen.

Die extreme Gefährdung in einer traumatisierenden Situation versetzt den Menschen in einen heftigen Spannungs- und Erregungszustand. Nach dem Ende der Traumaerfahrung halten dieser seelische Alarmzustand und die ständige Verteidigungsbereitschaft noch ganz lange an und behindern den Traumatisierten an einem unbeschwerten Leben.

Was uns später als heute sogenannte »Posttraumatische Belastungsstörung (PTBS)« begegnet, stellt dann den seelischen, vor allem unbewussten Versuch dar, ein Trauma nachträglich zu verarbeiten und in irgendeiner Weise wieder zu einem seelischen Gleichgewicht zu kommen.

Ein ganz typisches Merkmal traumatisierter Menschen ist die sogenannte »Dissoziation« oder »Spaltung«. Das bedeutet, dass unerträgliche seelische

Inhalte voneinander gespalten werden. So werden z. B. die Bilder und Szenen traumatischer Erfahrungen von den damit verbundenen Gefühlen abgespalten und gewissermaßen im Gehirn an zwei voneinander getrennten und entfernten Orten aufbewahrt. In der Folge kommt es dann einerseits zu einem unvermittelten Auftreten dieser Bilder vor dem inneren Auge, ohne dass der Mensch sich dagegen wehren kann (»Flashbacks«), tagsüber oder nachts in »Albträumen«, oder in anderen Momenten zu einer Überwältigung durch völlig unverständliche und unfassbare Gefühlszustände wie »Panikattacken« oder »unstillbare Weinkrämpfe«, die keinen Vorstellungsbildern zugeordnet werden können. Die Dissoziation manifestiert sich in anderen traumatisierten Menschen in unverbundenen, auseinandergerissenen, »fragmentierten« Persönlichkeitsanteilen – von Minden (1988) sprach trefflich vom »Bruchstück-Menschen« – und im Extremfall in einer sogenannten »multiplen Persönlichkeit«. Eine traumatisierte Patientin von mir sprach von den »Mutanten« beziehungsweise von den verschiedenen »Frauen« in ihr. Eine andere Patientin sprach von der »kleinen Fanny«, der »großen Fanny« und dem »Ich«, die bei verschiedenen Gelegenheiten die Herrschaft in ihr übernehmen.

Traumatische Erfahrungen machen die Menschen häufig stumm, beeinträchtigen ihre Fähigkeit, sich mit Worten ausdrücken zu können (»Unsagbares«), das Erlebte, das sie beschäftigt, mit dem sie nicht fertig werden, »in Worte zu fassen« (vgl. Laub 2000). Denn das Trauma beschädigt oder zerstört wie erwähnt auch die »Fähigkeit zur Symbolisierung« (vgl. Bohleber 2000, S. 798). Die traumatischen Erfahrungen werden unvermittelt, »bedeutungslos« (denn sie besitzen ja auch tatsächlich keinerlei Sinn) im Körper eingeschrieben. Sie können nicht in das Selbst- und Weltgefühl integriert werden, sie werden häufig gewissermaßen eingekapselt und bleiben so ein »Fremdkörper« im Ich-Selbst des Menschen. Und oft können dann diese körperlich engrammierten und/oder nicht verwörterbaren Erfahrungen zunächst nur in körperlichen Symptomen einen Ausdruck finden.

Traumatisierte Menschen müssen – zumindest zunächst – ihre nicht auszuhaltenden Erlebnisse verdrängen, um seelisch weiterleben zu können. Damit verschwindet das Trauma allerdings nur aus dem Bewusst-Sein, aber nicht aus dem Sein. Ganz im Gegenteil: Die ungelösten seelischen Konflikte und unbewältigten Traumata drängen nun unbewusst nach Bearbeitung. Das kann sich dann zum Beispiel in unbewussten, zum Teil zwanghaften »Wiederholungen« zeigen wie auch in allen möglichen neurotischen und psychosomatischen

Symptomen. Die zeigen an, dass da in der Seele »etwas nicht in Ordnung« ist. Im Gegensatz zu den Einwirkungen körperlicher Gewalt sind die »Narben seelischer Gewalt« (Herman 1993) oft viel schwerer identifizierbar, zeichnen die Menschen aber oft viel länger, bisweilen lebenslang.

Nicht nur die direkte Erfahrung von Gewalt, sondern auch das Gezwungensein zum hilflos-ohnmächtigen Miterleben der Verwundung oder Tötung eines Menschen kann traumatisierend wirken (Kernberg zit. n. Wirth 2002, S. 379).

Kinder und Krieg

»›Nein, Pater‹, sagte Rieux, ›ich habe eine andere Vorstellung von der Liebe. Und ich werde mich bis in den Tod hinein weigern, die Schöpfung zu lieben, in der Kinder gemartert werden.‹«
Albert Camus

Kinder und Jugendliche sind, da sie sich in vielerlei Hinsicht in starker Entwicklung befinden, die empfindlichsten und verletzlichsten Mitglieder einer Gesellschaft. Wie wir mit ihnen umgehen und sie behandeln, davon hängt unsere Zukunft ab. Entsprechend traumatischer wirken auf sie Kriegserlebnisse als auf gefestigtere und reifere Erwachsene. Schon für Erwachsene ist vieles am oder im Krieg unfassbar, um wie viel mehr muss es dann für Kinder unbegreiflich sein. Nach Angaben von UNICEF lebten im Jahre 2002 28 Millionen Kinder und Jugendliche in Kriegsregionen.

»Sie kommen von oben, aus der Luft und werden uns töten. Wir haben jeden Tag und jede Nacht Angst«, sagt Sheima (5 Jahre alt; UNICEF-Information 11/1999). Der stärkste im Krieg mobilisierte Affekt ist die Angst. Die Kinder hören die Sirenen heulen, die Bomben und Granaten krachen, den Gefechtslärm, sie sehen den Feuerschein, Rauch und zerstörte Häuser, sie müssen Verletzte und Tote sehen. Die Bomben bersten in ihren Köpfen, die »cruise missiles« dringen in ihr Herz und die Streubomben zerstören die inneren seelischen Strukturen der Kinder.

Ein gewisses Maß an Angst vermag der Mensch relativ symptomfrei zu ertragen. Die »Todesangst« aber, besonders, wenn sie länger anhält, überfordert die seelischen Verarbeitungskapazitäten jedes Menschen.

Die zweite große Angst im Krieg ist die »Verlustangst«, die Angst, die Eltern oder andere nahe Menschen zu verlieren. »Ich habe jeden Tag das Gefühl, dass wir alle sterben werden – aber wohin soll ich gehen, wenn ich allein überlebe«, sagt Hind (13 Jahre; UNICEF-Information 11/1999).

Im alltäglichen Leben können Eltern und andere Beziehungspersonen ihre Kinder, die Ängste haben, zum Beispiel wenn ein Flugzeug über sie hinwegdonnert, in die Arme nehmen und mit ihrer geringeren Angst beruhigend und versichernd auf ihre Kinder einwirken. In den Zeiten des Krieges, im Bombenhagel haben die Erwachsenen aber häufig nicht weniger Angst als die Kinder. Und die Kinder spüren die Ängste der Großen. Die ausgleichende »Containerfunktion« der Älteren für die Kinderängste versagt. Statt einer Angstverminderung entsteht das Gefühl, dass auch die Menschen, deren Schutz man sich bis dahin relativ vorbehaltlos anvertrauen konnte, genauso hilflos sind und einen nicht mehr schützen können.

Das in der Regel in der bisherigen Entwicklung aufgebaute gesunde »Urvertrauen« (Erikson) wird dadurch massiv erschüttert und das grundlegende »Sicherheitsgefühl« wird stark beschädigt oder zerstört. Für die Kinder brechen nicht nur Gebäude zusammen, für sie kracht eine ganze Welt ein. Das Vertrauen in eine »heile Welt« bricht zusammen. Sie verlieren jeglichen Halt. Die Kinder werden durch Kriegsereignisse aus ihren gewohnten Ordnungs- und Tagesstrukturen herausgerissen. Sie können nicht mehr zu Schule gehen, sie können nicht mehr spielen, sie können nicht an die frische Luft. Sie müssen in Bunkern oder primitiven Unterschlupfen Schutz suchen, eingesperrt im Dunkel und dem ständigen Sirenengeheul, dem Krachen der Einschläge und den Erschütterungen ohnmächtig ausgesetzt. Sie geraten in einen Zustand der Verwirrung und Beängstigung. Die Kinder werden unter solchen Umständen völlig verstört und kommen nicht mehr zur Ruhe. Während der Kriegstage und -nächte ist an Schlafen nicht zu denken und noch Tage, Wochen, Monate, Jahre danach werden sie von Albträumen heimgesucht.

»Alle Bedrohungen richten sich, ob körperlich oder seelisch erfahren, gegen die kindlichen Bedürfnisse und Gefühle von Geborgenheit, Vertrauen, Schmerzfreiheit und eigener Ganzheit«, fasst der Psychoanalytiker Horst Petri (1987, S. 123) zusammen. Am schlimmsten ist die Erfahrung von Ohnmacht und Hilflosigkeit, besonders wenn sie, wie in einem Krieg, anhaltend und langdauernd ist. Das war übrigens auch das meistgeäußerte Gefühl in den Vorkriegs- und Kriegstagen (des Irakkrieges 2003) bei meinen Patienten und Patientinnen, besonders wenn entsprechende seelische Vorschädigungen vorlagen. Allein die Unberechenbarkeit und die Unabsehbarkeit irgendeines Endes der Gewalt strapazieren das seelische Fassungsvermögen eines Kindes über alle Maßen. Das gesamte Zeitempfinden wird beeinträchtigt oder außer Kraft gesetzt. »Traumatisierte Patienten berichten oft, ein ›eingefrorenes Zeitgefühl‹ zu haben, oder ihre innere Uhr sei mit dem Datum der Traumatisierung stehen geblieben« (Bohleber 2000, S. 827) – und damit eine wichtige existenzielle Orientierungsmöglichkeit in der Welt. Zurück bleibt eine fundamentale Ungewissheit. Bezüglich der Zukunft macht sich eine hoffnungslose und pessimistische Grundstimmung breit. »Depressive Verstimmungen« bis hin zu »depressiven Psychosen« sind eine der Folgen.

Irgendwann schweigen dann die Waffen, aber der Krieg in den Köpfen, den Herzen, dem Bauch und der Seele ist noch lange nicht zu Ende. Die traumatischen Erlebnisse und ihre Folgen, die sogenannte »Posttraumatische Belastungsstörung«, bleiben quälend lebendig. Je nach Vorerfahrungen, möglichen Vorschädigungen und den Umständen während und nach den Kriegstraumatisierungen kommt es natürlich zu unterschiedlichen Folgeerscheinungen in Form und Ausmaß der Störungen.

Das Leben in Angst wird im Krieg zu einem Dauerzustand und bleibt auch danach jahrelang ein ständiger Begleiter, und es kommt bei entsprechenden »Schlüsselreizen« (solch ein »trigger« kann z. B. das Geräusch eines normalen Flugzeugs sein oder die Sirene eines Krankenwagens) zum Ausbruch akuter Angst- und Panikzustände. Die Vergangenheit will nicht vergehen.

Es gibt zwei grundsätzlich unterschiedliche Reaktionsweisen auf eine traumatische Erfahrung. Die eine führt zu einer totalen »Gefühlsabstumpfung«, man wird völlig gefühllos, oder es tritt eine gegenteilige Reaktion ein, die Gefühle geraten außer Kontrolle, man verhält sich »hysterisch« oder »verrückt«. Ähnlich finden wir auf der Verhaltensebene einerseits Erstarrung, Lähmung und Apathie oder auf der anderen Seite einen übertriebenen Aktivismus, der dem Gefühl von Ohnmacht und Angst machtvoll entgegenwirken soll. Zwei grundlegende Verarbeitungsformen traumatischer Einwirkungen lassen sich also unterscheiden: einerseits eine expressive, aggressive bis psychotische und andererseits eine durch inneren Rückzug und depressive Verstimmungen (stille Trauer) gekennzeichnete. »Ich weine nach innen«, sagte einmal eine meiner traumatisierten Patientinnen. Diese zweite Form würde ich sogar für noch schlimmer einschätzen, weil sie mit einer hoffnungslosen Bewegungs- und Aktivitätslähmung einhergeht, während aggressiv-lärmende Symptome zumindest noch einen Restbestand an hoffnungsvoller Wirkmächtigkeit anzeigen. Das ist ähnlich wie bei allen Kindern – gerade die stumm leidenden verdienen unsere besondere Aufmerksamkeit, statt sie als besonders pflegeleicht zu betrachten.

Nicht selten führt die Angstlähmung zu einer schwerwiegenden Entwicklungsstörung bis hin zum »Entwicklungsstillstand«. Nach dem Kosovo-Krieg wurden Kinder beobachtet, die Gräuelszenen miterleben mussten und danach monatelang »kein einziges Wort« mehr gesagt haben.

In der Regel wird das Trauma zunächst ins Unbewusste abgedrängt und tief im Innern der Seele vergraben. Die Stellen, an denen das Verdrängte dann wiederkehrt und sich einen Ausdruck sucht, sind sehr vielfältig. Sie umfassen praktisch das ganze Spektrum kinder- und jugendpsychiatrischer Symptomatik. Ich möchte nur einige davon erwähnen: Das sind Schlafstörungen, Albträume, Bettnässen, Daumenlutschen, anhaltendes Weinen, selbstzerstörerisches Verhalten, depressiver Rückzug und extreme Anklammerungstendenzen; dann: Aggressivität gegen andere, Verhaltensauffälligkeiten aller Art, Griff zu Betäubungsmitteln wie Alkohol und andere Drogen; schließlich Körpersymptome wie Kopf- und Magenschmerzen, Erbrechen, Appetitlosigkeit.

Ein verbreitetes Phänomen bei kriegstraumatisierten Kindern ist die sogenannte »Überlebensschuld«, wenn z. B. ihre Eltern im Krieg getötet wurden. »Warum die und nicht ich« lautet das Motiv dieser »irrationalen Schuldgefühle«, die zunächst bei Überlebenden der Shoah beobachtet wurden (Niederland 1980). Diese Kinder fühlen sich unbewusst irgendwie für den Tod ihrer Eltern »verantwortlich«. Dieses Phänomen ist sehr ernst zu nehmen und nicht durch einen billigen Überredungsversuch aus der Welt zu schaffen. Es ist psychotherapeutisch nur sehr schwer beeinflussbar.

Die beiden Kinderanalytikerinnen Anna Freud und Dorothy Burlingham (1949) untersuchten in einem Kinderheim wegen des Zweiten Weltkrieges aus London evakuierte Kinder. Die besten Chancen zur seelischen Verarbeitung von Kriegserlebnissen hatten diejenigen, die in dieser Zeit nicht von ihren Müttern getrennt waren und deren Mütter selber relativ wenig Angst hatten. Umgekehrt löste der plötzliche Verlust eines Elternteils wie er im Krieg vielfach vorkommt (beispielsweise getötete Väter-Soldaten) traumatische Trennungsängste aus.

Durch den Mechanismus der »Verwandlung von Passivität in Aktivität« (vgl. Fischer/Riedesser 1998, S. 99) besteht die große Gefahr, dass aus den

»Gewaltopfern« spätere »Gewalttäter« werden. Die derzeitigen Gewaltszenen in Bagdad und anderen Städten, Plünderungen und andere Gewalttaten, zeugen von dem seelischen Mechanismus der »Gewöhnung« an die Gewalt als etwas Alltägliches und die »Verinnerlichung« der Gewalt.

Schon im Ersten Irakkrieg (1991) wurde von den Amerikanern uranhaltige Munition vor allem zum Durchbrechen von Panzerstahl verschossen. Die Folge davon sind im Süden des Irak Hunderte von missgebildeten und krebserkrankten Kindern. Trotz dieses Wissens wurde jetzt wieder sowohl von den Amerikanern als auch von den Briten überall im Irak uranhaltige Munition verschossen. Wieder werden Hunderte oder Tausende von Kindern missgebildet zur Welt kommen und an Krebs sterben. Allein wegen dieses Verbrechens gegen unschuldige Kinder gehören George W. Bush und Tony Blair vor den *Internationalen Gerichtshof* in Den Haag!

In Artikel 38 und 39 der »UN-Konvention über die Rechte des Kindes« von 1989 verpflichten sich die Unterzeichner, Kinder in bewaffneten Konflikten zu schützen und zu betreuen. Die Vertragsstaaten müssen zudem dafür sorgen, dass Kinder, die Opfer eines bewaffneten Konflikts geworden sind, sozial wieder eingegliedert werden. Außerdem müssen sie Kindern bei der Heilung ihrer körperlichen und seelischen Wunden helfen. Alle Länder der Erde bis auf Somalia und die Vereinigten Staaten von Amerika haben diese Konvention ratifiziert (UNICEF-Information 12/2000).

Die UNO schätzt, dass weltweit etwa 300.000 Kinder und Jugendliche unter 18 Jahren in bewaffneten Konflikten kämpfen. 200.000 weitere werden als Spione, Boten, Späher, Träger oder Sexsklaven missbraucht. Nach offiziellen Angaben leisteten 1999 über 6.600 16- und 17-Jährige Dienst in der britischen Armee (UNICEF-Information 11/1999).

Soldaten sind auch Menschen

Die Unterscheidung zwischen Soldaten und Zivilisten zähle ich schon zum »Wörterbuch des kriegerischen Unmenschen«. Soldaten sterben nicht, Soldaten »fallen«. Militärische Kräfte werden »aufgerieben« oder »unschädlich gemacht«. Es werden »Verluste gemacht«. Feindliche Verbände werden »ausgeschaltet« oder »eliminiert«. »›Nein‹, sagte Rambert bitter, ›Sie können nicht verstehen. Sie reden die Sprache der Vernunft, Sie sind in der Abstraktion‹«, formuliert Albert Camus in seinem Roman *Die Pest* (1947, S. 53).

Das Töten und Getötetwerden ist für einen Soldaten nicht anders als für jeden anderen Menschen. Die Fernsehbilder zeigen uns aber entsprechend der militärischen Wahrheitsklitterung höchstens geborstenes und verbranntes Militärgerät, lieber präzise, gezielte, »saubere« Raketeneinschläge, fast nie zerfetzte, verstümmelte, skelettierte Menschen, verblutet und verdampft. Der Todeskampf in einem Panzer ist nicht minder grausam als in einem Wohnhaus in einer irakischen Stadt. Die Verleugnung davon gehört zu den »Lügen in den Zeiten des Krieges« (Begley 1991).

Die »Ausbildung« zum Soldaten stellt seit jeher, aber auch heutzutage schon an sich eine »Dehumanisierung« und eine »Traumatisierung« dar. Menschen sollen zu »Kampfmaschinen« abgerichtet werden. Indem man ihnen ihre natürlichen menschlichen Gefühle wie Angst, Schmerz und Mitleid austreibt, sollen sie umso effektiver in gefährlichen Situationen wirken können.

Der amerikanische Psychiater und Psychoanalytiker Chaim F. Shatan (1983, S. 227) beschreibt ein Beispiel der Entmenschlichung und Brutalisierung in der Ausbildung amerikanischer Marines vor dem »Vietnamkrieg«.

> »Am letzten Trainingstag müssen sich die Marines in einem Attrappendschungel einem unübertrefflichen Akt mutwilliger Grausamkeit unterziehen, der allgemein als ›Kaninchen-Trick‹ bekannt ist. Viele Einheiten besitzen ein Maskottchen, meist ein Kaninchen, das sie sehr gern haben. Nun doziert der kampferprobte Sergeant Überlebenstechnik angesichts der zu erwartenden Kriegsgräuel; dazu streichelt und krault er das Kaninchen.
>
> Ohne Vorwarnung bricht er ihm plötzlich das Genick, reißt ihm die Haut ab und den Bauch auf, schmeißt die Eingeweide seinen Leuten ins Gesicht und befiehlt ihnen, die Überreste zu rösten und zu essen.«

Eine Steigerung solcher gewaltsamer Indoktrination und Umerziehung (Bohleber 2002, S. 716) finden wir bei der Ausbildung palästinensischer Selbstmordattentäter.

> »Ein Zeuge berichtet, dass die Ausbilder bei jeder Trainingseinheit einen ihrer Schüler opferten, indem sie ihn mit einem Sprengstoffgürtel um den Leib mit einem Auto gegen eine Mauer fahren ließen, während die anderen zuschauen mussten. Der grauenvolle Anblick des zerrissenen Kameraden habe ihnen eine *Energie der Verzweiflung* gegeben« (ebd., S. 717; kursiv T.A.).

Diese *Aufrüstung der Seelen* (Riedesser/Verderben 1985) führt zu einer Gefügigkeit und Bereitschaft, gehorsam auf alle Befehle zu reagieren. Sie führt zu einer »Automatisierung des Ichs« (Niederland 1968) oder »Roboterisierung« (Meerloo 1969; zit. n. Grubrich-Simitis 1979, S. 991ff.). Hinzu kommt der Aufbau einer Art innerer Schutzmauer aus Beton, ein »Armieren des Ichs« (Grubrich-Simitis 1979, S. 998). Dieser Gewaltpanzer soll vor weiteren seelischen Verletzungen, Kränkungen und Verlusten schützen. Die seelische Verhärtung dabei macht aber wie bei einer Ritterrüstung zugleich immer unflexibler und gefühlloser. Kombiniert mit der eigenen Angst kommt es dadurch mitbedingt zu den von den Militärs sogenannten »Kollateralschäden«, bei denen zum Beispiel an den Kontrollpunkten Frauen und Kinder erschossen werden.

Die aus der militärischen Ausbildung schon mitgebrachten »Traumatisierungen« werden im Krieg selber dann weiter verstärkt, allerdings im Unbewussten des Menschen (vgl. Shatan 1981, S. 560).

Gegen die seelische Verletzung soll auch die Entfremdung, die »technische Distanzierung« vom Opfer dienen. Moderne Soldaten können zwar mit ihren Nachtsichtgeräten auch nachts Beobachtungen anstellen, aber sie sind gleichzeitig »gefühlsblind« gemacht worden. Die amerikanischen und britischen Bomberpiloten erhalten zusätzlich Psychopharmaka, Aufputschmittel, um den Stress besser bewältigen zu können.

Soldaten oder auch die bedrohten Opfer befinden sich tagelang, monatelang in einem ständigen extremen Spannungs- und Stresszustand. Die riesige emotionale Belastung wird erhöht, wenn man ständig Zerstörung und Sterben miterleben muss, auch wenn man sich dagegen immun glaubt.

Die Erfahrungen, die die amerikanischen Psychiater und Psychoanalytiker Chaim F. Shatan (1974) und Robert J. Lifton (1986) mit traumatisierten Soldaten aus dem Vietnamkrieg gemacht haben, lassen sich auf andere Kriege übertragen.

Die Symptome von Kriegstraumatisierungen treten – wie auch nach anderen Traumatisierungen – in der Regel nicht sofort, sondern erst nach einer gewissen »Latenzzeit« auf (vgl. Bohleber 2000, S. 815). Direkt nach Kriegsende ist die Euphorie über das eigene Überleben und die Gefühlspanzerung aus der direkten Kriegserfahrung noch wirksam. Die Kampfausbildung, ihre gewalttätige Abrichtung der Soldaten zum Töten und Vernichten, umfasste auch eine Brutalisierung und Entfremdung von menschlichen Gefühlen, sich selbst gegenüber und dem »Feind« gegenüber. Diese Menschen wurden zu einer »militärischen Persönlichkeit« (Shatan 1981) umgeformt, bildeten ein »Militär-Ich« (Simmel 1994; zit.n. Bohleber 2000, S. 809) aus und wurden in eine paranoide Kampfeshaltung versetzt, die ihre zivile Realität ersetzt. Nach der Rückkehr aus einem Krieg muss der Soldat die Realitätsmembran wieder in die andere Richtung durchstoßen, um wieder zu einer zivilen und menschlichen Identität zu gelangen. Das misslingt allerdings in nicht wenigen Fällen. Manche kommen von dieser Brutalisierung und Schmerzverleugnung nie wieder los und richten ihre Wut und Gewalt dauerhaft oder in aufflammenden Gewaltausbrüchen gegen ihre Familien, andere Menschen oder wahllos gegen andere Ziele und begehen Morde und Selbstmord. Viele scheitern in ihrer Ehe, ihrem Beruf oder der Ausbildung, begeben sich unbewusst immer wieder in extreme Gefahrsituationen, geraten in Autounfälle oder andere katastrophale Ereignisse, die nicht selten mit dem Tod enden. 40% der ehemaligen Kriegsgefangenen des Zweiten Weltkrieges und des Koreakrieges unterlagen laut Shatan (1981, S. 562) derartigen Todesursachen. Die »moralische Immunisierung« dieser Soldaten ist in ihrer Ausbildung allerdings selten vollkommen. Deshalb leiden manche unter bewussten, die meisten aber wohl unter »unbewussten Schuldgefühlen« und Reue (vgl. Bohleber 2000, S. 809). Selbstmörderische Albträume werden nicht selten in die reale Tat umgesetzt. Viele leiden unter Selbstvorwürfen, Selbstzerfleischungen, Qualen und Verbitterung, manche sprechen davon, durch Selbstbestrafung für »ihre Schuld zahlen« zu wollen.

Wir alle sind »Kriegsteilnehmer«

Ob wir das wollen oder nicht, wir alle sind zumindest indirekt »Kriegsteilnehmer«. Bei älteren Menschen, die den Krieg aus eigener Erfahrung kennen, kann es dadurch zu einer »Retraumatisierung« kommen. All die – vielleicht jahrelang verdrängten – schrecklichen Bilder und Gefühle aus der eigenen Lebensgeschichte kommen wieder hoch.

Bei mir selbst bemerkte ich in diesen Tagen des begonnenen Krieges eine starke Ambivalenz zwischen meinem Informationsbedürfnis, dem Wissen um die Lügen in vielen Sendungen und dem Wunsch, nichts mehr davon hören und sehen zu wollen. In vielen meiner Aktivitäten und Arbeiten fühlte ich mich in dieser Zeit beeinträchtigt, entwickelte fast so etwas wie eine »Arbeitsstörung«.

In den Wochen und Monaten vor Kriegsbeginn und danach haben mich in Aachen und ganz Deutschland die Kinder und Jugendlichen beeindruckt, die oft gegen den Willen ihrer Schulleitungen – was für mich völlig unverständlich ist – gegen den Krieg und für den Frieden auf die Straße gegangen sind. Das ist ein stolzes und hoffnungsvolles Potenzial für eine friedlichere Zukunft.

Ansätze zur Hilfe, Therapie und Überwindung des Traumas

Ansätze zur Bewältigung und Überwindung des Traumas ergeben sich aus dem zuvor dargestellten Traumaverständnis der Psychoanalytiker. Ich kann sie hier nur in Stichworten umreißen.

- »Wiedergewinn von Vertrauen«: Da das Trauma im Kern eine (Zer-)Störung des Urvertrauens und der Sicherheit darstellt, ist der Aufbau stabiler, verlässlicher, sicherer, regelmäßiger, überschaubarer Rahmenbedingungen das A und O jeder Traumaarbeit. Diese Herstellung einer gewissen Normalität ist natürlich in einem kriegszerstörten – und wie im Irak seit Jahren heruntergewirtschafteten – Land eine langwierige und langfristige Aufgabe.
- »Wiedergewinn von sicheren Beziehungen«: Urvertrauen und Sicherheit erwachsen aus stabilen, sicheren und verlässlichen Beziehungen, ebenso ist der Wiedergewinn von zerstörtem und gebrochenem Vertrauen nur in solchen Beziehungen möglich. Den Ohnmachts- und Hilflosigkeitserfahrungen gilt es, Gefühle des Gehaltenwerdens und -seins und des Schutzes gegenüberzustellen. Konstruktive Gruppenerfahrungen aller Art erweisen sich als hilfreich.
- »Wiedergewinn von symbolischem Ausdruck«: Da die traumatischen Erlebnisse vorwiegend im Körper eingeschrieben sind, benötigen Traumatisierte, seien es Erwachsene oder Kinder, Angebote für den Wiedergewinn von symbolischem Ausdruck. Das kann Malen sein, Niederschreiben von Erfahrungen, die Möglichkeiten, das Schreckliche herauszuschreien oder in Geschichten zu fassen, Bewegung, Tanzen und Spiel und vieles andere mehr. Alle Ausdrucksformen, die ein traumatisierter Mensch sucht, sind von der hilfreichen Umgebung anzunehmen und zu bejahen! Sogenannte

»Verhaltensauffälligkeiten« können auch unbewusster Ausdruck des Traumas sein.
- »Rituale« haben für alle Traumatisierten, besonders aber für Kinder, eine heilsame Funktion.

Eine vollständige »Heilung« eines Traumas – eine »restitutio ad integrum«, wie die Mediziner sagen – gibt es nicht. Das einzige Mögliche ist, das Aufzeigen von Wegen, wie Betroffene vielleicht symptomfreier und »mit ihrem Trauma« leben können und das Leben trotz des Traumas wieder für sich lebenswert finden können. »Leben trotz Geschichte«, wie es der polnische Philosoph Leszek Kolakowski (1977) formulierte. Zu dem Bild vom großen »schwarzen Loch« in sich, das viele traumatisierte Patienten in meiner Praxis beschreiben, kann ich (ihnen) nur sagen, dass es uns in der psychoanalytischen Therapie vielleicht gelingen kann, die Ränder dieses Loches ein wenig mehr zur Mitte hin zu verschieben. Nicht mehr und nicht weniger.

Die Friedlosigkeit in Nachkriegsgesellschaften (2006)

Traumatisierung und Verrohung

Krieg beginnt, lange bevor der erste Schuss fällt, in den Herzen und Köpfen von Menschen. Und Krieg endet nicht mit dem Schweigen der Waffen, sondern hinterlässt langanhaltende und tiefe Spuren und Wunden in den Körpern und den Seelen der Menschen. Manche zeichnen die Betroffenen für immer, sie sind unauslöschlich. In einem Krieg werden zwei Arten von Opfern unterschieden, Soldaten und Zivilisten – wobei Soldaten, ob sie es wollen oder nicht, in der Regel »Täter und Opfer zugleich« sind.

Bei der Vorbereitung eines Krieges kommt den Medien, die Fakten und Meinungen (Interpretationen) veröffentlichen, eine bedeutsame Rolle zu. Dabei ist es für Kriegstreiber besonders hilfreich, wenn die Medien relativ gleichgeschaltet sind. Das war in den USA nach dem 11. September 2001 so und war in Europa z.B. in Italien im »Medienparadies« des Silvio Berlusconi so. Dass die Wahrheit in einem Krieg als erste stirbt, ist allgemein bekannt.

Ob der Krieg der »Vater aller Dinge« ist, wie in der Antike Heraklit meinte, weiß ich nicht, aber ich bin sicher, dass ein Krieg der Vater vieler materieller, aber vor allem seelischer Übel ist. Und diese Übel fangen an, lange bevor der Krieg beginnt, mit der militärischen Zurichtung zum Soldaten einerseits und der geistigen Zurichtung der Zivilbevölkerung für den Krieg andererseits.

Die militärische Indoktrination bemüht sich um eine »Umwertung aller Werte«. All das, was im normalen, alltäglichen Leben »verboten« ist und juristisch verfolgt wird, ist im Krieg »geboten«: Zerstörung, Verletzung, Mord und Vergewaltigung.

Sigmund Freud (1912-13a, S. 86f.) machte darauf aufmerksam, dass nur das »verboten« werden muss, zu dem eine innere Strebung, ein »Begehren« besteht. »Noch heute ist das, was unsere Kinder in der Schule als *Weltgeschichte* lernen, im wesentlichen eine *Reihe von Völkermorden*« (Freud 1915b, S. 345; kursiv T.A.). »Das gerne verleugnete Stück Wirklichkeit hinter alledem ist«, betont Freud (1930a, S. 470f.; kursiv T.A.),

> »dass der Mensch nicht ein sanftes, liebesbedürftiges Wesen ist, das sich höchstens wenn angegriffen, auch zu verteidigen vermag, sondern dass er zu seinen Triebbegabungen auch einen *mächtigen Anteil von Aggressionsneigung* rechnen darf. Infolgedessen ist ihm der Nächste *nicht nur* möglicher Helfer und Sexualobjekt, *sondern auch* eine Versuchung, seine Aggression an ihm zu befriedigen, seine Arbeitskraft ohne Entschädigung auszunützen, ihn ohne seine Einwilligung sexuell zu gebrauchen, sich in den Besitz seiner Habe zu setzen, ihn zu demütigen, ihm Schmerzen zu bereiten, zu martern und zu töten. *Homo homini lupus*; wer hat nach all den Erfahrungen des Lebens und der Geschichte den Mut, diesen Satz zu bestreiten.«

Freud schreibt das schon 1930. Und wer wollte seinen Gedanken nach Auschwitz, Hiroshima, Srebrenica und New York überhaupt noch anzweifeln? Der Mensch ist leider eben nicht nur »edel, hilfreich und gut«, wie Johann Wolfgang von Goethe dachte, sondern ebenso »niederträchtig, ausbeuterisch und böse«. Unter der »dünnen Tünche des Christentums«, meint Freud (1939a, S. 198), seien wir geblieben, was unsere Ahnen schon waren, nämlich »Barbaren«.

Der Eindämmung der Aggressionsneigungen können nach Freud die Vernunft bzw. der »Intellekt«, die »Liebe« und die »Kultur« dienen!

Bei der militärischen Indoktrination, die an die bewussten und unbewussten Aggressionsneigungen anknüpfen kann, wird vordergründig die Vorstellung aufrechterhalten, es gäbe einen gerechtfertigten, einen »sauberen« und »anständigen« Krieg. So wie es unnachahmlich Heinrich Himmler in seiner berühmt-berüchtigten Rede von 1943 formuliert:

> »Von euch werden die meisten wissen, was es heißt, wenn 100 Leichen beisammen liegen, wenn 500 daliegen oder 1000 daliegen. Dies durchgehalten zu haben, und dabei abgesehen von Ausnahmen menschlicher Schwächen – *anständig* geblieben zu sein, das hat uns hart gemacht. Dies ist ein niemals geschriebenes Ruhmesblatt unserer Geschichte« (zit. n. Broszat 1983, S. 16; kursiv T.A.).

Eine im Grunde ähnliche Argumentation verfolgen George W. Bush und die amerikanische Administration zum Beispiel angesichts der Gräueltaten von Abu Ghraib, indem diese (Un-)Taten als »bedauerliche Einzelfälle« unterster militärischer Chargen eingestuft werden und nicht als »konsequentes Produkt« der Politik einer knallharten Gut-Böse- (»Achse des Bösen«; G.W. Bush) beziehungsweise Freund-Feind-Unterscheidung von oben. In einem solchen primitiven »Schwarz-Weiß-Denken« werden die bösen Feinde zum Beispiel als »Terroristen« völlig entdifferenziert und entmenschlicht. Ich erwähne nur das Stichwort »Guantanamo«. Wen wundert es da eigentlich, dass die »Ausführungsorgane« solcher Politik, die Soldaten, sich dementsprechend verhalten. Ideologisch wird aber die Vorstellung vom – an und für sich – sauberen und anständigen Krieg (der »Guten«, die natürlich immer »wir« sind, gegen die »Bösen«, natürlich immer die »anderen«; Auchter 1990) aufrechterhalten, »die *Illusion* einer moralischen *Ordnung*, wo es keine gibt« (Wright 2005, S. 221; kursiv T.A.).

Meine »Hypothese« ist nun, dass auch die beste und psychologisch fundierteste Feindbildung und Indoktrination nicht dazu in der Lage ist, das »grundlegende und tief verwurzelte menschliche Empfinden für Recht und Unrecht« (das zwar vermutlich angeboren ist, aber nur bei einer sorgfältigen Förderung Kraft im Leben entfalten kann) völlig außer Kraft zu setzen. Auch wenn es durch den militärischen Drill ganz tief ins Unbewusste hinabgedrängt ist, bleibt das »Gewissen« zumindest in Bruchstücken und Restbeständen erhalten. Und in den daraus resultierenden bewussten und/oder unbewussten »Schuldgefühlen« (vgl. Wright 2005, S. 110f.) wurzelt dann das seelische Leiden der Kriegsteilnehmer. Dieses Leiden bringt sich nicht selten zunächst durch körperliche Symptome zum Ausdruck.

»Wenn ich nach Hause komme, wird man mich wahrscheinlich bitten, über meine Erfahrungen hier in Highschools zu sprechen. *Ich weiß nicht, wie ich all die toten Frauen und Kinder erklären soll, die ich gesehen habe, all die Sachen, die wir hier gemacht haben*«, meint Fawcett, einer der Marineinfanteristen des Aufklärungsbataillons, die der Journalist Evan Wright (2005, S. 274, vgl. S. 246, 271; kursiv T.A.) als sogenannter »embedded reporter« an vorderster Front im Irakkrieg begleitet hat. Espera, ein anderer von ihnen, bemerkt: »Ist euch klar, was wir hier für Scheiße gebaut, wie viele Leute wir umgebracht haben? *Wenn wir das zu Hause täten, kämen wir ins Gefängnis*« (ebd., S. 337; kursiv T.A.).

Der Krieg beschädigt und zerstört die Seelen bevor er überhaupt begonnen hat, nämlich durch die Ausbildung zum Töten und Zerstören im Kriegsdienst. In allen Gesellschaften, bei den »Terroristen«, aber auch in den »zivilisierten« und »demokratischen« Kulturen, erfolgt die Indoktrination zum Töten des Feindes (»Kriegsdienst«) in aller Regel in der Jugendzeit. Die meisten Soldaten in allen Ländern sind Adoleszente und Spätadoleszente, bisweilen gar Kinder! Die UNO schätzt, dass weltweit etwa 300.000 Kinder und Jugendliche unter 18 Jahren in bewaffneten Konflikten kämpfen. 200.000 weitere werden als Spione, Boten, Späher, Träger oder Sexsklaven missbraucht. Nach offiziellen Angaben leisteten 1999 über 6.600 16- und 17-Jährige Dienst in der britischen Armee (UNICEF-Informationen 11/1999).

In der Jugendzeit als einer Zeit des »Überganges« (Auchter 1982) ist der Mensch nicht mehr Kind und noch nicht Erwachsener. Sie ist eine Phase der, auch durch die altersspezifischen körperlichen Veränderungen begründeten, »Destabilisierung«, des Zweifelns und Infragestellens, der Unsicherheit und Ungewissheiten, der Widersprüchlichkeit und Spaltungen, voll überschäumender Erwartungen und schwärzester Hoffnungslosigkeit (Auchter 1994b, 2002d), voller Abenteuerlust. Das jugendliche Bedürfnis nach Idealen, Idolen und Ordnungsstrukturen zur unbewussten Abwehr von altersspezifischen Verunsicherungen und Minderwertigkeitsgefühlen, macht gerade Jugendliche so empfänglich für Utopien und Ideologien als Repräsentanten des »Ganzen und Heilen« und auch für die militärische Ordnung (in der altersspezifischen Widersprüchlichkeit des Adoleszenten oszilliert die Orientierung zwischen dem Strukturbedürfnis und dem völlig entgegengesetzten, dem nach völliger Freiheit und Beliebigkeit: »null Bock auf nichts«). Jahrelang stand an einer Hauswand am kleinen Grenzübergang zwischen Aachen und Vaals in Niederländisch der Spruch: »Gib mir eine Uniform und ich bin jemand.« Evan Wright (2005, S. 19) berichtet von den amerikanischen Soldaten im Irakkrieg: »Über die Hälfte der Jungs im Zug kommt aus zerbrochenen Elternhäusern, wurde von häufig abwesenden, alleinstehenden, arbeitenden Müttern erzogen. Vielen sind Videospiele, Reality-Shows und Internetpornografie vertrauter als ihre eigenen Eltern.« Wright (ebd.) charakterisiert sie als Generation von »Wegwerfkindern«.

Die Ausbildung zum Soldaten stellt seit jeher aber auch heutzutage schon an sich eine »Dehumanisierung« und eine »Traumatisierung« dar. Menschen sollen zu »Kampfmaschinen« (vgl. ebd., S. 48) abgerichtet werden. Indem man ihnen ihre natürlichen menschlichen Gefühle wie Angst, Schmerz und Mitleid austreibt, sollen sie umso effektiver in gefährlichen Situationen wirken können. »Man hat uns für den Kampf das Gehirn gewaschen«, sagt Espera, »und uns darauf trainiert. Wir müssen in der Grundausbildung 3000-mal am Tag ›Töte!‹ sagen« (ebd., S. 309).

Die in der militärischen Ausbildung erzeugte »Gefühllosigkeit« (Lifton 1986; Wright 2005, S. 271, 333) und »Leidensverachtung« – die als besonders »männlich« angesehen wird (ebd., S. 38) – wird dadurch verstärkt, dass die Soldaten vor und bei Kampfhandlungen Psychopharmaka und Aufputschmittel wie Koffein und Ephedrin einwerfen (ebd., S. 16, 71, 83, 208). Nur so ist das Zerstören und das Verletzen und »Töten« von Menschen auszuhalten. Espera sagt: »Ich sehe tote Kinder und Erwachsene überall und tue meine Arbeit mit *leerer Gleichgültigkeit*« (ebd., S. 387; kursiv T. A.).

Evan Wright (2005) berichtet in seinem Buch *Generation kill* von der Ausbildung zum Späher der Marineinfanterie, also amerikanischen Elitesoldaten. Sie erhalten eine »spezielle Einzelausbildung«, bei der sie unter anderem in »simulierten Kriegsgefangenenlagern gefangen gehalten« werden. Dort werden die Übungsteilnehmer, überwacht von Militärpsychologen, in Käfige eingeschlossen, geschlagen und psychologischer Folter ausgesetzt – alles in der Absicht, sie zu befähigen, eine »echte Gefangenschaft« durchzustehen. Als Gunny Wynn, einer der Soldaten, mit denen Evans im Irak-Krieg unterwegs ist, diese Ausbildung durchmachte,

> »inspirierte sein texanischer Akzent seinen ›Häscher‹ dazu, ihn mehrere Tage lang zu zwingen, eine Ku-Klux-Klan-Kapuze zu tragen und seinen ›Mithäftling‹, einen Afroamerikaner, an einer Leine herumzuführen und ihn wie einen Sklaven zu behandeln. ›Die denken sich alles Mögliche aus, um deine Birne weich zu kochen‹, sagte Gunny Wynn« (ebd., S. 24).

»Kapuze, Leine, Erniedrigung« – genau all das finden wir in dem »bedauerlichen Einzelfall« Abu Ghraib wieder. Die »Entmenschlichung« hat also System! Sie wird in der soldatischen (Elite-)Ausbildung systematisch eingeübt.

Problematisch wird die ganze Geschichte, wenn die erstens durch ihre Ausbildung zum Soldaten und zweitens durch ihre Kriegserfahrungen (mit Töten, Zerstören, Miterleben von Verwundung und Sterben von Kameraden oder Zivilisten oder gegnerischen Soldaten) »traumatisierten« Menschen in eine »zivile« Gesellschaft zurückkehren sollen.

Sigmund Freud beschreibt schon 1918 – angesichts des Ersten Weltkrieges – den inneren Konflikt im Soldaten zwischen seinem – wie Freud das nennt – »Friedens-Ich« und seinem »Krieger-Ich«. Bei den sogenannten »Kriegsneurotikern« – also Soldaten, die an der Front seelisch erkranken – wehre sich das »Friedens-Ich«:

(1) gegen die »Lebensgefahr«, in die der »neugebildete parasitische Doppelgänger«, das »Krieger-Ich«, den Soldaten bringe (Freud 1919d, S. 323; [1920] 1987, S. 707);
(2) gegen »das Gefühl empörende Anforderungen des Kriegsdienstes«, ein »Sträuben gegen den Auftrag, andere zu ›töten‹« (ebd.);
(3) gegen die »rücksichtlose Unterdrückung der eigenen Persönlichkeit« durch die militärischen Vorgesetzten (ebd.).

Der Begriff »Kriegsneurose« ist für Soldaten ebenso irreführend wie der Terminus »funktionelle Störung« (vgl. ebd., S. 706f.). Denn es ist ja sehr die Frage, ob die Entwicklung körperlicher Symptome bei Soldaten wie »Zittern« und »Lähmungen« eine »Krankheitserscheinung« sind – oder ob sie nicht viel eher Ausdruck einer »gesunden Reaktion« angesichts so »krankhafter Umstände« (wie der eines Krieges) sind. Unzweideutig macht Freud (1919d, S. 324) darauf aufmerksam, dass »Traumatisierungen« (sei es durch Krieg oder andere traumatische Ereignisse ausgelöst) zu einer unbewussten seelischen Abwehr führen, die sich primär gegen »äußere (d.h. reale) Gefahren« richtet und nicht gegen innerseelische Bedrohungen.

Bei den amerikanischen Soldaten in Afghanistan und im Irak lässt sich sehr deutlich das Phänomen beobachten, wie die »Täter« zu »Opfern« werden. »Ich werde das mit nach Hause nehmen und damit leben müssen [...]. Das bringt mich innerlich um«, sagt Colbert, einer der Soldaten, die Wright (2005, S. 219) im Irak begleitet. Sogar nach einer offiziellen Studie der amerikanischen Armee von 2004 zeigen zwischen 16 und 23% der Soldaten Anzeichen von »schwerer Depression, Angstzuständen, Schlafstörungen« oder des sogenannten »PTSD (Posttraumatischen Stress-Syndroms)« (vgl. Wright 2005, S. 415). Fast 900 Soldaten werden 2004 wegen seelischer Probleme aus dem Irak nach Hause geschickt, mindestens 30 begehen »Suizid« (ntv-Sendung vom 14.02.2005).

Die militärische Indoktrination zum »schuldgefühlfreien Töten« und Vernichten des Feindes scheint also nicht perfekt zu funktionieren. Reste gesunden moralischen Empfindens überleben offenbar. Verschiedene Beispiele dafür finden sich in dem beeindruckenden Bericht von Evan Wright (2005) als Frontberichterstatter im Irak-Krieg. Das »Friedens-Ich« lässt sich anscheinend nicht vollständig durch das »Krieger-Ich« ersetzen, sondern führt zu einem traumatischen Ich-Konflikt (Freud 1919d, S. 323), und nachfolgend zu einer seelischen Erkrankung.

Schätzungen gehen davon aus, dass mehr als 100.000 amerikanische Soldaten mit Symptomen von PTSD aus Afghanistan und dem Irak zurückkommen (van Langendonck 2005). Nicht selten schlägt deren seelische Störung dann zu Hause wieder in unkontrollierte Gewalt, Mord und Selbstmord um! So bleibt der Teufelkreis zwischen Opfern und Tätern, so bleibt der »Teufelskreis der Gewalt« erhalten!

Die Angst *vor* George W. Bush und die Angst *von* George W. Bush (2007)

Zur Psychoanalyse von Macht und Gewalt

Einleitung

Gehörte George Walker Bush nur ein kleiner Waffenladen im Süden der Vereinigten Staaten von Amerika, bräuchte man sich wahrscheinlich keine allzu großen Gedanken über ihn zu machen. Aber der Mann besitzt zurzeit das größte Waffenlager der Welt, er verfügt unter anderem über Tausende von Atomsprengköpfen und ist in der Lage, sich und unsere ganze Welt mehrfach auszulöschen. Das macht seine Gefährlichkeit aus.

Amerika verbraucht etwa ein Viertel der weltweiten Energie – 19,5 Millionen Barrel Öl täglich (Mailer 2003, S. 58) – und muss davon mehr als die Hälfte (nach anderen Angaben 75%) importieren und hat einen entsprechenden riesigen Schadstoffausstoß, der die gemeinsame Luft der ganzen Welt verpestet und entscheidend zur weltweiten Klimaveränderung beiträgt. Einem Beitritt zu einem globalen Klimaabkommen (»Kyoto-Protokoll«) verweigert sich die amerikanische Regierung unter Führung von Bush gleichwohl aus wirtschaftlichen Gründen bis heute konsequent. Deshalb geht es uns alle etwas an, was »hinten in den USA« geschieht, und vom wem dieses Land geführt wird. Denn wir alle sind davon in dieser oder jener Weise betroffen. Aus diesem Grunde ist es lohnenswert, sich mit der Persönlichkeit von Bush zu beschäftigen.

Ehe ich mich aber näher mit der Person George Walker Bush, oder präziser einem bestimmten Aspekt seiner Persönlichkeit, nämlich seiner Angst und seinem Umgang damit und den aus seinen Ängsten resultierenden Konsequenzen für sein politisches Handeln, befassen werde, seien einige wenige methodische Vorbemerkungen vorangestellt.

Methodische Vorüberlegungen

Normalerweise sitzt der Psychoanalytiker als Kliniker – klischeehaft formuliert – in der Abgeschlossenheit und Ruhe seines Behandlungsraumes »hinter der Couch«. Er hört mit zugewandter, möglichst wertungsfreier, »gleichschwebender Aufmerksamkeit« seinem Patienten zu. Er lässt das Gehörte und Wahrgenommene auf sich wirken. Er spürt dem in seiner »Gegenübertragung« nach, beobachtet also, was das vom Patienten Geäußerte in ihm an Gefühlen und Gedanken auslöst. Er bildet daraus bewusste und unbewusste »Hypothesen« über bewusste, aber vor allem unbewusste seelische Prozesse zwischen sich und seinem Patienten und im Patienten. Im intimen Rahmen der psychoanalytischen Behandlung gibt er diese dann im geeigneten Augenblick bewusst als »Deutung« oder unbewusst als Reaktion seinem Patienten zur Überprüfung und Weiterverarbeitung zurück.

Eher ungewöhnlich ist es, wenn der Analytiker sich hinter seiner Couch hervorwagt, wenn er Personen der Geschichte, der Kunst oder der Zeitgeschichte unter die analytische Lupe nimmt, wenn er öffentliche Äußerungen von ihnen und Äußerungen über sie sammelt, wenn er Analogieschlüsse vornimmt und spekulative Hypothesen aufstellt, und wenn er schließlich damit vor die »Öffentlichkeit« tritt. Dieses Vorgehen wird als »angewandte Psychoanalyse« bezeichnet.

Personen der Zeitgeschichte, insbesondere Politiker, empfinden sich selbst in aller Regel nicht als krank – wie unsere Patienten das zu tun pflegen – und landen auch nur selten auf der Couch eines Analytikers (Wirth 2002, S. 22). Jeb Bush, der Bruder von George, hat kürzlich über seine Familie gesagt:

> »›Es ist nicht normal für uns […], diesen reflektierenden Modus einzuschalten und uns irgendwie auszukotzen‹.
>
> Sein Vater hat offen seine Verachtung für ›die Couch‹ ausgedrückt. George W. Bush hat sie geerbt und jeden Versuch, den Bush-Charakter zu erfassen, als ›Psychogelaber‹ abgetan« (Frank 2004, S. 19).

Bei der »Analyse« von Politikern besteht die Gefahr – und der muss sich der Psychoanalytiker kritisch und selbstkritisch stellen –, sich dem »Vorwurf einer Pathologisierung des politischen Gegners« (Wirth 2002, S. 17) auszusetzen. Deshalb möchte ich hier vorweg ausdrücklich betonen, dass es mir bei meiner Analyse der Ängste *von* und *vor* George W. Bush darum geht, die Möglichkeiten des psychoanalytischen Instrumentariums dafür zu nutzen, aufzuzeigen, wie eng der Zusammenhang zwischen der Politik und den Menschen, die diese Politik machen (ebd., S. 12), ist. Und »welchen Einfluss unbewusste psychische Konflikte auch auf politische Entscheidungen von höchster Tragweite haben« (ebd., S. 11) können, und schließlich welche möglichen »Verflechtungen zwischen individueller Psychopathologie, den sozialstrukturellen Bedingungen der Macht und den Identitätskonflikten der jeweiligen Bezugsgruppe« (ebd., S. 12) bestehen können.

Genauso wie es eine Simplifizierung der Situation wäre, Bush zum isolierten, »völlig unabhängigen« Alleinverantwortlichen für alle seine politischen Entscheidungen zu machen und damit seine Verflechtungen und Verpflichtungen in ihn umgebende (und finanzierende) Gruppen und Einzelne zu ignorieren und zu verleugnen, wäre es eine ebensolche Simplifizierung, ihn zu einer »völlig abhängigen«, zu eigenen Entscheidungen unfähigen, und damit persönlich unverantwortlichen Marionette anderer zu erklären.

Meine Überlegungen sind sehr wesentlich durch die Ausführungen im Buch meines amerikanischen Kollegen Justin A. Frank – *Bush auf der Couch. Wie denkt und fühlt George W. Bush?* – inspiriert, welches im August 2004 in den USA und kurze Zeit später in deutscher Sprache im Psychosozial-Verlag erschienen ist. Allerdings habe ich seinen mir bisweilen etwas zu eng erscheinenden kleinianischen Rahmen an einer ganzen Reihe von Stellen um eigene Gedanken erweitert. Zusätzlich habe ich Einiges an weiterer Literatur über George W. Bush, seine Person und seine Politik zu Rate gezogen und verarbeitet.

Bestärkt in meinem Vorhaben fühle ich mich durch die amerikanischen Psychoanalytiker Roberta J. Apfel und Bennett Simon, die ihren Essay über »Trauma, Gewalt und Psychoanalyse« im *International Journal of Psychoanalysis* mit dem bemerkenswerten Satz beenden, »dass das Risiko sich [politisch] zu engagieren weitaus geringer ist als das Risiko, sich [politisch] rauszuhalten« (Apfel/Bennett 2005, S. 201; Anm. u. Übers. T.A.).

Das Erscheinungsbild von George W. Bush in der Öffentlichkeit

Wiederholt betont Bush »mit einem Stolz, der eine Abwehrhaltung kaschieren könnte, dass er keine Zeitung liest« (Kelly 2004, S. 650; Frank 2004, S. 49). »Mit Büchern kann ich nicht viel anfangen, ich verlasse mich lieber auf meinen Bauch« (zit. n. Laurent 2003, S. 14). »Was an Büchern mit am besten ist: Manchmal sind da phantastische Bilder drin« (zit. n. Weisberg 2003a, S. 31). Justin Frank (2004, S. 49) wirft die Frage auf, ob solche Äußerungen Bushs nicht auch ein indirekter Hinweis auf eine »Dyslexie«, also eine Leseschwäche sein könnten. In seinem Elternhaus gab es jedenfalls kein Lexikon, und eine mit der Familie Bush bekannte Professorin erinnert sich: »ein Haus, in dem weit und breit kein Buch zu sehen war« (Kelly 2004, S. 294; Frank 2004, S. 49). Ein Kommilitone Bushs aus der Yale-Zeit, Tom Wilner, berichtet:

> »Georgie, wie wir ihn damals nannten, fehlte es völlig an intellektueller Neugier […]. Er war nicht an Ideen oder Büchern oder Diskussionen interessiert. Er reiste nicht, er las keine Zeitungen […]. Dieser Typ hat überhaupt keine Vorstellungen von komplexen Dingen […]. Er ist ein einfältiger Eiferer und – Gott helfe uns allen –, er ist jetzt derjenige, der den Finger am roten Knopf hat« (zit. n. Kelly 2004, S. 287).

Vor seinem Amtantritt als Präsident im Alter von 54 Jahren war Bush kein einziges Mal in Europa (ebd., S. 645). Der amerikanische Historiker Robert Dallek bezeichnet ihn als den »dümmsten Mann, der jemals im Oval Office« saß (ebd.).

Nachdem Bush am Morgen des 11. September 2001 über den Terroranschlag gegen das *World Trade Center* informiert worden war, erstarrt er zunächst vor Schrecken. Dann setzt er noch mehrere Minuten »mit unbewegter Miene« (Wirth 2002, S. 385), scheinbar ungerührt, sein Vorlesen vor Schulkindern fort. Nach einer kurzen Stellungnahme vor den Mikrofonen flüchtet er dann in die *Air Force Number One*. Er fliegt zunächst zum Luftwaffenstützpunkt Barksdale in Louisiana, gibt eine zweite kurze Stellungnahme ab, und flüchtet weiter auf den Luftwaffenstützpunkt Offutt in Nebraska. Vielleicht enthält diese Szenerie einiges an Symbolik über seinen Umgang mit der Angst. Bei seiner Flucht hebt Bush zunächst ab. In Offutt taucht er dann in einem unterirdischen Bunker unter. Erst am Abend desselben Tages kehrt Bush ins

Weiße Haus zurück (Kelly 2004, S. 659ff.) und hält dann gegen 20.30 Uhr eine nervöse Rede an die Nation. Als er am darauffolgenden Wochenende nach Gesprächen mit seinen Sicherheitsberatern aus Camp Davis zurückkehrt, ist er wie verwandelt. Nach seiner Ankunft in Washington sind seine ersten Worte an die Reporter: »Das ist ein *Kreuzzug*« (ebd., S. 662; kursiv T. A.). Bush setzt sich an die Spitze der Bewegung gegen den Terror. Er erklärt sich zum Oberbefehlshaber der »Kreuzritter gegen das Böse«. Der erschreckte, verängstigte und verwundete Verlierer vom 11. September verwandelt sich kontraphobisch in einen scheinbar siegessicheren »Kriegsherrn«, der den Terrorismus der ganzen Welt bis in seine Wurzeln ausrotten will. Dabei ist dann im Laufe der Zeit immer weniger zu unterscheiden, gegen wen dieser Kampf eigentlich geführt wird, gegen den äußeren Schrecken (des Terrorismus, vor allem verkörpert in Osama bin Laden und später Saddam Hussein) oder gegen seine inneren Bedrohungen? Der Hintergrund seiner persönlichen Ängste wird gleich aus meinen Ausführungen über Bushs Lebensgeschichte deutlicher werden.

Die am 11. September 2001 begonnene Szene angsterfüllten fluchtartigen Abhebens vollendet Bush dann am 1. Mai 2003 mit seiner berühmten Landung als strahlender Sieger in Pilotenmontur auf dem Flugzeugträger *USS Abraham Lincoln*, wo er das Ende der größeren Kampfhandlungen (im Irak) verkündet. Lässt sich eine grandiosere mediale Überwindung von Schwäche und Angst inszenieren (vgl. ebd., S. 668f.)? Frank (2004, S. 187) spricht vom »militärischen Scheinhelden«. 20 Jahre zuvor hatte sich schon einmal ein amerikanischer Präsident nach seiner Verletzung durch das Attentat vom 30. März 1981, nämlich Ronald Reagan, im August 1981 auf einem Flugzeugträger als »Held« inszeniert (König 1984; Frank 2004, S. 17).

Aber der äußere Kampf im Irak ist – bis zum heutigen Tage (2011) – so wenig beendet wie wohl der innere Konflikt in George W. Bush. Bush als heldenhafter Sieger in Fliegeruniform ist ein ebensolcher »Fake« wie der Plastiktruthahn, den er mediengerecht seinen Soldaten 2003 im Irak an »Thanksgiving« präsentiert (vgl. Frank 2004, S. 123). Der Puter war in Wirklichkeit eine Ente, eine »Zeitungsente« nämlich!

In der Regierung Bush zählt nicht die Moral, »es zählt allein die Loyalität«, schreibt der französische Journalist Eric Laurent (2003, S. 204; Frank 2004, S. 69) – denn Solidarität und Loyalität reduzieren die Ängste des Präsidenten. »Faktisch die gesamte Regierungsmannschaft lebt anscheinend in einem geschlossenen und unantastbaren Universum« (Laurent 2003, S. 204). »Es gibt keine Differenzierungen mehr, nur noch ›pro‹ oder ›contra‹« (ebd., S. 205). »Ich glaube, dass wir uns in den USA in einer prätotalitären Situation befinden«, stellt der Schriftsteller Norman Mailer (2003, S. 100) fest. »Demokratie und Sicherheit sind nämlich Feinde« (ebd., S. 101). Der französische Politikwissenschaftler Emmanuel Todd (2003, S. 32ff.) konstatiert einen »unaufhaltsamen und unglückverheißenden Weg: den der Oligarchie« anstelle und unter dem Deckmäntelchen der Demokratie. Nämlich: »Dass das [amerikanische; Anm. T. A.] Imperium von einer unanständig reichen Oberschicht abhängt« (Mailer 2003, S. 65). Der amerikanische Politikwissenschaftler Chalmers Johnson (2003) spricht für den aktuellen Zustand vom »Selbstmord der amerikanischen Demokratie«, der Journalist Mark Hertsgaard (2002, 169ff.) von der »Tragödie der amerikanischen Demokratie«.

In West Point erklärt Präsident Bush am 1. Juni 2002, die USA hätten das Recht, jede Regierung zu stürzen, die eine Gefahr für ihre Sicherheit darstellen könnte. »Wir müssen [...] gegen die größten *Bedrohungen* bereits vorgehen, *bevor sie entstehen*« (zit. n. Johnson 2003, S. 391; kursiv T. A.). Der »einzige Weg zu Frieden und Sicherheit ist der des aktiven Handelns« (zit. n. ebd.), also »Prävention«. In der »Nationalen Sicherheitsstrategie der Vereinigten Staaten« vom 20. September 2002 heißt es in der Präambel, »dass es nur ein einziges dauerhaftes Modell für den Erfolg einer Nation gäbe«, nämlich das *amerikanische*, das *»für alle Menschen in allen Gesellschaften richtig und wahrhaftig* ist« (zit. n. ebd., S. 392; kursiv T. A.). Der amerikanische Politikwissenschaftler Chalmers Johnson (2003, S. 392) folgert daraus: »Durch ihre Vorgehensweise werden die USA gerade jene Gefahren heraufbeschwören, die sie angeblich bannen wollen.« »Und so entsteht dann ein irrationaler Moralismus, der – unbewusst – das Übel fixiert, das er bannen möchte« (Richter 1979, S. 143).

Auch Justin Frank (2004, S. 99) beschreibt den Teufelskreis der Gewalt:

> »Je mehr Bush amerikanische Truppen ausschickt, um Gewalt in der Welt zu verbreiten, umso größer wird seine Furcht vor Vergeltung und umso größer sein Bedürfnis danach, wieder auf Gewalt zurückzugreifen. In dem Versuch, die Sicherheit zu erhöhen, erhöht er eigentlich sein eigenes Gefühl der Gefährdung.«

Oder anders formuliert: »Der Terror, von dem er die Welt zu befreien verspricht, ist tatsächlich eine ganz andere Furcht: seine schwer zu handhabende

Angst vor persönlicher Bestrafung« (ebd., S. 127). Wofür, wird ebenfalls gleich aus seiner Biografie verständlicher werden.

Wie Hans-Jürgen Wirth (2002, S. 50) in seinem Buch *Narzissmus und Macht* betont, manifestiert sich die »Verleugnung der eigenen Ohnmacht und Hilflosigkeit [häufig; Anm. T. A.] in der Phantasie von der eigenen Allmacht«. »Die Ausübung von Macht und der pathologische Narzissmus stellen Strategien dar, um die Abhängigkeit zu verleugnen« (ebd., S. 51).

Ich möchte ein Beispiel dafür geben, was ich als einen »Realitätsverlust« dieses Präsidenten und eine »megalomane Abwehr« der Realität betrachte: Zur gleichen Zeit als Anfang 2004 in der Öffentlichkeit ein Haushaltsdefizit von 500 Milliarden Dollar offenbar wird, und dass fast ein Viertel der Gesamtausgaben der USA von rund 2,3 Billionen Dollar über Kreditaufnahme finanziert werden muss, verkündet Bush, dass er Menschen zum Mars schicken will und zur Vorbereitung dafür eine Siedlung oder zumindest eine feste Station auf dem Mond schaffen will. Diese Ankündigung wiederholt Bush im November 2006, als sich die Unmöglichkeit eines Sieges auf Erden, im Irak, immer deutlicher abzeichnet! Während es auf dem Boden brennt, greift Busch nach den Sternen, der »Allmacht«! »Während seiner ersten Amtszeit hat George W. Bush – einem Bonmot seiner Parteifreunde zufolge – Geld ausgegeben ›wie ein *betrunkener* Linker‹« (Kleine-Brockhoff 2004b; kursiv T. A.).

»Als ich aufgewachsen bin, war die Welt gefährlich«, sagt Bush im Jahr 2000 (zit. n. Weisberg 2003b, S. 24), »und man wusste genau, wer ›die‹ waren. Es hieß, wir gegen die, und es war klar, wer die waren. Heute wissen wir nicht mehr so genau, wer diese ›die‹ sind, aber wir wissen, dass sie da sind.« Eine Woche vorher hatte er festgestellt: »Diese Welt ist immer noch gefährlich. Es ist eine Welt voller Wahnsinn und Ungewissheit« (zit. n. ebd., S. 25. »Es ist nicht schwer, sich vorzustellen«, schreibt Frank (2004, S. 86f.), dass Bush »knapp unter der Oberfläche unter einer ihm eigenen Furcht vor dem Zerbrechen leidet«, einer »Angst vor Fragmentierung«. Auch das wird gleich durch die biografischen Anmerkungen in seinen Wurzeln deutlicher werden. »Nachdem er, während er redet, den Faden verloren hat, lösen sich seine Aussagen häufig in bedeutungslose Fragmente auf, bis er den Faden wieder findet, die Diskussion beendet oder den Fragenden angreift« (ebd., S. 87). »Die Präsidentschaft ist vielleicht der einzige Job«, meint Frank (ebd., S. 259), »der George W. Bush das Gefühl der Sicherheit geben konnte, als Präsident hatte er die Kontrolle über alles und ist von Menschen umgeben, die ihn beschützen.«

Zur Biografie von George Walker Bush – Lebensgeschichte und Familienhintergrund

»Man wird schlecht durch Leiden.«
Michael Balint

George Walker Bush wird im Juli 1946 als erstes Kind von George Herbert Walker Bush (22 Jahre alt) und Barbara Pierce Bush (21 Jahre alt) geboren. Die Heirat hatte am 6. Januar 1945 stattgefunden. Einige Zeit nach der Geburt von George erleidet Barbara eine »Fehlgeburt« (Kelly 2004, S. 118). Dreieinhalb Jahre später, im Dezember 1949, kommt dann Georges Schwester Robin zur Welt. Drei Monate vor deren Geburt verliert Barbara Bush plötzlich ihre Mutter, die 53-jährige Pauline Pierce, durch einen Autounfall. Die Beziehung zwischen beiden ist so schlecht, dass Barbara nicht einmal an der Beerdigung teilnimmt. Ihre Mutter war offenbar wenig mütterlich, autoritär, schlug ihre Kinder, war chronisch depressiv und vorrangig mit ihrem eigenen Schmerz beschäftigt (Frank 2004, S. 24ff.). Die sehr junge, tatsächlich und seelisch alleingelassene Mutter Barbara Bush konnte ihrem Sohn George – »ohne eigenes Verschulden« (ebd., S. 31) – wohl nie die angemessene und lebensnotwendige emotionale Frühförderung angedeihen lassen, die er zur Entwicklung eines hinreichenden »Urvertrauens« und einer hinreichenden »Ursicherheit« benötigt hätte. So bleibt George von Anfang an mit seinen primitiven Ängsten »alleingelassen« und in ihnen verhaftet. Als Folge davon bleibt er auch an die archaischen psychischen Regulationsmechanismen »Spaltung« (in nur gut und nur böse) und »Projektion« fixiert (vgl. ebd., S. 30). »Es gibt also guten Grund, George W. Bushs Drang, die Welt von gefährlichen Menschen zu befreien, nicht einfach [nur] als die politische Haltung eines Präsidenten zu sehen – sondern [auch] als den Drang eines vernachlässigten und emotional behinderten Kindes, das schreckliche Angst davor hat, den Gefahren seiner eigenen Psyche gegenüberzutreten«, so Frank (ebd., S. 32f.; Anm. T. A.).

Barbara Bush beschreibt ihr Selbstverständnis Ende der 40er Jahre des letzten Jahrhunderts folgendermaßen: »Ich spiele Tennis, engagiere mich ehrenamtlich und bewundere George [Herbert; Anm. T. A.] Bush« (Kelly 2004, S. 109). »Wissen Sie, George [Herbert] fragt nie etwas […]. *Er* trifft *unsere* Entscheidungen« (ebd., S. 117; Anm. u. kursiv T. A.).

Die vermutliche nicht hinreichend gute Frühversorgung und damit mangelhafte emotionale und kognitive frühe Unterstützung in der Erfahrungsverarbeitung (das mangelnde »Containing«) beeinträchtigt die basalen Mentalisierungsprozesse von George und behindert grundlegend die Entwicklung von hinreichend guten Symbolisierungs-, Denk- und Empathiefähigkeiten.

Sein Vater ist in der Frühkindheit von George mehr mit seinem Studium und seiner Mitgliedschaft in unzähligen studentischen Organisationen beschäftigt als mit seinem Sohn. George Herbert Bush ist wesentlich ein »abwesender« Vater (Frank 2004, S. 36f.; Kelly 2004, S. 292ff.). Er stellt sich seinem Sohn in der Frühzeit nicht als ein die Mängel der Mutter kompensierendes, haltvermittelndes Objekt zur Verfügung (vgl. Frank 2004, S. 36f.). Später versäumt er es dann, sich ihm als Objekt der ödipalen Auseinandersetzung anzubieten (ebd., S. 173ff.). Insofern bleibt George in höchst ambivalenter Weise an seine Mutter Barbara gebunden, ein »Muttersöhnchen« (vgl. Kelly 2004, S. 274, 643). »Mein kleiner Mann«, nennt ihn Barbara Bush (ebd., S. 160). Lebenslang wird George um die Zuneigung und Anerkennung seines Vaters buhlen (ebd., S. 375, 569). Nach der Anfangszeit in Yale verbringt die Familie Bush ein Jahr in Compton in Kalifornien und zieht dann 1949 nach Odessa in Texas, sechs Monate später nach Midland. Der kleine George muss also ständige Umzüge und damit verbundene Trennungen und Verluste verkraften. Im Februar 1953 wird dann schließlich sein Bruder John Ellis Bush, genannt Jeb, geboren.

Wenige Wochen später bricht dann 1953 eine »traumatische Katastrophe« über die Familie Bush herein. Der wie oben dargestellt durch emotionale Vernachlässigung psychisch vorbelastete George ist jetzt sechs Jahre alt. Bei seiner kleinen Schwester Robin wird »Leukämie« im weit fortgeschrittenen Stadium diagnostiziert. Als Dr. Wyvell den Eltern diese furchtbare Nachricht mitteilt, »gegen Leukämie kann man gar nichts tun«, begehrt George H. Bush dagegen auf: »Das gibt es nicht. Man kann immer etwas tun« (ebd., S. 146). Um eine experimentelle Krebstherapie in New York durchführen lassen zu können, werden der sechsjährige George und das Baby Jeb zunächst bei Nachbarn untergebracht. Später wird eine Haushälterin eingestellt und die Kinder kehren zumindest ins vertraute eigene Haus zurück. Barbara Bush, zu der Zeit 28 Jahre alt, bleibt jedoch monatelang in New York, um Robin bei der qualvollen Tortur von Knochenmarksbiopsien, Bluttransfusionen und Chemotherapie zur Seite zu stehen (ebd., S. 148).

Gerade für einen Erstgeborenen ist, wie wir wissen, die Geburt eines Geschwisterchens in der Regel eine höchst ambivalente Angelegenheit. Durch die Erkrankung seiner nächstgeborenen Schwester Robin – kurz nach der Geburt eines weiteren Geschwisters, Jeb – erlebt George, wie ihm die Mutter real »weggenommen« wird. Seine vermutlich daraus resultierenden unbewussten reaktiven aggressiv-destruktiven Impulse und Fantasien gegen Robin gehen dann durch deren Tod am 11. Oktober 1953 tatsächlich in Erfüllung. Während der Krankheit von Robin wird George nicht darüber aufgeklärt, warum er nicht mehr mit seiner Schwester spielen darf – weil nämlich Blutergüsse für sie gefährlich wären. Ebenso wenig kann er deswegen auch verstehen, warum seine Mutter ihn für Monate verlässt. »Wir dachten, er sei noch zu jung, um es zu verkraften«, »Ich hatte Angst, er würde es Robin erzählen, ich wollte nicht, dass sie erfuhr, was passieren würde [...]. Ich wollte unbedingt, dass sie glücklich war«, erklärt Barbara (ebd., S. 151) später. Das »Leiden« ebenso wie andere bedeutsame Empfindungen werden in der Familie Bush weitgehend »unterdrückt« (Frank 2004, S. 34). Zu dieser »Leidensverdrängung« passt, dass ihre Eltern am Tag nach Robins Tod zu Barbaras Vater fahren und mit ihm Golf spielen gehen (Kelly 2004, S. 153). Eine Trauerfeier für Robin findet nicht statt (Frank 2004, S. 21).

Mit der Entscheidung, George in Unwissenheit über Robins Erkrankung zu lassen, wird er aber zugleich mit seinen Gefühlen »alleingelassen«. Er lernt weder Möglichkeiten, zu trauern, noch erhält er Gelegenheit, sich mit seinen unbewussten »Schuldgefühlen« über seine aggressiven Impulse gegenüber seinen Geschwistern auseinanderzusetzen (vgl. ebd., S. 35). Diese Gefühle müssen stattdessen abgespalten und verdrängt werden. Der familiäre Umgang mit dieser Traumatisierung vertieft die emotionalen Defizite von George, die aus seiner vorher beschriebenen mangelhaften emotionalen Frühförderung resultieren. Frank (ebd.) macht auf die bedeutsamen Folgen davon aufmerksam: »Die Fähigkeit zu leiden ist die Voraussetzung für die Fähigkeit, Mitleid zu haben und sich um andere zu sorgen.«

Und das Kind mit dieser Geschichte wird als »Erwachsener ausgerechnet zu dem Zeitpunkt Präsident, als seine Nation den Moment ihrer größten Trauer erlebt – die Zeit der tiefen Erschütterung nach dem 11. September 2001« (ebd., S. 36).

> »Von ihren Kindern ›die Vollstreckerin‹ genannt, hat Barbara Bush selbst zugegeben, in der Familie immer für Zucht und Ordnung gesorgt zu haben. Aus

> dem meisten Berichten geht hervor, dass sie eine ›kalte‹ Erzieherin war und ihren Kindern ohne weiteres den Hintern versohlte« (ebd., S. 22).

Sie selbst war ja mit Schlägen vonseiten ihrer Mutter aufgewachsen (ebd., S. 24).

Nach dem Tod von Robin schwört sich Barbara, so bald wie möglich wieder eine Tochter zu bekommen, und wird so lange schwanger, bis sie wieder eine zur Welt bringt. Nach Neill, geboren 1955, und Marvin, geboren 1956, und einer weiteren Fehlgeburt kommt 1959 schließlich Dorothy zur Welt (Kelly 2004, S. 153).

Wie wenig tragfähig die Leidensverdrängung ist, wird deutlich, als George einige Zeit nach dem Tod von Robin zum ersten Mal außerhalb des Elternhauses bei einem Schulfreund übernachtet. »Die ganze Nacht hindurch« wurde George »von ständigen Alpträumen heimgesucht, bis seine Mutter kam, um ihn zu trösten« (Minutaglio zit. n. Frank 2004, S. 34).

Bushs bis heute anhaltende Neigung zu possenhaftem Verhalten beginnt bald nach dem Tod seiner Schwester, »als seine ohnehin bereits distanzierte Mutter ihm durch ihre heimliche Trauer emotional zunächst noch weniger zur Verfügung stand als bereits zuvor« (Frank 2004, S. 41). Donald W. Winnicott und später Heinz Kohut haben auf die große Bedeutung des spiegelnden Gesichts hingewiesen: »Das Selbst nimmt sich wesentlich in den Augen seiner Mutter und in ihrem Gesichtsausdruck wahr«, schreibt Winnicott (1989, S. 271; vgl. 1971a, S. 111). Ähnlich Kohut (1973, S. 141; kursiv T. A.), der von »jener normalen Entwicklungsphase des Größen-Selbst« spricht, »in dem der *Glanz im Auge der Mutter*, der die exhibitionistische Darstellung des Kindes widerspiegelt, das Selbstwertgefühl des Kindes stärkt«. Und Winnicott (1971a, S. 116) betont: »Es wäre doch furchtbar, wenn das Kind in den Spiegel blickt und nichts sieht.« Genauso schlimm wäre es, wenn es ins Antlitz seiner Mutter schaut und nur »ihre eigene Stimmung oder – noch schlimmer – die Starrheit ihrer eigenen Abwehr« (ebd., S. 112) widergespiegelt bekommt. Genau das aber dürfte dem kleinen George angesichts seiner traurigen, aber gleichzeitig diese Trauer aufs Heftigste abwehrenden Mutter begegnet sein.

Eine seiner Cousinen, die ebenfalls den Verlust eines Geschwisters verarbeiten muss, meint: »Wir waren beide Clowns. Ich glaube, oft versuchen Kinder, die ein Geschwister verlieren, Wege zu finden – und sie finden sie –, um es der Familie leichter zu machen« (zit. n. Frank 2004, S. 41; vgl. Kelly 2004,

S. 160, 568). Und Frank (2004, S. 41) ergänzt: »Niemand führte ihn durch den Prozess des Trauerns, also nahm George es auf sich, seine trauernde Mutter aufzuheitern« (vgl. Kelly 2004, S. 160). »Nach dem Tod seiner Schwester Robin wurde er zum *Familienclown*, eine Rolle, in der er seine Eltern immer wieder erheiterte. Er stand im Zentrum der Aufmerksamkeit, weil er alle zum Lachen brachte« (ebd., S. 568; kursiv T. A.).

> »Der junge George gab einen Teil seiner [...] Kindheit auf, weil er für seine Eltern da sein musste, die ihn emotional forderten, besonders seine trauernde Mutter. Das kompensierte er später über alle Maßen. Er pfiff auf seine Rolle als verantwortungsvoller Erstgeborener und verlängerte seine Jugend bis weit ins Erwachsenenalter hinein« (ebd., S. 160).

Dafür werde ich gleich Beispiele bringen.

Auch auf der Vorbereitungsschule fürs College in Andover tritt George als dreister und provokanter Witzbold auf: »Er brauchte ein Publikum, das ihn zu schätzen wusste« (ebd., S. 276). Bis heute fällt es Bush schwer, »keine Grimassen zu schneiden, andere nicht zu kneifen oder nicht mit ihnen zu scherzen« (Frank 2004, S. 46). In Michael Moores Film *Fahrenheit 9/11* werden einige dieser dokumentierten Clownerien des Präsidenten vorgeführt (vgl. ebd.). Seine öffentlich präsentierte scheinbar »unbeschwerte Jovialität«, seine Clownerie, wechselt abrupt mit einer emotionalen Starre, einem »leeren Blick wie ein Tier, das in die Scheinwerfer eines Autos starrt« (ebd., S. 39). Auch George W. Bush ist in der Tiefe seiner Seele ein »trauriger Clown«!

Schon in der Grundschule fällt George als »Bushtail« auf, ein Junge der ständig unter Strom steht (ebd., S. 42), heute würden wir das wahrscheinlich »ADS« (Aufmerksamkeits-Defizit-Syndrom) nennen. Wobei den Erfindern dieser Bezeichnung wahrscheinlich gar nicht bewusst war, wie doppeldeutig trefflich der Begriff ist. Das »Aufmerksamkeits-Defizit-Syndrom« als Symptom beruht nämlich in den meisten Fällen auf einem leidvoll erfahrenen »Aufmerksamkeits-Defizit« durch die frühen Bezugspersonen! Frank (ebd., S. 42f.) vermutet auch hinter dieser »Hyperaktivität« bei George den Versuch einer »Angstbewältigung«.

Unbewältigte kindliche Ängste können nicht nur die Konzentrationsfähigkeit beeinträchtigen, sondern auch das gesunde Denkvermögen (ebd., S. 43f.). Vielleicht werden auch Bushs unzählige sprachliche »Fehlleistungen« dadurch verständlicher. Der amerikanische Journalist Jacob Weisberg (2003a,

2003b) hat sie in zwei Bänden zusammengetragen und dafür die Bezeichnung »Bushismen« geprägt.

Da sind einerseits die, über die man noch lachen kann: »Ich glaube darin sind wir uns einig: die Vergangenheit ist vorbei« (Weisberg 2003a, S. 50), »Ich kenne mich aus mit dem Wachstum kleiner Unternehmen. Ich war auch mal eines« (ebd., S. 16), »Ich weiß, dass Mensch und Fisch friedlich zusammenleben können« (ebd., S. 19), »Man bringt einem Kind das Lesen bei, und dann kann sie oder ihn einen Lese-Rechtschreib-Test bestehen« (ebd., S. 86). »Die Frau, die behauptet, ich hätte Dyslexie – die habe ich nie interviewt« (Weisberg 2003b, S. 17; Frank 2004, S. 49).

Und dann die verbalen Entgleisungen, bei denen einem das Lachen im Halse steckenbleibt: »Mit menschlicher Fälschbarkeit kenne ich mich aus« (Weisberg 2003a, S. 18), »Also ich denke, wenn Sie sagen, Sie werden etwas tun und tun es dann nicht, das ist Glaubwürdigkeit« (ebd., S. 115; Kelly 2004, S. 630). »Schließlich lernen hier Kinder aus ganz Amerika, wie man ein verantwortungsbewusster Bürger wird, und eignen sich die nötigen Fähigkeiten an, um aus unserer phantastischen opportunistischen Gesellschaft ihren Vorteil zu ziehen« (Weisberg 2003a, S. 98; Frank 2004, S. 164), »Ich glaube, wenn man weiß, was man glaubt, ist es viel einfacher, Fragen zu beantworten. Ich kann Ihre Frage nicht beantworten« (Weisberg 2003a, S. 25), »Ich glaube nicht, dass wir im Staat Texas einen schuldigen – ich meine unschuldigen – Mann hingerichtet haben« (ebd., S. 41), und schließlich: »Wenn wir eine Diktatur hätten, wäre alles weiß Gott viel einfacher, solange ich der Diktator bin« (ebd., S. 95; Frank 2004, S. 245).

Exkurs: Die Aggressivität von George W. Bush

Ein emotional vernachlässigtes Kind, konfrontiert mit ständigen Trennungs- und Verlusterfahrungen und »traumatisiert« durch den Tod eines – auch gehassten – Geschwisters, muss eine Menge Enttäuschungswut, Ressentiment, Ärger und Aggressivität in sich aufgestaut haben. Und in der Tat zeigt George schon als Kind aggressiv-sadistische Neigungen. So stopft er als Kind Frösche mit Knallkörpern voll, steckt die Zündschnur an und lässt sie explodieren (Parsons zit. n. Frank 2004, S. 129). Als Präsident seiner Studentenverbindung in Yale lässt er junge Anwärter mit einem Brandeisen, der glühenden Spitze eines

Drahtbügels, brandmarken (Kelly 2004, S. 257; Frank 2004, S. 129). »In den sechs Jahren seiner Amtszeit in Texas genehmigte er 152 Hinrichtungen (150 Männer und 2 Frauen), ein Rekord, der in jüngerer Zeit von keinem anderen amerikanischen Gouverneur auch nur annähernd erreicht wurde« (Kelly 2004, S. 617). Sarkastisch und grausam äfft er eine der hingerichteten Frauen, Karla Faye Tucker, in einem Gespräch mit einem Reporter nach: »George schürzte seine Lippen in gespielter Angst und winselte: ›Bitte, bringen Sie mich nicht um‹« (ebd., S. 619; Frank 2004, S. 141). »Im Sommer 2003 stimmt Bush der groß angelegten Verbreitung der brutalen und unmissverständlichen Bilder von Saddams ermordeten Söhnen zu« (ebd., S. 143). Es fällt schwer, einem Mann, der so handelt, seine veröffentlichte Empörung über Folterungen und Sadismen seiner Soldaten in Afghanistan, im Irak, in Guantanamo Bay und andernorts als »unamerikanisch« abzunehmen. Und heute (2007) sitzt dieser tief aggressive Mann auf dem größten Destruktionspotenzial aller Zeiten!

1961 wird George als Zehntklässler für seine High-School-Zeit in die Vorbereitungsschule in Andover, einem Internat, aufgenommen und bleibt dort bis 1964. Er schafft den Abschluss als »einer der schlechtesten« (Kelly 2004, S. 273). Nur dank der Verbindungen seiner Familie (Großvater und Vater) wird er 1964 für seine College-Zeit in der Universität Yale aufgenommen (ebd., S. 280). Ein Kommilitone, Ken White, erinnert sich: »Er hatte so ein Flair des bösen Buben, das andere Jungens anzog. Er rauchte *Luckey Strikes* ohne Filter, um so richtig machohaft zu wirken […], er hatte so eine Tendenz immer gleich wütend zu werden. Er hatte etwas Brutales an sich. Er war sehr aggressiv« (zit. n. ebd., S. 283).

Seine Alkoholeskapaden steigern sich, George traut sich nicht, mit Frauen auszugehen, wenn er nicht angeheitert ist (Kelly 2004, S. 285). Sein übermäßiger Alkoholkonsum bringt ihn gelegentlich auch mit dem Gesetz in Konflikt (ebd., S. 287).

1968 schließt George mit einem C-Durchschnitt, also einer »Drei«, sein College-Studium ab (ebd., S. 291), »als einer der schwächsten Studenten seines Jahrganges […] schaffte er gerade mal den Abschluss« (ebd., S. 569).

George Herbert Bush, George W. Bushs Vater, »unterstützte nach Kräften, dass die Söhne von Amerikanern nach Vietnam geschickt wurden. Dies galt jedoch nicht für seine eigenen. 1968 erreichte er, dass sein Erstgeborener nicht eingezogen wurde« (ebd., S. 314). Im Vietnamkrieg kämpfte eine unverhältnismäßig hohe Zahl von Schwarzen (ebd., S. 263). »Von den 234 Söhnen der

Senatoren und Abgeordneten, die während des Krieges erwachsen wurden, gingen nur 28 nach Vietnam, und von diesen wurden nur 19 in den Kampf geschickt« (ebd., S. 261). Um Vietnam zu entgehen, bewirbt sich George W. Bush bei der *Air National Guard*.

»Den Eignungstest für Piloten bestand er mit der schlechtmöglichsten Note. Trotzdem wurde er dank des Einflusses seines Vaters in die Air National Guard aufgenommen« (ebd., S. 314). Schon nach einer sechswöchigen Pilotengrundausbildung erhält Bush im September 1968 sein Offizierspatent als Oberleutnant, ohne jemals eine Officers Training School besucht zu haben (ebd., S. 318)! Das medienspektakuläre Überreichen des Offizierspatents durch seinen Vater diente vor allem dessen Wahlkampfzwecken!

Ohne höheren Studienabschluss und ohne Vollzeitjob vertrödelt George, nachdem er 1970 den Wahlkampf seines Vaters für einen Kongressposten unterstützt hatte, seine Zeit (ebd., S. 320f.).

Exkurs: Die Alkoholkrankheit von George W. Bush

Nach psychoanalytischer Auffassung machen Erkrankungen und Symptombildungen »Sinn«, sie besitzen eine bedeutsame Funktion in der seelischen Regulation eines Menschen. Auch die über 20 Jahre währende »Alkoholkrankheit« von Bush war ein unbewusster Problemlösungsversuch. Sein Alkoholismus sollte wie bei vielen Alkoholikern dazu dienen, seinen unbewussten Schmerz zu unterdrücken und vor allem seine unbewussten Ängste zu beruhigen (Frank 2004, S. 59ff.).

Das Alkoholproblem von George W. Bush begann spätestens in seiner Spätadoleszenz während seiner College-Zeit in Yale (Kelly 2004, S. 279, 285). »Von seinen Jahren auf der Vorbereitungsschule […] bis über seinen 40. Geburtstag hinaus brauchte und missbrauchte Bush regelmäßig Alkohol, um seine verängstigte Seele zu beruhigen« (Frank 2004, S. 60, 65). Justin Frank (2004, S. 73) fordert: »Jede umfassende psychologische und psychoanalytische Studie von Präsident Bush müsste erklären, wie stark sich das Gehirn und seine Funktionen in über 20 Jahren starken Alkoholkonsums verändert haben.«

Anlässlich seines 40. Geburtstages hört Bush 1986 mit dem Trinken auf (Kelly 2004, S. 471). Er wird durch den Evangelisten Arthur Blessit »bekehrt« (ebd., S. 576).

Da die Beendigung der Alkoholerkrankung zeitgleich mit seiner »religiösen Erweckung« einhergeht, liegt der Verdacht nahe, dass die Religiosität von Bush schlicht an die Stelle des Alkoholismus getreten ist, und insofern der religiöse Glaube von Bush als Regulations- und Bewältigungsversuch (Frank 2004, S. 76) für ungelöste Konflikte funktionalisiert und instrumentalisiert worden ist. Ist hier nur ein Betäubungs- und Beruhigungsmittel gegen ein anderes ausgetauscht worden? Bushs Kommilitone William James hatte einst bemerkt: »Das einzige wirkliche Heilmittel für die Trunksucht, die ich kenne, ist die religiöse Sucht« (Kelly 2004, S. 577). Vertretern der wichtigsten protestantischen Kongregationen erklärt Bush 2000 nach seiner Wahl zum Präsidenten:

> »Wissen Sie, ich hatte Probleme mit dem Alkohol. Eigentlich müsste ich jetzt in einer Bar in Texas sitzen und nicht hier im Oval Office. Es gibt nur einen Grund, warum ich hier und nicht in dieser Bar bin: Ich habe zum Glauben zurückgefunden, zu Gott. Nur die Kraft des Gebets hat mich hierher gebracht« (zit. n. Laurent 2003, S. 21; vgl. Frank 2004, S. 62).

In einem Telefonat lässt der mit den Bushs befreundete Reverend Billy Graham gegenüber Barbara und George W. Bush den bemerkenswerten Satz fallen: »Spielt nicht Gott. Wer seid ihr, dass ihr glaubt, Gott spielen zu können« (zit. n. Kelly 2004, S. 578).

Die »nicht enden wollenden Anstrengungen, mit Ängsten fertig zu werden, führen zwangsläufig zu einem übertriebenen Grad an Unbeweglichkeit im Denken und Handeln des ehemaligen Trinkers«, meint Frank (2004, S. 65). Auch Bushs relativ starres Festhalten an einer »straff organisierten Tagesroutine« (ebd., S. 46, 90; Kelly 2004, S. 616), seine »eiserne Selbstkontrolle« (ebd., S. 579), lässt sich als ein Versuch verstehen, seine Impulsivität und Unbeherrschtheit unter Kontrolle zu bringen. »Seine starren Schlaf- und Trainingsrhythmen schützen ihn vor dem Unerwarteten« (Frank 2004, S. 90). Aber mit unbeweglichen seelischen Abläufen gehen »unbewegliche Gedankengänge einher […], eine sture, fast besessene Art, an Ideen und Plänen festzuhalten« (ebd., S. 66). »Für jemanden, der so verzweifelt versucht, sich nicht zu verirren, ist eine weitere Schutzmöglichkeit, an einer Vorstellung festzuhalten (oder sogar an einigen Schlüsselsätzen) und diese nicht loszulassen« (ebd., S. 87). »Selbstschutz ist wichtiger als Selbstprüfung« (ebd., S. 67).

»Bush betäubt sich heute durch Training, Schlaf und Gebet« – »zwanghafte« Aktivitäten (ebd., S. 254). »Der eiserne Frühaufsteher Bush liest allmorgendlich in einem evangelikalen Gebetbuch, bevor er sich als erste Amtshandlung die *Bedrohungsanalyse* der Geheimdienste vorlegen lässt« (Wirth 2003, S. 79; kursiv T.A.). »Bush findet Trost in einem alles durchdringenden Sicherheitsgefühl, nachdem er Widersprüche, Zweifel und sogar ernsthafte Gedanken verbannt hat« (Frank 2004, S. 76). »Seine Religiosität erlaubte es ihm, in einer Welt des Absoluten zu leben, einer Welt, in der es nur schwarz oder weiß gab, keine verstörenden Zwischentöne« (Kelly 2004, S. 616). »Religion ersetzt nicht einfach den Zweifel durch Sicherheit; sie ersetzt Ambivalenz durch Dualismus« (Frank 2004, S. 92). »Indem er sich selbst auf die Seite des Guten stellt – von Gott – ist er über jede Diskussion und weltanschauliche Anfechtung erhaben« (ebd., S. 76). »Ich glaube, George W. Bushs Ideologie ist die Ideologie des Selbst«, meint Ronald Reagan junior 2004 (zit. n. Kelly 2004, S. 603).

Dem Journalisten Bob Woodward erklärt Bush: »Ich bin der Befehlshaber, verstehen Sie? Ich brauche nicht zu erklären, warum ich etwas sage […], ich aber schulde niemand eine Erklärung« (zit. n. Johnson 2003, S. 399). Das geht so weit, dass er sich über das Gesetz stellt (Frank 2004, S. 119). Der israelische Psychoanalytiker Raphael Moses (1986) hat diese Mentalität als »Watergate-Syndrom« bezeichnet. Richard Nixon ist Bushs Vorbild darin.

1972 geht George (26 Jahre alt) bei einem seiner Alkoholexzesse mit seinem 16 Jahre alten Bruder Marvin um die Weihnachtszeit auf Sauftour und fährt dann unter Mitnahme einiger Mülltonnen volltrunken nach Hause (Kelly 2004, S. 327). 1976 geht er (30 Jahre alt) mit seiner 17 Jahre alten, minderjährigen Schwester Dorothy »Einen heben« und wird am 4. September 1976 verhaftet, als er volltrunken mit ihr nach Hause fahren will (ebd., S. 370, 614). Neben der Verantwortungslosigkeit, die sich darin manifestiert, könnte man sich darüber hinaus fragen, ob sich in diesem Verhalten nicht auch unbewusste mörderische Impulse gegenüber seinen jüngeren Geschwistern durchsetzen.

1973 nimmt Bush ein Studium an der *Harvard Business School* auf (ebd., S. 328). Er fällt dort dadurch auf, dass er sich überhaupt nicht sprachlich ausdrücken kann, und nach Ansicht seines Professors Yoshi Tsurumi voller Vorurteile ist, er zeigte »keinerlei Sinn für Mitgefühl, keinerlei Geschichtsbewusstsein, keine soziale Verantwortung und keinerlei Interesse am Wohlergehen seiner Mitmenschen« (ebd., S. 330). George gehört zu den schlechtesten 10% der Studenten (ebd.).

Im Juli 1977 bewirbt sich der 31-jährige George Walker Bush um einen Sitz im Kongress der USA. »Seiner Cousine Elsie Walker Kilbourne zufolge hoffte er, mit einem Wahlsieg die Aufmerksamkeit und Bewunderung seines Vaters zu gewinnen, die er so dringend brauchte« (ebd., S. 375). Zwei Wochen später lernt George W. Bush Laura Welch kennen, gewinnt ihre Zuneigung und heiratet sie drei Monate danach im November 1977 (ebd., S. 376). Die politische Wahl dagegen verliert er.

Nachdem alle Versuche, seinen Vater zu erreichen (ebd., S. 276, 327, 375, 426), gescheitert sind, geistig (ebd., S. 276), sportlich (ebd.) oder beruflich im Ölgeschäft (ebd., S. 446), versucht es George W. Bush 1989 mit einer Investition beim Baseballteam der *Texas Rangers*. Unter den 86 Millionen von insgesamt 70 Investoren sind auch 500.000 »geborgte« Dollar von George W. Bush (Corn 2004, S. 188). Dank der Bekanntheit seines Vaters und entsprechender Beziehungen beschließt der Stadtrat von Arlington den Bau eines neuen Stadions für die *Rangers*. Das 190 Millionen Dollar teure Projekt wird überwiegend aus Steuermitteln realisiert und dafür werden nicht verkaufswillige Grundstücksbesitzer enteignet (Kelly 2004, S. 567). Als die *Texas Rangers* neun Jahre später, 1998, weiterverkauft werden, macht Bush einen Reibach von 15 Millionen Dollar (Corn 2004, S. 188; Kelly 2004, S. 567). Es ist das erste und einzige »erfolgreiche« Geschäft seines Lebens – auf Kosten des Steuerzahlers und von Enteignungen anderer!

1992 verliert sein Vater George H. Bush seinen Präsidentschaftswahlkampf gegen Bill Clinton.

Zwischen 1994 und 2000 ist George W. Bush Gouverneur von Texas. Im Jahr 2000 wird er zum Präsidenten der USA gewählt. Nun erhält er endlich die lange ersehnte Anerkennung seines Vaters. Und er übertrumpft ihn 2003 durch den zweiten Irakkrieg, in dem er Bagdad einnimmt und Saddam Hussein gefangennimmt. »Hobbypsychiater nannten den Irakkrieg ein ›Ödipuswrack‹« (Kelly 2004, S. 665). Zur »ödipalen« Thematik in der Psychodynamik von Bush, die an dieser Stelle nicht weiter erörtert werden kann, äußerst sich Frank (2004, S. 173ff.) ausführlicher.

»Im Jahre 1998 erhofft sich die Familie ihre Rehabilitierung durch die Präsidentschaftskandidatur von George W. […] Barbara Bush bezeichnet ihren Sohn mittlerweile als ›den Auserwählten‹« (Kelly 2004, S. 598), »The Chosen One« (ebd., S. 600).

> »Wiederholt verglich sich der Präsident implizit mit Jesus Christus, insbesondere in der Rede am 20. September 2001, in der er sagte, wer uns nicht unterstütze, der sei gegen uns, eine eindeutige Anspielung auf eine Stelle im Matthäus-Evangelium: ›Wer nicht mit mir ist, der ist gegen mich‹ (Matthäus 12, 30)« (Johnson 2003, S. 392).

Aufgrund der vielfältigen Trennungs- und Verlusterfahrungen seiner Kindheit neigt Bush kompensatorisch unbewusst allgemein eher zum Festhalten und Bewahren. Dies begründet wohl seine deutliche Affinität zum religiösen und politischen »Konservatismus« (Laurent 2003).

Auch sein Festhalten oder Eintreten für das von Ronald Reagan begonnene Rüstungs-Sicherheitsprojekt mit der fantastischen Idee, ein raketengestütztes »Schutzschild« über Amerika zu errichten, ist eindeutig unbewusst angstgesteuert.

> »Vor dem 11. September 2001 galt Bush als ein schwacher Präsident. Seine demokratische Legitimation stand auf tönernen Füßen, war er doch eher gezählt als gewählt worden [...]. Man konnte täglich in amerikanischen Zeitungen Witze über seine Unfähigkeit zur freien Rede, seine Tollpatschigkeit, seine mangelnde Weltläufigkeit lesen« (Wirth 2003, S. 77).

»Redete er aus dem Stehgreif, klang er einfältig. Schrieben ihm gewandtere Untergebene seine Reden, hatte der Mühe, den Worten sein Benehmen anzupassen« (Mailer 2003, S. 49). Wenn Sie ihn bei öffentlichen Auftritten betrachten, ist das bis heute nicht wesentlich verändert, immer wieder stimmen Gesichtsausdruck und Redeinhalt nicht überein. Nach seiner Wahl 2000 war Bush zunächst ein »Freizeitpräsident«, der sich wesentlich häufiger auf seiner Farm in Crawford (Texas) aufhielt als im *Weißen Haus* und sich dort bei den diversesten Freizeitaktivitäten ablichten ließ. Nach Medienangaben im August 2005 verbringt George W. Bush ca. 20% seiner Amtszeit auf seiner Ranch und stellt damit einen präsidialen Negativrekord auf.

»Dies alles hat sich nach dem 11. September drastisch geändert. Der 11. September hat seiner bis dahin glanzlosen Präsidentschaft einen höheren Sinn verliehen« (Wirth 2003, S. 77). George W. Bush ist ein ebenso materiell verwöhnter wie emotional vernachlässigter Junge, der lange ziellos dahinlebt, bis er (am 11. September 2001) von einer »Sendung« ergriffen wird, sich plötzlich nutzvoll, sinnerfüllt und bedeutungsvoll erleben kann, kein »Nichtsnutz« mehr ist.

Gesellschaftlicher Hintergrund

Der französische Politikwissenschaftler Emmanuel Todd (2003, S. 10) führt den »hektischen Aktionismus« der amerikanischen Regierung und »ihr Beharren darauf, unbedingt ›Stärke‹ zu demonstrieren«, auf einen ständigen wachsenden ökonomischen und politischen Machtverlust und daraus resultierende Unsicherheiten und Ängste (ebd., S. 28) zurück (vgl. Laurent 2003, S. 191).

Am 11. September 2001 (Auchter u.a. 2003) geschieht das »Noch-nie-Dagewesene«: Zum ersten Mal in der Geschichte wird Amerika »im eigenen Land« durch einen äußeren Feind attackiert. Dies stellt eine massive narzisstische Verletzung und Infragestellung der megalomanen Fantasie der Unverwundbarkeit dar. Außerdem werden dadurch alte narzisstische Kränkungen wie die Niederlage in Vietnam wiederbelebt. Die Regierung reagiert darauf unter anderem mit der Wiederauflage des Programms eines Raketenschutzschildes über den USA, der die fantasierte Unverletzlichkeit – »Allmacht« (!) – wiederherstellen soll.

Chronische narzisstische Wut entfaltet ihre Wirkung, »wenn das grandiose Gruppen-Selbst durch eine Verletzung des Nationalstolzes, etwa in Folge einer militärischen Niederlage, eine Demütigung erfährt«, schreibt Hans-Jürgen Wirth (2002, S. 47) – »Vietnam! 11. September!«

Auch Laurent (2003, S. 28) betrachtet die »Machtergreifung der Ultrakonservativen« in den USA als Ende eines »langen Marsches«, der in der militärischen und politischen Niederlage in Vietnam Anfang der 70er Jahre seinen Ausgangspunkt nimmt.

Der *ZEIT*-Journalist Kleine-Brockhoff (2004b) konstatiert eine seit Jahren stattfindende »Verschiebung des Machtzentrums vom Nordosten in den Süden und Westen […]. Die Amerikaner sind traditionalistischer, gläubiger, moralistischer und patriotischer geworden. Die Rechte übernimmt langsam die kulturelle Hegemonie.« Im selben Zusammenhang spricht Kleine-Brockhoff trefflich vom »Sicherheitskonservativismus«.

Beängstigend ist die Verfilzung zwischen finanzkräftigem Großkapital, dem militärisch-industriellen Komplex (Laurent 2003, S. 159, 161; Mailer 2003, S. 112), christlichem Fundamentalismus und politischem Ultrakonservativismus, die Eric Laurent (2003) detailliert aufdeckt. Darauf hatte schon Michael Moore in seinem Film *Fahrenheit 9/11* hingewiesen.

Konsequenzen

In meinen Ausführungen habe ich herauszuarbeiten versucht, wie die Ängste *von* George W. Bush beziehungsweise sein Umgang damit schließlich zu den

Ängsten *vor* George W. Bush führen. Der von Kindheit an emotional versehrte und traumatisierte Mann wehrt seine Ängste und Verunsicherungen ab vor allem durch »Spaltung« und »Projektion«. Der Mechanismus der »Verkehrung ins Gegenteil« zeigt sich unter anderem in der Trauerabwehr nach dem Tod seiner kleinen Schwester, als er durch Clownerien seine Mutter und die Familie aufzuheitern versucht. Er ist bemüht, seine inneren Ängste und Unsicherheiten durch martialische und megalomane Fantasien, sein rigides Beharren, seinen Konservativismus und zwanghaft ritualisiertes Verhalten ins Gegenteil zu verkehren.

Problematisch wird es, wenn er solche Mechanismen und Fantasien, als Präsident der militärisch mächtigsten Nation der Welt, in konkretes realpolitisches Handeln, zum Beispiel die Entfesselung eines Krieges, umwandelt. Und wenn er dafür Claqueure in den Medien und Widerhall in den Massen findet.

Obgleich Bush höchstwahrscheinlich über 300.000 Stimmen weniger erhielt als sein demokratischer Gegner Al Gore, wurde er von rund der Hälfte der wählenden Amerikaner im November 2000 zu ihrem »Führer« erkoren (Laurent 2003, S. 9). Und 2004 wurde seine Präsidentschaft, nun allerdings mit der Mehrheit der abgegebenen Stimmen, bestätigt.

»Warum wählt jemand, so jemanden?« Das bleibt die psychodynamisch vordringliche Frage. Warum hat die Hälfte der Amerikaner, die an der Wahl teilnahmen, diesen George W. Bush »wiedergewählt«? Kann die Psychoanalyse hierfür irgendwelche Verständnis- und Erklärungsmuster anbieten?

Hans-Jürgen Wirth (2002, S. 351) meint, dass »diejenigen, die einen Narzissten in eine Führungsposition wählen, in der Regel von seiner Grandiosität unbewusst fasziniert sind«. Ähnlich argumentiert Kurt Eissler schon 1975 (zit. n. Wirth 2002, S. 350): Er spricht von der »narzisstischen Selbstvergötterung«, in der die »meisten Menschen – meist unbewusst – starke narzisstische Wünsche […] durch Identifizierung mit einer Person dieses Typs befriedigen«. Es besteht also ein Bedürfnis der Massen an seinen kompensatorischen narzisstischen Größenvorstellungen durch »Identifikation« zu partizipieren. »Amerikas Armenhäuser wählen konservativ. Im Jahr 2000 gewann George Bush 13 der 14 ärmsten Bundesstaaten, sein demokratischer Kontrahent die fünf reichsten Staaten« (Kleine-Brockhoff 2004a).

»Sein Verhalten und seine Politik verursachen überall Furcht, in der Hoffnung, dass er als der idealisierte Held akzeptiert und durch seine verzeihlichen linguistischen Fauxpas vermenschlicht wird« (Frank 2004, S. 200), »dass er sich ausschließlich als Beschützer darstellen will, der uns vor unserer zukünftigen Zerstörung retten kann« (ebd., S. 201). Nach dem Terror-September 2001 hat Bush »einer verwundeten Nation zwei Jahre lang Selbstgewissheit und Sicherheit gegeben« (Kleine-Brockhoff 2004b). Nach Auffassung von Kleine-Brockhoff (2004b) wollen sich seine Wähler ihr (Ideal-)Bild vom »Beschützer-Präsidenten« nicht zerstören lassen. Deshalb wählen sie »konservativ«.

> »Bushs übergroße Zurschaustellungen von Omnipotenz [...] sprechen unser Verlangen nach einer *allmächtigen Vaterfigur* an [...]. Insgeheim stehen wir im Einverständnis mit seinem Anflug von Omnipotenz, denn die Vorstellung eines absoluten Schutzes durch ihn ist sicherer als unsere reale Erfahrung von Verletzlichkeit« (Frank 2004, S. 207; kursiv T. A.).

Auch wenn die Welt George Walker Bush einigermaßen heil überstehen sollte, bleibt der Bush-Clan eine Bedrohung für die Welt. Der Bruder von George W. Bush, Jeb Bush, erklärte in einer Pressekonferenz 1998, er sei mit dem Wunsch aufgewachsen, Präsident der Vereinigten Staaten zu werden (Kelly 2004, S. 599, vgl. auch S. 586).

8.

»Sich weigern, Gott zu sein«

Heil, Heilung und ihre Grenzen

Die Erfahrung des Bruchstückhaften und die Sehnsucht nach Ganzheit – oder: Erlösung als Prozess (2001/2006)

Ein psychoanalytischer Blick auf Heil und Heilung und ihre Grenzen

»Solange der Mensch leidet, kann er es noch zu etwas bringen.«
Sigmund Freud

Einleitung

»An allem ist etwas zu wenig« – diese kurze Wortsequenz aus einer Erzählung von Ingeborg Bachmann (1959) beschreibt eine dem Menschen innewohnende Aporie. Unaufhebbar bleibt für Jeden lebenslang die Erfahrung des Nicht-Ganzseins, des Bruchstückhaften, der Begrenztheit der Lebensspanne bis zum Tod. Daraus erwächst die Sehnsucht nach dem »Ganzen«, nach Heilsein und Erlösung. Der ursprünglich aus dem religiösen Diskurs stammende Begriff »Erlösung« steht in der Gefahr eines idealisierenden Gebrauchs unter Verleugnung der Grenzen von Realität. Menschliche Existenz ist geprägt durch die dialektische Widersprüchlichkeit zwischen Dauer und Augenblick, Spannung und Lösung, Freiheit und Bindung. Erlösung im Leben ist nur als ein unaufhörlicher aktiver Prozess vorstellbar, welcher die Realität weder durch Kleinheits- noch durch Größenwahn ignoriert.

Psychoanalyse ist zum einen ein bewährtes psychotherapeutisches Behandlungsverfahren, das zur Heilung seelischer Erkrankungen in verschiedenen Settings angewandt wird: zum Beispiel als Einzelbehandlung unter Nutzung der Couch oder im Gegenübersitzen, als Paartherapie oder als Gruppentherapie. Psychoanalyse ist zweitens aber auch eine umfassende Theorie über die Persönlichkeit und die Entwicklung des Menschen und seine konfliktfreien und seine konflikthaften, seine heilsamen und seine unheilvollen Beziehungen zu sich selbst und zu anderen. Kein anderes psychotherapeutisches Verfahren besitzt eine dermaßen differenzierte und umfassende theoretische Vorstellung vom Menschen oder, mit anderen Worten: ein solch »komplexes Menschenbild« wie die Psychoanalyse. Aus diesem ergibt sich eine bestimmte psychoanalytische Grundhaltung, oder wenn man will, eine »Weltanschauung« (vgl. Kutter et al. 1998).

»Die Psychoanalyse begann als eine Therapie, aber nicht als Therapie wollte ich sie Ihrem Interesse empfehlen, sondern wegen ihres Wahrheitsgehalts, wegen der Aufschlüsse, die sie uns gibt über das, was dem Menschen am nächsten geht, sein eigenes Wesen«, schreibt Sigmund Freud (1933a, S. 169). Die Psychoanalyse beschränkt sich also nicht darauf, eine Form der Psychotherapie zu sein, sondern Psychoanalytiker beschäftigen sich darüber hinaus in den verschiedensten Bereichen mit »Anwendungen der Psychoanalyse« auf außertherapeutische Verhältnisse. Von Beginn an betrachtet die Psychoanalyse die Entwicklung des Individuums auch im Kontext seiner Familie und seines gesellschaftlichen und kulturellen Umfeldes: »Die Individualpsychologie ist von Anfang an auch gleichzeitig Sozialpsychologie« (Freud 1921c, S. 73). Außerdem nimmt sie die wechselseitige Beeinflussung von Individuum und Gruppe, Masse und Gesellschaft und die zwischen dem Subjekt und kulturellen Schöpfungen in den Blick. Insofern sich die gesellschaftlichen und kulturellen Bedingungen als destruktiv für das Individuum erweisen, wird die »Kulturtheorie« der Psychoanalyse zur »Kulturkritik« (Auchter/Strauss 2003, S. 27).

Gegenstand psychoanalytischer Gesellschafts- und Kulturtheorie sind beispielsweise intersubjektive Gruppen- oder Großgruppenkonflikte, gesellschaftliche Entwicklungs- und Entfremdungsprozesse, Institutionen und institutionelle (Abwehr-) Prozesse, Religionen und Ideologiebildungen, Vorurteilserkrankungen, Fragen nach Gewalt, Krieg und Frieden, aber auch kreative menschliche Leistungen wie Literatur, Kunst, Film, Internet und vieles andere mehr.

»Heil« und »Heilung« – zur Begriffsbildung

Das Wort »Heil« ist im Deutschen durch die zwölf Jahre des »tausendjährigen Reiches« zwischen 1933 und 1945 zutiefst befleckt und pervertiert worden (»Heil Hitler« und »Sieg Heil«). Mit den Worten »gegen die seelenzerstörende Überschätzung des Sexuallebens – und für den Adel der menschlichen

Seele – übergebe ich den Flammen die Schriften eines gewissen Sigmund Freud« (zit.n. Lockot 1985, S. 96), »Heil Hitler«, wurden am 10. Mai 1933 die Werke des Begründers der Psychoanalyse und anderer PsychoanalytikerInnen auf die Scheiterhaufen der Nazis geworfen.

Der Begriff »Heil« (vgl. Natorp-Husmann 2003) suggeriert vom Ursprung her etwas Ganzes, Unversehrtes, Vollständiges, Perfektes. Das gibt es allerdings ausschließlich in unserer Sehnsucht und Fantasie. Derartige Vorstellungen knüpfen an die narzisstischen Erfahrungen in den neun Monaten im Mutterleib und der allerfrühesten Lebenszeit an. Wir finden diese Tendenz auch im Bedeutungshof des Wortes »heil-ig«. In der Wirklichkeit sind wir aber endgültig aus dem Paradies vertrieben, versehrt, häufig aktiv oder passiv un-heil, und todsicher zum Sterben verurteilt. Eine »restitutio ad integrum« bleibt für immer eine unstillbare regressive Wunschfantasie. Sie prägt jedoch unbewusst das Verhalten und Erleben aller Menschen, besonders auch das mancher Angehöriger von Heilberufen. Speziell nach traumatischen Gewalterfahrungen bleibt in der Regel für die Betroffenen nur ein *Leben trotz Geschichte*, so der Titel einer Aufsatzsammlung des polnischen Philosophen Leszek Kolakowski (1977).

Der Begriff »Heil« legt zudem die Vorstellung eines definitiven Zustandes nahe, ist eine eher statische Formulierung, besonders wenn er mit Adjektiven wie zum Beispiel »ewig« verbunden wird. Die Formulierungen »Heilen«, »Heilung« bzw. »Heilwerden« oder auch »Erlösung« dagegen sind Ausdruck einer dynamischen Vorstellung, sie charakterisieren einen Vorgang. Bei diesem Prozess kann es sich immer nur um ein Ringen um Ganzheit, ein Streben nach Einheit, eine Bemühung um Integration, ein Suchen nach Gesundheit handeln, also immer nur um eine Annäherung an das Heil.

Die körperlich-seelische Existenz beginnt beim Säugling wohl in einem Zustand von »Nicht-Integration, einem Mangel an räumlicher und zeitlicher Ganzheit« (Winnicott 1988, S. 116): »Das Baby besteht aus einem Bauch mit einem angrenzenden Brustkasten, lockeren Gliedmaßen und insbesondere einem unverbundenen Kopf« (Winnicott 1989, S. 568). Ein hinreichend gutes »Halten« (Auchter 2000a, 2000e) der Mutter und anderer schützt das Baby vor dem (lebens-)bedrohlich empfundenen Erleben eines Zerfallens in seine Einzelteile (Winnicott 1989, S. 568). Besondere Bedeutung kommt bei diesem seelischen »Zusammenhalten« (Winnicott 1957, S. 193; 1996, S. 25) dem »haltenden Blick« zu. So wie es im Volksmund den »bösen Blick« gibt und »Blicke töten können«, kann der »liebevolle Blick« den Säugling ins Leben rufen und das empathische visuelle »Gespiegelt-Werden« seine Integration zu einer persönlichen Ganzheit fördern. Denn die Mutter ist in der Lage, ihr Kind als ein menschliches »Ganzes« zu betrachten (Winnicott 1996, S. 25), »zu einem Zeitpunkt, an dem das Kind sich selbst noch nicht integriert erleben kann« (Winnicott 1957, S. 183). Das Gefühl des Heilen und Ganzen des Ich-Selbst ist so von Beginn an von einer menschlichen »Beziehung« abhängig, »dem Glanz im Auge der Mutter«, wie es der Psychoanalytiker Heinz Kohut (1973, S. 141) so trefflich formuliert hat.

Jede psychoanalytische Betrachtung von Heil bliebe unvollständig, wenn das Un-Heil, darunter das Böse und das Leiden, nicht zugleich mitgesehen wird. Dabei geht es der Psychoanalyse um eine »Kultur des Leidens«, in der das Leiden angemessenen Raum, Zeit und Ort im Leben des Individuums und der Gesellschaft erhält, aber nicht um eine »Kultivierung des Leidens«, wie sie in manchen religiösen Vorstellungen gepflegt zu werden scheint. Für den protestantischen Theologen und Psychoanalytiker Joachim Scharfenberg (1985, S. 222) erscheint es als »Inbegriff der pastoralpsychologischen Kompetenz und Weisheit, in Theorie und Praxis [...], zwischen notwendigem und überflüssigem Leiden, zwischen angemessenem und unangebrachtem Helferwillen unterscheiden zu können«. Beim Un-Heil können wir zwischen unausweichlichem Leiden wie dem unter Naturgewalten und dem auf Neudeutsch sogenannten »man-made-disaster«, also prinzipiell vermeidbarem Leiden unterscheiden. Dass heutzutage manche »Naturkatastrophen« wie El Niño, Ozonloch, Saurer Regen, Überschwemmungen, Klimaveränderungen durchaus auch »man-made« sind, steht auf einem anderen Blatt!

Der Psychoanalytiker Donald W. Winnicott spricht 1951 geradezu von einem »Recht auf Leiden« (zit. n. Davis 1990, S. 186). In der modernen »Fun-Gesellschaft« droht das Leiden, diese unausweichliche Determinante menschlichen Seins, aus dem Bewusstsein zu verschwinden. Kranke, Behinderte, Alte und Sterbende werden in entsprechende Einrichtungen abgeschoben, damit sie aus dem Blick geraten. Die »ars vivendi«, die immer auch eine »ars moriendi« umfasst, wird immer mehr verdrängt und verkürzt.

»Solange der Mensch leidet, kann er es noch zu etwas bringen«, schreibt Sigmund Freud an Lou Andreas-Salomé im Februar 1918 (Brief an L. Andreas-Salomé vom 17.02.1918; Freud/Andreas-Salomé 1980, S. 83). Dieser Gedanke ist natürlich keineswegs eine Glorifizierung vom oder eine Aufforderung zum Masochismus, wie man auf den ersten, oberflächlichen Blick glauben könnte. Freud weist damit vielmehr auf den engen Zusammenhang zwischen »Trauer und

Kreativität« (Auchter 1978) hin, die schöpferische Bewältigung von Widrigkeiten und die kreative Überwindung von Leidensdruck. »Angst macht dumm«, »Not macht erfinderisch«, sagt fein differenzierend der Volksmund, und wer – in Maßen – leidet, kann es auch noch zu etwas bringen (vgl. Auchter 2004d).

Sowohl der »Leidensdruck« als auch der »Gesundungswille« eines Patienten spielen in jedem Heilungsprozess eine ganz grundlegende Rolle. Insofern kann man aus psychotherapeutischer Sicht auch durchaus von einem »Sinn des Leidens« reden. Das Leiden in Form von Angst- oder Schmerzempfindungen kann eine wichtige Signalfunktion haben. Wir sprechen psychoanalytisch von der »Signalangst«, welche den Menschen in einer bedrohlichen Situation zu einer Reaktion treibt, zum Beispiel in den Kampf oder zur Flucht (Bion 1971, S. 111). Und schließlich kann ein Sinn des Leidens auch in der Schutz- und Bewältigungsfunktion eines (leidvollen) Symptoms – ich komme später darauf näher zu sprechen – zu finden sein. Zum Beispiel leidet der depressive Mensch oft, weil er unfähig zu »wirklichem« Trauern ist oder sich so fühlt. Das »Trauern« erscheint ihm noch leidvoller als die gewohnte und vertraute »Depression«. Die hat zudem häufig zusätzlich den »Vorteil«, dass sie auch noch andere leiden macht. Sie kann so unbewusst aggressive Bedürfnisse »gegenüber anderen« befriedigen, die nicht selten der Depression als einer oberflächlich gegen das eigene Selbst gerichteten Aggressionskrankheit (»Niedergeschlagenheit«) in der Tiefe des Unbewussten zugrunde liegen.

Schließlich muss an dieser Stelle auch noch der sogenannte »sekundäre Krankheitsgewinn« erwähnt werden. Darunter zählt man zum Beispiel die wohlwollende und hilfreiche Zuwendung von PflegerInnen, ÄrztInnen, PsychotherapeutInnen oder SeelsorgerInnen oder auch Verwandten. Manche Menschen glauben, diese nur unter der Bedingung einer Krankheit, eines Leidens, erhalten zu können, oder sich zugestehen zu dürfen. Dieser »sekundäre Krankheitsgewinn« (zum Beispiel: »Rentenneurose«) als Gegenspieler des »Leidensdrucks« steht nicht selten einer wirklichen Veränderung des Kranken, seinem Heilerwerden, seiner Gesundung entgegen.

»Erlösung« – zur Begriffsbildung

Der Begriff der »Erlösung« gehört originär in den religiösen Diskurs. In der »Soterologie« (Heils- oder Erlösungslehre) wird zum Beispiel unterschieden zwischen Vorstellungen von kollektiver Erlösung aus der Fremdherrschaft durch einen »Messias« bei den Israeliten und individueller Erlösung aus persönlichem Unheil, oder zwischen Selbsterlösungsvorstellungen aus existenziellen Gebundenheiten im Buddhismus oder der Idee eines Erlösers für andere von einer Erbsünde wie im Christentum. Der Psychologe, Arzt oder Psychoanalytiker dürfte dagegen eher eine Scheu verspüren, das Wort »Erlösung« unbefangen zu verwenden. Ähnlich vorsichtig wird er aufgrund der Gefahr idealisierender Benutzung mit verwandten Ausdrücken wie »Rettung«, »Befreiung« oder »Heilung« umgehen – auch wenn diesen komplementäre bewusste und unbewusste Heilserwartungen bei den Patienten an die »Götter« oder »Halbgötter in Weiß« entgegenkommen mögen. Sigmund Freud (1915a, S. 320) warnt ebenso ausdrücklich wie eindringlich vor dem »furor sanandi«, einem Heilungseifer des Therapeuten. Er zitiert in diesem Zusammenhang einen alten Chirurgen, der gesagt haben soll: »Je le pansai, Dieu le guérit« (Freud 1912c, S. 380) – »Ich verband seine Wunden, Gott heilte ihn«. Bei den Römern hieß es entsprechend: »Medicus curat, natura sanat.«

Donald W. Winnicott (1971, S. 117; kursiv T.A.) definiert demgemäß die Psychotherapie als einen »langfristigen Prozess, in welchem dem Patienten *zurückgegeben* wird, was er selber einbringt« (vgl. Auchter 1998b). Und Michael Balint (1970, S. 210) kreiert entsprechend den »unaufdringlichen Analytiker« beziehungsweise Therapeuten.

> Herr J. schreibt mir nach Abschluss seiner zweijährigen analytischen Therapie: »Ihre verdammte Konsequenz darin, auch in meinen schwächsten Momenten meine Probleme nicht für mich zu lösen, mag ich oft genug verflucht haben – aber zwischendrin und nicht erst heute rechne ich Ihnen gerade diese Haltung hoch an. Trotzdem hatte ich nie den Eindruck, sie hätten mich hängen gelassen. Weiß der Teufel, was genau Sie gemacht haben; Ihre kühl-nüchternen und doch zugleich warmherzigen Fragen und Kommentare haben die Wandlung in meiner Sicht meiner Realität mit angestoßen und unterstützt.«

Bei Sigmund Freud (1911c, S. 250, 262; 1930a, S. 447) taucht das Wort »Erlösung« nur im Kontext von Illusion und Wahn auf. Ein *Psychiatrisches Wörterbuch* (Peters 1990) erwähnt allein das Stichwort »Erlöserwahn«.

Exkurs: Die Bedeutung des »ersten Satzes« in einem Erstgespräch – Verdichtung unbewusster Konflikte

Da das mehrfach erwähnte »Unbewusste« zum zentralen Bestand der psychoanalytischen Theorie gehört und zum Verständnis von Krankheit, Heilung und Gesundheit unverzichtbar ist, möchte ich seine Wirksamkeit anhand des »ersten Satzes« in einem psychoanalytischen »Erstinterview« kurz deutlich zu machen versuchen.

Im ersten Satz des Erstgesprächs mit Frau S. – »Ich muss immer grundlos weinen« – sind die zentralen Aspekte ihrer unbewussten konflikthaften Psychodynamik verdichtet. Sie werden in ihrer Komplexität natürlich erst im weiteren Verlauf des Erstgespräches deutlich.

> Frau S. macht unbewusst mit dem Wort »grundlos«, im Sinne von »ich weiß nicht«, zunächst ihre Abwehr des Grundes und damit die »Unbewusstheit« ihres Problems beziehungsweise seiner Motivierung deutlich. Das »muss immer« verweist auf ihr Erleben von zwanghaftem Getriebensein durch etwas Unfassbares in ihr. Freud (1940a [1938], S. 104) sprach davon, dass das »Unbewusste […] einen natürlichen Auftrieb« hat. »Grundlos« heißt aber auch: am Grunde, am Anfang ist ein »Nichts«, die drohende Vernichtung. Tatsächlich war Frau S. von ihrem Vater als uneheliches Kind »unerwünscht«, sie sollte abgetrieben werden. »Grundlos« bedeutet darüber hinaus: Sie findet keinen Grund in sich, keinen seelischen »festen Boden«, auf dem sie sicher stehen kann. Ihre Existenz(-berechtigung) ist von Beginn an fragwürdig und unsicher. »Grundlos« deutet – diesen Gedanken weiterführend – noch auf ihr »Ungehaltensein«, ihren Mangel an Struktur und Begrenzung hin. Ihr Ich-Selbst ist nicht in einer stabilen Beziehung zu Vater und/oder Mutter gegründet, daher unsicher.
>
> »Immer weinen« drückt ihr grundlegendes und andauerndes Gefühl von tiefster Traurigkeit aus. Weinen ist eine »körperliche« Ausdrucksform für Gefühle. Frau S. verweist damit unbewusst darauf, dass sie ihre Problematik bislang eher körperlich, funktionell, nicht verbalsprachlich zum Ausdruck bringt (zum Beispiel durch »psychosomatische Symptome« wie »Gürtelrose«, »Neurodermitis«, »bulimische Attacken«).

Wir Psychoanalytiker gehen davon aus, dass das Individuum ständig durch innere und/oder äußere Reize vor Herausforderungen und Aufgaben gestellt wird, also in einem unaufhörlichen »Konfliktverhältnis« zu sich selbst und zur Mitwelt steht, das immer wieder das Bedürfnis nach innerem Gleichgewicht destabilisiert. Gegen die »Gleichgewichtsstörung« werden die natürlichen Gesundungs- und Selbstheilungskräfte mobilisiert. Das beginnt mit den »Anpassungs- und Bewältigungsmechanismen« des Ichs, die den Versuch einer Meisterung der Situation, mit anderen Worten: einer »Heilung« unternehmen.

Ich möchte an dieser Stelle ein klinisches Beispiel für die »kreativen Selbstheilungskräfte« und ihre gewaltsame Deformation vorstellen:

> Als Frau B. etwa 6 Jahre alt ist, hat sie einen längeren Krankenhausaufenthalt hinter sich, bei dem sie sehr isoliert war. Bei folgenden nächtlichen Angstanfällen und Albträumen weigern sich die Eltern, insbesondere der Vater, Frau B. in ihr Bett zu lassen. Frau B. findet mit ihrer sechs Jahre älteren Schwester folgende kreative Lösung zur Minderung ihrer nächtlichen Ängste. Sie bindet sich und ihrer Schwester abendlich das Ende einer Schnur um die Hand, sodass sie immer mit ihr verbunden ist und bei Bedarf so die Schwester rufen oder spüren kann. Eines Abends kommt der Vater ins Zimmer, stolpert über die Schnur, zerreißt sie voller Wut und verprügelt seine beiden Töchter. Unter Strafandrohung verbietet er ihnen die weitere Benutzung der Schnur. Die Patientin bleibt mit ihren – nun noch verstärkten – Ängsten alleine und ist in ihren Selbstheilungstendenzen durch die Gewalt des Vaters zusätzlich beschädigt.

Nicht-Gemeistertes bleibt ein seelischer Stachel und kann dann zum Beispiel bei der nächtlichen »Traumarbeit« (Auchter 2003d) einem weiteren Heilungsversuch unterzogen werden. Reicht das auch nicht aus, kann in einem nächsten Versuch der Bewältigung ein »Symptom« ausgebildet werden. Wenn das immer noch nicht genügt, kommt es zur Entwicklung einer seelischen »Erkrankung« als einem »Heilungsversuch«! Und damit möchte ich mich im Folgenden beschäftigen.

Krankheit als Selbstheilung(-sversuch)

Hinter jedem therapeutischen Konzept und jeder psychotherapeutischen Methode stehen zumeist implizit bestimmte anthropologische Grundannahmen. Sie bestimmen auch die Krankheits- bzw. Gesundheitsvorstellungen, die einer Psychotherapieform zugrunde liegen. Das für mich Überzeugendste an der Psychoanalyse ist, dass sie – als einzige Therapiemethode – eine höchst differenzierte und umfassende »dynamische« Vorstellung vom gesunden (heilen) Menschen und eine davon abgeleitete Krankheitslehre besitzt.

Die Psychoanalyse war von Anfang an in dem Sinne eine »ressourcenorientierte« Methode, indem sie die selbstregulativen und selbstreparativen Aspekte des Ichs in den Vordergrund rückte. Nicht ohne Grund besitzt der Traum einen zentralen Stellenwert im psychoanalytischen Gedankengebäude. Der Traum ist der Prototyp selbstregulativen und selbstreparativen Verhaltens, das jeder von uns jede Nacht praktiziert. »Heute weiß man, dass die Traumerinnerung und -reflexion eine erhebliche psychohygienische Funktion haben« (Mertens 1999, S. 12), und Ausdruck von »Selbstheilungstendenzen« (ebd., S. 71) der Seele sind. Sie besitzen eine »therapeutische Funktion« (Beland 1994, S. 15). Meltzer (1988) spricht von der »selbsttherapeutischen Funktion« (vgl. Beland 1988, S. V) des Traumes und Winnicott (1958, S. 197) direkt vom »heilenden Traum«.

In die vorletzte Stunde einer vierjährigen Psychoanalyse bringt Frau C. folgenden Traum mit:

> »Mehrere Kinder befinden sich auf einer Art Spielplatz und turnen zum Teil auf einem Klettergerüst herum. Ein Kind schreit furchtbar. Ich nehme das Kind in den Arm und schon beginnt es sich ein wenig zu beruhigen. Da bemerke ich, dass es ganz fest eingewickelt ist, fast so wie eine Raupe im Kokon. Nur an den Füßen löst sich die Umhüllung. Als ich die Füße auswickle, stelle ich entsetzt fest, dass sie verkrüppelt sind. Ich nehme die Füßchen fest in die Hand, massiere sie und sie werden heil.«

Kurz zuvor hatte sie darüber gesprochen, wie sie durch ihre Therapie »festen Boden« unter die Füße bekommen hatte. Frau C. nimmt am Ende ihrer Analyse ihre Wiedergutmachung »selbst in ihre Hand«.

Dieselben unbewussten seelischen Mechanismen und Funktionen, die beim Träumen wirksam sind, liegen auch den krankhaften (pathologischen) Produktionen (Symptombildungen, Krankheitsbildungen als Heilungsversuch) und den schöpferischen (kreativen) Produktionen des Menschen zugrunde.

Im psychoanalytischen Krankheitsverständnis werden seelische Erkrankungen nicht in erster Linie als »Störungen« betrachtet. Die Betrachtung von Krankheit als Störung setzt sich allerdings im heutigen modernen Medizinbetrieb immer mehr durch. In der ICD-10, der verbreiteten Internationalen Klassifikation psychischer Störungen, heißt es dazu: »Der Begriff ›Störung‹ (disorder) wird in der gesamten Klassifikation verwendet, um« – jetzt kommt es – »den *problematischen Gebrauch* von Begriffen wie ›Krankheit‹ oder ›Erkrankung‹ zu vermeiden« (1993, S. 22; kursiv T. A.). Als ob der Gebrauch des Begriffes »Störung« unproblematisch sei! Die deutschen Übersetzer der ICD-10 machen am Ende ihrer Einleitung die scheinheilige Alibi-Bemerkung:

> »Die Benutzer sollten aber nicht vergessen, dass deskriptive Diagnostik nur einen, wenn auch wesentlichen Teil des nosologischen Verständnisses unserer Patienten umfasst. Weitreichendere Aspekte der Psychopathologie, der Psychodynamik, wie auch der Psychophysiologie, vor allem aber die individuellen Besonderheiten des einzelnen Patienten dürfen wir dabei nicht aus dem Auge verlieren« (1993, S. 10).

»Störungen« in diesem Sinne müssen »beseitigt«, brauchen aber nicht unbedingt verstanden werden. Die Psychoanalyse dagegen begreift die Symptombildungen eines Kranken als zu einem bestimmten Zeitpunkt »bestmögliche Notlösungen« für psychische und psychosoziale Konflikte, eben als »Selbstheilungsversuche« (z. B. Mentzos 1982; Beck 1985; Overbeck 1984).

In diesem Sinne kann Freud (1914c, S. 152) dann auch von dem »Heilungsprozess [...], der uns als Krankheit imponiert«, sprechen. Und am Beispiel der »Paranoia« führt er aus: »Was wir für die Krankheitsproduktion halten, die Wahnbildung, ist in Wirklichkeit der Heilungsversuch, die Rekonstruktion« (Freud 1911c, S. 308, vgl. 1914c, S. 139, 1924e, S. 364, 1924b, S. 389). Freud nimmt einen zweistufigen Prozess an. Im ersten Schritt verliert das Ich-Selbst seine »Einheit« (Freud 1926e, S. 251) und die Fähigkeit des Ich zur Synthese wird gestört (ebd., S. 231), sein Bezug zur Realität wird zerrissen (Freud 1924e, S. 364). Durch die neurotische oder psychotische Symptombildung wird dann im zweiten Schritt ein »Restitutionsversuch« unternommen.

Alle Arten von Symptombildungen können diesem »Kampf um die Selbstbehauptung« (Freud 1913c, S. 466) dienen. So spricht Freud (1910d, S. 109, 1914c, S. 153) von der »Schutzvorrichtung« bzw. »dem Schutz der Phobie«. Er beschreibt die »Restitution« durch die Hysterie und Zwangsneurose (Freud

1914c, S. 153). Hans Quint (1984) hat diesen Gedanken aufgegriffen und in seiner Arbeit »Der Zwang im Dienste der Selbsterhaltung« einer differenzierten Analyse und Erweiterung unterzogen. Auch »die halluzinatorische Phase der Schizophrenie […] dürfte im wesentlichen einem neuen Restitutionsversuch entsprechen« (Freud 1916–17f, S. 420). In dem von dem Psychoanalytiker Joachim Küchenhoff (1999) herausgegeben Sammelband *Selbstzerstörung und Selbstfürsorge* werden auch die heute zunehmenden »Selbstverletzungen« in ihrer »selbsterhaltenden« Funktion, zum Beispiel als Suizidprophylaxe, betrachtet.

Alle diese Selbstheilungsversuche verdienen zunächst unsere grundsätzliche Anerkennung, auch wenn das Bemühen nicht selten scheitert und bisweilen sogar in Selbstzerstörungsprozessen enden mag. Der Patient

> »muss den Mut erwerben, seine Aufmerksamkeit mit den Erscheinungen seiner Krankheit zu beschäftigen. Die Krankheit selbst darf ihm nichts Verächtliches mehr sein, vielmehr ein würdiger Gegner werden, ein Stück seines Wesens, das sich auf gute Motive stützt, aus dem es Wertvolles für sein späteres Leben zu holen gibt […]. Versöhnung mit dem Verdrängten […]. Toleranz fürs Kranksein« (Freud 1914g, S. 132).

Schon 1890 schreibt Freud (1890a, S. 297) – wie häufig sehr vorsichtig formulierend – von der Möglichkeit, dass der »Vorsatz, gesund zu werden […], selbst für den Ausgang schwerer […] Erkrankungsfälle nicht ohne Bedeutung ist«. Die Selbstheilungsimpulse sind in der psychoanalytischen Vorstellung mit den »gesunden Ich-Anteilen« verknüpft. Interessanterweise bringt der ungarische Psychoanalytiker Sandor Ferenczi ([1909] 1989, S. 111) die »Selbstheilungswünsche« oder »Selbstheilungstendenz« (ebd., S. 113) mit dem »Willen zur Einsicht in die *peinliche* Realität« (Ferenczi 1988, S. 68; kursiv T. A.) in Verbindung. Der Heilungsprozess schließt also den Schmerz, die Pein, die Anstrengung nicht aus, sondern gerade ein!

Für den »gesunden« Menschen spricht Freud (1904a, S. 9, 1905a, S. 21) von einem »psychischen Normalzustand«, den er allerdings gleich als »Normalfiktion« (Freud 1937c, S. 79f.) charakterisiert. Von einem solchen »Normal-Ich« – und sei es noch so rudimentär – neben dem kranken Ich müssen wir allerdings in jedem psychotherapeutischen Prozess ausgehen und uns mit ihm heilsam verbünden. Die »natürliche Heilungstendenz« (Winnicott 1958, S. 101) können wir uns also in jedem psychotherapeutischen Prozess zunutze machen. Die

»Gesundungstendenz« steht jedoch immer in einer dialektischen Spannung zum unbewussten »destruktiven Wiederholungszwang«, dem seelisch kranke Menschen unterworfen sind.

Träume vom Paradies – die Hölle?

Seit wir kollektiv und individuell »aus dem Paradies vertrieben« sind und unsere Existenz »mit Mühsal und im Schweiße unseres Angesichts« fristen müssen, sind in uns allen tiefe und geheime Träume von paradiesischen Zuständen lebendig. Wir sind im tiefsten Innern geprägt von bewussten und unbewussten regressiven, sehnsüchtigen Heilserwartungen und Erlösungsvorstellungen. Gewöhnlich assoziieren wir dazu: Freiheit von Spannungen, Konflikten und Leiden, eine Welt ohne Grenzen, Barrieren oder Hindernisse (Chasseguet-Smirgel 1988), keine Unterschiede bezüglich der Interessen und Sichtweisen zwischen uns und den anderen (M. Balint 1966, S. 105), sofortige und vollständige Befriedigung all unserer Bedürfnisse und Wünsche, immerwährende Lust (»Lustprinzip«) und die Möglichkeit zum vollkommenen Passiv-Sein. Im »Schlaraffenland« braucht keiner mehr etwas selber tun, alles wird einem fertig angeboten, die gebratenen Tauben fliegen einem in den Mund. Aber ist diese Art von perfekter und endgültiger »Erlösung« tatsächlich ein erstrebenswerter Zustand für lebendige Menschen – oder vielleicht doch nur für die Schlaraffen? Der Bedrohlichkeit eines »völlig reizlosen« Zustandes hat Stefan Zweig (1942) in seiner *Schachnovelle* eindrucksvoll Gestalt verliehen. Für den Psychoanalytiker stellt sich die Frage, ob er allen passiven Heilserwartungen seiner Patienten entsprechen muss oder gegebenenfalls durch das »Prinzip Verweigerung« zu einem heilsamen Herausforderer ihrer aktiven Selbstheilungsressourcen werden kann.

> Frau R. bemerkt nach einem Jahr intensiver analytischer Arbeit: »Ich bin Ihnen heute unglaublich dankbar, dass Sie mich alles haben selber finden lassen. Obwohl ich irgendwie von Anfang an wusste, dass dieser Entwicklungsfreiraum für mich das einzig Richtige ist, habe ich alles daran gesetzt, dass Sie mir sagen, was richtig und was falsch ist. Mir vorzuschreiben, wie ich zu sein habe, wie das mein voriger Analytiker getan hat.«

»Therapeut bin ich wider Willen geworden«[38] – Ablehnung des Heilungseifers, Grenzen therapeutischen Heilens

Zwar hebt Freud das »Junktim zwischen Heilen und Forschen« mehrfach hervor (Freud 1927a, S. 293, 1933a, S. 163), in ihm selbst bleibt das Verhältnis zwischen seiner Funktion als Arzt bzw. Psychotherapeut, also Heilperson, und seiner Tätigkeit als Wissenschaftler aber immer zwiespältig (Freud 1927a, S. 290). »Er zeigte nichts von jenem furor therapeuticus, der sich in so vielen Ärzten manifestiert«, schreibt der Psychoanalytiker Theodor Reik (1976, S. 13). »Sie wissen vielleicht ich war nie ein therapeutischer Enthusiast«, meint Freud (1933a, S. 163) selbst.

Lebenslang ist es Freuds Bemühen, die Analyse vor ihrer Vereinnahmung durch solche Ärzte, die sich primär als »Heilsbringer« verstehen, zu schützen und zu bewahren (Brief an Oskar Pfister vom 25.11.1928; Freud/Pfister 1963, S. 136). 1926 schreibt er an Paul Federn: »Solange ich lebe, werde ich mich dagegen sträuben, dass die Psychoanalyse von der Medizin verschluckt wird« (zit. n. Clark 1981, S. 521). »Die Ausübung der Psychoanalyse fordert viel weniger ärztliche Schulung als psychologische Vorbildung und *freien menschlichen Blick*« (Freud 1913b, S. 450, kursiv T. A.).

Die Ablehnung des Heilungseifers ist jedoch nicht eine persönliche Marotte Freuds, sondern die weitgehende »Absichtslosigkeit« und »Zurückhaltung« des Psychoanalytikers hat eine eminent therapeutische Bedeutung. Denn der psychoanalytische Patient ist nicht das Objekt der Heilungsbemühungen seines Therapeuten wie im klassischen Arzt-Patient-Schema. An seine Stelle rückt in der Analyse die gemeinsame Forschungs- und Heilungsaufgabe der Subjekte Analysand und Analytiker, vor allem mittels der Untersuchung ihrer fantasierten und ihrer realen Beziehung zueinander. Man muss den Patienten zum forschenden »Mitarbeiter« gewinnen, schreibt Freud (1895d, S. 134). Der Patient wird von der Psychoanalyse als selbstbestimmendes (bzw. gerade darin krankhaft eingeschränktes) Subjekt verstanden. Der Mensch verwirklicht sich sogar in seiner Krankheit »als Subjekt« (A. Mitscherlich 1949, S. 392). Insofern behandeln die Psychoanalytiker »Subjekte« und nicht »Krankheiten. Hierin liegt der radikale Unterschied zu anderen psychotherapeutischen Verfahren« (Becker/Nedelmann 1980, S. 115).

---

38 Sigmund Freud an Wilhelm Fliess 1896.

Das Ziel jeder Analyse bleibt die größere Selbstverwirklichung, der »bessere Kompromiss, den wir Gesundheit zu nennen pflegen« (Muck 1974, S. 37).

> »Man wird sich nicht zum Ziel setzen, alle menschlichen Eigenarten zugunsten einer schematischen Normalität abzuschleifen oder gar zu fordern, dass der ›gründlich Analysierte‹ keine Leidenschaften verspüren und keine inneren Konflikte entwickeln dürfe. Die Analyse soll die für die Ich-Funktionen günstigsten psychologischen Bedingungen herstellen; damit wäre ihre Aufgabe erledigt« (Freud 1937c, S. 96).

Denn eine Psychoanalyse soll ja »die krankhaften Reaktionen nicht unmöglich machen, sondern dem Ich des Kranken die *Freiheit* verschaffen, sich so oder anders zu entscheiden« (Freud 1923b, S. 280; kursiv T. A.). Und schließlich: »Der Kranke soll nicht zur Ähnlichkeit mit uns, sondern zu Befreiung und Vollendung seines eigenen Wesens erzogen werden« (Freud 1919a, S. 190).

Eine solche innere Einstellung erfordert vom Psychoanalytiker ein gehöriges Maß an anspruchsvoller therapeutischer Selbstbeschränkung. Vielleicht auch deswegen bezeichnet Freud (1937c, S. 94, 1925f, S. 565) das Analysieren als »eigentlich unmöglichen Beruf«, neben dem Regieren und dem Erziehen. Als Therapeuten müssen wir uns der Gefahr bewusst sein, den fortwährenden Versuchen der Selbstidealisierung oder den Idealisierungstendenzen unserer Patienten zu erliegen – es sei denn sie seien vorübergehend aus therapeutischen Gründen unumgänglich. Hier haben wir uns immer wieder zu weigern, »Halbgötter« oder gar »Götter« sein zu wollen oder werden zu sollen (vgl. Auchter 1987). »Analytiker sind Personen, die eine bestimmte Kunst auszuüben gelernt haben, und daneben Menschen sein dürfen wie andere auch«, meint Freud (1937c, S. 93). Er verwahrt sich ganz ausdrücklich gegen eine Rollenzuschreibung als »Heilsbringer«:

> »So sinkt mir der Mut, vor meinen Mitmenschen als Prophet aufzustehen, und ich beuge mich ihrem Vorwurf, dass ich ihnen keinen Trost bringen weiß, denn das verlangen sie im Grunde alle, die wildesten Revolutionäre nicht weniger leidenschaftlich als die bravsten Frommgläubigen« (Freud 1930a, S. 506).

Jedem von uns werden immer wieder Kranke mit solchen bewussten und unbewussten, offenen oder verdeckten Idealisierungstendenzen begegnen. Das kann bisweilen, vor allem wenn das sich weitgehend auf der unbewussten

Ebene abspielt, höchst verführerisch sein. Denn diese Impulse des Kranken appellieren an unsere eigenen narzisstischen Dimensionen, an unsere unbewussten Größenvorstellungen, in denen wir nur allzu gern zum gottähnlichen Heilsbringer würden oder von dem Größenwahn bestimmt werden, das oder gar alles Leiden aus der Welt schaffen zu können. Wenn zu mir ein Patient in die Analyse mit der Bemerkung »Sie sind die letzte Hoffnung für mich« kommt, dann ist das sicher der erste Zahn, den ich ihm ziehen werde!

Das Wort von der »unendlichen Analyse« (Freud 1937c) versucht das Akzeptieren der Begrenzungen von therapeutischer Kompetenz und Potenz auf den Begriff zu bringen. Vielleicht sollten wir Analytiker uns tatsächlich damit bescheiden, unseren Patienten dazu zu verhelfen, sich die Freiheit zu nehmen, »hysterisches Elend in gemeines Unglück zu verwandeln« (Freud 1895d, S. 312). Und was heißt das anderes, als ihre Lebenstüchtigkeit wiederherzustellen, ihre Leistungs- und Genussfähigkeit (Freud [1903] 1904a, S. 8, [1922] 1923a, S. 226), das Vermögen, zu lieben und zu arbeiten? Danach können sie dann abwägen, wann Anpassung an unveränderliche Gegebenheiten (zum Beispiel den Tod) und wann Widerstand gegen unmögliche Zustände (zum Beispiel um des Überlebens willen) vonnöten ist (vgl. Freud 1926e, S. 228, 1910c, S. 142f.) – anders ausgedrückt: »dass der Mensch eigentlich nur durch Schaden und eigene Erfahrung klug werden kann« (Freud 1914g, S. 134). Wir Analytiker können ihm dabei höchstens wohlwollend heilsamer Begleiter sein, ein »Entwicklungshelfer« (Winnicott 1969; zit. n. Rodman 1987, S. 186).

Steckt vielleicht auch in jedem von uns Psychoanalytikern ein Stück jenes Moses, mit dem sich Freud so sehr identifizierte. Jenes Moses, der sein Volk (seine Patienten) bis an ihr gelobtes Land führen kann, den letzten Schritt aber ihnen selbst überlassen muss? Ob sie dann den Ort suchen, »wo Milch und Honig fließen«, ob sie wieder den »Tanz ums goldene Kalb beginnen« oder ob sie anfangen, »Schwerter zu Pflugscharen umzuschmieden« – das ist ihre eigene Verantwortung, die wir ihnen als Therapeuten nicht abnehmen können und nicht dürfen!

Über die Heilsamkeit von Spannungen und Konflikten

Auch in der Psychologie ging man lange Zeit davon aus, dass Säuglinge vor allem passiv ihren triebhaften Instinkten ausgeliefert und an ihrer Mitwelt relativ uninteressiert seien. Und, dass sie dementsprechend nur mit hinreichender Nahrung versorgt werden müssten, möglichst viel Ruhe bräuchten und vor allen Reizen weitgehend geschützt werden sollten. Die moderne Säuglingsforschung hat nun nachgewiesen, dass Säuglinge neben der weiter bestehenden »Reizschutzbedürftigkeit« zugleich ein sehr deutliches »Bedürfnis nach Reizstimulation« besitzen (z.B. Metzger 1999). Der Säugling erscheint im Licht moderner Psychologie vor allem auch »aktiv, neugierig« und »beziehungsbedürftig«. Für den »kompetenten Säugling« (Dornes 1993), wie er heute charakterisiert wird, gewährleistet nur eine ausgeglichene Balance zwischen »Reizschutz« einerseits und »Reizangebot« andererseits, zwischen Spannung und Entspannung, zwischen Erregung und Lösung, die bestmöglichen Voraussetzungen für seinen Reifungsprozess. Und im Begriff »Erlösung« steckt ja auch das Wort »Lösung«, der Gegenbegriff zu »Spannung«.

In der Bibel finden wir den spannenden Gedanken: »Alles hat seine bestimmte Stunde, jedes Ding unter dem Himmel hat seine Zeit« (Prediger 3, 1–11). Die dort anschließend aufgeführten Beispiele (unter anderem: Weinen und Lachen, Klagen und Tanzen, Schweigen und Reden, Lieben und Hassen; vgl. M. Balint 1966, S. 159) bringen in eindrucksvoller Weise die fundamentale, unaufhebbare spannungsvolle Gegensätzlichkeit und Widersprüchlichkeit menschlicher Strebungen zum Ausdruck. Für alle diese Spannungsverhältnisse gibt es immer nur vorübergehende und zeitlich begrenzte Lösungen oder Kompromissbildungen.

Spannungslosigkeit als Dauerzustand lässt sich, solange wir lebendig sind, wohl kaum als Erlösung bezeichnen. Schon Freud (1930a, S. 434) meinte: »Jede Fortdauer einer vom Lustprinzip ersehnten Situation ergibt nur ein Gefühl von lauem Behagen; wir sind so eingerichtet, dass wir nur den Kontrast intensiv genießen können, den Zustand nur sehr wenig.« Nach Freuds Auffassung (1930a, S. 442) finden wir auch die Lustbefriedigung und das Glück immer nur im »ermäßigten Sinn«, immer nur als eine »episodische« Erfahrung (ebd., S. 434). Umgekehrt ist das Verharren in einem erhöhten Spannungszustand (Stress) auf die Dauer unbequem, wird dann schmerzlich, kann krank machen und wird schließlich unerträglich, wenn nicht periodische Entspannungen möglich werden.

Johann Wolfgang von Goethe formulierte im *Faust* (1808) einerseits das allgemein bekannte: »Werd' ich zum Augenblicke sagen: Verweile doch, du bist so schön.« Aber derselbe Goethe hinterließ uns auch den Satz: »Nichts ist schwerer zu ertragen, als eine Reihe von schönen Tagen« (zit.n. Freud

1930a, S. 434). Auch nach Nietzsches *Zarathustra* (1883–1885) »will jede Lust Ewigkeit« (Nietzsche 1999, S. 776). Jede Weile aber, die länger dauert, steht in der Gefahr »lang-weilig« zu werden. Die Gleichförmigkeit von Erfahrungen erscheint bald als fade und leer, und damit bedrohlich. Der postmoderne Mensch neigt allerdings dazu, dauerhafte Gebundenheiten überhaupt zu meiden. Und so entspricht die »Event-Kultur« wohl auch seiner eher nur kurzen und begrenzten Aufmerksamkeitsspanne. Wie oft ist heute dementsprechend die langlebige »Arzt-Patient-Beziehung« durch ein »doctor-hopping« ersetzt, damit aber auch die Chance einer lebendigen Erfahrung vom Wechsel zwischen Spannung und Spannungslosigkeit, Erkrankung und ihrer Überwindung innerhalb einer tragfähigen Beziehung vertan.

Sind der »Kick des Events« oder zum Beispiel der von Extremsportarten also die heutige aktuelle Ausformung von Freuds oder Goethes Gedanken? Andererseits waren sich die Herrschenden aller Zeiten schon immer der Ventilfunktion von »Events«, von Spiel und Fest, von Erregung und Entspannung für »das Volk« bewusst. Ich denke dabei beispielsweise an die antiken Komödien und Tragödien, die Zirkusspiele der Römer (»panem et circenses«) oder den Karneval. Wer Menschen daran hindert, bisweilen »verrückt zu spielen«, der trägt dazu bei, sie »wirklich verrückt« zu machen. Die Eintönigkeit des grauen Alltags wird erträglicher, wenn sie von bunten Festtagen unterbrochen wird. Verspricht den heutigen Gefangenen im zunehmenden Zwang der Alltäglichkeit vielleicht nur ein Sprung am Bungee-Seil Befreiung?

Es gibt in jedem Menschen ein tief verwurzeltes Bedürfnis nach Halt, Sicherheit, Beruhigung und Geborgenheit. In einem glückenden Entwicklungsverlauf macht ein Kind schon in seiner frühen Lebenszeit mit seinen wichtigsten Beziehungspersonen hinreichende Erfahrungen dieser Art. Sie führen durch Verinnerlichung zu einer stabilen »Selbstsicherheit«. Menschen, denen derartige Erfahrungen versagt bleiben, neigen lebenslang dazu, nach äußerem Halt und äußeren Sicherheiten Ausschau zu halten. Sie sind somit anfällig für alle möglichen Heilslehren, Heilsversprechen und Heilsbringer. Das unbefriedigte Sicherheitsbedürfnis kann unbewusst zu einem angstgesteuerten Sich-Festhalten und Sich-Anklammern an bestimmte Weltanschauungen, Grundwerte oder »Führer« beitragen. Auf diese Weise wird fundamentalistischen (Pfürtner 1991, S. 106) oder fanatischen (Hole 1995, S. 20) Positionen der Weg bereitet. Denn diese verkünden absolute und damit völlig sicher erscheinende Heilsgewissheiten.

Dahinter steckt die (politische) Größenfantasie, wenn man so will der Größenwahn, das Heil im Sinne eines vollkommenen Zustandes durch menschliche »Selbsterlösung« gewinnen zu können (Bärsch 2003). Alle Versuche derartiger »Erlösungen« bergen die Gefahr, dass das immer nur auf Kosten anderer möglich ist (Chasseguet-Smirgel 1988, S. 130). Das erweisen auch alle »Utopien« erlöster Lebensverhältnisse, die sich Menschen ausgedacht haben. Von der *Utopia* meines Namenspatrons Thomas Moore angefangen bis zur Ideologie des »tausendjährigen Reiches« der Nazis oder der Lehre des Kommunismus. Der utopische, paradiesische, erlöste, heile Zustand beinhaltet regelmäßig »den vorherigen Ausschluss und die Beseitigung eines Teils der Bevölkerung. Alles, was der Errichtung des utopischen Glücks im Wege steht, muss [zuvor; Anm. T.A.] vernichtet werden« (Chasseguet-Smirgel 1988, S. 130). »Das ist eben die Folge der Selbsterlösung, dass sie fortwährend Böses muss erzeugen« (Bärsch 2003, S. 90).

Der Utopist ist nicht mehr ein »Wahrheitssucher«, sondern mutiert zum »Wahrheitsfanatiker«. Er glaubt, »die Wahrheit« gefunden zu haben und versucht nun, seine Heilsvorstellung anderen aufzuzwingen. »Niemals tut man so gut und so vollständig das Böse, als wenn man es guten Gewissens tut« (Blaise Pascal 1670). »Es sind die allzu Gläubigen, die Idealisten und Perfektionisten, die um hehrster Ziele willen unvorstellbare Grausamkeiten begingen, Scheiterhaufen und Galgen errichtet und ›heilige Kriege‹ begonnen haben« (Eckert 1978, S. 129).

Das unbewusste Bedürfnis nach sozialer Sicherheit, zum Beispiel der Zugehörigkeit zu einer Gruppe oder der Anerkennung durch eine Autorität, kann sogar gewalttätiges Handeln begründen. Das verdeutlicht auch das sogenannte *Milgram Experiment* (Milgram 1982).

Unser tief verwurzeltes Sicherheitsbedürfnis führt nicht selten zu einer Neigung, durch Verdrängung Ruhe schaffen zu wollen, die aber leicht zu einer »Friedhofsruhe« wird. Ist es nicht vielleicht besser, die »schlafenden Hunde nicht zu wecken« (Freud 1937c, S. 75)? Das fragen sich und uns Psychoanalytiker ja auch immer wieder unsere Patienten. Hier ist dann therapeutisch bisweilen eine »heilsame Beunruhigung« nötig. Es ist manchmal sehr verführerisch, dem Ansinnen des Kranken nachzugeben, welcher der Auffassung ist, man sollte die schlafenden Hunde lieber nicht wecken. Aber wir wissen als Analytiker nur zu gut, dass die unbewussten Hunde eben nicht schlafen, sondern unbemerkt – »unbewusst« – maßgeblichen Einfluss auf unser Handeln und Erleben ausüben.

In einer psychoanalytischen Behandlung wird der Versuch unternommen, die vom Bewusstsein abgespaltenen Körper- oder Affekterinnerungen durch Symbolisierung in Bildern und Worten zu »mentalisieren« und damit dem Bewusstsein wieder zugänglich und verfügbar zu machen. Der Psychoanalytiker macht den Menschen, die ihn (mehr oder weniger) freiwillig aufsuchen, das »Angebot«, sie auf ihrer Suche nach sich selbst und ihrer Geschichte hilfreich zu begleiten. Er bietet für diesen schwierigen Weg der »Spurensuche«, der Wahrheits- und Sinnsuche seinen therapeutischen Raum einschließlich seiner Person an. Die »heilsame Erinnerungsarbeit« innerhalb einer Psychoanalyse hat das Ziel, im schützenden Rahmen des Settings und der therapeutischen Beziehung vergangenes Leid bewusst wiedererfahrbar, durchlebbar und damit einer Bewältigung zugänglich zu machen (vgl. Auchter 2004a). Das (Wieder-) Aneignen der Lebensgeschichte ist unvermeidlich auch mit schwer erträglichen Gefühlen wie Angst, Schmerz, Trauer, Scham oder Schuld verknüpft. Durch das erinnernde Wiederbeleben von unbewältigten Konflikten und Traumatisierungen in der therapeutischen Situation können im besten Fall die beim Erleiden des Traumas voneinander abgespaltenen »fragmentierten« Erinnerungsbilder und dazugehörigen Affekte wieder miteinander verknüpft werden. Und zwar letztlich über den Weg eines Zur-Sprache-Bringens, einer heilenden »Verwörterung« dessen, was bis dahin nur oder überwiegend körper- oder handlungssprachlich zum Ausdruck kommen konnte.

Die Psychoanalyse als »Heilkunde« bietet als mögliches Ergebnis ihrer therapeutischen Bemühungen nicht »Heilsein« an, sondern bestenfalls größeres »Wirklichsein«, »sich wirklich fühlen«, wie Winnicott (1971a, S. 117) sagt. Und zu diesem »Realitätsprinzip« – wie die Psychoanalytiker das nennen – gehören immer auch die Schattenseiten des Lebens, unsere »schlechtere Hälfte«, Versagen, Zweifel, Angst, Schuld, Schmerz, Trauer, Sterben, Tod, also unser unvermeidbares Unheilsein, genauso wie die positiven Erfahrungen (Winnicott 1986, S. 27). Die Psychoanalyse hat als Heilmittel »keinen billigen Trost« anzubieten (Freud 1930, S. 434), »sie erlaubt es nicht, den Riss in der conditio humana zu kitten« (Grunberger/Chasseguet-Smirgel 1979, S. 153). Ihr Heilerfolg kann höchstens darin bestehen, dabei behilflich sein, das Leben besser auszuhalten (Freud 1915, S. 355) beim »Versuch, die Welt besser zu bestehen« (A. Mitscherlich 1970a).

Das »Realitätsprinzip« steht ebenso gegen jeglichen Größenwahn wie gegen jeden Kleinheitswahn. Freud (1910c, S. 142f.) schreibt dazu:

> »Wer die Großartigkeit des Weltzusammenhanges und dessen Notwendigkeiten zu ahnen begonnen hat, der verliert leicht sein eigenes kleines Ich. In Bewunderung versunken, wahrhaft demütig geworden, vergisst man allzu leicht, dass man selbst ein Stück jener wirkenden Kräfte ist und es versuchen darf, nach dem Ausmaß der persönlichen Kraft ein Stückchen jenes notwendigen Ablaufs der Welt abzuändern, in welcher das Kleine doch nicht minder wunderbar und bedeutsam ist als das Große.«

Und an anderer Stelle schreibt er: »Wer nicht weitergeht, wer sich demütig mit der geringfügigen Rolle des Menschen in der großen Welt bescheidet, der ist [...] irreligiös im wahrsten Sinne des Wortes« (Freud 1927c, S. 355).

Insofern Freud das »Heilwerden« darin sieht, dass immer mehr Wunschdenken durch Wirklichkeitsdenken ersetzt wird, ist er ein entschiedener Desillusionär. »Du bist noch nicht fertig damit[39], dich nicht zu täuschen«, ließe sich als das »11. Gebot« von Freud formulieren.

Aber Freud (1927c, S. 376) weiß auch selbst, »wie schwer es ist, Illusionen zu vermeiden«, und er hatte auch selber welche. Was war Freuds Traum? Freud hatte zwei Träume. Den einen nennt er »Unser Gott Logos« (ebd., S. 378), er setzt also auf »Vernunft«, auf Rationalität. »Die Stimme des Intellekts ist leise, aber sie ruht nicht, ehe sie sich Gehör verschafft hat. Am Ende, nach unzählig oft wiederholten Abweisungen, findet sie es doch« (ebd., S. 377).

Der andere Traum Freuds neben dem von der Vernunft ist der von der »Macht der Liebe«. An seinen Kollegen Sandor Ferenczi schreibt Freud im Januar 1910: »Die Wahrheit ist nur das absolute Ziel der Wissenschaft, aber die Liebe ist ein von ihr ganz unabhängiges Lebensziel« (Brief an S. Ferenczi vom 10.01.1910; zit. n. Jones 1962, II, S. 521). »Jede psychoanalytische Behandlung ist ein Versuch, verdrängte Liebe zu befreien, die in einem Symptom einen jämmerlichen Kompromissausweg gefunden hatte« (Freud 1907a, S. 118). In einem Brief an C. G. Jung bezeichnet Freud die Psychoanalyse als »eigentlich eine Heilung durch Liebe« (Brief an C. G. Jung vom 06.12.1906; Freud/Jung 1974, S. 13). Aber Freud (1930a, S. 440f.) ist sich sehr wohl der »schwachen Seite« dieser Technik bewusst: »Niemals sind wir ungeschützter gegen das Leiden, als wenn wir lieben, niemals hilfloser unglücklich, als wenn wir das geliebte Objekt oder seine Liebe verloren haben.«

39 Mit dieser Formulierung übersetze ich die ziemlich deutsche Feststellung »Du sollst« der »Zehn Gebote« der Bibel.

Lebendigkeit vollzieht sich in einer spannungsvollen Balance zwischen Desillusionierung und Illusionsbildung. Der Psychoanalytiker Charles Rycroft (1974) hat diesbezüglich vom »Jenseits des Realitätsprinzips« gesprochen und Donald W. Winnicott (1971a) vom »Spielen« und Spielen-Können als Ausdruck von Gesundheit. Gesundsein spielt sich ab in der ständigen lebendigen Bewegung diesseits und jenseits des Realitätsprinzips.

»Heilerfolg« im psychoanalytischen Sinne bedeutet also – gewissermaßen paradox –, immer fähiger, immer reifer werden, auch das Unheilsein, das Gespannt-Sein, das Widersprüchlich-Sein auszuhalten. Der Philosoph Manfred Dirschauer (1996) gibt deshalb seinem Buch den trefflichen Titel *Melancholie des Heils.*

»Heil« umfasst also: Akzeptanz von Zweifeln, von offenen Fragen, von Ungelöstheiten, von Begrenzungen, Vorläufigkeiten und Vorübergehendem. Die Verantwortung eines reifen Menschen bezieht sich auf den »ganzen Menschen«, das heißt aber auch auf das, was gerade »nicht ganz« an ihm ist (Auchter 1996, S. 104). Der Theologe Fulbert Steffensky (2003, S. 48) setzt dem »Totalitätsterror« oder »Ganzheitsterror« die »gelungene Halbheit« entgegen.

»Unheilvoll« werden wir, wenn wir uns selbst nicht so annehmen wie wir sind, nämlich voller Widersprüche. Mit Fähigkeiten und Stärken, auf die wir stolz sein können, aber auch mit Schwächen und Fehlern und Unvollkommenheiten, für die wir uns vor unserem inneren Ideal schämen. Wenn es uns nicht gelingt, auch diese ungeliebten Selbstanteile, unsere »Schatten«, wie Carl Gustav Jung das genannt hat, anzunehmen, dann stehen wir immer wieder in der Gefahr, dieses unser eigenes Böses auf andere (Fremde, Juden, Palästinenser, Muslime, Ausländer, Behinderte, Asylbewerber, Arbeitslose, Frauen, Kinder usw.) zu projizieren und dann an ihnen mit aller Gewalt zu bekämpfen (Auchter 1990). »Fremdheit erzeugt Misstrauen, Misstrauen erzeugt Hass, Hass erzeugt Gewalttat« (Ben Chorin 1988, S. 104). »Es ist letztlich das Nicht-Ertragen-Können von Leiden, das immer wieder dazu zwingt, andere leiden zu machen« (Richter 1979, S. 146). Die »Leidensfähigkeit« setzt voraus, dass wir auf den Versuch der Befriedigung unserer Ideal- und Omnipotenzvorstellungen verzichten. Winnicott hat uns hierfür die hilfreiche Kategorie des »hinreichend Guten« – »good enough« – angeboten. Das Annehmen unvermeidlichen Leidens bewahrt uns davor, andere vermeidbar leiden zu machen.

Winnicott (1965b, S. 52) bezeichnet als die »wirklich verantwortlichen Menschen, jene, die ihren eigenen Hass, ihre Ekelhaftigkeit, ihre Grausamkeit als Tatsachen annehmen, als Eigenschaften, die gleichzeitig mit ihrer Fähigkeit zu lieben und etwas aufzubauen, bestehen«. Es geht um die Anerkenntnis, dass »Liebe und Hass normale Gefühle sind« (Simmel 1946, S. 90) und um eine »Koexistenz von Liebe und Hass« (Winnicott 1965a, S. 21), die ausgehalten werden muss. »Gesundheit« besteht in der Fähigkeit, »zu lieben und zu hassen« (M. Balint 1966, S. 159). Um diese Dialektik wusste auch schon die Bibel: »Lieben hat seine Zeit und Hassen hat seine Zeit« (Prediger 3, 1–8). Die Psychoanalytikerin Melanie Klein hat das Akzeptieren der dunklen Seite im Menschen in einer etwas unglücklichen Formulierung als »depressive Position« bezeichnet. Gemeint ist damit die Fähigkeit und der Wille zur Übernahme von Verantwortung, zur Annahme von realer Schuld und zum Bemühen, zukünftig schuldhaftes Handeln zu minimieren[40]. Sie setzt das Akzeptieren der Tatsache voraus, dass auch ich böse bin, mit anderen Worten: die Aufhebung der vorhergehenden Abspaltung und Projektion alles Bösen auf den anderen, das Überwinden der sogenannten »paranoid-schizoiden Position« (M. Klein). Winnicott (1965a) bezeichnet diesen Vorgang positiv als den Erwerb der »Fähigkeit zum Erbarmen« oder der »Fähigkeit zur Besorgnis«.

»Heilung« ist wie »Erlösung« nur als Prozess vorstellbar – »Heilwerden ohne Ende« –, nur als dynamische Größe, als vorläufige Balance, als vorübergehender Gleichgewichtszustand, als Fähigkeit zum Konflikt und zum Aushalten von Spannungen, nicht als Endzustand!

Das »Unheil« beginnt überall dort, wo sich Menschen im Alleinbesitz der »einen« und »ganzen Wahrheit« wähnen – in »wähnen« steckt die Sprachwurzel »Wahn« –, diese als »unbedingt« betrachten, sie »verabsolutieren« und sich berufen fühlen, dem Rest der Welt dieses Heil mittels Gewalt aufzuzwingen.

Der heile Kern des Selbst und seine Gefährdungen

Von den Psychoanalytikern hat am deutlichsten Donald W. Winnicott (1965a, S. 187) auf den »unberührbaren Kern« des Selbst, das Element des »incommunicado« hingewiesen. Seiner Auffassung nach gibt es in jedem Individuum einen Bereich, der »isoliert ist, dauerhaft außerhalb jeglicher

40 Kain wird nicht nach dem Prinzip »Auge für Auge, Zahn für Zahn« (2. Mose 21, 24) für seinen Mord an Abel getötet (1. Mose 4, 11–15), was nur zu einer Perpetuierung mörderischer Gewalt führen würde, sondern dazu bestimmt, »mit seiner Schuld« zu leben.

Kommunikation, für immer unbewusst und in der Tat unauffindbar« (ebd.). Winnicott bezeichnet diesen Selbst-Anteil ausdrücklich als »sacred« (ebd.), also als »heilig«, mithin einen unberührbaren Tabubereich. Seine Verletzung führt zu einer tief greifenden, schwer reversiblen Schädigung des Persönlichkeitskerns.

Dieselbe Formulierung »sacred« verwendet Winnicott (1989, S. 320; Anm. T. A.) auch in der folgenden programmatischen Bemerkung zur psychoanalytischen Heilkunst: »Alles was in einer Psychotherapie gesprochen oder getan wird, sollte auf dem schlichten Faktum beruhen, dass der Therapeut sich menschlich verhält und nicht auf dem hohen Ross seiner Professionalität sitzt. Und dass er sich nichtsdestotrotz des einmalig ›Geheimnisvollen‹ jeder [therapeutischen] Begegnung bewusst bleibt.«

Der bekannte deutsche Psychoanalytiker Alexander Mitscherlich ([1946] 1983, S. 8, 10; kursiv T. A.) warnt ausdrücklich vor der »Distanzlosigkeit den großen *Geheimnissen* des Lebens gegenüber«. Er fordert Respekt vor der »prinzipiellen Selbstverborgenheit, in der wir Menschen leben«. Winnicott (1965a, S. 179) spricht für das Subjekt vom »Recht auf Nicht-Kommunikation«.

Der Erwerb der Wortsprache bereichert das Individuum zugleich um eine weitere neue Möglichkeit. Denn wenn ich sprechen kann, dann kann ich von da an auch bewusst schweigen. Ab diesem Zeitpunkt besitze ich die Fähigkeit, bewusst ein »Geheimnis« zu bewahren. Ich kann etwas aussprechen, mitteilen – oder willentlich bei mir behalten. Diese Fähigkeit zählt der Psychoanalytiker Viktor Tausk (1919, S. 15) zu den »stärksten Faktoren der Ich-Bildung«. Der Erwerb des Schweigen-Könnens stellt dem Ich-Selbst eine neue Methode zur Verfügung, seinen »heiligen Kern« zu schützen und zu bewahren.

In jeder Begegnung zwischen Menschen, besonders aber in der therapeutischen oder der seelsorgerlichen, spielt die dialektische Spannung zwischen dem Bedürfnis nach »Selbstoffenbarung« und dem Bedürfnis nach »Selbstverborgenheit« (A. Mitscherlich 1946) eine bedeutsame Rolle. Unsere sprachlichen und gestischen Mitteilungen an unsere Gegenüber können ebenso viel deutlich machen, wie sie verdecken können.

Es gibt nicht nur einen Hang zur Täuschung und Selbsttäuschung, sondern auch einen »unbewussten Drang zur Wahrheit«. »Wessen Lippen schweigen, der schwätzt mit den Fingern; aus allen Poren dringt ihm der Verrat« (Freud 1905e, S. 240). Die Wahrheit kommt zum Beispiel in den sogenannten »Fehlleistungen« zum Ausdruck.

Die ständig wirksame grundlegende Spannung zwischen dem Wahrheitsdrang und dem Bedürfnis nach Verborgenheit verbietet jegliche simple und simplifizierende Regel für ein hilfreiches und heilsames seelsorgerliches Gespräch. Es erfordert eine Menge Einfühlungsfähigkeit, Fingerspitzengefühl und Taktempfinden, in der jeweiligen Situation zu entscheiden, ob ich etwas sage, etwas frage oder besser schweige und zuhöre! Der Psychoanalytiker Michael Balint hat das »Janusgesicht des Schweigens« (Reik 1927, S. 119) einmal folgendermaßen beschrieben:

> »Es kann trostlose, fürchterliche Leere bedeuten, allem Wachstum und Leben feindlich, aus welcher der Patient unbedingt und so schnell wie möglich herausgeholt werden muss, es kann auch eine freundliche, anregende Weite bedeuten, die den Patienten einlädt, abenteuerliche Fahrten in das unerforschte Land seiner Phantasie zu unternehmen« (M. Balint 1970, S. 213).

Die Heilsamkeit von Nicht-Wissen und Nicht-Wollen – oder: Der »unaufdringliche Analytiker« (M. Balint 1968)

Das wichtigste »Heilmittel« im Rahmen einer psychoanalytischen Behandlung ist, wie die vorangegangenen Darlegungen verdeutlichen, die »Person« und die »Persönlichkeit« des Psychoanalytikers. Nicht ein bestimmter theoretischer Hintergrund oder eine besondere Methodik, eine spezifische Psychotechnik, ist der mächtigste Heilfaktor, sondern der »Mensch« Psychotherapeut mit seinem authentischen Beziehungsangebot.

In unserem Alltagsdiskurs gehen wir davon aus, dass Wissen Macht bedeutet und insofern läge es nahe, auch unsere »Heilungsmacht« vom Grad unseres therapeutischen Wissens und unserer Informationen über den Patienten abhängig zu betrachten. Wenn wir uns allerdings weniger als die »Macher«, sondern eher als die »Entwicklungshelfer« (Winnicott 1969; zit. n. Rodman 1987, S. 186) im therapeutischen Prozess verstehen, dann kann gerade unser »Nicht-Wissen« (Bion 1970) eine wichtige schöpferisch-therapeutische Funktion erhalten (vgl. auch Joseph 1994, S. 207ff.). Wilfred Bion (1970, S. 129) hat das auf seine provokative Formel für das analytische Verhalten gebracht: »no memory, no desire, no understanding« – »sich an nichts erinnern, nichts wollen, auf verstehen verzichten«. Winnicott sieht zwei grundlegende Fehlermöglichkeiten für den Psychotherapeuten: Entweder er deutet zu wenig und schweigt zu viel, oder er deutet zu viel. »Wenn ich nicht deute, bekommt der Patient den Eindruck, dass ich alles verstehe« (Winnicott 1965a, S. 167). Mit anderen Worten: »Ich bin immer überzeugt gewesen, dass eine wichtige Funktion der Deutung darin besteht, die *Grenzen* des Verständnisses des Analytikers *aufzuzeigen*« (ebd., S. 189; kursiv T.A.). Patienten müssen in bestimmten Phasen ihrer Psychotherapie die Begrenzung der Mächtigkeit ihres Analytikers ebenso erleben können wie in anderen seine sichernde und schützende Macht, die beispielsweise durch eine richtige, im richtigen Augenblick gegebene Deutung repräsentiert wird (ebd., S. 51).

Winnicotts pädagogische und psychotherapeutische Konzepte sind eine eindeutige Absage an den Therapeuten als »homo faber«, der vom »furor sanandi« (Freud 1915a, S. 320f.) besessen ist, also den »therapeutischen Macho«. Er dagegen fragt, mit welchen sozusagen homöopathischen Dosen der Droge Psychotherapeut kann ich möglichst wirksam den Selbstentwicklungsprozess meiner Patienten fördern? »In der Analyse fragt man nicht selten: Wie viel agieren ist erlaubt? Im Kontrast dazu herrscht in meiner Klinik das Motto: ›Wie wenig muss getan werden?‹« (Winnicott 1965a, S. 166) Das begründet vielleicht auch Winnicotts großes Misstrauen gegen allzu forsches Interpretieren. Ihm geht es darum, für seinen Patienten einen »therapeutischen Raum« zu schaffen, in dem dieser seine Geschichte in seiner eigenen Weise, seiner eigenen Geschwindigkeit und seinen eigenen Worten wiederzuentdecken vermag. Die Verteidigung der (Entwicklungs-)Zeit gegen institutionelle oder politische »Zeitfresser« gehört zu den aktuellen Herausforderungen der Psychoanalyse! Was nicht ausschließt, dass im Einzelfall eine zeitliche Begrenzung durchaus produktive therapeutische Folgen zeitigen kann (vgl. Freud 1937c, S. 61f.)!

Winnicott versteht sich nicht als »Macher«, sondern als »Förderer« (»facilitator«; Phillips 1988, S. 144; Grolnick 1990, S. 134) eines therapeutischen Prozesses, welcher der natürlichen Entwicklungstendenz oder Gesundungstendenz folgt. Es gilt zu vermeiden, die »natürlichen« Wachstumsprozesse durch Deutungen an unpassender Stelle zu unterbrechen und zu stören (Winnicott 1971a, S. 86). Sie haben ihre je eigene Gestalt und benötigen ihre je eigene Zeit (vgl. Phillips 1988, S. 12; Henseler/Wegener 1993).

Unzeitige und unpassende »Deutungen des Materials stellen eine Belehrung dar und führen nur zur Überanpassung« (Winnicott 1971a, S. 51). »Sie hemmen unter diesen Umständen die Kreativität von Patienten und wirken traumatisch, da sie dem Reifungsprozess entgegenwirken« (ebd., S. 117) – indem sie nämlich die Geste des Psychoanalytikers an die Stelle der eigenen »spontanen Geste« (Winnicott 1965a, S. 145, 148) des Patienten setzen. Durch sein »Nicht-Wissen« schafft der Analytiker dagegen einen kreativen Entfaltungs- und Entwicklungsspielraum für seine Patienten (vgl. Auchter 2004b).

Bisweilen wurde gegen die Psychoanalyse der Vorwurf erhoben, sie »analysiere« nur und lasse den Patienten dann gewissermaßen in Einzelteile zerlegt stehen, sorge sich nicht um dessen Synthese und (Re-)Integration, also »Heilung«. Freud (1919a, S. 186) geht von grundsätzlich gegebenen Strebungen im Seelenleben aus, »die einem Zwang zur Vereinheitlichung und Zusammenfassung unterliegen«. Er beschreibt den analytischen Behandlungsprozess so:

> »Der neurotisch Kranke bringt uns ein zerrissenes, durch Widerstände zerklüftetes Seelenleben entgegen, und während wir daran analysieren, die Widerstände beseitigen, wächst dieses Seelenleben zusammen, fügt die große Einheit, die wir sein Ich heißen, sich alle die Triebregungen ein, die bisher von ihm abgespalten und abseits gebunden waren. So vollzieht sich bei dem analytisch Behandelten die Psychosynthese ohne unser Eingreifen, automatisch und unausweichlich.«

Der Psychoanalytiker Hermann Nunberg (1959, S. 177ff.) sprach von der angeborenen »synthetischen Funktion des Ichs«.

Gelegentlich wird die Vorstellung geäußert, Psychoanalyse sei eine »Kunst«. »Ein Analytiker mag ja ein guter Künstler sein«, meint dazu Winnicott (1958, S. 291), aber: »Welcher Patient will das Gedicht oder das Gemälde eines anderen sein?« Wie jedoch kann der Patient dazu kommen, sein eigenes Gedicht oder sein eigenes Gemälde zu werden? Winnicott (1971a, S. 86; kursiv T.A.) antwortet: »Wenn wir nur *abwarten* können, kommt der Patient von ganz *allein* kreativ und mit größter Freude zu einem Verständnis, und ich kann diese Freude heute viel mehr genießen als früher das Gefühl, klug zu sein.« Die »Zurückhaltung« des Analytikers ermöglicht dem Patienten diese Grenzerfahrung und damit trägt der Analytiker auch zu seiner entwicklungsnotwendigen »Entidealisierung« bei.

Therapieren bedeutet eben nicht, dass der Psychoanalytiker »besonders geistreiche und geschickte Deutungen gibt. Sondern im großen und ganzen stellt Psychoanalyse einen langfristigen Prozess dar, in welchem dem Patienten *zurückgegeben* wird, was er selbst einbringt« (Winnicott 1971a, S. 117; kursiv T.A.; vgl. 1989, S. 208). »Wir können insbesondere in der Ausbildung nicht häufig und nicht nachdrücklich genug betonen, dass die Analytiker sich auf die *Rückspiegelung* des dargebrachten Materials konzentrieren, statt sich in Extreme ganz besonders cleverer Deutungen zu versteigen« (Winnicott 1989, S. 211; kursiv T. A.).

Die heilsame Rückspiegelung setzt voraus, dass der Therapeut erst einmal zugehört hat, sich hat berühren lassen und das vom Patienten Mitgeteilte angenommen hat. Seine Zurückhaltung und Absichtslosigkeit soll dem Patienten einen vertrauenserweckenden Raum anbieten, in dem dieser sich zur Sprache bringen kann. Es geht aber nicht nur um das Zur-Sprache-Bringen-Können. Sondern Unbewältigtes, Unaushaltbares und Unbegreifliches muss sozusagen erst einmal in den »Container« – wie wir Analytiker das mit Bion nennen – des Therapeuten hineindürfen. Damit wird das Unfassbare – vielleicht zum ersten Mal im Leben des Patienten – in der Person des Therapeuten in einem wohltuend-hilfreichen Gegenüber gefasst (contained). Erst bei passender Gelegenheit und wenn der Patient es wieder aufnehmen kann, wird dieses zuvor Unverdauliche nun gewissermaßen durch den Analytiker verdaut dem Patienten in einer genießbareren und bekömmlicheren Form zurückgegeben (Bion 1970). Auch das steckt im Heilfaktor des therapeutischen »Spiegelns«.

»Es geht nichts anderes zwischen ihnen vor, als dass sie miteinander reden« (Freud 1926e, S. 213). Diese knappe Freud'sche Definition einer psychoanalytischen Behandlung ist ebenso zutreffend wie gleichzeitig ein grandioses Understatement. Sie muss zunächst ergänzt werden um seine Formulierung vom »›Zauber‹ des Wortes« (Freud 1890a, S. 301f.). Darüber hinaus spielt sich die Psychodynamik einer therapeutischen Beziehung natürlich und gerade auch »jenseits der Worte« in Gefühlen, Empfindungen, Körpererfahrungen, Gesten u. a. m. ab. »Affektloses Erinnern ist fast immer völlig wirkungslos; der psychische Prozess, der ursprünglich abgelaufen war, muss so lebhaft als möglich wiederholt, in statum nascendi gebracht und dann ausgesprochen werden« (Freud 1895a, S. 85).

Der Heilungsvorgang innerhalb einer psychoanalytischen Behandlung vollzieht sich im Wesentlichen in und durch die »Beziehung«.

Dimensionen wie »Spiegelung« (Winnicott), »Antwort« (Heigl-Evers), »Resonanz« sind in den letzten Jahren als Formen der »hilfreichen« (Ermann 1993), heilsamen therapeutischen Beziehung immer mehr in den Vordergrund gerückt worden, aber sie gehören schon immer zum zentralen Korpus der psychoanalytischen Technik. »Ohne Sympathie keine Heilung«, meint der Psychoanalytiker Sandor Ferenczi (1932).

Winnicott vergleicht den Psychoanalytiker mit einem »Gärtner«, der eine Narzisse wachsen lässt (Brief an M. Klein vom 17.11.1952; zit. n. Rodman 1987, S. 35). Es ginge nun »nicht« um die Vorstellung: »Ich« bringe die Zwiebel dazu, zu einer blühenden Narzisse zu werden. In Winnicotts Selbstverständnis muss das Bemühen darauf gerichtet sein, durch hinreichend gute Pflege »der Zwiebel« die Möglichkeit zu verschaffen, »sich« zu einer Narzisse zu entfalten (vgl. Auchter 1997c).

Und ähnlich wie in der schrumpligen Narzissenknolle alle Potenziale zu der farbenprächtigen Blume vorhanden sind, sieht Winnicott auch in dem runzligen Neugeborenen alle Möglichkeiten zur Entfaltung lebendigen Menschseins verborgen. Dasselbe gilt für die graue, zerklüftete Oberfläche schwer seelisch Erkrankter, hinter der sich der farbige innere Reichtum ihrer Persönlichkeit verbirgt.

Die Psychoanalyse verspricht keine endgültige Erlösung, sondern bietet höchsten vorläufige Lösungsversuche an. Ihr geht es nicht um Heil im Sinne von Ganzheit, sondern um die bessere Akzeptanz von unausweichlich menschlichen Konflikten, Spannungen und das beständige Suchen nach partiellen und passageren Gleichgewichten, die immer von Neuem in eine Balance gebracht werden müssen.

Schlussüberlegungen

Zu den schwersten Herausforderungen menschlichen Seins gehören Leiden und Sterben. Unser Unbewusstes verleugnet das souverän und ist nach Freud (1915b, S. 341) von seiner »Unsterblichkeit« überzeugt. Zu den Abwehrtechniken gegen das Akzeptieren des Todes gehört zum Beispiel die illusionäre Grenzüberschreitung und künstliche Todesüberwindung durch risikoreiche Spiele und Sportaktivitäten oder Vergleichbares wie Motorradfahren. Jedesmal wenn beim Risikosport wieder einmal dem Tod ein Schnippchen geschlagen wurde, feiert das Ich einen narzisstischen Triumph über seine Sterblichkeit und bestätigt dem Unbewussten die Illusion seiner Unvergänglichkeit. Da sie jedoch fiktiv ist, bedarf sie suchtartig einer ständigen und verstärkten Erneuerung.

Menschenmöglich ist immer nur eine vorübergehende, d. h. immer wieder neu zu erringende Erlösung aus den Verführungen des Kleinheitswahns, den

Minderwertigkeitskomplexen: »Man kann ja doch nichts machen«, »Was soll ich als Einzelner denn tun?« Und erreichbar ist nur eine »episodische« Befreiung aus den Verblendungen des Größenwahns, der Allmachts- und Allwissenheitsfantasien und Unsterblichkeitsvorstellungen, denen wir bewusst oder unbewusst immer wieder nachhängen. Diese Wahnvorstellungen bleiben ständig eine verführerische, Erlösung und Befreiung verheißende Alternative zum Annehmen der immer begrenzten menschlichen Wirklichkeit, zum »Realitätsprinzip«. Im griechischen Mythos realisiert Ikarus seinen »Traum vom Fliegen«. Ikarus hebt ab, er überschätzt sich, schwingt sich voll überschäumender Freude über die Kraft seiner künstlichen Flügel zu nahe an die Sonne. Das Wachs, das die Federn zusammenhält, schmilzt. Ikarus stürzt ins Meer und ertrinkt.

Erlösung ist menschlich nur denkbar als ein »unaufhörlicher aktiver Prozess«. Und Erlösung kann nur als ein erstrebenswertes, allerdings »nie erreichbares« Ziel definiert werden. Die Spannung zwischen der »Unmöglichkeit« (Freud 1925f, S. 565) einer »restitutio ad integrum«, der Rückkehr ins Paradies einerseits und dem »Prinzip Hoffnung« (Ernst Bloch) andererseits ist nicht aufzuheben. »Die Heilung […] kann also keine restitutio ad integrum sein, sondern nur eine ›Versöhnung mit dem Manko‹« (Ferenczi 1932, S. 114). Solange ein Mensch lebendig ist, ist Erlösung jedenfalls kein langfristig erreichbarer Zustand. Vielleicht werden deswegen so häufig Tod und Erlösung in einen gedanklichen Zusammenhang gebracht. Vielleicht ist ein »erlöster Zustand« nur nach dem Leben, nur im »Jenseits« vorstellbar. Jede Arzt-Patient-Begegnung aufgrund einer Erkrankung konfrontiert uns dagegen erneut mit der Relativität lebensgeschichtlicher Erlösungswünsche und -fantasien. Sie ist deswegen unvermeidlich mit Ambivalenz behaftet.

Durch seine immer neu erlebte Begrenztheit und seine letztendliche Sterblichkeit erfährt der Mensch eine ihm unerträglich scheinende Verwundung seines grandiosen Narzissmus. Das Spektrum seiner Antworten darauf erstreckt sich von dem einen Extrem, zu versuchen, sich selbst zum »Herrn über Leben und Tod« aufzuschwingen (Mord, Krieg und Selbstmord), bis zum anderen Extrem, sich zu einem »völlig unverantwortlichen Rädchen im Getriebe der Zeit«, der Welt und der Herrschenden zu degradieren (Auchter 1996).

Psychoanalyse und Seelsorge können sich vielleicht in dem Möglichkeitsraum zwischen diesen Extremen treffen, um dem Menschen dabei behilflich zu sein, zwischen der Fantasie seiner Omnipotenz (Allmacht) und der von seiner totalen Insuffizienz (Ohnmacht) einen »dritten Weg« (vgl. Freud 1910c, S. 142f., 1926e, S. 228) zu suchen (Auchter 1996).

Psychoanalyse und Religion könnten sich begegnen im Bewusstsein um die »Versehrtheit« des Menschen, das Unheilbare in ihm und die Gewissheit seines Sterbenmüssens. Der Theologe und Psychoanalytiker Wolfgang Reuter (2000, S. 26) kommt in seiner Arbeit *Perspektivenwechsel: – der heilsame Blick aufs Fragment* zu genau demselben Ergebnis: »Seelsorge und Theologie haben, ganz ähnlich wie die Psychoanalyse, nicht das Ziel und die Aufgabe, das Leiden der Menschen zu beseitigen.« Dorothee Sölle und Fulbert Steffensky (2003) sprechen von der »Würde der Untröstlichkeit«.

Menschwerden, Heilwerden impliziert den radikalen und definitiven Verzicht auf jede Gottähnlichkeit (Versuche der Realisierung von Unfehlbarkeit, Allwissenheit und Allmächtigkeit). So wie es der französische Existenzialist Albert Camus (1951, S. 230) einmal formulierte: »Jede menschliche Freiheit ist an ihrem Ursprung relative Freiheit.« »Leben und sterben lernen und, um Mensch zu sein, sich weigern, Gott zu sein« (ebd., S. 248).

Literatur

Abram, J. (1996): The Language of WINNICOTT. A Dictionary of Winnicott's Use of Words. London (Karnac).

Ackerman, N.W. & Jahoda, M. (1948): The dynamic base of anti-semitic attitudes. Psa. Q. 17, 240–260.

Adorno, T.W. & Horkheimer, M. ([1947] 1971): Dialektik der Aufklärung. Amsterdam/Frankfurt (Querido Verlag/Fischer).

Adorno, T.W. ([1969] 1972): Erziehung zur Mündigkeit. Frankfurt (Suhrkamp).

Ahlheim, R. (1985): Bis ins dritte und vierte Glied. Das Verfolgungstrauma in der Enkelgeneration. Psyche – Z psychoanal 39, 330–354.

Akhtar, S. (2002): The psychodynamic dimension of terrorism. In: Covington, C.; Williams, P.; Arundale, J. & Knox, J. (Hg.): Terrorism and War. Unconscious Dynamics of Political Violence. London (Karnac), S. 87–96.

Albertz, H. (Hg., 1983): Warum ich Pazifist wurde. München (Kindler).

Alt, F. (1983): Frieden ist möglich. München/Zürich (Piper).

Altmeyer, M. (2000): Narzissmus und Objekt. Ein intersubjektives Verständnis der Selbstbezogenheit. Göttingen (Vandenhoeck & Ruprecht).

Altmeyer, M. (2005): Innen, Außen, Zwischen. Paradoxien des Selbst bei Donald Winnicott. Forum Psa. 21, 43–57.

Anders, G. ([1956] 1987): Die Antiquiertheit des Menschen. München (Beck).

Anders, G. (1981): Die atomare Drohung. München (Beck).

Anzieu, D. (1991): Das Haut-Ich. Frankfurt (Suhrkamp).

Apfel, R.J. & Bennett, S. (2005): Trauma, violence and psychoanalysis. I. J. Psycho-Anal. 86, 191–202.

Arendt, H. (1962): Über die Revolution. München (Piper).

Arendt, H. (1963). Eichmann in Jerusalem. Ein Bericht von der Banalität des Bösen. Reinbek (Rowohlt).

Assmann, J. (1992): Das kulturelle Gedächtnis. Schrift, Erinnerung und politische Identität in frühen Hochkulturen. München (Beck).

Arlow, J. A. (1969): Phantasie, Erinnerung und Realitätsprüfung. Psyche – Z psychoanal 23, 881–899.

Auchter, T. (1970): Sozialpsychologische Aspekte einer demokratischen Erziehung. Unveröffentlichtes Manuskript.

Auchter, T. (1973): Zur Kritik der antiautoritären Erziehung. Freiburg (Lambertus Verlag).

Auchter, T. (1974): Anpassung und Widerstand – Probleme der Selbstfindung. Unveröffentlichtes Manuskript.

Auchter, T. (1975): Verzicht – noch zeitgemäß – oder wieder? Unveröffentlichtes Manuskript.

Auchter, T. (1977): Eine Teufelsneurose im 20. Jahrhundert. WzM 29, 223–235.

Auchter, T. (1978): Die Suche nach dem Vorgestern. Trauer und Kreativität. Psyche – Z psychoanal 32, 52–77.

Auchter, T. (1980): Ideologisierung als psychopathologisches Phänomen – Oder: Wie werde ich ein Sektierer? Unveröffentlichtes Manuskript.

Auchter, T. (1981a): Psychologische Überlegungen über die Ursachen extremen politischen Verhaltens. Unveröffentlichtes Manuskript.

Auchter, T. (1981b): Massenpsychologie und Ich-Analyse. Unveröffentlichtes Manuskript.

Auchter, T. (1981c): Verweigerung, um lebendig zu bleiben. Thesen zur JugendBEWEGUNG aus der Sicht des Psychoanalytikers. Unveröffentlichtes Manuskript.

Auchter, T. (1982): Psychoanalyse im Übergang. Bericht über eine einjährige analytische Psychotherapie mit einer depressiven Spätadoleszenten. In: Krejci, E. & Bohleber, W. (Hg.): Spätadoleszente Konflikte. Göttingen (Vandenhoeck & Ruprecht), S. 150–183.

Auchter, T. (1983): Struktur und Liebe. Voraussetzungen psychoanalytischer Psychotherapie. WzM 35, 462–478.

Auchter, T. (1987): »Sich weigern, Gott zu sein«. Zur Psychoanalyse der Friedlosigkeit. Psyche – Z psychoanal 41, 641–673.

Auchter, T. (1989a): Gesundsein und Kranksein. Ein fiktives Gespräch mit Donald W. Winnicott. Forum Psa. 5, 153–167.

Auchter, T. (1989b): Die Mär vom »unpolitischen« Freud. Unveröffentlichtes Manuskript.

Auchter, T. (1990): Das fremde eigene Böse. Zur Psychoanalyse von Fremdenangst und Fremdenhass. Universitas 45, 1125–1137.

Auchter, T. (1991): Sigmund Freud – der Mensch im Widerspruch. WzM 43, 347–361.

Auchter, T. (1992): »Fremde als Müllkippen für unseren eigenen Seelenmüll«. In: Intra. Psychologie und Gesellschaft 8, 65–68.

Auchter, T. (1993): Die seelische Krankheit »Fremdenfeindlichkeit«. In: Streeck, U. (Hg.): Das Fremde in der Psychoanalyse. Erkundungen über das »Andere« in Seele, Körper und Kultur. München (Pfeiffer), S. 225–246.

Auchter, T. (1994a): Die Entwicklung des Wahren und des Falschen Selbst. Zs. f. Individualpsychologie 19, 305–317.

Auchter, T. (1994b): Aggression als Zeichen der Hoffnung. Zur Theorie der Jugendgewalt bei Donald W. Winnicott. WzM 46, 53–72.

Auchter, T. (1994c): Das eigene Böse und das böse Fremde. Zur Psychoanalyse der Gewalt. In: Sommer, N. (Hg.): Überall Hass, Krisen, Kriege und Gewalt. Gründe und Auswege. Berlin (Wichern), S. 27–36.

Auchter, T. (1995): Über das Auftauen eingefrorener Lebensprozesse. Zu Winnicotts Konzepten der Behandlung schwerer psychischer Erkrankungen. Forum Psa. 11, 62–83.

Auchter, T. (1996): Von der Unschuld zur Verantwortung. Ein Beitrag zum Diskurs zwischen Psychoanalyse und Theologie. In: Schlagheck, M. (Hg.): Theologie und Psychologie im Dialog über die Schuld. Paderborn (Bonifatius Verlag), S. 41–138.

Auchter, T. (1997a): Über die Grenzen des Erinnerns. WzM 49, 474–484.

Auchter, T. (1997b): Jenseits des Versöhnungsprinzips. Die Grenzen des Erinnerns. Universitas 52, 230–240.

Auchter, T. (1997c): Der Psychoanalytiker als Gärtner. Zs. f. Individualpsychologie 22, 204–219.

Auchter, T. (1998a): Die Bedeutung der Scham für den Umgang mit seelisch kranken Menschen. WzM 50, 144–160.

Auchter, T. (1998b): »Dem Patienten zurückgeben, was er selber eingebracht hat« – wider den therapeutischen Macho. In: Vandieken, R.; Häckl, E. & Mattke, D. (Hg.): Was tut sich in der stationären Psychotherapie? Gießen (Psychosozial-Verlag), S. 282–303.

Auchter, T. (1999): Das eigene Böse und das böse Fremde. Zur Psychoanalyse der Gewalt. In: Strubel, W. (Hg.): GEWALT-ige Herausforderung. (Freiburg) Tagungsband, S. 7–23.

Auchter, T. (2000a): Das Konzept des Haltens und seine Bedeutung für die allgemeine und psychotherapeutische Entwicklung. Zs. f. Individualpsychologie 25, 88–99.

Auchter, T. (2000b): Die seelische Krankheit »Fremdenfeindlichkeit«. In: Streeck, U. (Hg.): Das Fremde in der Psychoanalyse. Gießen (Psychosozial-Verlag), S. 225–234.

Auchter, T. (2000c): Fest halten ohne festzuhalten. In: Schlösser, A.-M. & Höhfeld, K. (Hg.): Psychoanalyse als Beruf. Gießen (Psychosozial-Verlag), S. 385–400.

Auchter, T. (2000d): Lebenstrieb nicht Todestrieb. Zur Aggressionstheorie von D. W. Winnicott. Jahrbuch für Gruppenanalse 10, 33–53.

Auchter, T. (2000e): Das Halten und seine Bedeutung in der allgemeinen und der psychotherapeutischen Entwicklung. WzM 52, 464–476.

Auchter, T. (2001): Bindung und Bindungsverlust in der Postmoderne und ihre Auswirkungen auf den Beratungsalltag. Beratung aktuell 2, 136–151.

Auchter, T. (2002a): Winnicott – oder: Die Sehnsucht, wirklich lebendig zu werden. Luzifer-Amor 15, 7–45.

Auchter, T. (2002b): Über das Auftauen eingefrorener Lebensprozesse. Zur Relevanz der psychoanalytischen Konzepte von D. W. Winnicott für die Psychotherapie und die Soziotherapie. In: Eggebrecht, F. &. Pehl, T. (Hg.): Chaos und Beziehung. Tübingen (edition diskord), S. 21–51.

Auchter, T. (2002c): Erlösung als Prozess. Balint-Journal 3, 34–38.

Auchter, T. (2002d): Gewalt als Zeichen von Hoffnung? Zur psychoanalytischen Theorie der jugendlichen Gewalt bei D. W. Winnicott. In: Schlösser, A.-M. &. Gerlach, A. (Hg.): Gewalt und Zivilisation. Gießen (Psychosozial-Verlag), S. 595–613.

Auchter, T. (2003a): Psychoanalyse zwischen Emanzipation, Effizienz, Euro und Entfremdung. Eine Polemik gegen schleichende Dehumanisierungsprozesse in Vorstellungen von der zukünftigen psychotherapeutischen Versorgung. In: Gerlach, A.; Schlösser, A.-M. & Springer, A. (Hg.): Psychoanalyse mit und ohne Couch. Gießen (Psychosozial-Verlag), S. 87–107.

Auchter, T. (2003b): Angst, Hass und Gewalt. In: Auchter, T.; Büttner, C.; Schultz-Venrath, U. & Wirth, H.-J. (Hg.): Der 11. September. Psychoanalytische, psychosoziale und psychohistorische Analysen von Terror und Trauma. Gießen (Psychosozial-Verlag), S. 134–163.

Auchter, T. (2003c): Gewalt und Widerstand. Eine psychoanalytische Perspektive. Berliner Theologische Zeitschrift 20, 238–257.

Auchter, T. (2003d): Der Traum als Königsweg zum Unbewussten. In: Auchter, T. & Schlagheck, M. (Hg.): Theologie und Psychologie im Dialog über den Traum. Paderborn (Bonifatius Verlag), S. 171–232.

Auchter, T. (2003e): Kriegstraumatisierung von Kindern und anderen Kriegsteilnehmern. Unveröffentlichtes Manuskript.

Auchter, T. (2003f): »Warum ist immer der andere schuld?« Psychoanalytische Dimensionen des Nahostkonflikts. URL: www.aixpaix/autoren/auchter/NahostPsychologie.pdf.

Auchter, T. (2004a): Die Fähigkeit zu erinnern und die Unfähigkeit zu erinnern – Über den schwierigen Weg, sich der eigenen Vergangenheit anzunähern. In: Auchter, T. & Schlagheck, M. (Hg.): Theologie und Psychologie im Dialog über Erinnern und Vergessen. Paderborn (Bonifatius Verlag), S. 113–160.

Auchter, T. (2004b): Zur Psychoanalyse des Möglichkeitsraumes »Potential Space«. Freie Assoziation 7, 37–58.

Auchter, T. (2004c) »Solange der Mensch leidet kann er es noch zu etwas bringen«. Gewalt, Destruktivität und Kreativität. Gruppenanalyse 14, 5–19.

Auchter, T. (2004d) Die Ohnmacht der Gewalt und die Kraft der Kreativität. Psychosozial 27, 43–61.

Auchter, T. (2004e): Versuch, Jim Jones besser zu verstehen. Psychoanalytische Überlegungen zur Verschränkung zwischen individuellem und kollektivem destruktiven Wahn. In: Bender, T. & Auchter, T. (Hg.): Destruktiver Wahn zwischen Psychiatrie und Politik. Gießen (Psychosozial-Verlag), S. 267–286.

Auchter, T. (2004f): Die Enkel des 20. Juli. Zur Bedeutung von Vergangenheit und Generationenfolge für die Gegenwart. Unveröffentlichtes Manuskript.

Auchter, T. (2005): Über Zusammenhänge zwischen Fundamentalismus, Terrorismus, Narzissmus und (anti)sozialem Verhalten. Gruppenanalyse 15, 171–184.

Auchter T. (2006a): »Solange der Mensch leidet, kann er es noch zu etwas bringen« (Sigmund Freud 1918). Ein psychoanalytischer Blick auf Heil und Heilung. In: Auchter T. & Schlagheck M. (Hg.): Theologie und Psychologie im Dialog über die Erfahrung des Buchstückhaften und die Sehnsucht nach Ganzheit. Paderborn (Bonifatius Verlag). S. 67–115.

Auchter, T. (2006b): Ein Ende ist ein Ende ist ein Ende – und auch wieder keines. Zur Paradoxie der endlichen unendlichen Psychoanalyse. In: Diederichs, P. (Hg.): Die Beendigung von Psychoanalysen und Psychotherapien. Gießen (Psychosozial-Verlag), S. 109–136.

Auchter, T. (2006c): Konzepte des Selbst in der Psychoanalyse von D. W. Winnicott. Selbstpsychologie 24, 115–139.

Auchter, T. (2006d): Täter und Opfer zugleich – Zur Psychoanalyse adoleszenter terroristischer Selbstmordattentäter. In: Hirsch, M. (Hg.): Das Kindesopfer. Eine Grundlage unserer Kultur. Gießen (Psychosozial-Verlag), S. 135–164.

Auchter, T. (2006e): Friedlosigkeit in Nachkriegsgesellschaften. Traumatisierung und Verrohung. Unveröffentlichtes Manuskript.

Auchter, T. (2007): Die Angst vor George W. Bush und die Angst von George W. Busch. In: Psychoanalyse im Widerspruch 37, 59–80.

Auchter, T. (2010): Die Geschichte vom weißen Zebra – oder: Seelische Ursprünge des Rassismus. URL: www.aixpaix.de/autoren/auchter/Rassismus2010.pdf.

Auchter, T.; Büttner, C.; Schultz-Venrath, U. & Wirth, H.-J. (Hg., 2003): Der 11. September. Psychoanalytische, psychosoziale und psychohistorische Analysen von Terror und Trauma. Gießen (Psychosozial-Verlag).

Auchter, T. & Strauss, L.V. ([1999] 2003[2]): Kleines Wörterbuch der Psychoanalyse. Göttingen (Vandenhoeck & Ruprecht).

Auchter, T. & Schlagheck, M. (Hg., 2004): Theologie und Psychologie im Dialog über Erinnern und Vergessen. Paderborn (Bonifatius Verlag).

Auchter, W. (1966): Vom Beginn der Ehe zur Familie. In: Hardegger, J.A. (Hg.): Handbuch der Elternbildung. Bd. 1. Einsiedeln/Zürich/Köln (Benzinger), S. 333–350.

Aust, S. & Schnibben, C. (2002): 11. September – Geschichte eines Terrorangriffs. München (DVA).

Autorenkollektiv (1977): Wir warn die stärkste der Partein... Erfahrungsberichte aus der Welt der K-Gruppen. Berlin (Rotbuch Verlag).

Bacal, H. & Newman, K. (1990): Objektbeziehungstheorien – Brücken zur Selbstpsychologie. Stuttgart-Bad Cannstatt (Frommann-Holzboog).

Bachmann, I. (1959): Der Schweißer. Erzählung. In: Gesammelte Werke. Zweiter Band. München (Piper) 1978, S. 59–75.

Bärsch, C.-E. (2003): Politische Heilserwartungen und ihre Folgen. In: Egner, H. (Hg.): Heilung und Heil. Begegnung – Verantwortung – Interkultureller Dialog. Düsseldorf (Patmos), S. 60–90.

Balint, A. ([1931] 1966): Psychoanalyse der frühen Lebensjahre. München/Basel (Ernst Reinhardt).

Balint, A. (1939): Liebe zur Mutter und Mutterliebe. In: Balint, M. ([1965] 1966): Die Urformen der Liebe und die Technik der Psychoanalyse. Bern/Stuttgart (Huber/Klett), S. 116–135.

Balint, M. (1935): Zur Kritik der Lehre von den prägenitalen Libidoorganisationen. In: Balint, M. ([1965] 1966): Die Urformen der Liebe und die Technik der Psychoanalyse. Bern/Stuttgart (Huber/Klett), S. 52–76.

Balint, M. ([1960] 1972): Angstlust und Regression. Reinbek (Rowohlt).

Balint, M. ([1965] 1966): Die Urformen der Liebe und die Technik der Psychoanalyse. Bern/Stuttgart (Huber/Klett).

Balint, M. ([1968] 1970): Therapeutische Aspekte der Regression. Stuttgart (Klett).

Bar-On, D. (1993): Die Last des Schweigens. Gespräche mit Kindern von Nazi-Tätern. Frankfurt (Campus).

Bar-On, D. (2001): Die »Anderen« in uns. Dialog als Modell der interkulturellen Konfliktbewältigung. Hamburg (edition Körber-Stiftung).

Bastian, G. (1982): Die Nachrüstungslüge. In: Jens, W. (Hg.): In letzter Stunde. Aufruf zum Frieden. München (Kindler), S. 27–62.

Bastian, T. (2001): Unorthodoxe Fragen zum Thema Destruktivität. In: Klöpper, M. & Lindner, R. (Hg.): Destruktivität. Wurzeln und Gesichter. Göttingen (Vandenhoeck & Ruprecht).

Bauer, Y. (2003): Der dritte Totalitarismus. Radikale Islamisten kämpfen um die Weltherrschaft. DIE ZEIT 32, 7.

Baumann, Z. ([1980] 1992): Dialektik der Ordnung. Die Moderne und der Holocaust. Hamburg (Europäische Verlagsanstalt).

Baumanns, H. L. & Grossmann, H. (1969): Deformierte Gesellschaft – Soziologie der BRD. Reinbek (Rowohlt).

Bauriedl, T. (1984a): Beziehungsanalyse. Frankfurt (Suhrkamp).

Bauriedl, T. (1984b): Psychoanalyse und Politik. Psyche – Z psychoanal 38, 489–515.

Bauriedl, T. (1992): Wege aus der Gewalt. Analyse von Beziehungen. Freiburg (Herder).

Bauriedl, T. (1998): Von der Relativität der eigenen Überzeugungen. In: Kutter, P.; Páramo-Ortega, R. & Müller, T. (Hg.): Weltanschauung und Menschenbild. Einflüsse auf die psychoanalytische Praxis. Göttingen (Vandenhoeck & Ruprecht), S. 103–142.

Bauriedl, T. & Wölpert, F. (1984): Vermiedene Konflikte führen zum Krieg. In: Psychologie heute Sonderheft: Warum nicht Frieden? Weinheim (Beltz & Gelberg), S. 26–35.

Beck, D. ([1981] 1985): Krankheit als Selbstheilung. Frankfurt (Suhrkamp).

Becker, H. (1972): Im Gespräch mit Adorno. In: Adorno, T.W. (1972): Erziehung zur Mündigkeit. Frankfurt (Suhrkamp).

Becker, H. & Nedelmann, C. (1980): Zwischen Begrenzung und Öffnung – Psychoanalyse als Beruf. In: Jappe, G. & Nedelmann, C. (Hg.): Zur Psychoanalyse der Objektbeziehungen. Stuttgart-Bad Cannstatt (Frommann-Holzboog), S. 113–138.

Becker, H. & Nedelmann, C. (1983): Psychoanalyse und Politik. Frankfurt (Suhrkamp).

Begemann, H. (1960): Strukturwandel der Familie. Hamburg (Furche).

Begemann, H. (1983): Krieg ist keine Krankheit. In: Albertz, H. (Hg.): Warum ich Pazifist wurde. München (Kindler), S. 113–138.

Begley, L. (1991): Wartime Lies. New York (Alfred A. Knopf).

Beland, H. (1988): Vorwort. In: Meltzer, D.: Traumleben. Eine Überprüfung der psychoanalytischen Theorie und Technik. München (Verlag Internationale Psychoanalyse), S. V–X.

Beland, H. ([1992] 1997): Psychoanalytische Antisemitismustheorien im Vergleich. In: Bohleber, W. & Kafka, J.S. (Hg.): Antisemitismus. Bielefeld (Aisthesis Verlag), S. 93–121.

Beland, H. (1994): Einleitung. In: Freud, S.: Schriften über Träume und Traumdeutungen. Frankfurt (Fischer), S. 7–28.

Bell, K. (1997): Ich hätte nicht gedacht, dass ich einen Beruf finden würde, der so zufriedenstellend ist. In: Mertens, W. (Hg.): Der Beruf des Psychoanalytikers. Stuttgart (Klett-Cotta), S. 51–70.

Ben Chorin, S. (1988): Zwischen neuen und verlorenen Orten. Freiburg (Herder).

Bender, T. & Auchter, T. (Hg., 2004): Destruktiver Wahn zwischen Psychiatrie und Politik. Forensische, psychoanalytische und sozialpsychologische Untersuchungen. Gießen (Psychosozial-Verlag).

Benedek, T. (1960): Elternschaft als Entwicklungsphase. Jb. d. Psa. I, 35–61.

Benjamin, J. ([1988] 1993a): Die Fesseln der Liebe. Psychoanalyse, Feminismus und das Problem der Macht. Frankfurt (Fischer).

Benjamin, J. (1993b): Phantasie und Geschlecht. Studien über Idealisierung, Anerkennung und Differenz. Frankfurt/Basel (Stroemfeld/Nexus).

Benz, W. (2002): Vom Antisemitismus zum Antizionismus. URL: www.130.149.134.79/Vortr-Benz-Duesseldorf.htm (Stand: 11.11.2011).

Berglar, P. (1978): Fortschritt zum Ursprung. Zur Geschichtsneurose des modernen Menschen. Salzburg (O. Müller).

Bergmann, M.; Jucovy M. & Kestenberg, J. ([1982/1990] 1995): Kinder der Opfer. Kinder der Täter. Psychoanalyse und Holocaust. Frankfurt (Fischer).

Berliner Ärzteinitiative (Hg., 1982): Ärzte warnen vor dem Atomkrieg. Im Ernstfall hilflos. Berlin (Selbstverlag).

Berliner, B. ([1946] 1993): Einige religiöse Motive des Antisemitismus. In: Simmel, E. (Hg.): Antisemitismus. Frankfurt (Fischer), S. 101–107.

Berliner Begegnung zur Friedensförderung (Hg., 1982): Protokolle des Schriftstellertreffens am 13./14. Dezember 1981. Darmstadt/Neuwied (Luchterhand).

Bermann, P. (2004): Terror und Liberalismus. Hamburg (Europäische Verlagsanstalt).

Bernstein, B. (1970): Soziale Struktur, Sozialisation und Sprachverhalten. Amsterdam (Contact-Press).

Bernstein, F. ([1926] 1980): Der Antisemitismus als Gruppenerscheinung. Versuch einer Soziologie des Judenhasses. Königsstein (Jüdischer Verlag).

Bettelheim, B. (1954): Die symbolischen Wunden. Frankfurt (Fischer).

Bettelheim, B. (1964): Aufstand gegen die Masse. München (Szczesny).

Beutler, H. (1970): Was heißt »antiautoritäre Erziehung«? Westd. Päd. Beitr. 22, 325–336.

Bion, W. R. (1970): Attention and Interpretation. London (Tavistock Publications).

Bion, W. R. ([1971] 1990): Erfahrungen in Gruppen. Frankfurt (Fischer).

Bittner, G. (1967): Psychoanalyse und soziale Erziehung. München (Juventa).

Bittner, G. (1971a): Vorschulerziehung und kindliche Identität. Z. f. Päd. 77(4), 417–429.

Bittner, G. (1971b): Was bleibt von der autoritären Erziehung? Handschriftliches Manuskript. Publiziert in: Bitter, W. (Hg., 1972): Freiheit – ohne Autorität. Stuttgart (Klett), S. 49–70.

Bittner, G. & Rehm, W. (Hg., 1966): Psychoanalyse und Erziehung. München (Goldmann).

Bittner, J. (2005a): Das weltweite Al-Quaida-Netz. DIE ZEIT 29, 5.

Bittner, J. (2005b): Vertrauter Feind. DIE ZEIT 31, 5.

Blanck, G. & Blanck, R. (1988): The contribution of ego psychology to understanding the process of termination in psychoanalysis and psychotherapy. JAPA 36, 961–984.

Bleistein, R. (1971a): Antiautoritäre Erziehung. Stimmen der Zeit 187, 178–190.

Bleistein, R. (1971b): Antiautoritäre oder freiheitliche Erziehung. Stimmen der Zeit 187, 391–406.

Blos, P. ([1962] 1993): Adoleszenz. Stuttgart (Klett-Cotta).

Blos, P. ([1963] 1964): Die Funktion des Agierens im Adoleszenzprozess. Psyche – Z psychoanal 18, 120–138.

Blumenberg, Y. (1996): Psychoanalyse – eine jüdische Wissenschaft? Von den jüdischen Wurzeln der Psychoanalyse und der Abwehr von Tradition und Fremdsein. Forum Psa. 12, 156–178.

Blumenberg, Y. (1997a): »Die Crux mit dem Antisemitismus«. Zur Gegenbesetzung von Erinnerung, Herkommen und Tradition. Psyche – Z psychoanal 51, 1115–1160.

Blumenberg, Y. (1997b): Freud – ein »gottloser Jude«? Luzifer-Amor 19, 33–80.

Bode, S. (2004): Die vergessene Generation. Die Kriegskinder brechen ihr Schweigen. Stuttgart (Klett-Cotta).

Bohleber, W. (2000): Die Entwicklung der Traumatheorie in der Psychoanalyse. Psyche – Z psychoanal 54, 797–839.

Bohleber, W. (2001): »Symptom – Konflikt – Struktur«. In: Drews, S. (Hg.): Symptom – Konflikt – Struktur. Tagungsband der DPV-Tagung 21.–24.11.2001, S. 7–15.

Bohleber, W. (2002a): Kollektive Phantasien, Destruktivität und Terrorismus. Psyche – Z psychoanal 56, 699–719.

Bohleber, W. (2002b): Gewalt in der Adoleszenz – Sackgassen in der Entwicklung. In: Schlösser, A.-M. & Gerlach, A. (Hg.): Gewalt und Zivilisation. Gießen (Psychosozial-Verlag), S. 557–572.

Bohleber, W. (2003): Kollektive Phantasmen, Destruktivität und Terrorismus. In: Auchter, T.; Büttner, C.; Schultz-Venrath, U. & Wirth, H.-J. (Hg.): Der 11. September. Gießen (Psychosozial-Verlag), S. 164–183.

Bohleber, W. (2004): Über die Unfähigkeit zu trauern in fundamentalistischen Gruppen. Jahrbuch für Gruppenanalyse 10, 73–91.

Bohleber, W. & Kafka, J. S. (Hg., 1992): Antisemitismus. Bielefeld (Aisthesis Verlag).

Bohleber, W. (1998): Transgenerationales Trauma, Identifizierung und Geschichtsbewusstsein. In: Rüsen, J. & Straub, J. (Hg.): Die dunkle Spur der Vergangenheit. Frankfurt (Suhrkamp), S. 256–274.

Bolterauer, L. (1989): Die Macht der Begeisterung. Fanatismus und Enthusiasmus in tiefenpsychologischer Sicht. Tübingen (edition diskord).

Bookhagen, C.; Hemmer, E.; Raspe, J.; Schultz, E. & Stergar, M. (Hg., 1969): Kommune 2 – Versuch der Revolutionierung des bürgerlichen Individuums. Berlin (Oberbaumpresse).

Bosse, H. (2004): Schamhaftigkeit und Schamlosigkeit im religiös-politischen Fundamentalismus. Jahrbuch für Gruppenanalyse 10, 97–113.

Bowlby, J. ([1969] 1986): Bindung. Eine Analyse der Mutter-Kind-Beziehung. Frankfurt (Fischer).

Brainin, E.; Ligeti, V. & Teicher, S. (1993): Vom Gedanken zur Tat. Zur Psychoanalyse des Antisemitismus. Frankfurt (Brandes & Apsel).

Brecht, B. (1976): Gesammelte Gedichte. Band 2. Frankfurt (Suhrkamp).

Breiteneicher, H. J.; Mauff, R.; Triebe, M. & Autorenkollektiv Lankwitz (Hg., 1971): Kinderläden – Revolution der Erziehung oder Erziehung zur Revolution. Reinbek (Rowohlt).

Brezinka, W. (1972): Die Pädagogik der Neuen Linken. Stuttgart (Seewald).

Brocher, T. (1967): Gruppendynamik und Erwachsenenbildung. Braunschweig (Georg Westermann).

Brockhaus, G. (2003): Psychoanalytische Beiträge zur Nationalsozialismusforschung. In: Gerlach, A.; Schlösser, A.-M. & Springer, A. (Hg.): Psychoanalyse mit und ohne Couch. Gießen (Psychosozial-Verlag), S. 391–411.

Broder, H. (1986): Der ewige Antisemit. Über Sinn und Funktion eines beständigen Gefühls. Frankfurt (Fischer).

Brocke, E. (1989): Eindrücke von Gesprächen mit jüdischen Überlebenden, ihren Kindern und Enkeln. Psychosozial 36, 38–43.

Broszat, M. (Hg., 1983): Rudolf Höß: Kommandant in Auschwitz. Autobiographische Aufzeichnungen. München (dtv).

Broucek, F. (1991): Shame and the Self. New York/London (Guilford Press).

Browning, C. (1996): Ganz normale Männer. Reinbek (Rowohlt).

Brunner, C. & Seltmann, U. von (2004): Schweigen die Täter reden die Enkel. Frankfurt (Büchergilde Gutenberg).

Bruns, G. (1994): Zivilisierte Psychoanalyse? Soziologische Betrachtungen zu Selbstbehauptung und Anpassungsproblem. Zs. Psa. Theorie u. Praxis 9, 135–155.

Bruns, G. (2000): Das System der Qualitätssicherung in der Psychotherapie. DPV-Informationen 28, 26–29.

Bruns, G. (2001a): Rationalisierung und Rationierung – ein neues Denken in der Medizin und seine Bedeutung für die Psychoanalyse. Psyche – Z psychoanal 55, 738–751.

Bruns, G. (2001b): Psychoanalyse, moderne Medizin und das Verschwinden des Subjekts. In:

Drews, S. (Hg.): Symptom – Konflikt – Struktur. Tagungsband der DPV-Tagung 21.–24.11. 2001, S. 17–38.
Buber, M. ([1923] 1966): Ich und Du. Köln (Hegner).
Buchholz, M. B. (1998): Die Unbewusste Weitergabe zwischen den Generationen. In: Rüsen, J. & Straub, J. (Hg.): Die dunkle Spur der Vergangenheit. Psychoanalytische Zugänge zum Geschichtsbewusstsein. Frankfurt (Suhrkamp), S. 330–353.
Buchholz, M. B. (1999): Die Psychoanalyse der Zukunft der Psychoanalyse. Forum Psa. 15, 204–223.
Buchholz, M. B. (2000): Effizienz oder Qualität? Was in Zukunft gesichert werden soll. Form Psa. 16, 59–80.
Buchholz, M. B. (2003): Selbst-Erfüllungen. Assoziationen zu einer Psychoanalyse der Lebenskunst. In: Gerlach, A.; Schlösser A.-M. & Springer, A. (Hg.): Psychoanalyse mit und ohne Couch. Gießen (Psychosozial-Verlag), S. 15–35.
Buck, T. (Hg., 1999): Paul Celan. Todesfuge mit einem Kommentar von Theo Buck. Aachen (Rimbaud).
Bürgin, D. & Biebricher, D. (1993): Soziale und antisoziale Tendenz in der Spätadoleszenz. In: Leuzinger-Bohleber, M. & Mahler, E. (Hg.): Phantasie und Realität in der Spätadoleszenz. Opladen (Westdeutscher Verlag), S. 87–102.
Camus, A. ([1947] 1950): Die Pest. Reinbek (Rowohlt).
Camus, A. (1951): Der Mensch in der Revolte. Reinbek (Rowohlt).
Chasseguet-Smirgel, J. ([1975] 1981): Das Ich-Ideal. Psychoanalytischer Essay über die »Krankheit der Idealität«. Frankfurt (Suhrkamp).
Chasseguet-Smirgel, J. ([1986] 1988): Zwei Bäume im Garten. Zur psychischen Bedeutung der Vater und Mutterbilder. München/Wien (Verlag Internationale Psychoanalyse).
Chomsky, N. (2001): War against People. Menschenrechte und Schurkenstaaten. Hamburg/Wien (Europa Verlag).
Chomsky, N. (2002): The Attack. Hintergründe und Folgen. Hamburg/Wien (Europa Verlag).
Celan, P. (1975): Gedichte I. Frankfurt (Suhrkamp).
Ciompi, L. (1982): Affektlogik. Stuttgart (Klett-Cotta).
Claessens, D. ([1962] 1979): Familie und Wertsystem. Eine Studie zur »2. sozio-kulturellen Geburt« des Menschen. Berlin (Duncker u. Humblot).
Claessens, D. (1980): Das Konkrete und das Abstrakte. Soziologische Skizzen zur Anthropologie. Frankfurt (Suhrkamp).
Claussen, D. (1987a): Die Grenzen der Aufklärung. Zur gesellschaftlichen Geschichte des modernen Antisemitismus. Frankfurt (Fischer).
Claussen, D. (1987b): Über Psychoanalyse und Antisemitismus. Psyche – Z psychoanal 41, 1–21.
Claussen, D. (1992): Die antisemitische Alltagsreligion. In: Bohleber, W. & Kafka, J. S. (Hg.): Antisemitismus. Bielefeld (Aisthesis Verlag), S. 163–170.
Clark, R. W. (1981): Sigmund Freud. Frankfurt (Fischer).
Comfort, A. (1968): Der aufgeklärte Eros. Reinbek (Rowohlt).
Conzen, P. (2005): Fanatismus. Psychoanalyse eines unheimlichen Phänomens. Stuttgart (Kohlhammer).
Corn, D. (2004): Die Lügen des George W. Bush. Über Dichtung und Wahrheit in der amerikanischen Politik. München (Heyne).

Cox, H. (1972): Das Fest der Narren. Berlin (Kreuz).

Cremerius, J. (1977): Übertragung und Gegenübertragung bei Patienten mit schwerer Über-Ich-Störung. Vortrag auf der DPV-Tagung in Köln im März 1977. Vortragsmanuskript.

Cremerius, J. (1979): Die Entwicklung der psychoanalytischen Technik. In: Fischle-Carl, H. (Hg.): Theorie und Praxis der Psychoanalyse. Fellbach (Bonz).

Cremerius, J. (1983): Freuds Sterben – Die Identität von Denken, Leben und Sterben. Psychoth. Med. Psychol. 33, 163–166.

Dahmer, H. (1983): Die eingeschüchterte Psychoanalyse. In: Lohmann, H.-M. (Hg.): Das Unbehagen in der Psychoanalyse. Eine Streitschrift. Frankfurt/Paris (Qumran), S. 24–39.

Daser, E. (2005): Anerkennung als interaktionelles Moment der Psychoanalyse. Forum Psa. 21, 168–183.

David, J. (1966): Erziehung in einer sich wandelnden Welt. In: Hardegger, J.A. (Hg.): Handbuch der Elternbildung. Bd. 1. Einsiedeln/Zürich/Köln (Benzinger), S. 53.

Davis, M. (1985): Appendix: The Writing of D.W. Winnicott. In: Davis, M. & Wallbridge, D. (1987): Boundary and Space. New York/London (Brunner/Mazel/Karnac) 1990, S. 173–194.

Decker, O. & Brähler, E. (2002): Vermessene Psychotherapie – Überlegungen zu ökonomischen und zivilisatorischen Aspekten der Qualitätssicherung in der Psychotherapie. Verhaltenstherapie & Psychosoziale Praxis 34, 875–887.

Deissler, H.H. (1971): Geschichte, Ziel und Experimente der antiautoritären Erziehung. Unsere Kinder 26, 3–11.

Denecke, F.-W. (1989): Das Selbst-System. Psyche – Z psychoanal 43, 577–608.

Dewald, P.A. (1982): The clinical importance of the termination phase. Psychoanal. Inq. 2, 441–462.

Dermitzel, R. (1969): Thesen zur antiautoritären Erziehung. Kursbuch 17, 179–187.

De Witt Button, A. (1969): The Authentic Child. New York (Random House).

Diederichs, P. (Hg., 2006): Die Beendigung von Psychoanalysen und Psychotherapien. Gießen (Psychosozial-Verlag).

Dietrich, R.; Steinmann, I. & Wirth, H.-J. (1982): Die Politisierung des Gefühls. Psychosozial 15, 100–115.

Diner, D. (1988): Zivilisationsbruch. Denken nach Auschwitz. Frankfurt (Fischer).

Dirschauer, J. (1996): Melancholie des Heils. Zur therapeutischen Zeugenschaft Sigmund Freuds. Gießen (Psychosozial-Verlag).

Dische, I. (2002): Als wir noch Kinder waren. Eine New Yorker Utopie – mitten in der Katastrophe. In: Morrison, T.; Auster, P. & McCann, C. (Hg.): Dienstag, 11. September 2001. Reinbek (Rowohlt).

Ditfurth, H. von (1983): Pazifismus – unsere einzige Chance. In: Albertz, H. (Hg.): Warum ich Pazifist wurde. München (Kindler), S. 139–161.

Döser, J. (2003): Zur Psychogenese der terroristischen Entschlossenheit. In: Auchter, T.; Büttner, C.; Schultz-Venrath, U. & Wirth, H.-J. (Hg.): Der 11. September. Gießen (Psychosozial-Verlag), S. 231–258.

Döser, J. (2004): »Truman war ein anständiger Mann«. Psychoanalytische Reflexion zu einem Verbrechen »im Dienste der Menschlichkeit«. In: Bender, T. & Auchter, T. (Hg.): Destruktiver Wahn zwischen Psychiatrie und Politik. Forensische, psychoanalytische und sozialpsychologische Untersuchungen. Gießen (Psychosozial-Verlag), S. 333–358.

Dornes, M. (1993): Der kompetente Säugling. Frankfurt (Fischer).
Dornes, M. (1995): Gedanken zur frühen Entwicklung und ihrer Bedeutung für die Neurosenpsychologie. Forum Psa. 11, 27–49.
Dornes, M. (1999): Das Verschwinden der Vergangenheit. Psyche – Z psychoanal 53, 530–571.
Drever, J. & Fröhlich, W.D. ([1952] 1968): Wörterbuch zur Psychologie. München (dtv).
Drews, S. (Hg., 2001): Symptom – Konflikt – Struktur. Tagungsband der DPV-Herbsttagung, 21.–24.11.2001, Bad Homburg.
Duerr, H.P. (1978): Traumzeit – Über die Grenze zwischen Wildnis und Zivilisation. Frankfurt (Syndikat).
Ebrecht, A. (2001): »Zeitgemäßes über Krieg und Tod« – Aggression, Gewalt, Krieg. Psychosozial 24, 5–13.
Eckert, R. (1978): Terrorismus als Karriere. In: Geißler, H. (Hg.): Der Weg in die Gewalt. München (Olzog), S. 109–132.
Egner, H. (Hg., 2003): Heilung und Heil. Begegnung – Verantwortung – Interkultureller Dialog. Düsseldorf (Patmos).
Ehlert, M. & Lorke, B. (1988): Zur Psychodynamik der traumatischen Reaktion. Psyche – Z psychoanal 42, 502–532.
Ehlert-Balzer, M. (2000): Trauma. In: Mertens, W. & Waldvogel, B. (Hg.): Handbuch psychoanalytischer Grundbegriffe. Stuttgart (Kohlhammer), S. 727–731.
Eibl-Eibesfeldt, J. (1970): Liebe und Hass. München (Piper).
Eicke, D. (1972): Vom Einüben der Aggression. München (Kindler).
Eisenberg, G. (2002): Gewalt, die aus der Kälte kommt. Gießen (Psychosozial-Verlag).
Eisenberg, G. & Gronemeyer, R. (1993): Jugend und Gewalt. Reinbek (Rowohlt).
Eissler, K. (1976): Eine biographische Skizze. In: Freud, E.; Freud, L. & Grubrich-Simitis, I. (Hg.): Sigmund Freud. Sein Leben in Bildern und Texten. Frankfurt (Suhrkamp), S.10–39.
Eissler, K.R. ([1972] 1980): Todestrieb, Ambivalenz, Narzissmus. München (Kindler).
Elias, N. ([1969] 1978): Über den Prozess der Zivilisation. Frankfurt (Suhrkamp).
Ensel, F.-J. (1984): Richtige Angst und falsche Furcht. Frankfurt (Fischer).
Eppler, E. (1983): Die tödliche Utopie der Sicherheit. Reinbek (Rowohlt).
Erb, R. (1995): Der Ritualmord. In: Schoeps, J.H. & Schlör, J. (Hg.): Antisemitismus. Vorurteile und Mythen. Frankfurt (Zweitausendundeins), S. 74–79.
Erdheim, M. (1982): Die gesellschaftliche Produktion von Unbewusstheit. Eine Einführung in den ethnopsychoanalytischen Prozess. Frankfurt (Suhrkamp).
Erdheim, M. (1988): Die Repräsentanz des Fremden. In: Erdheim, M. (Hg.): Die Psychoanalyse und das Unbewusste in der Kultur. Frankfurt (Suhrkamp).
Erikson, E.H. ([1950] 1965) Kindheit und Gesellschaft. Stuttgart (Klett).
Erikson, E.H. ([1959] 1970a): Identität und Lebenszyklus. Frankfurt (Suhrkamp).
Erikson, E.H. ([1964] 1966): Einsicht und Verantwortung. Stuttgart (Klett).
Erikson, E.H. ([1968] 1970b): Jugend und Krise. Stuttgart (Klett).
Erikson, E.H. ([1969] 1971): Ghandis Wahrheit. Frankfurt (Insel).
Erikson, E.H. ([1975] 1977): Lebensgeschichte und historischer Augenblick. Frankfurt (Suhrkamp).
Erikson, E.H. ([1982] 1988): Der vollständige Lebenszyklus. Frankfurt (Suhrkamp).
Erlich, S. (2002): Reflexionen über die Psyche des Terroristen. Newsletter der IPA 11, 35–37.

Erlich, S. (2003): Trauma, Terror und Identitätsbildung. In: Auchter, T.; Büttner, C.; Schultz-Venrath, U. & Wirth, H.-J. (Hg.): Der 11. September. Gießen (Psychosozial-Verlag), S. 219–230.

Ermann, M. (1993): Die hilfreiche Beziehung in der Psychoanalyse. Göttingen (Vandenhoeck & Ruprecht).

Ermann, M. (1995): Psychoanalyse, der Zeitgeist und die Therapie der begrenzten Zeit. Forum Psa. 11, 283–294.

Ermann, M. (1996): Aggression und Destruktion in der psychoanalytischen Behandlung. In: Bell, K. & Höhfeld, K. (Hg.): Aggression und seelische Krankheit. Gießen (Psychosozial-Verlag), S. 331–340.

Ermann, M. (2000): Widerstand. In: Mertens, W. & Waldvogel, B. (Hg.): Handbuch psychoanalytischer Grundbegriffe. Stuttgart (Kohlhammer), S. 797–802.

Ermann, M. (2004): Wir Kriegskinder. In: Forum Psa. 20, 226–239.

Evely, L. (1969): Liebe und Ehe. Freiburg (Herder).

Fairbairn, W.R.D. (2000): Das Selbst und die inneren Objektbeziehungen. Eine psychoanalytische Objektbeziehungstheorie. Gießen (Psychosozial-Verlag).

Federn, E. (1989): Die »liebe Not« des Historikers mit der Persönlichkeit Freuds. Luizifer-Amor 3, 82–92.

Fenichel, O. ([1946] 1993) Elemente einer psychoanalytischen Theorie des Antisemitismus. In: Simmel, E. (Hg.): Antisemitismus. Frankfurt (Fischer), S. 35–57.

Ferenczi, S. ([1909] 1989): Zur Erkenntnis des Unbewussten. Frankfurt (Fischer).

Ferenczi, S. ([1927] 1938, 1964): Die Anpassung der Familie an das Kind. In: Ferenczi, S.: Bausteine zur Psychoanalyse, Bd. III. Bern/Stuttgart (Huber), S. 347–366.

Ferenczi, S. ([1929] 1938, 1964): Das unwillkommene Kind und sein Todestrieb. In: Ferenczi, S.: Bausteine der Psychoanalyse, Bd. III. Bern/Stuttgart (Huber), S. 446–452.

Ferenczi, S. ([1932] 1988): Ohne Sympathie keine Heilung. Frankfurt (Fischer).

Ferro, A. (2003): Das bipersonale Feld. Gießen (Psychosozial-Verlag).

Fester, R.; König, E.P; Jonas, D.F. & Jonas, A.D. (1979): Weib und Macht. Fünf Millionen Jahre Urgeschichte der Frau. Frankfurt (Fischer).

Fischer, G. & Riedesser, P. (1998): Lehrbuch der Psychotraumatologie. München (Reinhardt).

Flitner, W. (1968): Allgemeine Pädagogik. Stuttgart (Klett).

Fogelmann, E. (1995): Wir waren keine Helden. Frankfurt/New York (Campus).

Fonagy, P.; Gergely, G.; Jurist, E.L. & Target, M. ([2002] 2004): Affektregulierung, Mentalisierung und die Entwicklung des Selbst. Stuttgart (Klett-Cotta).

Fornari, F. ([1963] 1970): Psychoanalyse des ersten Lebensjahres. Frankfurt (S. Fischer).

Frank, J.A. (2004): Bush auf der Couch. Wie denkt und fühlt George W. Bush? Gießen (Psychosozial-Verlag).

Frank, J.D. (1968): Muss Krieg sein? Darmstadt (Darmstädter Blätter).

Franz, M. (2006): Götterspeise – Vom Kindsopfer zur Beschneidung und zurück. In: Hirsch, M. (Hg., 2006): Das Kindsopfer. Eine Grundlage unserer Natur. Gießen (Psychosozial-Verlag), S. 113–133.

Frenkel-Brunswik, E. & Sanford, R.N. ([1946] 1993): Die antisemitische Persönlichkeit. In: Simmel, E. (Hg.): Antisemitismus. Frankfurt (Fischer), S. 119–147.

Freud, A. ([1936] 1964): Das Ich und die Abwehrmechanismen. München (Kindler).

Freud, A. (1948): Der Einfluss der Triebe auf das menschliche Verhalten. In: Freud, A.: Die Schriften der A. Freud. Bd. V. München (Kindler) 1980, S. 1473–1500.

Freud, A. & Burlingham, D. ([1949] 1971): Heimatlose Kinder. Frankfurt (S. Fischer).
Freud, E.L. (Hg., 1960): Sigmund Freud. Briefe 1873–1939. Frankfurt (Fischer).
Freud, E.L. (Hg., 1968): Sigmund Freud. Brautbriefe. Frankfurt (Fischer).
Freud, E.L.; Freud, L. & Grubrich-Simitis, I.(Hg., 1976): Sigmund Freud. Sein Leben in Bildern und Texten. Frankfurt (Suhrkamp).
Freud, M. ([1957] 1999): Mein Vater Sigmund Freud. Heidelberg (Mattes).
Freud, S.: Alle Arbeiten von Freud werden zitiert gemäß der Werkkonkordanz von Meyer-Palmedo, I. u. Fichtner, G. (1989). Frankfurt (Fischer). Die Seitenangaben im Text beziehen sich auf die Gesammelten Werke (GW).
Freud, S. (1987): Nachtragsband. Gesammelte Werke. Frankfurt (Fischer).
Freud, S. & Abraham, K. (1965): Briefe 1907–1926. Frankfurt (Fischer).
Freud, S. & Andreas-Salomé, L. ([1966] 1980): Briefwechsel. Herausgegeben von E. Pfeiffer. Frankfurt (Fischer).
Freud, S. (1986): Briefe an Wilhelm Fließ 1887–1904. Herausgegeben von J.M. Masson. Frankfurt (Fischer).
Freud, S. & Binswanger, L. (1992): Briefwechsel 1908–1938. Frankfurt (Fischer).
Freud, S. & Ferenczi, S. (1993): Briefwechsel. Bd. I/1: (1908–1911). Wien/Köln/Weimar (Böhlau).
Freud, S. & Jung, C.G. (1974): Briefwechsel. Frankfurt (Fischer).
Freud, S. & Pfister, O. (1963): Briefe 1909–1939. Frankfurt (Fischer).
Freud, S. & Zweig, A. (1984): Briefwechsel. Frankfurt (Fischer).
Freyberg, D. von & Freyberg, T. von (1971): Zur Kritik der Sexualerziehung. Frankfurt (Suhrkamp).
Freyberger, H.J.; Heuft, G. & Ziegenhagen, D.J. (Hg., 2000): Ambulante Psychotherapie. Stuttgart/New York (Schattauer).
Fried, E. (1995): Gedichte. München (dtv).
Friedrich, H. (1984): Über-Ich-Ängste und gesellschaftliche Ängste. In: Rüger, U. (Hg.): Neurotische und reale Angst. Göttingen (Vandenhoeck & Ruprecht), S. 219–229.
Frisch, M. (1962): Tagebuch 1946–1949. Frankfurt (Suhrkamp).
Frisch, M. (1972): Ausgewählte Prosa. Frankfurt (Suhrkamp).
Fromm, E. (1971): Revolution der Hoffnung. Stuttgart (Klett).
Fromm, E. (1972): Psychoanalyse und Zen-Buddhismus. In: Fromm, E.; Suzuki, D.T. & de Martino, R. (Hg.): Zen-Buddhismus und Psychoanalyse. Frankfurt (Suhrkamp), S. 101–179.
Fuchs, W. (1985): Vertraut machen oder fremd bleiben beim Sterben. In: Sturm, H. (Hg.): Das Fremde. Ästhetische Erfahrung beim Graben, Reisen, Messen, Sterben. Aachen (W. Rader), S. 207–222.
Führmann, F. (1982): Diskussionsbeitrag. In: Berliner Begegnung zur Friedensförderung (Hg.): Protokolle. Darmstadt/Neuwied (Luchterhand).
Fürstenau, P. (1992): Entwicklungsförderung durch Therapie. Grundlagen psychoanalytisch-systemischer Psychotherapie. München (Pfeiffer).
Fürstenau, P. (2001): Psychoanalytisch verstehen, systemisch denken, suggestiv intervenieren. Stuttgart (Pfeiffer bei Klett-Cotta).
Funke, M. (1977): Terrorismus. Untersuchungen zur Strategie und Struktur revolutionärer Gewaltpolitik. Bonn (Bundeszentrale für politische Bildung).
Gallagher, J.; Aschner, M.J. & Jenne, W. (1967): Productive thinking of gifted children in classroom interaction. Washington, D.C. (Council for Exceptional Children).

Galtung, J. (1975): Strukturelle Gewalt. Reinbek (Rowohlt).
Gast, L. (2005): Was bedeutet Verantwortlichkeit? Psyche – Z psychoanal 60, 57–73.
Gay, P. (1988): »Ein gottloser Jude«. Sigmund Freuds Atheismus und die Entwicklung der Psychoanalyse. Frankfurt (Fischer).
Gay, P. (1989): Freud. Eine Biographie für unsere Zeit. Frankfurt (Fischer).
Geißler, H. (Hg., 1978): Der Weg in die Gewalt. München (Olzog).
Gibran, K. (Hg., 1970): The Prophet. New York. Deutsch (1973): Der Prophet. Olten/Freiburg (Walter).
Gießmann, H.J. (2000): Terrorismus mit staatlicher Duldung. In: Hirschmann, K. & Gerhard, P. (Hg.): Terrorismus als weltweites Phänomen. Berlin (Berlin Verlag), S. 121–128.
Glenn, J. (1960): Circumcision and Anti-Semitism. Psa. Q. 29, 395–399.
Görres, A. & Rahner, K. (1989): Das Böse. Freiburg (Herder).
Goldman, D. (1993): In Search of the Real. The Origins and Originality of. D.W. Winnicott. Northvale/London (Jason Aronson).
Goldhagen, D.J. (1996): Hitlers willige Vollstrecker. Berlin (Siedler).
Gordon, T. (1972): Familienkonferenz – Die Lösung von Konflikten zwischen Elternund Kind. Hamburg (Hoffmann u. Campe).
Goudsmit, W. (1990): Überlegungen zur Beendigung der psychoanalytischen Behandlung. Zs. Psa. Theorie u. Praxis 5, 70–77.
Grass, G. (1982): Diskussionsbeitrag. In: Berliner Begegnung zur Friedensförderung (Hg., 1982): Protokolle. Darmstadt/Neuwied (Luchterhand), S. 45.
Green, A. ([1993] 2001): Todestrieb, negativer Narzissmus, Desobjektalisierungsfunktion. Psyche – Z psychoanal 55, 868–877.
Greenberg, J.R. & Mitchell, S.A. (1983): Object Relations in Psychoanalytic Theory. Cambridge/London (Harvard University Press).
Grözinger, K.-E. (1995): Gottesmörder. In: Schoeps, H.J. & Schlör, J. (Hg.): Antisemitismus. Vorurteile und Mythen. Frankfurt (Zweitausendundeins), S. 57–66.
Grolnick, S.A. (1990): The Work and Play of Winnicott. New York/London (Jason Aronson).
Groothoff, H.H. (Hg., 1964): Fischer-Lexikon der Pädagogik. Frankfurt (Fischer).
Grosser, A. (1984): Der schmale Grat der Freiheit. München (dtv).
Grubrich-Simitis, I. (1979): Extremtraumatisierung als kumulatives Trauma. Psyche – Z psychoanal 33, 991–1023.
Grubrich-Simitis, I. (1984): Vom Konkretismus zur Metaphorik. Psyche – Z psychoanal 38, 1–28.
Gruen, A. (2002): Der Kampf um die Demokratie. Der Extremismus, die Gewalt und der Terror. Stuttgart (Klett-Cotta).
Grünberg, K. (1995): Versöhnung über Auschwitz? In: Holm-Hodulla, R. (Hg.): Tagungsband der Frühjahrstagung der DPV 1995. Heidelberg, S. 97–106.
Grünberg, K. (2000): Liebe nach Auschwitz. Die zweite Generation. Tübingen (edition diskord).
Grünberg, K. (2002): Über das allmähliche Verfertigen des Ressentiments beim Reden: Eine psychoanalytische Betrachtung des Antisemitismus. URL: www.judentum.net/deutschland/gruenberg.htm (Stand: 05.07.2002).
Gründel, J. (1983): Friedensdienst mit oder ohne Kompromisse. In: Küpper, C. & Rieger, F. (Hg.): Atomwaffen und Gewissen. Freiburg (Herder).
Gruhl, H. (1984): Glücklich sein werden die... Düsseldorf (Erb).

Grunberger, B. (1962): Der Antisemit und der Ödipuskomplex. Psyche – Z psychoanal 16, 255–272.
Grunberger, B. & Chasseguet-Smirgel, J. ([1976] 1979): Freud oder Reich? Psychoanalyse und Illusion. Frankfurt/Berlin/Wien (Ullstein).
Grunberger, B. & Dessuant, P. (2000): Narzissmus, Christentum, Antisemitismus. Stuttgart (Klett-Cotta).
Haas, E. (1994): Gedenken und Erinnern. Jb. d. Psa. 33, 155–173.
Hacker, F. (1971): Aggression – Die Brutalisierung der modernen Welt. Wien (Molden).
Hacker, F. (1973): Terror. Mythos, Realität, Analyse. Wien/München/Zürich (Molden).
Härtling, P. (1982): »... und hören von einander«. In: Krüger, I. (Hg.): Mut zur Angst. Schriftsteller für den Frieden. Darmstadt/Neuwied (Luchterhand), S. 64–67.
Hättich, M. (1978): Radikale Kritik an der Demokratie. In: Geißler, H. (Hg.): Der Weg in die Gewalt. München (Olzog), S. 190–200.
Hahlweg, K. (2000): Qualitätsmanagement in der ambulanten Psychotherapie. In: Freyberger, H.J.; Heuft, G. & Ziegenhagen, D.J. (Hg.): Ambulante Psychotherapie. Stuttgart/New York (Schattauer), S. 43–71.
Hardtmann, G. (Hg., 1992): Spuren der Verfolgung. Seelische Auswirkungen des Holocaust auf die Opfer und ihre Kinder. Gerlingen (Bleicher).
Hardtmann, G. (1997): Die Lebendigkeit einer Beziehung lebt von der Differenz. In: Mertens, W. (Hg.): Der Beruf des Psychoanalytikers. Stuttgart (Klett-Cotta), S. 91–99.
Hardtmann, G. (2001): Die Funktionalisierung des Opfers als »Container«. Rechtsradikale Jugendliche und Gewalt. Psyche – Z psychoanal 55, 1027–1050.
Hart, H.H. (1971): Summerhill: Pro und Contra. Reinbek (Rowohlt).
Hartmann, H. (1960): Ich-Psychologie und Anpassungsproblem. Psyche – Z psychoanal 14, 81–164.
Hastenteufel, P. (1969): Die Jugend und ihr Anspruch. In: Svoboda, R. & Braun, H.D. (Hg.): Wenn die Welt sich wandelt. Hamm (Hoheneck), S. 83–91.
Haynal, A. (1976): Über Depression, Langeweile und Gewaltsamkeit. Jb. d. Psa. 9, 91–109.
Hebb, D.O. (1969): Einführung in die moderne Psychologie. Weinheim (Beltz).
Heenen, S. (1984): Die Psychoanalyse der »Betroffenheit«. Eine Kritik. In: Lohmann, H.-M. (Hg.): Die Psychoanalyse auf der Couch. Frankfurt/Paris (Qumran), S. 115–124.
Heigl-Evers, A.; Böhle, A. & Ott, J. (1997): Der Begriff »Menschenbild« und die psychoanalytisch-interaktionelle Theorie. In: Schlagheck, M. (Hg.): Theologie und Psychologie im Dialog über ihre Menschenbilder. Paderborn (Bonifatius Verlag), S. 46–66.
Heigl-Evers, A. & Heigl, F. (1988): Zum Prinzip »Antwort« in der psychoanalytischen Psychotherapie. In: Klußmann, R.; Mertens, W. & Schwarz, F. (Hg.): Aktuelle Themen der Psychoanalyse. Berlin/Heidelberg/New York (Springer), S. 85–97.
Heimann, P. (1978): Über die Notwendigkeit für den Psychoanalytiker mit seinen Patienten natürlich zu sein. In: Drews, S. (Hg.): Provokation und Toleranz. Frankfurt (Suhrkamp), S. 215–230.
Heine, P. (2004): Terror in Allahs Namen. Extremistische Kräfte im Islam. Freiburg (Herder).
Heinelt, G. (1971): Kind und Kreativität. In: Behler, W. (Hg.): Das Kind. Freiburg (Herder).
Heinemann, E.; Rauchfleisch, U. & Grüttner, T. (1992): Gewalttätige Kinder. Frankfurt (Fischer).
Heintze, H.-J. (2000): Völkerrecht und Terrorismus. In: Hirschmann, K. & Gerhard, P. (Hg.): Terrorismus als weltweites Phänomen. Berlin (Berlin Verlag), S. 217–240.

Henningsen, F. (1973): Kooperation und Wettbewerb. Antiautoritär und konventionell erzogene Kinder im Vergleich. München (dtv).

Henseler, H. (1974): Narzisstische Krisen. Zur Psychodynamik des Selbstmordes. Reinbek (Rowohlt).

Henseler, H. & Wegener, P. (Hg., 1993): Psychoanalysen, die ihre Zeit brauchen. Opladen (Westdeutscher Verlag).

Hentig, H. von (1972): Der ungleiche Krieg von Erwachsenen und Kindern. FAZ vom 02.10.1972.

Herman, J. L. (1993): Die Narben der Gewalt. Traumatische Erfahrungen verstehen und überwinden. München (Kindler).

Hermanns, L. M. (1995): Spaltungen in der Geschichte der Psychoanalyse. Tübingen (edition diskord).

Hertsgaard, M. (2002): Im Schatten des Sternenbanners. München/Wien (Hanser).

Hertzberg, A. (2002): Wer ist Jude? Wesen und Prägung eines Volkes. München (dtv).

Heuft, G. & Senf, W. (2000): Basisdokumentation in der Psychotherapie. In: Freyberger, H.J.; Heuft, G. & Ziegenhagen, D.J. (Hg.): Ambulante Psychotherapie. Stuttgart/New York (Schattauer), S. 73–95.

Heuwagen, M. (1978): Das mörderische Utopia. DIE ZEIT 33, 69.

Hilber, W. (1971): Autorität in der antiautoritären Erziehung A.S. Neills. Pädagogische Welt 25, 377–393.

Hilgers, M. (1995): Zur Bedeutung von Schamaffekten bei der Behandlung schwerer Störungen. Der Psychotherapeut 40, 33–38.

Hilgers, M. (1996): Scham. Gesichter eines Affekts. Göttingen (Vandenhoeck & Ruprecht).

Hirsch, M. (2006): Das Kindsopfer. Eine Grundlage unserer Natur. Gießen (Psychosozial-Verlag).

Hirschmann, K. (2001): Alte Bekannte, neue Dimensionen: Internationaler Terrorismus im Licht des 11. September. Der Mittler-Brief. Informationsdienst zur Sicherheitspolitik 16, 1–8.

Hirschmann, K. & Gerhard, P. (Hg., 2000): Terrorismus als weltweites Phänomen. Berlin (Berlin Verlag).

Hochheimer, W. (1962): Vorurteilsminderung in der Erziehung und die Prophylaxe des Antisemitismus. Psyche – Z psychoanal 16, 285–294.

Höpflinger, F. (2002): Großelternschaft und Generationenbeziehungen. URL: www.connect.to/hoepf (Stand: 02.11.2002).

Hoffman, B. (Hg., 1999): Terrorismus, der unerklärte Krieg. Neue Gefahren politischer Gewalt. Frankfurt (Fischer).

Hohage, R. (2000): ICD-Diagnose und psychoanalytische Praxis. DPV-Informationen 28, 29–31.

Hole, G. (1995): Fanatismus. Der Drang zum Extrem und seine psychologischen Wurzeln. Freiburg (Herder).

Honneth, A. (1992): Kampf um Anerkennung. Zur moralischen Grammatik sozialer Konflikte. Frankfurt (Suhrkamp).

Horkheimer, M. ([1946] 1980): Der soziologische Hintergrund des psychoanalytischen Forschungsansatzes. In: Simmel, E. (Hg.): Antisemitismus. Frankfurt (Fischer), S. 23–34.

Horkheimer, M. & Fromm, E. (Hg., 1936): Studien über Autorität und Familie. Raubdruck.

Horn, K. (1970): Dressur oder Erziehung. Frankfurt (Suhrkamp).

Horn, K. (1983a): Die insgeheime Lust am Krieg, den niemand wirklich will. In: Passet, P. & Modena, E. (Hg.): Krieg und Frieden aus psychoanalytischer Sicht. Basel/Frankfurt (Stroemfeld/Roter Stern), S. 59–78.

Horn, K. (1983b): Dossier: Die insgeheime Lust am Krieg, den keiner ernsthaft wollen kann. In: Horn, K. & Senghaas, D. (Hg.): Friedensbewegung – Persönliches und Politisches. Frankfurt (Fischer), S. 268–339.

Horn, K. & Senghaas, D. (Hg., 1983): Friedensbewegung – Persönliches und Politisches. Frankfurt (Fischer).

Hummel, C. (1983): Christliche Verantwortung für den Frieden. In: Küpper, C. & Rieger, F. (Hg.): Atomwaffen und Gewissen. Freiburg (Herder), S. 34–42.

Huppke, A. (1997): Versuch einer Positionsbestimmung. Was ist jüdisch an der Psychoanalyse? Luzifer-Amor 19, 81–98.

Institut für Sozialforschung und Gesellschaftspolitik (1990): Ausländerfeindlichkeit in der ehemaligen DDR. Bonn (Der Bundesminister für Arbeit und Sozialordnung).

ICD-10 (1993^2). Internationale Klassifikation psychischer Störungen. ICD-10 Kapitel V (F). Übersetzt und herausgegeben von Dilling et al. Bern (Huber).

Jacoby, R. (1985): Die Verdrängung der Psychoanalyse oder Der Triumph des Konformismus. Frankfurt (Fischer).

Jäckel, E. (1992): Der Mord an den europäischen Juden. In: Bohleber, W. & Kafka, J. S. (Hg.): Antisemitismus. Bielefeld (Aisthesis Verlag), S. 65–69.

Jens, W. (1982a): Appell in letzter Stunde. In: Jens, W. (Hg.): In letzter Stunde. München (Kindler), S. 7–26.

Jens, W. (Hg., 1982b): In letzter Stunde. München (Kindler).

Johnson, C. (2003): Der Selbstmord der amerikanischen Demokratie. München (Blessing).

Jonas, H. ([1980] 1984): Das Prinzip Verantwortung. Frankfurt (Suhrkamp).

Jones, E. (1962): Leben und Werk von Sigmund Freud. Bd. II: (1901–1919). Bern/Stuttgart (Huber).

Jones, E. (1962): Leben und Werk von Sigmund Freud. Bd. III: (1919–1939). Bern/Stuttgart (Huber).

Joseph, B. (1994): Psychisches Gleichgewicht und psychische Veränderung. Stuttgart (Klett-Cotta).

Kaiser, E. (1993): Quantitative Psychotherapieforschung – modernes Paradigma oder Potemkinsches Dorf? Forum Psa. 9, 348–366.

Kasch, W. F. (1978): Terror – Bestandteil einer Gesellschaft ohne Gott? In: Geissler, H. (Hg.): Der Weg in die Gewalt. München (Olzog), S. 52–68.

Keen, S. (1984): Feindbilder. In: Psychologie heute Sonderheft: Warum nicht Frieden? Weinheim (Beltz & Gelberg), S. 36–51.

Kelly, K. R. (2004): Der Bush-Clan. Die wahre Geschichte einer amerikanischen Dynastie. München (Bertelsmann).

Kemmler, R. & Grigat, R. (1971): Autoritäre oder antiautoritäre Erziehung. München (Bardtenschläger).

Kernberg, O. F. ([1975] 1978): Borderline-Störungen und pathologischer Narzissmus. Frankfurt (Suhrkamp).

Kernberg, O. F. (2000): Hass. In: Mertens, W. & Waldvogel, B. (Hg.): Handbuch psychoanalytischer Grundbegriffe. Stuttgart/Berlin/Köln (Kohlhammer), S. 274–277.

Kettner, M. (1998): Nachträglichkeit. Freuds brisante Erinnerungstheorie. In: Rüsen, J. & Straub, J. (Hg.): Die dunkle Spur der Vergangenheit. Frankfurt (Suhrkamp), S. 33–69.

Khan, M. R. ([1971] 1973): D. W. Winnicott – sein Leben und Werk. Einführung. In: Winnicott, D. W.: Die therapeutische Arbeit mit Kindern. München (Kindler), S. VII-XLVIII.

Khan, M. R. (1990): Erfahrungen im Möglichkeitsraum. Frankfurt (Suhrkamp).
Kilduff, M. & Javers, R. (1979): Der Selbstmordkult. Die Hintergrundgeschichte der »Volkstempel«-Sekte und das Massaker von Guayana. München (Goldmann).
Klauber, J. (1980): Schwierigkeiten in der analytischen Begegnung. Frankfurt (Suhrkamp).
Klein, M. (1919): Eine Kinderentwicklung. In: Cremerius, J. (Hg.): Psychoanalyse und Erziehungspraxis. Frankfurt (Fischer), S. 23–83.
Klein, M. ([1932] 1979): Die Psychoanalyse des Kindes. München (Kindler).
Klein, M. ([1935] 1972): Das Seelenleben des Kleinkindes und andere Beiträge zur Psychoanalyse. Reinbek (Rowohlt).
Kleine-Brockhoff, T. (2004a): Wo der Charakter zählt. DIE ZEIT 44.
Kleine-Brockhoff, T. (2004b): Der Mann, der trotzdem gewann. DIE ZEIT 46.
Klüwer, R. (1983): Agieren und Mitagieren. Psyche – Z psychoanal 37, 828–840.
Kluge, F. (1999): Ethymologisches Wörterbuch der deutschen Sprache. Berlin/New York (de Gruyter).
Koch, G. (2001): Affekt oder Effekt. Was haben Bilder, was Worte nicht haben? In: Welzer, G. (Hg.): Das soziale Gedächtnis. Geschichte, Erinnerung, Tradierung. Hamburg (Hamburger Edition HIS Verlag), S. 123–133.
Koechel, R. (1982): Psychoanalyse – Politische Realität. Fragmente 4, 70–92.
König, H.-D. (1984): Die Geburt eines Helden. Reagans Selbstinszenierung nach dem Attentat von 1981. Psyche – Z psychoanal 38, 152–174.
König, K. (1984): Angst – neurotisch und real. In: Rüger, U. (Hg.): Neurotische und reale Angst. Göttingen (Vandenhoeck & Ruprecht), S. 207–218.
Kohut, H. ([1971] 1973, 1976). Narzissmus. Frankfurt (Suhrkamp).
Kohut, H. ([1973] 1975): Überlegungen zum Narzissmus und zur narzisstischen Wut. In: Kohut, H.: Die Zukunft der Psychoanalyse. Frankfurt (Suhrkamp), S. 205–251.
Kohut, H. ([1977] 1979): Die Heilung des Selbst. Frankfurt (Suhrkamp).
Kolakowski, L. (1977): Leben trotz Geschichte. München (Piper).
Korczak, J. ([1928] 1970): Das Recht des Kindes auf Achtung. Göttingen (Vandenhoeck & Ruprecht).
Kordy, H. & Puschner, B. (2000): Aktive ergebnisorientierte Qualitätssicherung. In: Freyberger, H. J. (Hg.): Ambulante Psychotherapie. Stuttgart/New York (Schattauer), S. 97–117.
Korn, S. (2003): Wie deutsch soll's denn sein? Normalität zwischen Juden und Nichtjuden setzt voraus, Unterschiede anzuerkennen. DIE ZEIT 24, 11.
Krause, C. A. (1978): Die Tragödie von Guayana. Der Massenselbstmord. Frankfurt/Berlin/Wien (Ullstein).
Krüger, I. (1982): Mut zur Angst. Schriftsteller für den Frieden. Darmstadt/Neuwied (Luchterhand).
Krüll, M. (1979): Freud und sein Vater. Die Entstehung der Psychoanalyse und Freuds ungelöste Vaterbindung. München (Beck).
Krystal, H. (2000): Psychische Widerständigkeit. Anpassung und Restitution bei Holocaust-Überlebenden. Psyche – Z psychoanal 54, 840–859.
Kübler-Ross, E. (1975): Interviews mit Sterbenden. Gütersloh (Gütersloher Taschenbücher).
Küchenhoff, J. (1999): Selbstzerstörung als Selbstfürsorge. Gießen (Psychosozial-Verlag).
Küchenhoff, J. (2002): Innere und äußere Gewalt. In: Schlösser, A.-M. & Gerlach, A. (Hg.): Gewalt und Zivilisation. Gießen (Psychosozial-Verlag), S. 229–249.

Küchenhoff, J. (2004): Verlust des Selbst, Verlust des Anderen. Psyche – Z psychoanal 58, 810–835.

Küchenhoff, J. (2005): Die Achtung vor dem Anderen. Weilerswist (Velbrück Wissenschaft).

Küpper, C. & Rieger, F. (Hg., 1983): Atomwaffen und Gewissen. Freiburg (Herder).

Künzel, E. (1969): Analyse des Gruppenprozesses. Einleitung: Ursachen der Dissozialität. In: Moser, T. & Künzel, E. (Hg.): Gespräche mit Eingeschlossenen. Frankfurt (Suhrkamp), S. 17–27.

Kunze, M. (1983): Pazifismus und Kulturkrise. In: Albertz, H. (Hg.): Warum ich Pazifist wurde. München (Kindler), S. 55–73.

Kutter, P. (1988): Grundhaltung, professionelle Einstellungen und psychoanalytische Methode. In: Kutter, P.; Páramo-Ortega, R. & Zagermann, P. (Hg.): Die psychoanalytische Haltung. Auf der Suche nach dem Selbstbild der Psychoanalyse. München/Wien (Verlag Internationale Psychoanalyse), S. 17–28.

Kutter, P. (1999): Affekt und Körper. Göttingen (Vandenhoeck & Ruprecht).

Kutter, P.; Páramo-Ortega, R. & Müller, T. (Hg., 1998): Weltanschauung und Menschenbild. Einflüsse auf die psychoanalytische Praxis. Göttingen (Vandenhoeck & Ruprecht).

Kutter, P.; Páramo-Ortega, R. & Zagermann, P. (Hg., 1988): Die psychoanalytische Haltung. Auf der Suche nach dem Selbstbild der Psychoanalyse. München/Wien (Verlag Internationale Psychoanalyse).

Landau, E. (1969): Psychologie der Kreativität. München/Basel (Ernst Reinhardt).

Langendonck, G. van (2005): Der Krieg kommt nach Hause. Der Irak-Einsatz hat viele US-Soldaten zu psychischen Wracks gemacht. Protokoll eines Mordes nach der Heimkehr. DIE ZEIT 35, 10.

Langeveld, M. D. (1969): Einführung in die theoretische Pädagogik. Stuttgart (Klett).

Lantos, B. (1958): Die zwei genetischen Ursprünge der Aggression. Psyche – Z psychoanal 12, 161–169.

Lapide, P. (1982): Die Bergpredigt. Utopie oder Programm? Mainz (Grünewald).

Laplanche, J. & Pontalis, J.-B. (1972): Das Vokabular der Psychoanalyse. Frankfurt (Suhrkamp).

Laqueur, W. (1982): Terrorismus. Frankfurt (Suhrkamp).

Lasaga, J. I. (1980): Death in Jonestown: Techniques of political control by a paranoid leader. Suicide and Life-Threatening Behavior 10, 210–213.

Lasch, C. (1980): Das Zeitalter des Narzissmus. München (Steinhausen).

Lau, J. (2003): Keine Huris im Paradies. DIE ZEIT 21, 47.

Lau, J. (2005): Der Freund als Feindbild. DIE ZEIT 49, 5.

Laub, D. (2000): Eros oder Thanatos? Der Kampf um die Erzählbarkeit des Traumas. Psyche – Z psychoanal 54, 860–894.

Laurent, E. (2003): Die neue Welt des George W. Bush. Die Machtergreifung der Ultrakonservativen im Weißen Haus. Frankfurt (Fischer).

Laval, G. (2004): Psychoanalyse des totalitären Mordes. In: Bender, T. & Auchter, T. (Hg.): Destruktiver Wahn zwischen Psychiatrie und Politik. Forensische, psychoanalytische und sozialpsychologische Untersuchungen. Gießen (Psychosozial-Verlag), S. 287–314.

Lederer, G. (1990): Antisemitismus und Fremdenhass aus der Sicht der politischen Psychologie. In: Herdieckerhoff, E.; Ekesparre, D. von; Elgeti, R. & Marahrens-Schürg, C. (Hg.): Hassen und Versöhnen. Psychoanalytische Erkundungen. Göttingen (Vandenhoeck & Ruprecht), S. 79–90.

Lempa, G. (2001): Der Lärm der Ungewollten. Göttingen (Vandenhoeck & Ruprecht).
Leuschner, W. (1983): Über neurotischen Pazifismus. In: Horn, K. & Senghaas, D. (Hg.): Friedensbewegung – Persönliches und Politisches. Frankfurt (Fischer), S.19–30.
Leuschner, W. (2000): Traumarbeit und Erinnern. Psyche – Z psychoanal 54, 699–720.
Leuzinger-Bohleber, M. (1997): Vernunft ist nur dann vernünftig, wenn sie sich im Dialog mit den unbewussten Kräften des Seelenlebens befindet. In: Mertens, W. (Hg.): Der Beruf des Psychoanalytikers. Stuttgart (Klett-Cotta), S. 71–89.
Leuzinger-Bohleber, M. (2003): Der lange Schatten von Krieg und Verfolgung. Psyche – Z psychoanal 57, 982–1016.
Leuzinger-Bohleber (2005a): Depressionsforschung zwischen Verweigerung und Anpassung. In: Hau, S.; Busch, H.-J. & Deserno, H. (Hg.): Depression – zwischen Lebensgefühl und Krankheit. Göttingen (Vandenhoeck & Ruprecht), S. 11–45.
Leuzinger-Bohleber, M. (2005b): Chronifizierende Depressionen. Psyche – Z psychoanal 59, 789–842.
Leuzinger-Bohleber, M.; Stuhr, U.; Rüger, B. & Beutel, M. (2001): Langzeitwirkungen von Psychoanalysen und Psychotherapien. Psyche – Z psychoanal 55, 193–276.
Levi, P. ([1986] 1993): Die Untergegangenen und die Geretteten. München (dtv).
Lévinas, E. ([1983] 1999): Die Spur des Anderen. Freiburg/München (Alber Verlag).
Levinson, N. P. (1983): Die Verteidigung des Lebens. In: Küpper, C. & Rieger, F. (Hg.): Atomwaffen und Gewissen. Freiburg (Herder), S. 25–27.
Leyendecker, H. (2004): Die Lügen des Weißen Hauses. Warum Amerika einen Neuanfang braucht. Reinbek (Rowohlt).
Lichtenberg, J. D. (1992): Hass im Verständnis der Selbstpsychologie, ein motivationssystemischer Ansatz. In: Schöttler, C. & Kutter, P. (Hg.): Sexualität und Aggression aus der Sicht der Selbstpsychologie. Frankfurt (Suhrkamp), S. 48–76.
Lidz, T. (1970): Das menschliche Leben. Frankfurt (Suhrkamp).
Lidz, T. (1971): Familie und psychosoziale Entwicklung. Frankfurt (Fischer).
Lifton, R. J. (1984): Über das Bewusstsein des Holocaust. WzM 36, 132–149.
Lifton, R. J. (1986): Der Verlust des Todes. München/Wien (Hanser).
Lifton, R. J. ([1999] 2000): Terror für die Unsterblichkeit. Erlösungssekten proben den Weltuntergang. München/Wien (Carl Hanser Verlag).
Lifton, R. J. & Erikson, E. H. (1984): Die Psyche am »Tag danach«. Psychologie heute Sonderheft: Warum nicht Frieden? Weinheim (Beltz & Gelberg), S. 22–23.
Lincke, H. (1970): Das Über-Ich – eine gefährliche Krankheit? Psyche – Z psychoanal 24, 375–402.
Lincke, H. (1974): Aggression und Selbsterhaltung. In: Mitscherlich, A. (Hg., [1969] 1974: Bis hierher und nicht weiter. Ist die menschliche Aggression unbefriedbar? Frankfurt (Suhrkamp), S. 40–50.
Little, M. (1990): Psychotic anxieties and containment. Northvale/London (Jason Aronson). Deutsch (1994): Die Analyse psychotischer Ängste. Zwei unorthodoxe Fallgeschichten. Stuttgart (Klett-Cotta).
Loch, W. (1970): Zur Entstehung aggressiv-destruktiver Reaktionsbereitschaft. Psyche – Z psychoanal 24, 241–259.
Loch, W. (1975): Über Begriffe und Methoden der Psychoanalyse. Bern/Stuttgart/Wien (Huber).

Loch, W. (1976): Biologische und gesellschaftliche Faktoren der Gewissensbildung. In: Loch, W.: Zur Theorie, Technik und Therapie der Psychoanalyse. Frankfurt (Fischer), S. 24–44.

Loch, W. (Hg., 1977[3]): Die Krankheitslehre der Psychoanalyse. Stuttgart/Leipzig (S. Hirzel).

Loch, W. (Hg., 1999[6]): Die Krankheitslehre der Psychoanalyse. Herausgegeben von H. Hinz. Stuttgart/Leipzig (S. Hirzel).

Loch, W. (1979): Über psychoanalytische Zusammenhänge zwischen Angst, Terror und Gewalt. In: Stietencron, H. von (Hg.): Angst und Gewalt. Düsseldorf (Patmos), S.43–58.

Loch, W. (1986): Perspektiven der Psychoanalyse. Stuttgart (S. Hirzel).

Lockot, R. (1985): Erinnern und Durcharbeiten. Frankfurt (Fischer).

Loewald, H. (1986): Psychoanalyse. Aufsätze aus den Jahren 1951–1979. Stuttgart (Klett-Cotta).

Loewenberg, P. (1992a): Die »Reichskristallnacht« vom 9. zum 10. November 1938. In: Bohleber, W. & Kafka, J. S. (Hg.): Antisemitismus. Bielefeld (Aisthesis Verlag), S. 39–61.

Loewenberg, P. (1992b): Diskussionsbemerkung. In: Bohleber, W. & Kafka, J. S. (Hg.): Antisemitismus. Bielefeld (Aisthesis Verlag), S. 123.

Loewenstein, R. ([1952] 1968): Psychoanalyse des Antisemitismus. Frankfurt (Suhrkamp).

Loewy, H. (Hg., 1992): Holocaust: Die Grenzen des Verstehens. Reinbek (Rowohlt).

Lohmann, H.-M. (Hg., 1983): Das Unbehagen in der Psychoanalyse. Eine Streitschrift. Frankfurt/Paris (Qumran).

Lohmann, H.-M. (Hg., 1984): Die Psychoanalyse auf der Couch. Frankfurt/Paris (Qumran).

Lohmann, H.-M. & Rosenkötter, L. (1982): Psychoanalyse in Hitlerdeutschland. Wie war es wirklich? Psyche – Z psychoanal 36, 961–988.

Lorenz, H. (2003): Kriegskinder. Das Schicksal einer Generation. München (List).

Lorenzer, A. (1970): Sprachzerstörung und Rekonstruktion. Frankfurt (Suhrkamp).

Lorenzer, A. ([1981] 1984): Das Konzil der Buchhalter. Die Zerstörung der Sinnlichkeit. Frankfurt (Fischer).

Luborsky, L. (1995): Einführung in die analytische Psychotherapie. Göttingen (Vandenhoeck & Ruprecht).

Lübbe, H. (1978): Endstation Terror. Rückblick auf lange Märsche. In: Geißler, H. (Hg.): Der Weg in die Gewalt. Geistige und gesellschaftliche Ursachen des Terrorismus. München (Olzog), S. 96–108.

Lutzi, J. (2000): Flexibilität als neue Norm. Ein unlösbares Paradoxon für Menschen und Organisationen? WzM 52, 155–169.

Maaz, H.J. (1990a): Der Gefühlsstau. Ein Psychogramm der DDR. Berlin (Argon).

Maaz, H.J. (1990b): Hass und Versöhnung – zur Entwicklung der DDR seit Oktober 1989. In: Herdieckerhoff, E.; Ekesparre, D. von; Elgeti, R. & Marahrens-Schürg, C. (Hg.): Hassen und Versöhnen. Psychoanalytische Erkundungen. Göttingen (Vandenhoeck & Ruprecht), S. 91–95.

Mahler, E. (1982): Die Apokalypse – eine sich selbst erfüllende Prophezeihung? Fragmente 4, 9–69.

Mahler, E. (1983): Christliche Botschaft und Apokalypse. In: Passet, P. & Modena, E. (Hg.): Krieg und Frieden aus psychoanalytischer Sicht. Basel/Frankfurt (Stroemfeld/Roter Stern), S. 259–289.

Mahler M., Pine, F. & Bergmann, A. ([1975] 1978): Die psychische Geburt des Menschen. Frankfurt (Fischer).

Mailer, N. (2003): Heiliger Krieg: Amerikas Kreuzzug. Reinbek (Rowohlt).
Mandelstamm, N. (1971): Hope against hope. London (Collins).
Mans, E.J. (1998): Einige Schwierigkeiten von analytischer Psychotherapie und Qualitätssicherung. Forum Psa. 14, 258–274.
Marcuse, H. (1966): Der eindimensionale Mensch. Neuwied (Luchterhand).
Margalit, A. (2000): Ethik der Erinnerung. Frankfurt (Fischer).
Marcus, G. (1989): Sigmund Freud und das Geheimnis der Seele. Die Biographie. München (Langen-Müller).
Marx, K. & Engels, F. ([1848] 1967): Manifest der Kommunistischen Partei. Berlin (Bücherei des Marxismus-Leninismus).
Masterson, J. F. (1980): Psychotherapie bei Borderline-Patienten. Stuttgart (Klett-Cotta).
Matussek, P. & Abel, B. (1984): Auswirkungen existentieller Angst – Seelische Folgen der Konzentrationslagerhaft. In: Rüger, U. (Hg.): Neurotische und reale Angst. Göttingen (Vandenhoeck & Ruprecht), S. 261–271.
Mead, M. (1971): Der Konflikt der Generationen. Olten/Freiburg (Walter).
Meerwein, F. (1980): Trauer und Trost in der Psychoanalyse. In: Böckle, F.; Kaufmann, F-X.; Rahner, K. & Welte, B. (Hg.): Christlicher Glaube in moderner Gesellschaft. Bd. 10, S. 119–126.
Meerwein, F. (1981): Einführung in die Psychoonkologie. Bern/Stuttgart/Wien (Huber).
Meerwein, F. (1988): »Spute dich, Kronos, fort den rasselnden Trott...«. Überlegungen zum Zeiterleben im psychoanalytischen Prozess und in der Lebens-Endzeit. Unveröffentlichtes Manuskript.
Meerwein, F.; Kauf, S. & Schneider, G. (1976): Bemerkungen zur Arzt-Patient-Beziehung bei Krebskranken. Zs. f. Psychosom. Med. u. Psa. 22, 278–300.
Meghnagi, D. (Hg., 1993): Freud and Judaism. London (Karnac).
Meltzer, D. (1988): Traumleben. Eine Überprüfung der psychoanalytischen Theorie und Technik. München (Verlag Internationale Psychoanalyse).
Mendelssohn, F. (1986): Das Fremde im Haushalt: Idylle, Barbarei und Gegenkultur. In: Pritz, A. (Hg.): Das schmutzige Paradies: Psychoanalytische Beiträge zur ökologischen Bewegung. Eine Kulturkritik. Wien/Köln/Graz (Böhlau), S. 55–85.
Mentzos, S. (1982): Neurotische Konfliktverarbeitung. München (Kindler).
Mentzos, S. (1988): Interpersonale und institutionelle Abwehr. Frankfurt (Suhrkamp).
Mentzos, S. (1993): Der Krieg und seine psychosozialen Folgen. Frankfurt (Fischer).
Mentzos, S. (2002): Die Psychosoziodynamik des Krieges. In: Schlösser, A.-M. & Gerlach, A. (Hg.): Gewalt und Zivilisation. Gießen (Psychosozial-Verlag), S. 151–164.
Mertens, W. (1995): Psychoanalyse auf dem Prüfstand? Eine Erwiderung auf die Meta-Analyse von Klaus Grawe. Berlin/München (Quintessenz).
Mertens, W. (1997a): Einleitung. In: Mertens, W. (Hg.): Der Beruf des Psychoanalytikers. Stuttgart (Klett-Cotta), S. 7–26.
Mertens, W. (Hg., 1997b): Der Beruf des Psychoanalytikers. Stuttgart (Klett-Cotta).
Mertens, W. (1999): Traum und Traumdeutung. München (Beck).
Metzger, H. G. (1984): Zum aktuellen Umgang mit der Aggressivität. WzM 36, 149–158.
Metzger, H. G. (1999): Der abhängige und der kompetente Säugling – Eine kritische Relativierung der Säuglingsforschung. Zs. Psa. Theorie u. Praxis 14, 381–400.
Metzger, W. (1962): Schöpferische Freiheit. Frankfurt (Verlag Waldemar Kramer).
Meves, C. (1972): Manipulierte Maßlosigkeit. Freiburg (Herder).

Meyer, T. (1998): Die Politisierung kultureller Differenz. Fundamentalismus, Kultur und Politik. In: Bielefeld, H. & Heitmeyer, W. (Hg.): Politisierte Religion. Frankfurt (Suhrkamp), S. 37–66.
Micus, C. (2002): Friedfertige Frauen und wütende Männer? Theorie und Ergebnisse im Umgang der Geschlechter mit Aggression. Weinheim/München (Juventa).
Milgram, S. ([1974] 1982): Das Milgram-Experiment. Reinbek (Rowohlt).
Minden, G. von (1988): Der Bruchstück-Mensch. Psychoanalyse des frühgestört-neurotischen Menschen der technokratischen Gesellschaft. München/Basel (Reinhardt).
Mitchell, S. (2000): Bindung und Beziehung. Gießen (Psychosozial-Verlag).
Mitscherlich, A. ([1946] 1983): Einführung in die Psychoanalyse I. In: Mitscherlich, A.: Gesammelte Schriften. Bd. IX. Frankfurt (Suhrkamp), S. 7–82.
Mitscherlich, A. (1949/50): Schlusswort der 55. Tagung der DGIM 1949. Psyche – Z psychoanal 3, 391–398.
Mitscherlich, A. (1962): Die Vorurteilskrankheit. Psyche – Z psychoanal 16, 241–245.
Mitscherlich, A. (1963): Auf dem Wege zur vaterlosen Gesellschaft. München (Piper).
Mitscherlich, A. (1964): Zur Psychologie des Vorurteils. In: Mitscherlich, A. (Hg., 1978): Das Ich und die Vielen. München (Piper), S. 25–37.
Mitscherlich, A. ([1965] 1969c): Die Unwirtlichkeit unserer Städte. Anstiftung zum Unfrieden. Frankfurt (Suhrkamp).
Mitscherlich, A. (1969a): Die Idee des Friedens und die menschliche Aggressivität. Frankfurt (Suhrkamp).
Mitscherlich, A. ([1969b] 1974): Bis hierher und nicht weiter. Ist die menschliche Aggression unbefriedbar? Frankfurt (Suhrkamp).
Mitscherlich, A. (1970a): Versuch die Welt besser zu bestehen. Frankfurt (Suhrkamp).
Mitscherlich, A. (1970b): Protest und Revolution. Psyche – Z psychoanal 24, 510–519.
Mitscherlich, A. (1975): Der Kampf um die Erinnerung. Psychoanalyse für fortgeschrittene Anfänger. München (Piper).
Mitscherlich, A. (1977): Zur Psychologie des Vorurteils. In: Mitscherlich, A. & Mitscherlich, M.: Die Unfähigkeit zu trauern. München (Piper).
Mitscherlich, A. (1978): Das Ich und die Vielen. München (Piper).
Mitscherlich, A. (1983): Gesammelte Werke. Bd. IX. Frankfurt (Suhrkamp).
Mitscherlich, A. & Mitscherlich, M. ([1967] 1977): Die Unfähigkeit zu trauern. München (Piper).
Mitscherlich, M. (1978): Das Ende der Vorbilder. Vom Nutzen und Nachteil der Idealisierung. München (Piper).
Mitscherlich, M. (1983): Frauen und Aggression. In: Passet, P. & Modena, E. (Hg.): Krieg und Frieden aus psychoanalytischer Sicht. Basel/Frankfurt (Stroemfeld/Roter Stern), S. 198–219.
Mitscherlich, M. (1987): Erinnerungsarbeit. Frankfurt (Fischer).
Mitscherlich, M. (2000): Schweigen, Wegdenken oder Trauer um die Opfer unserer politischen Vergangenheit. Psyche – Z psychoanal 54, 234–241.
Modena, E. (1983): Post Scriptum – Warum Krieg? Ein weiterer psychoanalytischer Versuch. In: Passet, P. & Modena, E. (Hg.): Krieg und Frieden aus psychoanalytischer Sicht. Basel/Frankfurt (Stroemfeld/Roter Stern), S. 290–315.
Moeller, M. & Maaz, H.-J. (1991): Die Einheit beginnt zu zweit. Reinbek (Rowohlt).
Moore, B. E. & Fine, B. D. (1990): Psychoanalytic Terms and Concepts. New Haven/London (Yale University Press).

Moser, T. (1987): Der Psychoanalytiker als sprechende Attrappe. Frankfurt (Suhrkamp).

Moser, T. (1992): Besuche bei Brüdern und Schwestern. Frankfurt (Frankfurt).

Moser, T. (2005): Kontrollierter Hass. Überlegungen zur Psychologie der Attentäter. Neue Züricher Zeitung vom 28.07.2005.

Moses, R. (1982): The Group Self and the Arab-Israeli Conflict. International Review of Psycho-Analysis 9, 55–64.

Moses, R. (1986): »Watergate« als universelles Phänomen. In: Lobner, H. (Hg.): Psychoanalyse heute. Wien (Orac), S. 185–204.

Moussaoui, A. (2002): Zacarias Moussaoui, mein Bruder. Zürich (Pendo Verlag).

Muck, M. (1974a): Die psychoanalytische Behandlung und ihre Wirkung. In: Muck, M. et al. (Hg.): Information über Psychoanalyse. Frankfurt (Suhrkamp), S. 37–44.

Muck, M.; Schröter, K.; Klüwer, R.; Eberenz, U.; Kennel, K. & Horn, K. (Hg., 1974b): Information über Psychoanalyse. Frankfurt (Suhrkamp).

Müller, B. (2001): Jugend als virtuelle Realität oder: Was die Generationen heute voneinander erwarten können. WzM 53, 185–196.

Müller-Hohagen, J. (1994): Geschichte in uns. München (Knesebeck).

Müller-Hohagen, J. (1998): Über blinde Stellen im Geschichtsbewusstsein. In: Rüsen, J. & Straub, J. (Hg.): Die dunkle Spur der Vergangenheit. Psychoanalytische Zugänge zum Geschichtsbewusstsein. Frankfurt (Suhrkamp), S. 307–329.

Müller-Hohagen, J. (2002): Seelische Auswirkungen des Nationalsozialismus – Überwindung der Sprachlosigkeit. In: Dokumentation der Jahrestagung der EFL-Beratungsstellen 2002 in Suhl, S. 34–44.

Muschg, A. (1982): Diskussionsbeitrag. In: Berliner Begegnung zur Friedensförderung (Hg., 1982): Protokolle. Darmstadt/Neuwied (Luchterhand).

Natorp-Husmann, E.-A. (2003): Bemerkung zur »Heilung«. Jb. d. Psa. 47, 99–142.

Nedelmann, C. (1982): Zur Vernachlässigung der psychoanalytischen Kulturtheorie. Apokalypseblindheit und Psychoanalyse. Psyche – Z psychoanal 36, 385–400.

Neill, A. S. (1969): Theorie und Praxis der antiautoritären Erziehung. Reinbek (Rowohlt).

Neubauer, P. B. (1992): Die Reaktion auf Fremde und deren Beziehung zur Schuld. In: Bohleber, W. & Kafka, J. S. (Hg.): Antisemitismus. Bielefeld (Aisthesis Verlag), S. 126–137.

Neyraut, M. (1976): Die Übertragung. Frankfurt (Suhrkamp).

Niederland, W. (1968): Diskussionsbeitrag zu E. de Wind: Begegnung mit dem Tod. Psyche – Z psychoanal 22, 442–446.

Niederland, W. G. (1980): Folgen der Verfolgung. Das Überlebenden-Syndrom. Frankfurt (Suhrkamp).

Nietzsche, F. (1883–1885): Also sprach Zarathustra. In: Nietzsche, F. (1999): Werke. Frankfurt (Zweitausendeins), S. 545–905.

Nietzsche, F. (1886): Jenseits von Gut und Böse. In: Nietzsche, F. (1994): Werke in drei Bänden. Herausgegeben von R. Toman. Band III. Köln (Könemann).

Nitzschke, B. (1997): Wer nichts von der Psychoanalyse versteht, der versteht auch das 20. Jahrhundert nicht. In: Mertens, W. (Hg.): Der Beruf des Psychoanalytikers. Stuttgart (Klett-Cotta), S.127–159.

Nitzschmann, K. (2002): Verweigern macht Sinn. Schulvermeiden und Weglaufen als Selbstfindung. Frankfurt (Brandes & Aspel).

Nordmann, I. (1995): »Der Intellektuelle«. In: Schoeps, J. H. & Schlör, J. (Hg.): Antisemitismus. Vorurteile und Mythen. Frankfurt (Zweitausendundeins), S. 252–259.

Nunberg, H. (1959): Allgemeine Neurosenlehre. Bern/Stuttgart (Huber).

Obermann, H.A. (1981): Wurzeln des Antisemitismus. Christenangst und Judenplage im Zeitalter von Humanismus und Reformation. Berlin (Severin & Siedler).

Ogden, T. (1995): Frühe Formen des Erlebens. Wien/New York (Springer).

Ohlig, K.-H. & Puin, G.-R. (Hg., 2005): Die dunklen Anfänge. Neue Forschungen zur Entstehung und frühen Geschichte des Islam. Berlin (Schiler).

Ohlmeier, D. (1982): Krise des Individuums – Krise der Gesellschaft. Fragmente 4, 169–188.

Oraison, M. (1963): Zwang oder Liebe. Salzburg (Otto Müller).

Orr, D.W. ([1946] 1993): Antisemitismus und Psychopathologie des Alltagslebens. In: Simmel, E. (Hg.): Antisemitismus. Frankfurt (Fischer), S. 108–118.

Oswald, P. (1971): Antiautoritäre Erziehung im Kindergarten. Vierteljahresschrift für wissenschaftliche Pädagogik 47, 113–123.

Overbeck, A. (1982): Krieg – Gewalt – Tod. Psychosozial 15, 52–71.

Overbeck, G. (1984): Krankheit als Anpassung. Frankfurt (Suhrkamp).

Padover, S.K. ([1946] 1999): Lügendetektor. Vernehmungen im besiegten Deutschland 1944/45. Frankfurt (Eichborn Verlag).

Páramo-Ortega, R. (1988): Überlegungen zum Begriff der »Grundeinstellungen«. In: Kutter, P.; Páramo-Ortega, R. & Zagermann, P. (Hg.): Die psychoanalytische Haltung. Auf der Suche nach dem Selbstbild der Psychoanalyse. München/Wien (Verlag Internationale Psychoanalyse), S. 3–16.

Parens, H. (1993): Neuformulierungen der psychoanalytischen Aggressionstheorie und Folgerungen für die klinische Situation. Forum Psa. 9, 107–121.

Parin, P. (1978a): Der Widerspruch im Subjekt. Frankfurt (Syndikat).

Parin, P. (1978b): Warum Psychoanalytiker so ungern zu brennenden Zeitproblemen Stellung nehmen. Kritische Glosse. Psyche – Z psychoanal 32, 385–399.

Parin, P. (1982): Bemerkungen zum Beitrag von Richter. Psychosozial 15, 39–42.

Parin, P. (1983a): Die therapeutische Aufgabe und die Verleugnung der Gefahr. In: Passet, P. & Modena, E. (Hg.): Krieg und Frieden aus psychoanalytischer Sicht. Basel/Frankfurt (Stroemfeld/Roter Stern), S. 22–35.

Parin, P. (1983b): Die Verleugnung der Gefahr und die Aufgabe des Arztes. Widersprüche 7, 125–133.

Parin, P. (1985): Juden und Homosexuelle als »Fremde«. Psyche – Z psychoanal 39, 193–219.

Passet, P. & Modena, E. (Hg., 1983): Krieg und Frieden aus psychoanalytischer Sicht. Basel/Frankfurt (Stroemfeld/Roter Stern).

Peters, U.H. (1990): Wörterbuch der Psychiatrie und medizinischen Psychologie. München (Urban & Schwarzenberg).

Petri, H. (1983): Atomare Bedrohung und Psychoanalyse. Psyche – Z psychoanal 37, 555–567.

Petri, H. (1987): Angst und Frieden. Frankfurt (Fischer).

Pfeiffer, W. (Hg., 1995): Etymologisches Wörterbuch des Deutschen. München (dtv).

Pfürtner, S. (1983): Weltfrieden und Abrüstung. In: Küpper, C. & Rieger, F. (Hg.): Atomwaffen und Gewissen. Freiburg (Herder), S. 81–88.

Pfürtner, S. (1991): Fundamentalismus. Freiburg (Herder).

Phillips, A. (1988): Winnicott. London (Fontana Press).
Piechotta, B. (2000): Psychoanalyse im Elch-Test. In: Schlösser, A.-M. & Höhfeld, K. (Hg.): Psychoanalyse als Beruf. Gießen (Psychosozial-Verlag), S. 367–384.
Pohlen, M. (1969): Die Abhängigkeitsthematik in der Revolte der Studenten. Psyche – Z psychoanal 23, 762–771.
Pohlen, M. (1983): Zu den Wurzeln von Gewalt. In: Passet, P. & Modena, E. (Hg.): Krieg und Frieden aus psychoanalytischer Sicht. Basel/Frankfurt (Stroemfeld/Roter Stern), S. 132–197.
Poliakov, L.; Delacampagne, D. & Girard, P. (Hg., 1985): Über den Rassismus. Frankfurt/Berlin/Wien (Ullstein).
Pott, M. (2002): Schuld und Sühne im gelobten Land. Israels Sonderrolle im Schutz der westlichen Welt. Köln (Kiepenheuer & Witsch).
Pressler, M. (2003): Die Zeit der schlafenden Hunde. Weinheim (Beltz & Gelberg).
Psychologie heute Sonderheft (1984): Warum nicht Frieden? Weinheim (Beltz & Gelberg).
Quint, H. (1984): Der Zwang im Dienste der Selbsterhaltung. Psyche – Z psychoanal 38, 717–737.
Quinzio, S. (1995): Die jüdischen Wurzeln der Moderne. Frankfurt (Campus).
Raphael, F. (1995): »Der Wucherer«. In: Schoeps, J. H. & Schlör, J. (Hg.): Antisemitismus. Vorurteile und Mythen. Frankfurt (Zweitausendundeins), S. 103–118.
Rauchfleisch, U. (1992): Allgegenwart von Gewalt. Göttingen (Vandenhoeck & Ruprecht).
Read, H. (1968): Erziehung durch Kunst. München (Droemer Knaur).
Read, H. (1970): The Redemption of the Robot. London (Faber & Faber).
Redl, F. (1982): Das Über-Ich in Uniform. Psychosozial 15, 43–51.
Reich, W. ([1933] 1974): Die Massenpsychologie des Faschismus. Frankfurt (Fischer).
Reiche, R. (1968): Sexualität und Klassenkampf – Zur Abwehr repressiver Entsublimierung. Frankfurt (Fischer).
Reik, T. ([1923] 1975): Der eigene und der fremde Gott. Frankfurt (Suhrkamp).
Reik, T. (1927): Die Psychologische Bedeutung des Schweigens. In: Reik, T.: Wie man Psychologe wird. Wien (Internationaler Psychoanalytischer Verlag), S. 101–126.
Reik, T. ([1948] 1976): Hören mit dem dritten Ohr. Hamburg (Hoffmann u. Campe).
Reik, T. (1976): Dreißig Jahre mit Sigmund Freud. München (Kindler).
Reiterman, T. & Jacobs, J. (Hg., 1982): Raven. The untold story of the Rev. Jim Jones and his people. New York (Dutton).
Renggli, F. (1974): Angst und Geborgenheit. Soziokulturelle Folgen der Mutter-Kind-Beziehung im ersten Lebensjahr. Reinbek (Rowohlt).
Reuter, C. (2002): Mein Leben ist eine Waffe. Selbstmordattentäter. Psychogramm eines Phänomens. München (Bertelsmann).
Reuter, W. (2000): »Perspektivenwechsel«: Der heilsame Blick aufs Fragment. Z f. psychoanalytische Psychotherapie 22, 21–28.
Revenstorf, D. (2004): Das Kuckucksei. Über das pharmakologische Modell in der Psychotherapieforschung. Therapieforschung 5, 1–19.
Richter, H.-E. (1963): Eltern, Kind und Neurose. Stuttgart (Klett).
Richter, H.-E. (1970): Patient Familie. Entstehung, Struktur und Therapie von Konflikten in Ehe und Familie. Reinbek (Rowohlt).
Richter, H.-E. (1978): Zur Psychologie des deutschen Rechtsradikalismus. In: Richter, H.-E.: Engagierte Analysen. Über den Umgang des Menschen mit dem Menschen. Reinbek (Rowohlt), S. 278–284.

Richter, H.-E. (1979): Der Gotteskomplex. Reinbek (Rowohlt).
Richter, H.-E. (1982a): Zur Psychologie des Friedens. Reinbek (Rowohlt).
Richter, H.-E. (1982b): Psychoanalytische Aspekte der Friedensfähigkeit. Psychosozial 15, 19–38.
Richter, H.-E. (1982c): Psychologische Auswirkungen der Atomkriegsdrohung. In: Berliner Ärzteinitiative (Hg., 1982): Ärzte warnen vor dem Atomkrieg. Im Ernstfall hilflos. Berlin (Selbstverlag).
Richter, H.-E. (1984a): Flüchten oder Standhalten. In: Psychologie heute Sonderheft: Warum nicht Frieden? Weinheim (Beltz & Gelberg), S. 8–18.
Richter, H.-E. (1984b): Unsere Kinder und das Problem des Friedens. Psychosozial 22, 72–87.
Richter, H.-E. (1992): Erinnerungsarbeit und Zukunftserwartung der Deutschen. In: Hardtmann, G. (Hg.): Spuren der Verfolgung. Gerlingen (Bleicher), S. 222–234.
Richter, H.-E. (2001): Verlorene Illusionen. Stuttgarter Zeitung vom 15.11.2001, 37.
Richter, H.-E. (2002): Das Ende der Egomanie. Die Krise des westlichen Bewusstseins. Köln (Kiepenheuer & Witsch).
Richter-Appelt, R. (1997): Verführung – Trauma – Missbrauch. Gießen (Psychosozial-Verlag).
Ricoeur, P. ([1965] 1969): Die Interpretation. Ein Versuch über Freud. Frankfurt (Suhrkamp).
Riedesser, P. & Verderber, A. (1985): Aufrüstung der Seelen. Freiburg (Dreisam-Verlag).
Riesman, D. (1958): Die einsame Masse. Reinbek (Rowohlt).
Roazen, P. (1976): Sigmund Freud und sein Kreis. Eine biographische Geschichte der Psychoanalyse. Bergisch Gladbach (Lübbe).
Robert, M. (1975): Sigmund Freud – zwischen Moses und Ödipus. Die jüdischen Wurzeln der Psychoanalyse. München (List).
Robins, R.S. & Post, J.M. ([1997] 2002): Der Massenselbstmord in Jonestown. In: Robins, R.S. & Post, J.M.: Die Psychologie des Terrors. Vom Verschwörungsdenken zum politischen Wahn. München (Droemer), S. 161–169.
Rodman, F.R. (Hg., 1987): The Spontaneous Gesture. Selected letters of D.W. Winnicott. Cambridge/London (Harvard University Press). Deutsch (1995): Die spontane Geste. Stuttgart (Klett-Cotta).
Roith, E. (1987): The riddle of Freud. His Jewish background. London (Routledge).
Rosenfeld, H. (1971): Beitrag zur psychoanalytischen Theorie des Lebens- und Todestriebes aus klinischer Sicht. Psyche – Z psychoanal 25, 476–493.
Rosenfeld, H. (1981): Zur Psychoanalyse psychotischer Zustände. Frankfurt (Suhrkamp).
Rosenkötter, L. (1984): Schattenseiten der psychoanalytischen Ausbildung. In: Lohmann, H.-M. (Hg.): Die Psychoanalyse auf der Couch. Frankfurt/Paris (Qumran), S.221–233.
Rotthaus, W. (2001): Interview – Erziehung im Wandel: »Die Eltern verweigern zu erziehen«. Deutsches Ärzteblatt 98, 16–37.
Roy, A. (2002): Die Politik der Macht. München (btb).
Rudnytsky, P.L. (1991): The Psychoanalytic Vocation. Rank, Winnicott and the legacy of Freud. New Haven/London (Yale University Press).
Rüberg, R. (1969): Autorität in der Familie. Ehe 6, 145–163.
Rüger, U. (Hg., 1984): Neurotische und reale Angst. Göttingen (Vandenhoeck & Ruprecht).
Rüsen, J. & Straub, J. (Hg., 1998): Die dunkle Spur der Vergangenheit. Psychoanalytische Zugänge zum Geschichtsbewusstsein. Frankfurt (Suhrkamp).
Rüsen, J. (2001): Holocaust, Erinnerung, Identität. In: Welzer, H. (Hg., 2001): Das soziale Gedächtnis. Geschichte, Erinnerung, Tradierung. Hamburg (Hamburger Edition HIS Verlag), S. 243–259.

Ruff, W. (2006): Motive für Sohnestötungen an Beispielen im Laios/Ödipus- und Abraham/Isaak-Mythos. In: Hirsch, M. (Hg., 2006): Das Kindsopfer. Eine Grundlage unserer Natur. Gießen (Psychosozial-Verlag), S.59–89.
Ruthe, R. (1972): Pro und Contra zur nichtautoritären Erziehung. München (Claudius).
Rutschky, M. (1980): Erfahrungshunger. Köln (Kiepenheuer & Witsch).
Rycroft, C. (1974): Jenseits des Realitätsprinzips. Psyche – Z psychoanal 28, 340–352.
Sadoun, K.; Schmidt, V. & Schultz, E. (Hg., 1970): Berliner Kinderläden. Köln/Berlin (Kiepenheuer & Witsch).
Sandler, J. ([1960] 1961): Sicherheitsgefühl und Wahrnehmungsvorgang. Psyche – Z psychoanal 15, 124–141.
Sandler, J. & Dreher A. U. (1999): Was wollen die Psychoanalytiker. Das Problem der Ziele in der psychoanalytischen Behandlung. Stuttgart (Klett-Cotta).
Schacter, D. L. (1999): Wir sind Erinnerung. Gedächtnis und Persönlichkeit. Reinbek (Rowohlt).
Schafer, R. (1972): Die psychoanalytische Anschauung der Realität I. In: Psyche – Z psychoanal 26, 881–898.
Schaller, K. & Gräbenitz, H. (1968): Auctoritas und potestas. Hamburg (Leibniz Verlag).
Scharfenberg, J. (1985): Einführung in die Pastoralpsychologie. Göttingen (UTB/Vandenhoeck & Ruprecht).
Schischkoff, G. (Hg., 1991): Philosophisches Wörterbuch. Stuttgart (Kröner).
Schmidbauer, H. (2003): Der Mensch als Bombe. Eine Psychologie des neuen Terrorismus. Reinbek (Rowohlt).
Schmidbauer, W. (1980): Alles oder Nichts. Über die Destruktivität von Idealen. Reinbek (Rowohlt).
Schmidhäuser, U. (1983): Entfeindung. Entwurf eines Denkens jenseits der Feindbilder. Stuttgart (Radius).
Schmidt, W. ([1924] 1968): Psychoanalytische Erziehung in Sowjetrussland. Bericht über das Kinderheim-Laboratorium in Moskau. Leipzig/Wien/Zürich (Raubdruck).
Schneider, C. D. (1987): A mature sense of shame. In: Nathanson, D. L. (Hg.): The many faces of shame. New York/London (Guilford Press).
Schneider, G. (2000): Die exzentrische Funktion der Psychoanalyse in Wissenschaft, Therapie und Kultur. DPV-Informationen 28, 2–5.
Schoeck, H. (1969): Kleines Soziologisches Wörterbuch. Freiburg (Herder).
Schoeck, H. (1972): Ist Leistung unanständig? Osnabrück (A. Fromm).
Schoeps, J. H. & Schlör, J. (Hg., 1995): Antisemitismus. Vorurteile und Mythen. Frankfurt (Zweitausendundeins).
Schorlemmer, F. (1992): Worte öffnen Fäuste. Die Rückkehr in ein schwieriges Vaterland. München (Kindler).
Schraml, W. (1968): Einführung in die Tiefenpsychologie. Stuttgart (Klett).
Schulte, D. (2000): Optimierung der Entscheidungsprozesse von Psychotherapeuten. In: Freyberger, H.J.; Heuft, G. & Ziegenhagen, D.J. (Hg.): Ambulante Psychotherapie. Stuttgart/New York (Schattauer), S. 15–41.
Schulz-Gora, H. (2001): Zur Not-Wendigkeit der Gewalt. Psychosozial 24, 57–69.
Schur, M. (1973): Sigmund Freud. Leben und Sterben. Frankfurt (Suhrkamp).
Seattle, Häuptling ([1855] 1982): Wir sind ein Teil der Erde. Freiburg/Olten (Walter).

Segal, H. (1986): »Schweigen ist das eigentliche Verbrechen«. Jb d. Psa. 19, 194–210.

Segal, H. (2003): Durch Erfahrung lernen: Hiroshima, der Golfkrieg und der 11. September. In: Auchter T.; Büttner, C.; Schultz-Venrath, U. & Wirth, H.-J. (Hg.): Der 11. September. Gießen (Psychosozial-Verlag), S. 390–399.

Semi, A.A. (1993): Psychopathology of everyday antisemitism. In: Meghnagi, D. (Hg.): Freud and Judaism. London (Karnac).

Sennett, R. ([1998] 1999): Der flexible Mensch. Die Kultur des neuen Kapitalismus. Berlin (Berlin Verlag).

Shatan, C.F. ([1974] 1981): »Zivile« und »militärische« Realitätswahrnehmung. Psyche – Z psychoanal 35, 557–572.

Shatan, C.F. (1983): Militarisierte Trauer und Rachezeremoniell. In: Passet, P. & Modena, E. (Hg.): Krieg und Frieden aus psychoanalytischer Sicht. Basel/Frankfurt (Stroemfeld), S. 220–249.

Sies, C. (1997): Das Theorien- und Gedankengebäude der Psychoanalyse und ihr Menschenbild waren von ihren Anfängen an revolutionär und befreiend. In: Mertens, W. (Hg.): Der Beruf des Psychoanalytikers. Stuttgart (Klett-Cotta), S. 177–187.

Silbermann, A. (1962): Zur Soziologie des Antisemitismus. Psyche – Z psychoanal 16, 246–254.

Silbermann, A. & Stoffers, M. (2000): Auschwitz: Nie davon gehört? Erinnern und Vergessen in Deutschland. Berlin (Rowohlt).

Simenauer, E. ([1964] 1989): Freud und die jüdische Tradition. Jb. d. Psa. 24, 29–60.

Simmel, E. (Hg., [1946] 1993): Antisemitismus. Frankfurt (Fischer).

Singer, U. (1980): Massenselbstmord. Zur Phänomenologie und Psychodynamik. Stuttgart (Hippokrates).

Sölle, D. (1981): Im Hause des Menschenfressers. Reinbek (Rowohlt).

Sölle, D. & Steffensky, F. (2003): Die Würde der Untröstlichkeit. URL: www.berlinerdom.de/index.php?option=com_docman&task.

Sofsky, W. (1993): Die Ordnung des Terrors: Das Konzentrationslager. Frankfurt (Fischer).

Spaemann, H. (1983): Ehe es zu spät ist. München (Kösel).

Spiegel, Y. (1973): Der Prozess des Trauerns. München (Kaiser).

Spielrein, S. ([1912] 1986): Die Destruktion als Ursache des Werdens. Tübingen (edition diskord).

Spitz, R.A. (1957): Nein und Ja. Die Ursprünge der menschlichen Kommunikation. Stuttgart (Klett).

Spitz, R.A. ([1965] 1976): Vom Säugling zum Kleinkind. Stuttgart (Klett).

Spitz, R.A. (1982): Vom Dialog. Frankfurt/Berlin/Wien (Ullstein).

Steffensky, F. (2003): Ganzheit im Fragment. Heil und Heilung in unserer Zeit. In: Egner, H. (Hg.): Heilung und Heil. Begegnung – Verantwortung – Interkultureller Dialog. Düsseldorf (Patmos), S. 40–59.

Stein, R. ([2002] 2005): Zur psychischen Verfassung religiös motivierter Selbstmordattentäter. Psyche – Z psychoanal 59, 97–126.

Steiner, J. ([1993] 1998): Orte des seelischen Rückzugs. Stuttgart (Klett-Cotta).

Stierlin, H. (1971): Das Tun des Einen ist das Tun des Anderen. Versuch einer Dynamik menschlicher Beziehungen. Frankfurt (Suhrkamp).

Stierlin, H. ([1974] 1980): Eltern und Kinder. Frankfurt. (Suhrkamp).

Stierlin, H. (1978): Delegation und Familie. Frankfurt (Suhrkamp).

Stierlin, H. (1979): Jonestown und die Sekten. Herder Korrespondenz 33, 18–24.
Stierlin, H. (1983): Die Christen in der Weltfamilie. Maintal (Hochstadt).
Stietencron, H. von (Hg.): Angst und Gewalt. Düsseldorf (Patmos).
Stingl, R. (Hg., 1992): Auf der Couch. Frauen und Männer berichten von ihrer Analyse. Frankfurt/New York (Campus).
Stoppa-Sehlbach, I. (1985): Fremde des Todes. In: Sturm, H. (Hg.): Das Fremde. Ästhetische Erfahrung beim Graben, Reisen, Messen und Sterben. Aachen (W. Rader), S. 223–239.
Strenger, C. (1991): Between hermeneutics and science. An essay on the epistemology of psychoanalysis. Madison (Int. Univ. Press).
Süßmut, R. (1994): Erinnern im politischen Alltag. Dachauer Hefte 6, 3–11.
Szczesny, G. (1971): Das sogenannte Gute. Reinbek (Rowohlt).
Taarnby, M. (2003): Profiling Islamic Suicide Terrorists. A Research Report for the Danish Ministry of Justice. URL: www.jm.dk/image.asp?page=image&objno= 71157 (Stand: 27.11.2003).
Taarnby, M. (2005): Motivational Parameters in Islamic Terrorism. A Research Report for the Danish Ministry of Justice. URL: www.jm.dk/image.asp?page=image&objno= 71157 (Stand: 07.03.2011).
Tausk, V. (1919): Über die Entstehung des »Beeinflussungsapparates« in der Schizophrenie. Internationale Zeitschrift für ärztliche Psychoanalyse 5, 1–33.
Tetzner, G. (1982): Wir wissen genug. In: Krüger, I. (Hg.): Mut zur Angst. Schriftsteller für den Frieden. Darmstadt/Neuwied (Luchterhand), S. 75–77.
Thielicke, H. (1974): Das Lachen der Heiligen und Narren. Freiburg (Herder).
Thomae, H. (1981): Schriften zur Praxis der Psychoanalyse: Vom spiegelnden zum aktiven Psychoanalytiker. Frankfurt (Suhrkamp).
Tibi, B. (1996): Im Schatten Allahs. Der Islam und die Menschenrechte. München/Zürich (Piper).
Ticho, E. A. (1972): Termination of psychoanalysis: treatment goals, life goals. Psa. Q. 41, 315–333.
Todd, E. (2003): Weltmacht USA. Ein Nachruf. München (Piper).
Tömmel, S. E. (2003): Warum Psychoanalyse. In: Gerlach, A.; Schlösser A.-M. & Springer, A. (Hg.): Psychoanalyse mit und ohne Couch. Gießen (Psychosozial-Verlag), S. 360–370.
Tremlow, S. W. & Sacco, F. C. (2002): Reflections on the making of a terrorist. In: Covington, C.; Williams, P.; Arundale, J. & Knox, J. (Hg.): Terrorism and War. Unconscious Dynamics of Political Violence. London (Karnac), S. 97–123.
Tress, W. (1992): Kommentare zu Peter Fürstenau: »Progressionsorientierte psychoanalytisch-systemische Therapie«. Forum Psa. 8, 77–81.
Trimborn, W. (2000a): Mitteilungen des Vorsitzenden. DPV-Informationen 28, 1–2.
Trimborn, W. (2000b): Evidenz-basierte Medizin in der Psychotherapie-Forschung – ein Paradigmenwechsel? DPV-Informationen 28, 23–26.
Tuchmann, B. ([1979] 1984): August 1914. Bern/München (Scherz).
Tuchmann, B. (1984): Die Torheit der Regierenden. Frankfurt (Fischer).
Uhlendorff, H. (2003): Großeltern und Enkelkinder: Sozialwissenschaftliche Perspektiven und Forschungsergebnisse hinsichtlich einer selten untersuchten Beziehung. Psychologie in Erziehung und Unterricht 50, 111–128.
Ullrich, V. (2003): Opa war ein Nazi. Mirjam Pressler schickt eine Enkelin auf die Spur der Tätergeneration. DIE ZEIT 49, 14.
Ulmann, G. (1970): Kreativität. Weinheim (Beltz).

Ulmer Ärzteinitiative (1983): Das Ulm-Szenario für einen Atom-Krieg. Darmstadt/Neuwied (Luchterhand).

UNICEF-Information (12/2000): Wenn die Seele brennt – Trauma bei Kindern. URL: www.unicef.de.

UNICEF-Information (11/1999): Kinder im Krieg und auf der Flucht. Kinder als Zielscheibe. URL: www.unicef.de.

Varvin, S. (2000): Die gegenwärtige Vergangenheit. Extreme Traumatisierung und Psychotherapie. Psyche – Z psychoanal 54, 895–930.

Vauth, R. & Stieglitz, R.-D. (2000): Monitoring-Systeme und Qualitätszirkel. In: Freyberger, H.J.; Heuft, G. & Ziegenhagen, D.J. (Hg.): Ambulante Psychotherapie. Stuttgart/New York (Schattauer), S. 119–143.

Vester, F. (1984): Neuland des Denkens. München (dtv).

Vogt, R. (2000): Der Tod von Paul Celan. Psyche – Z psychoanal 54, 1038–1063.

Volkan, V. D. (1988): The need to have enemies and allies. Northvale/London (Jason Aronson).

Volkan, V. D. (2002): Religiöser Fundamentalismus und Gewalt. In: Schlösser, A.-M. & Gerlach, A. (Hg.): Gewalt und Zivilisation. Gießen (Psychosozial-Verlag), S. 165–181.

Volkan, V. D. (2003): Die innere Welt des Fundamentalisten/Terroristen. In: Auchter T.; Büttner, C.; Schultz-Venrath, U. & Wirth, H.-J. (Hg.): Der 11. September. Gießen (Psychosozial-Verlag), S. 259–265.

Waelder, R. (1980a): Der Gerechtigkeitsbegriff und die Frage nach der vollkommen gerechten Gesellschaft. In: Waelder, R.: Ansichten der Psychoanalyse. Stuttgart (Klett-Cotta), S. 315–337.

Waelder, R. (1980b): Ansichten der Psychoanalyse. Stuttgart (Klett-Cotta).

Wahl, H. (1980): Christliche Ethik und Psychoanalyse. München (Kösel).

Wahl, H. (1985): Narzissmus. Von Freuds Narzissmustheorie zur Selbstpsychologie. Stuttgart/Berlin/Köln/Mainz (Kohlhammer).

Waldmann, P. (1998): Terrorismus. Provokation der Macht. München (Akademie Verlag).

Waldmann, P. (2000): Terrorismus als weltweites Phänomen. Eine Einführung. In: Hirschmann, K. & Gerhard, P. (Hg.): Terrorismus als weltweites Phänomen. Berlin (Berlin Verlag), S. 11–26.

Wangh, M. (1962): Psychoanalytische Betrachtungen zur Dynamik und Genese des Vorurteils, des Antisemitismus und des Nazismus. Psyche – Z psychoanal 16, 273–284.

Wangh, M. (1963): A Psychogenetic Factor in the Recurrence of War. I. J. Psycho-Anal. 49, 319–323.

Wangh, M. (1982): Psychische Folgen der Atombombentests. Psyche – Z psychoanal 36, 401–415.

Wangh, M. (1983): Narzissmus in unserer Zeit. Psyche – Z psychoanal 37, 16–40.

Warsitz, P. (2004): Der Andere im Ich. Antlitz – Antwort – Verantwortung. Psyche – Z psychoanal 58, 783–810.

Weiler, G. (1984): Ich verwerfe im Lande die Kriege. München (Frauenoffensive).

Weisberg, J. (Hg., 2003a): Voll daneben, Mr. President! Wahre Worte von George W. Bush. Reinbek (Rowohlt).

Weisberg J. (Hg., 2003b): Schon wieder voll daneben, Mr. President! Noch mehr wahre Worte von George W. Bush. Reinbek (Rowohlt).

Weizsäcker, F. von (Hg., 1983): Der bedrohte Friede. München (dtv).

Welzer, H. (Hg., 2001): Das soziale Gedächtnis. Geschichte, Erinnerung, Tradierung. Hamburg (Hamburger Edition HIS Verlag).

Welzer, H.; Moller, S. & Tschuggnall, K. (2002): »Opa war kein Nazi«. Nationalsozialismus und Holocaust im Familiengedächtnis. Frankfurt (Fischer).

Werder, L. von (Hg., 1972): Von der antiautoritären zur proletarischen Erziehung. Frankfurt (Fischer).

Werner, H. (1959): Einführung in die Entwicklungspsychologie. München (Johann Ambrosius Barth).

Willi, J. (1975): Die Zweierbeziehung. Reinbek (Rowohlt).

Willi, J. (1978): Therapie der Zweierbeziehung. Reinbek (Rowohlt).

Willi, J. (1984): Deutsche. Gedanken eines Schweizers über seine Nachbarn. Psychosozial 22, 64–71.

Winnicott, C. (1983): Interview. In: Rudnytsky, P. (1991): The Psychoanalytic Vocation. Rank, Winnicott and the legacy of Freud. New Haven/London (Yale University Press), S. 180–193.

Winnicott, C. (1989): D. W. W.: A Reflection. In: Winnicott, D. W.: Psychoanalytic Explorations. Herausgegeben von Winnicott, C.; Shepherd, R. & Davis, M. London (Karnac).

Winnicott, D. W. (1952): Letter to Roger Money-Kyrle. In: Rodman, R. F. (Hg., 1987): The Spontaneus Gesture. Selected Letters of D.W. Winnicott. Cambridge/London (Harvard University Press), S. 38–43.

Winnicott, D.W. ([1954] 1958): The Depressive Position in Normal Emotional Development. In: Winnicott, D.W.: Through Paediatrics to Psychoanalysis. Collected Papers. London (Tavistock Publications), S. 262–277.

Winnicott, D.W. ([1957] 1964): The Child, the Family and the Outside World. Harmondsworth (Pelican Books).

Winnicott, D.W. (1958): Through Paediatrics to Psychoanalysis. Collected Papers. London (Tavistock Publications). Reprinted (1992) London (Karnac). Deutsch (1976): Von der Kinderheilkunde zur Psychoanalyse. München (Kindler). Veränderte Neuauflage (2008) Gießen (Psychosozial-Verlag).

Winnicott, D.W. ([1960] 1965a): Ego Distortion in Terms of True and False Self. In: Winnicott, D.W. (Hg.): The Maturational Process and the Facilitating Environment. London (Hogarth Press), S. 140–152.

Winnicott, D.W. ([1961] 1965b): Adolescence. Struggling through the doldrums. In: Winnicott, D.W. (Hg.): The Family and Individual Development. London (Tavistock Publications), S. 79–87.

Winnicott, D.W. ([1963a] 1965a): Hospital Care Supplementing Intensive Psychotherapy in Adolescence. In: Winnicott, D.W.: The Maturational Process and the Facilitating Environment. London (Hogarth Press), S. 242–248.

Winnicott, D.W. ([1963b] 1965a): Psychotherapy of Character Disorders. In: Winnicott, D.W.: The Maturational Process and the Facilitating Environment. London (Hogarth Press), S. 203–216.

Winnicott, D.W. ([1963c] 1984a): Deprivation and Delinquency. London (Tavistock Publications). Deutsch (1988b): Aggression. Stuttgart (Klett-Cotta).

Winnicott, D.W. ([1963d] 1984b): Struggling through the doldrums. In: Winnicott, D.W.: Deprivation and Delinquency. London (Tavistock Publications), S.145–155.

Winnicott, D.W. (1965a): The Maturational Process and the Facilitating Environment. London (Hogarth Press). Reprinted (1990) London (Karnac). Deutsch (1974): Reifungsprozesse und fördernde Umwelt. München (Kindler).

Winnicott, D.W. (Hg., 1965b): The Family and Individual Development. London (Tavistock Publications). Reprinted (1989) London (Routledge). Deutsch (1984b): Familie und individuelle Entwicklung. Frankfurt (Fischer).

Winnicott, D.W. (1969): Übergangsphänomene und Übergangsobjekte. Psyche – Z psychoanal 23, 666–682.

Winnicott, D.W. (1971a): Playing and Reality. London (Tavistock Publications). Reprinted (1991) London (Routledge). Deutsch (1973): Vom Spiel zur Kreativität. Stuttgart (Klett).

Winnicott, D.W. (1971b): Therapeutic Consultations in Child Psychiatry. London (Hogarth Press). Deutsch (1973): Die therapeutische Arbeit mit Kindern. München (Kindler).

Winnicott, D.W. (1974): Fear of Breakdown. Int. Rev. Psychoanal. 1, 103–107.

Winnicott, D.W. (1986): Home is where we start from. Harmondsworth (Penguin Books).

Winnicott, D.W. (1987): Babies and their Mothers. London (Addison-Wesley Publications).

Winnicott, D.W. (1988a): Human Nature. London (Free Association).

Winnicott, D.W. (1989): Psychoanalytic Explorations. Herausgegeben von Winnicott, C.; Shepherd, R. & Davis, M. London (Karnac).

Winnicott, D.W. (1996): Thinking About Children. Herausgegeben von Sheperd, R.; Johns, J. & Robinson, H.T. London (Karnac).

Wirth, H.-J. (2002): Narzissmus und Macht. Zur Psychoanalyse seelischer Störungen in der Politik. Gießen (Psychosozial-Verlag).

Wirth, H.-J. (2003): Macht, Narzissmus, Destruktivität. Individuelle und kollektive Aspekte in der Politik. In: Auchter T.; Büttner, C.; Schultz-Venrath, U. & Wirth, H.-J. (Hg.): Der 11. September. Psychoanalytische, psychosoziale und psychohistorische Analysen von Terror und Trauma. Gießen (Psychosozial-Verlag), S. 64–87.

Wirtz, U. (1990): Seelenmord. Inzest und Therapie. Zürich (Kreuz Verlag).

Wolf, C. (1969): Nachdenken über Christa T. Neuwied (Luchterhand).

Wolf, C. (1972): Lesen und Schreiben. Neuwied (Luchterhand).

Wolf, C. (1977): Kindheitsmuster. Darmstadt/Neuwied (Luchterhand).

Wolf, C. (1994): Was bleibt. München (dtv).

Wright, E. ([2004] 2005): Generation Kill. Das neue Gesicht des amerikanischen Krieges. Frankfurt (Zweitausendeins).

Wudtke, H. (1970): Kritik der antiautoritären Erziehung. In: Dehn, D. (Hg.): Schulreport. Frankfurt (Melzer).

Wurmser, L. (1981): Das Problem der Scham. Jb. d. Psa. 13, 11–26.

Wurmser, L. (1986): Die innere Grenze. Das Schamgefühl – ein Beitrag zur Überich-Analyse. Jb. d. Psa. 18, 16–41.

Wurmser, L. (1990): Die Maske der Scham. Berlin/Heidelberg/New York (Springer).

Wurmser, L. (2001): Ideen- und Wertewelt des Judentums. Göttingen (Vandenhoeck & Ruprecht).

Wurmser, L. (2005): »Das Auge ist's, was die Taten verwandelt«. Einige Gedanken zum Thema psychoanalytische Identität und Zeit. Forum Psa. 21, 130–142.

Wyatt, F. (1971): Elternschaft in klinischer Sicht. Psyche – Z psychoanal 25, 758–774.

Yerushalmi, Y. H. (1999): Freuds Moses. Endliches und Unendliches Judentum. Frankfurt (Fischer).
Zee, H. J. (1980): The Guyana Incident. Some psychoanalytic considerations. Bulletin of the Menninger Clinic 44, 345–363.
Zepf, S. (1973): Zur Theorie der psychosomatischen Erkrankung. Frankfurt (Fischer).
Zetzel, E. ([1970] 1974): Die Fähigkeit zu emotionalem Wachstum. Stuttgart (Klett).
Zulliger, H. (1961): Horde, Bande, Gemeinschaft. Stuttgart (Klett).
Zulliger, H. (1969): Die Angst unserer Kinder. Frankfurt (Fischer).
Zweig, S. ([1942] 1974): Schachnovelle. Frankfurt (Fischer).

Quellen

Die Mär vom unpolitischen Freud (1989). In dieser Form unveröffentlicht. Zu Person und Werk von Freud: *Sigmund Freud – der Mensch im Widerspruch* (1991). Wege zum Menschen 43, 347–361.

Der politische Winnicott (1990/2002). In dieser Form unveröffentlicht. Zu Person und Werk von Winnicott: *Winnicott – oder die Sehnsucht, ganz lebendig zu werden* (2002). Luzifer-Amor 30, 7–45.

Ein Menschenbild der Psychoanalyse – und seine berufspolitischen und politischen Gefährdungen (2006). Z. f. Individualpsychologie 31, 168–191.

Psychoanalyse zwischen Emanzipation, Effizienz, Euro und Entfremdung. Eine Polemik gegen schleichende Dehumanisierungsprozesse in Vorstellungen von der zukünftigen psychotherapeutischen Versorgung (2002). In: Gerlach, A. & Schlösser, A.-M. (Hg., 2003): Psychoanalyse mit und ohne Couch. Gießen (Psychosozial-Verlag), S. 87–107.

Erinnerung – Über den schwierigen Weg, sich der eigenen Vergangenheit anzunähern (2000/2004). Publiziert zuerst 2001 in: Freie Assoziation 4, 209–228. Erweiterte Fassung: *Die Fähigkeit zu erinnern und die Unfähigkeit zu erinnern. Eine psychoanalytische Perspektive.* In: Auchter, T. & Schlagheck, M. (Hg., 2004): Theologie u. Psychologie im Dialog über Erinnern und Vergessen. Paderborn (Bonifatius Verlag), S. 113–160.

»Die Enkel des 20. Juli«. Zur Bedeutung von Vergangenheit und Generationenfolge für die Gegenwart (2004). Vortrag anlässlich einer gleichbetitelten Tagung der Katholischen Akademie »Die Wolfsburg« Mülheim. Unveröffentlicht.

Zur Kritik der antiautoritären Erziehung (1972): Auszüge aus der erweiterten Fassung der Diplomarbeit im Fach Psychologie der Albert-Ludwigs-Universität Freiburg. Publikation: Auchter, T. (1973): *Zur Kritik der antiautoritären Erziehung.* Informationen, Überlegungen, Konsequenzen. Freiburg (Lambertus Verlag).

Gewalt und Widerstand. Eine psychoanalytische Perspektive (2003). Berliner Theologische Zeitschrift 20, 238–257.

Gewalt als Zeichen von Hoffnung? Zur psychoanalytischen Theorie der jugendlichen Gewalt bei D. W. Winnicott (2002). In: Schlösser, A.-M. & Gerlach, A. (Hg., 2002): Gewalt und Zivilisation. Gießen (Psychosozial-Verlag), S. 595–613.

Täter und Opfer zugleich. Zur Psychoanalyse adoleszenter terroristischer Selbstmordattentäter (2006). In: Hirsch, M. (Hg., 2006): Das Kindesopfer. Eine Grundlage unserer Kultur. Gießen (Psychosozial-Verlag), S. 135–164.

Ideologisierung als psychopathologisches Phänomen – Oder: Wie werde ich ein Sektierer? (1980). Unveröffentlicht.

Versuch, Jim Jones besser zu verstehen. Psychoanalytische Überlegungen zur Verschränkung zwischen individuellem und kollektivem destruktiven Wahn (2004). In: Bender, T. & Auchter, T. (Hg., 2004): Destruktiver Wahn zwischen Psychiatrie und Politik. Forensische, psychoanalytische und sozialpsychologische Untersuchungen. Gießen (Psychosozial-Verlag), S. 267–286.

Angst, Hass und Gewalt. Psychoanalytische Überlegungen zu den Ursachen und Folgen des Terrors (2003). In: Auchter, T.; Büttner, C.; Schultz-Venrath, U. & Wirth, H.-J. (Hg., 2003): Der 11. September. Gießen (Psychosozial-Verlag), S. 134–163.

Über Zusammenhänge zwischen Fundamentalismus, Terrorismus, Narzissmus und (anti)sozialem Verhalten (2005). Gruppenanalyse 15, 171–184.

Das fremde eigene Böse. Zur Psychoanalyse der Fremdenfeindlichkeit (1990). Universitas 45, 1125–1137.

Die seelische Krankheit »Fremdenfeindlichkeit« (1991). Leicht veränderte Fassung eines Vortrages auf dem XV. Internationalen Kongress für Psychotherapie in Hannover. Publiziert in: Streeck, U. (Hg., 1993): Das Fremde in der Psychoanalyse. München (Pfeiffer), S. 225 – 234. Neuauflage: Streeck, U. (Hg., 2000): Das Fremde in der Psychoanalyse. Gießen (Psychosozial-Verlag), S. 225–234.

Zur Psychoanalyse des Antisemitismus (2003). In: Gerlach, A.; Schlösser, A.-M. & Springer, A. (Hg., 2004): Psychoanalyse des Glaubens. Gießen (Psychosozial-Verlag), S. 337–356.

»Sich weigern, Gott zu sein«. Zur Psychoanalyse der Friedlosigkeit (1984). Vortrag in der Vorlesungsreihe »Verantwortung für den Frieden« an der RWTH Aachen 1984. Publiziert 1987 in: Psyche 41, 641–673.

Kriegstraumatisierung von Kindern und anderen Kriegsteilnehmern (2003). Vortrag im Stadttheater im Rahmen der Veranstaltung »Nach dem Eisernen Vorhang – Forum für den Frieden« am 14.04.2003 im Angesicht des beginnenden Irak-Krieges. Unveröffentlicht.

Die Friedlosigkeit in Nachkriegsgesellschaften (2006). Impulsreferat im Stadttheater Aachen am 28.01.2006 anlässlich der Vorstellung des Theaterstücks *Schienen*. Unveröffentlicht.

Die Angst vor George W. Bush und die Angst von George W. Bush. Zur Psychoanalyse von Macht und Gewalt (2007). Psychoanalyse im Widerspruch 37, 59–80.

Die Erfahrung des Bruchstückhaften und die Sehnsucht nach Ganzheit (2006). Publiziert unter dem Titel: »Solange der Mensch leidet kann er es noch zu etwas bringen« (S. Freud). Ein psychoanalytischer Blick auf Heil und Heilung. In: Auchter, T. & Schlagheck, M. (Hg., 2006): Theologie und Psychologie im Dialog über die Erfahrung des Bruchstückhaften und die Sehnsucht nach Ganzheit. Paderborn (Bonifatius Verlag), S. 67–115.

Erlösung als Prozess (2001). Publiziert 2002 in: Balint Journal 3, 34–38.

Sachregister

A

B

C

D

E

G

J

K

N

O

P

T

W

X

Z